漳浦年鉴

（2016）

漳 浦 县 人 民 政 府 主办
漳浦县地方志编纂委员会　编

方志出版社

图书在版编目(CIP)数据

漳浦年鉴. 2016 / 漳浦县地方志编纂委员会编. 一北京:方志出版社,2016.10
ISBN 978-7-5144-2146-0

Ⅰ. ①漳… Ⅱ. ①漳… Ⅲ. ①漳浦县—2016—年鉴 Ⅳ. ①Z525.74

中国版本图书馆 CIP 数据核字(2016)第 252638 号

漳浦年鉴(2016)

编　　著：漳浦县地方志编纂委员会
责任编辑：冯　松

出 版 人：冀祥德
出 版 者：方志出版社
地址　北京市朝阳区潘家园东里 9 号(国家方志馆 4 层)
邮编　100021
网址　http//www.fzph.org
发　　行：方志出版社发行中心
电话 (010) 67110500
经　　销：各地新华书店
印　　刷：漳浦县金浦新闻发展有限公司

开　　本：889×1194　1/16
印　　张：25.5
字　　数：656 千
版　　次：2016 年 10 月第 1 版　2016 年 10 月第 1 次印刷
印　　数：001～700 册

ISBN 978-7-5144-2146-0　　定价：160.00 元

《漳浦年鉴》编纂委员会

《漳浦年鉴》总编室

编 辑 说 明

一、《漳浦年鉴》是中共漳浦县委领导，县人民政府主办，县地方志编纂委员会承编的大型资料性地方年刊。

二、《漳浦年鉴(2016)》以实事求是为原则，力求全面、客观地记载2015年漳浦县政治、经济、社会、文化发展等方面的基本情况，反映各行各业一年中的新成就、新事物、新经验、新问题、新趋势。

三、《漳浦年鉴(2016)》采用条目体结构，由类目、分目、条目组成，个别层次较多的在分目之下增设二级分目类。一般按行业或归口管理部门编排，类目下的分目除少数特殊行业外，一般按县辖一级单位编排。

四、《漳浦年鉴(2016)》采用规范化的语体文记述，力求言简意赅，通俗易懂。计量单位以国际法定计量单位为准。采用的资料和数据，除大事记外，其余均由全县各级机关、人民团体、企事业单位提供。

五、在编纂工作中，得到县有关领导、部门、单位、社会各界的大力支持和协助，在此一并表示谢意。由于年鉴所涉及的范围较广，在编纂中难免出现错漏，敬请批评指正。

漳浦县地图

漳浦县在漳州的位置
图　例
设区市行政中心
县级行政中心
乡、镇政府
社区居委会、村委会
自然村
农林场
省级行政区域界
设区市行政区域界
县级行政区域界
乡、镇行政区域界
高速公路及出入口
在建高速公路
铁路
在建铁路
国道及编号
省道及编号
县道
主要堤坝
山峰
河流
水库
盐田
比例尺：1:370 000
（注：本图界线为权宜画法，不作划界依据。本图资料截至2016年7月）
编制：福建省制图院
审图号：闽S（2016）70号
漳浦县
绥安镇
旧镇镇
霞美镇
杜浔镇
沙西镇
古雷镇
六鳌镇
深土镇
赤湖镇
佛昙镇
前亭镇
马坪镇
赤岭畲族乡
湖西畲族乡
官浔镇
长桥镇
石榴镇
南浦
盘陀镇
大南坂镇
赤土
浮头湾
旧镇港
将军湾
台湾海峡
菜屿列岛
东山县
云霄县
平和县
龙海市
程溪镇
东泗
东园镇
海澄镇
浮宫镇
白水镇
港尾镇
列屿镇
陈岱镇
G324
G15沈海
S1525漳州南连接线
S1591招银疏港
S50古武
G228

4月2日，省委常委、组织部长姜信治（左三）到漳浦县调研基层组织建设工作（陈毅聪/摄）

5月7日，省人大常委会副主任陈桦（前左五）带领省人大执法检查组到漳浦县开展执法工作检查

（漳浦台创园　供稿）

11 月 19 日，云南省委常委黄毅（右六）率云南省各民主党派、工商联负责人一行在福建省委常委雷春美（右四）的陪同下，到漳浦台创园参观视察　（漳浦台创园　供稿）

4 月 27 日，财政部农业司司长王建国（左五）到漳浦县调研闽台农业（漳浦台创园　供稿）

11月17日，中国国民党荣誉副主席林丰正（前排中）回祖籍地石榴镇攀龙村省亲谒祖

（陈毅聪/摄）

4月11日，台湾海基会董事长林中森（右一）到漳浦县考察台商投资环境

（县台办　供稿）

11月9日，第七届闽台佛教文化周暨广钦老和尚修持观交流研讨活动在漳浦县举行

（蓝杰聪/摄）

12月14日，海峡两岸合作的漳州古雷炼化一体化项目在古雷经济区举行奠基仪式

（张文艺/摄）

9月24日，漳浦县首座生活垃圾焚烧发电厂正式并网发电，该电厂的投产发电将彻底解决该县生活垃圾“无害化、减量化、资源化”处理难题

（陈毅聪/摄）

8月，位于佛县的港资企业福建南顺针织公司投资近6000万元添置的200多台自动电脑针织横机投入使用

（陈毅聪/摄）

迎宾大道是漳浦县城连接沈海高速公路的主要交通要道，是漳州市最宽、最靓的道路，项目总投资近10亿元。图为迎宾大道绥安镇路段正加紧路面沥青铺设

（陈毅聪/摄于9月）

革新（漳浦）金属制作有限公司帐篷生产车间一瞥。

（陈毅聪/摄于10月）

3月20日，漳浦县互联网电子商务协会成立。是时，全县电商企业已超过100家

（张文艺/摄）

5月9日，由中国发展战略学研究会文化战略专业委员会与漳浦县委、县政府联合主办的“反腐倡廉官德教育培训”在县城会议中心举行，全县正科级以上干部参加培训

（蓝智伟/摄）

3月6日，漳浦县“德行金浦·寻找孝亲典型”活动颁奖晚会在县城孔庙前举行

（蓝智伟/摄）

1月23日，全省首家乡镇级书画院——漳浦霞美书画院成立

（陈毅聪/摄）

1 月 17 日，澎水水库至漳浦县城引水工程竣工通水，标志着漳浦县城区及周边乡镇又多了一条优质水源的供水渠道。图为县委书记沈志平（右二）在了解饮用水质量

（陈毅聪/摄）

1 月 24 日，古雷二期搬迁群众集体乔迁庆典在古雷新港城举行

（张文艺/摄）

1 月 20 日，“福满漳浦·晟世中国”漳浦县迎春书画名家作品展在县城开幕

（蓝智伟/摄）

漳浦县富美乡村建设掠影

长桥镇长桥新村一角（蓝智伟/摄）

官浔镇红霞村碧霞公园（蓝智伟/摄）

湖西乡赵家城村赵家堡东门（蓝智伟/摄）

佛昙镇轧内村的田园风光(蓝智伟/摄)

石榴镇车本村红军公园(张文艺/摄)

大南坂镇上埔村村口(县委组织部 供稿)

南浦乡后坑村的村中小公园（蓝智伟/摄）

马坪镇仙都村的村间小道（蓝智伟/摄）

六鳌镇鳌西村（县委组织部 供稿）

绥安镇大埔村荔海公园一角(蓝智伟/摄)

南浦乡水土保持生态公园（县委组织部 供稿）

夜幕下的官浔镇红霞村（县委组织部 供稿）

目　录

中共漳浦县委员会

主要会议

纪律检查

组织工作

宣传工作

统一战线工作

农村工作

精神文明建设

机关党建

党校工作

老干部工作

政协漳浦县委员会

主要会议

主要工作与活动

人民团体　社会团体

漳浦县总工会

共青团漳浦县委员会

漳浦县妇女联合会

漳浦县文学艺术界联合会

漳浦县工商业联合会(总商会)

漳浦县归国华侨联合会

漳浦县台湾同胞联谊会

漳浦县残疾人联合会

漳浦县关心下一代工作委员会

漳浦县老区建设促进会

漳浦县科学技术协会

漳浦县计划生育协会

漳浦县社会科学界联合会

漳浦县企业与企业家联合会

漳浦县红十字会

法　治

法治政府建设

古雷港经济开发区

漳浦台湾农民创业园

商务 贸易

招商引资

供销贸易

粮食流通

烟草专卖

盐业经营

经济管理

发展规划与实施

财政　税务

财政

国税

地税

金融　保险

中国人民银行漳浦县支行

中国银行漳浦支行

中国工商银行漳浦支行

中国农业银行漳浦支行

中国建设银行漳浦支行

中国邮政储蓄银行漳浦支行

漳浦县农村信用合作联社

住房保障与房地产管理

环境保护

市政管理

交通　邮电

道路交通

邮政

电信

科技　教育

科学技术

教育

文化　传媒　旅游

文化

档案工作

党史研究

地方志编纂

体育

广播电视

旅游业

卫生　计生

卫计工作

疾病防控

爱国卫生运动

气象测报 防震减灾

气象

防震减灾

乡 镇

绥安镇

旧镇镇

霞美镇

长桥镇

石榴镇

盘陀镇

大南坂镇

南浦乡

赤土乡

湖西畲族乡

赤岭畲族乡

农林盐茶场

石古农场

万安农场

长桥农场

白竹湖农场

玳瑁山茶场

南山华侨茶果场

中西国有林场

下蔡国有林场

漳浦盐场

杜浔盐场(制盐分公司)

人物和先进单位

人物名表

漳浦县副科级以上领导名录

2015年获地厅级以上表彰的个人名表

漳浦县副高级以上专业技术职务人员名表

先进单位

2015年获地厅级以上表彰的单位名表

2015年漳浦县纳税500万元以上企业名单

文　献

附　录

重要文件(通知)目录

拼音检索

县情概貌

·自然地理·

【地理位置】

漳浦县位于福建省南部沿海，漳州市东南部，介于北纬23°36′—24°21′，东经117°24′—118°01′。东及东南濒临台湾海峡，南偏西与东山县隔海相望，西南与云霄县相连，西及西北与平和县毗邻，北及东北与龙海市接壤。全境东西最宽距离62.80千米，南北最宽距离71千米。县域总面积1981平方千米（航拍2135.33平方千米，其中陆地2008.61平方千米，占93.58%；水域137.72平方千米，占6.42%）。海岸线长216千米（航拍267千米），居全省第二位；突出部形成整美、六鳌、古雷3个半岛，凹岸形成东山（古雷）湾、浮头湾、将军澳、佛昙湾、后蔡湾等垵澳。

【地形地貌】

县境属博平岭山脉的延伸，在鹿溪上游河谷分野，分为梁山山脉和石屏山脉，派分出灶山山脉。梁山山脉绵亘于县境西南150多千米，西半部是漳浦与云霄两县的界山，东半部为县境中部盆地与南区沿海的分水岭南。梁山山脉多山峰，有“梁山九十九峰”之说，主要有：洞仔尖、雀目山、狮石尖、金刚山、莲花峰等。石屏山山脉绵亘于县境西北部，其极顶海拔1006米，是漳浦县境内的最高峰；石屏山山脉崇高险峻，海拔800米以上的山峰有7座，900米以上的有5座，主要有：石屏峰、玳瑁山、五牙山、摩顶山、海云山等。灶山山脉是石屏山支脉溪坂五牙山一长桥横内山从县境中部腹地向沿海延伸，山脉的南北两侧形成赤土、湖西两个盆地。主要山脉有：胶丢尾山、乌龟山、朝天马山、灶山、南峰等。县域地势由西北向东南倾斜，各山脉之间为大小不同的平原、盆地，其间夹有许多丘陵。

【水文】

境内主要溪流有鹿溪、南溪、浯江溪、赤湖溪、佛昙溪、杜浔溪，6条溪流各成水系，主河道总长204.88千米，流域面积1460.40平方千米。河网（含13条一级支流）密度0.19千米/平方千米，年平均径流量13.88亿立方米，年排涝量16.83亿立方米，年最大排涝量23.33亿立方米。鹿溪是境内最长的溪，源自平和侯门，入县域后，纳盘龙溪、胜利溪、东山溪、盘陀溪、马坑溪、查岭溪、罗山溪、万安溪、后井溪，至旧镇城内村入东海，主河道57千米，境内长43.90千米，流域面积631.90平方千米，年均径流量5.95亿立方米，平均流量15.33立方米/秒。境内有西湖、鉴湖两个淡水湖，水域面积5.55平方千米。全县有水库89座，其中中型8座，小（一）型20座，小（二）型61座，总库容25154.70万立方米，集雨面积362.02平方千米。水库年可供水2.30亿立方米，有效灌溉面积133平方千米。

【气候】

漳浦县属南亚热带海洋性季风气候。雨量充沛，冬无严寒，夏无酷暑，冬季短，春、夏、秋长。多年平均气温21.3℃，1月平均气温13.6℃，极端最低气温0.1℃（1999年12月23日）；7月平均气温28.4℃，极端最高气温38.7℃（2002年7月4日）。

最高月平均气温 29.7℃(2003 年 7 月); 最低月平均气温 11.5℃(1986 年 2 月)。平均气温年较差 15.4℃,平均气温日较差 8.1℃。年平均霜日 3.90 天,无霜期 353 天、最长 365 天,最短 349 天,沿海村及半岛、海岛全年无霜。年平均日照时数 1825.40 小时,年总辐射 132.76 千卡/平方厘米。5℃以上持续期 365 天。年均降水量 1690.30 毫米。内山区 1700－1800 毫米,半岛及沿海 900－1200 毫米;年平均降雨日数 125 天,最多达 200 天(1984 年),最少 123 天(2009 年)。极端年最大降雨量 2557.20 毫米(2006 年),极端年最少降雨量 1043.30 毫米(1988 年),降雨集中在每年 3－9 月,6 月为最多。年平均相对湿度 77%,年平均蒸发量 1782.60 毫米,年平均雾日 8 天。常年平均风速 2.10 米/秒,夏季以东南风、南风为主,冬季以西北风、东北风为主。

【矿藏】

境内已探明矿产有 23 种,其中金属矿有铁矿、铅锌矿、铝土矿、钨锡矿等 6 种。铝土矿储量 77.64 万吨 (已开采 36.235 万吨), 钨矿储量 602 吨、锡矿 112 吨。非金属矿有砂矿、花岗岩、玄武岩、辉绿岩、高岭土、陶瓷土、硅藻土、石英等。其中玻璃砂储量两亿吨以上, 铸型用砂 1.27 亿吨,水泥用标准砂 94.69 万吨,硅藻土储量 198.70 万吨,高岭土储量 500 万吨,饰面用花岗岩 2.15 亿立方米以上, 饰面用辉绿岩 500 万立方米,陶瓷土 101.90 万吨,建筑用花岗岩资源达 5 亿立方米以上。地下淡水常年储量 2.60 亿立方米, 每年利用 0.80 亿立方米; 地下热水有石榴象牙、东山村温泉,盘陀雀埔温泉,沙西院前,土楼埔头温泉, 均已局部开发建温泉浴室; 另有旧镇狮头海水温泉,一个钻孔自喷涌水量 1000 吨/日以上,孔口水温 52℃。

· 政区人口 ·

【政区沿革】

漳浦县秦前属七闽地。秦并入版图属闽中郡。汉部分属东冶县,部分属南海郡。晋义熙九年(413 年)置绥安县,属义安郡。隋大业三年(607 年),并入建安郡的龙溪县。唐武德元年(618 年),属领南道建州龙溪县。唐武德五年(622 年),属江南道丰州龙溪县。唐贞观元年(627 年),属岭南道泉州龙溪县。唐垂拱二年(686 年),置岭南道漳州,置辖怀恩,漳浦两县。五代后梁开平三年(909 年),属闽王国漳州。南唐保大四年(946 年),改漳州为南州,属南州。宋乾德四年(966 年),复南州为漳州,属漳州。元至元十六年 (1279 年), 改漳州为漳州路,属福州行中书省漳州路。明洪武元年(1368 年),改漳州路为漳州府,属漳州府。清时,均属漳州府。民国元年(1912 年),属福建省漳州府。民国 2 年,废除府州制度,福建设东、西、南、北四路,属南路。民国 3 年,改设闽海、厦门、汀漳、建安四道,属汀漳道。民国 23 年,全省设 10 个行政督察区, 属第六行政督察区。民国 24 年,全省设七个行政督察区,属第五行政督察区。

1949 年 9 月, 漳浦县解放,属福建省第六行政专区。1950 年 4 月, 第六行政专区改称漳州行政督察区, 属漳州行政督察区; 是年 8 月,漳州行政督察区改为龙溪地区,属龙溪地区。1955 年 3 月,龙溪地区改为龙溪专区,属龙溪专区。1985 年 6 月,龙溪地区改称漳州市,属漳州市至今。

【政区划分】

宋乾德四年(966 年),漳浦县城区设坊,城区外设乡。元至元十六年(1279 年),县域设一坊三乡。明洪武元年(1368 年),县域设坊、都、图,有 1 坊 13 都 76 图。清初,县域设坊、都、保,有一坊九都 175 保; 嘉庆三年(1798 年),县域有 1 坊 9 都 135 保。民国 23 年,推行保甲制度,县域设 306 保,编为 50 个联保。民国 29 年,联保改为乡镇,编为 30 个乡镇 301 保。

1949 年 9 月, 漳浦县解放,设立 7 个区, 后先后增设至 12 个区, 分辖 6 个镇,135 个乡。1958 年 9 月后,撤销区(乡镇)建制,成立 10 个人民公社;之后,分设为 26 个人民公社, 再合并为 17 个人民公社。1984 年 9 月后,人民公社改为乡(镇),原生产大队改为行政村, 全县共有 3

个镇，18 个乡。1988 年 5 月起，漳浦县陆续撤乡改镇。至 2015 年，全县有绥安、旧镇、霞美、杜浔、沙西、古雷、六鳌、深土、赤湖、佛昙、前亭、马坪、官浔、长桥、石榴、盘陀、大南坂 17 个镇，南浦、赤土 2 个乡，湖西畲族乡、赤岭畲族乡 2 个少数民族乡，共 21 个乡镇。

【人口】

2015 年，全县总人口 905956 人，办理出生入户 17656 人，办理死亡注销 4273 人，办理户口迁入 11478 人(其中省内户口网上迁移“直通车”9961 人)，迁出 12655 人（其中省内户口网上迁移“直通车”11130 人)。是年，人口出生率 16.75‰，自然增长率 11.88‰；出生人口性别比 108.55。全县共登记流动人口 32894 人，其中：务工 27960 人、务农 168 人、经商 384 人、服务 33 人、因公出差 32 人、借读培训 212 人、治病疗养 4 人、保姆 3 人、投靠亲友 47 人、寻亲访友 310 人，其他 3741 人。

·漳浦名片·

【千年古县“金漳浦”】

漳浦县是漳州市建县时间最长的一个县份。唐垂拱二年(686 年)，被后人称为“开漳圣王”的陈元光，奉诏继承父志，在平定闽南、粤东一带的“蛮寇啸乱”后，请准朝廷在潮州与泉州之间建立漳州，辖漳浦、怀恩两县。[开元二十九年(741 年)，怀恩县并入漳浦县]，漳州州治设在漳浦县。建县之初，漳浦县境域甚广，东至于海，南至潮阳，西至新罗，北至龙溪。从元代至治二年（1322 年）起至民国 5 年(1916 年)，先后从漳浦县析出，置建南胜(南靖)县、诏安县、云霄县、东山县。陈元光建立漳州后，积极推行“励农、兴工、惠商”政策，开山治道，屯田建堡，传播中原文化；还鼓励带来的 58 姓将士与当地人通婚。一段时间后，就把闽南这片山深林密、荆莽丛生、地旷人稀、土著散居的“蛇豕之区”治理得地方安定，民情融洽，经济繁荣。漳浦县依山傍水，山海田具备，自然环境优越，物产富饶，经济繁荣，明万历年间，开始有“金漳浦、银同安”的谚语在社会上流传，并被载入《闽书》。此后，漳浦便被称为“金漳浦”。

【台胞主要祖籍地】

漳浦县是台湾同胞主要祖籍地之一，在台湾居民中，祖籍漳浦县的台胞占台湾总人数的十分之一以上。漳浦人到台湾谋生由来已久，特别在明清年间，漳浦人移居台湾成规模、持续的态势。在去台的漳浦人中，有国民党前副主席林丰正的曾祖父林成祖，清雍正十二年(1734 年)渡台，在淡水厅开拓农田数万亩，并开凿大甲圳、大安圳等水渠，引水灌田万余亩，为台湾的农业生产做出贡献，《台湾通史》记述他的事迹：“成祖以豪农而勤稼穑，凿渠引水，利泽孔长，至今犹受其赐，是咸有功于垦土者也”；有台湾政要吴敦义曾祖父的族亲吴沙，清乾隆三十八年(1773 年）到台湾，带领来自漳州、泉州和广东各地的 1000 多名大陆移民，在少数民族聚居地的噶玛兰(时也称蛤仔难，即今宜兰)，先后开拓了“头围”，(即头城)、“二围”(即二城)、汤围(礁溪泉一带)、“四围”(即四城)等大片的土地，被台湾称为“开兰第一人”“宜兰始祖”。清咸丰八年(1858 年)，为彰显吴沙的功绩，台湾竹堑巡检王兆鸿特意在宜兰县头城，立上一块“吴沙昭绩碑”；还有清嘉庆年间渡台，曾任国民党中央常务委员、台湾地区“副总统”的谢东闵的曾祖父谢增福。

【红色中央苏区县】

漳浦县是革命老区县，有老区建置村 111 个，革命基点村(自然村)125 个。老区人口 28.99 万人，占全县 90.60 万人口的 32%。在这方红色土地上，早期的中共党员、中央农民部汀漳道特派员李联星，曾在这里举办闽南第一期农民运动讲习所，点燃闽南农民运动的星星之火，发动了被中共福建省临委称为“马坪农民的这一斗争，将由反烟苗捐斗争深入为整个土地革命斗争，由漳浦一县扩展至闽南全省的斗争”，发生在 1928 年 1 月 10 日的马坪千余名农会会员武装抗缴烟苗捐斗争；陶铸、邓子恢等老一辈革命家曾在这里生活战斗过，建立被称为“闽南井冈山”的闽南第一块红色区域——(南)靖、(平)和、(漳)浦根据地，并在1932年领导根据地中心区的龙岭、山城、车本村群众，发动震撼闽南的“山城烽火”武装斗争；闽南第一支正规红军队伍——中国工农红军闽南独立第三团(史称红三团)在这里诞生，并在震惊全国的1937年7月16日“漳浦事件”(毛泽东主席称之为“何鸣危险”)发生后，重组红三团，编为新四军第二支队四团一营，开赴苏皖抗日前线。至1949年9月漳浦县解放，在这块红色土地上，红旗不倒。2013年7月，漳浦县被中央党史研究室正式认定为“原中央苏区县”。

【人文荟萃的热土】

漳浦县历史上名人辈出，仅在明中期到清中期的200多年时间中，七品以上的文官和五品以上的武官就有500人以上。其中，旧镇乌石紫薇书院，就出了17名进士。在漳浦县历代的名人中，有从紫薇书院走出来，殿试一甲三名，先后被授予翰林院编修、国子监司业、国子监祭酒、礼部左侍郎、礼部尚书等多种职务，万历皇帝特赐他御书“忠爱”匾额的探花林士章。有被称为“两帝师”的蔡世远、蔡新叔侄。蔡世远是清代理学家、教育家，官至礼部侍郎、太傅，是乾隆的老师；蔡新是嘉庆的老师，历任礼、工、刑、吏、兵“五部尚书”，《四库全书》总裁，文华殿大学士，是漳州市古代官阶最高的一个人。乾隆皇帝两次手书赐匾“武库蓍英”“黄扉宿彦”；嘉庆皇帝御书赐匾“绿野恒春”。有为平定台湾，实现国家统一，治理台湾，促进台湾经济社会发展做出杰出贡献的，被称为“蓝氏三杰”的蓝理、蓝廷珍、蓝鼎元及黄性震。他们中的蓝理，康熙皇帝两次为其题写御榜文：“所向无敌”“勇壮简易”，以表彰他平定台湾的功绩，并在府城漳州建立坊表，以示恩宠。蓝理死后，康熙皇帝特赐联：铜柱海疆曾著绩，铁衣戎略夙知名。

【福建省优秀旅游县】

2012年，漳浦县被中国县域经济协会评为“中国最具特色文化休闲旅游胜地”。2013年，在入选“美丽中国·生态旅游(十佳)示范县”后，被省政府正式命名为“优秀旅游县”。至2015年，漳浦县成为全省唯一拥有5个国家AAAA级旅游景区的县份。

自然景观　漳浦县依山傍海，大自然的造化，使漳浦县风景秀丽，风光旖旎。在这里有被评选为“中国最美的十大海岛”之一、被省政府列入福建十大旅游品牌、具有典型的第三纪火山地质地貌、距今1700万年前的喜马拉雅运动中岩浆由地球深处沿北东向断裂处向上涌出喷发形成的滨海火山地质遗迹；有历经千万年的海浪风沙洗礼，特殊的矿物质在四通八达的沟壑间呈现出绚丽多姿的图形，被中科院地质专家命名为“抽象画廊”的海蚀风化花岗岩地质地貌海岸景观；有层峦叠嶂，巍峨壮观，奇崖怪石构成许多天然石棚洞穴，山间遍布珍稀植物，山头终年云雾缭绕，给人如临仙山琼阁，而忘却天上人间，相传东晋道士葛洪隐居于此修仙炼丹，开国名将皮定均将军因公殉职空难处的丹山风景区。

文物古迹　悠久的历史渊源，丰厚的历史积淀，在漳浦的大地上留下一大批文物古迹。有世界上独有的一个灭国王族聚族而居数百载，被誉为“国之瑰宝”、十个“漳州市城市名片”之一的宋城赵家堡；有被明地理学家徐霞客赞为“书法为馆阁第一，文章为国朝第一，人品为海内第一，其学问直接周孔，为古今第一”，被清乾隆皇帝谕文颂他“立朝守正，风节凛然”“以身殉国，不愧一代完人”，被世人誉为“旷世伟人，全闽师表”的明代大儒黄道周故居和讲学处的“明诚堂”；有由朝廷下诏立庙，始建于唐开元四年(716年)，闽南地区规模最大的第一座祀奉“开漳圣王”陈元光的庙宇“威惠庙”。至2015年，已被列入《中国文物地图册》市县分册的有600余处，列为国家级重点文物保护单位5处，被列为省级重点文物保护单位10处，被列为县级文物保护单位的有90处，是福建省的文物大县。

·经济社会发展综述·

【概述】

2015年,漳浦县经济社会发展保持稳中有进,圆满完成县人大十六届四次会议确定的各项目标任务。全年实现地区生产总值256.90亿元,同比增长11.20%;固定资产投资210.70亿元,同比增长23.90%;规模工业总产值330.80亿元,同比增长11.90%;规模工业增加值96.30亿元,同比增长11.80%;公共财政总收入20.20亿元,同比增长12%;地方公共财政收入13.50亿元,同比增长12%;社会消费品零售总额92.60亿元,同比增长12.20%;外贸出口总值5.95亿美元,同比下降17.60%;实际利用外资1.23亿美元,同比增长1%;城镇居民人均可支配收入27924元,同比增长9.20%;农村居民人均可支配收入14856元,同比增长9.40%。被授予国家级出口食品农产品质量安全示范县、国家级电子商务进农村示范县、中国文化先进县、中国民间文化艺术之乡、2015年度福建县域经济发展十佳县、省食品安全社会共治示范县、省级园林县城、漳州市爱民固边模范县。

【工业经济快速发展】

2015年,漳浦县规模工业企业发展壮大,新增规模企业38家(含年报)、总数达到226家,亿元以上企业78家、同比增加15家;盈丰食品、一帆新能源、伟伊包覆线、敏捷动漫等41个项目建成投产,鹏利玩具、安发纸业、农机产业园、佳誉泳装等114个项目开工建设。平台建设加快推进,古雷港区整岛搬迁、收海工作基本完成,8个村2.79万名群众喜迁新居,总投资近千亿、首期投资300亿的古雷炼化一体化项目实现奠基,为发展注入新引擎;绥安工业区园区通过省级开发区区域环评,整合有效推进,一期4个园已完成机构、人事、财务等归并工作;厦门港南岸漳浦片区完成投资9.60亿元、征地81.33公顷,其中:海岸新城项目投资5.60亿元、前亭工业园投资4亿元,园区道路与水电网等市政基础设施开工建设;九龙江林业工业科技产业园签约落户该园,粤港家居产业园首批7个项目即将开工建设;长桥木业产业园已有11家企业完成注册并着手相关前期工作;盈丰工业园建成投产、玩具产业园实现部分投产,万安生态产业园区完成投资3.50亿元,万安大道一期建成通车,唐郡漳浦文化村、通用厂房等项目建设加快;赤湖皮革园区首批12家企业有10家进入试投产,其中:信德、泰庆等5家企业正式投产。

【农村经济加快推进】

2015年,漳浦县现代农业提质增效,规划石榴特色现代农业和赤土光伏立体农业2个上千亩现代农业示范区,建设官浔、石榴2个粮食核心示范区;建设智能化温控大棚近67公顷;新增扬基生物等4家市级农业产业化龙头企业,新增农民专业合作社43家、新建家庭农场26家;申报新华东食品等13家企业为省级农业产业化重点龙头企业、扬基铁皮石斛专业合作社为全国农民合作社农产品加工示范单位。农业基础设施不断完善,投入2.16亿元,顺利实施10大类28个重点水利项目;完成土地整治655.47公顷;渔港建设加快推进,开工建设2个避风锚地。

【三产水平明显提高】

2015年,接待游客582万人次,旅游总收入26.70亿元,分别同比增长20.10%和30.60%;翡翠湾成功创建国家AAAA级旅游景区,东南花都获评省级生态旅游示范区,并与天福茶博物院、火山岛入榜首批全国旅游价格信得过景区,官浔镇、赤土下宫村分别获得省级乡村旅游休闲集镇、特色村。“互联网+”产业提速增效,现代服务业加快发展,投入1.20亿元,建成投用电商创业园、电商服务中心、电商培训基地,基本建成县级物流仓储中心、21个乡镇物流分仓,建成首批50个村级服务站点;培育350多家电商实体企业、90多家本地电商企业、36家电商配套服务企业和3000多个网络销售平台卖家,一批传统特色产品通过本地电商平台走上线上销售“快车道”,全年实现电商交易额

17.40亿元，被评为国家级电子商务进农村综合示范县；房地产业健康发展，新开工面积81.86万平方米。

【重点项目建设不断加速】

2015年，漳浦县坚持项目带动战略，切实增加有效投资，经济运行继续保持在合理区间。重点项目建设加快实施。紧密结合“大干六个月”活动，倒排时间节点、倒逼建设进度，全力以赴加快重点项目建设；完善项目分级管理，实行县领导挂钩重点项目和项目“会诊”制度，开展“进企业、解难题、促发展”帮扶活动，及时解决项目建设中遇到的困难和问题，有力促进重点项目建设提速提效。全县102个县级以上在建重点项目累计完成投资161.70亿元，完成年度计划的102.60%，超序时进度2.60个百分点。其中，省市重点项目38个，完成投资85.10亿元。

【招商引资成效显著提升】

2015年，漳浦县招商引资工作紧抓不懈，实施“飞地工业”，强化“飞地招商”，坚持定期召开“飞地工业”工作推进会，形成全社会参与招商浓厚氛围；深入推进驻点招商、产业链招商，继续发挥漳浦驻深圳等招商联络处作用，承接台湾和珠三角等地优质产业项目转移。引进总投资50亿元的粤港家居产业园、总投资50亿元的漳龙循环经济产业园和总投资30亿元的九龙江林业工业科技园。招商引资再创佳绩，全年共签约报批项目157个，总投资169亿元，其中亿元以上项目19个。

【要素保障力度持续加大】

2015年，漳浦县项目要素保障持续发力，深入开展“进企业、解难题、促发展”活动，帮助企业解决项目报批、用地用工、融资融券等难题。建立常态化的招工机制，有效缓解企业用工紧缺局面，解决企业用工3000多人；加强用地、用林等要素保障，全年获批土地200.27公顷、占用林地面积582亩、完成闲置土地处置36宗165.87公顷；创新服务方式，优化审批程序，开辟“一站式”报批服务通道，出台优化审批服务18条措施，积极推行“三证合一”“一照一码”登记制度，促进项目审批提速提效；开展PPP和国家专项基金项目融资对接，融资意向金额达25.26亿元，被列为“全国县城深化基础设施投融资体制改革试点县”；光大银行、厦门银行先后进驻开业，信贷总量突破200亿元；500千伏东林变开工建设，110千伏西营变竣工投用，全县用电保障能力进一步提高。

【城乡建设有序推进】

城市建设再上新台阶　2015年，漳浦县完成新一轮县城总体规划评审稿和县城区道路竖向、县城绿地系统等专项规划编制工作；实施城市道路及各类管网管沟建设，完成城区道路、排水排污、景观风貌等16个专项规划；万安隧道建成通车，迎宾大道基本通车，旗山路、石斋北路等13条道路改造建设加快推进；新建改造污水、燃气等一批管网；县城生活垃圾焚烧发电厂投入运行，投入794万元，完成大亭、后楼池农贸市场建设；基本完成道周公园、绥东溪、南门溪等一批景观工程改造；开展县城区市容市貌，强力推进渣土车、广告招牌等专项整治；新增绿化面积11.90万平方米，一次性通过省级园林县城考核验收。

农村面貌大幅改观　2015年，漳浦县开展“两违”(违法占地、违法建设的建筑)整治等五大专项整治，拆除各类违法建筑68.18万平方米；扎实推进24个美丽乡村建设及15个市县级环境整治村建设；建设农村公路130千米，村村通客车率达98%；县城至赤土纯电动公交专线开通，绿色公交延伸至农村；着力抓好石榴龙岭等5个市县级扶贫开发重点村，加快脱贫进程。沿海大通道建设顺利推进，旧镇、佛昙两座特大桥建设加快，漳江湾特大桥开工建设，建成农村公路130千米，改造危桥3座、完成农村道路养护400千米。水利基础设施投入力度加大，实施水库除险加固、农村饮水安全、海堤加固、中小河流治理等水利项目；加快六鳌、前湖等渔港建设，防灾减灾能力切实增强。

【生态保护不断加强】

2015年，漳浦县全力做好减

排工作。开展重点领域节能工程，主要污染物排放总量减少、单位GDP能耗等均控制在省、市下达范围之内；建成县城污水处理厂二期、杜浔（前埔）污水处理厂、盘陀污水处理厂、旧镇西区污水处理厂等一批排污设施；台玻二期脱硫脱硝设施、扬绿热能有限公司脱硫设施稳定运行；全面开展27家规模化畜禽养殖场综合治理。加强环境综合整治。实施美丽乡村建设，累计拆除猪圈、旱厕、临时搭盖6万平方米，完成裸房旧房整治3.60万平方米；全面落实乡镇垃圾清运市场化运作，全县垃圾处理率达100%。持续推进“四绿工程”建设和人造林更新等补植工程，完成造林绿化面积2266.67公顷，超额完成省、市任务；强化河道、海域采砂日常监管和鹿溪、南溪等重点流域水环境巡查整治，严厉打击各类违法采砂、向河道倾倒建筑垃圾等行为；扎实开展非法采矿采砂等专项整治，关闭矿山26家，河砂采售权实行公开拍卖；实施“碧海银滩”和“打非治违”等专项行动，清理海漂垃圾111.40吨，城乡生态环境得到有效保护。

【社会更加和谐稳定】

保障体系不断完善　2015年发放城乡低保金6160万元、抚恤补助资金1650万元；城乡居民社会养老保险、新农合保障标准进一步提高；建成官浔、马坪、长桥、杜浔、赤湖等乡镇敬老院；完成配租配售廉租房360套；完成印石花园A区保障房分配。大力发展网上人才市场，人力资源市场投入使用，成立全省首个全国妇女创业就业基地。企业与求职者实现资源共享；新增城镇就业6487人，新增农村劳动力转移就业9988人，城镇失业率2.20%以内；累计为4000多名劳动者讨薪5000多万元。

科技工作不断创新　2015年，促成丰盛食品院士专家工作站成立；与中国海洋大学达成牡蛎干原色原味加工等多项合作意向；长禾被确认为国家高新技术企业，同溢堂、美丽家香被列入省级创新型企业。全年实施22个中央和省市科技计划项目，授权专利305件。

教育事业优先发展　2015年，漳浦县重视普惠性幼儿教育，义务教育质量稳步提升；全力加快初中校扩容、“全面改薄”等项目建设进度，绥安中学等20个项目竣工投入使用；高考本科上线率高出全省平均上线率7.60个百分点，漳浦一中本科上线率连续13年稳居全市第一、连续第8年获得“高考功勋奖”。

文体事业蓬勃发展　2015年，文体中心、人民剧场等文化重点项目建设加快推进；大型芗剧《兄弟讼》和《拾银记》获省第26届戏剧会演一等奖；启动锦江楼等文物修缮工程；组织开展各类文体活动100多场次；持续推动优秀传统文化进校园。

卫计服务能力持续提升　2015年，医改工作有序开展；县医院改扩建工程投入使用，县妇幼保健院迁建工程基本建成，赤土、前亭卫生院建成投用，杜浔等一批城乡医院加快建设；妇幼保健、疾病监控等工作成效明显；新招录卫技人员101人；“单独二孩”政策稳步实施，发放各类奖金640万元，计生“国优”成果更加巩固。

社会治理逐步深化　2015年，漳浦县严格落实安全生产“党政同责、一岗双责”，推进企业安全生产标准化建设，配合妥善处置古雷“4·6”燃爆事故，道路交通安全综合整治三年行动成效显著；加强市场监督管理，创建食品安全社会共治示范县，海峡花卉集散中心被确定为2014—2015年度全国诚信示范市场；加强矛盾纠纷化解，有效解决历年信访积案30件；“平安漳浦”建设深入开展，社会治安管控全面加强，官浔镇成为全县首个社区和农村平安监控全覆盖乡镇；村级组织换届100%完成。

专　记

谱写食品安全共治新篇章

——漳浦县创建省级食品安全社会共治示范县工作纪实

2015年3月，漳浦县被确定为福建省首批（10个县）食品安全社会共治试点创建示范县，按照“预防为主、风险管理、全程控制、社会共治”创建原则，漳浦县着重在建立健全监管机制、落实企业主体责任、推动示范引导带动等方面狠下工夫，全面推进创建工作。

完善创建机制

明确责任目标　县委、县政府高度重视创建工作，成立食品安全社会共治领导小组，由分管副县长任领导小组组长，各成员单位主要负责人任小组成员。将食品安全纳入县政府2015年十大为民办实事项目之一，列支1200万元，分别用于食品检测中心、农村集中屠宰场所、食品药品电子实时监控系统3个项目建设。制订发下《漳浦县人民政府办公室印发创建食品安全社会共治工作方案》，推动食品安全社会共治各项创建工作。县委、县政府主要领导多次召开专题会议，听取食品安全社会共治创建进展情况，并将食品安全工作（包含食品安全社会共治工作）纳入对乡镇政府、县直有关单位年度绩效考核体系，分上半年和下半年两次进行考评。制定下达食品安全目标责任书，明确县食品安全委员会各成员单位及乡镇人民政府的食品安全工作目标和责任追究制度。

引导行业协会和社会组织参与社会共治　发挥县食品行业协会、消费者权益保护委员会和其他社会组织的作用，强化沟通协调，出台鼓励行业协会政策措施，制定行业协会参与食品流通、餐饮许可现场评级的文件，让他们参与到食品安全监管工作中来。同时发挥食品药品、工商、质监3个单位整合后的优势，在全县各个乡镇的建制村（社区）设立食品安全申诉举报联络站或消费维权服务站，及时受理解决群众对食品消费的投诉与举报。此外，引导行业协会参与，县蔬菜出口协会与政府共同建立漳浦大葱质量安全示范区，指导大葱、花菜、萝卜等出口种植基地统一药肥水使用和病虫害防控，有效解决农产品安全质量不稳定问题，守住全县食品安全的第一道防线。佛昙镇水产养殖协会推广科学健康的养殖模式，举办“石斑鱼健康养殖技术交流会”，邀请多名国际、国内水产专家进行讲座交流；向150家会员印发水产健康养殖技术手册、科学用药图谱、禁药清单；对苗种来源、购销渠道、产品售前药残检验检测进行统一指导，筑起水产品质量安全屏障。

完善食品安全综合协调机构　县食安委及时调整食安委各成员单位名单，将食安办日常工作挂靠在市场监督管理局。完善各项规章制度，先后出台《漳浦县食品安全委员会工作制度》《漳浦县食品安全委员会新闻发言人制度》《漳浦县食品安全委员会信息报告制度》等。同时,对乡镇一级的食品安全综合协调机构进行调整,进一步明确办事机构、办事职责及办事人员。各乡镇食安办均配有1名专职事业编制办事员。

强化部门协作联动

加强信息沟通交流 县食安委各成员单位及各乡镇政府组成联席会议小组,每季召开一次食安委成员联席会议,每月召开一次联络员会议。通过建立定期沟通协调机制,对食品安全社会共治创建过程中碰到的热点难点问题及时进行交流探讨,集思广益加以解决。

加强联合执法行动 县市场监管局、公安局、农业局、海洋渔业局、卫计局、商务局、教育局等部门开展经常性的联合执法行动,加大对食品安全违法行为的打击力度。县人民检察院在市场监管局设立巡回检察室,指派两名检察官常驻市场监督管理局,制定检察官巡回检查制度,使检察官能及时介入指导行政执法部门查处可能涉嫌犯罪的案件,促进行政执法与刑事司法的无缝衔接。2015年,全县立案查处各类食品安全违法违章案件139起,罚没收入120万元,移交司法机关案件6起,对全县食品安全违法犯罪分子起到很大的震慑作用。县食安办与县卫生局及时制定年度食品安全风险监测计划方案,围绕食品食源性致病菌监测、化学污染物和有害因素监测、食源性疾病制定监测目标,主动开展监测。全年主要是采集卤料、凉拌菜40份进行食源性致病菌的检测,对不同种类食品分别完成了大肠菌群、沙门氏菌、大肠埃希氏菌0157、单核细胞增生李斯特氏菌(定量)、金黄色葡萄球菌(定量)等多种致病菌的检测。科学实施食源性疾病的主动监测。及时启动食物中毒和疑似食源性异常病例/异常健康事件监测报告系统,规定各岗位医师一旦发现食物中毒和疑似食源性异常病例/异常健康事件,均要立即准确上报该医院感控科,并且明确事件报告卡的填报要求,规范监测信息和待测标本的报送流程。

加强应急处置管理

制定下发《漳浦县重大食品安全事故应急预案》,制定食品安全现场应急演练脚本。县食安办组织县政府办、市场监督局、卫计局、公安局、教育局、县医院、县第二实验小学等单位,开展重大食品安全事故活动应急演练,模拟小学食堂发生急性食物中毒后的应急处置,提高食品监管队伍的应急处置能力。县食安办制定下发《食品安全舆情监测制度》《食品安全信息发布制度》,开展食品安全舆情监测,规范食品安全信息发布的程序及审批制度。9月,县食药监局根据监测情况,通过审批程序,及时发现河豚消费警示,提醒群众不要食用野生河豚。

建立食品安全检验检测资源共享机制

在创建食品安全社会共治示范县过程中,漳浦县整合现有的食品检验检测资源,将分散在卫生、农业、海洋渔业、工商等各个部门的检测资源进行整合,市场监督管理局与海洋渔业局和农业局签订检测资源共享合作协议,规定市场监督局在开展流通环节食用农产品、水产品检验检测时,可以共享农业局与海洋渔业局的快速检测实验室,使用相关快速检测设备。县政府与市出入境检验检疫局漳浦办事处签订《漳浦县食品农产品质量安全公共检测平台合作协议》,建立起投资1500万元、全省县域最大、最先进、最专业的食品农产品质量安全公共检测实验室,实验室拥有高精检测设备30多台套,拥有博士、硕士等14人的专业队伍,检测项目250项,已建成投入运行,有效提高全县出口农产品的检测速度和检测水平。

推进餐桌污染各项治理

深入开展农产品质量安全和畜禽养殖环节整治 强化基地和市场的监管,扎实做好农产品质量安全的监督、管理、整治和提升工作。全县共组织种植业农残抽检1808批次,合格率98.20%;"瘦肉精"及莱克多巴胺、沙丁胺醇抽检3630头份,合格率100%;蔬菜和畜(禽)重金属抽检合格率100%；组织水产苗种、产地水产品以及捕捞水产品抽样检测160批次，合格率100%；检验进出口食品农产品9417批次，合格率99.82%。加大食品质量安全风险监测力度，开展食品生产、流通、餐饮服务单位食品质量监督抽查，抽检不同批次食品255个品种，其中7个批次被检出不合格，抽检合格率为97.30%；开展集中式饮用水源地水质抽检49次，水质达标率100%。粮食局重点加强对粮油加工企业的监管，抽检米、面及原粮6批次，卫生指标合格率达100%，未发现有毒有害伪劣粮食。国检部门对出口食品实施“一厂一品一策”的个性化分类监管，突出过程监管、防范在先，全过程落实企业主体责任，督促61家出口食品企业开展自查自纠，完善自检自控体系。

加强食品生产加工环节监管　深入开展“大摸底大排查大整治”专项行动，制订下发《漳浦县食品生产安全风险“大摸底大排查大整治”专项行动方案》，开展食品生产企业抽样检验，共抽取样品150个，抽检合格率98%，对抽检产品不合格企业及时通知召回不合格产品，对库存不合格产品作监督销毁处理。开展食品小作坊专项整治，组织小作坊业主观看学习《以案为鉴　警钟长鸣》食品安全教育片，引导小作坊业主走合法经营的道路。开展小作坊违法生产查处行动，立案查处无证生产小作坊1家，罚没款1.02万元。

加强流通环节食品安全监管　加强食品经营企业日常监督检查，全年共出动执法人员1956人次，检查食品经营企业3645户次，认真填写食品经营企业日常监督检查记录表，及时归档备查。制定专项整治文件，结合“僵尸肉”开展冷库及冷冻冷藏食品专项治理，共检查冷库100余家，检查冻肉经营户20余家，查处销售无合法进口手续冷冻禽肉案件1件，罚没0.30万元。

加强餐饮服务管理　全面推行量化分级管理，重点对大中型餐饮、重要街区餐馆、学校食堂、景区和人员密集区餐馆开展评定工作，动态等级评定结果进行上墙公示，全年共开展量化分级评定626家次。建设餐饮服务示范街、示范店，突出餐饮管理公示公开和“明厨亮灶”，在示范街区和示范店严格落实“六统一”“六公开”，即许可证、人员健康证、量化评定等级、管理负责人和诚信经营承诺书、监管单位与投诉电话六项内容，提高群众消费安全指数。

加强饮用水监管　开展生活饮用水监督和监测工作，共发出饮用水卫生监督意见书30份，生活饮用水监测通知书10份。加强对出厂水、管网末梢水和二次供水水质监测工作，掌握各供水单位的水质卫生状况，对存在的问题及时做出处理决定，切实保障群众饮水安全。全年共送检出厂水和地表水14次，合格13次。开展县城区管网末梢水和二次供水监测点共12个，从疾控中心采样抽检结果显示，合格点11个，合格率约91.70%。

提高市场主体责任意识

制定《漳浦县食安办关于食品安全信用体系建设的若干意见》，以重点食品生产经营、销售所涉及各环节企业为对象，以食品安全追溯体系为依托，以信用记录、共享、披露、应用为主线，以信用制度建设为核心，以信用从严管理为基础，以联合惩戒突出应用为关键，覆盖粮食、肉制品、蔬菜、乳制品、食用油、淡水鱼等六大类与人民群众日常生活密切相关的食品生产经营企业，建立全过程食品安全信用体系，努力营造“守信受益、失信惩戒、诚信自律”的行业氛围。

制度落实　在食品生产经营户中扎实落实食品进货查验记录等一系列食品安全管理制度，特别是在20家肉制品、婴幼儿配方食品、食品添加剂等风险度较高的食品生产企业中，重点推行质量受权人制度，签署食品质量安全受权文书，明确食品生产企业具体的质量安全总负责人，真正从生产源头落实主体管理责任制度。

诚信建设　将全县一万多户食品生产经营单位纳入信用体系建设范畴，建立信用档案，实施动态分级分类管理和“黑名单”制度，对违法违规企业依法从严追究其主体的责任，让不守信生产经营者承担应有的责任。

强化培训　以《食品安全

法》和食品安全应知应会的相关知识为重点，一年中举办食品安全各类专题讲座、培训会14期，受训企业人员4063人次。通过强化培训，引导食品生产经营户熟悉法律法规对食品生产经营的各项要求，自觉履行法定责任和义务。

电子溯源监管 县财政专门拨出100万元资金投入到食品安全电子信息化监管方面的建设，将全县规模较大的20家食品生产经营单位、22家食品批发企业、15家学校食堂纳入首期电子监管溯源系统。初步实现食品生产经营过程的实时监控管理和过程的可溯源，形成“来源可追溯、去向可查证、责任可追究”的食品安全可追溯体系，确保食品生产经营户主体责任的落实。

构建食品安全监管三级网络

创建“横向到边、纵向到底”监管模式，在全县21个乡镇设置13个市场监管所，将监管执法的重点转向基层，构建完善食品安全监管网络。全县各个建制村（社区）配备330名食品安全协管员和信息员，县财政还将基层食品安全协管员的工作经费纳入财政预算，使县、乡（镇、场）、村三级食品安全监管体系覆盖面达到100%，将食品安全监管网络延伸到最基层。引导社会力量参与食品安全社会共治，延伸监管触角，聘请15名县人大代表、县政协委员为食品安全荣誉监督员，35名离退休老干部、共青团员、社区妇女干部被聘为食品安全义务监督员。发挥他们的监督作用，对全县食品生产经营场所进行监督，提出意见和建议，提高监管工作的针对性。

规范管理农业投入品

县农业局对全县蔬菜、水果等主要农作物所使用的农药实行统一准入门槛，统一经营登记，建立和完善农资经营诚信档案、购销台账制度和高毒农药定点经营、实名购销制度等。至年底，全县第一批14家农药经营企业已纳入平台管理。通过平台建设管理，也使农药经营企业加入到农产品质量安全社会共治的活动中，诚信经营，进一步规范农业生产投入品管理，确保种养殖环节的用药安全。

深化示范街区（点）创建

创建餐饮服务食品安全示范街区 将餐饮服务安全示范建设作为示范建设的重要抓手，在示范街区内开展明厨亮灶改造工程，在餐饮服务场所的厨房安装全球眼电子监控设备，将后厨食品制作过程纳入全程监控，餐厅消费者可以察看到厨房的工作情况，放心消费。街区内餐饮单位均严格落实公示“六统一”制度，主动接受群众监督。

创建流通环节食品质量可追溯示范点 选择经营规模较大、辐射面广、经营规范的食品经营企业作为食品质量可追溯体系示范点创建对象，将县城内经营规模大、辐射面广的食品生鲜超市作为创建流通环节食品质量可追溯示范点重点单位。指导食品生鲜超市完善进销货台账制度，按时开展食品安全信息备案，履行进货查验、索证索票、台账数据上传、出货打单等各个环节的规范管理，保证食品来源可查，去向清楚，设立专门检测室，每日对进入超市的生鲜蔬菜和瓜果、鱼类进行检测，及时公布检测信息，对发现农残超标的农产品按规定进行销毁，保留销毁记录，保证群众健康消费。

建设食药安全村居

以保障人民群众饮食及用药安全为目标，以创建“食品药品安全村（居）”为载体，在全县300个建制村（社区）中选取20个建设食品药品安全示范村居，开展四项规范建设（即建设“一站、一库、一点、一网”）和落实“组织协调、专项治理、监督检查、宣传教育、信息报送”等五项工作。逐步健全完善基层食品药品监管体系，建立村（社区）食品药品协管员各项制度，促进食品药品经营使用单位强化质量意识，巩固城乡监管一体化和农村食品药品监管网络化建设成果，完善食品药品安全长效监管机制，切实保障全县人民群众食品及用药安全。至年底，全县的食品药品示范村居建设已取得显著成效，有78个建制村（社区）设立食品药品示范村居工作站，建制村（社区）的负责人担任工作站站长，工作站在开展创建过程中，利用业余时间组织建制村

(社区)工作人员到村(居)民家中回收过期药品、开展食品药品安全知识宣传、建立食品药品安全投诉网站,村(居)民足不出户即可反映有关食品药品的质量问题,执法部门及时介入处理,矛盾得到及时解决。

发挥舆论监督作为

深入开展食品安全有关法律、法规、科普知识的宣传活动,组织开展“食品安全宣传周”“食品安全宣传月”“食品放心工程”等活动,在食品安全宣传周、食品安全宣传月和“3·15”维权日等宣传期间,通过设置展板、悬挂横幅、发放资料、现场咨询、发送短信等方式,加大食品法律法规和食药安全知识宣传力度,共发放各类食品安全宣传材料3000余份。县市场监督管理局定期发布消费信息,对食用河豚、野生蘑菇、农村聚餐等进行消费警示;县蔬菜协会联合商务局、农业局定期在《漳浦晨报》定期发布蔬菜病虫防治用药信息,引导食用农产品种植户加强种植源头投入品使用管理。出台食品安全违法行为有奖举报制度,最高奖励资金10万元,县财政每年安排举报奖励专项资金100万元,2015年全县累计接受群众投诉举报30余件。

(供稿:县食安办)

【地理标志商标】

杜浔酥糖 “杜浔酥糖”已有百年历史。它以传统工艺结合现代科技,科学配方,采用先进生产技术,精心选料,制作精良,在糖类食品中独树一帜。以其独特的酥、香、脆而闻名,营养丰富、香酥可口、油而不腻、自然纯正、风味特佳,及独特的“口中无渣”而走俏香港、台湾等地区及东南亚各国,受到国内外消费者的一致好评。是人们逢年过节、休闲品茶的上等茶料及馈赠的佳品。

“杜浔酥糖”作为一项传统工艺和知名特产,有其存在和发展的历史渊源。杜浔酥糖的制作工艺已有百年的传承历史,主要以本地所产的精选花生仁(烤后去皮花生仁)、一级白砂糖、特选猪脊背白肉熬油(俗话棕头油)、葱头及鱼汁。花生本身是高能、高脂肪、高蛋白的植物性食物,白砂糖是高热量物质,棕头油是很香动植物性脂肪,葱头是天然调味品,正常烹调调味都要用,鱼汁富含海鲜高蛋白是漳浦闽南特有的调味品,煮炒菜用它味道更鲜美。正是利用动植物性脂肪,葱头香味、海鲜高蛋白天然调味品独特的配方,形成出独特的香味,如若没有这些本地的原材料,就没有特色的香味。

近百年来,由于传统工艺和独特的配方,造就了杜浔镇酥糖生产厂家生产的酥糖口味细腻。吃惯杜浔酥糖的人,通过口感可轻松地将其与其它地区生产的酥糖区别开来。杜浔酥糖的好风味口口相传,家喻户晓,流行于闽南一代,逐渐成为闽南地区的名优传统特产。并被收录入《漳浦文史资料》《漳浦县志》,被列为漳浦县的名优特产品。2010年10月,杜浔酥糖获得国家地理标志商标注册认证。

喜庆佳节闽南人都会将杜浔酥糖作为馈赠佳品赠与亲朋好友,杜浔酥糖浓厚的地方特色口味与其甜蜜长生的美好寓意让它广受欢迎。在福建“饮安溪铁观音,品闽南茶点,尝杜浔酥糖”是闽南茶文化中的精华。闲暇时,闽南人谈天品茗佐以一碟香酥可口的杜浔酥糖,茶香萦怀,酥甜融口,怡然自乐。

如今,喜食酥糖的人都知道“杜浔酥糖”这个品牌,人们历来以“杜浔酥糖”称之而区别于其他产地的酥糖。漳浦杜浔也因盛产酥糖而久负盛名,漳浦作为著名的侨乡,常把杜浔酥糖作为当地特产赠送给海外侨胞,深受欢迎,产品走俏香港、台湾及东南亚等地区,驰名海内外。漳浦人不论男女老少皆酷爱杜浔酥糖,且杜浔酥糖经过多年的营销,已为国内消费者所熟知,作为闽南特产受到各地民众的喜爱。

电商发展进行时

——漳浦县创建“全国电子商务进农村综合示范县”侧记

2015年7月14日，经商务部、财政部联合审核，漳浦县被列入“全国电子商务进农村综合示范县”。按照全国电子商务进农村示范建设工作部署，漳浦县制订出台《漳浦县电子商务进农村综合示范建设实施方案》，整合县邮政局、供销社等现有资源，从物流配送体系、县级服务中心及村级服务站、品牌培育与质量保障、人才队伍等四个方面发力，全面推进电子商务进农村示范创建。至年底，县级物流仓储中心建设已基本完成，首批10个镇级物流分仓已建设完成；电商服务中心建成投用，村级服务站正在分批建设，已有63个村级服务站建成并投入运营；品牌培育力度加大，“一镇一品”网上推广系列活动带动效应进一步显现；人才队伍建设有序进行，共开展各类电商人才培训13场，参训人员达1528人次。在推进县域农村电商发展实践中，漳浦县重点实施五大工程。

人才培育工程

开展电子商务知识培训　鼓励区域内有条件的职业院校、社会组织和实力电商企业开展各类电商培训，支持学校、企业及社会组织合作办学，探索产学研合作机制，增强培训针对性和实效性；同时，邀请中科院博士后等专家举办“电子商务知识普及”“跨境电子商务”“返乡大学生实训”“农村互联网+”等各类人才培训13场，参训人员1528人次，对象涉及党政机关主要负责人及村主干、返乡大学生及创业青年、村级电商服务站负责人、行业协会代表等，涵盖全县各行业各领域，为全县电子商务进农村工作提供坚强的人才保障。

拓展电商领域产学研合作　鼓励区域内有条件的职业院校、社会组织和实力电商企业开展各类电商培训。支持学校、企业及社会组织合作办学，吸引了一批批返乡大学生、创业青年和本地优秀人员积极参与，壮大充实本地电商人才队伍。至年底，已有32名大学毕业生返乡创业就业。

认定一批电子商务实训基地　至2015年底，全县发展有资质的电商培训机构4家，认定电商培训基地3家，分别是漳浦县一通培训职业培训学校、漳浦县腾睿职业培训学校、漳州科技职业学院。为电商产业发展、加快产业转型提供坚强的人才支撑。县政府对此均给予一定的培训资金补助。

平台创建工程

筹建电商创业园　针对全县电商产业规模小、分布零散、各自为战等特点，整合现有资源成立电商创业园。加快完善总投资1.80亿元的漳浦电商创业园，项目分为智能仓储物流区和主园区两大部分。其中，已建成的主园区建筑面积1.40万平方米，设置漳浦名优馆、电商运营中心、创业孵化中心、人才培训中心等四大功能区。已有厦门莘萌服饰公司、福建号码网软件开发公司、白山鞍食品公司等18家企业入驻。智能仓储物流区总建筑面积6万平方米，第一期6600平方米已验收投入运营，成为漳浦农村电商发展的有力支撑。

成立县级电商服务中心　对县供销社现有房产进行改造提升，筹建电商服务中心，搭建全县电商产业服务平台。通过从干部队伍中抽调精干力量成立电商服务团队，依托县电商协会，植入电商体验馆、包装设计、美工等综合服务功能，打造集电商知识普及、电商管理与运营、数字技术支撑、工业设计、品牌推广等多功能于一体的综合性一条龙服务平台。

推进村级服务站建设　着手村级服务站点建设，规划用2年时间，建成300个村级服务站，实现服务站全覆盖。在站点建设方面，更加突出便民服务与可持续性，植入代购、代销、收发快递、便民服务等功能；在服务站合伙人招募中，将人员的综合素质、运用互联网能力放在首位，确保服务站的可持续经营。至年底，已有63家村级服务站建成并常态化运营。

规划建设“互联网+”双创片区　引导社会资本和民间力量，利用现有街区进行全业态空间营造，配套创业就业一条龙服务。《漳浦金马创业大街战略合作框架协议》已签订，以社会化运作为主，由厦门创鑫集团利用现有商业街区，打造集特色农业电商、创意文化、休闲观光、创新创业为一体的“智慧街区”，为青年创业者提供一个双创空间。

物流支撑工程

为降低区域物流配送成本，打通农村物流“最后一公里”，挖掘现有资源，依托邮政企业点多面广、物流普遍服务优势，采取企业自筹与财政扶持相结合，对现有物流配送体系进行整体改造提升。投建县级物流仓储中心和21个乡镇分仓，配套建设云仓储、云运输平台软件管理系统，对整个物流体系运作进行全程实时管控，构筑起高效率全覆盖的县乡村三级物流配送体系。至年底，县级物流仓储中心内装、仓库管理系统已建成，物流运输管理系统完成评审，自动化设备已采购完毕并即将进场安装，首期6600平方米物流仓已正式投用，首批10个乡镇运营服务中心（乡镇分仓）已同步建成、配套投用。

品牌培育工程

品牌推动　引导农业龙头企业、农民专业合作社等优质农产品基地主体，强化无公害农产品、绿色食品和有机农产品认证，以品质换市场。同时，以农产品标准化生产为抓手，大力推广湖西乡国通物流公司实施标准化种植生产实现“农超对接”与网上分销渠道对接为示范样板，大力推广上市农产品标准化、分级包装、初加工配送，建立产品可追溯体系，形成示范带动效应。至2015年底，全县培育中国驰名商标4个，福建省著名商标31个，地标产品24个。

企业带动　鼓励企业自创电商平台，创新电商运营模式，广泛对接网络市场，以大数据服务提升产业发展水平。由县电商协会牵头开发的“任淘”手机APP销售平台，盯住全县传统农产品、特色产品，进行本地产品的网络推广，有效提升本地农产品的品牌效应与知名度；福建三润信息科技利用自身软件开发优势自创第三方平台“金浦网”，已进驻本地特色产品网店50家。

网上推广　以“一镇一品”为抓手，导入工业设计、文化设计、包装设计理念，开展网上品牌发布推广系列活动，培育一批网上特色品牌。成功策划举办“漳浦县万家企业上网工程首站官浔花卉苗木网上推广发布会”、滞销杨桃网络推广等活动，取得良好的社会效益。盘陀温泉泳装网络品牌发布会、六鳌紫菜微营销等特色产业品牌推广活动列入品牌培育计划。

跨境电商工程

依托邮政国际小包通关优势，大力拓展市场空间，打通区域产品国际通路，提出“打造网上丝绸之路”理念，大力支持跨境电商发展。漳浦邮政跨境电商平台率先投入运行，依托全球速卖通、Ebay、WISH、亚马逊等平台，实现网络跨境销售，并取得成功。已在各网络销售平台开设10多个店铺，上线商品总数1万多个，客户遍布全球两百多个国家和地区。在其示范带动下，一批批返乡大学生和创业青年加入跨境电商行列。2015年，漳浦邮政国际小包业务量350万件，实现收入6700万元。

在漳浦县，电子商务已成为对接大市场的便捷渠道，与实体经济深度融合，为大众创业、万众创新提供广阔的空间，逐渐成为推动产业转型升级、拉动经济新一轮发展的“新引擎”。2015年，漳浦县实现电子商务交易额17.38亿元，增幅95.20%，网络零售额8.76亿元，增幅91.70%，全县共有电商企业91家，从业人员4260人。

（供稿：县电商办）

大 事 记

1月

1日　漳浦县首届闽台美食节在县城万新·汤泉世纪广场拉开帷幕。美食节持续至4日。其间，有漳浦名菜、名点名小吃的展示、展销，并邀请全省各设区市及台湾知名小吃经营单位参加。

1日　由县老体协主办、县地税局承办的庆祝2015年元旦“浦、云、诏”三县气排球邀请赛在县地税局气排球馆举行。

4日　市长檀云坤，市委常委、常务副市长梁伟新到古雷开发区进行工作调研。

4日　市政协主席潭培根带领调研组到佛昙轧内村、后许村调研指导富美乡村建设。

6日　省委常委、省纪委书记倪岳峰，副省长郑晓松带领省委督查调研组到漳浦县，指导督促落实省委九届十二次全会和全省经济工作会议精神，帮助谋划新一年工作思路，协调解决发展中存在的问题和困难。

6日　省民宗厅副厅长林致知一行到漳浦县赤岭、湖西畲族乡走访慰问少数民族贫困户和贫困学生，并考察一批挂钩帮扶项目。市民宗局局长罗豫生陪同。

6日　国家卫计委发布全面提升县级医院综合能力第一阶段500家县级医院名单，漳浦县医院入选其中。

8日　旧镇镇“天读民居”被授予“首届全国书香之家”称号。

8—9日　漳浦县代表漳州市接受省政府安全生产目标责任制考核组的考核检查。

9日　省人大常委会党组书记、副主任徐谦带领在闽的全国人大代表到漳浦县视察、调研现代农业工作。

9日　省妇联副主席王秋梅、副巡视员郑元福到漳浦县地税局调研“最美家庭”活动开展情况。新华社福建分社、《中国妇女报》《福建日报》《海峡都市报》、福建新闻广播等新闻媒体的记者随行采访。

11日　台湾生产党创党主席卢月香率团参加赤土三官大帝祖庙观音寺的观音圣像开光庆典盛会。

13日　县旅游局组织的以“清新福建·魅力漳浦”为主题的旅游推介会在晋江祖昌体育馆举行。火山岛旅游休闲度假区、安安旅行社等漳浦本地旅游企业参加。

14—16日　县第一期招商业务工作培训会在漳州科技职业学院举行。来自全县各乡镇、园区等单位的87名招商人员参训。

15日　国家安全监管总局监管三司副司长孙广宇带领国务院安委会安全生产综合督查组第16组第二分组到漳浦县督查安全生产工作开展情况。

17日　漳浦县举行澎水水库至县城引水工程竣工通水典礼。工程总投资8981万元，设计日引水能力5万吨，全程管线长18.50千米。

18日　漳浦县举办“圣贤教育与家长学校”专题讲座，并着手在全县各中小学举办以圣贤教育为主要内容的家长学校，让社会、家庭与学校良性互动，给少年儿童营造更好的成长环境。

20日　“福满漳浦 晟世中国”漳浦县迎春书画名家作品展开幕，展出近百幅本县书法、美术家2014年创作的作品。漳浦县作为福建省首个“中国书法之乡”，已拥有16名中国书协会员、74名省书协会员，4名中国美协会员、29名省美协会员。

20日　宁夏回族自治区彭阳县基层干部培训班在漳浦县开班。其间,参训人员参观考察了漳浦县的现代农业、工业发展工作。

20日　市道安办到漳浦县考核2014年道路交通安全综合整治“三年行动”暨事故预防工作情况。2014年,漳浦县共发生一般程序处理的交通事故184起,造成113人死亡,141人受伤,直接经济损失4895万元。

23日　经福建省名牌产品评定工作委员会审议,漳浦县有9家企业的10个产品获“福建省名牌产品”称号。

23日　省人感染H7N9防控工作督导组组长、省食品药品监督局副巡视员谢义白带领检查组到漳浦县督导H7N9防控工作。

23日　全省首家乡镇书画院——漳浦霞美书画院在霞美镇挂牌成立。

24日　古雷二期搬迁群众集体乔迁庆典在古雷新港城举行。这是继2013年5月1日新港城龙港社区一期项目落成之后古雷群众的又一次大搬迁,乔迁户代表2000多人参加仪式。市、县领导陈家东、檀云坤、吴玉辉、谭培根、沈志平等与古雷镇杏仔村、龙口村、油沃村代表共同开启新港城城门,并分别走访慰问部分搬迁群众。

24日　市长檀云坤到漳浦县检查落实2014年党风廉政建设责任制,并指导督促落实市委十届九次全会精神贯彻工作。

26日　国家工商总局广告司司长张国华到漳浦电商创业园调研。副市长赵静、县长苏孝道陪同。

28日　漳州台商投资区党政考察团一行到漳浦县参观学习城市建设经验和做法。

28日　总投资近2亿元的台资企业福建致易电子科技公司在绥安工业区举行开工建设仪式。

29日　漳浦县举行赤湖前湖湾渔港码头开工庆典仪式。副县长黄国峰、市海洋与渔业局副局长苏鹏皮等参加。前湖湾渔港码头是省政府2014年为民办实事项目之一,工程总投资估算为1666万元。

30日　漳州市首部以反邪教为题材的微电影《雏菊》在漳浦县开拍。

本月　由县旅游局申请注册的“厦一站”旅游观光类商标,获国家工商总局商标局批准,成为漳州市首例将区域旅游品牌用注册商标的方式固定下来的品牌。

本月　漳浦县5名见义勇为先进个人受到省、市表彰。受省表彰的是在大海中勇救3名溺水少年的六鳌镇龙美村村民林志兴,受市表彰的是在鹿溪救起两名溺水儿童的蔡法章、驾船救起4名落海群众的郑财安、勇擒入室抢劫歹徒的林文辉、捉获盗窃汽车嫌疑人的赵永定。

本月　漳浦县对县城区社区居委会进行整合及辖区重新划分。具体为:撤销东街、南街、北街3个社区;新增威惠社区、华府社区;保留原有的绥东、绥西、绥南、绥北、南门、城西、城北、朝阳、道周、石斋、油车、辘门等12个社区;鹿溪社区更名为金埔社区;县城规划区域内的炉美、鹿溪、麦埔、黄仓、草埔、京里、溪南等7个建制村升级为社区。整合后,县城社区总数有22个。除辘门社区归绥安工业区管理外,其他21个社区归绥安镇管理。

本月　由文化部组织的2014－2016年度“中国民间文化艺术之乡”评选结果出炉,漳浦县再次进入榜单。

本月　漳浦县再次被文化部授予“全国文化先进县”称号。

2月

2日　漳浦县举行总投资50亿元的粤港家居产业园暨粤港家居商贸城项目签约仪式。省工商联巡视员陈锋、省政府驻深圳办事处副主任王建富,市、县领导黄舜斌、沈志平等出席签约仪式。

3日　漳州军分区到漳浦县调研2015年国防教育工作。

4日　海峡进口罗汉松特定口岸除害处理区在海峡(漳州)花卉集散中心揭牌。项目总投资4000万元,占地面积3.33万平方米,设有检疫车间、滴灌车间、熏蒸车间及苗木隔离区4个功能区域。该中心是海峡花卉集散中心的重要配套,也是厦门检验检疫局专属配套处理区,是继广东顺德、浙江宁波后全国第三个、福建省第一个植物带土进出口检疫窗口。

4日 由县委宣传部主办的漳浦剪纸特别展在县城府前街开展。展览持续至元宵节。

4日 漳浦县举行“以爱育爱·扶贫计划”活动。其间,共向湖西、六鳌、马坪等地约750名家庭困难的婴幼儿赠送价值60万元的奶粉及辅助食品。

9日 团县委与县青年商会联合在古雷新港城开展共青团“文化赶集、青春微心愿”活动,向群众免费发放交通安全手册、防赌毒宣传单等。

10日 省地税局局长陈青文率调研组到漳浦县指导“寻找最美地税家庭”工作,慰问地税系统基层干部职工。

13—15日 漳浦县第二届迎春返乡大学生篮球联赛在县青少年校外体育活动中心举行。

21日 漳浦县人力资源市场举行揭牌仪式,正式运作。

21日 从是日起持续至3月5日,县人社局协同绥安工业区连日举办新春企业招聘会。其间,40多家企业提供近千个就业岗位,主要涉及管理类、文员、电工、食品安检、仓管等各个领域。

24日 由市文广新局、县委宣传部、县文体新局主办,市芗剧团、县文化馆、县竹马戏(芗剧)传承保护中心承办的“金浦欢歌,盛世华章”戏曲展演在县城新都广场拉开序幕。展演活动为期3天,其间,市、县芗剧团联袂表演10多个戏曲节目。

26日 从是日起至3月5日,为满足企业用工需求,县人社局组织漳州一帆重工、顺洋食品等8家企业到湖南省花垣县、保靖县举办“春风行动”现场招聘会。

27日 佛昙镇新一世纪芗剧团赴金门开展民间民族传统文化交流宣传。

本月 漳浦县开始试点蔬菜出口通关“零等待”模式。该模式是漳州检验检疫局漳浦办事处在对出口保鲜蔬菜不合格情况的历史数据、进口国质量安全风险预警、技术法规、标准等贸易技术壁垒进行评估的基础上推行的出口保鲜蔬菜检验监管制度改革,可实现出口保鲜蔬菜“即报即放”。

3月

1日 漳浦县全面启动电动车注册登记制度,为超标电动车核发有效期为三年的临时通行标志,并从8月1日起停止核发工作。

4日 省审计厅厅长姜榕兴一行到漳浦县开展审计业务专项工作调研活动,副市长张翼腾陪同。

4日 由县文联、教育局、县诗词学会、县老年大学等联合主办的“三羊开泰”漳浦县乙未元宵诗词吟诵会在县城西湖公园举行。

5日 漳浦县举行元宵节开漳圣王县城巡安民俗活动,巡安队伍由30辆彩车组成。

5日 县妇联联合县卫生局邀请福建医科大学附属协和医院放射科的主任医师,到漳浦县开展庆“三八”关爱女性健康知识讲座,宣传普及健康卫生知识,倡导健康生活方式。

6日 “爱在金浦·情暖梁鹿”2015年漳浦县“德行金浦·寻找孝亲典型”活动颁奖晚会在县城府前唐街孔庙前举行。15名分别获得“好媳妇”“好女婿”“好儿女”称号的典型人物和13名获得提名奖者参加颁奖晚会。活动由县委宣传部主办,县委文明办、县文体新局、广电局、教育局、总工会、团县委、县妇联、金浦报社承办。

6日 从全市各县和市直机关抽调参与古雷整岛搬迁工作的1200多名干部进驻古雷。

6日 江苏省江阴市政协副主席、教育局局长陈兴初一行到漳浦县就开展学校德育模式创新行动研究(师德培训)进行交流。教育部“十二五”规划教师基金会总课题组副秘书长陈玲、副县长陈林出席座谈会。

7日 省级重点建设项目——漳州东林500千伏变电站正式动工。该项目位于盘陀镇东林村北侧,占地面积5.07公顷,计划投资2.78亿元,建设工期两年。建成后将从东北、西南、西北3个方向出线,为漳州南部规划大型电源提供就近接入点,并成为今后福建电网与广东电网合适的联网点,以满足漳州南部电网供电需求。

7日 漳浦县举行家庭教育讲坛启动仪式暨首场专家讲座。

教育部“十二五”规划教师基金会总课题组副秘书长陈玲，全县各中小学校长、教师及家长代表600多人参加。

8日　台湾省“林成祖祭祀公业暨五公业祭祀委员会”一行17人在主委林麒星带领下再次回到祖籍地石榴攀龙村祭祖。自2003年以来，台湾林氏宗亲每年都回乡祭祖。

11日　市委督察组到漳浦县检查指导重点工作进展情况，对漳浦县着力抓好工业发展、重点项目建设、生态旅游、综治维稳、村级换届、计生工作、安全生产和“两违”整治等八项重点工作给予肯定。

11日　县检察院“巡回检察环保工作室”在县环保局揭牌成立。该工作室将受理群众有关涉嫌环境污染方面的举报、控告，开展法制宣传和犯罪预防，加强环境保护工作方面的信息交流、沟通协调、案件移送等工作，及时依法惩治环境污染违法犯罪，依法为环境保护提供有力司法保障。

12日　来自英国的摄制组一行到漳浦县开展拍摄采访活动。

13日　国家能源局科技装备司司长江冰一行到漳浦县，调研漳州一帆重工新能源项目建设情况。

17日　由蔡传枝宫主为领队的台湾台中市沙鹿玉皇殿及梧栖圣灵宫进香团，共135人到乌石天后宫进香。

18－20日　全省公安边防派出所建设现场推进会在漳浦县召开。全省各边防支队长、大队长及边防所所长共300多人参加。与会人员观摩县边防大队海防监控指挥中心、平安古雷综合调度指挥中心和六鳌海上船舶(海防)综合管理救援中心。公安部边防管理局副局长倪荣全程参加。

19日　漳州市委党校在石榴镇车本村“红军之家”纪念馆揭牌成立“党性教育基地”。“红军之家”成为市委党校的教育基地之一。

19号　副县长陈林带领县科协、科技局、漳浦丰盛食品公司负责人一行赴大连工业大学考察，达成在漳浦丰盛食品公司共同建立院士专家工作站的合作意向。

19号　由漳浦县政府、华侨大学厦门工程技术研究院牵头，漳浦县科技局与华侨大学机电学院工业设计系联合承办的华侨大学漳浦县工业创新设计研修班在厦门校区举办。

20日　漳浦县互联网电子商务协会成立。是时，全县电商企业已超过100家。

23日　泉州市原政协主席林荣取带领泉州市离退休老干部到漳浦县考察在漳浦的泉州企业。

25日　环保部华东督查中心副主任杨永康率环保部“十二五”重金属减排核查组一行到漳浦县赤湖皮革园现场开展核查工作。省环保厅副厅长杨荣郎、漳州市副市长黄庆辉、县委书记沈志平等陪同检查。

25日　省民宗厅副厅长兰秀珍带领调研组到湖西畲族乡调研少数民族干部培养选拔工作情况。

25日　东山海关古雷综合保税区筹备工作组成立。

26日　中国国民党嘉义县党部主任委员率团18人到漳浦县参观古雷台湾石化产业园。

27日　外交部第65期机关党校班社调团到漳浦县开展调研活动。

28日　由主委郭明德带领的台湾高雄福安宫参访团一行12人到漳浦县京里村福顺宫晋香。郭明德本人为新建福顺宫捐赠20万元。11月3日，郭明德再次率团11人到京里福顺宫晋香。

29日　由省农业厅扶持建设的漳浦县标准化水稻机插育秧工厂成功育出第一批秧苗，标志着漳浦县水稻生产实现全程机械化。

30日　4只来自澳洲的小袋鼠空降六鳌翡翠湾景区。这是福建省第一次迎来澳洲珍稀动物品种。

31日　省检察院副检察长傅再明带队到漳浦县检察院检查指导“规范司法行为专项整治工作”情况。

31日　湖南省凤凰县人社局6名工作人员到漳浦县开展劳务协作考察活动，并与漳浦县签订劳务合作伙伴框架协议书。

本月　漳浦红色旅游景区基础设施配套建设项目和漳浦

七星海度假区及配套项目被省政府列为2015年度省重点在建旅游项目。

4月

1日　省政协副主席陈绍军带领“推动我省高等职业教育发展”调研组到漳州科技职业学院开展专题调研。

1日　从是日起，漳浦县开展为期3个月的道路交通秩序专项整治行动，改善道路交通环境，确保全县道路交通安全、畅通、有序。

1日　省旅游局督查组一行到漳浦县调研旅游工作。

2日　省委常委、组织部部长姜信治到漳浦县调研基层组织建设工作。省纪委副书记、省监察厅厅长陈善光及省直有关部门负责人，市、县领导檀云坤、林文耀、沈志平、苏孝道等参加调研。

2—6日　第四届香港青少年中国茶文化交流团36名师生在漳州科技职业学院进行为期5天的交流学习活动。

6日　18时56分，古雷石化企业33号腾龙芳烃装置和周边的常压渣油发生漏油着火事故，引发装置附近中间缺罐区的3个储罐爆裂燃烧。

7日　中国科学院院士、福建农林大学教授谢联辉一行到漳浦县考察设立院士工作站。

8日　第五届国际茶文化年度研讨会在漳州科技职业学院开幕。

8—10日　“天福杯”2015年福建省职业院校茶艺技能大赛在漳州科技职业学院举行，来自全省24所职业院校的上百名学生参加比赛。比赛设高职组和中职组，高职组分中华茶艺和茶席设计类别，中职组设有手工制茶类别。漳州科技职业学院代表队获得高职组第一名。

11日　台湾海基会董事长林中森一行5人到漳浦台创园考察台湾企业和农民在此投资兴业情况。

13日　台中世贸中心陈弘岳一行7人到赤湖镇寻根祭祖。

15—17日　第28届全国对台港澳广播节目创优评析会暨2015年委员会年会在漳浦县举行。本届评析会共设立新闻、专题、文艺、港澳、网络5个类别，全国29个会员单位共送去213件广播作品参评，最终评出108件年度优秀作品。

16日　县城第三期廉租房进行公开抽号分配，现场抽出306户廉租住房保障家庭和166户可售廉租房申购家庭。

19日　中国城市旅游和景区营销专家郑泽国一行应邀到漳浦县考察旅游资源。

21日　财政部农业司司长王建国到漳浦台湾农民创业园调研，解决台商农民发展中遇到的困难和问题。

21日　漳浦县首个院士工作站在漳浦丰盛食品有限公司签约成立。中国工程院院士、大连工业大学食品工程学院教授朱蓓薇，副县长陈林出席仪式。

21日　漳浦县工商联（总商会）召开第九次会员代表大会。会议选出新一届漳浦县工商联（总商会）主席。会上，来自香港、北京、上海等地的异地商会的12名企业家被县政府聘为特邀招商专员。会议还举行银企授信仪式和捐赠仪式，漳浦县农信社向县工商联授信6亿元贷款额度；县工商联捐资10万元用于支持老区教育。

23日　全省电力行政执法工作会议在漳浦县召开。

23日　市中级人民法院、县人民法院涉台案件审判庭联合市知识产权局在漳浦县开展“送法进台企”活动，上门为台企提供法律咨询及相关的普法宣传服务。

23日　由漳州银监分局漳浦监管办、县银行业协会主办，包括漳浦联社在内的14家银行协办的银行业信贷文化建设“深化年”宣传活动在县城举行。

24日　中央电视台科教频道《我爱发明》栏目摄制组到湖西乡，拍摄介绍农民蓝明结自主研发的小番茄自动分拣机。

24日　六鳌翡翠湾第二届沙雕艺术节开幕。本次沙雕艺术节以“海丝故里星座传奇”为主题，分为三大组合共80个单体作品。沙雕艺术节为期10个月，其间还举办啤酒节、风筝节、沙滩音乐节等十余项系列活动。

29日　全市村级组织换届选举和村主干职业化管理“两项试点”工作推进会在长桥镇召开。漳浦县在会上作“两项试点”工作经验介绍。

29日　市政府督查组到漳浦县督查安全生产工作落实情况及建筑施工、燃气、道路交通(渣土车)、海洋渔业等领域的安全生产工作。

5月

5日　中组部副部长陈向群带领调研组到漳浦县调研指导村级组织换届选举工作。省委常委、组织部长姜信治,市、县领导陈家东、檀云坤、林文耀、沈志平、邓思民等参加调研。

6日　2015年福建省寻找“最美家庭”活动揭晓,旧镇镇城外村村民李福生、钟宝珠家庭获“邻里友善”类“最美家庭”奖项。

7日　省人大常委会副主任陈桦带领省人大执法检查组到漳浦县,开展《中华人民共和国科学技术进步法》及《福建省科学技术进步条例》实施情况执法检查。

8日　由国家旅游局和福建省人民政府主办的第十一届海峡旅游博览会在厦门国际会展中心开幕,漳浦县组织5家旅游景区、2个美丽乡村和1个特色商品企业参展,全方位、多层次宣传推介漳浦旅游线路及产品。

8日　一帆新能源装备制造有限公司首制海上风电5兆瓦塔架顺利交货,标志着福建省企业首次具备海上风电装备制造能力。

8日　台湾桃园县大图乡福海宫主委陈建松率团160人到漳浦威惠庙进香参访。

9—12日　由中国发展战略学研究会文化战略专业委员会和漳浦县委、县政府联合主办的“学习中华优秀传统文化,做有道德的领导者”反腐倡廉官德教育培训在县会议中心举行。全县正科级以上干部参加本次培训。

10日　台湾省“台北市梅花之友会”在天福茶博物院举办梅花摄影作品展,以共同纪念抗日战争胜利70周年。

12—13日　漳浦县2014年度166套可售廉租房进行公开选房。此次公开选房的是可售廉租房,全部位于印石花园小区,可售廉租住房基准价为每平方米2440元。

13日　省司法厅副厅长俞建春带领调研组到绥安镇镶门社区、草埔村,调研公共法律服务系统建设情况和“一村一法律顾问”工作配备情况。是时,漳浦县309个行政村已全部配备法律顾问,实现农村法律顾问“全覆盖”。

14日　省政府督查组到漳浦县督查劳动密集型企业消防安全工作落实情况。

14日　新疆昌吉回族自治州人大常委会主任、州党委宣传部部长索跃,昌吉回族自治州党委副书记、漳州市副市长谢毅泰率考察团到漳浦县考察。

14日　漳州市残疾人劳动就业服务指导中心、市福利企业管理站、漳浦县残联联合在漳浦县举办“福乐就业·牵手行动”漳州市残疾人就业招聘会活动。来自莆田、福清等地的12家用工企业提供了仓管、统计、流水线工、保洁普工等适合残疾人就业的岗位。

18日　漳浦籍篮球特奥运动员李敏茹、郑文华、陈小花代表福建队出征全国第九届残疾人运动会暨第六届特殊奥林匹克运动会篮球项目,获全国特奥会女篮冠军。

19日　由商务部主办,漳州科技职业学院承办的2015年发展中国家茶食品生产加工技术培训班在漳州科技职业学院开班。来自格鲁吉亚、斯里兰卡、肯尼亚、乌干达、埃塞俄比亚等5个国家的14名茶与食品的专家学者、技术人员、官员参加培训。

19日　应台湾金门高级中学的邀请,漳浦达志中学由副县长陈林领队的一行5人赴台湾金门高级中学进行各项领域的学术交流、研究合作、教师互访等交流。

20日　省委常委、组织部长姜信治,省政府副省长李红带领省委省政府工作检查组到漳浦县检查工作。

20日　浙江省开化县县委常委、宣传部长李华蓉带领开化县宣传系统考察组,到漳浦县学习传统文化教育工作。

20日　由县委宣传部主办,团县委、县卫计局承办,县总工会、县文广体局、县民政局、县妇联等单位协办的“执子之手,与子偕老”漳浦县大型青年汉式集体婚礼在鹿溪公园广场举办。18对新人依周礼婚典遗规举行集体婚礼。县委常委、组织部部长邓思民为新人证婚并颁发婚典证书。

21日 由环保部、最高人民检察院、公安部联合组成的调研组，到漳浦县调研环境行政执法工作和行政执法与刑事司法衔接工作。

21日 省林业厅副厅长谢再钟一行到漳浦县调研造林绿化进展情况。

21日 交通运输部东海救助局厦门基地调研组到漳浦县调研水上安全形势和救助需求情况，并就如何进一步发挥应急救援联动协议的作用，加强信息互通、资源共享、救助协作、安全防范与教育培训等方面进行交流。

21日 省、市基层司法所规范化建设工作督导组到漳浦县，对漳浦县基层司法所规范化建设工作、人民调解工作、基层法律服务工作、司法业务用房建设等进行督导检查。

25日 国家旅游局公布首批“全国旅游价格信得过景区”名单，漳浦县的东南花都花博园、天福茶博物院、火山国家地质公园等3个景区名列其中。

27日 县政府与漳州检验检疫局签署出口农产品质量安全示范县合作备忘录，就共同推进创建国家级漳浦出口农产品质量安全示范县工作开展深入合作，以此增强漳浦出口农产品在国际市场的竞争力。

本月 漳浦天然气加气站投用运行，这也是全市首个县级天然气加气站。该项目总投资3000万元，占地5533平方米，储存量3.20万立方米，可同时满足1800部汽车或200多部重卡车的用气量。

本月 盈丰“彩龙”商标被认定为中国驰名商标。这是继“天福”“盈丰”“洋贝乐”之后，漳浦县企业获得的第四枚中国驰名商标。

本月 县人社局、漳浦职业学校联合举办2015年大中专毕业生供需见面会，来自厦门、漳州及周边县市区的40多家企业提供了近200个就业岗位。

6月

3日 省政协港澳台侨和外事委员会主任翁星率调研组到漳浦县开展闽台种苗业交流合作调研活动。

4日 漳州市人大常委会副主任李珊珊带领市人大部分代表，到漳浦县南山华侨茶果场开展体制改革专题调研。

6日 广东省福建商会监事长王诗增带领14位客商到漳浦考察投资环境，14名客商涉及物流、鞋服、彩印、医疗、酒业等多领域投资方向。

7—8日 2015年全国普通高考在漳浦县如期举行，是年全县参加考试人数为3715人。全县设1个考区，2个考点，126个考场。

9日 厦门出入境检验检疫局局长马元林一行到漳浦县调研。

12日 省商务厅副厅长刘德培带领调研组到漳浦县调研电子商务产业发展情况。

12日 由福建电视台公共频道主办的“发现美丽新福建”采访活动开机仪式在漳州科技职业学院举行，来自建阳、邵武、周宁、柘荣、闽清、南安、永安、诏安、云霄、华安等10家县级电视台的十路记者将对“美丽漳浦”建设中的新亮点、新典型进行多角度的拍摄和宣传，节目将在福建电视台公共频道《福建农村新闻联播》栏目中播出。

12日 经国家发改委、住建部批准，漳浦县被列为全国深化县城基础设施投融资体制改革试点县。

12日 漳浦、云霄两县老年大学书画联展在漳浦县老年大学启动。联展将持续至22日。

15日 台湾村里长联合总会参访团32人到漳浦县参观海峡花卉集散中心、美丽乡村南浦乡、天福茶博园、威惠庙。

16日 台湾台中参访团115人到漳浦威惠庙参访进香。

18日 漳浦县组团参加福建省第五届民营企业产业项目签约洽谈会。

19日 全省危险化学品重点县重点企业谈心对话座谈会在漳浦县召开。来自全省12个危化品重点县市区领导、21个重点企业负责人，省政府安办主任、省安全监督局局长陈炎生，市县领导刘文标、苏孝道等参加座谈会。

19日 “美丽福建·人文漳浦”著名画家走进漳浦写生作品

展在省画院开幕。

20日　漳浦县郑氏宗亲与厦门郑氏宗亲共计120人赴台参加在新北市举行的2015海峡两岸郑成功文化节。其间，漳浦郑氏宗亲先后与台湾8个县市的郑氏宗亲会恳谈交流，并赴金门县拜谒“延平郡王祠”。

23－25日　政协第十三届漳浦县委员会第四次会议在绥城举行。

24－26日　漳浦县第十六届人民代表大会第四次会议在绥城举行。

27日　第二届乌石荔枝采摘节在旧镇乌石妈祖天后宫景区开幕。

28日　福建省全民健身运动会(漳浦县分赛区)迎“七一”乒乓球比赛结束。县司法局、水利局、卫计局3支代表队获得机关混合团体前三名。

29日　台湾彰化市进香团到漳浦威惠庙参访进香。

29日　县人民检察院在漳浦边防、消防分别设立巡回检察工作室，开展巡回检察进军营活动。

30日　全国基层中医药工作先进单位复审专家组一行到漳浦县，就漳浦县的全国基层中医药工作先进单位进行检查复审。

本月　漳浦县与晋江市签订“异地结报服务工作协议”。按照协议，从7月1日起，漳浦县参加新农合的居民在晋江看病就医，可实现异地即时结报。这个协议，大大地方便漳浦在晋江务工的近2万名城乡居民。

7月

1日　漳浦县启动2015年食品安全宣传周暨新修订的《中华人民共和国食品安全法》宣传仪式。

1日　厦门检验检疫局漳浦食品农产品检测实验室正式运营。该实验室是漳州检验检疫局在漳浦县设立的第三方检测实验室，主要为漳浦当地以及周边地区企业提供广泛的食品、农产品检测分析。

3日　漳浦泉州商会“泉商之家”正式成立。是日举行第一次会员大会，泉州籍企业家刘东航当选首届漳浦泉州商会会长。

5－6日　台湾彰化县“芙朝国小跳鼓阵”大陆参访团一行42人到漳浦县，与绥安中心学校、佛昙镇新安小学的学生通过文艺表演的形式进行交流。

8日　漳浦县召开2015年重点项目融资对接会。农业发展银行漳浦支行等10家银行机构与福建龙睿等15个重点项目单位代表签订融资意向协议，总金额22.46亿元。

10日　苏州市委副书记陈振一带领苏州市党政考察团到漳浦县考察现代农业发展工作。

17日　市委书记陈家东带领市直有关部门负责人到漳浦县，就“大干六个月”落实情况开展调研。

17日　全国妇女创业就业培训示范基地在漳浦县海峡两岸新型农民交流培训基地揭牌成立。这是全省首个国家级的妇女培训示范基地。

17日　“省级改革发展示范学校”评估检查组到漳浦职校，就该校创建工作进行检查。

18－19日　漳浦县举办人力资源招聘会暨大中专毕业生供需见面会，由58家用人单位提供一千多个就业岗位，最终达成用工意向472人。

21日　省公路局党委书记吴顺兴带领省道安办督查组到漳浦县督查隐患路段整治工作。

22日　省委常委、统战部部长雷春美带领省委统战部、省民宗厅等部门负责人到漳浦县调研民族宗教工作。

22日　省委宣传部副部长卢承圣一行到漳浦县督查“两违”综合治理工作，并开展基层宣传思想文化工作调研。

22日　省地税局副局长汪茂昌带领调研组到漳浦县地税局开展工作调研。

22日　台湾云林古坑慈灵宫主委郑明仁组团110人到漳浦威惠庙进香谒祖。

23日　台湾宜兰县五结乡二结王公庙由董事长张明华一行4人到漳浦湖西乡古公三王庙、开漳圣王威惠庙进香，联系交流事宜。

27日　漳浦县人民政府与漳州立人教育集团签订战略合作意向书，由立人教育集团创办的漳浦立人学校正式入驻金浦教育园区。

28日　参加第十届两岸青

年联欢节•海峡西岸漳州行活动的台湾青少年到漳浦，开展寻根之旅。

28日 县市场监督管理局与华侨大学法学院举行合作共建签约仪式。

30日 省粮食厅调研组一行到漳浦县，就漳浦粮食联合储备库建设前期工作进行调研。

31日 世界詹氏协会总会长、富全集团公司董事长詹昭榜，台湾詹氏宗亲总会长、台湾金星建设股份有限公司董事长詹双发率台湾宗亲团30人到漳浦县原詹御史祖庙地祭祖。

31日 漳浦县第四次台湾同胞代表会议召开，会议选举产生新一届台联理事会组成人员。

31日 省摄影家协会组织45名会员到漳浦县开展“魅力漳浦”摄影创作采风活动。

本月 经财政部、商务部联合审核，漳浦县正式获批“电子商务进农村”国家级示范县。

8月

4日 省人大常委会副主任刘群英到漳浦县调研。

5日 市委常委、常务副市长梁伟新带领市直有关部门负责人，到漳浦县调研省行动计划开工重点项目工作，协调解决项目推进中遇到的问题和困难。

8日 省委常委、宣传部部长李书磊一行到漳浦县检查指导防抗第13号台风“苏迪罗”工作。

10日 位于旧镇的漳浦县生活垃圾焚烧发电厂正式运行，并计划在9月19日起并网发电。发电厂于2013年5月开工建设，总投资3.60亿元，设计总规模日处理垃圾800吨，分两期建设。已建成的一期项目投资2.80亿元，可日处理垃圾400吨，年并网发电量可达4500万千瓦时。

11日 全市培育和践行社会主义核心价值观工作现场会在漳浦县召开。

12日 在漳州市首届残运会上，漳浦代表团18名运动员取得10金9银3铜的好成绩；代表团还获得团体“体育道德风尚奖”，6名运动员获得个人奖。

13日 由县委、县政府主办的“筑梦古雷”——漳州市书画名家古雷慰问活动在古雷征迁指挥部举行。来自芗城、诏安等地的50多名书画名家参加慰问活动。

14日 漳浦县2015年全民健身系列活动启动。

17日 漳浦县召开汇报会，听取厦门市城市规划设计研究院专家详细解读《漳浦县城市总体规划修编(2014－2030)》。根据总体规划修编，漳浦县城市性质为：漳州市区域次中心，以石化产业、特色农业和旅游业为主的生态型滨海园林城市。规划县域城镇体系空间将打造“大鹏展翅、孔雀开屏、一城两翼三带四区”的城镇群布局结构。规划中心城区面积近103平方千米。

18日 市长檀云坤带领市住建、交通、农业、旅游等部门负责人到湖西畲族乡调研。

18日 第三届旅游业融合与创新（延边）论坛正式发布，“古火山地貌珍品的遗存——林进屿、南碇岛”被评为中国最美的十大海岛之一，入选“2015旅游业最美中国榜”。

19日 漳浦县首本地方性杂志《漳浦文学》正式与读者见面。该刊由县委宣传部主管，县文联、县作协联合主办，为市级内部刊物，16开，每季一期。

20日 省政协副主席、农工党福建省主委陈绍军率调研组到漳浦县，调研特色现代农业科技项目及推广情况。

21日 团中央青年志愿者工作部部长杨松带领调研组一行到漳浦县调研青年志愿服务工作。

21日 “体彩”杯漳浦县第五届乡镇篮球联赛落幕。绥安、旧镇、赤土、赤湖分别获得前四名，深土、长桥、盘陀等7支球队荣获优秀组织奖。

24日 国家林业局督查组到漳浦县，监督检查森林资源发展与保护目标责任制落实情况。市林业局局长陈东升、县长苏孝道陪同督查。

26日 漳州军分区“兵妈妈•好军嫂”巡回宣讲走进漳浦县。

28日 “清新福建 花样漳州”品牌发布会暨特色旅游线路签约仪式在东南花都举行。漳浦县旅游景点得到重点推介，东南花都、天福石雕园、翡翠湾、火山岛4个景区纳入全市特色旅游线路。

29日　六鳌一级渔港正式开工建设。渔港规划工程总投资18090.68万元，工期3年。渔港建成后，可为300余艘渔船提供安全的停泊港湾。

31日　省住建厅副厅长王海一行到漳浦县调研城中村改造、新型城镇化试点工作和房地产运行情况。

本月　漳浦二中、漳浦四中、达志中学、龙成中学等4所中学入选“2015年全国青少年校园足球特色学校和校园足球试点县(区)遴选名单”。

9月

1—2日　2015年漳州市文化综合执法业务培训班在漳浦县举行。

8日　省“护校安园”行动落实专项督查小组到漳浦县检查2015秋季开学工作暨“护校安园”行动落实情况。

8日　2015厦门国际投资贸易洽谈会在厦门国际会展中心开幕。漳浦绥安经济开发区首次作为福建省级开发区代表之一参展，县领导沈志平、柳亚殊、涂平辉率团参加。此届洽谈会，漳浦县共落实外商投资合同意向项目10个，预计总投资2.03亿美元，拟注册外资9439万美元。其中，工业项目9个，总投资1.53亿美元，占项目总投资的75.40%。

8日　辽宁省副省长赵化明率辽宁省农业、林业、海洋等部门负责人到漳浦县考察现代农业发展工作。

8日　由市林业局、市农业局组建的海峡两岸新型农民交流培训基地主办、漳州科技职业学院承办的海峡两岸新型农民花苗木与景观设计培训班在漳浦开班。

9日　省级生态旅游示范区考核验收组到漳浦县检查评估东南花都创建“国家生态旅游示范区”工作。

10日　全球进口奶粉十强的澳大利亚迈高乳业联合公司和福州嘉宝优品贸易有限公司向漳浦县捐赠价值50万元的原装原罐进口奶粉，用于关爱老区的儿童。

11日　来自格鲁吉亚、肯尼亚、马拉维、斯里兰卡、埃塞俄比亚、印度尼西亚、南非等7个国家的26名官员到漳州科技职业学院，进行为期21天的茶文化与茶产业发展的研修。此次研修班由商务部主办，漳州科技职业学院承办。

11日　福建渔业十大品牌拍摄组到漳浦县，拍摄漳浦的特色品种南美白对虾的育苗、养殖、加工、美食烹饪，全景展示南美白对虾的渔业品牌价值。

11日　厦门海关关长柏华冰一行到古雷开发区调研。

13日　第二届“相约农行　翰墨金浦”少年儿童书法比赛在县城举行，共评出一等奖1人、二等奖3人、优秀奖10人。

14日　台湾桃园县大园乡徐氏宗亲会徐振坤一行24人到漳浦县南浦乡大坪村祭祖。

15日，深土镇镇区漳东线北侧片区基础设施及配套工程和公用事业特许经营项目合作框架协议签订，这是漳浦县首个采用PPP合作模式的项目。

17日　市人大常委会副主任吴景辉带领督查组到漳浦县开展医疗卫生事业三年行动计划实施情况跟踪督查。

20日　省民政厅副厅长、省双拥共建办常务副主任饶添发带队到漳浦县，就漳浦县创建“全国双拥模范县”工作进行考评。

25日　位于长桥镇的百亿工业项目——漳龙林业产业园揭牌开工。

27日　古雷举行整岛搬迁(第三期)群众集体乔迁庆典活动。市领导陈家东、檀云坤等，市直机关及云霄、诏安、东山、平和、南靖、长泰等县主要领导，漳浦县五套班子领导及搬迁群众代表7000多人参加乔迁庆典。此次搬迁涉及岱仔、西林、港口等8个村，6656户、27985人。

28日　漳浦县商务局揭牌。该局成立于2015年6月，是承担全县外资管理，内外贸管理、口岸管理、招商引资、经济合作职能的县政府工作部门，设投资促进、电子商务和信息化、对外投资与经济合作等6个股室。

30日　漳浦县干部大会在漳浦会议中心召开。会议宣布漳浦县政府主要领导干部的任免决定。省委、市委决定：提名戴平忠为漳浦县县长候选人，苏孝道不再担任漳浦县委副书记、县长。

本月　漳浦县建成“全光网城市”，实现接入带宽100米，城区和乡镇100%光网络覆盖，43%以上建置村家家户户光网通达。

本月　六鳌翡翠湾度假区通过国家旅游景区质量等级评定委员会评审，晋升为国家AAAA级旅游景区。

10 月

1日　漳浦新闻网揭牌上线，网址为：www.zpxww.cn。网站分新闻中心、经济建设、醉美漳浦、生活服务四大板块。

1日　漳浦县医院改扩建工程举行竣工仪式。县医院改扩建工程是县委、县政府为民办实事项目，按照三级综合医院标准和现代化花园式医院建设要求规划设计，建设包括医疗综合楼、后勤综合楼和儿科楼，总建筑面积6万平方米，总投资2.48亿元，拥有住院床位达800张。

6日　湖西乡文物点——杨世懋总兵府举行鼎新落成仪式。杨世懋总兵府为县级文物点，建于清康熙年间，是清朝海坛总兵兼闽、浙、粤三省总巡杨世懋的府第。

10日　《中国人大》杂志社“百县百乡行”宣传报道采访组到漳浦县佛昙、绥安采访，寻找基层人大履职亮点。

12日　厦门银行漳浦支行正式开业。这是厦门银行进驻漳州后设立的第一家支行。

13日　全省普通公路桥梁施工标准化现场观摩暨视频推进会在漳浦县召开。

15日　国家安监总局交叉检查组到漳浦县开展涉氨制冷企业液氨使用专项治理及有限空间作业条件确认工作异地交叉检查。

15－16日　省政协民宗委带领义诊医疗队到湖西畲族乡送医送药，开展义诊活动。共接诊群众300余人次。

16日　由县委宣传部、县社科联共同举办的“2015年漳浦县社会科学普及宣传周”在漳州科技职业学院开幕。科普周的主题为“宣传贯彻福建省社会科学普及条例　深化法制漳浦平安漳浦建设”。

16日　漳浦县举行“书香福建”公益助学暨漳浦县“心天地多媒体互动阅读教室”揭牌仪式。此次由省教育厅关工委、省读书援助协会，以及爱心企业赞助的总价值165万元的11间心天地多媒体互动阅读建成并投入使用。

16日　漳州市防震减灾“三网一员”（地震宏观测报网、地震灾情速报网、地震知识宣传网和防震减灾助理员）培训班在漳浦县举办。

17日　漳浦县成立巡特警反恐大队、城市巡防应急服务公司。

19日　全省残疾人中式面点、茶点职业技能培训班在漳浦开班。培训班由省、市残联联合主办，县残联和县特殊教育学校承办。省残联劳动就业服务中心主任黄东才、市残联副理事长刘华宁参加开班仪式，来自全省各地的37名学员参加培训。

19日　中科院院士谢联辉到漳浦县调研林下经济产业工作，实地指导漳浦林下产业发展。

20日　国家文物局督查司司长刘铭威带领国家文物建筑、传统村落安全问题检查组，在省文物局的陪同下，到漳浦县检查文物建筑、传统村落安全工作。

21日　湖西乡城内村入选第一批省级传统村落名录。评选活动由省住房和城乡建设厅、文化厅、财政厅联合举办。

21－22日，省林业厅在漳浦县召开2015年中央财政林业科技推广示范项目合同落实会。

22日　在县第十六届人大会第五次会议上，戴平忠当选为漳浦县人民政府县长。

23日　漳州市林业工业园科技项目推介会暨签约仪式在漳州宾馆举行。漳州市林业工业科技园正式落户漳浦县。

25日　宁夏回族自治区党委常委、固原市委书记纪峥带领经贸考察组到浦县福建新润集团考察，市、县领导陈家东、张琳光、张翼腾、沈志平、马文山、戴文利陪同考察。

26－29日　漳州市核查指导组到漳浦县开展创建“义务教育基本均衡县”督导评估核查指导。

27日　省“六五”普法检查验收组到漳浦县检查验收“六五”普法工作。

27日　省政府秘书长刘道

崎一行到漳浦县调研现代农业发展工作。

27日　在首届全国青运会上，漳浦籍选手卢云秀、戴燕芬获女子帆板RS:X级团体比赛冠军。

30日　车本红军烈士纪念园开工建设。该项目一期工程投资180万元，将建成烈士墓及其相关配套设施。建成后将成为集缅怀先烈、文化旅游、山地休闲为一体的公园式的爱国主义教育基地。

本月　省社会科学院经济研究所所长伍长南率专家组到赤岭畲族乡，就《漳州市民族乡发展总体规划》编制工作开展调研。

11 月

4日　市长檀云坤带队到漳浦和古雷开发区，开展下基层“促项目、帮企业、谋发展”活动。

3日　漳浦县威惠庙管理委员会应台湾开漳圣王庙团发展协会邀请，组织36人参访团参加由台湾开漳圣王庙团发展协会举办的开漳圣王宗教民俗观光文化祭祀活动，进行闽台两岸民俗文化交流。

4日　省审计厅副厅长王成章在市审计局长郭进福的陪同下，到漳浦县审计局开展“三严三实”专题活动及全省统一组织审计项目专题调研。

5日　由福建省区域和企业评价中心开展的“2015年度福建省县域经济实力十强、县域经济发展十佳”评价结果揭晓，漳浦位列“县域经济发展十佳”第七位，再次被评为全省“县域经济发展十佳县”。此前，在2012、2013年度评选中，漳浦县曾获得该荣誉。

6日　全县第四次旅台同胞亲属代表大会召开。会议推选新一届理事会理事、会长及秘书长人选，聘请顾问及名誉会长。

9－11日　第七届闽台佛教文化周暨广钦老和尚修持观交流研讨活动在漳浦县举行。此次活动由省民宗厅、市县民宗局指导，省佛教协会主办，漳州、泉州、厦门佛教协会协办，漳浦佛教协会、法泉寺、台湾承天禅寺承办。文化周期间，举行佛教文艺演出、海峡两岸和平发展祈福法会、广钦老和尚“苦忍境”修持观研讨会、主题书画作品展、广钦老和尚舍利子回归安奉法泉寺等活动。国家宗教局和省市县宗教工作部门、各级党政政协领导、大陆、台湾诸山长老、法师、居士善信共计500余人出席此次活动。

11日　省环保厅副厅长杨荣郎带队到漳浦县督察黄标车整治工作。

11日　市县烟草局、县公安局、检察院、打假办及大南坂镇政府等部门联合执法，在大南坂镇集中销毁64台（套）制假烟机及卷烟制假机械设备。

12日　全国绿化模范城市核查专家组对漳浦县在漳州市创建全国绿化模范城市的工作进行实地检查。

12日　由《中国书法报》社社长、总编辑李世俊带领，报社专家、记者组成的《书法地理中国行·漳州》到漳浦县开展活动。

12日　漳浦县被省民政厅列入全省未成年人社会保护试点县。

14日　全国政协副主席、台盟中央主席林文漪一行到漳浦县考察，走访看望在漳浦的台商。省政协副主席陈义兴、省台联会长江东雄，市、县领导陈家东、沈志平等参加相关活动。

14日　由县委宣传部、厦门卫视联合主办的“今风古韵行八闽·唱响漳浦”大型文艺晚会在漳浦县举行。

14日　泉州市漳浦商会组织会员回乡开展献爱心活动。为老年大学赠送1台价值4万元的投影仪，还为石榴镇、官浔镇的20个贫困户、失孤家庭赠送大米、食用油和慰问金。

15日　漳浦县举行德行金浦“寻找最美教师·美德少年”活动颁奖晚会。林木定、姚凉妹、谢云国、郑惠群、林金宝、林湧泽、林慧真、黄宗正、许碧月、张碧凤获选“最美教师”。晚会还为16位美德少年颁奖，为29位最美教师候选人、16位美德少年候选人颁发提名奖。

15－19日　2015年闽台休闲农业暨全省休闲农业管理人员培训班在漳浦县举行。

17日　省委老干部局副局长谢宜萍一行到漳浦县开展工作调研。对城西社区创建省级服务老干部示范点工作进行评估。

17日　中国国民党荣誉副

主席林丰正出席台玻福建光伏玻璃公司转型升级启动仪活动。是日，林丰正一行还回到祖籍地石榴镇攀龙村祭祖省亲。省台办副主任、省台联党组书记蔡尔申，市县领导黄庆辉、沈志平等陪同。

18日　第七届海峡两岸现代农业博览会、第十七届海峡两岸花博会在漳浦县东南花都隆重召开。此届农博会·花博会继续秉承“花开两岸、合作双赢”的办会宗旨，坚持“特色化、专业化、市场化、信息化”的办会方向。展出时间为18—22日，为期5天，共设11个展馆，馆内面积达5万多平方米，还有28万平方米的室外展区；1200多家企业参展，其中，台湾参展企业280多家，展示展销农林牧渔业产品及其加工品1.20万多种；来自20多个国家和地区以及20多个省份的3000多名客商、专家学者应邀参会。在农博会·花博会上，漳浦县共落实签约项目9个，其中外资项目7个、民企项目1个、央（国）企项目1个，全部项目预计总投资95.50亿元。

18日　国家发改委农经司副司长吴晓松到漳浦县调研现代农业示范区建设工作。

19日　云南省委常委、统战部部长黄毅率云南省各民主党派、工商联负责人一行到漳浦考察交流。省委常委、统战部部长雷春美，市、县领导檀云坤、阮开森、沈志平等陪同考察。

19日　团中央农村青年工作部副部长、中国农村青年致富带头人协会副秘书长张传慧带领部分会员到漳浦县考察现代农业发展情况。

20日　台湾嘉义市工业参访团由陈建言领队一行24人到漳浦参访。

23日　漳浦县机动车维修行业协会成立大会暨首届会员代表大会召开。“漳浦县机动车维修行业协会”前身为“漳浦县机动车维修同业公会”，共有会员单位107家。

24日　泉州市人大常委会主任陈万里率泉州市部分省十二届人大代表到漳浦县开展视察活动。

25日　由省委宣传部、漳州市委主办的学习弘扬谷文昌精神报告会在漳浦县举行。

25日　漳州市首个培育和践行社会主义核心价值观学习教育基地在漳浦县仁爱中华传统文化教育中心揭牌。

27日　国家农业综合开发办公室副主任何兆斌一行到漳浦县调研农业综合开发工作。

29日　2015年“天福杯”海峡两岸名茶邀请赛颁奖典礼在漳州科技职业学院举行，两岸1021位茶农选送的参赛茶样参加评选，最终决出4个组别的第一名全部由大陆茶农夺得。

30日　由许耿修领队的台湾工艺研究发展中心参访团一行13人到漳浦参访。

12 月

4日　漳浦县与厦门创鑫投资集团签订《漳浦“金马创业大街”战略合作框架协议》。根据协议，双方将联手在漳浦县城打造一个集特色农业电商、创意文化、休闲观光、创新创业为一体的“旅游文创＋电商O2O＋创业孵化器”的复合型特色“智慧街区”。

8日　《二代台商金浦缘》两岸媒体联合采访活动在漳浦广播电视台正式启动。该系列专题片将全面展现台商二代在漳浦的奋斗故事。节目将在2016年4月首播，并在台湾播出。活动由中央人民广播电台神州之声、台湾胜利之声广播公司、漳浦团县委、漳浦广播电视台联合举办。

8日　省宣传思想文化工作考评组到深土镇，对该镇创建省级宣传思想文化工作示范乡镇进行考评验收。

8—9日　省委政法委委务会议成员杨丽卿率省综治考评督导组一行到漳浦县，考评督导漳浦县及古雷开发区综治暨平安建设工作。

8—11日　海峡两岸新型农民经营主体负责人培训班在漳州科技职业学院开班，近百名两岸新型农民学习培训。

9日　东山县人大常委会主任施仲达带领在东山县的市人大代表，到漳浦县开展异地视察活动。

10日　省住建厅风景园林办副主任林国荣带领省创园考核领导小组一行到漳浦县考核“创建省级园林县城”工作。考核组认为漳浦县已达到福建省省级园林县城考核标准，同意通过福建省省级园林县城考核验收。

10日　市委宣讲团党的十八届五中全会精神报告会在漳浦县举行。

10日　漳浦县首个乡镇电商物流服务点在湖西乡揭牌投用。

12－13日　县委常委马文山率漳浦总商会考察团赴广东学习考察。

14日　两岸合作的漳州古雷炼化一体化项目奠基仪式在古雷举行。第十届全国人大常委会副委员长、两岸企业家峰会大陆方面副理事长盛华仁宣布项目奠基。省委副书记、代省长于伟国，两岸企业家峰会台湾方面副理事长、台湾三三企业交流会会长江丙坤出席仪式并讲话。古雷炼化一体化项目由海峡两岸石化企业合资建设，一期投资355亿元，建设百万吨级乙烯及下游深加工项目，预计2018年部分建成投产。

15日　第六届福建艺术节在福州闭幕。漳浦县竹马戏（芗剧）保护中心的新编芗剧《芝麻官系列》剧目获得第26届戏剧会演一等奖。

16日　闽商全球资产配置漳浦高端交流会在漳浦县举行。

17日　泉州市丰泽区副区长潘贤华带队到赤岭畲族乡开展挂钩帮扶调研，并举行挂钩帮扶赠送仪式。丰泽区现场向赤岭乡捐赠2015年帮扶款100万元。

21－23日　市年度综治考评督导组组长、市中级人民法院副院长陈志福带领市综治考评督导组到漳浦县，对2015年度党政领导综治（平安建设）责任书落实情况进行考评。

22日　漳浦县首期农村电商人才培训班开班，来自各乡镇的72名农村电商服务站点负责人参加培训。

23日　市委常委、常务副市长梁伟新带领市直有关部门负责人到漳浦县，就《2016年市政府工作报告（征求意见稿）》及《漳州市国民经济和社会发展第十三个五年规划纲要（草案）》征求意见。

24日　漳江湾特大桥及连接线工程顺利开工。漳江湾特大桥及连接线工程是国省道干线公路“纵一线”漳州段的重要控制性工程。项目路线起于漳浦县沙西镇埔里村，顺接“纵一线”漳州沿海大通道漳浦段。路线全长6.30千米，其中桥梁长度4524米，采用双向六车道一级公路标准建设，路基宽度32米，设计时速80千米。项目估算总投资13.10亿元，建设工期3年。

24日　不丹代表团参观海峡花卉集散中心和花博园。

27日　广州漳浦同乡商会举行第九届理监事就职典礼。县政协主席林培兴代表县委县政府向第九届广州漳浦同乡商会会长陈熠华授牌，县委常委、统战部部长刘达文在典礼上致辞。

30日　漳浦广播电视台举行数字高清信号开播暨播控中心、新台标启用仪式。

本月　县城—赤土公交专线开通。此次投用于该公交专线的公交车共12辆，全部是纯电动车，这也是漳州市首批在区县农村投用的纯电动公交车。

中共漳浦县委员会

·主要会议·

【中共漳浦县委常委(扩大)会议】

3月16日，召开县委常委(扩大)会议，县委书记沈志平主持。会议分析全县1—2月经济运行情况，研究部署首季"开门红"及下一阶段各项工作。沈志平在会上要求:各级各部门要突出重点，抓好古雷区域、县城区域、厦门港南岸漳浦片区和现代农业示范区这"四大区域"和发展工业、重点项目、生态旅游、综治维稳、村级换届、卫生计生、安全生产、"两违"治理这"八大重点工作"。指出"四大区域"和"八大重点工作"是社会发展保障的需要，是漳浦经济发展本身的增长极，是营造发展环境的需要。要求各级各部门要明确工作重点并抓好落实，加大招商引资力度，跟踪签约项目促开工，推进在建项目促竣工，确保完成全年的工业发展目标。县长苏孝道在会上部署下一阶段经济工作，要求全县各级各部门下大力气抓工业促增长，实现招商项目接续到位、困难企业帮扶挂钩到位、重点企业动态监测到位;下大力气抓项目促投资，加速项目前期工作，加快在建项目进度;下大力气抓服务促保障;下大力气抓机制促落实。在家县委领导出席会议，县人大、县政府、县政协班子领导列席会议。

4月3日，召开县委常委(扩大)会，县委书记沈志平主持。会议对"四大重点区域、八项重点工作"进行再加温、再部署，以确保各项工作顺利开展。沈志平在会上要求:"四大重点区域、八项重点工作"是贯穿全年整个工作的主题，各级各部门要进一步提高对"四大重点区域、八重点工作"的认识，清醒地认识到"四大重点区域、八项重点工作"是漳浦县科学发展、跨越发展的需要，是延续历任县委县政府一任接着一任干的工作作风，也是落实市委市政府的决策部署。提出各指挥部要切实加强对"四大重点区域、八项重点工作"的领导，在原有12个指挥部的基础上成立总指挥部，并创办内部专刊，定期通报"四大重点区域、八项重点工作"进展，报道工作中的新经验、新做法。县长苏孝道在会上提出各指挥部指挥长要将遇到的问题明确化、具体化，以便及时解决。在家县委领导出席会议，县人大、县政府、县政协班子领导列席会议。

4月13日，召开县委常委扩大会，县委书记沈志平主持。会议学习《人民日报》有关谷文昌事迹的相关报道。会议要求，全县各级党组织要切实把学习弘扬谷文昌精神摆上重要日程，加强领导、周密部署，进一步营造浓厚氛围，把学习弘扬谷文昌精神与即将开展的"三严三实"专题教育活动结合起来，与落实全面从严治党要求结合起来，与全市持续开展的"作风建设年"活动结合起来，掀起学习弘扬谷文昌精神的新高潮。把谷文昌精神转化为强大的动力，落实到"四大重点区域""八项重点工作"上，以发展的实际成效体现学习成果。在家县委领导出席会议，县人大、县政府、县政协班子领导列席会议。

6月16日，召开县委常委扩大会，县委书记沈志平主持。会议研究解决工业经济发展和重点项目实施过程中遇到的征地拆迁、杆线迁移、已交地未开工等相关困难和问题。沈志平在会上强调：涉及到已交地未使用的，该收回土地的依法收回；属于政府问题的该抓紧征迁、征地的要赶快征地，让项目早日落户；属于一串子遗留问题的，由相关领导组成工作小组协调解决。要求各有关部门和乡镇要以认真、负责任的态度，逐一解决好此次会上提出的各种历史遗留问题。会上，县委常委、常务副县长柳亚殊作"关于工业经济发展情况及存在问题"的汇报；县委常委林益生作"关于重点项目发展过程中存在的困难和问题"的汇报；相关的单位、乡镇领导就各自涉及的问题提出解决意见、建议。在家县委领导出席会议，县人大、县政府、县政协班子领导列席会议。

7月15日，召开县委常委会"三严三实"专题教育第一专题学习研讨会，县委书记沈志平主持。沈志平在会上强调：党员干部要坚定理想信念，做到心中有党、对党绝对忠诚。要心中有民，做心系群众、为民造福的贴心人，切实让改革发展成果惠及广大群众。要心中有责，做勤政务实、敢于担当的实干人。把"严"和"实"体现在贯彻执行县委县政府决策部署的全过程，以"从严从实"的过硬作风把下半年各项工作抓紧抓实抓到位，确保全年各项目标任务顺利实现。要心中有戒，做遵规守纪、清正廉洁的规矩人，坚持依法用权、秉公用权、廉洁用权，做到心有所畏、言有所戒、行有所止，永葆共产党人的政治本色和清廉形象。要求全县干部要学会用"三面镜子"看待漳浦发展。首先要用放大镜看成绩，进一步增强加快发展的信心；其次要用显微镜看问题，进一步找准漳浦发展的差距，认真分析原因，增强工作针对性；接着要用望远镜看前景，抢抓机遇，增强发展的紧迫感、责任感和使命感，乘势而上、主动作为、攻坚克难，努力推动漳浦经济社会发展在新常态下实现新突破。在家县委领导出席会议。

8月21日，召开县委常委(扩大)会议，县委书记沈志平主持。会议研究部署当前及下阶段全县经济、维稳等方面工作。会议听取县委副书记、县长苏孝道作全县当前工作情况的通报；听取县委常委、政法委书记何晓明作全县当前维稳工作情况的通报；听取县委常委、常务副县长柳亚殊作全县招商引资情况的通报。会议指出，虽然前7个月，全县工业发展"稳中有升"，却后劲不足。下一步，既要继续加大力度整合绥安工业区，也要加快建设万安生态产业园，不断完善基础设施；还要全力推进两个林业园区建设。要高度重视农业和第三产业发展，相关部门要制定出台鼓励扶持政策，帮扶第三产业加快发展。要加大招商引资力度，不折不扣地推动招商工作加快开展。要对照全年目标任务，一项一项抓好落实，做好一批重点项目的跟踪工作。会议要求，各级各部门要为冲刺全年目标任务提供强有力的组织保障、要素保障，加大督查和督办力度，扩大宣传面，全面推动全县加快发展。会议要求，要扎实开展不稳定因素排查，做到早发现、早化解；要严格落实重大决策、重大项目、重大活动的社会稳定风险评估制度，提前制定好风险防范的应对策略和消减措施。要严格把好安全生产关，全面落实领导责任、部门监管责任、属地管理责任及企业主体责任，确保不发生重大公共安全事件。会议强调，要坚持内紧外松、守土有责、严肃处理三大原则，高度重视信访维稳工作，为全县大发展创造安定稳定的社会环境。会议还对做好维稳和安全、古雷整岛搬迁、全县"两违"管控、防汛抗台等工作进行部署和研究。在家县委领导出席会议，县人大、县政府、县政协班子领导列席会议。

8月28日，召开县委常委会议，县委书记沈志平主持。会议听取县委常委、纪委书记刘军所作的"关于省委党风廉政建设责任制检查情况"的汇报；听取县委常委、统战部部长刘达文所作的"关于安全工作全覆盖检查及责任制落实情况"的汇报；听取县委常委林益生所传达的《中共中央办公厅关于加强政协协商民主建设的实施意见》；听取副县长黄国峰所作的"关于贯彻落实生态责任追究制度，加强生态文明建设有关问题"的汇报；审议通过副县长蓝文华所作的《漳浦县全面深化医药卫生体制改革实施方案》。沈志平指出：党风廉政建设和反腐败工作要常抓不懈，要强化各级党委抓党风廉政建设的主体责任，做到重大工作亲自部署、重大问题亲自过问、重要环节亲自协调、重大案件亲自办理。各级党委要支持纪检监察机关抓好党风廉政建设工作，强化责任追究，对违反党风廉政建设规定的行为要坚决处理；要继续抓好“八项规定”落实，进一步加强作风建设。在安全生产方面，各级各部门要始终绷紧安全生产这根弦，提高安全生产意识；安全生产责任要落实到位，制定规范化文件，坚决落实领导责任、监管责任和企业主体责任，做到责任落实到位；要全方位支持安全生产工作，涉及安全的问题要从人力、财力、体制、机制方面给予全面的支持。在生态文明建设方面，要做好生态文明建设工作，形成良好的工作机制，实现党政齐抓共管、社会共同参与、部门协调合作。要制定一份《加强生态文明建设若干意见》的文件；建立一套机制，即加强领导、提高执法队伍力量和制定相应管理办法；全面开展整治、恢复常态。在家县委领导出席会议，县人大、县政府、县政协班子领导列席会议。

11月5日，召开县委常委（扩大）会议，县委书记沈志平主持。会上，沈志平传达了党的十八届五中全会、省委、市委常委（扩大）会议精神。要求全县各级党组织要认真学习领会，全面把握党的十八届五中全会精神实质。要采取中心组学习、辅导讲座等形式，迅速掀起学习贯彻的热潮；要加大宣传力度，切实让全会精神家喻户晓、入脑入心；广大党员干部特别是领导干部要先学一步，深学一层，切实把思想和行动统一到全会精神上来。要以学习贯彻党的十八届五中全会精神为动力，进一步激发全县上下干事创业的热情，全力冲刺今年最后两个月，抓好环境整治，维护社会安定稳定，确保全年目标任务顺利完成，实现“十二五”圆满收官，为“十三五”开好局、起好步。县委副书记李明清在会上就加强机关作风建设、乡镇干部队伍作风建设征求意见稿作了说明。会议还讨论研究漳浦县2015年主要经济指标完成情况及2016年工作思路。在家县委领导出席会议，县人大、县政府、县政协班子领导列席会议。

12月7日，召开县委常委（扩大）会议，县委书记沈志平主持。沈志平在会上强调提出：各级各部门要齐心协力，完成好全年各项目标任务。各大战役指挥长要靠前指挥，一线解决实际问题。各个部门要谋划好明年工作，根据2016年的工作规划提出具体的实际内容。会议讨论了漳浦县“十三五”规划编制工作。沈志平要求，在规划编制中，要把漳浦的发展定位、空间布局、产业发展写入纲要里面，谋篇布局要详略得当。各部门要积极参与规划编制工作，提供好的意见和建议，使规划更加科学合理。在家县委领导出席会议，县人大、县政府、县政协班子领导列席会议。

【中共漳浦县委全体会议】

县委第十二届第十二次全体会议 8月4日，中共漳浦县委第十二届委员会第十二次全体会议在绥城召开。会议研究部署全县下一阶段产业转型升级工作，加快打造漳浦产业升级版，更好地推动漳浦科学发展，跨越发展。会议听取县委书记沈志平所作的县委十二届十二次全会工作报告。报告提出进一步加快漳浦县产业转型升级的总体要求：深入贯彻中央“四个全面”战略布局和省委、市委的决策部署，主动适应经济发展新常态，着力推动发展模式向集约型、质量效益型转变，产业结构向更加协调、更加优化转变，发展动力向深化改革、创新驱动转变，制造模式向智能化、网络化、服务化转变，资源利用方式向高效、清洁、安全转变，改造升级传统产业，做优工业，做大农业，做强现代服务业，推动三次产业互融互动，持续优化产业结构，增强产业核心竞争力和可持续发展能力，全力打造漳浦产业升级版。县委副书记、县长苏孝道在会上就《漳浦县贯彻落实省市进一步加快产业转型升级、实施（中国制造2025）和市“七个五”生态建设行动计划（讨论稿）》的起草情况作了说明。会议分组讨论县委书记沈志平所作报告及上述《意见》。会议审议通过《中共漳浦县委第十二届委员会第十二次全体会议决议》。

县委第十二届第十三次全体会议 12月10日，中共漳浦县委第十二届委员会第十三次全体会议在绥城召开。全会的主要任务是深入学习贯彻党的十八届五中全会、省委九届十五次全会和市委十届十一次全会精神，审议《中共漳浦县委关于制定漳浦县国民经济和社会发展第十三个五年规划的建议》，确定漳浦县"十三五"时期经济社会发展的指导思想、目标和任务。进一步动员全县上下统一思想、凝聚共识、形成合力、开创科学发展跨越发展的新局面。县委书记沈志平主持会议并代表县委常委会作工作报告。

全会充分肯定县委一年来的工作和"十二五"时期全县经济社会发展取得的重大成就。全会提出，"十三五"时期，漳浦县经济社会发展指导思想是：深入贯彻党的十八届五中全会精神和习近平总书记系列重要讲话精神，围绕"四个全面"战略布局，坚持发展第一要务，更加注重经济发展的质量和效益，加快形成适应经济发展新常态的体制机制和发展方式，打造"四大重点区域"发展布局，做大产业龙头，突出创新驱动，加强民生保障，致力生态保护，狠抓改革攻坚，实现速度、结构、质量、环境协调统一，全力打造生态宜居宜业宜游的滨海新城，努力在推动漳州科学发展跨越发展中勇当先锋。

全会提出，"十三五"时期漳浦县经济社会的发展目标是：预期性指标高于全市平均水平，约束性指标好于全市平均水平。全县GDP年平均增长11%，高于全市平均水平1个百分点，到2020年总量达到479.20亿元；固定资产投资年均增长21%，到2020年总量达到544.60亿元。

全会强调，要实现今后五年经济社会发展目标，必须突出加快赶超，保持一个高于全市有质量有效益的增长速度，全力突破古雷港区、县城中心区、厦门港南岸新城漳浦片区、现代农业示范区等四大重点区域，坚持投资、消费、出口"三驾马车"并驾齐驱；突出创新发展，做大园区载体，优化增量提升存量，加快产业融合发展，促进发展动力要素驱动向创新驱动转变，打造漳浦产业升级版，力争到2020年，全县培育食品加工、装备制造、皮革制造、家居木业、精细化工等一批上百亿元的产业集群；突出协调发展，高品质建设中心县城，加快推进新型城镇化建设，加快推进宜居农村建设，实现城乡一体化协同发展；突出绿色发展，实施"七个五"生态建设行动计划，构建美丽空间布局，加强生态环境综合整治，发展节能环保产业，率先建成生态文明示范区；突出共享发展，办好为民惠民实事，健全社会保障体系，维护社会和谐稳定，大力推进扶贫开发，全面提高人民生活水平；突出开放发展，着力深化行政审批制度改革，深化对台合作交流，深化区域协作发展，构筑开放式发展格局。全会号召，全县上下要把思想和行动统一到县委的决策部署上来，在市委市政府的坚强领导下，解放思想，开拓进取，真抓实干，顽强拼搏，为实现"十三五"规划各项目标任务而努力奋斗。

全会分组充分讨论了县委书记沈志平代表县委常委会所作的工作报告及《中共漳浦县委关于制定漳浦县国民经济和社会发展第十三个五年规划的建议》，一致认为《报告》和《建议》明确了漳浦县今后五年的发展思路、发展重点、发展目标和发展任务，对做好"十三五"时期全县工作具有重要指导意义。全会审议通过《中共漳浦县委关于制定漳浦县国民经济和社会发展第十三个五年规划的建议》和《中国共产党漳浦县第十二届委员会第十三次全体会议决议(草案)》。

不是县委委员、候补委员的县各套班子领导、部分处级老干部代表、县纪委委员、各乡镇场、绥安工业区、台创园、县直各单位主要负责人及县人大、政协各委室负责人列席会议。

·纪律检查·

【概况】

2015年，漳浦县纪检监察机关贯彻落实上级纪委、县委党风廉政建设和反腐败工作各项决策部署，加强党员干部队伍的党规党纪和廉政教育，把落实党风廉政建议的主体责任纳入各单位年度绩效考评内容，对履行不力者实行严格追责问责，全年追究20人；同时，按照中央八项规定和省委九条禁令要求，查处违反规定事件10起，腐败事件57起。

【县纪委十二届五次全会】

2月11日，县纪委十二届五次全会召开，会议学习贯彻党的十八大，十八届三中、四中全会和十八届中纪委第五次全会及省市有关会议精神，回顾总结2014年全县党风廉政建设和反腐工作，研究部署2015年工作。会议指出，2014年，全县各级纪检监察机关共受理信访举报545件，查办党员干部违纪违法案件100件。

【推进全面从严治党】

加强党规党纪教育 抓好《廉洁自律准则》和《纪律处分条例》的学习、宣传和落实，通过组织宣讲团开展巡讲活动、在媒体网站开辟宣传专栏、组织专题辅导报告会等形式，营造浓厚的学习贯彻氛围，进一步强化全县党员干部增强党章和党规党纪意识。

加强廉政教育 整理黄道周家规家训，开展廉政书画征集、创作活动，与国家级学术研究机构——中国发展战略学研究会合作举办官德教育培训，对全县各套班子领导和330名正科级干部进行为期3天的官德与法制教育，筑牢拒腐防变思想防线。

加强教育纠偏 立足抓早抓小、治病救人。对一般性、苗头性问题和轻微违纪问题，及时采取谈话、函询、组织处理等方式进行提醒、教育和纠正，避免小错变成大错。2015年，全县共谈话提醒、组织处理和纪律轻处分81人。

【确保“两个责任”落实】

健全相关制度 协助制定实施《县委、县政府领导班子成员实行党风廉政建设责任制的责任范围及2015年主要任务分解》，逐一明确责任领导、牵头单位和参与单位。同时，把落实党风廉政建设主体责任纳入乡镇和县直单位年度绩效考评的重要内容，考评结果与干部选拔任用和单位绩效奖金挂钩。针对省、市检查2014年度党风廉政建设责任制反馈的问题，协助县委制定《整改任务与分解方案》，提出16条具体整改措施，并明确目标要求、完成期限、具体责任单位和责任人。

严格追责问责 对不履行全面从严治党主体责任或履行全面从严治党主体责任不力的行为，动辄则咎，综合运用诫勉谈话、书面检查、通报批评、纪律处分等措施追究有关领导责任，以严肃的问责倒逼“两个责任”落实。2015年，共落实责任追究20人，其中给予党政纪处分9人、通报批评1人、诫勉谈话10人。

【深入开展“四风”整治】

抓住重要时间节点开展执纪监督 采取“不打招呼、不定路线”的方式突击查访；抽调全县24名纪检监察干部组成6个检查组，分两轮对全县各单位落实中央八项规定精神情况开展“全覆盖”检查，对顶风违纪行为实行“一案双查四问责”，持续释放“越往后执纪越严”信号。2015年，全县共查处通报各类违反中央八项规定精神问题10起，处理33人，其中追究领导责任15人。

及时查处发生在群众身边的“四风”和腐败问题 贯彻执行省纪委、监察厅关于《2015年查处发生在群众身边的“四风”和腐败问题专项工作意见》。结合村级换届选举，围绕农村集体“三资”管理、惠农补贴资金管理、救灾补助款管理等方面，严肃查处杜浔镇文卿村虚报冒领粮食补助款65.99万元、古雷镇财政所原所长贪污土地征收补偿款651.60万元等侵害群众利益的案件。2015年，共查处群众身边的“四风”和腐败案件57件，占已查办案件总数的48.70%。

【强化执纪审查】

稳步推进“零暂存”工作 推行信访举报件办理“零暂存”工作。制定出台《漳浦县纪检监察机关信访举报件办理程序规范（试行）》《漳浦县纪检监察信访举报工作责任追究办法（试行）》等规章制度，逐步建立健全“双向移送”工作机制、联审把关制度、跟踪督办机制，有效提高办信质量，推动办信责任落实。2015年，全县纪检监察机关共受理信访举报422件(次)，其中，检举控告类180件(次)，同比下降49.22%;共梳理有价值的问题线索57条，转纪律审查18件。

改进纪律审查方式　学习贯彻王岐山到闽等重要讲话精神，开展把握运用监督执纪“四种形态”的专题调研。不断转变执纪思维习惯，在线索处置、执纪审查各个环节，用党纪的尺子衡量，用纪律的语言描述，改进完善审理报告，体现执纪的政治性、严肃性。同时，注重将强化纪律审查与推进从严治党结合起来，对发生重大腐败案件和严重违纪行为的，严肃实施“一案双查”。2015年，全县纪检监察机关共立案审查党员干部违纪案件117件，同比增长17%;给予党政纪处分117人，其中科级领导干部13人，移送司法机关25人，落实“一案双查”责任追究4人。

【从严监督管理队伍】

全面回归主责主业　将议事协调机构精简为7个，完成效能办和行政服务中心管理体制调整。通过单独派驻和归口派驻相结合的形式，在县委办公室、县法院、县检察院和政府工作部门派驻27个纪检组（监察室），负责县直60个单位的纪检监察工作;明文规定纪检组长不得参与其他分工，专司监督执纪问责之职。

树立正确用人导向　制定出台乡镇纪委书记、副书记和派驻纪检组长、副组长提名考察办法。加强与县委和组织部门的沟通协调，注重推荐、使用优秀纪检监察干部，并将履职不到位的人员调离纪检队伍，且不予提拔或重用，以正确的用人导向推进监督责任落实。

提升履职能力水平　举办全县纪检监察业务培训班，有效提高全县纪检监察干部业务素质和履职能力。制定出台《关于进一步加强乡镇和派驻纪检监察组织建设的意见》，从机构人员配备、干部准入要求、明确监督范围、完善工作设施等方面进行规范，有效强化组织保障，确保正确履职。

（撰稿人：杨增玄、陈锦坤）

·组织工作·

【概况】

2015年，全县组织工作围绕县委工作大局，深入开展领导干部“三严三实”专题教育活动和作风建设年活动，推进干部队伍、人才队伍和基层党组织建设。全年提拔科级干部171人，评选现代农业经营“十佳”优秀人才10人;按照标准，新发展党员362人。

【开展“三严三实”专题教育】

从5月起，全县处级领导干部按照“三严三实”的要求，以“不严不实”问题查摆和整改为抓手，将集中学习、专题党课、专题研讨、专题民主生活会等工作做实、做到位。全县累计召开专题研讨会16场次，县处级领导讲党课40场次，各乡镇场、县直有关单位召开“三严三实”专题民主生活会73场次。同时，坚持典型引路，把学习谷文昌精神作为一条主线贯穿始终，把漳浦红楼纪念馆、石榴镇车本村市级党性教育基地、“两帝师”廉政教育基地作为特色教育平台，强化领导干部思想理论武装，严明党的政治纪律和政治规矩，提振各级领导干部干事创业的精气神。

【激发干部队伍整体活力】

坚持好干部标准，严格执行《干部选拔任用条例》，选准用好干部、配强配齐班子，一大批实绩突出、群众公认、干净干事的优秀干部得到提拔重用，形成了风正气顺、心齐劲足的良好态势。是年，共调整干部3批次，提拔科级干部171人。其中“80后”年轻干部提拔为正科级的有5人，提拔为副科级的有33人。加强对抽调到项目一线、基层一线干部的管理、考核工作，特别是加强对抽调古雷干部的跟踪考察，对经验丰富、工作成效明显的干部进行提拔重用。有序推进机关公务员职务与职级并行工作，全县共有600多名基层干部受益。加大干部教育培训力度，创新干部培训方式，着重办好专题培训班、招商引资特色培训班、主体培训班等一批重点班次，培养一批懂行、在行、内行的专业型干部。从严监督管理干部，着力开展“7+3”专项整治，重点完成对离退休干部在社团兼职的摸排整改和超职数配备科级领导职数的消化整改工作，清理规范党政领导干部在企业、行业协会兼职(任职)。强化领导干部经济责任审计，是年共委托审计部门对20个单位、35位主要领导进行经济责任审计。抓好干部人事档案专项审核、领导干部个人有关事项报告工作，防止干部“带病提拔”。

【基层党建取得新成效】

落实乡镇党委书记抓基层党建工作专项述职评议和村主干“勤廉双述双评”工作，把党建工作纳入乡镇、县直部门年终绩效考评。坚持试点先行、先易后难，平稳推进288个村(居)组织换届选举工作，选优配强村级“两委”班子。全面推行“村主干职业化管理”，将村主干基本报酬提高到人均每月1800元，其他“两委”干部提高到人均每月1100元，村级办公经费提高到村均8万元，实现将村民自治纳入党的框架内来领导、将村主干岗位纳入干部体制内来管理、将村主干待遇纳入财政预算内来保障、将村主干权力纳入制度笼子里来监督。选取石榴镇车本村、南浦乡后坑村等10个农村党支部开展示范建设，编印《梁鹿基石——漳浦县党建示范村荟萃》图册，发挥示范带动效应。落实发展党员工作细则，调控总量、优化结构、提升质量。2015年，全县共发展党员362人，其中35岁以下226人，占62.43%，同比提高1.62%；高中及以上文化程度249人，占68.78%，同比提高13.92%；女党员90人，占24.86%，同比提高3.24%；非公经济单位28人，农牧渔民207人。加强党员教育管理，通过整合全县党性教育资源，形成“一个核心四种类型十个基地”的党员教育培训新格局。组织1211名机关事业单位在职党员到社区开展志愿服务。

【巩固深化非公党建品牌效应】

开展庆“七一”系列活动 在天福集团举行庆“七一”升旗仪式；投入50多万元重新修缮天福党建活动阵地；组织制作天福党建专题片—《世界茶王的中国梦》；举办“星耀梁鹿”2015年漳浦县“七一”文艺会演，表彰天福集团党委等10个非公企业党组织、10名党建之友和10名非公党务工作者，初步形成非公党建带团建、工建、妇建的“大党建”工作格局。

探索园区党建示范 组织绥安工业开发区、台湾农民创业园等园区负责人到厦门软件园参观学习。台湾农民创业园、金浦工业园的党建工作开展卓有成效，其中台创园党建被列为全市园区e网管理试点。试行党费拨一点、企业出一点、财政补一点、党员捐一点“四个一点”的非公党建经费联筹机制。建立非公企业党员缴纳的党费全额返拨制度，并在此基础上实行“以奖代补”。

【培养优秀产业人才】

围绕产业发展需要，健全完善人才引进机制，重点引进石化、机械、纺织、花卉等重点行业急需人才。培养本地特色产业人才，建成以百里花卉走廊为轴心，沿国道两侧纵深拓展的花卉产业人才聚集区。在“七一”，评选表彰36名“漳浦县优秀人才”和10名“现代农业经营‘十佳’优秀人才”。其中，卢淑蓉、陈荣龙、陈建坤3人获“漳州市第三批优秀人才”称号。推荐优秀人才担任各级人大代表、党代表和政协委员，激发优秀人才参政议政的热情。推进校地产学研合作，引导企业与高校共建国家级产业技术创新联盟，促进先进科技成果落地转化和产业化发展。3月，在华侨大学设立漳浦工业产品创新设计研究院；7月，与中国工程院院士朱蓓薇合作成立全县首个院士专家工作站。

(撰稿人：陈赞敏、谢旭闽)

·宣传工作·

【概况】

2015年，全县宣传思想工作以中华优秀传统文化为主题，在干部队伍中开展反腐倡廉道德官德教育，在全社会推进核心价值观建议，培育先进典型，凝聚正能量，助推全县经济社会科学发展。

【用理论武装凝聚发展共识】

围绕“三严三实”专题教育，县委中心组召开专题学习研讨会4次，组织专题报告会9场，示范带动各级党委(党组)中心组理论学习活动。以“学习中华优秀传统文化，做有道德的领导者”为主题，举办反腐倡廉官德教育培训活动，为全县300多名正科级以上领导干部，讲授传承中华美德涵养官德之道。围绕中心工作，梳理“十三五漳浦经济新增长极和产业新增长点发展研究”等12个课题，有2个课题在市级获奖。围绕全面推进“依法治国”，开展“德行金浦·与法同行”系列活动和“十三五”规划文化宣传活动。在县“两台一报”(电视台、电台、金浦报)开设专题专栏，邀请法学专家举办讲座4场，编印分发社科普及条例3000多份“法治建设”有奖竞答手册5000多份，为干部群众提升法治观念营造氛围和环境。

【宣传舆论助推科学发展】

新闻宣传工作 以评选表彰“宣传漳浦好新闻”为抓手，激励新闻工作者深入基层采写更多的新闻精品。开展“工业发展”“项目建设”“生态旅游”“作风建设”四大主题宣传，在“两台一报”开设《工业发展大擂台》《大干六个月》等专题专栏；航拍大型系列节目《美丽漳浦我的家》，激发群众爱国爱乡热忱。2015年，全县在各级重点党报上稿1123篇，其中：《人民日报》等中央级党报14篇，《福建日报》152篇，《闽南日报》957篇。在各级广播电视台播出新闻2191条。其中：中央台媒体28条次，省级媒体536条次，市级媒体1627条次。播出总量持续保持全市前列。

服务古雷开发建设 组织策划了两轮集中宣传系列活动，开辟新闻专题专栏，开展图片专刊入户宣传、“筑梦古雷”书画创作会、大型文艺慰问演出、集体搬迁庆典文化活动、大型“三下乡”活动、补偿方案知识竞赛、搬迁村电视专题纪录片摄制等形式多样、内容丰富的宣传活动。引导广大群众顾全大局、理解支持古雷的全面建设，推进古雷整岛搬迁顺利进行，创下7天组织一场高质量大型文艺晚会的记录。

网络宣传工作 推动传统媒体和新兴媒体融合发展，建成“漳浦新闻网”，开通漳浦广播电视台微信公众号，受到全社会的广泛关注。加强网评员队伍建设，健全古雷开发区媒体应对队伍，完善突发公共事件新闻发布应急机制。编报《漳浦县网络舆情动态简报》90多期，重点《信息专报》3期，网络宣传工作多次受到上级宣传部门的肯定和表扬。在“4·6”PX爆燃、整岛和谐搬迁、炼化一体化奠基等事情的新闻媒体和网络舆情应对等，工作成效突出。

【以核心价值观推进道德建设】

培育先进典型 开展“德行金浦·寻找孝亲典型”“寻找最美教师”、第三届“美德少年”评选表彰活动等，通过电视、网络、报纸、微信等平台宣传弘扬，推荐林燕苹、蔡秋莲等一批道德模范入围中国好人榜、福建好人榜。杨惠娟被评为漳州基层“最美志愿者”。县地税局在全国“寻找最美家庭”电视电话会上作典型发言。

夯实道德基础 持续在各中小学校开展国学经典进校园活动，举办家庭教育讲坛启动仪式暨首场专家讲座。教育部国家教师科研基金“学校道德与法制相结合德育模式”课题结题，成果得到国家课题组的肯定，被评为优秀等级，并在全国所有课题实验区推广。在漳浦一中、达志中学、实验小学、石斋小学等4所学校试行校园慈善教育活动，为日后推动慈善文化进校园提供可值得借鉴的经验。

凝聚社会正能量 分发《我们的价值观》知识读本1000多册、《图说我们的价值观》图片2000多份，在电视台、楼宇电视、LED屏幕滚动播出“梦娃”系列公益广告。在电视台开设“弘扬中华传统文化，共建文明幸福家园”专栏，持续播出国学名家的讲座节目。编排一批“弘扬正能量”系列公益短剧、表演唱，通过“三下乡”等舞台演出，形式多样地引导人们积极向上、崇德向善。建立182支社会志愿者队伍，举办第二届“优秀志愿者”及“优秀志愿者组织”表彰活动，涌现出微益联盟义工服务队、漳台义勇消防大队等优秀团队，促进良好社会风尚的形成。

【文化建设成果普惠城乡群众】

文化示范乡镇建设 农村宣传思想文化工作示范乡镇建设成效明显，巩固上一年绥安镇的创建成果，推荐深土镇申创省级示范乡镇，并以全市第一名的好成绩通过考评验收。

文艺创作交流阵地建设 创办《漳浦文学》，更名充实"漳浦书画创作交流中心"，创建漳浦画院、霞美书画院，举办数十场书法、美术、剪纸、诗词等文艺作品展演活动，组织创作广播剧《廉政两帝师》，催生一批富有漳浦地域特色的文艺精品。2015年，先后有100多件作品在市级以上展赛活动中展出或获奖，其中，芗剧《兄弟讼》《拾银记》获省第26届戏剧会演一等奖。

文化惠民活动丰富多彩 大型文化科技卫生"三下乡"活动力度加强，县级"三下乡"经费增长率为214%，超额完成省下达的目标。2015年，全县上下开展较大型的文体活动100多场，完成农村公益电影放映3700多场，县城西湖公园双号免费电影放映176场，满足群众精神文化需求。

文化产业增加值增长率稳中有升 全县已基本形成茶文化、玩具制造、石材雕刻、影视制作、旅游文化、剪纸艺术为主的文化产业体系。2015年，全县涉及文化企业的法人单位371家，个体经营户803家。其中规模以上文化企业15家，实现产值9.45亿元；新增文化企业38家，其中，新增规模以上文化企业4家，实现年产值3亿元。

【拓展渠道加强对外宣传交流】

制作展现地方特色的折页、画册、专题片等外宣精品，通过海峡论坛、花博会•农博会等平台进行输送推介。编制播出广播节目，是年全县有3件作品在第28届全国对台港澳广播节目创优评析会中获奖。举办"第七届闽台佛教文化交流周"活动，推动海峡两岸宗教文化交流互动。运用互联网思维创新旅游宣传模式，打造"厦一站，漳浦"品牌，印制2万余份旅游微读本在各类活动中投放。举办4场新闻发布会，吸引数十家报纸、电视台、网络媒体前往采访报道。对接央视7套、10套、12套、福建电视台、海峡卫视、温州电视台等媒体到漳浦县摄制节目；尤其是福建电视台的《空中新视界》栏目，以航拍的视角展播漳浦独特魅力。与省美协在省画院举办"美丽福建•人文漳浦"著名画家走进漳浦写生展，用艺术家的笔触表现漳浦的风土民情；与省文联、省摄协合作，举办"厦一站，漳浦"生态旅游全国摄影大赛，吸引各地摄影家到漳浦采风，用镜头展现漳浦日新月异变化。

（撰稿：林晓毅）

·统一战线工作·

【概述】

2015年，漳浦县统战工作围绕服务，做好经济领域统战及政协委员提名推荐工作，调研及撰写统战课题，做好统战信息的编写与报送，做好港澳侨台接待，做好民族宗教工作。

【经济领域统战工作】

加强工商联组织建设 4月21日，召开县工商联（总商会）第九次会员代表大会，选出新一届县工商联（总商会）理事会组成人员；是月，福州漳浦商会举行换届大会；12月26日，广州漳浦商会举行换届大会。

走访异地商会，加强交流合作 由县长苏孝道、县政协主席林培兴、县委常委、统战部长刘达文分别带队于4月赴福州，5月赴义乌，9月赴广州、深圳、中山，10月、11月两赴泉州、厦门开展异地商会走访，考核驻外政协委员并开展招商引资推介会。

优化服务 优化法律服务平台，建立县总商会调解室，开展法律维权服务。优化金融服务平台，解决民营企业融资难问题，促成县农村信用社授信县总商会6亿元贷款额度和漳浦泉州银行授信漳浦泉州商会2亿元贷款额度；推荐40多家民营企业在县农村信用社办理短期信用贷款1200万元，解决部分企业融资难问题。优化经济服务平台，为10多家企业办理土地和房产相关手续，为非公经济发展营造良好的政治环境。优化科技服务平台，促成中国工程院院士、大连工业大学食品工程学院教授朱蓓薇与漳浦丰盛食品公司合作建设漳浦首个院士工作站。

协助招商引资 协助县委、县政府选聘陈国强等12人为县政府特邀招商专员；协助漳浦泉州商会筹划投资2亿元，建设泉商民营经济总部，已上报县政府，正在选址中。协助推动台企漳浦安发纸业有限公司到漳浦落户，该公司总投资1000多万元，6月动工建设。

弘扬传统文化 6月13日，由统战部牵头，县工商联在县仁爱中华文化教育中心智慧人生教育讲堂举办弘扬传统文化，构建幸福企业的国学教育培训班，县工商联代表和第九届工商联（总商会）近百名执委以上骨干参加集中培训。

引导促进民营企业履行社会责任 全县民营企业和工商界人士热心参与工商联组织的光彩事业、回归工程、捐资助学、修桥造路等公益活动，共捐资500万元。

【政协委员的提名推荐】

加强县政协委员的考核、跟踪管理，县政协十三届四次会议委员因工作变动或长时间不履职免去政协委员资格7人；因工作变动免去政协常委2人；增补政协常委4人、政协委员31人。

【党外人士干部安排与队伍建设】

建立选人用人公正机制，做好党外干部的安排和党外人士队伍建设。在各乡镇场和县直各单位推荐的基础上，筛选德才兼备、有发展潜力的人选。建立和保持有一支50人的党外后备干部队伍，为党外干部的调整和充实做准备。至年底，全县有处级党外领导干部5人，其中：县人大常委会副主任、县政府副县长各1人，县政协副主席2人，副调研员1人。党外科级领导干部30人，其中：县直单位23人，乡镇7人；县直单位和乡镇中正职各2人。县人大有党外常委4人，党外代表104人，占代表总数的35.10%；县政协有党外常委26人，占常委总数的57%，党外政协委员173人，占政协委员总数的63%。

【侨务及港澳台工作事务】

台侨来访与考察的联络接待 2015年，接待香港漳浦同乡会会长陈国强一行到漳浦参观考察；接待菲律宾侨胞郑远明一行12人；接待台湾海基会董事长林中森一行10人参访团，台湾中华生产党主席卢月香一行11人考察团，台湾成人与终身教育学会一行30人；11月协助接待第五期香港漳籍青年国情研修班一行25人。

加强香港社团工作 3月完成第四届香港漳浦同乡会青委会换届工作。应香港漳州同乡会总会邀请，漳州市委统战部于6月和9月组团赴港开展为期四天的社团工作，县统战部副部长黄荣仙，县委常委、统战部部长刘达文先后随团赴港开展工作。

维护侨益，加强服务 为基层侨联争取救助扶贫资金7.88万元，用于走访慰问重点人士、特困户、困难户共63户。其中，贫困归侨家庭17户、重点侨户21户、重点人士25人；为马来西亚侨胞李保泉夫妇因县城改造房屋拆迁申请经济适用房。

为台籍同胞解难办实事 向老龄定居台胞12人发放补助金2.04万元，向困难定居台胞18人发放生活补助2.16万元。为15名台胞开具台籍身份证明。组织本县台籍小学生参加世界华人小学生作文竞赛，其中高山族小台胞白豪杰获竞赛三等奖。

召开县第四届台湾同胞代表大会 7月31日，召开县第四次台湾同胞代表会议，大会选举产生新一届台联理事会组成人员。

接受侨胞、港澳台同胞公益捐资 全年共接受海外华侨华人、港澳同胞捐赠本县公益事业款项计104.65万元。

【民族宗教事务】

开展“宗教政策法规学习宣传月”活动 2015年，通过移动网络发送信息3万条，并采用信息刊物、标语口号、图片展览等，多种形式宣传党的宗教政策、法规。全县各宗教团体举行“宗教政策法规学习班”活动共50余次，近670人参加。

申报少数民族发展项目获

资金支持 全县共审核上报发展项目44个，争取各级民族补助款1248.76万元。分别是：中央补助项目7个，补助资金81万元；省级项目补助206.43万元，其中：特色村寨保护项目55万元，高山族专项扶持资金13.10万元，学校修缮资金13万元，发展项目补助80万元，少数民族助学金45.33万元；市级补助70万元；县级补助91.33万元，其中11.33万元为少数民族中学学生补助资金；省政府挂钩帮扶赤岭400万元。

落实少数民族考生优惠政策 为少数民族考生办理身份证明305件，审核更改民族身份6件。

举办第七届闽台佛教文化交流周·广钦老和尚修持观交流研讨活动 11月9—11日，举办第七届闽台佛教文化交流周·广钦老和尚修持观交流研讨活动。国家宗教局、省、市、县各级党委、政府、政协领导，大陆、台湾诸山长老、法师、居士善信共计500余人出席活动。

开展宗教联谊与交流活动 赤岭三官大帝庙组织5人到台湾三官大帝庙交流；古公三王庙组织3人到台湾4所宫庙交流；漳浦威惠庙接待台湾进香团19次，共2172人次；漳浦乌石妈祖庙接待台湾进香团8次，共1490人次；三官大帝庙接待台湾进香团1次，共10人次。全年共接待台湾进香团28团3672人次。

宗教界人士乐捐公益事业 县宗教界人士踊跃参与捐赠、资助学生、慰问病困户、建老年活动中心、农民公园、公益修路等项目，共捐款877万元。

宗教活动场所安定稳定 协调解决西湖宫、清泉岩、兴教寺宗教活动场所问题。加强民间信仰活动场所的管理，下达漳浦县宗教系统综合治理责任书。做好宗教活动场所财务监督管理，按要求办理机构代码证和开始统一账号，促进财务的规范管理。

【统战信息的编写与报送】

漳浦统战工作信息被上级各种统战刊物采用46条，其中：中央统战工作部约稿2条，八闽快讯》采用2条，省委统战部《福建统战信息》采用3条，《漳州信息》录用1条，市委统战部《漳州统战情况》采用29条。

【调研撰写统战课题文稿】

根据省、市统战部《关于开展2015年统战课题调研活动的通知》要求，结合漳浦县实际情况，成立课题调研组，深入基层和有关单位就《初探与海外港澳台青年群体的联络》《联谊交流民间信仰在促进两岸交往中的作用问题研究》《台湾社会运动的现状、发展趋势及对策研究摘要》《提高统战干部化消极因素为积极因素能力问题研究》《统战服务民营企业发展路径的探讨》《新常态下加强民营企业人才队伍建设的对策与思考》等6个课题展开调研和文稿的撰写。6个课题全部被市委统战部统一战线理论研究会采用，入选《统战理论研究文稿汇编》。

（撰稿人：张翠珏）

·农村工作·

【概况】

2015年，漳浦县农村工作以加快推进农村经济发展，农民增收为目标，落实各项惠农政策，培育壮大专业合作社、家庭农场等农业新型经营主体69家，向16.70万户农户发放各项农业生产资金补贴3658万元，组织对1.96万户贫困户实施精准扶贫和造福工程，投入资金4531万元，加快推进35个市县级富美乡村和环境整治村建设。

【培育新型农业经营主体】

培育壮大龙头企业、农民专业合作社、家庭农场等农业新型经营主体。是年评选表彰10位龙头企业带头人及服务龙头企业“十佳”优秀人才。向上争取并上报新华东食品、绿泉食品2家市级龙头企业贷款贴息18万元，新增福建顺洋食品等4家企业为县级龙头企业，新增福建扬基生物科技等4家企业为漳州市农业产业化龙头企业，推荐上报福建新华东食品有限公司等13家企业为福建省第八轮农业产业化重点龙头企业。推荐上报扬基铁皮石斛专业合作社为2015年全国农民合作社农产品加工示范单位。是年，全县新增农民专业合作社43家，同比增长6%。新建家庭农场26家，同比增长25.70%。

【推进富美乡村建设】

按照漳州市“千村整治、百村示范”的要求，全县2个市级富美乡村（绥安镇大埔村、石榴镇车本村）、18个县级富美乡村（六鳌镇新厝村、湖西乡山后村、大南坂镇下楼村、长桥镇春光村、官浔镇康庄村、马坪镇湖山农场、赤土乡赤土村、沙西镇高山村、佛昙镇大白石村、杜浔镇后因村、霞美镇五社村、深土镇示埔村、赤湖镇后湖村、前亭镇刘下村、旧镇镇后垅村、赤岭乡杨美村、盘陀镇割埔村、南浦乡美林村）创建村及7个市级环境整治村、8个县级环境整治村建设均取得初步成效。2015年，上述各村累计完成投资4531.50万元，拆除乱搭乱建、旱厕、猪圈等废旧建筑，加强水、路建设。其中石榴镇车本村在完成第一期村庄整治和建设后，第二期陵园公园已在11月动工，累计投入资金420万元，建设红军广场、停车场、公厕等公共设施。绥安镇大埔村投入资金455万元，拆除乱搭乱建、旱厕、猪圈等废旧建筑，狠抓水、路、电设施建设和卫生保洁等基础工作，完成清淤沟渠4.60千米和村内池塘3个，建设观景亭、木栈道、民俗馆、休闲广场等公共设施，富美乡村建设取得成效。

【组织实施扶贫开发和造福工程】

制订《漳浦县科学扶贫精准扶贫工作实施方案》，对1.96万户贫困对象建档立卡。扶持已建档立卡贫困户发展种植业、养殖业、农产品加工业以及农家乐等项目130多个，用“一卡通”形式发放中央财政扶贫资金146万元。开展对口帮扶，对接帮扶云霄县下河乡、马铺乡农业生产项目资金160万元，抓好石榴镇龙岭村等5个市、县扶贫开发重点村，已落实帮扶资金75万元。用“一卡通”形式发放2014年度造福工程危房改造补助资金910万元，落实扶贫项目资金460万元，推动扶贫项目21个。2015年，1900人造福工程指标已全部下达到村到户。落实前亭镇桥仔头村、湖西乡赵家城村、大南坂镇新民村等3个百户点集中安置区规划建设。

【落实强农惠农政策】

全县发放农资综合补贴面积3.19万公顷，发放金额2307万元，惠及全县16.70万农户。加强农业保险工作，全县水稻保险面积达到1.33万公顷，保费238.80万元，有效地提高农业抗风险能力。开展设施农业补贴，2015年累计落实大棚补贴面积43.54万平方米，发放补贴资金1351万元。是年，漳浦县被列为全省新型职业农民培育示范县。制定《漳浦县2015年新型职业农民培育认定及管理办法》，分别在深土镇、赤湖镇和霞美镇举办3期培训班，聘请本县农艺师及诏安等周边县市农业科技带头人到现场授课参加授课，参训人员200多人次。

（撰稿人：蔡江南）

·精神文明建设·

【概况】

2015年，漳浦县精神文明建设工作以社会主义核心价值观为根本，开展对新一届101个省市级文明单位申报及年度考评，开展“德行金浦、寻找孝亲典型”和“十星文明户”、漳浦县第三届美德少年评选活动，树立模范典型。培育健康向上的文明乡风村风家风，推进全县精神文明建设工作新常态。

【宣传舆论阵地建设】

以提升道德素质为着力点，加强宣传舆论阵地的建设。围绕“中国梦”宣传教育、核心价值观建设、建设生态文明。组织开展“讲文明树新风”公益广告原创作品征集评选活动，利用工地围挡、旅游景点、户外电子显示屏、报纸、网站等进行刊播，传递正能量。组织各级文明单位（学校）、文明乡镇开展“为美德点赞、向模范学习”活动，发动为第五届全国和第四届福建省道德模范候选人撰写道德寄语、发表道德感言。

【开展树、扶、学模范活动】

“树”模范　组织开展“德行金浦·寻找孝亲典型”活动，通过推荐申报、联合审议、群众投票等环节，最终确定“德行金浦·孝亲模范”获得者15人和“德行金浦·孝亲模范”提名奖获得者13人，于3月6日举行颁奖晚会。联合开展“最美家庭”评选活动，共评选出26户“最美家庭”。开展“德行金浦·寻找最美教师”活动，评选出具有良好师德师风的“最美教师”10人及“最美教师提名奖”29人。组织参加第四届漳州市道德模范评选活动，漳浦县林旺成被评为“第四届漳州市见义勇为道德模范”。

“扶”模范 3月4日，召开全县“我推荐、我评议身边好人”座谈会，邀请本县2012－2014年度“中国好人”和“福建好人”获得者或家属代表参加会议；春节、元宵、重阳节期间，组织道德模范、身边好人参加县节日庆典和文艺联欢活动等，激励身边好人发挥示范引领作用。组织对道德模范、身边好人和美德少年进行走访慰问。通过微信平台，组织“同心携手·传递爱心”活动，发动各界人士为身残志坚美德少年范秀银捐款。

“学”模范 开展“我推荐我评议身边好人”活动，建立新一年度身边好人数据库，发动干部群众参与身边好人推荐评议和网上投票。蔡秋莲、庄锦瑶、陈伟琳入围“中国好人榜、福建好人榜”候选人；林燕苹、王剑峰入选“福建好人榜”。

【社会志愿服务活动】

健全志愿服务体系 建立健全县志愿者协会、乡镇志愿者服务站、社区（村）志愿者服务点、文明单位志愿服务队体系。

提升志愿服务能力 联合县红十字会举办第三期应急救护志愿者骨干培训班，增强志愿者队伍的应急服务能力。开展第二届漳浦县学雷锋志愿服务系列先进评选表彰活动。

拓宽志愿服务领域 以“情暖金漳浦·山水绿家园”作为志愿服务活动年度主题，结合3月5日学雷锋纪念日和12月5日国际志愿者日等时间节点，围绕环境保护、城市管理、公共安全等内容，组织开展各类志愿服务活动。

抓好品牌队伍建设 县微益联盟义工服务队借助微信、微博平台，通过朋友圈、聊天群等方式带动全社会的爱心人士参与关爱残疾学生、照顾孤寡老人、帮助弱势群体等爱心活动。是年开展116场活动，带动捐款捐物逾500万元。县台商联谊会联合县消防大队组建的“漳台义勇消防大队”，入选2015年度福建省志愿服务基金会资助项目。

【传统文化传承】

重视中华传统文化的传承，持续开办“智慧人生教育讲堂”，开设以来，共举办56期，培训人数6000多人次。重视传统节日活动的组织，春节、元宵期间，开展“喜气洋洋过大年·红红火火金漳浦”主题活动。

【加强未成年人思想道德建设】

未成年人实践活动 开展“我的中国梦”主题教育实践活动，引导未成年人。举办“关爱青少年月”活动，开展走访慰问送温暖、代理家长送亲情、法律援助送回归、宣传教育送文化、安全保护送平安、拓宽渠道送就业等“六送”关爱系列行动。在全县各中小学中开展“念亲恩·尽孝心”主题征文活动，并在《金浦报》《小主人报》刊登优秀作品88篇。清明节，各中小学通过网上献花、签名寄语、宣誓等，开展“网上祭英烈”活动；“七一”开展“童心向党歌咏活动”，组织未成年人传唱歌颂党、歌颂祖国的优秀歌曲。

乡村学校少年宫建设 加强乡村学校少年宫的建设，加强对2015年中央专项彩票公益金支持建设的乡村学校少年宫——深土中心学校的培育及对湖西中心学校与八一希望小学乡村学校少年宫项目的帮扶。

美德少年评选表彰活动 开展漳浦县第三届美德少年评选表彰活动，评选出“美德少年”和“美德少年提名奖”各8人；通过举行颁奖晚会进行表彰，扩大宣传面和知晓率。组织参加漳州市第三届美德少年评选表彰活动，林煜涛被评为漳州市第三届“诚实守信”美德少年。

【培育文明乡风村风家风】

以督促整 联合各部门开展农村生活垃圾处理督查工作，完善考核督查制度，定期不定期地深入到各个乡镇督促检查。至年底，全县已有17座垃圾中转站投入使用，对乡镇生活垃圾进行集中收集清运。

以评促改 开展“村规民约建设年”、农村社会风气突出问题专项治理和“十星文明户”评选活动。在一定程度上转变消极落后的乡风乡貌，营造健康向上的文明乡风。

以扶促进 开展新一届创建“城乡结对共建文明村”活动，全县共有51个文明单位和51个文明村结对共建。重点改善环境面貌、普及道德风尚、建设农村文化阵地、解决特困户生活困难，推进农村精神文明建设。

【规范文明单位的创建管理】

开展新一届（2015－2017年度）文明创建的各项申报工作，经过申报公示、审核确定，全县具有申报创建资格的省级各类文明单位有36个、市级各类文明单位有65个。加强对各级文明单位（学校、社区）、文明村镇、文明行业的动态管理和业务指导，以创建促发展、促和谐、促作风转变、促优质服务提升。

（撰稿人：阮彩芳）

· 机关党建 ·

【概况】

2015年，县直机关党建工作全面推进“1263”（一个目标、两大任务、六个重点、三级联创）机关党建工作机制，持续深化“三级联创”，推进学习型党组织建设和反腐倡廉党风廉政建设，以党建服务中心工作为目标，改进工作作风，开展在职党员下基层进社区活动。

【学习型党组织建设】

开展宣传教育 深入学习宣传贯彻十八大、十八届四中、五中全会精神和党章，准确理解贯穿其中的新思想、新观点、新举措；开展中国特色社会主义和“中国梦”宣传教育，领会中国特色社会主义道路、理论体系、制度的内涵，增强政治自信。

强化学习培训 创新学习的内容形式，推动党员领导干部带头作辅导、讲党课、搞调研；以会议形式组织机关党务干部认真学习，引导各级党组织开展贴近实际的学习培训，推进集体学习。

推动学以致用 把学习、调研成果转化为落实县委、县政府决策部署的动力和举措，转化为推动本行业改革发展的新思路，转化为提高机关党建科学化水平的新办法，转化为做好各项工作的具体行动。

加强党建宣传 加强与新闻媒体的沟通联系，大力宣传、推广机关党建工作好经验、好做法，推动创先争优、比学赶超。

【党建服务中心工作】

持续打造优质软环境 围绕县委、县政府一系列重大决策和产业发展、城乡建设、改善民生、改革开放、生态建设等着力点，推动机关转变职能，教育引导党员干部立足各个岗位，履职尽责，提高服务效率和水平。

深化创先争优活动 开展“漳浦建设，机关走前头”主题实践活动，并与“党员先锋岗”“党员服务队”等创先载体有机结合，营造浓厚创争氛围。

服务“大干六个月”工作 组织引导县直各级党组织和党员围绕县委县政府“大干六个月”的部署，发挥党组织的战斗堡垒作用和党员先锋模范作用，为县委、县政府的中心工作做出应有的贡献。

【改进工作作风】

持续开展下基层活动 深化“下基层、解民忧、办实事、促发展”活动，并与群众路线教育有机融合，做好“四下基层”“结对帮扶”工作，密切党群关系。

开展在职党员进社区工作 按照县委组织部的统一部署，进行具体协调工作。召开县直9个试点单位党务干部会议，安排进驻工作。

开展纪念建党94周年系列活动 组织引导机关各级党组织开展“七一”系列活动，“七一”期间与县文广新局联办乒乓球比赛，举行新党员入党宣誓仪式和举办入党积极分子培训班。

【机制建设】

开展《条例》的督查检查 开展贯彻落实《条例》、省委《实施意见》、市委《实施办法》及县委《实施意见》情况专题调研，总结推广经验，发现存在问题，激发机关党建活力。

深化“三级联创” 健全责任机制，落实任务分解、任务落实，县直各单位党组织积极上联、主动沟通，机关党委、党总支履行对下属党组织创建活动的指导责任，加强科学谋划，注重分类指导，促进基层单位结合实际创特色、出经验，真正把三级联创落实到基层。

注重示范引导带动 落实“1263”机制建设示范点建设，完善领导挂钩联系，以点带面、推动全局。推广一批全面推进“1263”机制建设的好项目、好经验、好做法，提升党建工作水平。

【党风廉政建设】

严明党的政治纪律 组织党员干部学习党章，严格遵守党章规定，按照党的组织原则和党内政治生活准则办事，严守党的纪律，切实做到“四个服从”，确保令行禁止、政令畅通。

加强反腐倡廉教育 持续推进“廉政文化进机关”活动，把理想信念宗旨、党纪法制、从政道德等教育与廉政文化创建活动融为一体，注重示范教育、警示教育和岗位廉政教育，筑牢拒腐防变的思想道德防线。

健全廉政责任机制 贯彻落实中央和省、市、县纪委会议精神，引导各级党组织自觉承担推进惩防体系建设的责任，自觉落实所承担的任务，主动抓好职责范围内的党风廉政建设，加强对党员干部的教育、管理和监督。

【夯实工作基础】

严格发展党员 举办机关党务干部培训班2期，入党积极分子培训班3期。重视从高知识群体、优秀青年干部、一线服务岗位干部中发展党员。全年共发展新党员38人。

加强基层组织建设 按照《条例》规定，落实换届选举制度。根据县委的人事调整，及时完成党组织领导班子的设置和充实，以及任期届满党组织换届选举的审批工作。2015年，共有3个党总支、10个党支部完成换届选举工作，成立基层党委3个、党总支2个、党支部11个；撤销党总支2个、党支部3个。

党费收缴 党费的收缴、使用和管理，执行统一标准，2015年共收缴党费40多万元。

（供稿：县直机关工委）

·党校工作·

【概况】

2015年，县委党校抓住党校教育培训这个主题，与县人力资源与社会保障局联合开展全县事业单位专业技术人员继续教育培训班，配合县纪委、县组织部做好全县领导干部任职前廉政法规知识测试的有关工作，推进新校园区建设。

【教育培训】

1月19—24日，承接外来培训班宁夏班1期60人次。9—11月，与县人社局联合办班，开展全县专业技术人员继续教育培训，全县专业技术人员2400多人、分16期参加《创新能力培养与提高》（上）公共课培训。配合县纪委、县组织部开展领导干部任职前廉政法规知识测试的有关工作。

【教研科研】

2015年，县委党校理论研究成果突出，全年在《经济师》《中共福建省委党校学报》《合作经济与科技》《法制与社会》《法制博览》《福建教育学院学报》等CN级刊物上共发表学术论文8篇。参与市委党校课题项目，在年度校级课题结项中，《漳浦县落实全民阅读，建设书香社会对策研究》被评为县级党校一等课题。

【新校区建设】

2015年，位于金浦教育园区的县委党校新校区顺利建成。12月30日，县委党校新校区举行揭牌仪式，党校整体搬迁至新校区。新校区建有教学办公综合楼、学员宿舍楼等主体建筑。

（撰稿人：林泽贤）

·老干部工作·

【概况】

2015年，漳浦县老干部工作以“创新服务老干部、助推富美金漳浦”主题活动为抓手，不断改善和拓展老干部服务方式、丰富老干部精神文化生活。是年，服务管理对象194人，其中：离休干部49人，“5·12”退休干部46人，易地安置离退休干部5人，离休干部遗偶94人。

【保障老干部政治待遇的享受】

10月，县委、县政府召开老干部通报会，县委书记沈志平、县长戴平忠参加，向老干部通报全县经济、社会的发展情况，听取老干部的意见建议并给予协调落实。加强离退休干部“四就近”服务示范建设，在城西社区开展“四就近”服务老干部示范建设，使老干部“两个待遇”在社区得到进一步落实。该项工作得到省委老干部局的肯定，社区被列为省级示范点进行评估。

【落实老干部生活待遇】

落实老干部经济待遇政策 为做好老干部调资及老干部遗偶生活补助调整工作，协调财政局、人社局及机关社保等单位，及时、准确地为每位老干部及老干部遗偶调整好工资，保证离退休老干部离退休费按时足额发放。

落实走访慰问制度 在春节、中秋、重阳节期间，走访慰问老干部；县委、县政府还在重阳节拨出专款慰问享受处级待遇的老干部。8月初，组队到福州、莆田、泉州、厦门等地慰问易地安置的老干部和老干部遗偶；8月底，在纪念中国人民抗日战争胜利70周年之际，组队到福州、长乐及本地走访慰问6名抗战老干部；10月，派人参加市老干局组织的省外易地安置老干部及遗偶的慰问活动。

开展服务保障工作 协调社保、财政、卫生等部门，帮助解决老干部社保卡办卡、开卡问题，保证老干部持卡取药、住院就医“两不误”。坚持探望、慰问住院老干部，是年，先后到175医院、市医院、县医院及中医院看望、慰问8位老干部，办理护理费15人次。

【县老年大学工作】

重视县老年大学建设 5月，县老年大学教学楼面积得到扩展，县政府拨专款对教室进行修缮改造、完善教学设备。

为百岁学员曾敏英举办庆寿活动 为宣传曾敏英长期坚持践行“积极老龄化”的可贵精神，弘扬善老敬老的传统美德，县老年大学举办“百岁学员曾敏英剪纸作品展”，出版“祝贺曾敏英百岁寿辰诗词、剪纸、摄影专刊”。市老年教育协会、县政协等单位领导参加祝贺曾敏英百岁寿辰座谈会，向百岁学员曾敏英赠送花篮、寿匾。

开展书法绘画教学交流与联展活动 6月12日，县老年大学与云霄县老年大学的书画作品联展和教学活动在漳浦县老年大学举行，参展的书画作品50余幅。两校学员还在笔会现场进行书画创造，交流教学经验。

举办纪念抗战胜利70周年系列活动 在抗战胜利70周年之际，把“勿忘国耻、圆梦中华”的主题教育引入课堂教学之中，出版宣传教育专刊，组织文艺演出活动，请抗战学员为中小学生作“铭记抗战历史、弘扬抗战精神”的主题教育报告。

（撰稿人：陈泗杰、林涛瑜）

·信访工作·

【概况】

2015年，漳浦县信访局共受理群众信访件总量2627件。其中：来信1203件，来访571批1231人次，《省长信箱》291件，漳州12345政务服务平台561件，人民网投诉件1件。到县上访386批870人次；到市上访124批280人次，其中，集体访10批111人次；到省上访42批53人次；进京正常访19批28人次，其中，集体访2批10人次。是年，全县依法逐级走访成效明显，到县、市、省、国家信访量呈金字塔形，大部分信访量集中在县级，减轻了上级的负担。

【初信初访和重信重访的化解】

全县共受理初访197件，共办结167件，办结率84.80%；共受理重复访204件，共办结166件，办结率81.40%。

【推进通过法定途径分类处理信访投诉请求试点工作】

根据省、市要求，推进通过法定途径分类处理信访投诉请求工作，制订试点工作方案和实施细则，并认真实施。下半年，共开出不予受理告知单34份，引导群众通过法定途径提出诉求，成效明显。

【多措并举化解信访积案】

全县共化解信访积案15件，总量评比化解居全市第一。其中：省级信访积案3件、市级信访件6件、县级信访积案6件。

【重视敏感时期信访维稳工作】

开展“两会”期间信访维稳工作，“两会”期间，漳浦县进京非访2人次，同比下降87.50%。开展古雷PX项目爆炸期间信访维稳工作，防止越级上访的发生。落实抗战胜利70周年纪念活动期间维稳工作，有4人次非访，全县失联进京21人，经过上下联动，于9月1日全部劝返。完成中共十八届五中全会和青运会期间稳控工作，五中全会期间，全县发生进京非访3人次，其中，许x x、陈x x 2人属故意非访。

【信访信息系统全面运行】

全县共有68家职能部门接入注册并登录使用，其中，有68家职能部门已使用系统登记录入本部门信访件，排名全市第一。

（供稿：县信访局）

·新闻报道工作·

【概况】

2015年，漳浦县委报道组工作业绩再上新台阶，新闻作品《漳浦田中央村注重在世行孝》《乡村的“美丽经济”》获得中国地市报三等奖、《古稀老僧的护林缘法》获得省级新闻三等奖、《打造世界一流石化城》获得漳州新闻奖一等奖；2015年在各级重点党报上稿1123篇，其中《人民日报》等中央级党报14篇，《福建日报》152篇，《闽南日报》957篇，在其他媒体包括网络超过1000篇，连续17年被《闽南日报》社评为先进报道组。

【围绕中心开展新闻宣传】

围绕县委、县政府中心工作，把握正确舆论导向，服务率先崛起、攻坚克难、招商引资大局，主动作好新闻宣传工作。呈现三大特点：一是项目建设和产业聚集稿件继续排在全市各县（市区）的第一位，及时跟踪报道一帆重工项目建设和绥安开发区先进制造业等一批重头、深度文章。二是对台、涉台稿件进一步增多，多方挖掘漳浦县的台资企业、有关涉台活动。三是县城建设宣传再次掀起高潮。在稿件的采写中，坚持体现漳浦特色，突出重点，做到人无我有，人有我优，争取头版和各版头条等位置；还抓住闽台农业合作基地和台商多的优势，多做这方面的文章。

【为生态建设营造良好的舆论环境】

多角度、多方位采访报道全县生态建设，新闻稿件质优量多。2015年，先后多次在《闽南日报》《福建日报》和新华社等媒体专版或专题报道南浦、六鳌、佛昙和县城等地的生态建设情况。除党报外，《厦门日报》《海峡都市报》《海峡导报》等其他报社及新华网、人民网和中新社等网络，或专版或头条，多方位正面宣传推介漳浦，为漳浦县建设“富美金漳浦、山水绿家园”营造了良好的舆论环境。

（供稿：县委报道组）

漳浦县人大常委会

·主要会议·

【县十六届人民代表会议】

县十六届人大第四次会议 6月24—26日，漳浦县第十六人民代表大会第四次会议在绥城召开。沈志平、苏孝道、陈少华、林培兴等县四套班子领导出席开幕式。

会议听取和审议县长苏孝道所作的县人民政府工作报告、县第十六届人大常委会主任陈少华所作的县人大常委会工作报告、县人民法院院长翁麦典所作的县人民法院工作报告、县人民检察院检察长林文井所作的县人民检察院工作报告；审查漳浦县2014年国民经济和社会发展计划执行情况及2015年国民经济和社会发展计划草案的报告；审查漳浦县2014年预算执行情况及2015年预算草案的报告。大会选举王予军、王朱申为县人大常委会副主任，选举卢合智、林飞跃、杨媛、何清忠为县人大常委会常委。县委书记沈志平在闭幕式上发表讲话。出席政协第十三届漳浦县委员会第四次会议的全体委员，县直机关、部门负责人，各乡镇(场)长等列席县十六届人大四次会议相关全体会议。

县十六届人大第五次会议 10月21—22日，漳浦县第十六人民代表大会第五次会议在绥城召开。沈志平、戴平忠、陈少华、林培兴等县四套班子领导出席开幕式。在22日举行的全体会议上，大会以无记名方式投票补选戴平忠为漳浦县人民政府县长。县委书记沈志平、新当选的县长戴平忠在闭幕式上分别发表讲话。

【县十六届人大常委会会议】

县十六届人大常委会第二十三次会议 1月23日，县十六届人大常委会举行第二十三次会议。县人大常委会副主任吴川泽、刘两溪、林溪河、张秀华和委员共20人出席会议。副县长陈林、县人民法院院长翁麦展、县人民检察院检察长林文井及县人大机关各委室有关负责人和各乡镇人大主席列席会议。会议由吴川泽主持。会议听取和审议主任会议关于开展满意度测评工作暂行办法的议案，通过县人大常委会开展满意度测评工作暂行办法；听取和审议县人民检察院关于人事任免提请报告，任命卢阿玉、蓝跃炳为县人民检察院检察员；接受陈婉儿辞去县十六届人大常委会委员和县十六届人大代表职务的请求。

县十六届人大常委会第二十四次会议 3月4日，县十六届人大常委会举行第二十四次会议。县人大常委会主任陈少华，副主任吴川泽、刘两溪、林溪河、张秀华及委员共24人出席会议。县政府常务副县长柳亚殊、县人民法院院长翁麦展、县人民检察院检察长林文井及各乡镇人大主席列席会议。会议听取和审议主任会议关于召开县十六届人大四次会议的议案，决定于2015年3月27日至29日在绥城召开县第十六届人民代表大会第四次会议；审议通过县人大常委会工作报告稿，决定向大会作报告；接受卢艺福、陈丽蓉辞去县第十六届人大常委会委员和县十六届人大代表职务的请求，接受蓝主保等18人辞去县第十六届人民代表大会代表职务的请求；听取和审议主任会议关于补选县十六届人大代表的议案，决定于3月19日在绥安镇城北选区等28个选区补选漳浦县第十六届人民代表大会代表28人；会议还听取县政府有关人事任免议案，决定任命陈伟红为漳浦县人民政府副县长，还决定任命部分县政府组成人员。

县十六届人大常委会第二十五次会议 3月20日，县十六届人大常委会举行第二十五次会议。县人大常委会主任陈少华，副主任吴川泽、林溪河、张秀华和委员共20人出席会议。副县长陈美慧及县人民法院、县人民检察院、古雷港经济开发区管委会、绥安工业区管委会、县政府办、县人大机关委室有关负责人和县十六届人大四次会议各代表团工作人员列席会议。会议听取和审议古雷港经济开发区管委会关于2014年预算执行情况和2015年预算草案的报告；听取和审议绥安工业区管委会关于2014年预算执行情况和2015年预算草案的报告；听取县十六届人大四次会议筹备处关于县十六届人大四次会议筹备工作情况的汇报；听取和审议县十六届人大常委会代表资格审查委员会关于县十六届人民代表大会代表变动情况及补选代表的代表资格审查情况报告；听取和审议主任会议关于县十六届人大四次会议各代表团召集人建议名单及主席团和秘书长等名单草案的议案；会议还听取和审议主任会议有关人事任免议案，任命卢合智为县人大常委会信访办公室主任；接受林溪河辞去县十六届人大常委会副主任职务的请求。

县十六届人大常委会第二十六次会议 5月29日，县十六届人大常委会举行第二十六次会议。县人大常委会主任陈少华，副主任吴川泽、林溪河、张秀华和委员共18人出席会议。县政府党组成员陈志伟及县人民法院、县人民检察院、县政府办、县人大机关委室有关负责人和各乡镇人大主席列席会议。会议听取和审议县政府关于社区矫正专项工作报告，形成审议意见，交县政府办理；听取和审议主任会议关于重新确定县第十六届人民代表大会第四次会议时间的议案，决定会议时间由原定的2015年3月27—29日重新确定为2015年6月24—26日；听取和审议主任会议关于2015年度“6•28代表统一活动日”活动主题的议案，决定2015年度“6•28代表统一活动日”主题为“营造重商亲商氛围，助力工业经济发展”；表决通过县人大机关、县法院、县检察院部分人事任免名单。

县十六届人大常委会第二十七次会议 7月30日，县十六届人大常委会举行第二十七次会议。县人大常委会主任陈少华，副主任刘两溪、张秀华、王予军、王朱申和委员共24人出席会议。副县长蓝文华及县人民法院、县人民检察院、县政府办、县审计局、县财政局、县发改局、县人大机关委室有关负责人和各乡镇人大主席列席会议。会议由陈少华主持。会议听取和审议县政府2015年上半年工作报告、县人民法院2015年上半年工作报告、县人民检察院2015年上半年工作报告、县政府关于2014年度预算执行和其他财政收支审计情况的报告、县政府关于2014年度财政决算（草案）和2015年上半年预算执行情况的报告及县政府关于2015年上半年国民经济和社会发展计划执行情况的报告，形成审议意见，交报告机关办理；听取和审议主任会议关于调整充实县第十六届人大常委会代表资格审查委员会组成人员的议案，决定调整充实县第十六届人大常委会代表资格审查委员会组成人员；审议通过主任会议关于县人大机关人事任免议案；表决通过个别常委会组成人员的辞职事项。

县十六届人大常委会第二十八次会议 9月24日上午，县十六届人大常委会举行第二十八次会议。县人大常委会主任陈少华，副主任吴川泽、刘两溪、张秀华、王予军、王朱申和委员共25人出席会议。县政府、县人民法院、县人民检察院、县政府办有关负责人以及各乡镇人大主席列席会议。会议听取和审议县政府关于现代渔业发展情况专项报告，形成审议意见，交县政府办理；听取和审议县政府关于城镇职工基本医疗保险工作的报告，形成审议意见，交县政府办理；听取和审议县政府关于自来水普及和饮用水安全保障专项工作报告，形成审议意见，交县政府办理；听取和审议县人大常委会执法检查组关于税收征管法执法检查报告，形成审议意见，连同执法检查报告交县政府、县地税局、县国税局办理；会议还表决通过县人民法院有关人事任免事项和县公安局有关许可事项。

县十六届人大常委会第二十九次会议　10月9日上午，县十六届人大常委会举行第二十九次会议。县人大常委会主任陈少华，副主任吴川泽、刘两溪、张秀华、王予军、王朱申和委员共25人出席会议。县政府、县人民法院、县人民检察院、县政府办有关负责人以及各乡镇人大主席列席会议。会议听取和审议主任会议关于召开县十六届人大五次会议的议案，决定于2015年10月21日至22日在绥城召开县十六届人民代表大会第五次会议，会期两天；听取和审议县十六届人大常委会代表资格审查委员会主任王予军关于县十六届人大五次会议代表变动情况的代表资格审查报告；听取和审议主任会议关于提请审议县十六届人大五次会议各代表团召集人建议名单及主席团和秘书长等名单草案的方案；听取和审议县政府有关人事任免议案，根据县人民政府县长苏孝道提请，决定任命戴平忠为县人民政府副县长；听取和审议苏孝道关于请求辞去县人民政府县长的报告，决定接受苏孝道辞去县人民政府县长职务的请求；听取和审议主任会议关于戴平忠代理县人民政府县长职务的议案，决定县人民政府副县长戴平忠代理县人民政府县长职务。

县十六届人大常委会第三十次会议　11月20日，县十六届人大常委会举行第三十次会议。县人大常委会主任陈少华，副主任吴川泽、刘两溪、张秀华、王朱申、王予军和委员共25人出席会议。副县长蓝文华以及县人民法院、县人民检察院、县政府办、县卫计局、县公安局、县财政局、绥安工业区管委会、县人大机关委室负责人和乡镇人大主席列席会议。会议听取和审议县政府关于县级公立医院综合改革专项工作报告并进行满意度测评；听取和审议县政府关于县十六届人大四次会议代表建议、批评、意见办理情况的报告；听取和审议县人大执法检查组关于《中华人民共和国刑法》检查情况的报告；听取和审议县政府关于提请审议向农业银行融资用于支持经济建设的报告；听取和审议县政府关于2015年预算调整的报告；听取和审议绥安工业区管委会关于2015年财政预算调整的报告；会议还通过县政府有关人事任免议案。

·主要工作与活动·

【概况】

2015年，县人大常委会召开会议9次，听取和审议专项工作报告19项，讨论并作出重大事项决定、决议22项，形成审议意见14件65条；开展调研、视察、执法检查和跟踪督查32次；任免国家机关工作人员76人次，全面完成县十六届人大四次会议确定的工作任务。

【监督工作】

加强法律监督，推动法律法规正确实施　对《中华人民共和国税收征管法》近三年来的实施情况进行检查，推动县政府及其职能部门加强税源管理，完善税收征管体制；推进涉税信息共享，加大税收稽查力度，依法打击偷、逃、骗、抗税等违法犯罪行为，堵塞税收漏洞，确保应收尽收。开展刑法执法检查，县人大常委会组成人员提出“加大宣传力度、依法打击犯罪、提升执法水平、提高办案质量”等审议意见，对于刑法的正确实施，始终保持对刑事犯罪的高压态势，推动严格、公正、文明执法起着积极作用。受市人大常委会委托，开展全民健身条例执法检查，促进全民健身活动深入开展。配合省人大常委会开展科技进步“一法一例”执法检查，推动创新驱动发展战略实施和产业转型升级。配合市人大常委会开展食品安全“一法一例”执法检查，促进县政府及其职能部门进一步落实食品安全监管责任，加强部门协作，依法查处食品违法犯罪行为。对《中华人民共和国水污染防治法》和《中华人民共和国动物防疫法》执法检查工作整改情况进行跟踪督查，促使以上两法在实施中存在的问题不断得到解决。开展《中华人民共和国散居少数民族权益保障法》执法调研，为少数民族法律法规正确实施营造良好氛围。

加强工作监督，推动依法行政公正司法 听取和审议县政府2015年上半年工作报告，常委会组成人员提出“壮大工业经济、夯实农业基础、着力改善民生、转变政府职能”等建议，引起县政府的高度重视。听取和审议现代渔业发展专项工作报告，推动县政府在坚持项目带动战略、加强渔业发展支撑体系建设、强化渔业生态修复、加强执法监管等方面取得新进展、新成效。通过听取和审议全县城镇基本医疗保险工作的报告，推动县政府及其职能部门严格按照政策规定要求，不断扩大医保统筹覆盖面，加强“两定单位”管理和基金监管，从而较好地保障城镇职工的基本医疗服务。同时，审议城乡低保、新农合、社会保险等工作报告，提出意见和建议，促使社会保障体系进一步健全和完善。与省、市人大常委会联动，听取和审议县政府关于社区矫正专项工作报告，形成监督合力，有效提升社区矫正工作水平。听取和审议县人民法院、县人民检察院2015年上半年工作报告，指出审判和检察工作中的薄弱环节，提出审议意见，要求县人民法院和人民检察院坚持司法为民，提高队伍素质，加强制度建设，规范司法行为，进一步加大民事执行和查办渎职侵权犯罪案件的力度，确保当事人合法权益得到维护，确保违法犯罪行为依法受到追究，着力推进司法公正。

关注社会热点难点，促进社会和谐稳定 开展预算绩效考核、农产品加工企业生产、城市规划与建设情况调研，组织对农村文化体育建设、水源地周边环境综合整治情况进行视察，及时向有关部门提出改进相关工作的意见和建议。根据县人大代表的意见和广大群众的呼声，听取和审议县政府关于全县自来水普及和饮用水安全保障专项工作报告并进行专题询问，推动县政府及其职能部门正视全县自来水普及和饮用水安全保障工作存在的问题，深刻剖析原因，深入查摆工作中存在的薄弱环节和不足，有针对性地制定整改措施，扎实推进自来水普及和饮用水安全保障工作。围绕社会普遍关注的“看病难”“看病贵”问题，听取和审议县政府关于县级公立医院综合改革专项工作报告并进行满意度测评，要求县政府及其职能部门明确改革目标任务，强化政府主导，始终坚持公立医院的公益性，彻底破除以药养医机制，加强县级公立医院制度建设，建立健全以公益性为核心的县级公立医院绩效考核管理体系和医疗服务质量评价体系，不断提升医疗服务能力和水平。加强信访工作，2015年，共受理群众来信98件，接待群众来访128批207人次。通过依法依规交办、督办，促进“一府两院”有效化解信访问题，促使社会和谐稳定。

【审议决定重大事项】

主动服务全县经济建设中心 县人大常委会依法行使重大事项决定权，作出相关决议，支持旧城改造和重点项目建设，推进“四大重点区域、八项重点工作”战略部署深入实施。全力支持古雷石化项目建设，7月，组织市、县人大代表视察古雷整岛搬迁工作，围绕加快古雷整岛搬迁、促进搬迁群众就业和加强新港城社区管理等工作提出意见和建议，推动市委、市政府，县委、县政府决策部署贯彻落实。县人大常委会领导挂钩联系古雷石化、县城中心区域和木业产业等项目建设，经常深入项目现场检查和指导，促使项目顺利推进。

推动全县经济社会协调发展 听取和审议县政府关于2014年度县本级财政预算执行和其他财政收支的审计情况报告，审议县政府关于2014年县本级财政决算草案，批准2014年县本级财政决算。听取和审议县政府关于2015年上半年预算执行情况及2015年财政收支预算调整的报告，批准2015年财政收支预算调整；要求县政府提高部门预算编制的科学性、准确性和执行的质量、效益，继续抓好增收节支工作，加大对民生项目的投入力度。听取和审议县政府关于2015年上半年国民经济和社会发展计划执行情况的报告，推动县政府围绕目标、强化责任，统筹做好稳增长、调结构、惠民生、促和谐工作。听取和审议古雷港经济开发区、绥安工业区关于2014年预算执行和2015年预算草案的报告，批准古雷港经济开发区、绥安工业区2015年预算；审查和批准古雷港经济开发区、绥安工业区2015年财政预算调整，并围绕加强预决算工作提出具体要求。

【代表工作】

加强代表基础工作　坚持代表主体地位，一如既往地抓好代表的基础性工作，根据人事调整，及时依法补选28名县人大代表，确保代表工作的连续性。根据公安机关提请，暂停1名县人大代表执行代表职务，保障代表的先进性。高度关注代表小组建设，促进代表活动有序开展。每月向代表寄送有关文件和材料，通报县人大常委会和“一府两院”工作进展情况，拓宽代表知情知政平台。加强和改进乡镇人大主席团和代表小组建设，为代表履职创造必要条件。以乡镇人大代表工作室为依托，进一步密切人大代表与人民群众的联系，畅通民意表达渠道，更好地听取和反映群众的意见和要求，推进代表履职常态化、长效化。

搭建履职平台　加强代表联络机构建设，邀请代表参加调研、视察和执法检查活动，不断扩大参与面，2015年，共有112人次参加县人大常委会组织的各项活动，有利于代表对各方面工作提出意见和建议，发挥代表在推动工作和促进发展中的积极作用。引导代表深入实际、深入群众，认真听取群众的意愿和呼声，及时向当地党委、政府反映重要社情民意，为当地党委、政府决策服务。开展“6·28代表统一活动日”活动，常委会认真听取代表的意见和建议，决定2015年度活动主题为“营造亲商重商氛围，助力工业经济发展”。通过活动，促使代表更加关注招商引资工作，有利于工业经济发展良好氛围的进一步形成。

提升建议办理质量　加强对代表的指导，引导代表围绕全局性、普遍性问题提出建议，增强建议的针对性。健全和完善代表建议办理工作的督办制度，通过重点督办、对口督办、协同督办等方式强化督办，加大对代表多次提出、带有普遍性问题的建议的督办力度，以点带面，着力推进有关部门完善办理机制、强化责任举措、有效解决问题。通过实地察看、走访和召开座谈会等形式，对办理进度、质量进行督查，对于办理过程中出现的问题，及时协调解决。听取和审议县政府关于代表建议、批评、意见办理情况的报告，提出审议意见，督促县政府及其有关部门针对办理过程中的突出问题，找准办理代表建议与改进工作的切入点、结合点，采取有力措施，切实把代表的建议办理工作落到实处，得到代表的普遍认可。

【人事任免】

坚持党管干部原则，充分发扬民主，严格依法办事，切实做好酝酿、审议、选举、表决等各项工作。2015年，县人大常委会任免国家机关工作人员57人次，任命人民陪审员22人；于6月26日依法补选出王予军、王朱申为县人大常委会副主任，卢合智等四人为县人大常委会委员；依法决定副县长戴平忠代理县长职务，召开县十六届人大五次会议，补选戴平忠为县政府县长。

【2015年履职情况】

听取和审议专项工作报告(19项)

1.听取和审议古雷港经济开发区关于2014年预算执行和2015年预算草案的报告。

2.听取和审议绥安工业区关于2014年预算执行和2015年预算草案的报告。

3.听取和审议县政府关于社区矫正专项工作报告。

4.听取和审议县政府2015年上半年工作报告。

5.听取和审议县法院2015年上半年工作报告。

6.听取和审议县检察院2015年上半年工作报告。

7.听取和审议县政府关于2014年度本级预算执行和其他财政收支的审计工作报告。

8.听取和审议县政府关于2014年财政决算草案和2015年上半年财政预算执行情况的报告。

9.听取和审议县政府关于

2015年上半年国民经济和社会发展计划执行情况的报告。

10. 听取和审议县政府关于现代渔业发展情况专项工作报告。

11. 听取和审议县政府关于自来水普及和饮用水安全保障专项工作报告。

12. 听取和审议县政府关于城镇职工基本医疗保险工作报告。

13. 听取和审议县人大常委会执法检查组关于税收征管法实施情况的检查报告。

14. 听取和审议县政府关于县十六届人大四次会议代表建议、批评、意见办理情况的报告。

15. 听取和审议县政府关于县级公立医院综合改革专项工作报告。

16. 听取和审议县人大常委会执法检查组关于《中华人民共和国刑法》实施情况的检查报告。

17. 听取和审议县政府关于提请审议向农业银行融资用于支持经济建设的报告。

18. 听取和审议县政府关于漳浦县2015年财政收支预算调整的报告。

19. 听取和审议绥安工业区关于2015年预算调整的报告。

执法检查(2项)

1.《中华人民共和国税收征管法》执法检查。

2.《中华人民共和国刑法》执法检查。

专题调研、视察、检查、跟踪督查(32次)

1.“6•28代表统一活动日”调研。

2.“同级审”工作调研。

3.配合市人大常委会开展社区矫正工作调研。

4.配合省人大常委会开展科技进步“一法一例”执法检查。

5.配合市人大常委会开展华侨农场改革发展情况工作调研。

6.配合市人大常委会开展医疗卫生事业三年行动计划落实情况专项督查。

7. 配合市人大常委会开展食品安全法及其条例执法检查调研。

8.反贪污贿赂专项工作整改情况跟踪督查。

9. 社区矫正工作调研。

10. 农村文化体育建设情况工作视察。

11. 城市规划与建设专题调研。

12. 落实人民陪审员制度专项工作整改情况跟踪督查。

13. 动物防疫法执法检查工作整改情况跟踪督查。

14. 农产品加工企业生产情况工作调研。

15.《福建省促进革命老区发展条例》落实情况调研。

16. 古雷整岛搬迁工作现状与对策调研。

17.少数民族权益执法调研。

18. 特色食品工业园区推进情况调研。

19.《全民健身条例》执法检查调研。

20. 鹿溪流域水环境综合整治视察。

21. 现代渔业发展情况工作调研。

22. 社区矫正专项工作整改情况跟踪督查。

23. 农村饮水安全保障工作调研。

24. 饮用水水源地保护工作调研。

25. 万安生态园工作进展情况调研。

26. 城镇职工基本医疗保险工作调研。

27. 水源地周边环境综合整治情况工作视察。

28. 水污染防治法执法工作情况跟踪督查。

29. 县级公立医院综合改革工作调研。

30.预算绩效考核工作调研。

31. 学前教育工作整改情况跟踪督查。

32. 农村公路与安保工程建设专项工作整改情况跟踪督查。

审议意见(14件、65条)

1.关于县人大常委会会议对社区矫正专项工作报告的审议意见。(4条)

2.关于县人大常委会会议对县人民政府2015年上半年工作报告的审议意见。(6条)

3.关于县人大常委会会议对县人民法院2015年上半年工作报告的审议意见。(5条)

4.关于县人大常委会会议对县人民检察院2015年上半年工作报告的审议意见。(5条)

5.关于县人大常委会会议对县政府2014年度本级预算执行和其他财政收支的审计工作报告的审议意见。(5条)

6.关于县人大常委会会议对县政府2015年上半年预算执行

情况报告的审议意见。(4条)

7.关于县人大常委会会议对县政府2015年上半年国民经济和社会发展计划执行情况的报告的审议意见。(6条)

8.关于县人大常委会会议对《漳浦县现代渔业发展情况专项工作报告》的审议意见。(4条)

9.关于县人大常委会会议对城镇职工基本医疗保险工作报告的审议意见。(4条)

10.关于县人大常委会会议对自来水普及和饮用水安全保障工作专项工作报告的审议意见。(6条)

11.关于县人大常委会会议对《中华人民共和国税收征管法》实施情况的检查报告的审议意见。(4条)

12.关于县人大常委会会议对《中华人民共和国刑法》实施情况的检查报告的审议意见。(4条)

13.关于县人大常委会会议对县十六届人大四次会议代表建议办理情况的报告的审议意见。(4条)

14.关于县人大常委会会议对县级公立医院综合改革专项工作报告的审议意见。(4条)

决定、决议(19项)

1.关于接受陈婉儿辞去漳浦县第十六届人大常委会委员和县十六届人大代表职务的请求的决定。

2.关于接受卢艺福辞去漳浦县第十六届人大常委会委员和县十六届人大代表职务的请求的决定。

3.关于接受蓝主保等人辞去县十六届人大代表职务的请求的决定。

4.关于召开漳浦县第十六届人民代表大会第四次会议时间的决定。

5.关于补选县十六届人大代表的决定。

6.关于批准古雷港经济开发区2014年预算执行情况和2015年预算草案的决议。

7.关于批准绥安工业区2014年预算执行情况和2015年预算草案的决议。

8.关于接受林溪河请求辞去漳浦县第十六届人大常委会副主任职务的决定。

9.关于重新确定漳浦县第十六届人民代表大会第四次会议召开时间的决定。

10.关于2015年度“6.28代表统一活动日”主题的决定。

11.关于调整充实漳浦县第十六届人大常委会代表资格审查委员会组成人员的决定。

12.关于许可公安机关对蔡贵荣采取强制措施的决定。

13.关于批准2014年漳浦县本级财政决算的决议。

14.关于接受林进三辞去漳浦县第十六届人大常委会委员职务的请求的决定。

15.关于接受苏孝道辞去漳浦县人民政府县长职务的请求的决定。

16.关于戴平忠代理漳浦县人民政府县长职务的决定。

17.关于批准县政府向农业银行融资用于经济建设的决议。

18.关于批准绥安工业区2015年财政收支预算调整的决定。

19.关于批准漳浦县2015年财政收支预算调整的决定。

20.关于补选沈茂欣等人为漳州市十五届人大代表的决定。

21.关于撤销陈毅东的漳浦县人民法院少年审判庭庭长职务的决定。

22.关于批准古雷港经济开发区2015年财政收支预算调整的决定。

人事任免事项(76人次)

1.关于卢阿玉等同志任职的通知。(2人次)

2.关于陈伟红任职的通知。(1人次)

3.关于王永盛等人职务任免的通知。(15人次)

4.关于卢合智等人职务任免的通知。(4人次)

5.关于陈国辉等人职务任免的通知。(2人次)

6.关于许智远免职的通知。(1人次)

7.关于王惠明等人任职的通知。(6人次)

8.关于陈志坚等人职务任免的通知。(6人次)

9.关于张建成等人职务任免的通知。(13人次)

10.关于戴平忠等人职务任免的通知。(2人次)

11.关于许志明等人职务任免的通知。(2人次)

12.关于施水甲等人职务任免的通知。(22人次)

(供稿:县人大办公室)

漳浦县人民政府

·主要会议·

【县政府常务会议】

1月12日，县长苏孝道主持召开县政府2015年第一次常务会议，县政府班子成员出席会议，县委、县人大常委会、县政协有关领导及县直有关部门主要负责人列席会议。会议原则同意引进“粤港家居商贸城”商业项目落户大南坂火车站片区和“粤港家居产业园”工业项目落户前亭滨海高新园区。

3月19日，县长苏孝道主持召开县政府第二次常务会议，县政府班子成员出席会议，县委、县人大常委会、县政协有关领导及县直有关部门主要负责人列席会议。会议原则同意《关于促进我县房地产市场持续健康发展的意见(送审稿)》，综合会议意见修改完善后，以县政府名义下发实施。

3月31日，县长苏孝道主持召开县政府第三次常务会议，县政府班子成员出席会议，县委、县人大常委会、县政协有关领导及县直有关部门主要负责人列席会议。会议原则同意县海洋与渔业局提出的《古雷半岛西侧海域收回补偿方案》，并明确古雷半岛西侧海域收回工作组要按照《补偿方案》执行，坚持依法依规开展工作，确保补偿工作公开、公平、公正。

4月16日，县长苏孝道主持召开县政府第四次常务会议，县政府班子成员出席会议，县委、县人大常委会、县政协有关领导及县直有关部门主要负责人列席会议。会议原则同意县财政局关于《漳浦县人民政府关于完善国有土地出让金管理的通知(讨论稿)》《漳浦县2015－2019年乡镇财政管理体制实施方案(讨论稿)》《漳浦县2015－2019年县经济开发区财政管理体制实施方案(讨论稿)》等文件，综合会议意见修改完善后，以县政府名义下发实施。

7月14日，县长苏孝道主持召开县政府第七次常务会议，县政府班子成员出席会议，县委、县人大常委会、县政协有关领导及县直有关部门主要负责人列席会议。会议原则同意将梁山水库管理处所属梁城线35千伏电力线路、10千伏隧洞柜供电线路和澎水水库管理处所属澎水线35千伏电力线路财产及运行全线纳入县供电公司统一管理方案；原则同意长桥镇总体规划修编和长桥林业循环经济产业园一期控规有关问题；原则同意绥东花园安置房建设相关问题；原则同意关于南浦乡至纵二线(割后村)公路工程建设有关问题；原则同意关于红色旅游公路S2标段梅北至梅西路段继续建设有关问题；原则同意关于和祥陵园地块控规有关问题等。

8月21日，县长苏孝道主持召开县政府第八次常务会议，县政府班子成员出席会议，县委、县人大常委会、县政协有关领导及县直有关部门主要负责人列席会议。会议原则通过关于建立漳浦县“民生110”社会网格化服务中心和城市综合应急服务队；原则通过关于霞美镇工业集中区(北区)控制性详细规划；原则通过关于G324线国道漳浦马口至三古段路面白改黑改建工程配套资金的请求；原则通过关于要求确认漳浦白石避风锚地等3个渔港投资建设的请求；原则通过关于解决畜禽定点屠宰监管职责移交工作需要解决的问题；

原则通过关于古雷、大南坂中小学搬迁撤并办学问题；原则上通过关于漳浦县迎接“教育均衡”评估验收情况报告；原则同意县医改办制定的《漳浦县全面深化医药卫生体制改革实施方案(送审稿)》，综合会议意见修改完善后，报县委常委会研究同意后下发实施。

10月29日，县长戴平忠主持召开县政府第九次常务会议，县政府班子成员出席会议，县委、县人大常委会、县政协有关领导及县直有关部门主要负责人列席会议。会议原则同意福建省漳浦粮食联合储备库建设方案，并明确，联合储备库仓容10万吨（其中省级5万吨，县级5万吨)，总投资1.60亿元，由县政府授权县储备粮管理有限公司作为项目建设业主。

11月30日，县长戴平忠主持召开县政府第十次常务会议，县政府班子成员出席会议，县委、县人大常委会、县政协有关领导及县直有关部门主要负责人列席会议。会议原则同意将漳浦县2015年需安置的49名转业士官安置到入伍前户籍所在地的周边乡镇(绥安镇、大南坂镇、古雷镇三个乡镇除外)。

·重要活动·

在闽全国人大代表到漳浦县视察　1月9日，省人大常委会副主任、党组书记徐谦和率在闽的全国人大代表视察组到漳浦县视察现代农业。在漳浦期间，代表们先后视察了海峡两岸(漳州)农业硅谷的万辰科技公司、兰花大世界、花卉集散中心、东南花都等企业。市、县领导吴玉辉、陈汉夫、梁伟新、黄春曙、赵静、苏孝道、陈少华、林溪河陪同视察。

在晋江举办漳浦旅游品牌推介会　1月13日，由县旅游局组织火山岛旅游休闲度假区、安安旅行社等漳浦本地旅游企业，以“清新福建·魅力漳浦”为主题的漳浦县旅游推介会在晋江祖昌体育馆举行。推介会以互动问答与赠送礼品的营销模式，进行体验问答现场推介和电视媒体间接宣传，其间，发放宣传图书3000多份，赠送景区门票优惠券2000张及精美旅游纪念恤衫1000件；还组织各旅游企业成立“魅力漳浦”旅游拉拉队，现场呐喊助阵。这种创新的营销形式，吸引来自晋江地区的4000多名客户群体前往参加推介会活动，进一步拓展漳浦县在晋江的旅游市场。

古雷二期搬迁群众集体乔迁新居　1月24日，古雷二期搬迁群众集体乔迁庆典在古雷新港城隆重举行，这是继2013年5月1日新港城龙港社区一期项目落成之后古雷群众的又一次大搬迁，乔迁户代表2000多人参加仪式。市、县领导陈家东、檀云坤、吴玉辉、谭培根、沈志平、苏孝道、陈少华、林培兴等，及市直有关部门和古雷开发区领导，与古雷镇杏仔村、龙口村、油沃村住户代表共同开启象征和谐吉祥的城门，并分别走访慰问部分搬迁群众。此次交付使用的安居房总共5818套，面积90万平方米，总投资122亿元。县四套班子在家领导、县直相关部门负责人等参加庆典活动。

福建省首个植物带土进出口检疫窗口揭牌　2月4日，海峡进口罗汉松特定口岸除害处理区在海峡(漳州)花卉集散中心揭牌。这是福建省第一个植物带土进出口检疫窗口。

古雷整岛搬迁工作启动　3月6日，从漳浦、云霄、诏安、东山、平和、南靖、长泰7个县和市直相关部门抽调的1200多名干部，进驻古雷，正式启动对古雷整岛的搬迁工作。此次搬迁涉及岱仔、下垵、西林、港口、下堀、古雷、古城、西辽等8个村，搬迁对象6656户，人口27985人。市委、市政府对本次搬迁工作高度重视，举全市之力推进古雷整岛搬迁工作，要求各工作队全力以赴，形成合力，在是年6月底基本完成搬迁任务，国庆节前全面完成整岛搬迁。

中组部调研组到漳浦县调研村级组织换届选举工作　5月5日，中央组织部副部长陈向群带领调研组到漳浦县调研指导村级组织换届选举工作。省委常委、组织部长姜信治，市、县领导陈家东、檀云坤、林文耀、沈志平、邓思民等参加调研。

组团参展第十一届海峡旅游博览会　5月8日，由国家旅游局和福建省人民政府主办的第十一届海峡旅游博览会在厦门国际会展中心开幕。本届旅博会为首次独立办展，展馆面积扩大至3.30万平方米，展馆规模及展商数量均创下历届之最。参会客商人数超过1.50万人。为全方位、多层次宣传推介漳浦旅游线路及产品，漳浦县组织由5家旅游景区、2个美丽乡村、1个文创产品代表等70多人参加的团队赴会参展。参展期间，共赠送礼品1500多份，漳浦旅游APP、官方微信“厦一站漳浦”、微博“漳浦县旅游局”粉丝量共增加1000多人。

举办反腐倡廉官德培训 5月9－12日，县委、县政府联合中国发展战略学研究会文化战略专业委员会，在漳浦县举办“学习中华优秀传统文化，做有道德的领导者”反腐倡廉官德教育培训。由国家级学术团体与县级党政部门联办此类活动，尚属首次。此次培训活动是贯彻落实中办《2014－2018年全国党员教育培训工作规划》关于“加强社会主义核心价值观和共产主义道德、中华优秀传统文化和传统美德教育”的要求。培训活动期间，中国发展战略学研究会会长助理王颖、中国发展战略学研究会文化战略专业委员会副秘书长陈玲到会指导，海南省司法厅原副厅长张发，广西壮族自治区大新县县委常委、宣传部长师小玲，云南省文明办思想道德处处长宁德锦在培训会上授课。其间，还观看廉政专题片《鉴史问廉》。沈志平、苏孝道、陈少华、林培兴等县各套班子领导出席开幕式，全县正科级以上干部参加本次培训

组团参加省第五届民营企业产业项目签约洽谈会 6月18日，县委常委、常务副县长柳亚殊率相关单位和企业，参加福建省第五届民营企业产业项目签约洽谈会。会上漳浦县分别与漳龙集团、漳州九龙江集团签订首期投资60亿元的林业循环经济产业园区项目。漳龙集团、漳州九龙江集团将在长桥镇、南山华侨茶果场投资建立林业循环经济产业园区，总投资200亿元，用地566.67公顷，主要建设木材加工、贸易、物流等为一体的现代林业产业基地。

漳浦县召开2015年重点项目融资对接会 7月8日，漳浦县召开2015年重点项目融资对接会。通过搭建政府、银行、企业沟通平台，促进政银企合作，加快推进一批对全县社会经济发展起支撑作用的重点项目建设，增强全县经济发展后劲。对接会上，农发行漳浦县支行等10家银行机构与福建龙睿等15个重点项目单位代表签订融资意向协议，总金额22.46亿元。此前，从年初至7月7日，已有17个重点项目与辖内的10家银行机构达成融资意向金额25.26亿元。县委常委林益生、副县长戴晓清，县金融办、县人民银行、县银监办及各金融机构负责人参加出席对接会。

组团参加2015厦门国际投资贸易洽谈会 9月8日，2015厦门国际投资贸易洽谈会在厦门国际会展中心举行，县委书记沈志平，县委常委、常务副县长柳亚殊，绥安工业开发区管委会主任涂平辉等县领导带队，组团参加。绥安工业开发区作为福建省级开发区代表之一参展。洽谈会期间，漳浦县代表团参加重点产业投资项目洽谈会、台资企业投资项目洽谈会、投资基金项目对接会、一带一路沿线国家发展对接会等多场对接活动。此外，还结合漳浦县项目情况开展重点企业客商对接拜访系列活动。代表团通过设馆参展、现场洽谈推介、线上线下互动、发放招商画册等多种形式，全面推介漳浦。本届洽谈会，漳浦县共落实外商投资合同意向项目10个，预计总投资2.03亿美元，拟注册外资9439万美元。其中，工业项目9个，总投资1.53亿美元，占项目总投资的75.40%。

百亿项目漳龙林业产业园揭牌开工 9月25日，位于长桥镇的百亿工业项目——漳龙林业产业园揭牌开工。漳龙林业循环经济产业园计划投资100亿元，占地534.20公顷，规划建设进口木材加工区、木材初加工区、木材深加工区、新能源区、制胶区、物流配送中心、交易展示服务中心、商住服务中心等功能区。通过合理规划分区，引进太阳能烘干板材、热压加热等新技术和最先进的生产工艺设备，坚持走集约、环保型道路，实现劳动密集型向资金密集型和技术

密集型转型升级，使之成为现代林业的加工循环经济产业园区，从而推动全市林业产业集约、高效、可持续发展。项目分两区建设，其中，A区占地面积200.87公顷，位于原漳浦台湾农民创业园兰花大世界；B区占地约334公顷。产业园建成后，可容纳300多家木业企业入驻。市政协副主席林俊山，县领导苏孝道、黄国峰、张少榕出席揭牌开工活动。

古雷举行整岛搬迁（第三期）群众集体乔迁庆典活动　9月27日，古雷举行整岛搬迁(第三期）群众集体乔迁庆典活动。市领导陈家东、檀云坤、陈汉夫、谭培根等，市直机关、云霄、诏安、东山、平和、南靖、长泰等县主要领导，漳浦县各套班子领导，古雷开发区领导、古雷整岛搬迁工作队代表及搬迁群众代表7000多人参加乔迁庆典活动。此次搬迁涉及岱仔、西林、港口等8个村，6656户、27985人。庆典活动结束后，市领导分别带队走访部分搬迁户，并和群众共进午餐。

第七届闽台佛教文化周在漳浦举行　11月9—11日，第七届闽台佛教文化周暨广钦老和尚修持观交流研讨活动在漳浦县举行。其间，举行了佛教文艺演出、海峡两岸和平发展祈福法会、广钦老和尚“苦忍境”修持观研讨会、主题书画作品展、广钦老和尚舍利子回归安奉法泉寺等活动。此次活动由福建省民宗厅、漳州市民宗局及漳浦县民宗局指导，福建省佛教协会主办，漳州、泉州、厦门佛教协会协办，漳浦佛教协会、法泉寺、台湾承天禅寺承办。旨在进一步加深闽台佛教同宗同源、法乳一脉的情谊，推动两岸佛教文化交流，弘扬、复兴中华民族传统文化。国家宗教局外事司副司长赵建政，省民族与宗教事务厅厅长杨志英，省委统战部副部长李家荣，省政协民宗委主任丛远东、副主任彭照杉，省民族与宗教事务厅副厅长林致知，市县领导谭培根、张翼腾、陈少青、沈志平、戴平忠、林培兴、刘达文、陈美慧、蓝主保出席活动。

参加第七届农博会·第十七届花博会现场签约活动　11月18日，第七届农博会·第十七届花博会现场签约仪式在马口东南花都举行。在签约仪式上，漳浦县共落实签约项目9个，项目预计总投资95.50亿元，投资额比上一届签约项目总投资44.30亿元增加一倍多。本届签约项目以工业为主，占签约项目总投资的比重达98.70%，其中：外资项目7个；民企项目1个，即九龙江林业工业科技园项目，预计总投资30亿元；央(国)企项目1个，即漳龙林业循环经济产业园项目，预计总投资60亿元。

两岸合作的古雷炼化一体化项目举行奠基仪式　12月14日，两岸合作的漳州古雷炼化一体化项目奠基仪式在古雷举行。第十届全国人大常委会副委员长、两岸企业家峰会大陆方面副理事长盛华仁宣布项目奠基。省委副书记、代省长于伟国，两岸企业家峰会台湾方面副理事长、台湾三三企业交流会会长江丙坤出席仪式并讲话。省委常委、常务副省长张志南主持奠基仪式。海峡两岸关系协会顾问、十一届全国政协港澳台侨委员会主任陈云林，中共中央台办、国务院台办副主任龚清概，中石化集团有关领导，项目合作双方代表，省直有关部门负责同志和漳州市主要领导等600多人参加奠基仪式。古雷炼化一体化项目由大陆方面福建炼油化工有限公司和台湾方面旭腾投资有限公司合资建设。一期投资355亿元，建设百万吨级乙烯、下游深加工16套化工装置及配套码头、热电等公用工程项目，预计2018年部分建成投产。古雷炼化一体化项目是迄今为止两岸合作的最大的炼化一体化项目，项目的实施，将有利于两岸石化产业对接和布局，对推动海峡两岸能源石化合作发展有着举足轻重的作用。

漳江湾特大桥及连接线工程开工　12月24日，漳江湾特大桥及连接线工程开工。漳江湾特大桥及连接线工程是国省道干线公路“纵一线”漳州段的重要控制性工程。项目路线起于漳浦县沙西镇埔里村，顺接“纵一线”漳州沿海大通道漳浦段。路线总长6.30千米，其中桥梁长度4524米，按双向六车道一级公路标准建设，路基宽度32米，设计时速80千米。项目估算总投资13.10亿元，建设工期三年。漳江湾特大桥是漳州公路史上里程最长的一座跨海大桥，大桥的开通建设，不仅连通沿海大通道的漳浦段和云霄段，也将两个县之间（沙西埔里村至云霄东厦）的车程距离由原先的30分钟缩短至8分钟。

·政务纪略·

【政务信息工作】

2015年共编辑《漳浦要讯》18期。严格落实信息量化考核及奖惩制度，并做好省市约稿组织编报工作，及时反映地方动态性及趋势性问题，反映社会热点难点及领导关心、百姓关注的问题，不断完善基层政务信息服务功能。是年共向省政府办报送信息474条，被省政府办刊物采用18条（其中，《今日要讯》17条，《今日要讯》增刊1条）；向市政府办报送信息350条，被市政府办刊物采用54条。漳浦县人民政府获“全省政府系统信息报送优秀单位”称号。

【督查工作】

围绕政府工作报告、县三级干部大会、县政府成员第一次全体会议确定的各项目标任务，县政府常务会、专题会等重要会议议定的事项及县长批示件，进行跟踪督查。严格按照“督查要全面深入、督查要认真分析、督查要解决问题”的总体要求，深入基层强力督查督办，狠抓落实。2015年，共办理反馈中央、省、市领导批示件10件，县长批示件55件；开展阶段性重点工作督查23次，印发专项督查通报18期，国省道两侧卫生整治督查8次，联合县委督查室、县效能办开展严肃会风会纪督查5次。同时，开展黄标车、生猪养殖污染、土地批而未供、教育均衡、美丽乡村建设等工作落实情况专项督查。

【人大代表建议、政协委员提案办理】

通过筹办交办会和督办会，明确定责任领导、定责任科室、定具体经办人、定办理期限、确保办理质量的“四定一确保”原则，督促承办单位强化时效意识，提高办理质量。2015年，共督办省、市人大代表建议3件，县人大代表议案建议65件，县政协委员提案68件，办结率100%。

【应急管理】

紧紧围绕全县工作大局，贯彻国家、省、市应急管理工作的决策部署，加强应急管理，按照总体应急管理预案和部门专项预案，开展公共事件防范与应对。在自然灾害、事故灾难、公共卫生事件、社会安全事件等四大类突发事件方面开展工作，确保各项工作任务的有效落实。2015年，全县共发生各类突发事故360起，同比下降10%，其中：生产安全事故90起，同比下降74.10%；死亡21人（其中生产经营性道路交通事故死亡11人），同比下降53.30%；受伤27人，同比下降50.90%。无发生较大交通事故，较大安全生产事故发生1起，即2015年4月6日18时，古雷开发区腾龙芳烃有限公司发生芳烃二甲苯装置漏油着火引发装置附近中间罐区3个储罐爆裂燃烧事故。事故发生后，漳浦县立即启动应急处突预案，疏散、安抚火场周边村庄群众，进村入户维护该区域交通秩序、社会治安秩序，无人员死亡。

【数字漳浦建设】

围绕县委、县政府工作部署，以“数字漳浦”建设为中心，以电子政务和电子商务为抓手，继续完善“中国·漳浦”政府门户网站和电子政务网建设。构建并充实人口数据库、法人基础数据库、宏观经济数据库、空间地理和信息资源数据库；重点加快对加强监管、提高效率和推进公共服务起到核心作用的办公业务资源系统、宏观经济管理系统，及增强政府收入能力、保证公共支出合理性的金税、金关、金财、金融监管（含金卡）、金审，以及保障社会秩序、为县域经济和社会发展打下坚实基础的金盾、金保、金农、金水、金质等12个业务系统的建设。进一步加强办公室计算机网络安全与保密管理，加强对涉密文件的管理，确保无泄密事件发生。开展网络日常维护，及时解决网络线路故障，做到常规值班全天候，确保政务网络通畅，视频会议零故障。全力服务电商办创建工作，为物流配送体系、县级服务中心及村级服务站点、品牌培育与质量保障、人才队伍建设等四个方面提供技术支撑;全面推进电子商务进农村示范创建工作，漳浦县于7月14日被授予“全国电子商务进农村综合示范县”。

（撰稿人：施春燕）

·行政审批·

【概况】 2015年，县行政服务中心共办理服务事项122456件，其中承诺件27472件，即办件94984件，即办率77.57%，提前办结率86.84%，群众满意率99.99%。开展公共资源交易313宗，增收节支22735.90万元，其中建设工程交易207宗，节约资金21227.40万元;政府采购交易79宗，节约资金38万元;国有产权交易27宗，增价1470.50万元。

【推进行政服务标准化建设】 审批窗口管理实现“三集中、三到位、三个百分百”。9月17—23日，县审改办针对当年来各职能部门开展简政放权放管结合工作情况进行全面督查，重点督查进驻县行政服务中心及分中心窗口单位42个，其中进驻县中心县直单位37个，便民机构5个。有16个单位成立审批科、15个单位设立独立窗口、6个单位进驻综合窗口。县政府或审改办公布的796个行政审批和公共服务事项全部进驻中心行政审批服务平台办理。其中2015年主动承接省、市政府下放的审批事项81项，公共服务事项30项。因场地限制和一些涉密事项无法进驻中心，经县政府同意，设立7个分中心进行办理。出台分中心管理办法，分中心业务办理、视频监控与县中心对接，纳入县中心业务管理与监督。进驻部门积极整合本部门内部审批职能，将分散的审批服务事项向部门内部的一个审批科室集中，审批科室成建制进驻中心窗口。根据人员、审批服务事项变动情况，部门与窗口及时调整签订《授权委托书》，明确窗口人员审批权限与岗位职责，所有独立窗口都刻印启用窗口审批审核专用章，确保窗口授权到位。按照省、市审改要求，经过几轮反复比对修改，进驻窗口所有审批事项逐一落实“五个规范、六个统一”标准，达到行政审批规范化、标准化、信息化和便利化建设水平。

日常管理实现标准化、信息化和制度化 在硬件上，中心办公面积3200平方米，在服务大厅配备先进办公设备、导询服务台、电子触摸屏、智能化的LED显示屏、便捷的中心内外网、收费处、商务中心、候办椅、残疾人专用轮椅、台笔、冷热饮用水、投诉箱、评议箱、便民箱等便民服务措施;提供打印、复印、电话传真、银行ATM服务、自助上网、网上自行查询、96123信息咨询等便民服务，为群众和企业提供一个高效、便捷的服务环境。为方便窗口工作人员就餐，8月，开始设立职工食堂;9月，重新规划新的县行政服务中心6000多平方米（共两层）。在软件上，中心建立内部局域网和互联网站。内网开通行政审批系统，所有审批事项、审批条件、审批流程标准化，部署到审批系统，审批系统实行总台发号“一号制”管理，安装行政审批电子监察系统，实现行政审批标准化、电子化和全程电子监察一体化。积极与省市对接，建设网上办事大厅，完善网上服务功能。2015年，投资100多万元，对原有网络设备进行更新，确保网络畅通。在分中心和乡镇便民服务中心开通政务网（联通年租10万元），安装视频监控，实现县行政服务中心与分中心、乡镇便民服务中心视频对接和办件数据对接。在日常管理上，中心编印《行政服务标准体系》和《行政审批和公共服务项目规程》，作为中心日常管理和审批服务的管理指南，实现管理服务规范化、制度化。

分类推进乡镇便民服务中心标准化建设 9月28—29日，县效能办联合县行政服务中心对全县乡镇便民服务中心标准化建设情况进行全面督查指导。在督查中，绥安、大南坂、石榴、赤土、深土、杜寻、赤湖等乡镇基本实现标准化建设，从办公场所、办公设备、窗口设置、事项入驻、服务规范以及中心日常管理等方面，都做得较好。对于一些条件较为有限的乡镇，因地制宜，充分利用有限空间和办公设备，整合资源设置中心。为支持乡镇便民服务中心标准化建设，县中心多次召开业务培训会，统一编印服务流程、岗位职责、进驻项目清单及服务指南范本，还拨付专款为6个乡镇配备办公电脑30台。开通政务网，将网上审批系统向乡镇便民服务中心延伸，建立网上审批系统，统一规范系统相关功能设置。

【创新行政审批服务方式】

建立审改联系会议制度 根据上级有关简政放权的相关要求，县政府成立推进政府职能转变协调小组，由分管县领导组织审改部门，研究落实工作方案。印发《漳浦县2015年推进简政放权放管结合转变政府职能工作方案》和《漳浦县落实简政放权放管结合职能转变工作任务分解方案》，将任务细化分解到具体工作部门。县审改办制定工作联席会议制度，进一步明确各部门职能分工，各部门既各司其职，又能通力合作。

设立工业发展服务窗口 为加快全县工业发展步伐，提高办事效率和服务质量，1月在县行政服务中心设立工业发展服务窗口，进驻工作人员4人，按照窗口咨询、受理委托、全程代办、结果反馈的程序运行。窗口涵盖咨询、信息、报批、诉求、跟踪五大功能，编制《项目用地报批流程》《工程建设办证流程》《工业项目联审联批流程》，为入驻园区的工业项目提供工商注册、发改立项、外经批复、环评送审、用地审批、项目报建、产权证办理等"一站式"报批服务。2015年，接受企业咨询1642人次，服务粤港家具商会成员高帆家具、泰柯实业等企业103家，办理公司设立、立项、环评、报建等手续195项，实现合同注册外资1.12亿美元，合同注册内资2.76亿元。

推进企业工商注册登记制度改革 5月29日，县政府印发《漳浦县"三证合一"登记制度实施方案》，按照文件要求，各职能部门制定相应措施从6月1日开始实施工商注册"三证合一"。在"三证合一"登记改革成功的基础上，推行企业工商注册"一照一码"登记制度，核发集工商营业执照、组织机构代码和税务登记三项功能于一体的"一照三号"营业执照。真正打破部门界限，简化审批环节、优化办理流程，审批时限由原来的2—3周缩短为3个工作日，申请人往返多个部门窗口从10次以上缩减为2次就可办结，提交各相关部门的申请材料由原来33份缩减为14份，填写数据项由300多项减少为100多项，核发证照由原来需要领"三个证"减少到只领一份营业执照。大大提高行政效能，最大限度降低社会成本和行政成本，达到企业和监管部门"双减负"，切实让改革红利惠及百姓。改革以来，全县共办理"三证一章合办"登记102家，核发载有统一社会信用代码的"一照一码"营业执照1337份。

制定优化审批服务新举措 为加快全县工业发展步伐，提高办事效率和服务质量，为工业发展提供"保姆式"服务，5月6日，中心召开"服务工业发展提速增效"封闭式研讨会。发改局、环保局等14个服务窗口结合自身实际，从简化审批流程、精简审批材料、压缩审批时限、主动靠前服务等方面研究制定优化审批服务18条措施，大大提高办事效率。

【强化日常督查管理机制】

联合相关部门开展督查 9月17—23日，中心联合县政府办、效能办、审改办等部门开展简政放权放管结合工作专项督查。重点督查项目进驻、审批授权、卷宗规范、窗口人员进驻以及分中心规范建设等情况，涉及部门35个，责令整改问题15个。同时，主动联系县效能办对中心各股室、窗口进行不定期的督查，对中心工作人员的工作作风、服务质量、服务效率、服务承诺等进行督查，切实加强行政审批监督。督查结果与工作人员绩效考评奖惩相挂钩，与进驻单位年终绩效考核相挂钩。促进中心各项服务工作进一步规范和完善。

规范完善日常值日巡查制度 为加强中心管理，规范办事窗口的审批服务行为，营造文明、温馨、和谐的氛围，为企业和群众提供优质高效的政务服务，中心制定《日常值日巡查制度》。日常值日巡查由中心领导、值日主任和巡查人员组成，值日主任每天安排2人，负责组织相关巡查人员每天开展不少于4次的不定期巡查(上午和下午各巡查两次)。巡查人员将每次巡查的情况准确记录,如实填写《漳浦县行政服务中心日常巡查情况记录表》,中心督查股每月对《日常巡查情况记录表》进行汇总,将相应的加、扣分事项作为窗口及其工作人员《月考核》和《月通报》的内容,作为窗口及其工作人员评优评先和进驻单位年终绩效考评的依据。

加强乡镇便民服务中心监督检查　根据省效能办印发的《分类推进乡镇(街道)便民服务中心标准化建设的意见》的通知精神,县效能办和县行政服务中心管理委员会联合于9月28—29日,对乡镇便民服务中心硬件设施建设、进驻的项目、人员管理、网络办件业务信息对接等进行全面督查指导。在督查中,对较好的便民服务中心给予表扬,对较差的责令进行限期整改。

(供稿:县行政服务中心)

·外事侨务·

【概况】

2015年,漳浦县外事侨务工作做好因公出国(境)报批,全年审核上报因公出国(境)5人次,协助办理商务旅行卡13人次;落实侨务政策,是年列入县级管理的退休归侨192人,帮扶困难归侨66人,办理华侨回国定居6人,国外新生儿落户漳浦县14人。

【办理因公出国(境)报批】

严肃执行外事纪律,严格审核报批手续,利用外事工作平台做好机关企事业的因公出国(境)服务。全年审核上报因公出国(境)3批5人次;协助办理APEC商务旅行卡6批13人次,已获批准4批7人次,为招商引资和企业的对外商贸活动提供服务和帮助。

【接待与服务】

完成国家、省、市外事侨务等上级部门到漳浦考察调研工作,特别是协调有关部门共同做好印尼侨商、新加坡侨商等各种接待工作。

【落实侨务政策】

开展归侨困难户的救济扶助和退休归侨的生活补贴发放工作,切实帮助归侨困难户解决生产生活困难。是年,帮助归侨特困户25户、归侨低保户41户,年底慰问归侨特困户30户。是年,被列入县级管理的退休归侨有192人。

【妥善安置回国定居的华侨】

完成华侨回国定居和国外新生儿落户漳浦县的有关工作,2015年,共办理华侨回国定居6人,国外新生儿落户漳浦县14人。同时,维护侨益,帮助华人华侨解决在漳浦县内的权益问题,帮助华侨寻找祖居地,帮助新加坡华侨争取其在祖籍地果园权益等。

【鼓励侨胞热心公益】

与县侨联、县委统战部等部门一起,加强与海外华人华侨的联系,努力争取有爱心、有实力的华侨华人回乡探亲访友、捐资助学、捐助公益事业,为漳浦县的社会事业发展做贡献。2015年,争取华侨捐资3万元。

【推动漳浦华侨史的编修】

落实编撰经费,协调县档案局等有关部门搜集相关资料,拜访老归侨和回国探亲的华人华侨,集思广益,广泛搜集对华侨史编撰有用的资料并进行认真筛选和鉴别。

(供稿:县外侨办)

·台湾事务·

【概况】

2015年,漳浦县台湾事务工作不断拓展浦台交流,全年接待台胞3000多人次,组织赴台交流162人次;加强对台宣传,向台输入宣传资料5000多份;深化浦台经贸合作,是年新批台资项目12个,增资4个,股份转让1个,注册合同台资5056万美元,实际到资10851万美元。

【不断拓展浦台交流】

发挥漳浦县重要台胞祖籍地、乌石妈祖民俗文化、开漳圣王文化、全省台商投资密集地、台湾农民创业园、台湾石化产业区及丰富的旅游资源等优势,推进浦台交流。2015年,先后接待到漳浦县开展文化、民俗交流、商贸考察、寻根谒祖的台胞团组44个3000多人次,组织赴台交流团组10个162人,参与专业团6个8人。

宗亲交流向常态化推进 2015年,共有10个团组380人到漳浦开展寻根谒祖活动。其中:3月8日,台湾省新化市板桥镇“林成祖祭祀公业暨五公业祭祀委员会”在主委林麒星、副主委林耀宗带领下,一行17人回到祖籍地石榴攀龙村祭祖;7月31日,两岸詹氏宗亲200多人在县城举行詹氏宗亲谒祖会亲,台湾30名詹氏参加;11月17日,林丰正带领林氏宗亲15人到祖籍地石榴攀龙村谒祖,并促成台胞林伯彦向攀龙小学再捐资10万元;漳浦郑氏宗亲举办2015年郑氏祭祖与漳浦首届郑成功文化节,台湾郑氏宗亲18人参加活动。漳浦县蔡、郑、张等姓氏宗亲分别组团赴台开展交流活动。

民间信仰交流向规模化发展 经过几年的交流发展,漳浦县在乌石妈祖、开漳圣工等两岸民众共同的民间信仰中逐渐形成稳固的两岸交流平台。2015年,共接待31个团组2000多人次到漳浦县开展民俗、宗教交流活动。其中:1月3日,台湾开漳圣王庙团发展协会进香团一行226人到威惠庙参访交流;9月17日,台湾圣母宫等宫庙350多位信众到乌石天后宫进香,并进行精彩的进香仪式民俗表演。同时,漳浦县威惠庙、乌石天后宫、眉田四洲佛庙等宫庙也分别组团赴台开展交流。

文化领域交流不断扩大 浦台文化交流领域不断扩大。元旦期间,漳浦芗剧团54人组团赴台开展为期12天的闽南传统曲艺芗剧展演,在台湾6个县市演出12场次;1月27日,佛昙新世纪芗剧团23人赴金门芗剧交流演出;5月19日,副县长陈林带领教育界人士赴台开展中学教育学术交流;7月5—6日,台湾彰化埤头乡芙朝小学组团到漳浦,与佛昙新安、绥安中心小学开展小学生鼓阵表演交流汇演活动;10月8日,县台办副主任林松山率领大陆新娘亲属团11人,赴台与在台的大陆新娘开展交流;11月30日,台湾工艺研究发展中心主任许耿修带领7人,到漳浦县考察文创产业,就两地文创产业发展情况开展交流,寻找合作空间。

【对台宣传丰富多彩】

多渠道宣传 通过多渠道、多方位宣传、报道对台工作方针、政策和对台交流交往的情况。通过台商联谊会、台属联谊会、回乡台胞、到漳浦县交流的台胞、到台湾探亲考察的人员、到旧镇码头停靠的渔轮等多种渠道,输入台湾宣传资料5000多份(册)。同时,创新方式,主动上岛宣传,提高漳浦的知名度。

多方位宣传 县政协与蔡新故里委员会联合编印的“两帝师”系列丛书、漳浦威惠庙管委会开漳圣王宣传册等从历史角度宣传漳浦,《映像漳浦》、各类投资简介从不同的角度反映漳浦风采,成为对台宣传很好的材料。2个芗剧团分别入岛汇演也是宣传漳浦历史文化的好形式;利用“习马会”这一历史性活动,召集重点台商、台胞、台属代表座谈会,宣传党的对台方针政策。

推动对台宣传、交流、交往工作向社会化的方向发展 通过学校、社区、电视媒体、新闻报纸等平台,多渠道、多方位、多层次的宣传、报道新形势下对台工作方针、政策和对台交流交往的情况。及时让全县各级各部门了解对台工作,让对台工作新闻信息走进千家万户。在全县范围内形成一个看涉台新闻、讲台湾、议台湾、了解台湾的涉台宣传格局,使全县各级、各部门、社会各界人士主动积极地参与到对台工作中来。

【深化浦台经贸合作】

2015年,全县台资项目新批12个,增资4个,股权转让1个,实际到资额10851万美元,注册合同台资5056万美元,开业投产9个。

台资项目聚集落地 12月14日,总投资1000亿元的台湾旭腾投资有限公司与福建炼油化工有限公司合作投资的古雷炼化一体化项目正式奠基;项目计划用地526公顷,近期至2020年,建成年炼油1600万吨、生产乙烯120万吨、PX180万吨,总产值5000亿元；中期至2025年，建成年炼油3200万吨、生产乙烯340万吨、PX480万吨，总产值7000亿元；远期至2030年，建成年炼油5000万吨、生产乙烯500万吨、PX580万吨，总产值10000亿元的石化生产基地。总投资1亿美元，总用地面积33.33公顷的漳浦县自行车产业园首批8家台企入驻，并开工投建；台湾皮革行业最大企业泰庆皮革试投产；龙头企业的落地，促进相关产业链正以抱团的态势，加快聚集落户漳浦。

引导台企重视改革创新　11月17日，漳浦台玻(福建)光伏玻璃有限公司举行转型升级启动仪式，产品的研发为企业注入新的活力。面对经济转型，各台企注重新产品研发，寻找企业发展之路，促进一批传统产业的转型升级。

完善台创园平台建设　组织台创园区内8家台湾农业企业参与由农业部和福建省政府共同主办的第十三届中国国际农产品交易会，展出商品100多种；开展2015年农副产品网上销售活动；组织30多名台商参与“台湾农民大陆行”活动；兰花栽培技术项目作为海峡两岸农业合作项目顺利实施；启动兰花产业园二期项目，项目总规划面积100公顷、总投资3.50亿元、基础设施建设配套资金5000万元，至年底已完成项目设计和报批，并已平整土地26.67公顷；发挥海峡花卉集散中心平台作用，累计交易额达7亿元；园区花卉苗木进出口检验检疫中心项目建设进展顺利，取得国家质检总局“进境罗汉松除害处理区”“进境罗汉松除害处理区特定口岸”；海峡两岸新型农民培训基地共举办18期培训班，两岸1400多人参加培训。台湾大璞文创考察团拟建的“大璞生态文创观光园”已签订投资意向书；申报符合条件的4家台资农业企业，争取到农业部对园区台资农业企业贴息贷款款项168万元。邀请税务部门进入园区调研，落实对进驻台创园的台资农业企业给予咨询服务和税收优惠，企业所得税和增值税减半征收，分别为12.50%和1.50%；对园区内从事种植、养殖生产的台资农业企业、个体工商户落实电价优惠政策，即按农业生产用电标准下浮30%，2015年为园区台资企业节省电费约672万元。

主动跟进倾力服务台商　发挥台商联谊会的平台作用，对台企在经营中遇到手续办理审批问题，全程协助办理。对日常经营管理遇到的困难，统筹协调解决，提供全程优质服务。2015年，先后为会员企业解决涉及工商税务、劳动保障、环保监督、海关商检、出入境管理等各类困难与问题76件。同时，不断完善权力监督机制，促进各职能部门办事的公开透明与公平，切实维护台商、台企的合法权益；建立服务全县台商、台企的绿色通道，对全县台资企业在环保问题上实行“一站式”服务，做到一个窗口受理，多个部门协同办理，协调各方力量做好服务工作。与台商协会建立联动机制，为在漳浦县投资的台商、台企提供高效优质的服务。落实对台的优惠政策，使台商、台企安心乐意在漳浦县创业。多举措破解台资企业融资难题，促使16家台创园区内的重点台商企业与金融部门签订《银企合作协议》。2015年，新增银行融资近1亿元，同时落实漳浦农行向园区内台企提供10亿元的意向性信用额度贷款。

【维护台海局势祥和稳定】

根据省、市台办关于进一步加强沿海渔船民涉台教育和管理及漳浦县创建平安海域工作的要求，把维护海上安全、稳定的工作作为一项重要工作来抓，落实责任，努力维护台海安定祥和。2015年，没有发生严重两岸海上生产纠纷及海上生产安全事故。

重视沿海涉台渔船民教育　结合全县沿海实际，部署沿海平安海域创建及涉台沿海渔船民涉台宣传教育工作，向沿海各乡镇转发《省台办关于教育我渔船民不到敏感海域作业的通知》等相关文件，教育全县渔船民不到敏感海域作业，避免引发冲突。

来靠台轮的管理接待服务　完成台轮的接待、管理、服务、安置等工作，确保来靠台湾船舶的安全，方便台湾同胞往来。按照上级改革部署，落实台轮人员上岸审批权限由省级下放到县级，并建立委托行政服务中心的办法，方便台方人员。投入数十万元，完成旧镇台轮码头规范化建设。

（撰稿人：陈有金）

· 机构编制工作 ·

【概况】

2015年，漳浦县机构编制工作全力推进政府机构改革，继续深化行政审批制度改革，促进行政审批规范化、标准化、信息化和便利化，开展事业单位分类改革；同时，进一步明确政府权限和责任，着力推行权力、责任、公共服务、市场准入负面“四张清单”，建设服务型政府。

【政府机构改革】

根据《中共福建省委、福建省人民政府关于市、县（区）政府职能转变和机构改革的意见》，中共漳州市委、漳州市人民政府关于印发《漳州市人民政府职能转变和机构改革的实施意见》的要求及省、市编办的统一部署，开展新一轮政府机构改革。

转变政府职能 按照实现政府职能向创造良好发展环境、提供优质公共服务、维护社会公平正义转变的要求，通过深化行政审批制度改革、改善政府治理、规范权力运行等，处理好政府与市场、政府与社会，以及政府层级之间的关系，把该放的权力放开放到位，把该管的事情管住管好。进一步推进政企分开、政事分开、政资分开、政社分开，简政放权、理顺关系、提高效能，充分发挥市场在资源配置中的决定性作用，更好地发挥社会力量在管理社会事务中的作用。通过转变政府职能，形成权界清晰、分工合理、权责一致、运转高效、法治保障的政府职能体系，切实提高政府管理科学化水平，建设服务型政府。

优化机构设置 县政府机构改革主要围绕转变职能和理顺职责关系，按照精简、统一、效能的原则，朝着大部门制改革方向推进。重点整合加强卫生和计划生育、人力资源社会保障和公务员管理、市场监管、工业和信息化、内贸和外贸、涉农管理和教育管理、人防机构等；同时推进其他领域机构和职责的整合：

（一）组建县卫生和计划生育局。将县卫生局的职责、县人口和计划生育局的计划生育管理和服务职责整合，组建县卫生和计划生育局，为县政府工作部门。将县人口和计划生育局有关人口发展、人口政策方面的职责划入县发展和改革局。不再保留县卫生局、县人口和计划生育局。

（二）组建县市场监督管理局。将县工商行政管理局、县质量技术监督局、县食品药品监督管理局的职责整合，组建县市场监督管理局，为县政府工作部门，加挂县工商行政管理局、县质量技术监督局、县食品药品监督管理局、县食品安全委员会办公室牌子。

（三）重新组建县人力资源和社会保障局。将县人力资源和社会保障局的职责、县公务员局的职责整合，重新组建县人力资源和社会保障局，为县政府工作部门，加挂县公务员局牌子。

（四）组建县经济和信息化局。将县经济贸易局的工业管理、经济运行、经济技术协作等职责以及县科学技术局的职责整合，组建县经济和信息化局，为县政府工作部门，加挂县科学技术局牌子。不再保留县经济贸易局。

（五）组建县商务局。将县经济贸易局内外贸管理、经济合作发展等职责以及县政府办公室口岸管理的职责整合，组建县商务局，为县政府工作部门。

（六）组建县文化广电体育局。将县文化体育新闻出版局的职责以及县旅游局、县广播电视局的相关行政职责整合，组建县文化广电体育局，为县政府工作部门，加挂县旅游局牌子。不再保留县文化体育新闻出版局。

（七）县农业局与县委农村工作领导小组办公室实行一个机构、两块牌子。

（八）将县委教育工作委员会的机构、职责并入县教育局。

（九）县城乡规划建设局与县人民防空办公室实行一个机构、两块牌子。

（十）将县安全生产监督管理局调整为县政府工作部门。

（十一）将县农业机械管理站、县二轻集体工业联社的相关行政职责分别划入县农业局（农办）、县经济和信息化局。

（十二）统筹推进相关改革。县政府职能转变和机构改革要注意与全面深化改革各项重大任务统筹推进；注意与事业单位分类改革以及科教文卫等行业体制改革协调衔接，可将测绘管理、园林管理、机关事务管理、文物管理、港口和水文（水资源）管理、水土保持监督管理、植物检疫、渔业船舶检验、专利管理、纤维检验、核与辐射安全监督、地震管理等事业单位承担的行政职能划归行政机关；理顺条块关系，做好省级以下工商、质监行政管理体制调整的承接工作；进一步深化乡镇行政体制改革，完善乡镇政府功能。

表1　**漳浦县人民政府工作部门设置表**

1	2	3	4	5			6	7	8	9	10	11	12	13		14	15	16	17	18	19	20	21	22	23	24
办公室	发展和改革局	经济和信息化局	卫生和计划生育局	教育局	民族与宗教事务局（不计入机构数）	监察局（不计入机构数）	公安局	民政局	司法局	财政局	人力资源和社会保障局	国土资源局	环境保护局	城乡规划建设局	人民防空办公室	交通运输局	农业局	林业局	水利局	海洋与渔业局	商务局	文化广电体育局	审计局	安全生产监督管理局	市场监督管理局	统计局

漳浦县人民政府设置工作部门24个，其中县监察局与中共漳浦县纪律检查委员会机关合署办公，县民族与宗教事务局与县委统一战线工作部合署办公，列入县人民政府工作部门序列，不计入政府机构个数。县人民政府办公室加挂县外事侨务办公室、县人民政府法制办公室、县海防委员会办公室、县支前双拥工作办公室牌子；县发展和改革局加挂县粮食局、县物价局牌子；县经济和信息化局加挂县科学技术局牌子；县民政局加挂县革命老根据地建设办公室牌子；县人力资源和社会保障局加挂县公务员局牌子；县城乡规划建设局与县人民防空办公室实行一个机构、两块牌子；县交通运输局加挂县交通战备办公室牌子；县农业局与县委农村工作领导小组办公室实行一个机构、两块牌子；县文化广电体育局加挂县旅游局牌子；县安全生产监督管理局加挂县人民政府安全生产委员会办公室牌子；县市场监督管理局加挂县工商行政管理局、县质量技术监督局、县食品药品监督管理局、县食品安全委员会办公室牌子。

【行政审批制度改革】

按照市政府提出的行政审批规范化、标准化、信息化和便利化的要求，开展行政审批项目清理规范，以及上级取消和下放审批项目的衔接工作，在精减项目数量、规范项目设置、优化审批流程、改进审批方式、压缩审批时限等方面下功夫，实现行政审批提速提效。

开展行政审批事项清理　开展行政审批项目清理工作，按照“能减则减、应转则转、应留则留”的原则，全面清理法律法规明确取消或地方自行设立的行政审批事项，调整取消所有非行政许可项目，不断给审批事项减肥瘦身。经过几轮的清理规范，反复修正，全县最新公布保留的行政审批事项220项，其中80项包含子项302项；保留公共服务事项235项，其中50项包含子项197项。

及时开展省、市取消和下放

事项的衔接 根据省要求，漳浦县开展行政审批项目规范化建设，对于省、市下放项目，及时进行承接。共分两批承接省、市政府下放的行政审批事项52项、公共服务事项30项，对应省级取消行政审批事项1项、公共服务事项1项。对于取消、下放事项，县审改办组织对应审批部门做好衔接，及时将下放事项纳入县级审批项目范围，并组织开展督查落实。特别是对应取消的项目，要求审批部门自公布之日起立即停止审批，并切实加强事中事后监督，将监管责任落实到具体责任科室(单位)，明确具体追责情形，落实主体责任，杜绝一放就乱的现象发生。

加快推进行政服务标准化建设 在对现有行政审批事项进行全面清理规范的基础上，对保留和承接的行政审批事项和公共服务事项，按照“三集中、三个百分百”(即部门审批职能向一个科室集中、审批科室向中心集中、审批事项向电子平台集中，审批部门进驻率、审批事项集中率、审批授权到位率均实现100%)的要求，全部进驻行政服务中心；并纳入行政审批服务事项管理平台和省网上办事大厅规范运行，实行全程编码化管理，实现审批服务全过程的电子化运作与监督。在实施行政审批过程中，按照“程序最简、环节最少、时间最短、效率最高”的要求，明确前置审批项目、申报材料、法律依据等办理条件，建立“类别、名称、环节、流程、时限”等统一的审批标准，做到“五个统一”和“四个规范”(即规范审批事项名称、规范申请材料、规范办理时限、规范审批流程、规范收费项目，统一审批事项标准目录、统一使用审批专用章、统一行政服务中心设置、统一受理窗口)，实现行政审批服务标准化管理。

加强督促检查 9月17—23日，由县政府办、效能办、审改办和行政服务中心管委会等部门联合开展专项督查，重点督查进驻县行政服务中心及分中心窗口单位，共涉及单位42个。对于督查中发现的项目没有进驻中心、审批授权不到位、卷宗材料不规范、信息录入不完整、分中心建设不完善、窗口工作人员素质参差不齐等方面问题，列出清单，要求各责任单位限期整改；并将整改情况给予通报，推动行政服务标准化建设，促进审批提速增效。

【事业单位分类改革】

按照中央、省、市有关事业单位分类改革的工作部署，组织学习领会改革精神，结合本地实际，研究拟订事业单位分类改革实施方案，明确改革目标，细化工作步骤。成立分类改革工作机构，组织人员对所有事业单位的机构编制、实有人数、职能及经费来源等情况进行全面核实，并按照全省事业单位分类指导目录，组织开展预分类工作。在分类过程，重点坚持四个原则，即坚持政事分开、事企分开原则，坚持严格分类标准原则，坚持分类指导原则，坚持统筹兼顾原则，确保改革方向不走偏，做到上下对应、左右平衡。4月，经省、市编委批复，漳浦县已完成全县740个事业单位分类方案，其中划入行政类10个、公益一类619个、公益二类64个、经营类24个，另有23个属不分类或暂不分类，待中央和省、市意见明确后再分类。同时，结合政府机构改革，将广电、旅游、二轻、农机等事业单位的行政职能划转行政机关，保留这些事业机构的公益属性。其中，将广播电视台、报社、报道组、网络舆情中心等机构及其职能整合，组建县广播电视新闻中心，实现大新闻中心，优化整合新闻资源。

【全面推行“四张清单”】

根据中央、省、市的部署要求，进一步明确政府权限和责任，着力抓好“四张清单”(即权力清单、责任清单、公共服务清单、市场准入负面清单)，构建权界清晰、运转高效、法治保障的政府职能体系。至年底，完成权力清单、责任清单、公共服务清单的编制与公布工作。

抓好“权力清单” 根据省政府《关于印发〈福建省推行省级行政权力清单制度实施方案〉的通知》精神，按照职权法定、转变政府职能和简政放权的要求，对现有正在行使的行政权力事项进行全面梳理，具体包括行政许可、行政确认、行政处罚、行政强制、行政征收、行政征用、行政裁决、行政给付、行政监督检查以及法律法规规章规定的其他行政执法事项等，提出取消、转移、下放、整合、保留等清理意见，并逐条逐项分类登记。上半年完成行政权力清单编制及公布工作，共公布的行政权力事项3543项，其中：行政审批220项，行政确认80项，行政处罚2266项，行政强制173项，行政征收34项，行政征用5项，行政裁决10项，行政给付42项，行政监督检查433项，行政奖励5项，其他行政权力275项。同时，进一步优化权力运行流程，各政府部门于10月底完成行政权力运行流程图编制工作，并予以公布。

抓好“责任清单” 根据省委、省政府和市委、市政府关于建立政府责任清单的部署要求，依据法律法规规章、部门“三定”规定和具有法律效力的规范性文件，结合权力清单，对各部门主要职责进行全面清理，理清界定好部门间交叉、重叠的相关职责，梳理编制责任清单。经清理，于10月底向社会公布县政府部门责任清单，共公布42个县直部门的责任事项4800项，其中：指导协调348项、发展规划125项、政策法规72项、行政许可209项、行政确认73项、行政处罚2261项、行政强制173项、行政征收36项、行政征用3项、行政裁决10项、行政给付42项、行政监督检查439项、行政奖励7项、行政权力其他类265项、公共服务238项、其他499项；整理多部门监管职责事项78项；整理事中事后监管事项20项。

抓好“公共服务事项清单” 在完成行政权力清单的基础上，对照省、市要求，开展公共服务事项清理工作，规范好事项名称及办事流程，于11月完成公共服务事项清单编制工作。经梳理，全县公布保留的县级公共服务事项235项，其中50项包含子项197项。同时，根据省、市有关清理前置审批、中介服务和收费项目的工作要求，组织各单位对各自的审批与公共服务项目进行全面摸底排查，对没有法律法规依据的前置审批与中介服务一律取消，对于保留的项目进一步规范名称、设定依据、时限、收费等，形成目录清单。

【规范机构编制管理】

结合中央、省、市关于深入开展机构和人员编制核查全面推行机构编制实名制管理的部署，严格核查标准，规范操作程序，有序组织实施，全面核实机构编制信息，推进机构编制实名制管理，提高机构编制管理规范化、科学化水平。

严格执行机构编制法规政策 严格执行《地方各级人民政府机构设置和编制管理条例》（国务院令第486号）、省委省政府《关于严格控制机构编制的通知》等法规和文件，进一步健全县编委及编办议事、办事规则制度，规范管理。执行机构编制管理“三个一”和“五不准”制度，严守机构编制管理程序规定；完善机构编制管理制度，严格执行编委会、编办工作规则，坚持机构编制集中统一管理、专题专报、一个部门承办、“一支笔”、一家行文的审批制度；落实机构编制实名制管理，及时更新、维护实名制管理信息数据库，管理系统数据真实、准确、完整。在接受省审计对漳浦县党政主要领导责任审计中，漳浦县的机构编制执行总量控制、规范管理等方面得到审计组的认可。

严格控制机构编制 严格按照省、市关于严格控制机构编制的文件精神，事业机构编制实行总量控制。对于因社会事业发展需要增设机构、核增编制的，按照撤一建一、编制总量内调剂的办法予以解决。2015年，共新增万安生态产业园区管理中心、县卫生应急指挥调度中心等事业机构4个，撤销事业机构7个，核定的编制均在现有总量内调剂，机构及编制数均未突破2012年底总量。结合教育事业发展需要，组织开展新一轮中小学、幼儿园核编工作，解决学校缺编、教师职称职数不足等问题，优化教师队伍结构，为落实教育均衡目标提供人才支撑。

（撰稿人：王紫莛）

·事业单位登记管理·

【概况】

2015年，加大《事业单位登记管理暂行条例》及《事业单位登记管理暂行条例实施细则》等法规的宣传，提高各事业单位对法人登记重要性和必要性的认识。是年，完成事业单位法人登记年检310个，登记率100%，办理变更登记69个，设立登记10个。

【加大宣传力度】

不断加大《条例》《实施细则》等法规的宣传力度，结合年检通知，印发宣传材料，从事业单位法人登记的法律依据、目的意义、登记流程、不依法进行登记应承担的责任等方面进行宣传，提高各事业单位对法人登记重要性和必要性的认识。

【规范登记年检】

规范事业单位年检，在年检中除规定上报材料，增加填报漳浦县事业单位运行情况自查表，并根据实际需要对部分事业进行实地核查，检查核对事业单位的业务开展情况及经费收支情况，对不按时开展年检的单位及时告知催检，确保不遗漏。

【改革创新】

根据中央编办《关于批转〈事业单位登记管理暂行条例实施细则〉〈事业单位法人年度报告公示办法(试行)〉的通知》精神，在组织学习贯彻的基础上开展调研，对事业单位法人年度报告及开办资金确认等事项进行深入探讨，特别是对改革后的具体操作流程做进一步细化，对改革后可能出现的新问题提出应对建议，为下一年度的事业单位登记与年检改革工作做好准备。

(撰稿人：林三妹)

【地理标志商标】

乌石荔枝 漳浦乌石荔枝原种名为乌叶荔枝，因盛产于漳浦乌石一带，故名乌石荔枝，漳浦乌石荔枝种植历史渊源悠久。据《漳浦县志》记载：明嘉靖12年(1532)年，漳浦乌石人当朝进士林功懋在任广东东莞知县时，开始引进荔枝良种在故乡乌石试种，结果该品种的品质比原产地更佳。

乌石荔枝成熟期为6月下旬至7月上旬，受漳浦典型的海洋性季风气候的熏陶，汲取漳浦特殊的海积土和冲积土的精华，形成了独特的风味：熟时"壳如红缯"，果肉呈乳白色，色泽艳丽，味道清香，甜而不腻，果大核小肉厚，质软味甜弹性好，剥皮壳不流汁，掉地不粘沙，品质极佳。成熟单果重20—26克，含可溶性固形物16.5—20%。具有鲜食、冷藏、罐藏、制干皆宜的优点。《福建通志》记载："漳州荔枝极盛，而漳浦为最，紫薇山(旧镇乌石)中产'相袍紫'，'马上娇'味甘丽、实大核小，啖两颗则肺腑清虚，滓秽荡尽，两腋生风，飘然欲仙矣！"由于该品种品质优良，成熟期适中，在荔枝品种中，乌石荔枝仍然居于数十个荔枝品种之上，属上乘之品，被称为"荔枝皇后"。1959年，正当乌石荔枝成熟之际，北京电影制片厂慕名而来，拍下记录片《荔枝红了的时候》，更使乌石荔枝通过银幕而名噪四海。

荔枝干以精选新鲜荔枝烘烤加工而成，其外观呈褐红色，尤以自然扁荔枝干最为上乘，壳薄肉多核小，味道鲜美，清甜适度，营养丰富，炖煮均可，系冬令补品之上选。

目前，全县已发展荔枝1万公顷，年产量6万吨，1999年6月，中国特产之乡推荐暨宣传活动组织委员会授予漳浦县"中国荔枝之乡"。乌石荔枝也因其无污染的栽培形成优良品质而荣获国家绿色食品标志使用权。2002年获福建省名牌产品称号。2014年2月，乌石荔枝获得国家地理标志商标注册认证。

政协漳浦县委员会

· 主要会议 ·

【政协第十三届委员会第四次会议】

6 月 23—25 日，政协第十三届漳浦县委员会第四次会议在绥城召开，县四套班子领导沈志平、陈少华、苏孝道、林培兴等及全体政协委员出席会议。市政协副主席柯志宏代表市政协向大会致辞；县委书记沈志平在会上发表讲话；县政协主席林培兴受政协第十三届漳浦县委员会常务委员会委托，向大会作《工作报告》。

大会还听取县政协委员陈纪林关于《投资漳浦 投资未来 再创辉煌》的发言；委员林国平关于《漳浦县城乡敬老院建设及运营情况的调查与思考》的发言；委员陈少丽关于《拓展帮扶渠道加快我县学前教育均衡发展步伐》的发言。会议审议通过政协第十三届漳浦县委员会第四次会议提案审查情况报告；审议通过政协第十三届漳浦县委员会第四次会议决议。委员还列席县十六届人大四次会议，听取并赞同县长苏孝道所作的政府工作报告及其他报告。

【政协党组成员会议】

1 月 20 日，3 月 2 日，6 月 29 日，7 月 10 日，8 月 28 日，9 月 21 日，11 月 12 日分别召开七次政协党组成员会议。会议分别研究讨论设立“委员工作室”和“海峡文史资料馆”；研究讨论撤销“县威惠庙管理委员会”；研究确定县政协领导班子成员工作分工；研究讨论十三届政协委员变动情况；研究讨论干部推荐晋级提拔；研究部署政协党组、机关开展“三严三实”专题教育活动有关事项和要求；学习《中国共产党党组工作条例（试行）》；研究讨论《中共政协漳浦县委员会党组工作规则（草稿）》；研究商讨民主生活会有关事宜；通报县政协领导班子及党组成员对照检查材料撰写情况。

【政协主席会议】

1 月 4 日，2 月 9 日，3 月 2 日，3 月 6 日，3 月 17 日，3 月 20 日，3 月 23 日，5 月 6 日，5 月 19 日，6 月 8 日，7 月 10 日，8 月 28 日，9 月 21 日，10 月 21 日，11 月 12 日，12 月 1 日，12 月 11 日，分别召开 17 次政协主席（办公）会议。会议分别传达全市各县（市、区）政协主席联系会议精神；传达省政协全会精神；研究县政协十三届四次全会有关筹备工作；研究讨论政协机关管理制度；听取县委统战部关于部分十三届县政协委员变动情况的说明；审议县政协机关财经制度（草案）；研究确定 2015 年开展的调研视察活动有关事项；讨论政府政协领导联席会议有关议题；研究讨论推荐政协委员担任司法局民主监督员名单；研究部署文史工作；研究文史资料编撰、书籍印刷等经费预算；研究部署提案工作；学习传达《中共中央办公厅印发〈关于加强人民政协协商民主建设的实施意见〉的通知》；学习传达省委、市委、县委有关会议精神；研究确定聘请文史工作者；研究部署委员走访联谊工作；学习传达《中共漳州市委印发〈关于加强人民政协协商民主建设的实施意见〉的通知》；研究部署重阳节慰问老干部、老同志有关工作；学习传达省、市政协工作座谈会精神；研究部署县政协信息工作；听取县委统战部关于调整增补十三届县政协委员人选提名情况和建议名单的说明；研究讨论2016年政协工作安排。

【政府、政协联席会议】

5月27日，在县政府办公楼会议室召开。县政府正副县长、县政协正副主席出席会议，县环保局、县水利局、县交通局、县农办、县财政局及县政府办、县政协各机关委办负责人列席会议。会上，县政府相关职能部门就县政协重点提出的5条民生问题作详细解答，会议还就政协文史资料书籍编撰经费、推动族谱修编工作经费等相关问题达成共识。

【政协十三届常委会议】

3月9日，7月22日，10月30日，分别召开县政协十三届十三次、十四次、十五次常委会。分别听取《县政府工作报告（征求意见稿）》起草情况说明；听取县政协常委会工作报告（征求意见稿）和提案工作情况报告（征求意见稿）起草情况说明；听取县委统战部关于调整增补十三届县政协委员和政协常委建议名单的情况说明；听取县委组织部关于增补十三届县政协副主席建议名单的情况说明；审议通过县政协十三届四次会议有关事项；表决通过县政协有关人事事项；听取县政府2015上半年工作情况通报；听取县政协文史工作情况通报；听取县政协十三届四次会议以来提案工作情况通报；听取县教育局、县卫计局通报有关工作情况；听取绥安开发区、县安监局和县财政局通报2015年工作情况；听取县政协2015年委员走访联谊活动情况通报；协商讨论“漳浦历史文物和名人古迹保护”和“漳浦县建安企业安全生产”等2个专题的视察报告；协商讨论“漳浦县农村饮用水安全问题”及“漳浦县宗教活动场所管理”等2个专题的调研报告；学习贯彻漳州市委《关于加强人民政协协商民主建设的实施意见》精神。

·主要工作与活动·

【主动作为推动漳浦科学发展跨越发展】

一线担当促发展 将工作力量推向经济社会发展的主战场。有4名副主席、10名机关干部和部分委员参加古雷石化园区、长桥木业园区和万安生态工业园、前亭经济园区的征地、收海和项目建设一线当指挥长或副指挥长和组长、业务骨干等工作。政协班子成员还经常深入基层、深入企业，开展挂钩乡镇和项目的跟踪服务工作，主动担当，为项目建设贡献力量。

协商调研促发展 紧扣县委、县政府“四大重点区域、八项重点工作”的战略部署，充分发挥政协人才优势，重点就产业转型升级、工业废弃物处理、农村饮用水安全、食品安全监管等涉及社会经济发展和民众切身利益的热点问题，开展8场调研视察活动。针对存在的问题提出建议，形成7篇调研、视察报告和两份呈阅件报送县委、县政府和相关部门，成为县委、县政府决策措施中的重要内容。其中，县政协多次组织县政协委员和省、市在浦政协委员深入了解古雷石化项目推进情况和搬迁群众的生产生活安置情况开展专题调研，提出《关于引导和帮扶古雷搬迁群众快速实现就业转型的建议》，引起县委、县政府的高度重视。

民主监督促发展 把民主监督贯穿于政协各项工作中，不断强化监督意识，拓宽监督途径，丰富监督手段，提高监督水平，协助县委、县政府抓重大决策的落实，促成疑难问题的解决。一是部门协商监督，在当年的四次政协常委会上，分别邀请绥安开发区、县卫计局、财政局、教育局、卫计局、人社局等部门的主要领导到会通报工作情况，面对面听取常委的意见建议，推动相关部门工作作风的转变和工作效率的提高；二是专题协商监督，县政府、政协召开联席会，县政府、政协领导互相通报工作情况，围绕全县中心工作，就“补短板”“抓落实”“破难题”进行沟通交流。同时，县政府领导及相关部门负责人还就县政协反映的五个方面社会热点问题进行现场解答。

【倾情履职增进民生福祉促社会和谐】

致力提案办理质量　县政协十三届四次会议之后，共收到委员提案70件，其中涉及民生事业的65件。创新提案答复方式，重视抓好办前、办中、办后沟通，针对承办民生提案较多的县建设局、县教育局等部门专门召开提案办理协商会，共商办理工作中出现的问题，承办单位领导到会倾听委员们的意见和建议，更准确地领会委员提案的意图和内容，现场答复意见和建议，促进人民群众关心的热点难点问题的有效解决。抓提案办理成果，县政府认真跟办，35个具体承办部门做到“领导重视、办理认真、部门协作、措施有力、落实到位”。70件提案件件有落实、事事有回音，提案综合办结率100%，委员满意率100%。为县委、县政府作出科学决策、落实为民办实事、推动经济发展提供更加广泛的民意基础和智力支持。其中委员庄永宏提出的《关于部门基础设施建设项目推用PPP模式的建议》、委员陈建有提出的《关于加快漳浦一中申报一级达标校进程的建议》、委员方克恒提出的《关于加强县“120”急救中心建设的建议》等一批提案被有关部门采纳吸收后已取得阶段性成果。

致力收报社情民意　把了解和反映社情民意作为履行职能的拓展和延伸，不断扩大社情民意信息的来源。鼓励政协委员、政协机关干部，围绕群众关注的社会热点、焦点问题，广泛收集社情民意，积极采写上报政协信息。2015年，共收集社情民意信息52条，向县委、县政府领导和上级政协反映社情民意信息专报32条。其中委员何佳凤撰写的《应加强医疗费用票据管理防止医保基金流失》、委员王志伟撰写的《食品药品监管体制改革急需完善》等社情民意信息分别被全国、省、市政协采用，为党委政府了解民情、体察民意，促进问题的解决发挥独特作用。

致力投身公益事业　充分发挥人民政协联系面广的优势，加强与社会各界的联系，发动全县各级政协委员、社会贤达和企业团体参与社会公益事业，献爱心、送温暖，取得良好社会效果。吴志民、杨集文、王明煌、梁加辉、王庆荣、陈纪林、王建祥、陈建中、张群豪、郑洪坤、陈忠辉、施结麟、陈英雄、黄全和、林树森、林炳义、杨坤田、蔡文谦、杨小龙、陈国强、蓝佳金、王阿文、王剑辉、姚淑丹、杨志旺、陈壬水、蓝宝华、陈迪鹏、郑远明、杨春葵、吕美玲等省市县委员、社会贤达和海外爱国爱乡侨胞，及县总商会、泉州商会、厦门商会、深圳商会、广州商会、上海商会、香港漳浦同乡会、漳浦泉州商会等企业团体也都尽已所能，通过各种形式资助公益事业、扶贫济困，传播正能量。

致力建设诚信体系　开展诚信经营先进单位和个人评选、举办诚信与科学经营讲座、拓展和丰富“诚信漳浦”网站及同名微信平台建设等工作，宣传和推动社会诚信建设。尤其是与诚信顾问单位漳浦县法院协作开设的“失信被执行者”专栏，对被纳入“失信被执行人名单”的人员采取限制高消费、限制贷款等措施，有效震慑失信行为，取得良好的社会效应。

【尽心尽力助推漳浦文化繁荣发展】

族谱修编　2015年，族谱修编完成对吴、许、王、蓝、胡、赵、詹、施、翁、何等10个姓氏的族谱修编；林、黄、张、刘等4个姓氏正在收集汇总，即将修编完成；李、陈等2个姓氏族谱修编也有序推进。设立“漳浦县姓氏族谱博物馆”，在威惠庙内建立收藏室和展列室，配置专门设备，计划将追随陈元光至漳浦的87姓族谱全部整编馆藏，作为漳浦县文化传承和两岸寻根谒祖、文化交流的重要平台。

助推文物保护与修缮　发挥政协“智囊团”作用，深入挖掘漳浦历史、人文环境的丰厚底蕴，推进文化遗产、非物质文化遗产和历史文化名镇、名村的保护开发。县政协组织委员和专家学者开展专题视察调研，到旧镇海云家庙、石榴林士章墓、县威惠庙、孔庙、武庙遗址、湖西畲族乡杨世懋总兵府、深土镇锦江楼等文物保护单位实地考证；并多次召开座谈会反复论证，为全县文化遗产恢复重建和修缮保护工作提出许多有益的意见和建议，其中《关于修缮保护林士章墓的建议》得到县委、县政府领导的高度重视，项目于4月开工修缮，至年底，主体工程已竣工。

【借智借势推进政协协商民主发展】

践行“三严三实”，加强自身建设 扎实开展“三严三实”专题教育活动，抓好党课教育、下基层调研、专题研讨、党组专题民主生活会和机关支部组织生活会，切实把思想教育、党性分析、整改落实、立规执纪结合起来；着重聚焦对党忠诚、个人干净、敢于担当，着力解决不严不实问题，增强党员干部践行“三严三实”行动自觉性。同时，以专题教育活动的开展为契机，按照严与实的要求，着力改进作风，健全各项规章制度，规范委办职责分工，进一步增强机关干部的大局意识、廉政意识、责任意识和服务意识，机关的服务保障能力得到进一步提高。

抓学习教育，提升委员履职水平 将学习培训放在突出位置，制定委员学习培训工作意见，举办委员培训班1期，召开常委学习会3场，委员人手一份赠阅《政协天地》《金浦报》；编发《漳浦政协信息》及各类简报6份，在政协机关设立阅览室，为委员知情议政创造条件。在委员中广泛开展以“提交一件提案、反映一条社情民意、参加一场调研活动、为民办一件实事”为内容的“四个一”活动。通过活动，将委员履职落到实处，使广大委员真正成为传递上情的宣传员、反映下情的联络员、服务发展的参谋员、促进和谐的调解员和改进工作的监督员，激发委员服务经济社会发展的积极性和创造性。健全工作机制，激发委员履职动力，2015年，中央和漳州市委分别颁发《关于加强人民政协协商民主建设的实施意见的通知》，县政协在此基础上修订完善县政协常委会和各专门委员会的《工作规则》，加强政协常委会集体领导作用和专委会基础作用，形成党政支持政协履职的工作局面，委员履职更加规范、协商更有保障、更有激情。

加强联络联谊，营造招商投资环境 重视加强与上级政协、兄弟县(区、市)政协、异地漳浦商会和国内外知名人士的联系和交流，做大“朋友圈”，广交朋友、增进友谊，宣传漳浦、提升形象。2015年，着力推进海峡两岸、漳台文化交流及民间社团交流、族谱对接交流，共接洽全国、省、市政协及省内外兄弟单位团体32批次，接洽国内外各界名士、贤达和漳浦在外乡贤41批次。同时，深入开展委员走访联谊活动，从9月起，县政协领导分组带队深入全县各界别及厦门、泉州、广州、深圳等地走访委员和异地商会，召开座谈会18场，有500多名在外乡贤、浦籍企业家和政协委员参加座谈。通过走访，宣传县委、县政府决策部署，收集委员们对漳浦经济社会快速发展好意见、好建议，为漳浦改革发展汇聚各方正能量。

【文史修编】

2015年，县政协开展文史资料的挖掘、整理、征集和出版工作。编辑出版《黄道周书法导临》《漳浦历代名人诗吟》《漳浦文史资料·第34辑》。其中，《黄道周书法导临》不仅宣传弘扬“一代完人”黄道周精神，更成为学习和研究“黄漳浦体”书法艺术的重要教材。再版《尚书探花—林士章》《乌石妈祖》，启动编撰《漳浦古村落》。配合市政协做好《漳州古村落》《陈元光诗赋篇》等有关文史资料的征编工作。

(撰稿人：陈伟斌)

人民团体 社会团体

·漳浦县总工会·

【概况】

2015年,漳浦县工会工作结合全县实际,完成企业组建工会247家,新增会员近3000人;推动工资集体协商,已建立协商合同的企业101家;开展送温暖活动,专访430人,发放慰问金近50万元;开展职工医疗互助活动,全县已有140个单位约15324名职工参加;组织380家企业的职工3万多人参加“安康杯”劳动竞赛。

【基层组织建设】

加强工会自身建设 成立县总工会建会工作领导小组,建立组建工作责任制,把任务落实到人;根据市总工会下达的2015年组建工会和发展会员工作目标任务要求,下发《关于2015年全县各乡镇工会组建目标任务分解的通知》,指导各乡镇开展组建工作,促进基层工会组建和会员发展。至年底,完成企业新组建任务数247家的100%,新增会员数2997人,完成任务数1972人的152%。

推动工资集体协商 按照市总工会开展工资集体协商“要约行动月”的安排部署,结合本地实际细化实施方案,督促全县各类企业开展工资集体协商,着力解决工资水平、奖金分配、福利津贴等突出问题。至年底,全县建立集体合同制度的企业有单独101家,区域覆盖75家,行业性2家,完成年任务的100%,工资集体协商完成年任务的100%。

【送温暖工作与职工生活保障】

组织开展送温暖工程活动 元旦、春节期间,走访430人,其中特困职工116人,共发放慰问金49.53万元。各镇工委、基层工会在总工会的组织下,也开展相应活动。

关爱帮扶女职工 除了春节、元旦“两节”开展送温暖活动外,采取联系计生困难户、结对帮扶困难女职工和挂钩女职工困难户等3种形式,对女职工开展扶贫助困活动。与县妇联协作,举办有关女性健康知识讲座,开展女职工妇科普查活动。在2015年开展的在档困难女农民工“两癌”(乳腺癌、宫劲癌)普查的基础上,继续对在档困难女职工开展“两癌”检查,推进“两癌”检查的规范运作。

发动职工参加医疗互助保障 根据市总工会《关于在全市机关企事业单位中开展职工医疗互助活动的通知》精神,县总工会结合全县实际,出台《漳浦县职工医疗互助活动实施方案》,深入基层宣传发动职工参加医疗互助保障,推进职工医疗互助更广泛更深入开展。2015年,全县已发动140个单位、15324人参与这项活动,金额达91.18多万元。

【维权维稳】

及时化解矛盾 本着维护全县职工队伍和社会稳定的原则,成立县总工会处置职工群体事件应急领导小组。印发《漳浦县总工会处置职工群体性事件应急预案》,要求全县各级工会组织配备一至两名维稳信息员。及时了解和反映职工群众的思想动态和利益诉求。一旦发现不稳定的倾向性、苗头性问题,及时向本级党政和上级工会反映,并配合做好深入细致的思想工作,把矛盾解决在基层。

参与企业改制 从源头上维护职工合法权益,在改制中做到政策宣传到位、民主程序到位,即职工改制分配方案须经职工大会或职工代表大会通过,职工安置到位做到依法维权、科学维权。

【劳动竞赛】

发挥各级工会组织在稳定职工队伍、服务企业发展中的作用,以创建“工人先锋号”为主要载体,带动各方面的竞赛活动,形成全方位、多层次的劳动竞赛新格局,把职工的积极性凝聚到促进发展上来。在全县掀起学知识、练技能、提素质的热潮,为推动全县经济社会又好又快发展作出新贡献。共发动企业参加“安康杯”劳动竞赛,参赛总数(单位)达380家,职工总数31339人次;组织职工开展创建“工人先锋号”活动,提高“工人先锋号”的形象,扩大“工人先锋号”的影响力,开展“工人先锋号”品牌建设走访;转发市总工会“防暑降温”的文件,慰问部分企业。全县共慰问职工2000人次,发放慰问金11.60万元。

【劳模管理】

关心关爱劳模 在全社会进一步营造尊重劳模、关心劳模、学习劳模的氛围,“五一”前夕,县总工会与县广播电视台联合推出劳模访谈录,介绍劳模的先进事迹。关心劳模生活,全年向全县省、市级劳模发放节日慰问金和困难补助金等共计20.95万元。关爱劳模们的身心健康,10月组织劳模们到县中医院进行免费体检。同时,创建5个劳模工作室。

做好评模工作 “五一”前夕,开展2014年度全国、省、市“五一劳动奖章(状)”的推荐评选活动,把全县符合条件的,在改革开放和创新创业中作出突出成绩或重要贡献的先进个人推荐至市总工会参加评选。

【职工素质建设】

全面实施职工素质建设工程 继续跟踪县委常委会《会议纪要》内容,重新规划工人文化宫建设,落实全面实施职工素质建设工程,建立健全职工技能培训机制,完善职工培养深造、考核晋级、提职提薪等激励政策,为职工勤奋学习、岗位成才创造良好条件。

加强职工书屋建设 完善布点规划,全县现有职工书屋38家,其中全国职工书屋示范点2家,省级职工书屋示范点4家,市级职工书屋示范点32家。创建“职工书屋”活动中,力争做到把“职工书屋”建设与提高职工素质相结合;把“职工书屋”建设与各种技能竞赛活动相结合;把“职工书屋”建设与组织建设相结合与农家书屋建设相结合。“职工书屋”建设的开展,引导职工养成“爱读书、读好书”的良好习惯,丰富职工群众的精神文化生活。

开展职工文体活动 利用节假日组织职工开展9场文体活动,丰富职工业余生活。

【财务、经审工作】

根据《中华人民共和国工会法》和《工会财务管理制度》有关规定,把收缴和上缴工作列入重要工作日程,形成领导负总责,财务人员具体抓。继续实施委托县地税局代征的工作格局,加大经费收缴力度,完成上级工会经费预算的99.76%,即541.92万元。县总经审委严格执行国家和上级工会的财经纪律,搞好一年一度收支预算和决算审查审计工作,完成上级经审会下达的专项审计任务,按时上报经审工作台账,不迟报漏报。

(撰稿人:黄百万)

·共青团漳浦县委员会·

【概况】

2015年,共青团漳浦县委围绕“中国梦”主题,凝聚引导全县青少年在社会经济建设中发挥积极作用。同时,为创业青年解决困难20多项,募集资金30多万元,资助80余名贫困家庭的大学生顺利入学。

【凝聚、引导青年】

突出思想政治引领这一灵魂 围绕“中国梦”主题,开展形式多样的“三观”和“三热爱”教育活动。先后举办“描绘中国梦,共建平安漳浦，关注生态文明青少年书法绘画大赛”“纪念建队66周年‘我们是共产主义接班人’主题观摩会”“青年突击队授旗仪式暨‘新团员入团宣誓，老团员重温入团誓词’”“小小‘兵’入大警营，爱国主义牢记心”等青少年喜闻乐见的活动，丰富青少年生活。以青少年更易接受的引导方式，开创思想引领工作新格局，通过举办“微博你被点名唱‘团歌’活动”“‘镜头里的乡愁’红五月摄影大赛”，优化乡镇、县直机关、学校团委微信群建设、提升《漳浦青年网》、漳浦团县委微信公众号关注度等方式，传播党的主张，推动团的工作，反映青年风貌，吸引广大青年参与共青团、活跃共青团。

突出服务青年这一生命线　引领青年就业创业，与邮储、农信社等金融部门协作，形成“银团”联动机制，推出更贴近创业青年的融资业务，为创业青年开通绿色通道。针对青年创业经验匮乏、思路单一的困扰，成立由青年致富带头人、青商会青年企业家组建的“导师团”和“顾问团”，与创业青年帮扶结对，一对一指导创业青年，对青年的创业项目给予具体指导、法律咨询和跟踪服务。累计接待来访30多人次，走访50人次，为创业青年解决实际困难20余项。推进希望工程圆梦行动、共青团关爱农民工子女志愿服务行动，关爱帮扶特殊青少年群体，全年共募集资金30余万元，资助80余名贫困大学生顺利入学。迎合青年需求，成立团中央首批“青少年综合服务平台”，开展“‘执子之手，与子偕老’大型青年汉式集体婚礼”“文化赶集，青春微心愿”“青春相约，携手筑梦，韩国青年代表团交流活动”“两岸青年联欢节”等各类广受青少年喜爱的活动，让广大青少年从心底感受到共青团是“青年之家”。

突出青年社会组织这一伙伴　带好大学生村官联合会、返乡大学生团委、漳浦青年商会、漳浦青年台商联谊会等4支队伍，以此为抓手，有针对性地举办“闽台青年社团发展研讨会”“共青团与人大代表、政协委员面对面”活动，开展“第五季情暖金浦，爱心课业辅导”“文明出行，漳浦有我，青商车徽发放仪式”“在浦青年台商座谈会”等各类活动，激发青年社会组织活力。

【引领青年发挥生力军作用】

引领青年在经济建设中奋发有为　开展青年突击队竞赛、“号队联建”等活动。在古雷港区、厦门港南岸片区、县城中心区和现代农业示范区等重点工程重点项目组建青年突击队，引导广大青年投身经济发展的主战场。开展青春建功新农村活动，开展跨境电商培训，培养农村青年致富带头人，发展农村青年专业合作组织，引导和扶持青年在农村创业发展，鼓励青年在企业技术革新、科技攻关、成果推广中贡献聪明才智，为建设创新型城市贡献力量。

引领青年在社会建设中展示风采　探索青年志愿服务的基本规律性，寻求新的工作突破口，通过树立一面旗帜、带好一支队伍、打造一个平台，拓展志愿服务领域，建立健全激励保障机制，项目化运作志愿服务活动，促进志愿服务事业项目化推进、品牌化建设、事业化发展。以“学雷锋月”为依托，围绕中心工作，开展“百名‘小红帽’情暖新港城”“青春志愿行，温暖回家路”“青春雷锋，美丽漳浦”等系列志愿服务活动。以全国志愿者先进个人柯文慧为原型拍摄微电影《心灵舞者》，弘扬“奉献、友爱、互助、进步”的志愿精神。深入开展青年文明号创建活动，开展青年文明号服务进万家、青年文明号结对贫困家庭学子等活动，弘扬职业道德新风，使职业道德建设成为广大青年文明号的一种自律行为。累计指导创建省、市级“青年文明号”10余家。

【夯实基层团建基础】

建活并举，拓展团组织覆盖面　坚持党建带团建，强化层级化组织载体，巩固和加强乡镇、学校、机关等领域团的基层组织，顺利完成县、乡、村三级团组织的换届选举工作，探索和创新在新的经济社会变革中进行组织化和社会化动员的有效途径，推进统筹城乡、青年自治组织、互联网等新兴领域团建工作。开展非公有制经济组织和新社会组织团建以及驻外机构团建。通过召开“全县村级团支部换届工作试点会议”，开展“县直机关青年台球赛”“抱团携手，‘深’情助困，漳浦驻深团工委关爱农民工子女行动”等活动，将全县基层团组织建设成为工作活跃、作用明显、党政重视、青年信赖的“青年大家庭”。

改进作风，引导团干部眼睛向下、面向基层、重心下移 深化拓展“走进青年、转变作风、改进工作”宣传调研活动，开展“团干部如何健康成长”大讨论，树立“学习、实干、谦虚、正派”的团干良好形象。坚持“要做青年友、不做青年官”，努力打造一支学习作风、生活作风、工作作风都经得起推敲的高素质团干部队伍。强化团员队伍建设，改进发展团员工作，深化团员意识教育，做好“推优入党”工作，使“推优入党”成为党组织发展青年党员的主渠道。

（撰稿人：林子杰）

·漳浦县妇女联合会·

【概况】

2015年，漳浦县妇联工作以“巾帼建新功·共筑中国梦”为主题，以开展“五个主题年”系列活动为抓手，深化家庭文化建设，评选“最美家庭”61户；关爱妇女和未成年人健康成长，新建儿童友好家园1家，在全县农村开展适龄妇女“两癌”免费筛查，持续扩大“妇女之家”覆盖面，推动女性参政议政，是年有242名女性进入村委、130名女性进入村支委。

【纪念“三八”系列活动】

举办庆“三八”表彰大会 “三八”节前夕，举办庆“三八”表彰大会，表彰“全国三八红旗集体”——漳浦天福观光茶园有限公司，“省三八红旗集体”——漳浦第二实验幼儿园，“福建省三八红旗手”——柯志华、陈巧敏、柯文惠，及市、县两级“三八红旗集体”12个，“三八红旗手”155人，用先进典型带动广大妇女为推动全县妇女儿童事业再立新功。

开展男女平等基本国策宣传 “三八”节期间，组织法律工作者及相关单位的妇委会主任在西湖公园南大门举行现场咨询活动，为到场咨询的群众解疑释惑，做好“两纲”的宣传工作。现场介绍并分发《中华人民共和国妇女权益保障法》《中华人民共和国婚姻法》200多份，《反邪教常识》《创建平安家庭》宣传折页300多份，接受现场咨询100多人次。

举办关爱女性健康知识讲座 3月5日，县妇联联合县卫计局，邀请福建医科大学附属协和医院放射科专家到漳浦县开展关爱女性健康知识讲座。县妇联十六届执委、各乡镇场妇联主席、县直机关妇委会主任等100多人参加。

举办全县老年妇女门球赛 3月6日，举办“巾帼杯”全县老年妇女门球赛，增强老年妇女的健身意识。

【巾帼文明岗创建活动】

规范“巾帼文明岗”创建活动运行机制，加强指导督查，实行逐级创建。至年底，全县有国家级“巾帼文明岗”1个，省级“巾帼文明岗”19个，市级“巾帼文明岗”31个，县级“巾帼文明岗”30个。2015年，树立县地税局办税服务大厅为“省巾帼文明岗”；特殊教育学校、旧镇乐欣幼儿园、竹马戏（芗剧）传承保护中心为“市巾帼文明岗”。县地方税务局开展的寻找“最美地税家庭”活动作为典型在全国推广，县地方税务局被评为“全国巾帼建功先进集体”。

【贯彻落实“两纲”目标】

做好《两纲》中期监测评估工作 县妇儿工委办根据上级妇儿工委的指示与要求，制定《两纲》（《中国妇女发展纲要（2011-2020年）》《中国儿童发展纲要（2011－2020年）》）中期评估方案。部署《两纲》中期监测评估相关工作，组织各成员单位自查自纠，及时汇总指标数据，10月形成《漳浦县实施妇女发展纲要中期评估报告》与《漳浦县实施儿童发展纲要中期评估报告》。及时总结推广先进经验，分析存在问题，确保各项目标任务有序推进。

丰富妇女儿童业余文化活动 以县“妇女之家”为载体，在妇女儿童活动中心免费开设广场舞、合唱课、太极拳等培训课程，开放乒乓球室、图书室，建立反邪教警示教育基地，影响带动周边妇女群众健身、娱乐，健康生活。

【家庭文化建设】

开展“寻找最美家庭”和“五好文明家庭”评选活动　推荐林春梅等12户家庭为漳州市“最美家庭”，钟宝珠等2户家庭为省级“最美家庭”。从全县各级妇联组织推荐十类400多户候选家庭中评选出67户漳浦县“最美家庭”。

开展“德行金浦·寻找孝亲典型”活动　联合县委宣传部、文明办等单位在县广播电视台、漳浦文明网、广电网等相关新闻媒体和网站设立活动专栏，发动各地各部门因地制宜开展宣传活动。3月评选出薛燕榕、陈惠强等15位漳浦“好媳妇”“好女婿”“好儿女”和13名提名奖，并进行表彰。

【“平安家庭”创建活动】

表彰“平安家庭”示范户和先进典型　郑琼等4名妇女被评为市级“平安家庭”创建活动先进工作者；南浦乡政府被评为市级“平安家庭”创建活动先进乡镇；绥安镇城西村、六鳌镇大澳村、漳浦盐场竹屿居委会等3个村和霞美镇中社村等17个村被评为市、县级“平安家庭”创建活动示范村（社区）；黄启武等315户家庭和洪翠云等303户家庭被评为市、县级“平安家庭”示范户。

启动全县“平安家庭”重新挂牌活动　6月，联合县综治办在绥安镇城西社区举行推进平安家庭创建暨重新挂牌启动仪式。至年底，全县平安家庭创建率在95%以上。

举办深化平安创建暨踢毽比赛　9月，在县城西湖公园举办平安家庭创建暨全民健身踢毽比赛，活动现场分发平安家庭创建等宣传折页600多份。

【开展“家庭教育”系列活动】

牵头召开家庭教育工作会议　通过会议，贯彻落实《关于开展新时期家庭工作的意见》，明确职责任务，做好《指导和推进家庭教育五年规划》终期评估工作。

开展家庭教育大讲堂活动　4月—5月，聘请市讲师团讲师，在全县巡回开展“家庭公益大讲堂”家教专场5场，让公益家教内容深入学校、社区，引导广大家长更新家庭教育理念，提高家庭教育的质量水平。

推荐家教论文参选　8月，选送5篇论文参加市家庭教育理论研究暨优秀论文评比活动，其中获得市级二等奖1篇。

开展示范性家长学校评选　11月，联合县教育局开展评选首批30所县级示范家长学校活动，从中择选推荐漳浦一中、二中等16所优质家长学校为市级示范家长学校。

【关爱未成年人健康成长】

开展“守护童年·春蕾计划护蕾行动”　开展小公民道德实践月活动，组织巾帼志愿者分发《儿童手册》和《家长手册》500册，与市妇联联合在佛昙镇后许村建立儿童友好家园1个。

开展结对帮扶留守儿童　“六一”节期间，组织36名“爱心妈妈”志愿者到南浦马苑小学开展“大手牵小手·共享同一片蓝天”爱心妈妈结对帮扶留守（贫困）儿童活动，给全校96名学生送去慰问金和学习用品计2万多元；同时向马苑小学捐赠价值1万元的课桌椅。

实施“春蕾圆梦”助学　全年共有10名贫困高中生、应届女大学生得到省、市妇联资助3.20万元；15名女大学生由县妇联经费拨款和社会爱心人士资助，受助金额4.50万元。

【爱心慰问活动】

开展“母亲健康1+1”捐款活动　响应省红十字会、省妇联开展的“母亲健康1+1”募捐，为患有乳腺癌、宫颈癌重症贫困母亲送上一份温暖，组织全县妇女干部、职工踊跃捐款，共募捐2.32万元。至年底，已为2名患“两癌”的贫困母亲捐助5000元。

开展农村妇女“两癌”检查　联合县卫计局启动并实施为适龄妇女进行“两癌”免费筛查活动，在全县各乡镇认真普及“两癌”预防知识。

开展“送温暖献爱心”活动　组织妇联干部下基层、访妇情、办实事，为长桥甘棠村贫困户送信息、技术、物资，帮助解决生产生活难题。全年走访慰问贫困妇女22人、计生二女困难户6户、妇联系统离退休妇女干部7人，发放生活物品和慰问款1.20万元。

【普法维权宣传】

开展“三八维权月” 3月，组织40多名巾帼志愿者到天福妇委会、“妇女之家”示范点等开展以“建设法制漳浦·巾帼在行动”为主题的“送法到家”系列活动，分发《平安随手册》等宣传专刊500多份和围裙、购物袋、压缩毛巾等印制宣传标语的宣传品200多份。

开展“12·4”国家宪法宣传日活动 宣传日期间，在漳州科技学院开展防邪、防毒、防拐、反家暴等法制宣传教育活动，组织相关部门设立法律和女性健康咨询台，接受群众咨询，发放各种宣传资料500多份。

【推进妇女维权“三制”】

依托村、社区“妇女之家”，把实施妇女维权“三制”作为深化“平安家庭”创建工作新平台，开展就业指导、矛盾排查调处、家暴投诉和法律援助、心理咨询等，实现妇女维权工作新发展。一年中，县妇联共接待妇女群众来信来访来电82件，其中婚姻家庭权益类案件73件，信访调处率100%。

【培育扩大“妇女之家”覆盖面】

全县各级妇女组织坚持党建带妇建、妇建服务党建的原则，在组织建设、阵地建设、队伍建设、品牌建设上有新的成效，涌现天福观光茶园有限公司妇女之家、南浦乡后坑村妇女之家等一批省级“妇女之家”先进典型。天福集团党建带妇建工作得到上级领导的肯定。7月，全国妇联在漳州科技职业学院“海峡妇女创业创新培训基地”的基础上挂牌成立“全国妇女创业就业培训示范基地”，并举办全国关爱女性健康(PAC)公益项目咨询员培训。这是全省首个国家级的妇女培训示范基地，也是两岸妇女合作交流的一个平台。

【推动女性进村“两委”】

通过召开推进会和下乡调研等形式，努力协调组织、民政等部门落实女性村委“专职专选”等政策规定，推动女性进村“两委”。全县村基层组织换届选举共选出女性村委242人，村支委130人。其中女性任村支部书记2人，村支委副书记8人；任村主任2人，村委副主任10人。选出村妇女主任265人，其中任支委102人，任村委204人。

【妇女干部培训】

推进女性人才队伍建设，推荐优秀妇女干部进入各级党政、人大、政协和各部门领导班子。通过推选优秀女性参加各类培训，提升妇联干部和妇女代表的履职能力。8月，选送县妇联系统干部12人参加市妇联举办的岗位培训；12月3—4日，举办1期村妇代会主任培训班。

(撰稿人：杨艺珣)

·漳浦县文学艺术界联合会·

【概况】

2015年，漳浦县文联持续推进书画艺术创作，成立县书画创作交流中心和画院，组织全省著名画家到漳浦写生并在福州举办画展；创办《漳浦文学》杂志；县竹马戏保护中心赴台开展两岸文化艺术交流，创作的作品参加省戏剧会演并获奖；全县各类艺术作品参加全国大奖大赛获奖项20个。

【推进美术书法事业发展】

成立漳浦书画创作交流中心和漳浦画院 1月21日，漳浦县书法创作交流中心更名为漳浦书画创作交流中心，并加挂“漳浦画院”牌子。漳浦书画创作交流中心，隶属县文联股级机构，核增编制3人；选址江滨公园北侧办公楼为漳浦画院办公场所；组建漳浦画院机构，聘任院长、副院长及专业美术师、书法家。以漳浦画院为平台，促进漳浦美术书法事业的繁荣发展。

举办“美丽福建·人文漳浦”福州作品展 6月19日，省美术家协会、省画院、县政府、市文联主办，县委宣传部、县文联承办，县美术协会、中融泰(厦门)股权投资基金管理有限公司协办的“美丽福建·人文漳浦”著名画家走进漳浦写生作品展在福建省画院开幕。共展出王来文、翁振新等著名画家漳浦写生作品135件。

举办“筑梦古雷”——漳州市书画名家古雷慰问活动　8月13日，与古雷整岛搬迁办、市文联、诏安县文联联合举办“筑梦古雷”——漳州市书画名家古雷慰问活动。此次活动邀请到漳州市书画名家40人，现场笔会完成书画作品200幅，用于奖励搬迁户。

继续擦亮“中国书法之乡”文化牌子　自2014年2月漳浦县被中国书法家协会授予“中国书法之乡”称号后，县文联与县书协按五年书法艺术发展规划，创设平台，开展活动，加强书法普及，培养书法人才，鼓励创作。2015年，组织书法下乡活动，“三节”期间，到福晟小区、霞美镇中心市场、古雷二期搬迁区、佛昙联创、赤岭中学等基层义写春联；开展书法走进校园活动，与教育局协调开辟绥安中心学校等书法教育基地，与电视台“传真干线”栏目联合录制校园书法宣传片；举办书法展览宣传漳浦，先后举办“福满漳浦　晟世中国”书法精品展、霞美书画院书画展、盘陀下圩家庭书法展、漳浦书法精品展、第七届闽台佛教文化周书法作品展、漳浦县首届书法临帖展；举行书法看稿会，培育新人，邀请省文联副主席、省书协副主席兼秘书长柯云瀚点评作品；加强书法对外交流，组织林仲文、陈中华、陈建新等人的作品参加漳州市委、市政府、省文联、文化厅举办的“漳州市百名书画家晋京作品展”，组织参加龙岩王景弘故里、莆田郑樵故里书法交流活动，参与《中国书法报》“书法地理行——漳州”组考察学习黄道周书法活动。

【发展文学艺术】

创办《漳浦文学》杂志　加强漳浦县文学艺术创作引导，为作家提供平台，把原“漳浦县文学协会”更名为“漳浦县作家协会”。创办季刊《漳浦文学》杂志。

举办多种文学活动　举办“漳浦第五届诗人节”，中国作协副主席张炯、著名诗人欧阳江河等出席诗会，诗会举行“行进的节奏——在漳浦大地上”诗歌朗诵会，并对漳浦县部分诗人的作品举行研讨。举办漳浦作家“走进官浔”、漳浦作协走进“人文生态大南坂”采风活动。天读民居书院承办“经典福建　走进闽南”闽派诗歌活动，中国作协党组成员、书记处书记、常务副主席吉狄马加，省政协副主席、省文联主席张帆及漳州诗协代表等诗人200多人出席活动。举办乙未元宵、中秋“印象丹山”两场诗词吟诵会。

【戏剧再上新台阶】

参加公演　县竹马戏传承保护中心举办新春戏剧公演，编排大型芗剧《争婚记》剧目及金浦欢歌、盛世华章专场晚会。编排方言小品《菜瓜拱狗双头了》、芗剧表演唱《十八相送》等节目参加文化三下乡、纪念计生协会成立35周年晚会、古雷专场慰问活动等。全年组织参与公益性演出52场次，观众数达6万多人次。

加强交流　加强两岸文化艺术交流，促进歌仔戏艺术观摩提升。1月，应台北市文化局和台湾廖琼枝歌仔戏文教基金会的邀请，县竹马戏传承保护中心一行53人，赴台湾参加台北市文化局主办的“台北市2014年歌仔戏观摩汇演”活动。此次赴台，带去芗剧《争婚记》《春江明月》和竹马戏《跑四美》《唐二别妻》等节目，共演出10场。其间，县戏剧团队还参与台湾大学、台湾师范大学、台北大学等多家学院的两岸戏曲课题探讨。

剧目生产　创新剧目，创排大型芗剧《颠倒姻缘》、重排《庙会姻缘》等剧目。新编古装芗剧《兄弟讼》《拾银记》参加省第26届戏剧会演。

【文联其他活动】

1月22日，与县美协联办2015迎春书画展、黄文佐、陈福美美术双人展。2月4日，与县剪纸协会在府前唐街联办“漳浦剪纸特别展”。元宵节，与县灯谜协会联办“钱隆首府”灯谜会。5月20日，与县摄影协会联办“古雷春满城”活动，并在《金浦报》做摄影宣传专版。7月31日，与省摄影家协会在东鼎大酒店联办摄影专家讲座培训。8月1日，与县红舞鞋舞蹈培训中心联办“足尖上的梦”少儿舞蹈专场汇报演出。12月26日，福建海峡摄影艺术培训学校(漳浦)班开班。

【完善文艺创作激励机制】

修订《漳浦县文学艺术作品精品奖》《漳浦县关于鼓励艺术创作工作者举办作品展览服务管理办法》《漳浦县优秀书法创作成果奖励方案》《漳浦县书法艺术事业2012—2016年发展规划》制度,鼓励全县文艺创作者多出精品,提升创作能力。表彰2014年度文艺创作取得突出成绩的创作单位及个人,县书协、县戏剧协会获优秀创作单位称号,陈道辉等29人获年度优秀创作个人称号;由文联推荐的作家协会林跃奇等10名文艺家获县委组织部颁发的“漳浦县第一批优秀人才”称号。

【参加全国大奖大赛成绩喜人】

2015年,在文艺评奖和各项大展大赛中,县文联所属文艺家协会报送的节目和作品成绩突出,获全国性奖项20个。

县美协 陈惠扬、陈志坚作品《牧歌》获中国美术家协会主办的“水墨彭城·全国写意中国画作品展”优秀奖(最高奖);陈惠扬、陈文海作品《船家渔梦》获中国美术家协会主办的“高洁品性·兰蕙人生”全国中国画作品展优秀奖(最高奖);陈建新作品《暖风》获中国美术家协会主办的2015“古蜀文脉·墨韵天府”全国中国画作品展优秀奖(最高奖);粘东旭作品《雨霭厚土》入选中国美术家协会主办的悲鸿精神全国中国画作品展,《潮起潮落》国画入选中国美术家协会主办的全国第二届少儿美术教师作品展;陈明华作品《南风天》入选中国美术家协会主办的“水墨彭城·全国写意中国画作品展”,《四月清和》获福建省美术家协会等主办的“客家风·黄慎奖”全国中国画作品展一等奖。

县作协 道辉诗集《大呢喃颂》获北京《现代史诗丛刊》编委会、世界史诗协会、中国史诗协会联合举办的第三届天铎摘桂诗人奖,诗歌作品发表于《诗刊》等杂志;林跃奇长篇儿童小说《喜蛙蛙,爱呱呱》获第二届福建省“启明”儿童文学奖佳作奖,散文《赵家堡的乡愁》获2014—2015年度庄逢时海内外微文学奖优秀作品,散文《香魂润漳州》获“我心中的朱子”纪念朱熹诞辰885周年主题征文三等奖,散文《文学路上的那几棵大树》获中国文联成立65周年征文优秀作品;道辉、洪文生、陈旺泉诗歌参加“经典福建 走进闽南”——闽派诗歌作品研讨会;另有洪文生、柯国伟、许建立、陈海英、吴可彦作品发表于省级文学刊物。

县书协 陈中华作品入选中国文联、海协会主办的“永远的乡愁”2015中华情中国梦美术书法摄影作品展;陈中华作品入选第五届《书法》杂志,百名书法家争霸赛《谁是高手》;在省委宣传部、省教育厅、省书协主办的福建省“铭记历史,圆梦中华”纪念中国人民抗日战争暨世界反法西斯战争胜利70周年诗词联赋书法展中,陈中华作品获二等奖,陈建新、陈毅聪作品获三等奖,洪振垣、何冠军、洪荣滨作品获优秀奖;在省书法家协会主办的“美丽福建,安全海西”优秀美术书法作品展中,杨丰泽作品获三等奖;在省书法家协会主办的福建省第二届书坛新人新作展中,何冠军、陈毅聪、洪朝生、林丽榕、杨丰泽作品入展;在省书法家协会、省教育厅主办的福建省美术书法教师书法比赛中,黄协艺作品获二等奖,胡幼华获三等奖;在省书法家协会、厦门翔安政协主办的第四届海峡杯全国书画展中,何冠军、杨丰泽、洪荣滨、洪承华作品入展;蓝杰聪书法论文入选“博文约礼·杨守敬书法学术研讨会”和“沙孟海书学国际学术研讨会”。

县戏剧协会 古装芗剧《兄弟讼》《拾银记》参加省第26届戏剧会演,获剧目一等奖、导演、演员奖等。组织参加省第12届“水仙花”节比赛,获优秀组织奖;同时,在省第12届“水仙花”节比赛中,王川军自拉自唱芗剧《邵江海》选段获演奏金奖;许美香表演芗剧《汉宫皇后》选段、徐燕梅表演芗剧《皇后认假亲》选段,获表演银奖;林宝琴表演芗剧《秦香莲》选段,获表演铜奖。《菜瓜拱狗双头了》参加省文联、省文化厅举办的首届“丹桂奖”曲艺(电视)大赛,获创作一等奖、表演三等奖;在“丹桂奖”曲艺(电视)大赛,张小玲月琴演奏《思亲》获新人二等奖。县竹马戏(芗剧)传承保护中心团支部被共青团福建省委评为“福建省五四红旗团支部”，被漳州市“巾帼建功”活动领导小组授予“巾帼文明岗”称号。

县灯谜协会　陈文中创作的谜作30多则发表于《新民晚报》《智力》等报纸杂志，并有谜作获“第三届湖南灯谜节全国灯谜创作大赛”三等奖。

县剪纸协会　欧阳艳君作品《阳光女孩》获中国计生协会主办的“中国梦·协会情”全国剪纸作品展银奖。

县舞蹈协会　县舞协选送的舞蹈作品《小嫚》《彩蝶舞飞扬》参加中国舞蹈家协会教学成果展演，均获一等奖，最佳表演奖。

【完善机构建设】

新增福建省作家协会会员1人。至年底，全县文艺创作队伍中，省级及以上专业协会会员总数达107人，国家级专业文艺协会理事2人，省级专业文艺协会理事6人。

（供稿：县文联）

·漳浦县工商业联合会(总商会)·

【概况】

2015年，县工商联（总商会）打造优化法律、金融、经济、科技4个服务平台，为非公企业服务；在非公企业经营业者中开展守法诚信教育活动，发挥工商职能优势，主动服务招商引资；引导非公经济企业人士参与公益活动，全年共捐赠各类公益资金500万元；加强商会组织建议，至年底，县工商联（总商会）拥有异地商会7个，基层商会8个，行业协会10个，会员近5000人。被市工商联（总商会）评为“2015年度全市工商联系统异地商会及招商引资工作先进单位”“2015年度全市工商联系统光彩事业工作先进单位”。

【县工商联(总商会)第九次会员代表大会】

4月21日，县工商联（总商会）召开第九次会员代表大会。县领导沈志平、陈少华、林培兴、刘军、刘达文，香港漳浦同乡会、各驻外商会会长和代表，县政府特邀招商专员、县直机关有关部门领导等出席会议。市委统战部副部长、市工商联党组书记林青出席会议并致辞。会议听取和审议县工商联第八届执委会工作报告，选举产生第九届执行委员会组成成员；审议通过《关于县工商联第八届执委会工作报告的决议》。会上，来自香港、北京、上海等地商会的12名企业家被县政府聘请为特邀招商专员。会议还举行银企授信仪式和捐赠仪式，县农信社向县工商联授信6亿元贷款额度，县工商联捐资10万元用于支持老区教育。

县工商联(总商会)第九届执行委员会会长、副会长

会　　长　陈展平
第一副会长　黄河生
专职副会长　黄文海
副 会 长　林绍兴　胡惠英　陈瑞芳　梁福荣　杨智煌　陈建伟　邱志平　陈通辉　陈坤辉　洪漳生　洪东海　李江龙　林叶平　吴红玲　黄宏璋　周　明　王宁新
秘 书 长　黄文海(兼)

【开展守法诚信实践活动】

加强民营企业家思想政治教育　向民营企业家传达十八届五中全会、省、市县经济工作会议及省市工商联有关会议精神，着力提升他们的政治水平和业务水平。6月13日，县工商联在县仁爱中华文化教育中心智慧人生教育讲堂举办一期旨在弘扬传统文化、构建幸福企业的国学教育培训班，近百名执委以上的工商联骨干参加集中培训。

开展民营企业家守法诚信教育实践活动　根据省、市工商联关于开展民营企业家守法诚信教育实践活动的统一安排，组织开展漳浦县民营企业家守法诚信教育实践活动。成立守法诚信教育实践活动领导小组，专人具体负责守法诚信教育实践活动日常工作，结合实际制订活动实施方案，明确参加主体和具体活动内容。组织召开民营企业家守法诚信教育实践活动动员会，对教育实践活动进行动员和安排部署。

【招商引资】

发挥职能优势，把招商引资

作为工商联参与、服务全县经济工作的突破口,主动服务招商。是年,协助盘陀镇引进总投资8000万元的漳州桐利工贸落户在金浦工业园,即将投产;协助石榴镇引进投资1.20亿元的漳州力辉工贸落户在长桥镇,部分投产;引进由漳州柏桦集团、漳州胶合板商会投资10亿元的木业出口加工孵化园项目,选址马坪镇,已进入项目论证许可阶段;协助漳浦泉州商会筹划投资2亿元建设泉商民营经济总部,已上报县政府,正在选址中;协助马坪镇引进徐州万国能源科技公司投资5000万元,正在办理注册登记;协助横达工贸等80多家木业加工企业办理工商注册、银行开户等工作;帮助挂钩项目赤湖五金园理清发展思路,协调项目落地及退出机制相关问题。还先后前往广州、深圳、泉州等地开展招商活动,一批外出乡亲纷纷回乡考察,部分项目达成意向。在县工商联第九届会员代表大会上,县政府聘任12位异地商会会长或秘书长为特邀招商专员。

【提升参政议政水平】

多次深入基层商会、异地商会和会员企业,先后走访近百家民营企业。紧紧围绕促进民营经济发展、机关作风建设等方面的问题开展专题调研,形成有价值的调研报告3篇,为县委、县政府服务会员企业,促进民营经济发展提供参考。建言献策、参政议政,担任县人大代表、县政协委员的非公有制经济人士围绕民营企业融资、现代商贸建设、民营经济总部建设、城市路网建设等方面的问题开展调查研究,形成针对性较强的提案5件。重视非公有制经济代表人士的政治安排,推荐有参政议政能力的私营业主和经营骨干担任各级人大代表和政协委员,提高非公经济人士的政治地位。是年来新增非公人士政协委员3人。

【优化四个服务平台】

优化法律服务平台 为非公经济发展营造良好的发展环境,在市工商联的指导下,建立县总商会调解室,开展法律维权服务。

优化金融服务平台 加强与金融机构沟通合作,促进银企对接,扩宽民营企业融资渠道。促成县农村信用社授信县总商会6亿元贷款额度和漳浦泉州银行授信漳浦泉州商会2亿元贷款额度;还推荐20多家民营企业获得县农村信用社的短期信用贷款600万元。

优化经济服务平台 以开展"企业服务年"活动为契机,帮助企业落实各项优惠政策,及时反映和解决企业的困难和问题,为10多家企业办理土地和房产相关手续。

优化科技服务平台 配合省、市工商联开展职称评审工作,与县科技部门共建科技创建服务平台,促成中国工程院院士、大连工业大学食品工程学院教授朱蓓薇与丰盛食品公司合作建设漳浦首个院士工作站。

【开展光彩事业主题活动】

开展光彩事业主题活动,引导广大非公经济人士,热心公益事业。县总商会为老区教育事业捐款10万元,漳浦县泉州商会为希望工程捐款10万元,县工商联执委、赤湖镇爱心企业家锦平五金工业有限公司董事长洪长保向达志中学捐赠学生桌椅700套,价值11万元;开展金秋助学活动,发动商会会员积极参与,促成福建卓盛工程建设有限公司与华侨大学漳浦籍贫困生结对子,每年资助近5万元。据不完全统计,2015年,全县非公有制经济人士共捐赠各类资金近500万元。

【商会组织建设】

4月26日,福州市漳浦商会举行换届庆典,英特体育(福建)有限公司董事长周文贵当选为新一届会长;7月3日,漳浦县泉州商会举行首届成立大会,漳浦县宝佳实业有限公司董事长刘东航当选为会长;11月23日,县机动车维修行业协会举行成立大会,县恒生机动车修配有限公司董事长王文生被推举为会长。

(撰稿人:黄河生、黄文海)

·漳浦县归国华侨联合会·

【概况】

2015年,漳浦县侨联做好"侨胞之家"的创建,推荐省市级

"侨胞之家"各两家;走访慰问困难侨户,发放救助扶贫资金2万元;拓展联谊,全年接待海外侨胞、港澳同胞21批次359人次,并鼓励海外侨胞、港澳同胞热心家乡公益事业,并接受捐赠资金105万元。

【贯彻中央、省、市《意见》和《实施办法》】

2015年,共召开3次常委扩大会、2次全委会,组织学习、贯彻中央办公厅《关于加强和改进新形势下侨联工作的意见》和省、市制定的相关《实施办法》。结合弘扬"嘉庚精神",围绕县委工作重心,为实现"机制活、产业优、百姓富、生态美"金漳浦科学发展、跨越发展,探讨制订县侨联的工作计划并在具体工作中抓好落实。结合党的群众路线教育活动回头看,多次深入基层调查研究,计调研侨乡8次、侨村12次、侨户128户。推荐2个乡镇场基层侨联为省级"侨胞之家"、2个为市级"侨胞之家"示范单位。

【常态工作常抓不懈】

开展节日期间的走访慰问活动 在元旦、春节、清明节期间,及早进行安排、部署各基层做好节日的走访慰问活动。共走访慰问63户,其中走访慰问贫困归侨家庭、空巢老人17户,重点侨户21户,重点人士25人。是年,上级侨联拨付救助扶贫资金2.04万元,按照所列名册,重点人士、特困户、困难户的慰问礼物款项分别是600元、400元不等。

拓展联谊,为侨排忧解难 2月24日,前往湖西畲族乡拜访回乡过年的印尼侨胞蓝宝华女士一家;5月6日,与港胞陈伟前往马坪镇拜访港胞陈逢福、陈贯珩及新加坡的儿子和三个女儿;5月21日,接待郑远达兄弟及黄冠新等菲律宾侨胞一行12人;5月11日接待马来西亚归侨李保泉夫妇来访;6月16日,接待省侨联副主席谢小健率领的台湾特邀委员考察团一行17人;7月14日接待省侨联副主席翁小杰率领的"2014年贫困侨政府救助发放情况"检查团一行7人;9月10日,接受市侨联到漳浦县检查验收"侨胞之家""侨资企业挂钩点";9月15日接待市侨联副主席刘蓓晖及中国香港、澳大利亚客人一行8人;10月15日前往大南坂镇新民村拜会菲律宾侨胞郑远达兄弟;10月30日前往佛昙镇拜会杨小龙等回乡香港同胞46人;10月31日前往厦门中山医院看望慰问菲律宾侨胞黄冠新。全年共接待海外侨胞、港澳同胞21批次359人次。

【落实侨联具体工作】

贯彻漳州市侨联八届二次全委扩大会议及各县市区主席办公会精神,逐一落实侨联信息调研工作、侨联服务联系点创建"侨胞之家"等工作。针对县侨联换届情况,就申报"侨胞之家"中的组织建设问题,直接向有关部门汇报,得到县委的支持,结合全县人事调整解决换届工作。深入侨资企业调查,对全县56家侨资企业进行再落实,并推荐侨资企业延邦管业(漳州)有限公司为市级侨联挂钩单位。根据省侨联的通知要求,做好"贫困残疾归侨调查统计工作",全县有贫困残疾归侨35人。根据县委统战部要求,完成漳浦籍港澳台海外青年的群体特征、行为特点和发展趋势的调研文章。

【鼓励捐赠公益事业】

鼓励海外侨胞热心家乡公益事业,共捐赠漳浦县公益事业款项计110.95万元,其中奖教奖学、助学金92.97万元;其他公益捐赠17.98万元。

表2 **2015年度海外侨胞、港澳同胞捐赠漳浦县公益事业情况表**

序号	捐赠项目名称	捐赠人	捐赠金额 人民币(万元)
01	救助马坪镇考入大学的贫困学生	厦门成拓有限公司陈先生	32.00
02	芳浦奖学奖教金	港胞陈志超	3.00

续表2

序号	捐赠项目名称	捐赠人	捐赠金额 人民币(万元)
03	湖西民族中学奖教金	湖西旅外乡贤校友	8.00
04	佛县中心校奖学奖教金	王建祥、杨向阳伉俪	13.60
05	黄成基奖学奖教金	黄书端	1.10
06	天蓝奖学奖教金	蓝智贤、蓝智强兄弟	2.00
07	漳浦一中远明助学金	菲律宾侨胞 郑远明	3.72
08	湖西华侨中学爱心助学金、黄有才奖学奖教金	印尼侨胞黄万丁、蓝宝华伉俪	3.00
09	漳浦二中＼马圩小学奖教奖学金	陈迪鹏	7.00
10	漳浦二中汤玲玲助学金	汤玲玲	8.00
11	漳浦二中集文奖教奖学金	杨集文	4.75
12	漳浦一中群豪奖教奖学金	张群豪	4.00
13	新民小学六一节活动经费	菲律宾侨胞 郑远强	1.30
14	鸿儒小学奖学奖教金	杨仲康	0.80
15	杨维廉奖教奖学	杨维廉后裔	2.00
16	修祖厝、道路	港胞陈志超	4.50
17	修祖厝、道路	港胞陈宗文、陈逢福、陈志通	2.50
18	金仙堂活动中心	菲律宾侨胞	3.00
19	大南坂中心校六一活动经费	延邦管业萧全悦	0.68
20	救助漳浦盐场竹屿村白血病患者陈琳同学	港胞林大滑先生	5.00
20	救助漳浦盐场竹屿村白血病患者陈琳同学	漳浦提督世家 蓝智贤先生	1.00
合计			110.95

（撰稿人：吴世强、何惟英）

·漳浦县台湾同胞联谊会·

【概况】

2015年,漳浦县台联做好在漳浦县的困难台胞的帮扶和困难台胞、老龄台胞的"两补"工作,发放补助资金4.20万元,对象30人;做好中青年台胞的培养教育。深入基层调研专访,了解在浦台胞、台商和台生的看法反映和期待。

【县台联第四次代表会议】

7月31日,漳浦县第四次台湾同胞代表会议在县会议中心召开。会议圆满完成各项议程,选举产生新一届台联理事会成员,张群当选为县台联会会长。县领导刘达文、张秀华、戴晓清、张少榕出席会议,市台联会会长叶香雪到会讲话。

【引导台胞参政议政】

组织引导台胞为漳浦县的经济繁荣和社会各项事业的发展建言献策。县台联会收集漳浦县台籍委员所撰写的提案进行整理,其中向县政协报送《建议帮助解决台资企业融资难题》的社情民意1条。

【开展调研活动】

开展调研活动,探索台联工作新路子。结合漳浦县具体情况,就《新时期台联如何做好工作做到"有为有位"》《台湾社会运动的现状、发展趋势及对策研究》等课题,进行专题调研。

【帮扶困难台胞】

主动关心台胞疾苦,为台胞排忧解难,2015年,确定2户困难台胞作为结对帮扶对象,为他们争取到每人每月100元的困难补助;为挂钩的老台胞争取到每月150元的老龄台胞补助。经常组织到困难台胞家中走访,了解他们的生产生活情况和诉求,并为他们送去大米、食用油等生活必需品和慰问金。因2户挂钩台胞困难户的家中都有在校学生,2月,为他们争取到台商的助学金2000元。继续开展困难台胞和老龄台胞"两补"工作,核实"两补"人员信息,做好台胞补助工作,全年发放老龄定居台胞补助2.04万元,对象12人;发放困难定居台胞生活补助2.16万元,对象18人。

【走访了解台胞诉求】

结合一些大的政治活动和上级布置的有关工作,开展走访活动,在全国"两会"和十八届五中全会召开期间,通过走访座谈,了解在浦台胞、台商和台生对全国两会和五中全会的反映和期待。5月4日,中共中央总书记习近平与国民党主席朱立伦在北京举行会见及台湾国民党前主席连战应邀赴北京参加抗战胜利70周年大阅兵活动,与中共中央总书记习近平再度举行"习连会",均引起漳浦台胞、台商、台生们的广泛关注,其间县台联分别及时走访、电话联络漳浦的一些台胞、台商和台生,了解他们的看法和期待。按照市委统战部的要求,收集全县台胞、台商对如何做好2016年省委、省政府为民办实事的意见建议,并将关注度高、社会覆盖面广、民生关联度大的问题进行整理上报。

【中青年台胞的培养教育】

加强服务,热情主动为台籍学生开具中高考证明。组织全县台籍小学生参加世界华人小学生作文竞赛,其中高山族小台胞白豪杰获得竞赛三等奖。

【接待工作】

加强与上级和外地台联组织以及台胞的联络联谊,热情接待上级和外地台联组织到漳浦考察调研以及台胞来浦寻根谒祖。其中:8月,接待泉州市台联一行到漳浦学习交流;参与接待由市台联举办的"漳州市2015海峡两岸台胞青年夏令营"一行。9月,接待福州市台联台籍党员一行到漳浦参观考察。12月,接待由黑龙江省台联党组副书记衣光为团长的黑龙江省台联现代农业考察团到漳浦的考察活动;接待台盟漳州市委机关支部到漳浦的考察活动。

(供稿:县台联)

·漳浦县残疾人联合会·

【概况】

2015年，漳浦县残疾人工作以改善残疾人生活、提高为残疾人服务能力为工作重点，组织实施光明行动、就业创业、扶残助学等，惠及残疾人4000多人次，为118名贫困白内障患者免费完成复明手术，投入资金18万元，开展农村残疾人实用技术培训，向3216名一级重度残疾人发放护理补贴157万元，投资资金113万元，扶持440名残疾人开展托养服务，为58名贫困残疾人提供法律援助。

【实施为民办实事助残项目】

继续承接省委、省政府，市委、市政府为民办实事“实施助残工程”项目，制定《漳浦县2015年省、市、县为民办实事助残项目实施方案》，内容包括“光明行动”“扶助贫困残疾人就业创业”“福乐家园”“居家养护”“扶残助学工程”和“一级重度残疾人护理补贴”，及残疾儿童康复“助残工程”、贫困残疾人家庭无障碍改造和残疾人实用技能及种养殖培训等项目，惠及全县残疾人群众达4000多人次。

【扶残助残工作】

康复工作 落实“光明行动”项目，全年有118名贫困白内障患者完成免费复明手术；完成0—7岁残疾儿童抢救性康复训练救助项目审核工作，已审核在不同定点康复机构的残疾儿童117名及网上信息录入工作；落实国家彩票公益金项目和省级一元钱安心计划，为贫困精神病患者提供免费服药医疗救助450人，投入资金8.37万元。

就业工作 对全县机关企事业单位进行残疾人就业保障金征缴的审核认定工作，共完成审核认定108家用人单位，征收残保金约400万元；投入资金18万元，开展农村残疾人实用技能及种养殖培训。

扶贫工作 投入资金35万元，扶持70名贫困残疾人开展种养殖及生产经营，增加他们的家庭收入；实施“安居工程”，共投入资金25.5万元，为全县17户无房、危房的农村贫困残疾人进行新房建设或危房改造。

社会保障 根据浦残联《关于做好残疾人护理补贴对象申报工作的通知》要求，是年完成3216名一级重度残疾人的审核工作，共发放护理补贴156.69万元；实施“福乐家园”“居家养护”和“阳光家园计划”等助残项目，投入资金112.80万元，扶持440名残疾人开展托养服务。

教育工作 落实2015年残疾人事业专项彩票公益金助学项目，投入资金3万元，资助10名残疾儿童；落实“扶残助学工程”项目，全年共完成审核录入199人，发放补助款38.20万元。

宣传与体育工作 组织开展“全国助残日”“爱耳日”和“12•4”国家宪法日等系列活动，在各类媒体宣传报道残疾人事业八篇；组团参加市首届残疾人运动会，获得10金9银3铜的好成绩，代表团获得团体“体育道德风尚奖”；发放《残疾人政策服务手册》300本，宣传党和政府的惠残政策；选送残疾人陈建伟剪纸作品《剪花如梦》参加“海峡论坛”2015两岸残障人士技能作品展览，获得三等奖。

维权工作 在继续做好宣传普法工作的同时，热心处理残疾人来信来访，全年受理来访5件，有58名贫困残疾人接受法律援助，切实维护了残疾人的合法权益。实施2013—2015年度残疾人家庭无障碍改造项目，共完成中央及省级452户家庭无障碍改造任务，发放补助59.25万元。继续做好残疾人机动车燃油补贴工作，完成232名肢体残疾人机动车燃油补助网上录入审批工作，发放补助6.03万元。

（撰稿人：叶志武）

·漳浦县关心下一代工作委员会·

【概况】

2015年，漳浦县关工委发挥优势，举办纪念抗战胜利70周年主题宣讲会96场，受教育青少年4.20万人，落实未成年人权益保护法，预防未成年犯罪法，创建零犯罪社会；夯实基层组织基础，新发动参加关工委组织的“五老”人数587人。至年底，全县共建立各级关心下一代组织503个，参加关工委成员人数6475人，其中，“五老”参加关工委人数2553人，“六大员”(即报告员、帮教员、家教员、科教员、志愿辅导员、文化市场督导员)队伍4775人。

【主题教育提高青少年思想道德素质】

上半年，县关工委发挥优势，联合有关部门，开展“爱学习、爱劳动、爱祖国”主题教育活动，并与社会主义核心价值观教育活动相结合。多种形式地激发青少年的“三爱”热情，凝聚全社会的“三爱”力量，形成浓厚“三爱”氛围，提高青少年的思想道德素质。下半年，全县关工委组织抓住抗战胜利70周年的时机，开展纪念抗战胜利70周年主题教育活动。县关工委主任，抗战老兵李宋保深入学校社区进行宣讲，为青少年讲解抗战历史，提高青少年对抗战的认识，激发爱国主义热情。全县举办纪念抗战胜利70周年主题宣讲会96场，受教育青少年4.20万人次。

【夯实基层工作基础】

开展“示范乡镇”活动　县关工委经过综合评比和实地调研考察，新增盘陀镇、赤湖镇为示范乡镇。总结经验，制定“示范乡镇工作标准”，形成能上能下的工作格局。召开示范乡镇座谈会，总结经验，形成《漳浦县“示范乡镇”工作经验汇编》，分发到各个乡镇、村，在全县形成以先进促后进的良好氛围。

抓好村级关工委常务副主任的调整充实　上半年对村级关工委组织进行摸底造册，对年龄比较大、身体不好、在位不到岗、不符合关工委工作条件的村级关工委组织成员，要求镇关工委根据实际情况进行调整。把年龄相对年轻、工作积极性较高、有工作经验的“五老”充实到村级关工委队伍中，提高村级关工委的战斗力。根据村(社区)党支部推荐、镇关工委审查、县关工委复查等方式，全县314个村(社区)关工委重新调整确认常务副主任314人。各乡镇党委还下发文件给予任命，为关心下一代工作注入了新鲜血液。

加强调查研究，提高工作的针对性　落实省、市关工委的工作精神，组织开展调研活动。上半年主要开展企业和示范乡镇关工委调研，先后到绥安开发区、旧镇工业园、赤湖镇、盘陀镇等地区开展调研；下半年开展年终调研和对各乡镇(场)进行实地调研。调研中，围绕基层关工委组织建设和为青少年办好事做实事方面，了解基层关工委组织的现状和青少年的教育工作，探讨提高基层工作存在的问题和努力的方向，及如何发挥社会力量来关心关注贫困青少年的健康成长等问题。调研既推动基层关心下一代工作的开展，又为县关工委工作提供有用素材。

【为青少年办实事好事】

坚持“四个活动月”制度　即每年春节期间开展“关爱青少年月”活动，3月开展“学雷锋、讲品德、树新风”活动月活动，8月开展“金秋助学”活动月活动，重阳节期间开展“尊老爱亲”活动月活动。

发挥扶贫助学奖学奖教基金会作用　各级关工委通过发挥自身的“政治、威望、经验、时空和亲情”优势，筹建各种关爱助学基金会，为社会经济能人、企业家和爱心人士搭建一个回报社会、展现爱心的平台，为贫困青少年做好事实事。全县大多数乡镇都有扶贫助学奖学奖教基金会，全县成立各种基金会70多个，是年发放助学奖学奖教金300万元以上。

做好“留守儿童”帮扶工作　摸清“留守儿童”的实际情况，并做好登记。与共青团、妇联、学校、民政等有关部门联合开展结对帮扶工作，帮助他们解决实际困难。

【创建零犯罪社区】

开展法制教育　县各级关工委利用各种资源，做好《中华人民共和国未成年人权益保护法》和《中华人民共和国预防未成年人犯罪法》的宣传工作。发挥法制副校长的作用，在全县各中小学开展法制教育。法制副校长到每个学校至少开展一次以上的法制教育主题课，同时维护学校周边环境，为青少年营造健康安全的校园环境。各乡镇、村关工委都能充分发挥司法所、边防派出所、公安派出所、检察院、律师等资源的作用，在广大青少年中开展法制教育。

开展创建青少年零犯罪社区示范点活动 联合政法、法院、检察院、公安、司法、共青团、妇联等单位开展创建青少年零犯罪社区示范点活动。县关工委挂钩南浦乡后坑村，发挥“五老”政治强、威望高、阅历多、经验足的优势，开展法制宣传教育，引导青少年积极向上；促进社会风气改良，推进社区志愿服务等工作。

（供稿：县关工委）

·漳浦县老区建设促进会·

【概况】

2015年，漳浦县老促会落实实施《福建省促进革命老区发展条例》和县委、县政府《关于进一步支持和促进革命老区加快发展的若干意见》，积极作为。深入7个老区乡镇调研指导发展特色农业，筹措资金68万元，扶助老区社会经济发展，筹措资金500万元，修改修建红军烈士纪念园等革命遗址，评选121名老区学子，向他们发放奖学助学金，做好老区宣传报道，获年度全国老区宣传工作一等奖。

【老区特色产业调研】

多次配合省、市老促会在漳浦县开展老区农村发展特色产业，构建新型农业经营体系的调研活动。会同老区办、农办、工商局等部门，深入重点老区乡镇和农民专业合作社进行产业专题调研，召开座谈会、研讨会5场次，个别了解、采访3场次。深入石榴、南浦等7个老区乡镇，龙岭、中西等15个老区村，对发展特色农业、产业，兴村富民进行调研指导。总结推介好的经验和做法，其中，溪坂村“发展花木特色产业”的调研文章被市老促会采用，县老促会撰写的《“五个注重”做好老区工作》文章被省《红土地》采用刊登。

【贯彻落实《条例》】

提请并参与县人大贯彻落实《福建省促进革命老区发展条例》落实情况的视察活动，深入石榴、霞美等老区镇、村，对《条例》实施情况进行调研。县人大常委会就检查情况作出专题通报，推进《条例》进一步落实，对发现的问题和困难加以协调解决。县老促会还提请县财政局、发改局等理事单位，对接中央苏区县优惠政策的落实。是年，漳浦县争取中央预算内和省、市政府对预算内支持的各项资金21.30亿元。

【宣传老区工作】

加强老区工作宣传报道 组织老区宣传报道员踊跃投稿，全年被省、市以上报刊采用刊登102篇，其中：被《中国老区建设》《红土地》《滴水缘》采用14篇，省、市其他报刊、电台采用88篇。联系社会贤达、企业家捐资订《中国老区建设》558份，赠送县五套班子成员、全县乡镇场主要领导、村党支部书记、中学党支部学习、传阅。县老促会、老区办获2015年度全国老区宣传工作一等奖。

开展深入老区、情系老区活动 春节前夕，组织县老年书法协会和书法艺术促进会开展“新春书法苏区行”活动。此外，组织县医院、驻军7336部队卫生队和乡镇卫生院，深入老区基点村开展义诊义疗，向老区群众发放免费药品，提供健康知识咨询。

开展纪念抗战胜利70周年宣传活动 县老促会与县政府办联合举办抗战胜利70周年图片展览，组织干部、学生参观，召开座谈会，弘扬老区抗战精神。

开展漳浦县建立党组织90周年纪念活动 为纪念漳浦县建立中共党组织90周年，县老促会组织编写《漳浦苏区革命史》和《历史的丰碑》，拍摄《闽南井冈山》录像片。

【助力老区建设】

协同县扶贫开发协会，着力帮助老区群众解决民生问题，扶持老区经济发展。确定帮扶项目10个，争取省扶贫“两会”和社会支持；同时，协调有关单位和企业捐资，共筹措资金68万元，具体帮助霞美君胄小学和漳浦五中完善校舍配套和教学设施；扶助石榴龙岭等4个村发展林下经济；设立“漳浦县大学新生红苗助学金”，每年扶助30名贫困大学新生，资助1名高中特困生解决入学资金困难；帮助解决赤岭畲族乡油坑村、大南坂镇瓷窑村等10条自然村水泥路建设资金短缺问题。

【革命遗址保护】

为整修革命遗址、开辟红色之旅，先后筹资440万元，在石榴镇车本村修建红军广场和红军烈士纪念园，在山城村修缮老一辈革命家邓子恢在点燃“山城烽火”时居住的旧址山城村吴氏祠堂和石榴村中央红军红七师司令部旧址；投入60万元，修复漳州中心县委旧址南浦厝、中共漳浦县委机关旧址马坪育才小学、霞美虎崆岩。

【老区学子奖学助学】

县老促会作为福建省黄仲咸教育基金会和科华奖学金的承办单位，坚持工作有专人负责，严格按照标准程序，按时保质地做好老区学子奖学助学金的评选发放工作。向老区学子发放黄仲咸奖学金69人，科华奖学金10人，陈建平奖学金12人。把奖学助学金的发放与革命传统教育紧密结合，对受奖学生进行革命传统教育，启发获奖学生牢记幸福生活来之不易，学成后要不忘老区，回报社会。县老促会和扶贫开发协会还设立“漳浦县苏区新大学生红苗助学金”，每年给30名品学兼优家庭贫困的大学本科新生每人2000元资助，帮助苏区贫困学生解决入学困难。

（供稿：县老促会）

·漳浦县科学技术协会·

【概况】

2015年，漳浦县科协贯彻落实《中华人民共和国科学技术普及法》和《全民科学素质行动计划纲要》，组织学生参加第30届省青少年科技创新大赛，9人获市级奖项，开展科技三下乡活动，开辟“科普新说”等宣传活动，发挥桥梁和纽带作用，在丰盛食品公司建立全县首家企业院士专家工作站，组织10家食品企业参加中国科协创新驱动助力工程对接会。

【贯彻实施《全民科学素质行动计划纲要》】

组织实施《纲要》 发挥县全民科学素质工作领导小组办公室的作用，贯彻实施《全民科学素质行动计划纲要》，承担组织、协调领导小组成员单位等方面的各项具体工作。通过全民科学素质行动计划纲要领导小组成员单位及相关部门的共同努力，科学素质行动取得成效。围绕“节约资源能源、保护生态环境、保障安全健康”的工作主题，针对五大人群分别采用不同的科学行动，发挥科普工作主力军作用，促进公众科学文化素质的提高和全面发展。尤其在青少年科技活动方面态势良好。

取得成效 组织学生参加第30届省青少年科技创新大赛，并取得市级一等奖5人，二等奖1人，三等奖3人的好成绩。同时，县科协与县教育局联合，对获得市级表彰之外的作品再评出县级一等奖4个，二等奖6个，三等奖8个，优秀指导教师18人。组织学校教师撰写并推荐科技论文10余篇。漳浦二中老师杨文裕的《浅谈水资源保护的教育方法》论文获22届全国青少年科技辅导员论文征集活动三等奖；县实验小学老师蔡建和、石斋小学老师李敏华分别被授予“漳州市优秀科技辅导员”称号。推荐漳浦绥安中心校、石斋小学、城关中心校、漳浦二中等多名教师参加省市青少年科技辅导培训。

【科普宣传】

配合“三下乡”“科技活动周”等活动，深入到南浦、霞美、沙西、古雷、六鳌等乡镇开展科普宣传工作。在科技周活动期间，邀请原县医院老医师杨南泰在漳浦老人大学举办“预防老年痴呆症”科普知识讲座。与县电视台联合，开辟《科普新说》大型科普系列电视专栏，每天滚动播放2次，每次时长30分钟。

与科普下乡相结合，深入霞美镇巷内村走访、调研，与当地群众谈心交心，帮助解决他们的实际困难。配合省、市农函大到漳浦县边远农村中学进行农函大中职班招生工作。9月23日，由县全民科学素质工作领导小组各成员单位联合主办，以“万众创新，拥抱智慧生活”为主题的2015年漳浦县全国科普日活动在南浦乡举行。活动期间悬挂科普口号标语十余条，展出科普展板45块，科普挂图28张，发放科普资料1000多份。

【发挥桥梁和纽带作用】

由县政府牵头，与大连工业大学院士朱蓓薇为首的专家团队多次协调，经过大量的工作，建立福建丰盛食品有限公司院士专家工作站，并在“6•18”对接会上获得授牌。

联系福建农林大学院士谢联辉、植保学院院长吴祖建、园艺院长陈清西等与福建海峡生物科技有限公司（漳浦）和漳浦蜜原生态有限公司合作等事宜。

组织推荐丰盛等10家食品企业参加中国科协创新驱动助力工程漳州食品产业对接会，有两家企业与相关专家对接成功。推荐福建新华东食品有限公司（漳浦）和漳州顺益食品有限公司（漳浦）参加中国工程院士管诗华、中国海洋大学副校长董双林、青岛海洋生物医药研究院主任李八方等专家在漳州召开的座谈会，取得一定成效。

（供稿：县科协）

·漳浦县计划生育协会·

【概况】

2015年，漳浦县计生协会主动适应人口发展新常态，开展村级协会换届工作，加强基层组织和女组长队伍建设，调整女组长队伍为2384人，开展生育关怀行动，发放金秋助学资金20多万元，受助学生136人，慰问失独家庭160户次，发放慰问金12多万元，完成计生家庭意外伤害保险2.80万户，投入保费287万元，实施幸福工程，发放项目资助款和计生扶贫小额贴息款两个500万元。

【基层组织建设】

坚持“好中选优”的原则，在先进乡镇行列的13个计生协会中全面开展“新双创”活动。加强计生女组长队伍建设，女组长人数由原来的2855人合并调整为2384人。

【生育关怀工作】

金秋助学活动 奖学对象是考取本一院校的农村二女户、独女户和城镇纳入低保的独女户学生，每人一次性给予1200元奖学金和价值300元的拉杆箱1个。共有136名受助学生，发放奖学金16.32万元和拉杆箱136个（价值4.08万元）。

“特殊家庭”帮扶 春节和“红五月”期间，共慰问失独家庭160户次，发放慰问金12.46万元。至年底，全县共救助新发生特殊家庭23户（2015年新产生13户特殊家庭），发放救助金46万元。

助力计生家庭意外伤害保险 截至10月30日，全县参与计生家庭意外伤害保险投保总数28791户，完成全年任务数的105.50%。投入保费总额共287.91万元。其中公费37.19万元。

实施幸福工程项目 在全县发放幸福工程项目资助款543万元、发放计生扶贫小额贴息贷款556万元的“两个500万”惠民项目，助力计生家庭全面发展经济。至年底，幸福工程项目资金累计达555.03万元，是年共审批项目389个，资助金543万元，救助贫困母亲389户。为197户计生家庭提供每户1—5万元的小额贴息贷款，发放计生扶贫小额贴息贷款共计556万元。

【“红五月”宣传活动】

“红五月”文化活动 全县有24个乡镇（场）开展形式多样的活动，其中有7个乡镇举行女组长演讲比赛；文艺演出6场，新创作品14个；镇级队伍培训38场次，召开座谈纪念会58场。举办志愿者服务114场次，举行宣传活动72场，发放宣传品1.65万份，发放宣传资料3.46万份。各乡镇场共评选表彰“阳光女孩”262人，发放助学金、奖品等累计10.06万元。

加大投入，完善宣传队伍

通过财政预算批复宣传教育经费7.50万元和创建“五有小组”经费4万元，用于完善“五有小组”建设和宣传活动经费。

（撰稿人：李文胜）

·漳浦县社会科学界联合会·

【概况】

2015年，漳浦县社科联先后举办金浦大讲坛、智慧人生教育讲堂、官德教育培训等社科讲坛34场次，开展社科主题宣传18场次，组织社科课题调研，撰写专题理论文章十余篇，其中获市级二、三等奖各1篇，做好黄道周纪念馆、蔡新故居两处的社科基地建设。

【社科讲坛成果丰硕】

举办金浦大讲坛　2015年，由县委宣传部、县社科联主办的金浦大讲坛共举行16场。大讲坛以文化题材为主，结合全县的实际，围绕“德行金浦·与法同行”主线，大力弘扬中华优秀传统文化，培育和践行社会主义核心价值观。先后邀请福州大学法学院邹雄院长、厦门大学副教授成瑾、漳州城市技术学院副教授郑晨寅、漳州市中级人民法院副院长陈志福、市委党校教授卢国能等专家和漳浦县对历史文化有研究的学者举办各种讲座。

举办官德教育培训　5月9—12日，以“学习中华优秀传统文化，做有道德的领导者”为主题，举办反腐倡廉官德教育培训活动。邀请海南省公民道德与法制建设促进会会长张发、中华传统道德研究会副会长宁德锦、全国官德教育培训讲师团成员师小玲等专家，为全县300多名正科级以上领导讲授传承中华美德涵养官德之道。并组织观看电视专题片《鉴史问廉》，用历史兴废教训借古鉴今开启智慧，在领导干部中掀起一场反腐倡廉“头脑风暴”。

举办智慧人生教育讲堂　持续开展智慧人生教育讲堂活动。讲堂自2013年10月开办，共举办5天封闭式培训17期，参训人员2100多人次。11月25日，“智慧人生教育讲堂”被市委宣传部授予“全市培育和践行社会主义核心价值观学习教育基地”。整合社会力量，以县仁爱中华文化教育中心为平台，创办“幸福人生大讲堂”，面向社会、企业、家长、大学生，开展圣贤教育、传播传统美德。已举办6期，参加人数超过700人次。

开展社科课题应用研究　围绕县委重大战略部署，开展战略性、前瞻性、对策性应用研究，为全县中心工作提供决策咨询参考。通过下发年度课题征集通知，召开课题立项研讨会等多种途径，研究、制订县社科应用规划课题和市社科联课题。是年，社科研究规划课题取得较好成绩，在2015年度漳州市哲学社会科学研究规划课题结项中，漳浦县的《剪刀下的民俗》获得二等奖，《基层宣传思想文化工作队伍建设的困境与突破研究》获得三等奖。

【社科宣传】

形式多样举办社科宣传　贯彻落实《福建省社会科学普及条例》，围绕社科人文知识，先后举办大型广场知识咨询、社科理论讲座、社科成果展、新闻媒体联动报道等多项活动，面向基层，开展形式多样社科普及活动。同时，以“三下乡”活动为契机，组织县直有关单位和所属学会、协会开展科普下乡活动。全年发放科普宣传咨询资料1.80万份，接待咨询群众1.50万人次，开展科技赶场12次，科普进社区活动3次，科普进学校活动3次。

举办社科普及宣传周活动　把科普周活动作为县社科联工作的重点，早谋划、早准备，成立领导小组，制订活动方案。10月16日，县社科普及宣传周活动在漳州科技职业学院举行开幕式。其间，向学校赠送科普书籍价值6000元，展示社会科学普及展板（挂图）85幅，“社会科学在你身边”普及咨询2000多人次，分发《福建省社会科学普及条例》5000份；分发《八闽社科普及网有奖问答》5000份到各乡镇场、学校，发动群众参与网络社会科学普及宣传周知识竞赛。在漳州科技职业学院举办以法制教育为主题的“金浦大讲坛”；在宣传系统举办介绍黄道周的传奇人生的“金浦大讲坛”。开放黄道周纪念馆、蔡新故居及纪念馆、漳浦县革命历史纪念馆、漳浦博物馆、漳浦图书馆、漳浦孔庙及旧县衙等人文社科类展馆，有2200多人次参观。

参与省社科联的“法治建设”科普挂图征集大赛 漳浦县参赛作品在98幅(组)参赛作品中，《以身试发、法律严惩》获得二等奖，《不要让金钱左右你生活》获得三等奖。

【课题调研】

按照市社科联《关于申报漳州市2015年度哲学社会科学研究规划课题的通知》要求，制定相关文件，面向全县各级各部门征集规划课题。紧扣“四大重点区域、八项重点工作”，梳理出“十三五漳浦经济新增长极和产业新增长点发展研究”等12个课题，由县委办、政府办下发《关于组织2015年县重点课题调研的通知》，组织广大领导干部经常性深入基层，一边为基层解决困难，一边发现发展瓶颈，理论结合实际，探索新形势下加快漳浦科学发展跨越发展的思路对策，撰写出一批调研文稿，为县委、县政府提供优质的决策咨询服务。其中：《弘扬社会主义核心价值观》等10多篇理论文章在《中国县域经济报》《福建理论学习》等报刊发表；《剪刀下的民俗》《基层宣传思想文化队伍建设困境与突破研究》等两项课题分别获得2015年度漳州市哲学社会科学研究规划课题基层课题二、三等奖。

【基地建设】

2015年，申报黄道周纪念馆与蔡新故居为市级社会科学普及基地。市社科联审批授牌后，两个基地各尽其责，做好各种宣传，发挥社科知识普及的基地作用。

黄道周纪念馆 黄道周纪念馆投入大量人力物力，重新修缮布置，整理大量的史料、图片，印制各种宣传材料，对外开放。共接纳参观人数3800多人次。纪念馆着力于加强未成年人的思想建设，与道周中学、石斋小学、“小主人报”漳浦小记者站建立共建关系。道周中学、石斋小学定期组织学生参观黄道周纪念馆，“小主人报”漳浦小记者站学员参观黄道周纪念馆，并与讲解员展开互动。引导学生通过参观学习，感受黄道周的民族气节，正直无私的处世风格，学习他知行合一的治学态度。一年中，纪念馆依托《金浦报》、电视台等定期举办专栏，加大黄道周文化宣传与交流。

蔡新故居 蔡新故居基地建设得到大南坂镇党委、政府的大力支持。大南坂镇成立科普工作领导小组，每村落实1名科普宣传员，2个科技示范户，各村都落实有各自的科普活动室和科普专栏。建设镇村图书室，吸纳社会资金为每村新购图书，村设立农村书屋，丰富村民文化生活。大南坂镇以蔡新故居基地建设为契机，在全镇范围内普及科普知识，组织科技人员利用墙报、黑板报、大小标语、印发各种科普资料、开展科普讲座等科普活动，宣传有关科普知识，营造良好的科普气氛。蔡新故居作为市社科知识普及基地、两帝师廉政教育基地、爱国主义教育基地、历史名人故居、道德讲堂。

(供稿：县社科联)

·漳浦县企业与企业家联合会·

【概况】

2015年，漳浦县企联立足自身职责，通过汇编企业政策，举办普法讲座、惠企政策宣讲会、人生讲堂等，加强对会员企业的引领，协助搭建政银企之间的融资平台，为5家会员企业解决资金困难，鼓励会员企业招商引资3家，帮助20多家会员企业办理技改创新、项目补助、企业房地产证和企业用地预审。招商引资，助力会员企业发展。

【为企业提供政策解读和咨询服务】

及时梳理政策，通过不同方式和途径，向企业发放市经信委汇编的2015年国家、省、市扶持企业发展政策150份(每份共两册82条)，并加以宣传，帮助企业根据自身实际情况对号入座，争取政策的优惠。在走访企业时，注重与企业中的人大代表或政协委员座谈，讨论如何使政府的政策得到有效落实。10月29日，配合县经信局组织16名企业代表参加市政府“下企业送政策”宣传贯彻组在漳浦召开的座谈会，开展宣贯督导活动。12月9日，联合县经信局、邮储银行举办由厦大经济学院副院长、博士生导师林擎国主讲的助推企业发展讲座，组织100多家企业负责人参加。

【加强对会员企业的引领】

经常到企业走访了解，与会员分析形势，鼓励会员坚定信心，攻坚克难。同时，想方设法提高会员素质，严格要求会员规范生产，守法经营，并及时指导会员争取政策优惠。4月15日，县企联联合县检察院举办普法教育讲座，组织会员参观该院的警示教育基地，引导会员远离职业犯罪。5月15日，组织会员参加市经信委、国税局、检验检疫局、海关等部门联合在漳浦举办的惠企政策宣讲会。6月中旬，组织会员参加在副会长单位四通物流集团举办的“幸福人生讲堂”，学习中华优秀传统文化。

【多渠道促成会员企业融资】

搭建政银企之间的融资平台　3月22日，组织60位会员参加县政府主办，县经信局、人民银行、银监办等单位承办的银企金融对接会，有4家会员企业在“金融超市”与银行成功对接融资，达成1500万元的贷款意向。多次与县农信社、邮储银行、兴业银行、建设银行等金融部门联系或登门协调，成功为5家会员企业获取融资1600万元。

促成会员企业开展融资互助　联系有闲置资金的会员企业帮助短期迫切需求资金的企业渡难关，促成9家会员企业之间开展互助，资金达1000多万元。

帮助会员企业依法申报政府补助　2015年，协助1家副会长单位和1家常务理事单位搜集整理资料，分别向农业部门申报并成功获得冷冻项目51万元和30万元的资金补助。

【指导企业做好环境整治】

及时把县环保局《关于部分小微企业建设项目补办环评和竣工验收审批手续方案》通知要求传达给会员企业，督促未办理环评手续的企业到辖区镇政府或到县环保局登记。同时，联系1家有资质环评机构到九坤蚝业、青田蔬菜、永顺食品、文达印刷、志辉锯木厂等企业指导和协作办理。3月，县环保局发出《关于进一步做好环保违规建设项目清理整顿工作的通知》后，及时与16家会员企业联系，督促企业按时间节点配合办理。对符合条件的企业帮助联系有资质机构给予做环评报告，对在建企业项目帮忙联系登记备案，对需要整改和设施投入的企业帮忙联系配套规范。至年底，已有洪流公司与副会长单位漳浦县浦燃燃气有限公司合作，完成燃煤换天然气的技术改造，并顺利投入运营。

【引导企业依法经营】

针对有的会员企业在经营中出现的不学法、不懂法，缺乏安全意识；有的会员企业一心追求利益最大化，没有依法经营；有的会员企业由于经营不景气，就冒险违法等种种经营情况，加强宣传引导，要求企业一定要遵循国家法律、法规，自觉学法、懂法、守法和依法经营管理。

【协助会员企业创先争优】

10月中旬，配合县工商部门，上报18家会员企业申报市知名商标；10月下旬，通知25家会员企业申报2014—2015年度省“重合同守信用”企业。12月初，推选扬基园艺发展有限公司董事长杨绍文参评第16届福建省优秀企业家。

【鼓励会员招商引资】

县企联把招商引资作为日常重要工作来抓，号召会员集思广益，各尽所能，在增资扩产的同时，以商引商，引进新项目。是年有3个项目拟落户，其中：有1家副会长单位拟引进欧洲1家客商投资2000万元合作生产汽车配件；有1家副会长单位拟从省外引资上亿元在漳浦创办物流企业；有1家会员单位拟引进厦门1家电子企业在漳浦投资1500万元生产电子产品。

【创新维权服务】

面对会员企业在经营中遇到的新问题新情况，及时调整服务方向，拓展服务内容。先后帮助促成会员企业的产品包装、办公用具、技改创新、资金互助等配套；帮助锦客隆、益才果蔬、碧油蔬菜、洪流钢板、天天香食品等企业联系农业局、商务局、财政局、经信局申报项目补助和技改创新储备；广泛调查摸底，收集整理12家未办妥企业房产证的会员企业材料，呈报县政府；帮助宏森工贸有限公司联系发改局办妥立项备案，联系土地部门办妥土地预审，联系环保局办理环评手续；帮助鸿鑫果品公司办理企业项目立项和基建报批；帮助益才公司联系收购深土1家蔬菜加工厂；帮助锦客隆联系消防大队指导各门店消防设施配置和隐患排查，以及联系供电公司协调核定各门店生活用电、商业营业用电缴交比例等。

【关心会员】

县企联着力创造“家”的氛围，关心会员，不断壮大企联队伍。5月，组织103名会员到县健民医院免费体检；6月，帮助15家会员企业完成年度报告；坚持为会员庆贺慰问，7次组织会员参加同仁的项目开业活动。是年，经会员宣传推荐，有16家优秀企业入会。

（供稿：县企联）

·漳浦县红十字会·

【概况】

2015年，县红十字会履行《中华人民共和国红十字会法》各项职责，先后组织开展红十字爱心公益日、博爱送万家、红十字博爱周等人道求助活动，并为337名大病患者申请救助资金356万元，开展红十字志愿服务和应急救护培训，培训急救员347人。被市红十字会评为“2014年度推进重点工作优秀单位”。

【人道救助工作】

“红十字爱心公益日”活动 1月8日，联合县妇联共同开展“行一个善举，献一份爱心”为主题的爱心公益日宣传活动。活动慰问10户困难家庭，共发放慰问金2000元及1500元物资。

“博爱送万家”活动 1月16日，举办“红十字博爱送万家”活动，活动共发放物资260份，总价值3.80万元。其中市红十字会下拨60份，县红十字会自筹资金购买的200份。物资分配到旧镇、大南坂等乡镇慰问五保户、计生二女户、贫困学生等。

大病补助工作 做好省红十字会“大病救助”工作，编印宣传手册3000册，通过媒体宣传，加强与民政低保股、医保中心、新农合等有关部门的联系，并做好申请者的入户工作。是年全县共申请大病救助337人，获得总救助资金356万元。

贝因美奶粉资助活动 根据省红十字会“幸福天使美丽中国行”项目精神，县红十字会接收价值约60万元的贝因美奶粉及辅食，开展“以爱育爱·扶贫计划”——贝因美婴儿奶粉资助活动，将物资发放到湖西乡、马坪镇及在县医院住院的贫困婴童家中。

人道救助帮渔民返乡 赤湖镇南峰村村民魏x因病去世，其长孙陈x在2014年10月8日在金门海域进行渔业生产时被金门海巡总队扣押，为使其及时回家为祖父送葬，家人带着村委会、民政办开具的证明到县红十字会请求帮助。本着人道主义精神，县红十字会通过与金门县红十字会协调沟通，终于使陈x返乡为老人送上最后一程。

红十字助学活动 县红十字会共接收企业爱心定向救助款计8.90万元。其中：厦门鹏拓塑胶制品有限公司捐赠助学款4万元，用于资助马坪镇17名贫困应届大学生；天福集团捐赠4万元，用于3个村、1所学校救助20名贫困学生；县电信股份有限公司捐赠爱心款9000元，用于救助霞美镇巷内村3名贫困学生。

“5·8”红十字博爱周活动 5月8日世界红十字日，县红十字会组织开展系列活动。其中，联合县教育局到霞美镇霞南中学慰问15名贫困学生，发放助学金3000元；组织漳州e时代红十字志愿服务队开展关爱贫困老人及重病儿童等易受损害群体的志愿服务活动，送去慰问物资及爱心款合计1700元。

寒冬慰问暖人心 12月24日，联合电信漳浦分公司到霞美镇巷内村走访慰问困难群众，向10户困难群众每户发放慰问金

900元。12月30日，到计生挂钩村旧镇镇狮头村，向5户计生二女户每户发放慰问金600元，共计3000元。

【志愿服务活动】

县红十字会漳州e时代红十字志愿服务队每月定期组织红十字志愿小分队到六鳌镇、官浔镇慰问贫困户，送去红十字会的关爱，共计送出慰问金1.43万元。4月，漳州e时代红十字志愿服务队志愿者林琳、蔡静雅分别获得市红十字会颁发的“红十字志愿者”一星奖章。

【应急救护培训】

将普及应急救护知识、提高社会大众应对突发事件的能力和水平作为工作重点，联合有关部门开展应急救护培训进机关、进学校、进企业、进农村。共计培训急救员347人次，普及培训6场，参加普及活动1986人次。

“应急救护”进机关　4月21日，联合县文明办、县国税局举办第三期应急救护志愿者骨干培训班。通过两天的培训，县直各文明单位39名志愿者基本掌握了常见现场急救及灾害事故逃生避险知识，心肺复苏以及外伤止血、包扎、固定、搬运4项技术理论及实际操作训练。

“应急救护”进校园　5月5日，联合县教育局在霞美镇霞南中学开展应急救护培训进校园活动，纪念七项基本原则50周年宣传，讲授红十字起源，七项基本原则及心肺复苏等救护知识，参训师生200多人。

“应急救护”进企业　先后到天福集团石雕园、一帆重工、翡翠湾旅游景区、古雷海顺德、赤湖福建泰庆皮革有限公司等多家企业义务为员工培训，共培训急救员259人次，进一步提高企业员工应对突发事件的能力和水平。10月16日，联合天福集团开展“应急救护·防震减灾”志愿者骨干培训及防震演练活动，通过理论学习、实践操作，30名天福集团学员基本掌握防震减灾、应急救护知识和技能。

“应急救护”进农村　11月13日，联合县海洋与渔业局，在六鳌镇政府多媒体会议室举办应急救护培训班，六鳌镇及周边乡镇的66名渔民参加此次培训，提高渔民应对突发事件的能力和水平。

“世界急救日”纪念活动　9月11日是纪念第16个“世界急救日”，开展以“急救与老龄化人群”为主题的纪念活动。革新金属制造有限公司的10名员工到县红会培训室参加应急救护培训。

【生命健康工作】

根据总会和省、市红十字会的安排和要求，县红十字会在官方网站发布《福建省遗体和器官捐献条例》和《中国人体器官捐献志愿书》等相关文件，并在新闻媒体进行宣传。有5名志愿者报名登记遗体器官捐献。

【青少年“生命教育”】

选派优秀师资到省红十字会参加全省安全辅导员培训，多次到学校指导体验式生命教育工作，并为2所示范学校送去急救包、三角巾等教学用具。联合县教育局召开体验式生命教育工作交流座谈会，请2所体验式生命教育示范校——县实验小学、绥安中心学校的分管副校长介绍学校开展体验式生命教育活动的体会和心得。结合学校安全、德育工作开展体验式生命教育，普及生命安全救护知识；到实验小学为学生讲授急救知识，运用视频和图片，让学生进行现场实际操作体验。其间，还与学生互动，示范操作，让学生们学会基本的伤口包扎、应急自救等知识和技能；开展“生命教育”主题手抄报比赛，宣传“生命价值认知、敬畏生命、防灾避险、健康心理、自救互救”五个方面内容。

（撰稿人：林欢初）

法　治

·法治政府建设·

【健全公务人员全员学法制度】

严格落实领导干部学法制度，坚持以领导干部为重点，以会学法、专题培训、课题研讨、网上学习为主要形式；与"六五"普法有机结合，健全公务人员全员经常化、制度化学法用法的工作机制。根据《县政府常务会议学法制度》规定，每半年安排一次政府常务会学法活动，县政府领导班子成员、县直各单位主要领导分别学习《中华人民共和国行政诉讼法》和《政府信息公开条例》，领导干部学法制度得到较好落实，各部门在出庭应诉和推进政务公开的意识上不断提高。组织全县25个单位的217名新任行政执法人员参加全省统一组织的执法资格考试。

【强化议事和决策机制】

坚持"集体领导、民主集中、会议决定"原则，对重大问题均提交县政府专题会议、县长办公会议、县政府常务会议集体讨论研究。落实《重大行政决策合法性审查》等七项制度，全面推进重大事项社会稳定风险评估，从制度的建立和落实上确保重大决策体现公众参与、专家论证、合法审查和集体讨论。

【发挥政府法律参谋、顾问的作用】

发挥县政府法制机关的法律顾问作用，确保县政府重大行政决策事项和重点合同、协议经过合法性审查把关，有效降低政府行为的法律风险和稳定风险。这些制度的落实，有效推进县迎宾大道、金浦教育园区等项目建设。为县城旧城改造、红色旅游出口通道、金浦教育园区配套项目、迎宾大道改造工程等重大项目签约合同文本提出了数十条优化建议并大部分被采纳，为县政府工作提供有效的法律参谋保障。

【全面清理县级行政审批事项】

县政府组织对县级行政审批事项进行全面清理，决定保留县级行政审批事项111项，保留公共服务事项220项。按照《漳浦县人民政府关于印发漳浦县推行县级行政权力清单制度实施方案的通知》精神，经县政府研究同意，保留县直32个部门行政权力3543项，其中：行政审批220项、行政确认80项、行政处罚2266项、行政强制173项、行政征收34项、行政征用5项、行政裁决10项、行政给付42项、行政奖励5项、行政监督检查433项、其他行政权力275项。

【保持行政复议申请渠道通畅】

县政府将行政复议作为依法化解行政纠纷和开展执法监督的重要手段，始终保持行政复议申请渠道通畅。2015年，县政府共收到行政复议申请12件，受理12件，已审结12件。其中：驳回行政复议申请2件，维持原行政行为7件，经协调申请人自动撤回申请3件，切实做到"案结事了，定纷止争"。

【做好行政应诉工作】

县政府与法院良性互动，发挥互动工作机制的主渠道作用，接受人民法院依照行政诉讼法对行政机关实施的监督，依法出庭应诉。2015年，行政诉讼应诉20件，行政首长出庭应诉率大大提高，进一步做到"告官能见官”。

（撰稿人：施春燕）

·政法委及综治·

【概况】

2015年，漳浦县政法综治工作围绕服务全县发展大局主线，夯实综治基层基础，构筑社会防控体系，强化矛盾纠纷排查化解，开展严打整治斗争，创新社会治理，推进平安建设、法治建设和政法队伍建设。

【维护社会安定稳定】

落实综治领导责任制　县委常委会召开多次会议，专题研究政法综治工作。成立综治维稳指挥部，挂靠在政法委，抽调政法各单位6名干警专职到指挥部办公室上班。年初，通过全县三级干部会议与各乡镇场、县直机关单位签订下发《2015年党政领导综治责任书》，明确目标要求和工作任务，把落实综治领导责任纳入乡镇、机关年度重点工作考核。层层落实责任，做到有部署、有督促、有考核、有奖惩。同时，把综治维稳工作列为全县“八项重点工作”之一，纳入年度竞赛考评，并且把分值从原来250分提高至500分，仅次于经济发展的分值。与领导干部评先评优、晋职晋级直接挂钩，严格执行综治领导责任查究和一票否决权（乡镇考核低于350分），确保综治责任和工作措施落到实处。

开展国家安全和反邪教工作　强化情报信息收集力度和预知预警能力，对邪教组织，涉军、涉教、涉青、涉疆、涉藏等重点人群，全部纳入管控视线，密切关注活动动态，严防敌对势力渗透破坏和极端案件发生。以创建无邪教县区为平台，结合村居社区网格化建设，坚持“六个”纳入（即把反邪教工作纳入基层党建、精神文明建设、社会治安综合治理、网格化建设、新农村建设和中小学教学计划），深化教育效果，为反邪教警示教育长效机制注入活力。形成覆盖机关、学校及广大农村的反邪教警示教育网络新格局。并以网络建设为依托，开展“家庭拒绝邪教”“防邪识邪知识进家庭”等活动，不断拓展反邪教宣传新领域，提高广大干部群众识邪、防邪、反邪意识。

开展社会风险评估工作　严格落实重大决策、重大项目、重大活动的社会稳定风险评估制度，切实把评估当做一道法定前置程序严格执行。改变风险评估工作流于形式，可有可无，事后补充评估、滞后评估，评估项目推进脱节等现状。对项目建设中涉及群众切身利益的补偿标准、安置方案和环境影响等问题，以及潜在的各类不稳定因素进行细致的预测、分析和评估，制定风险防范应对策略和消减措施。最大限度地降低矛盾隐患，确保重大项目建设顺利推进。

【矛盾纠纷排查化解】

落实矛盾纠纷排查化解工作制度　开展乡镇场每周、县每半月矛盾纠纷排查制度，将每月信访联席会议、维稳例会与矛盾纠纷排查调处工作协调会议合并召开，汇总分析。县直单位、各乡镇维稳信访矛盾化解工作情况形成会议纪要，针对突出敏感问题和有可能激化的矛盾纠纷，明确责任分工，研究化解措施，确保矛盾不激化，大事不出镇、小事不出村的工作格局。

加大基层调解工作力度　做好基层调解，用最精确的方法化解一线矛盾，用农村办法解决农村问题，全县和谐乡村促进会共参与调解矛盾纠纷2942件，调处成功2892件，调处成功率98.30%。在各乡镇综治信访维稳中心，设立“人大代表工作室”，将人大代表工作室纳入矛盾纠纷大调解平台工作，选择农村工作经验丰富、办事能力强和不同行业具有权威性的人大代表进驻工作室。

做好专业调解，建立多个符合时代要求、富有特色的行业性调委会。在矛盾纠纷多发领域均建立专业调解中心，化解社会矛盾。至年底，共建立交通、医患、国土、住建、环保、人社等行业性人民调解委员会28个，专业调解组织13个。通过实行专业调解员第三方调解，行政调解、人民调解、司法调解、法律援助、保险理赔、社会救助等“一站式”化解，有效减少纠纷双方对立。劳动争议多元调解中心共受理案件981件，其中，劳动争议调解仲裁案件有246件，工伤认定案件322件，劳动监察案件413件，为4107名劳动者讨薪4641.22万元。医患纠纷多元调解中心共受理15件医患纠纷，有13件医患纠纷在各医院调解室即成功调处结案，仅1件经调委会劝解自动撤销申请，1件经引导走法律程序。交通事故损害赔偿多元调处中心成功调解案件6139件，行政调解4981起，司法调解405起，人民调解238起。国土局行业性调委会成功调处土地纠纷53件；住建局调委会成功调处矛盾纠纷19件；环保局调委会成功调处环保纠纷81件。

用好联席化解，用会诊方式解决疑难问题。发挥县信访调解中心作用，建立“本单位调处、中心常驻人员联合调处，部门主要领导协商调处，县领导牵头集中调处”的四级调处机制，运用领导包案、集中会诊的方式破解“老、大、难”问题。探索推行信访积案专案评审和公开听证等办法，实现信访调解工作由“中转站”向“终点站”转变，实现“化解一批、办结一批、稳控一批”。

加强执法监督和案件评查工作　以省委政法委等七部门出台的《福建省关于党委政法委员会对政法执法活动进行监督的实施细则》为主线，全面加强法律监督。持续开展执法队伍建设，案件评查和化解工作。市政法委共交办涉法涉诉信访案共7件，已化解2件。以案件评查为载体，使每一案件的评查做到件件有法论，重点案件有跟踪。对信访热点案件、假烟机案件等各类案件，分别抽出重点案件进行评查。通过在政法部门开展交叉评查，集中评查等方式，纠正执法办案中的瑕疵，促进办案的规范，确保市政法委6件评查案件的任务完成。开展司法救助工作，县财政拨出专项资金150万元，中央专项资金30万元，全部用于司法救助。共投入使用司法救助20件20人次，总金额84.30万元。

【构筑社会防控体系】

严打整治遏制违法犯罪高发势头　公安机关依托“砺剑2015”专项行动，重点打击影响群众安全感的严重暴力犯罪和多发性侵财犯罪。全县共立刑事案件3062起，同比下降7.20%，破案980起，破案率32%，其中：立八类案件152起，破125起，破案率82.20%；立多发侵财案件2498起，同比下降5.30%，破575起，破案率23%。共发生现行命案4起，全部破案，破案率100%。破获涉恶刑事案件62起。破获毒品案件32起，其中公安部督办目标案件1起，抓获涉毒嫌疑人33人，缴获“冰毒”1022.44克，查获吸毒人员134人；抓获各类网上逃犯156人。检察机关共受理审查逮捕案件278件403人，审查起诉案件644件908人；起诉644件908人，其中：起诉严重暴力犯罪案件144人，“两抢一盗”等多发侵财案件165人。同时，依托办案家访、捕诉前和解、不捕直诉、检调对接等办案新机制，深入基层化解矛盾，共开展办案家访112次，促成刑事和解15件，不捕50件90人，不诉39件47人。审判机关共审结刑事案件632件897人，其中：判处有期徒刑10年以上有12人，5年以上10年以下有期徒刑20人；针对危害人民群众生命财产安全的突出问题，审结强奸、“两抢一盗”、故意伤害等犯罪204件270人，加大打击人民群众关心关注的危害食品药品安全、环境污染等犯罪力度，依法判处刑罚154人；突出整治毒品犯罪行为，审结涉毒案件38件40人；及时审结涉“两违”刑事案件12件17人，依法严惩非法占用农用地、妨害公务，职务犯罪等违法犯罪行为。

健全社会治安防控体系　为应对城区维稳和治安形势，10月17日，成立县城市巡防应急服务公司。公司总人数138人，下设巡逻班、备勤班、机动班、视频巡查班等。巡防公司组建后，协助公安干警抓获年前逃犯1人，年内逃犯2人，省外逃犯3人，省内逃犯3人，县区刑事发案量同比去年下降32%。同时，加强基层巡防队伍和监控布建，扎实推进“七张网”立体化社会治安防控体系建设，在各方位均建立专兼职巡逻队、村级治保会、企业保安队和农村义务护村队等巡防队伍，逐步形成立体防控网络。全县共有镇级专职巡防队员360人，村级巡防队员2100多人，各级巡防队伍坚持专群结合、群防群治，切实提高路面见警率。将视频监控探头建设工作上升为政府为民办实事项目，经费纳入财政预算，大力推进乡镇、农村技防建设，打造全域覆盖、全网共享、全时可用的城乡监控网络。全县用于社会公共安全监控的摄像头总量达3039个，并以古雷港区报警监控系统建设为重点，古雷港区一期工程建设42处高清监控点(共44路)。结合市综治办、市公安局下达的100个高清监控任务，投资500多万元，新建56处监控点，于7月3日通过验收，前端摄像头全部接入市公安局共享平台。后期投入1500万元，在古雷周边乡镇重点路段建设175处公安视频监控点，合计284路摄像机。

持续开展社会治安重点整治　根据市综治委《关于开展2015年社会治安重点整治工作的通知》，绥安镇、湖西乡被列为市政法委挂牌重点整治点。针对绥安镇刑事案件特别是侵财案件多发的突出问题，年初及时充实调整县派驻绥安镇重点整治工作队，由公安局局长担任队长，并在人力、物力、财力等方面给予全力保障。绥安辖区刑事案件立案数同比下降13.40%，侵财案件同比立案数下降11.50%，取得明显效果。针对因制售假烟问题突出而被市挂牌整治的湖西畲族乡，组建由检察长为队长的重点整治工作队进驻开展整治，明确每个村由一个工作组成员、乡领导、村干部挂钩负责，建立情报收集和举报奖励制度，组建可靠、有效的情报网络。2015年，该辖区没有发生制售假烟案件。

加强公众安全体系建设　围绕“防止反弹，杜绝蔓延”的治理工作目标，设立打假宣传标语和打假举报电话，县打假烟领导小组按照年初签订责任书要求，联合县纪委监察部门对相应的责任人进行效能告诫，责任处分，把打假工作落到实处，切实加大打假烟工作力度。2015年，共查获制假烟机11台套。加强道路交通安全整治，完善提升道路交通安全基础设施，在县城区4条主干道、国道漳浦段主要路口、交通复杂地段设置中央隔离带，设置交通安全警示标志，完善监控系统，增设减速带等；同时，强化路面秩序管控，严肃查处交通违规行为。开展缉枪制爆专项行动，加强易燃易爆危险品监控，切实消除各类不稳定因素。共侦破非法买卖、存储强制弹药案件3起，查处非法网上购枪案件2起，缴获枪支2把，查处人员6人。第二、三季度公众安全感调查均排名全市前三名，群众安全感满意度达到97%以上。

【夯实综治基层基础】

配齐配强基层综治干部　在人事调整中对综治干部高度倾斜，对各乡镇原任综治副书记的，均解决为正科级；原任乡镇综治办专职副主任的，50%提拔为副科级干部。同时，配齐配强全县各乡镇场、开发区的综治副书记、综治办专职副主任。对新任综治干部进行业务培训，9月6－8日，对各乡镇场、开发区的分管综治领导、综治办专职副主任开展为期3天的集中培训。

加强基层综治组织规范化建设　有效强化村级综治队伍的管理。把镇、村综治基层基础工作作为政法综治工作基本出发点，依托县综治维稳指挥部平台多次开展督导，确保镇村两级综治信访维稳中心(站)的规范化建设，促进矛盾排查周例会记录、主要领导综治实绩档案表、信访化解记录等综治工作材料齐全，专职巡防队、维稳三支队伍等基层组织严格根据要求履行职责。在村级换届选举工作中，对所有平安中心户长及综治协管员进行重新调整聘任，其中平安中心户长3111人，综治协管员300人。对基层综治协管员实行“县聘、乡管、村用”制度。在管理方面，建立实绩档案制度，坚持每月一次例会、每季度一评比制度；在培训方面，坚持每年将综治协管员集中到县城进行统一教育培训一次，各乡镇场派出所、司法所坚持每季度一次的分类指导、理论学习和实践业务操作培训，村一级坚持每月由综治协管员召开一次平安中心户长会议，集中了解社情民意，交流工作体会，提高业务水平；在考核方面，乡镇场每年一次开展优秀综治协管员评选。

推进社区网格化建设与应用　贯彻省、市为民办实事项目推进城乡社区网格化建设部署，按照“城市社区抓规范、农村社区抓覆盖”要求，确保878万元网格化建设专项资金补助。建成网格化服务管理工作站197个，建成规范化社区47个，超额完成市下达的全年20个规范化社区建成数、147个村级平台的建成数的任务。同时，以推进农村网格化建设为契机，着力推进农村平安视频监控建设。在全县近300个村推进每村安装10个以上200万像素高清平安监控工作，全县共安装3126个，有效补充县级公安视频监控不足，实现农村所用路口监控全覆盖，提升治安防控能力和基层治理水平。

【持续推进平安创建】

全面推进“平安家庭”创建　县综治办、妇联、各乡镇场、各村居通力协作，齐抓共创，共同推进“平安家庭”创建活动的落实。通过实施家庭美德、家庭教育、家庭关爱、家庭服务“四大工程”，开展法律宣传、平安常识、关爱帮扶、人民调解“四进家庭”，将平安建设工作做到最基层，最直接的提高平安建设的知晓率和参与率。6月19日，县举行深化“平安家庭”创建暨重新挂牌启动仪式。至年底，全县共有“平安家庭”示范村(社区)285个，创建率达90%;“平安家庭”户19.60万户，占总户数的98%，“平安家庭”的巩固率达99%。

开展平安铁路创建　厦深铁路漳浦段途经漳浦县6个乡镇场，有4个隧道、10座桥梁。为有效消除沿线治安安全隐患，漳浦县构建责任体系、联治体系、群防体系、宣传体系“四位一体”群防群治网络，专门拿出11个事业编制，由退伍士官组成平安铁路专职巡逻队，对铁路沿线进行巡查管控。保持对在铁路安全保护区内挖沙取土、采石爆破、烧荒，铁路线上高架桥超载，高铁桥下违章建筑、复耕乱种等各类治安安全隐患进行滚动排查，建立工作台账，做到及时发现、迅速制止、消除隐患。

深化平安大港区创建　投入1100万多元，在县边防大队建成集“数据流转、信息研判、摄像跟踪、远程指挥、船舶定位”为一体的“海防监控指挥中心”;在古雷港区建成集“监控指挥、信息研判、警务服务、维稳管控、纠纷调处、流口管理”为一体的“平安古雷综合调度指挥中心”;在六鳌镇虎头山码头建成集“服务、管理、维稳、救援”为一体的“六鳌海上船舶(海防)综合管理救援中心”，做到管好重点人，管好“三无”船，管好港口、码头和中心渔港，管好海岸线，管好沿海社会治安稳定的“五个管好”;工作成效被省综治办、省公安厅通报肯定。六鳌海上船舶(海防)综合管理救援中心被评为全省海防系统先进单位。3月18—20日，全省公安边防派出所建设现场推进会在漳浦县召开，全省各边防支队长、大队长及边防所所长共300多人参加。

强化平安示范村创建　开展“四无”村居创建活动，在市级平安示范村确定一个经济发展项目，作为平安创建工作的实际载体，使经济建设与平安建设相辅相成。有效实现示范村无发生越级上访、无发生群体性事件、无邪教非法活动、无发生重特大安全生产事故、无黄赌毒等突出治安问题。同时，深化平安校园创建，实现全县中小学生犯罪率为零，没有发生涉毒及重大校园安全事故。开展平安工业园区创建，在主要出入口设立治安岗亭，按照不少于园区实有人口1‰比例建立专职巡防队伍，按照企业员工数量比例配备保卫人员和专职保安，全面推行警企联防、村企联防。推进平安医院创建，在县直医院设立警务室，明确挂钩警长和值班民警;按照20张病床一名保安的标准配备保安人员，重点部位视频监控覆盖率达100%。

持续开展平安宣传工作　为营造浓厚平安氛围，除通过平安大型广告牌、标语、农村广播、宣传栏、宣传车、法律咨询等传统方式方法外，在县电视台开辟“平安漳浦与你同行”新闻专栏;排演“平安漳浦”文艺三下乡节目;开展以“平安漳浦”为主题的全民健身、社区晚会等文体活动;组织中小学校的学生开展平安建设“小手拉大手”活动，力求平安宣传全覆盖。县综治维稳指挥部还不定期加强督导，采取实地督导、暗访、电话抽查等方式，不定期自检平安宣传取得的实效。

(撰稿人：陈葵艺)

·公　安·

【概况】

2015年，漳浦县公安机关开展破小案、保民生的“砺剑2015”“打黑除恶”“侦破命案”“打击多发性侵财犯罪”“亮剑扫毒”等专项行动，进一步巩固社会安全感，提升群众安全感和满意率。全年共立刑事案件3084起、破986起、破案率32%；提请检察机关批准逮捕308件443人（其中批捕254件348人，不捕54件95人），提起公诉559件775人。

【行业场所治安要素管控】

加强对旅馆、公章刻制业、机动车修理、典当行、租赁业、二手旧货交易市场、洗浴歌舞娱乐场所等的治安管理工作，利用治安管理信息系统等相关公安信息网络，强化对特种行业和公共场所的动态管控。2015年，共检查旅馆住宿210家、机动车维修业21家、废旧物品收购业120家，发现隐患40处，发出整改通知书40份，查处不按规定如实登记旅客信息案件31起，查处旅馆业无证经营案件两起；新安装歌舞娱乐场所治安管理信息系统4家、旅馆业治安管理信息系统20家，制发从业人员IC卡285张，新安装远程监控娱乐场所6家。

【规范寄递及散装汽油行业监管】

全面开展寄递业及散装汽油行业的排查摸底、整治规范。采用暗访和明察相结合的方式对全县寄递业、散装汽油销售活动进行抽查；对散装汽油安全管理制度、汽油散装销售购买实名登记情况和各寄递业人防、物防、技防设施是否配备齐全、是否严格执行邮件、包裹收寄验视制度等方面进行详细检查。先后对全县寄递业及20家散装汽油站点进行整改检查，并协同省公安厅先后督促31家民营加油站安装远程监控设施，从源头堵住漏洞，确保行业监管安全规范。

【“打四黑除四害”专项工作】

根据省公安厅《关于进一步加强打假治劣扎实推进“打四黑除四害”专项工作的通知》要求，结合《2015年全市“打四黑除四害”综治工作目标细则》，加强打假治劣，推进“打四黑除四害”专项工作深入开展。2015年，共起获涉假窝点15个，查处涉假烟案件26起，抓获涉案人员27人，抓获涉假烟在逃人员14人，缴获制假烟机12台套、发电机3台、假烟821件、烟丝2494包、盘纸758盘、滤嘴棒345件，总案值达1400余万元；已破案8起，逮捕5人，起诉18人。

【打击黄丑赌博等违法犯罪活动】

在全县范围内组织开展严厉打击黄丑赌博专项行动，开展清查整治站街招嫖集中统一行动；针对古雷赌博活动日益猖獗，已逐步成为导致家庭失和等滋生不稳定的社会隐患的实际情况，加大惩治整治力度。2015年，共立案查处赌博行政案件59起、刑事立案36起（其中已破结案31起，当中破获办结开设赌场案件13起），办结容留卖淫案4起，查处卖淫嫖娼案件5起；以开设赌场罪起诉22人，以赌博罪起诉41人，以强迫卖淫罪、引诱容留卖淫罪、协助组织卖淫罪等起诉16人。

【提升户籍管理水平】

开展全县人口信息清理整顿　围绕户口登记管理的“错、重、假”问题，组织开展户口清理，集体户清理工作完成率100%。核查系统下发同门（楼）牌号不同行政属性错误地址21876条，修正21848条；下发门（楼）牌号为空错误地址3713条，修正3584条；错误地址修正率99.39%。

创新加强流动人口服务管理　全县共登记流动人口32894人，其中：务工27960人、务农168人、经商384人、服务33人、因公出差32人、借读培训212人、治病疗养4人、保姆3人、投靠亲友47人、寻亲访友310人，其他3741人；共登记租赁房屋5171户。

提升户籍服务管理水平　共受理各类户口业务材料3000余件，其中县级公安窗口审批并办结2415余件，并打印准迁证657张；受理、办理第二代居民身份证43810张，临时二代证754张，军人身份证21张；整理历年户籍档案材料291卷（共计6千余份)；接受群众电话等咨询3270多人次。全县共登记常住人口898343人，办理出生入户17656人，办理死亡注销4273人，办理户口迁入11478人(其中省内户口网上迁移“直通车”9961人)，迁出12655人(其中省内户口网上迁移“直通车”11130人)。

【公安信访工作】

开展不稳定因素大排查活动，对征地拆迁、劳资医患纠纷等多方面原因引起的各类不安定不稳定因素提前预警疏导，做好源头化解矛盾纠纷。开展信访积案集中清理专项活动，从加大领导包案工作力度入手，狠抓信访工作责任落实和办结息诉率。全年共接待来信来访1240人次，信访件255件(其中初件207件，重复件48件)，其中：受理信访109件，办结109件，办结率100%；停访息诉62件、停访息诉率56.50%；涉法涉诉类积案23件、办结22件，办结率95.60%；处置进京非正常上访人员29人次，治安拘留8人。开展创建省级示范信访接待场所活动，共投入资金18万元，用于县公安信访接待场所达标示范建设，8月4日，通过省公安厅检查组验收，被评省级信访接待场所示范单位。

【强化网络安全管控】

开展网安“四项建设”，强化网安队伍建设，成立网络安全保卫大队。全力推进打击防范虚假信息诈骗犯罪、整治互联网涉毒、电话“黑卡”打击等专项行动；健全网络基础管控，推动网络实名制管理；加强本地网站、“漳浦吧”“古雷吧”的巡查，及时掌握社情民意。对工作中发现谣言和非理性言论网民聚集的网站、贴吧、论坛、聊天室、QQ群等，进行重点有序的引导、稳控，最大限度地遏制相关信息在互联网上的传播；加强对古雷项目建设涉稳网上舆论的及时了解掌握，一般信息坚持每日一报，及时发现并处置造谣信息；特别是行动性、煽动性的信息，有效地防止相关有害信息在网上传播扩散，避免形成炒作氛围。全年共落地查处有害信息208条，约谈23人，治安拘留1人，治安罚款3人。

【强化交通安全管理与秩序管控】

贯彻落实省“两办”关于优化市、县公安机关交通管理职能配置有关要求，健全完善交通管理体制，持续不断开展“逢五逢十”“打非治违”等常态化专项整治。共查处交通违法行为81353起、扣留机动车16193辆、扣证793本、拘留446人。其中：严重违法行为21155起(酒后驾驶317起、醉酒驾驶98起、机动车超员4094起、超速行驶819起、货车超载1490起、涉牌3484起、涉证4572起，驾乘摩托车未戴安全头盔6281起)。强化道路交通安全隐患排查整治工作，开展道路交通安全宣传活动，着力实现“降事故、保安全”的工作目标。2015年，共发生一般以上交通事故168起，死亡99人、受伤125人，经济损失42.97万元，同比分别为-9.68%，-12.39%，-12.59%，-17.30%。

【提升消防安全管理能力与水平】

持续加大消防工作投入，健全消防安全责任体系，加大火灾隐患排查整治力度。2015年，共检查涉火单位1674余家，督促整改火灾隐患1492余处，下发责令改正通知书613余份，临时查封八家，责令“三停”23家。总结古雷“4·6”着火事故处置经验，以“快速集结、主动响应、有序履职、高效协作”为目标，参加石油化工火灾处置专项培训工作。进一步细化处置操作程序，开展应急综合演练，先后制定交通事故救援、地震救援等类型预案两份，开展实地演练120余场次，开展无预案想定作业10余次。

【规范出入境管理服务】

以“人本、专业、安全、便捷”为理念，以信息化为支撑，进一步创新、提升出入境窗口服务水平，是年业务量再创历史新高，总量位居全市前列。共受理公民出入境申请32052件，同比增长16.05%，其中：受理因私出国护照6001人次，同比增长9%；受理内地居民赴港澳台21200人次，同比增长10.08%；受理往台申请4595人次，同比增长57.68%；台湾居民办证256件。境外人员入境临时住宿登记数3944人次，同比增长 2.44%；共查处涉外案件 13 起 16 人，其中，外国人非法居留案件 4 起 4 人、非法入境案件 5 起 8 人、其他涉外案件 4 起 4 人。

【构建立体化社会治安巡防体系】

贯彻“大连会议”精神，结合本地实际，加强顶层设计，运用科技信息化手段，突出防控重点，构建立体化社会治安巡防体系，提高维护公共安全能力水平。

持续推进视频监控“天网”建设　按照“基础工作信息化、信息工作基础化”的要求，强化视频监控共享平台和联网平台对接建设，探索推进图侦工作、视频巡查等实战化警务运行模式，提高动态社会治安防控水平。加强各级公安检查站、智能卡口和视频监控系统建设，重点推进古雷港区二期及乡镇重点路段公安视频监控建设(漳浦县报警监控系统四期项目)。共新建古雷港区报警监控二期 56 处高清视频监控，在建其他乡镇重点路段 284 路公安视频监控。

组建巡特警反恐大队暨城市巡防应急服务公司　从加强应急处突和反恐处置工作能力入手，组建“巡特警反恐大队”，成立“城市巡防应急服务公司”。按照“拉得动、反应快、镇得住、打得赢”的要求，强化值班备勤落实，落实“屯警街面、武装巡逻、动中备勤”的勤务机制，突出以街路面常态巡逻和反恐防暴处置准备为重点，在主城区的重点部位、重点区域开展常态化武装巡逻和不定时便衣蹲守。机构成立以来，共抓获现行违法犯罪人员 15 人、在逃人员 10 人，共处置武疯子、持械伤人、持刀闹事、聚众斗殴等危险警情 54 起。

切实提升处置突发事件能力　严格按“三分之一备勤、三分之一巡逻、三分之一训练”要求，开展巡特警技能轮训，重点对武装巡逻、设卡盘查以及处置极端个人行为和群体性事件等突发性案件的指挥调度、处置方法进行模拟演练，切实提升民警驾驭复杂形势和处置突发事件能力。在“2015 全市县级公安局巡特警警务技能比武”竞赛中成绩优异，民警巫育江获得 3 千米武装越野第一名，个人全能第二名，79 式微冲应用射击第二名的好成绩，被评为全省公安巡特警岗位技能比武标兵。

【推进“暖警”工程】

贯彻落实省公安厅、市公安局开展“暖警”工程建设精神，从财力、物力方面，因地制宜改造派出所功能区分、改善民警办公生活环境。2015 年，共为基层派出所配备投影仪 4 台、液晶电视 58 台、空调 69 台、冰箱 14 台、洗衣机 16 台、电热水器 29 台、净水器 20 台、消毒柜 9 台、脱水机 9 台等设施物品，14 个派出所“暖警”工程全部通过省公安厅考核验收。

(供稿：县公安局)

•检　察•

【概况】

2015 年，漳浦县检察机关稳妥推进检察官办案责任制改革试点工作，持续加强“两提升五过硬”建设，切实维护社会稳定，共批捕犯罪嫌疑人 348 人，提起公诉 775 人；惩防并举，查办各类领域职务犯罪 36 件 43 人。

【宽严相济维护社会稳定】

严厉打击各类严重刑事犯罪，2015 年，共批准逮捕犯罪嫌疑人 348 人，提起公诉 775 人，其中：起诉严重暴力犯罪 144 人，“两抢一盗”等多发性侵财类犯罪 165 人。依托办案家访、捕诉前和解、不捕直诉和检调对接等办案新机制，深入化解社会矛盾，共开展办案家访 112 次，促成刑事和解 22 件，不捕 54 件 95 人，不诉 41 件 52 人。实行未成年人刑事案件“捕诉监防”一体化办案机制，依法通知法律援助机构为 28 名涉罪未成年人指派律师提供辩护；严格限制适用逮捕措施，共不捕 5 人，不诉 16 人。持续创建控申“全国文明接待示范窗口”，共受理群众控告、申诉 94 件，群众举报线索 64 件，均查结并反馈；化解涉检缠访件 3 件，办理国家司法救助案件 6 件，发放救助金 14.50 万元。探索建立“整存零取”救助金发放机制，确保未成年人等特殊群体救助帮扶效果。

【服务社会经济发展】

服务重大项目建设　落实市委、县委工作部署，抽调3名院领导、2名干警驻古雷港区开展项目建设协调、服务和保障工作。参与化解群体性纠纷100余件，协调解决影响项目推进事项30余个，开展综合性法制宣传活动10余场，参与工程建设招投标监督16次，确保1亿多资金安全使用。优先办理港区刑事案件，批捕破坏重大项目建设刑事犯罪5人，查办受贿等职务犯罪案件2件3人，介入“4·6古雷腾龙芳烃二甲苯装置漏油起火”重大责任事故调查，引导侦查取证，已批捕犯罪嫌疑人4人，提起公诉3人，严肃追究安全事故责任。

参与社会治安综合治理　参与杜浔镇“两违”综合治理，抽调1名院领导担任专案组组长，指挥、协调“两违”案件查处工作。办理“两违”刑事案件9件21人，做有罪判决7人，有效遏制“两违”蔓延势头。检察长挂钩湖西畲族乡，依法惩治制售假烟行为，2015年未发生制假案件，已通过市综治委验收。抽调3名干部参与入户宣传、现场维护、资格审核等服务，保障村级组织换届选举工作。

【惩防并举打击犯罪】

重点查办群众热切关注领域职务犯罪　全年共立案侦查贪污贿赂犯罪13件21人，渎职侵权犯罪6件6人，为国家挽回经济损失105万余元。持续关注发生在群众身边的腐败现象，查办村两委采用虚报冒领手段贪污国家粮补款1件3人，确保国家惠农资金落到实处。主动回应群众关注司法不公、生态环境破坏等问题，严厉查办县看守所监管人员职务犯罪案件4件4人，促进看守所规范化建设。严厉查办非法采矿背后职务犯罪案件12件17人。

“四个一”加大预防职务犯罪工作　建立一批巡回检察工作联络点、一支法制宣讲团、一本《梁鹿清风》宣传月刊、一个漳浦县警示教育基地。在各机关、单位、学校等组织开展警示教育活动200余次，受教育人数近万人；与县纪委、县委组织部联建的“漳浦县反腐倡廉警示教育基地”运行管理规范，共有35批次1500余人参观接受教育；编印《梁鹿清风》五期5000余册。开展行贿档案查询479次，查出犯罪记录5人，监督相关单位取消其投标资格；开展土地征迁、非法采矿等领域专项预防调查4件。

【强化诉讼活动监督】

强化侦查活动监督　监督公安机关立案8件16人，追捕追诉漏犯28人，已判决18人；发出纠正违法通知书13份、检察建议书4份。开展捕后羁押必要性审查，对不需要继续羁押的33名犯罪嫌疑人变更强制措施。

强化审判活动监督　共提出量刑建议343件，法院采纳293件，采纳率85.42%；提出、提请刑事抗诉6件，已改判3件；受理民事行政案件11件，提请抗诉1件，发出民事、行政检察建议8份，均被采纳。

建成刑事执行检察信息综合平台　通过平台开展减刑、假释和暂予监外执行专项检察活动，共纠正脱管、漏管人员4人，向县公安局、看守所发出检察建议和纠正违法通知书12份，均得到回复反馈，对14名特赦对象开展法律监督工作。

【巡回检察延伸监督】

依托在21个乡镇和县环境保护局、县市场监督管理局等设立的巡回检察工作室，深入探索村级职务犯罪监督，环保、市场管理等行政执法监督新机制新方式，做到预防腐败“在身边”、监督环保执法“有力度”、保障“舌尖上安全”“有成效”、服务台企发展“有作为”。

【队伍规范化建设】

推进检察官办案责任制改革试点工作　在上级检察院和县委指导下，研究制订《检察官办案责任制改革试点实施方案》及相应配套制度，将19个内设机构整合为职务犯罪侦查部、刑事检察部、诉讼监督部、案件管理部、检务保障部和政治部等6个部；择优选任首批主任检察官19人，明确细化主任检察官权力清单，组建主任检察官办案组，推行提前介入引导侦查、刑事案件“捕诉一体”、职务犯罪案件“侦防一体”等办案模式，突出主任检察官执法主体地位，落实办案责任终身负责制。试点工作自2014年6月推行以来，取得办案质量、效率双提升，案件撤回率降低，涉检信访件数下降等良好成效。

开展规范司法行为专项整治 按照上级院部署要求，开展规范司法行为专项整治工作。通过召开专题座谈会、巡回检察、设立意见箱等形式广泛征求社会各界人士意见建议72条，开展专项检务督察、“百案析查”、案件评查等活动，主动查摆出不规范问题20个，通过建立“一室一表”“一事一账”问题台账，定期“对账”督促，已整改完成18个问题，修订完善6项制度。同时，开通“两微一端”检察宣传新媒体，运用人民检察院案件信息公开平台，深入推进检务公开，倒逼司法规范。

以“三严三实”为标尺，正风肃纪树形象 加强党性教育学习，以开展“学党史，知党情，颂党恩，跟党走”主题教育暨纪念建党94周年系列活动为抓手，通过检察长讲党课、读书征文、演讲比赛等方式深入开展“三严三实”专题教育活动。加强纪律作风建设，制定机关效能管理等制度，强化机关效能建设和细节规范；强化对办案重点环节廉政督察、干警八小时外行为规范管理监督等，从严落实党风廉政建设“两个责任”；跟踪监督不捕、不诉、自侦135件，约见案件当事人及有关人员209人次。以人为本抓好队伍建设，搭建年轻干警学习、锻炼、成长平台，提请任命检委会委员、检察员等8人，推荐提拔正科级干部1人；落实“五必谈”“五必访”制度，开展经常性谈心谈话活动，及时掌握思想动态，增强队伍凝聚力。

【自觉接受监督】

自觉将检察工作融入县委中心工作，贯彻执行县委工作部署，坚持重要工作、重大案件主动报告。自觉接受人大、政协监督，及时办结人大常委会交办件2件；邀请人大代表、政协委员20多人参加“规范司法行为专项整治工作”座谈会、“两个专项立案监督”座谈会。“规范司法行为，提升司法公信”检察开放日等重要活动，听取意见建议，加强和改进检察工作。

（供稿：县检察院）

·法 院·

【概况】

2015年，漳浦县司法审判工作自觉接受监督，历行司法改革创新，强化司法为民，通过司法服务助推地方经济社会健康发展，通过严格司法维护社会、法律的公平正义。全院共受理各类案件9274件，办结6884件，同比分别上升45.20%和35.94%。

【严格司法维护公平正义】

强化刑事审判 扎实开展庭审规范化、量刑规范化工作，强化人权司法保障，共审结刑事案件632件897人。坚持宽严相济，对严重犯罪的被告人判处10年以上有期徒刑14人、判处5年以上10年以下有期徒刑23人；并对具有从轻、减轻情节的689名被告人判处缓刑、拘役、免刑或单处罚金。严厉惩处危害人民群众生命财产安全的突出犯罪，审结强奸、“两抢一盗”、故意伤害等犯罪290件388人；严厉打击危害食品药品安全、危险驾驶、环境污染等社会关注度高的犯罪，依法判处刑罚154人；突出惩治毒品犯罪行为，净化社会风气，审结涉毒案件38件40人；及时审结涉“两违”刑事案件7件9人，依法严惩非法占用农用地、妨害公务、职务犯罪等违法犯罪行为。

强化民事审判 严格落实各项诉讼制度，规范法官自由裁量权行使，依法保障当事人合法权益，共审结民商事案件5016件，标的额4.03亿元，调撤率51.60%。依法保障和改善民生，审理人身损害、劳动、住房、医疗、“三农”等案件773件；审结婚姻家庭、继承纠纷案件822件，注重维护妇女、儿童、老年人、残疾人合法权益；办结合同类案件3378件，有效稳定经济秩序，平等保护市场主体利益；设立金融审判合议庭，开通诉讼绿色通道，快速实现担保物权，防范化解金融风险；出台为电商创业提供司法服务保障意见，建立互动平台，助力创新企业可持续发展。

强化行政审判　严格实施修改后的《行政诉讼法》，支持、监督行政机关依法履职，共审结行政诉讼案件36件，审查行政非诉案件407件。着力推进行政机关负责人出庭应诉工作，完善源头预防、诉前化解、案件评估、联动协调工作机制，加大行政争议实质性化解力度；加强依法行政指导和行政纠纷预防，加大司法建议力度，促进行政执法程序和执法行为规范化。开展走访座谈18场，组织旁听庭审2场，发出司法建议7条；助推"两违"综合治理专项行动，及时依法审查涉"两违"非诉执行申请，作出裁定移交申请部门组织实施。

【司法服务助推跨越发展】

助推项目建设　及时研判并积极回应涉及古雷开发区、滨海新区、万安生态产业园区、美丽乡村建设过程中的司法需求，打造司法服务绿色通道，设立专业合议庭和巡回办案点8个，妥善处理涉项目案件45件。构建纠纷预防联动机制，设立征迁纠纷调解室，组织28名干警开展法律咨询、矛盾疏导，诉前化解纠纷31起。深化"司法助企"工作，妥善运用和解等方式化解企业债务风险，走访项目企业，共举办法制讲座、巡回办案51场次，收集意见建议47条，指导修订合同36份，帮助解决涉法难题43个。

服务特色发展　围绕国家森林城市、省级园林城市创建及两岸石化产业和现代农业深度合作试验区建设，着力推进各项特色审判和司法工作。进一步完善涉台多元调解、纠纷预防化解、两岸司法互助等工作机制；探索台籍被告人适用缓刑制度；市中院在漳浦县设立涉台社区矫正基地。推进生态司法保护工作，设立单独建制的生态资源审判庭并配备骨干力量，对生态资源案件实行刑事、民事、行政"三审合一"审判机制；探索建立复植补种、江海投鱼等生态修复模式，加强与有关部门的协调联动，试行公益诉讼，助力县域生态建设。

促进社会治理　借鉴"枫桥经验"，制定下发《关于实行重大敏感案（事）件及重大执法活动（事项）报告备案制度的通知》，完善矛盾纠纷排查调处、突发案件应急处置等机制。落实平安建设和社会管理综合治理措施，促进完善人民调解、行政调解、司法调解联动工作体系，做好社区矫正、回访帮教、监外执行以及互联网安全管理等工作。开展法治共建工程，建立驻村挂钩制度，指定挂钩法官14人，引导提升基层社会治理水平。借助"六五"普法、"综治平安月""12•4"国家宪法日"等节点，开展普法宣传，扎实推进"法律六进"活动。

【强化为民司法】

丰富便民举措　加强诉讼服务中心标准化、规范化建设，完善"十项功能"，推行"一站式"和"全方位"工作机制，优化诉讼服务。健全案件繁简分流机制，发挥简易诉讼、小额诉讼程序等制度优势，降低当事人诉讼成本。成立"三留守"人员维权岗，挂钩帮扶困难人员，帮助解决低保、就业、就学问题。完善司法救助制度体系，为23名困难群众缓减免交诉讼费7.36万元，为12名符合法律援助条件的被告人指定辩护律师，发放执行救助基金29.20万元。

破解执行难题　开展"案件执行年"活动，细化涉民生案件执行方案，进一步加强执行管理信息化、执行流程公开化、执行办案规范化建设；探索完善快速执行、主动执行、联动执行工作机制，以失信被执行人信用监督、威慑、惩戒法律制度为抓手，推进反规避执行和反消极执行。共查控房产43处、土地9宗、车辆16部，冻结银行存款1401.08万元；利用网站发布平台、闽南日报、漳州电视台公布失信被执行人信息1417人次；采取司法拘留措施156人次；移送追究涉执犯罪案件7件8人。全年共执结案件1038件，总标的额6625.33万元。

化解涉诉信访　全面落实各项信访工作制度和县法院《涉诉信访工作规定》，坚持信访风险评估和矛盾纠纷排查、约期接谈、领导包案和领导接访下访、理诉疏访及多元化解制度，推进涉诉信访纳入法治化轨道解决。加强与律师良性互动，引入律师第三方参与化解信访机制。全年开展信访风险评估25件，走访群众109人次，接待群众来信来访51件、咨询563人次，化解涉诉信访件32件。

【厉行司法改革创新】

落实改革任务　全面推进人民法庭办案责任制改革，选任人民法庭主审法官6人、普通法官3人、法官助理3人，组成"1＋1＋N"的合议庭模式，实行办案质量终身制、错案责任追究制。落实立案登记制度改革，及时下发《关于实行立案登记制度及执行异议归口审查的通知》，贯彻实施改革意见，对立案及案件分流工作机制作出调整并明确督查部门，确保"有案必立，有诉必理"。参与推进行政案件跨行政区划管辖改革工作，市中院在漳浦县人民法院设立全省首个中院行政审判巡回法庭。

改进审判管理　健全审判流程管理基本制度，推进完善"点、线、面"多角度、全方位的案件质量控制体系；开展流程节点管理、审限监控、程序监督以及流程运行态势研判工作，实现审判管理科学化、规范化、精细化。完善案件质量评查、庭审和裁判文书"两评查"长效机制，制订《2015年案件评查工作实施方案》，明确任务要求。常规评查各类案件100件，重点评查二审发改案件25件，评查庭审32场次，评查裁判文书368份。

推进阳光司法　全面推进审判流程公开、裁判文书公开、执行信息公开三大平台建设。健全庭审公开制度，完成庭审直播20场次。探索推行上网文书质量保障机制，上网裁判文书4166件，发现文书瑕疵并整改61件。运用"互联网＋"推进司法公开，完善法院官方网站、微博和微信，打造网上诉讼服务中心、电子法庭等互动载体，回应群众知情权。加强信息化建设，推进"八个看得见"工程，完成科技法庭数字化改造，基本实现办公自动化和审判流程信息化。

【打造合格司法队伍】

践行"三严三实"　开展"三严三实"专题教育和"反四风、树形象、真承诺"活动。强化理论武装，集中学习研讨21场，开展"守纪律讲规矩自查自纠与承诺"，牢固树立纪律和规矩意识。突出薄弱环节和重点岗位，坚持问题解决到位，认真查摆、整改不严不实问题，持之以恒抓作风。注重长效机制构建，增强制度、措施执行力，以审判、执行工作的实际成效取信于民。持续开展向邹碧华、詹红荔、黄志丽等先进典型学习活动，发挥党员先锋岗示范作用，注重典型引领。

加强司法能力　推进法官司法能力提升行动，加强新法新规、司法实务、群众工作法培训研讨；支持干警参加学历教育、司法考试、跟班学习和业务轮训，提高新形势下法院队伍的职业素养和专业水平。开展专题学习、案件研判和热点难点调研23场次，选派97名干警参加各类培训。采用结对传帮带、法官教法官、案例教学、现场教学、庭审观摩、岗位练兵、"精品文书推选"等方式，从实践中提升干警的综合能力。加强学术调研，调研工作连续十年位列全省基层法院前5名。

坚持反腐倡廉　开展"2015年度廉洁司法集中教育"活动，组织干警观看廉政教育宣传片、参观"两帝师"廉政教育基地及"谷文昌纪念馆"；签订司法廉洁承诺书、作风纪律"十严"承诺书，抓好《廉洁自律准则》《纪律处分条例》的测试。切实履行党风廉政建设主体责任和监督责任，落实"两个责任"清单。坚持家访谈心和队伍分析会制度，健全个人重大事项报告和廉政"八必谈"制度。开展效能检查21次，审务督察25次。

【接受监督维护司法公正】

坚持人大监督　将各项工作置于党的领导和人大监督之下，及时向县委、县人大及其常委会报告重大工作部署、重要决策措施、重点工作事项及重大案件办理情况，落实人大及其常委会决议审议意见，办理人大代表意见、建议。加强与人大代表联络沟通，选任20名人大代表为人民陪审员、廉政监督员，邀请旁听庭审4场、召开座谈会5场，走访征求意见36人次。

完善社会监督　通过邀请政协委员座谈、旁听庭审、协助调解等方式，自觉接受政协民主监督。设置当事人监督意见箱和举报电子信箱，畅通网上、窗口监督渠道，对所有审理、执行案件随案发放当事人廉政监督卡并由纪检监察部门随机回访52件116人次，切实加强外部监督。

（供稿：县人民法院）

·司法行政·

【概况】

2015年，漳浦县司法行政工作以法治漳浦建设，依法治县为主线，通过各种形式，不断推进普法宣传；整合社会资源，构筑大调解格局，把矛盾纠纷化解在基层，全年共排查各类矛盾纠纷4271件，调处率达到100%，调处成功率达99.65%。“六五”普法工作得到省、市领导的一致肯定，并代表漳州市顺利通过省级检查验收；全县社区矫正管理工作经验在全省司法行政会议上作典型发言并在全省推广。

【司法业务用房和司法所规范化建设】

县司法局业务用房建设项目已如期竣工通过验收；21个基层司法所业务用房建设已按省、市主管部门要求，全部提前完成任务；全县21个司法所均接通运行政务网，实现人民调解、安置帮教、社区矫正等信息管理平台全部与省市连接并正常使用。

【社会矛盾纠纷排查化解】

为服务省重点项目，强化古雷港区人民调解委员会建设，设立“民太调解室”等个人调解品牌，增强相关部门之间在化解矛盾纠纷上的协调配合，进一步加强人民调解与行政调解、司法调解的衔接。推进县医患纠纷、劳动纠纷、交通事故纠纷、环保纠纷、国土资源纠纷调委会等28个行业性人民调解委员会和309个村居（社区）人民调解委员会规范化建设，构建大调解格局。围绕县委、县政府的工作大局，开展矛盾纠纷常规排查和集中排查调处活动，做到“排查一件调处一件”，及时调处各种矛盾纠纷。2015年，全县共开展矛盾纠纷排查活动66次，各级调解组织共排查调处各类矛盾纠纷4271件，调处率100%，其中调处成功4256件，调处成功率99.65%。

【创新社会管理】

整合社会资源，做好社区矫正和安置帮教工作的无缝衔接，有效地预防和减少社区矫正对象、刑释解教人员重新犯罪。至年底，全县共在册管理刑释人员3687人，信息录入率100%，衔接率、安置率、帮教率均达99.92%。2015年，完成审前社会调查816件，累计接收社区矫正人员3225人，累计解除矫正2508人，在控人数717人。

【法律服务】

围绕保民生，不断扩大法律援助覆盖面。重服务，延伸公证业务。促稳定，强化法律服务市场监管，畅通法律援助绿色通道。在全县309个村（社区）全面建成“一村一法律顾问”网络，为全县新农村建设提供法律服务和法律保障。引导律师、公证员、法律工作者积极参与政府信访接访，为全县经济建设保驾护航。是年，全县共办理各类公证1807件，办证准确率和合格率均达100%，办理法律援助案件292件，受援人总数348人，接待咨询802人次，接待来访377人次、来电425人次，共为受援人挽回经济损失或取得利益1586.12万元。漳浦县法援先进工作经验获得全市推广并在全市作典型发言。

【普法依法治理工作】

开展法律“六进”活动及“三下乡”活动等普法依法治理工作，建设法治主题公园和普法基地，为全面提升全县法治化水平做出积极贡献。漳浦县代表漳州市顺利通过省级“六五”普法工作的检查验收，“四大特色”（普法工作有保障；普法宣传形式有创新；重点人群普法有实效；普法工作发展有特色）的普法工作得到省、市“六五”普法工作验收组领导的一致肯定。是年，共组织开展法制宣传活动52次，受教育人数20多万人，解答法律咨询4150余人次，分发各类宣传资料2万余份，为中小学生上法制课26堂，在机关、企事业单位、乡镇及社区举办法律讲座28场次。有效地推进基层民主法治建设，提升全县社会法治化管理水平。

（供稿：县司法局）

人民武装

·武装部工作·

【概况】

2015年，县人武部按照“能打仗、打胜仗”的目标要求，着眼从实战、实际需要出发，抓好军事斗争准备，抓好民兵整组，加强军事训练，提升战时应急能力，推进军事斗争准备向纵深发展；开展形式多样的拥政爱民活动，参加地方维护稳定和新农村建设。

【思想政治建设】

围绕铸牢听党指挥这个强军之魂，用好用活党委中心组理论学习，突出抓好党的十八大和习总书记关于国防和军队建设一系列重要指示精神的学习；深入开展“读经典、学哲学”活动，为每名干部购买一套书籍，为各科室添置图书15类120本。通过系统的学习，全体干部职工听党指挥的政治素质得到提升，对党的政治认同、理论认同和情感认同得到增强。同时，抓好经常性工作落实，广泛开展“部兴我荣、部衰我耻”“人人为部、部为人人”等活动。

【安全管理】

坚持以《安全条例》《预防犯罪工作条例》和《生命关口》等基本教材，突出加强安全常识学习、防间保密和政治纪律教育。开展“学法规、明职责、严纪律、正秩序”活动，提高干部职工学习条令、执行条令、落实条令的自觉性。严密组织安全保密“大扫除”，健全完善重要目标安全防范设施。

【拥政爱民活动】

发挥桥梁纽带作用，发挥自身优势，开展形式多样的拥政爱民活动。组织干部职工、民兵预备役人员600多人次参加古雷PX事故的抢险救灾；组织干部职工、民兵预备役人员2000多人次，参与驻地开展植树造林、环境卫生整治等活动。参与社会公益事业，开展扶贫帮困活动，结合“六一”儿童节和教师节，拿出5000元慰问学校教师和小朋友；拿出2万元慰问挂钩村贫困对象；在漳浦一中开展“助学帮困行动”，干部职工主动捐款，共捐资2.10万元扶持一中4名贫困学生；在贯彻两级军区党委首长提出的关爱“一老一少一基层”活动中，拿出1.08万元慰问军区范围内18名营连主官。

【征兵工作】

在夏季新兵征集过程中，严把体格检查、政治审查、走访调查、审批定兵、安全输送和廉洁征兵“六个关口”，真正做到每一个环节按照标准工作到边、跟踪到底、责任到人。根据征兵时间调整，及早筹划、及时部署、积极展开，在全国征兵工作会议召开之前，就与教育、民政、公安等部门人员深入驻地高校进行征兵宣传，帮助大学生算清“三笔账”，营造“一人参军、全家光荣”的政治氛围，调动广大适龄青年应征的积极性。2015年，完成征兵任务，其中大学生占比45%。

【基层年度整组】

围绕“十二五”规划任务要求，深入学习理解上级关于民兵调整改革指示精神，做到早筹划、早部署，确保整组工作有序展开。县人武部领导多次深入基层武装部，实地调研论证，面对面检查指导工作；特别是漳州军分区检查验收后，部党委一班人主动查找问题，组织2个检查组，采取逐单位、逐点通过的办法，对基层年度整组工作情况进行检查评比。2015年，编实建强三大类武装队伍。

【军事训练】

着眼从实战、实际需要出发，突出人武部机关训练，按照每月定计划、定时间、定内容、定标准，重点组织基础理论学习、指挥技能、识图用图、体能等内容训练，进一步提高干部训练水平；突出专武干部、民兵营连长、专业骨干训练，先后派人参加上级组织的专武干部和专业骨干集训。其中，参加省军区防空群实弹演习暨导弹专业集训，取得实弹射击两发全中的好成绩。组织民兵营连长、信息员集训和通信、维修队伍及海上信息员分队、防空导弹专业等的专业训练，使专业技术骨干能力素质得到提高。

【军警民抗洪演练】

结合防区季节性自然灾害等特点，组织军地联合演练，磨炼及提高民兵应急出动能力。5月下旬，组织民兵125人完成防抗台风救灾实兵拉动演练。演练中，动用车辆6台、借用冲锋舟3艘、救生衣125件、木桩60根、铁锹（铁镐）80把、施救绳300米、对讲机10部、应急灯6盏等物资器材。重点演练民兵应急分队集结、机动、宿营、搭设帐篷、水上救援、巡堤、堵管涌等课题。通过演练，促进应急分队人员和装备的落实，人武部应急组织指挥能力和民兵应急分队遂行多样化任务能力得到进一步提高，确保遇有突发应急情况时能拉得出、展得开、用得上。

【首长机关演习】

协调县国动委各单位，高标准完成“前卫”演练。演习中，民兵编组合理、机动迅速，战斗行动展开快、指挥员情况处理得当，既锻炼了领导指挥、摔打民兵队伍，又进一步理顺军地协同关系，战时应急能力有了明显的提升。得到上级机关和首长的肯定及通报表彰。

（供稿：县人武部）

· 人民防空 ·

【概况】

2015年，漳浦县人防工作找准人防与经济社会建设的结合点、切入点，推进“结建式”人防工程建设和质量监督，推进人防地面指挥所项目建设和防空警报建设，依法收费，基本完成县政府下达的指导性计划。

【指挥通讯建设持续发展】

推进人防地面指挥所项目建设 该项目与县司法业务用房等共建一幢大楼，基建一期已竣工验收，合建单位正在筹资二期安装。为谋划好指挥所的装备和指挥通信系统，县人防办组织相关人员赴漳州指挥所、厦门精图信息公司参观学习。

持续加强防空警报建设 是年3次组织技术人员检修防空警报系统，确保音响的完好率。“9·18”试鸣活动顺利进行，全县48台警报齐鸣，县电视台做了专题报道。发放手机宣传公告信息20万条，人防宣传进入社区、学校、机关。

【人防工程建设稳步推进】

“结建式”人防工程建设 全年新批人防工程项目3个，竣工验收项目4个。人防工程及其他地下空间开发得到广大市民和社会各界的普遍重视，既为战时防空提供人员掩蔽、物资储备、抢险抢修专业队和医疗救护等场所，也为平时救灾提供避难场所，更在较大程度上缓解日益突出的居民停车难问题。

加强人防工程建设质量监督 县人防办高度重视人防工程建设质量，加强全员教育培训，提高全员专业素质。派员参加7月在厦门举办的全省中介机构信用评定系统和防护设备产品电子注册升级软件使用培训；派员参加省人防办组织的赴港民防法制建设专题研修班。不断健全人防工程建设的监督管理制度，质监站人员常规化深入工地一线，把好施工过程每个环节质量关，确保人防工程的质量。此外，在人防专业队工程项目上实现零的突破，县客运中心按人防部门规定，建设一等人员掩蔽部，作为战时抢险抢修专业队工程。

【基本完成收费任务】

全年累计收取人防工程易地建设费276.90万元，基本完成县政府下达的指导性计划。始终坚持依法依规办事，按规定请市人防办在漳浦县组织召开7场人防工程易地建设专家论证会，并进行公示后，上报市办审批，没有发生违法减免缓交易地建设费现象。

【服务大局有新作为】

开展作风建设活动，着力解决“四风”方面存在的突出问题，坚持“马上就办，办就办好”，的原则，融审批、管理于服务之中，为全县重点项目建设提供绿色通道，优质快捷予以办理。其中为10个工业项目办理人防审批，按法律法规给予免交人防易地建设费311.50万元。

（供稿：县人防办）

·支前双拥·

【概况】

2015年，漳浦县支前双拥工作以深入开展争创全国双拥模范城（县）活动为抓手，深化国防教育和双拥宣传，解决支前双拥工作热点、难点问题，协调驻浦各部队全力支持地方经济建设。

【国防教育和双拥宣传】

2015年初，县人武部和县委宣传部联合下发2015年国防教育计划，按照《全国双拥模范县考评标准》要求，分层次全方位地开展国防教育。春节期间，县各套班子领导和各级共建单位上高山、下基层走访慰问驻军官兵，帮助解决实际困难，召开军政座谈会和县各套班子领导到驻军驻地过军事日生活，强化领导干部的国防意识。清明节期间，县委、县政府和驻军组织机关干部、学校师生、部队官兵近万人分赴漳浦革命烈士陵园、皮定均将军陵园、虎硿岩等4个爱国主义和国防教育基地开展悼念革命烈士、弘扬革命烈士丰功伟绩的活动。7月31日，县举办“庆八一军民鱼水情”双拥大型文艺晚会，增强全县军民的国防观念和双拥意识。9月30日，漳浦县在烈士陵园隆重举行“第二个烈士纪念日”祭奠革命先烈悼念活动，县各套班子领导出席公祭活动。全县各乡镇在镇区主要路口设立永久性大型双拥宣传标语牌，在县城和康大道打造双拥标语一条街，在假日新天国际小区旁设立“双拥园”，有效增进军民情谊，营造“军爱民、民拥军、军民团结一家亲”和全民争创全国双拥模范县的深厚氛围。

【争创双拥模范城（县）活动】

严格落实《全国双拥模范城（县）考评标准》，根据2012年全国双拥模范城（县）考评中存在的问题和不足，逐项抓整改、完善工作措施，明确工作责任、确保创建质量。成立全县支前双拥工作领导小组和创建全国双拥模范县工作领导小组，召开争创全国双拥模范县动员部署会，出台创建全国双拥模范县有关工作实行责任制的通知。进一步明确工作责任。确保创建质量。根据省双拥共建办公室《关于做好全国双拥模范城（县）、爱国拥军模范单位和个人评选推荐工作的通知》要求，开展富有成效的双拥“创模”活动，进一步密切军政军民关系。8月12日，漳浦县开始申报全国双拥模县；9月20日，省双拥考评组对漳浦县争创全国双拥模县工作进行考评验收，各项工作情况得到考评组的好评。

【服务重点项目建设】

妥善协调驻浦各部队支持地方重点项目建设，有效确保“五大战役”项目顺利推进。协调有关部门做好迎宾大道拓宽改造、鹿溪北岸片区一期工程，县城印石北（厦商）置业、黄仓开发区、汽修城、海西如意城和康宁医院等工程用地的军用光缆迁改工作。

【拥政爱民】

参与经济建设　驻浦各部队时刻关注地方经济社会发展大局，积极投身到全县的重点区域、重点工作、公益事业、新农村建设等改革发展任务中。在迎宾大道、省道漳东线扩建、赤湖污控区工业园引水工程等项目的军用光缆迁移问题上，涉及部队均主动协调配合，确保项目施工顺利进行。为支持古雷国家级石化基地建设，县边防大队在警力有限的情况下，抽调官兵52人、船艇2艘，全天候在项目厂区和古雷海城巡逻值班，保障古雷搬迁、征地、清海工作的顺利进行。各驻军单位采取“一团挂一村”的方式，开展扶贫、助学、义诊、整治村容等军民共建社会主义新农村活动，2015年，共捐献爱心款5万多元，为民义诊200多人次，慰问资助贫困学生8人。

参与抢险救灾 在灾害面前，驻浦各部队官兵勇当“突击队”和“先锋队”，配合开展抢险救灾，有力地保障人民群众的生命财产安全。4月6日，古雷PX项目发生爆燃事故，驻浦部队和180名专业救火队民兵在第一时间赶赴事故现场，协助转移群众近3万人，准备沙包袋5万个；并与其他支援部队通力协作，经过4天的连续奋战，成功扑灭大火，避免更大灾情的发生，受到省委、省政府、省军区的通报表彰。

维护安定稳定 结合创建“平安漳浦”活动，驻浦各部队根据自身特点，开展军警民联防活动，县公安边防大队在全国首创警官兼任“村官”新型警务模式，走出群众工作新路子，得到公安部边防局的肯定，并在全国公安边防部队中推广。县消防大队开展消防安全专项治理，检查人员密集场所600多家(处)，易燃易爆场所200多家(次)，发现隐患并落实整改1500余处，有效预防和遏制火灾事故的发生。2015年，县边防大队与公安机关协作破获刑事案件134起，查处行政案件1124起，抓获在逃人员10人。

(供稿：县双拥办)

【地方特产】

六鳌紫菜 紫菜属红藻类，藻体呈膜状，紫色或襟褐绿色，形状随种类而异，供食用。含蛋白质和碘、磷、钙、胆碱等物质，有防治甲状腺肿大、清热利水、补肾养心和增进记忆等功能。

“六鳌紫菜”的产地在六鳌镇，六鳌是漳浦县的半岛乡镇，地处闽东南沿海突出部，三面环海，面积26平方千米，海岸线长38千米，海洋资源十分丰富，年产各种水产品达3万吨，其中紫菜养殖面积已发展到670公顷。是漳浦县重要的渔业乡镇之一。镇党委、政府发挥三面环海的区位天然优势，实施品牌带动战略，着力打造独具区域特色的紫菜镇“名片”。

推动紫菜全自动筏式养殖技术的全面发展，突破长期以来浅海养殖的局限，把紫菜养殖向更深的水位发展，扩大紫菜养殖面积，建成了全省乡镇级最大的紫菜养殖基地，年产紫菜干品3000吨，年产紫菜湿品2.2万吨，产值近亿元。同时，推行紫菜精深加工，使六鳌紫菜由传统的日晒加工方式转变为电烤、精深加工方式，促进了紫菜效益的大大提升。全镇有和晟、龙鑫等16家紫菜加工厂，有自动八帘紫菜一次加工机组4条生产线，是漳州市乡镇级最大的紫菜加工基地。这16家紫菜精深加工企业的进驻，将紫菜价格从每公斤20-25元提高到200元左右。加强紫菜品牌创建，近年来，六鳌紫菜先后获得国家“绿色食品”使用权、漳州市“名牌产品”、福建省“消费者满意产品”、“福建名牌产品”等称号。为让六鳌紫菜走出漳州、走出福建，镇政府加强紫菜营销队伍建设，牵头创办紫菜专业合作社、六鳌紫菜协会，吸纳了近200人的营销人员加入专业合作组织。目前，六鳌紫菜已进入广东、江苏、上海等大中城市的市场和大型商场。

农 业

·综 述·

2015年，漳浦县实现农林牧渔总产值120亿元，同比增长2.60%；农产品总产量162万吨，同比增加4.60万吨，其中：粮食种植面积3.17万公顷，总产量19.55万吨，水果产量33万吨，蔬菜产量62万吨，肉类产量3.26万吨，禽蛋产量0.19万吨，水产品产量40.94万吨。甘蔗产量2.50万吨；毛茶产量500吨；食用菌产量6.10万吨，其中：工厂化生产的金针菇、真姬菇、杏鲍菇等食用菌5万吨，蘑菇产量1.10万吨。年生猪存栏23.70万头，年出栏35.80万头；家禽存栏185.20万羽，年出栏304.80万羽；牛羊存栏5.13万头，年出栏1.94万头。

·种植业·

【推进粮食生产现代化】

建设官浔、石榴2个粮食核心示范区。在官浔镇康庄村、石榴镇梅西村推广“五统一”(即统一机耕、统一育秧、统一插秧、统一防治、统一收割)，推广面积近134公顷。落实粮食生产政策，全县共发放种粮直补面积3.19万公顷，发放种粮直补资金2307.50万元；发放良种补贴面积1.83万公顷，发放补贴金额46.65万元。

【提升农业物资装备水平】

全县新建高标准的智能化温控及简易钢构大棚近66.67万平方米，新增建设面积6000立方米，全县20多家规模蔬菜生产加工企业已全部具备保鲜库设施。农村土地确权登记稳步开展，新增土地流转面积326.67公顷，累计面积达到9205.80公顷。漳浦县从全省23个竞争对手中脱颖而出，正式获批国家级“电子商务进农村示范县”。农产品质量安全进一步提高，10月22日，漳浦县出口农产品质量安全示范区通过国家验收，获得出口农产品质量安全示范区。

【现代农业项目建设】

突出农业转型升级、农业新业态，重点抓好“二园一区”(二园即漳浦台湾农民创业园、漳浦农民创业园，一区即国家级现代农业示范区)现代农业项目。谋划农业大项目，向上申报和争取资金。完成2个上千亩现代农业示范区的规划，并向农业部申报项目争取资金支持，两个项目分别为：石榴特色现代农业示范区，规划面积333.33公顷，引进龙头企业，建设石斛产业园、芦荟产业园和蔬菜产业园，年度投资3200万元，主要建设园区主干道4.90千米、26.67公顷喷灌设施及芦荟展示馆等项目；赤土光伏立体农业示范区，规划面积200公顷，年度计划投资6500万元，至年底已征地73.33公顷交付企业进行土地平整。两个项目均已获农业部批准，补助资金1000万元。

(撰稿人：邱晓聪)

·海洋与渔业·

【概况】

2015年，漳浦县海洋与渔业工作以加快海洋经济发展，建设海洋经济强县为目标，以创建

“平安渔业示范县”为契机，投入资金近亿元，加快标准化池塘改造、水产良种覆盖等现代渔业建设和渔业品牌建设，全县已拥有国家级渔业地理标志产品10个，创建农业部水产健康养殖示范场7家；加快渔港基础设施建设，新建一级、三级渔港各1家，筹建三级渔港3家；开展“五海”资源保护，打击海洋和生态环境违法行为，查处海洋违法案件11件，查扣涉渔“三无”船舶4艘；推进行政审批标准化建设，2015年受理各类办件2930件，办结率100%。是年，全县水产品产量40.94万吨，同比增长3.68%，渔业综合产值52.20亿元。

【现代渔业建设】

标准化池塘改造建设项目 完成一类海水池塘改造97口，面积106.67公顷，总投资1025.20万元。旧镇狮头养殖示范区和福建汇跃实业发展有限公司养殖基地按照集中连片、高标准、设施配套齐全的要求，建设现代渔业示范园区，被省海洋与渔业厅授予第二批、第三批福建省现代渔业产业园区。

水产良种覆盖率不断扩展 完成封闭式循环水工厂化设施养殖基地建设1座，项目总投资550万元。完成优质水产种苗繁育场建设1家，项目总投资500万元。新增省级良种场1家（漳浦县佛昙鸿达水产育苗场），新增市级良种场1家（漳浦县漳浦盐场锦兴水产育苗场）。

水产品加工水平和能力不断提升 完成1家水产加工改造项目，由福建新华东食品有限公司承担实施水产品系列产品加工设备购置项目，总投资297.51万元。全县已有省级水产品龙头企业4家，即漳州泉丰食品开发有限公司、福建丰盛食品有限公司、漳州新华东食品有限公司、漳州美丽家香食品有限公司。泉丰食品有限公司正在筹备申请上市，丰盛食品有限公司是全国最大的贝类加工企业，被列入漳浦县候补上市企业。

利用贝类加工副产物制备天然牛磺酸产业化示范项目 该项目由福建丰盛食品有限公司承担实施，项目总投资6800万元，2015年投资3500万元，建成面积1.14万平方米的科技楼。

【推进海洋经济发展】

培养发挥龙头带动作用，漳州一帆重工有限公司被评为2014年度福建省海洋产业“十佳”龙头企业，漳州元新食品有限公司、漳州顺益食品有限公司、漳州泉丰食品开发有限公司被评为2014年度福建省海洋产业龙头企业。申报推荐2015年福建省海洋高新产业发展专项资金项目，漳浦县福利来食品有限公司承担开发“紫菜即食颗粒加工技术研究与示范”项目；申报推荐2016年福建省海洋高新产业发展专项资金项目，漳州元新食品有限公司组织承担实施“牡蛎加工副产物制备牡蛎多糖关键技术及牡蛎酱生产研发”项目，漳州一帆重工有限公司组织承担实施“发动机机座加强板构件生产工艺技术开发与应用”项目。

【深化渔业品牌建设】

支持企业争创驰名商标、著名商标、名牌产品，至年底，全县已拥有官浔淡水虾、旧镇海鳗、沙西青蟹、沙西血鳗、深土三角蛤等国家级渔业地理标志产品10个，中国驰名商标2个，福建省著名商标6个，福建名牌产品4个，无公害养殖基地22处，无公害产品15个，无公害产地认证的养殖面积约1334公顷，推动全县特色水产品提档升级，提高水产品的知名度和市场竞争力。石斑鱼、白对虾分别被列为福建省第一批、第二批渔业十大品牌之一。

【建设农业部水产健康养殖示范场】

加快现代渔业健康发展步伐，充分发挥被农业部授予第一批东坂养殖区和第四批、第六批、第八批水产健康养殖示范场的效应，辐射和带动全县水产健康养殖创建热潮。组织一家养殖场申报农业部水产健康养殖示范场（第十批），面积33.33公顷。全县先后创建农业部水产健康养殖示范场7家，推进实施健康养殖，养殖规模达1966.67公顷。

【渔业安全生产监管】

加强安全生产宣传教育和培训 2015年，举办渔业船舶安全生产教育培训39场次，参训人员1856人；召开全县渔业安全生产会议3场次，参加人员165人次。发放宣传材料(宣传标语和宣传单)1.25万多份，制作10条安全宣传标语在县有线电视台滚动播出3个月，通过预警中心短信平台发送渔业船舶安全生产宣传短信3.32万多条。结合安全生产月活动，深入一线重点渔村举办渔业安全生产咨询活动2场次，受教育渔民群众520人次。

抓好渔业安全生产目标责任制的落实 强化对镇、村级渔船安全生产管理职责执行情况的督查，将落实渔业安全生产责任制的重点放在渔船及船东(长)的安全生产措施上，确保渔船出海编队生产、渔船通讯设施、消防设备、救生设施配置、进出港签证、定期联络、值班瞭望等各项安全生产制度的落实到位。

做好渔船年审年检工作 对全县纳入“双控”管理的1315艘渔船开展年检年审工作，其中：353艘通过检验，962艘由于船证不符未通过检验，未通过检验的渔船已依法责令整改。

规范乡镇管理船舶工作 对乡镇管理船舶普查登记，至年底，根据各乡镇普查登记上报的情况，共普查登记2454艘，均已登记造册。实施技术保障，由县财政投入100万元，为全县24个渔港、澳口安装高清视频监控系统，加强沿海镇渔船和乡镇管理船舶的监管；同时，对县预警中心进行升级改造，实现对全县渔港、澳口的船舶实施全天候管控，为渔业安全生产和应急救援提供技术保障。

开展渔船安全生产标准化建设 全县应达标渔船数为195艘，其中184千瓦以上的渔船共62艘全部完成二级达标，达标率100%；44.1－184千瓦渔船共133艘，其中二级达标117艘，三级达标16艘。全县应申报达标数195艘，达标总数195艘，二级达标率为92%。

推进“小改大、木改钢”工作 全县共淘汰小型木质渔船295艘，新建造中型钢制渔船49艘，渔船抗风险能力不断提升。推进渔船海事北斗一体化船载终端安装工作，全县中型渔船及辅助船206艘全部安装完成，为渔船安全生产再添新的科技保障。

开展安全专项执法检查 开展渔业安全生产大检查、深化渔业船舶水上安全“打非治违”和专项整治工作，排查渔业安全生产隐患。累计开展行动146次，检查港口111个次，出动执法船40艘次，出动执法人员605人次，检查渔船1607艘次，发现安全隐患57项，发出责令整改通知书15份，现场责令整改42次。

开展“平安渔业示范县”创建活动 加强对创建活动的组织领导，建立健全渔业安全生产管理机制，成立以县分管领导为组长，相关单位为成员的平安渔业创建活动工作领导小组，制定《漳浦县海洋与渔业局机关及直属事业单位领导安全生产“党政同责、一岗双责”责任制度》，确保“党政同责、一岗双责”制度落实到位，促进创建工作有序开展。制定创建活动工作方案，各沿海镇(场)根据“平安渔业示范乡镇(场)”创建内容和标准，落实“属地管理”的原则，开展“平安渔业镇(场)、村、船”等相关创建活动。抓好创建验收工作，县海洋局成立考评组，组织人员对乡镇(场)进行检查、考核，逐项工作查问题、找差距、抓整改。通过努力，漳浦县被评为2014—2015年度“省级平安渔业示范县”。

水上安全事故 2015年，全县发生水上安全事故2起，沉船2艘，其中较大水上交通事故1起，死亡(含失踪)3人，直接经济损失120万元。

【水产品质量安全监管】

健全完善水产品质量安全管理制度，加强重点区域、重点品种、重点环节、重点药物综合治理，提高养殖户的水产品质量安全意识和法律意识至关重要。开展水产品质量安全宣传活动，接受渔民现场解答咨询160多人次，发放宣传材料800多份。加强工商、公安、渔业的联合执法，深入养殖企业开展水产品质量安全检查监管，共出动人员76人次。在全县22个乡镇(场)抽检水产品110批次，品种包括对虾、石斑鱼、鲍鱼、青蟹、罗非鱼等主要养殖品种，检测合格率为100%；配合农业部、省级抽样检测 90 批次，合格率 97.50%。

【渔港基础设施建设】

一级渔港 六鳌一级渔港于 8 月 28 日开工，至年底，已投入建设资金 2656 万元，完成南防波堤抛堤心石方 10.43 万立方米，在二级渔港建设的基础上，再推进 495 米，渔需品交易区累计吹填砂 12.60 万立方米，浇注扭王字块 342 个 1152 立方米，推进直立护岸基础 350 米，累计投入资金 3500 万元。

二级渔港建设 前湖二级渔港，计划投资规模 1798.35 万元，至年底已完成工程招投标。整美二级渔港，计划投资规模 1560 万元，已完成业主置换及协调解决渔港陆域用地征用 18.67 万平方米。霞美北江二级渔港、下寨二级渔港已完成在省级公共资源交易平台网上的业主公开招投标。

三级渔港建设 沙西涂楼三级渔港于 7 月 30 日开工，至年底，已投入建设资金 135 万元，建设进港道路 700 米，堆场挡土墙 157 米。

避风锚地建设 下寨避风锚地计划投资规模 2200 万元，已投入前期资金 80 万元，完成《工程可行性研究报告》及行业评审，并申报国家二级渔港。霞美白石避风锚地计划投资规模 4400 万元，已投入前期资金 80 万元，完成《工程可行性研究报告》及行业评审，并申报国家二级渔港。

【海域管理】

服务重点项目 服务古雷港区，厦门南岸滨海新区、滨海旅游等用海项目，配合古雷港开发区管委会、厦门南岸滨海新区管委会做好海域使用的规划、海域收储和用海管控工作。

严格海域审批管理 规范用海项目申请审批程序，进一步压缩审批时限，所有行政审批和公共服务事项都压缩到法定时间的 60%以下。探索海域使用权招标拍卖工作，在南碇岛以东一条海域使用权申请人资格挂牌出让方案，用于浅海底播养殖，面积 134.69 公顷，已获县政府批准，正在组织实施。

加强县级海域动态监管能力建设 按照省海洋渔业厅部署，落实办公场所，开通专线传输网络，全力配合省、市工作安排，全面提升海域综合管理网络化、信息化、科学化水平。

【打击、整治海洋和生态环境违法行为】

开展岸线和海岛巡查 实施“碧海银滩”和“打非治违”等专项执法行动，加强对海岛、海域、岸线的巡查和海洋建设工程的监管力度，共巡查沙滩 9 次，出动执法人员 30 人次；开展海岛执法巡查 22 航次，巡查海岛 51 岛次，出动执法人员 164 人次。联合县城管执法局、霞美镇政府、霞美边防派出所等部门，共出动 50 多名执法人员，对下蔡一处非法占用海域的建筑进行强制拆除，打击违法占用海域的行为，维护用海秩序。

开展海洋工程环保监察 县海洋执法大队与市支队联合开展执法检查工作，全年共检查项目 7 个，发出整改通知书 1 份，及时纠正海洋工程中的违规行为，督促业主严格按海洋环保的要求落实整改到位。

加大海域采砂的查处力度 全年共查处海洋违法案件 14 起，处罚金额 103 万元，其中：非法采砂案件 9 起，非法围垦养殖 5 起。通过加大海域的执法力度，有效地遏制非法用海、非法采砂行为。

抓好伏季休渔工作的落实 全县海洋伏季休渔工作整体形势平稳，全县应休渔渔船 1711 艘，做到按时休渔，没有发现违规行为。结合伏季休渔监管工作，重点加强对违法违规渔具的整治清理，处置违规定置网 16 槽。

清理整治涉渔“三无”船舶 落实省、市、县关于开展打击非法采捕交易红珊瑚暨涉渔“三无”船舶清理整治的精神，加大巡查力度，查获涉渔“三无”船舶 4 艘，并按规定对涉案船舶进行没收拆解。

落实维稳信访责任制 按照“谁主管、谁负责”的原则，认真排查矛盾隐患，建立领导挂钩突出信访问题工作责任制，全年共受理来信来访 4 人次，办结 4 件，办结率 100%。

【“五海”资源保护】

落实市“五海”资源保护 为

加快全县海洋生态文明建设的步伐，确保“五海”(即海湾、海岸、海滩、海水、海岛)资源与环境保护有效落实，制定沿海各乡镇“五海”资源保护责任目标，明确海洋环境保护红线，以县政府文件下达，落实“五海”资源保护各项工作。

推进海洋环境保护和生态修复　做好项目申报，编制《福建漳浦海岸新城后蔡湾片区海岸带综合整治及修复项目工程》实施方案，做好后蔡湾海岸带整治修复和沙滩的保护；做好红树林种养，继续开展红树林种植养护管理，维护滨海湿地的生态平衡，与林业局配合在沙西种植无瓣海桑10.13公顷，成活率达81.60%；开展水生生物增殖放流活动和“百姓富、生态美2015年福建省海洋生态渔业资源保护十大行动”，在前亭江口湾开展增殖放流，放流真鲷苗21.70万尾、黑鲷苗18.12万尾。海漂垃圾清理整治，实施“碧海银滩”行动计划，清理海漂垃圾111.40吨，废弃船舶38艘，并集中焚烧或填埋，近岸海域生态环境得到明显改善。

提高海洋环境监测水平　投入资金40万元，委托有监测资质的国家海洋局厦门海洋环境监测中心站对全县近岸海域主要海湾开展海洋环境监测及预报；开展沙洲岛、小沙洲岛等海岛监视监测工作；加快县海洋环境监测站的建设步伐，申报海洋环境灾害应急监测能力建设项目，争取项目资金260万元，提升全县海洋环境灾害应急监测能力。

【行政审批标准化建设】

推进行政审批标准化建设　根据省、市、县的要求，清理和规范审批服务事项，推进行政审批标准化建设。共规范审批服务事项17项，其中：行政审批事项13项，公共服务事项4项。县海洋局审批事项百分百进驻窗口，审批项目百分百向社会公布，百分百项目窗口授权到位。县行政中心海洋局窗口共受理各类办件2930件，其中即办件1644件，承诺件1286件，承诺件能在承诺期内提前办结，按时办结率100%。海洋窗口被评为2014年度“五星级窗口”，2015年第一、三季度获“红旗窗口”。

渔民和渔业企业融资　继续与县邮储银行、县农村信用合作社、民生银行联合推行质押登记业务，解决渔民及渔业企业融资难、抵押难的问题，更好地服务渔民和渔业企业。2015年，为养殖育苗企业办理农业设施抵押登记贷款30宗，抵押贷款2200万元。

主动上门服务　按照“程序最简、环节最少、时间最短、效率最高”的要求，将办理小型渔业船舶检验发证的项目由中心窗口前移到各执法中队，一站式服务到位。渔业船舶职务船员、普通船员证核发采取网上审批的方式，对特殊人群需办理相关业务采取主动上门服务的方式，切实方便渔民群众办事。

【落实惠渔政策】

推进渔工政策性保险　全县渔工入会参保2456人，收取保费142.42万元；渔船入会参保213艘，收取保费114.64万元；接会员报立案22起，其中：渔船险3起，渔工险19起，赔款金额83.38万元。

做好渔船燃油补贴发放　根据上级主管部门的文件精神，多渠道、多层次、多角度广泛开展渔业油价补助宣传、调查核实工作，掌握渔业船舶、渔民的数量及变动情况等信息，及时落实全县登记在册渔业船舶油价补助申请的受理、审核、公示及上报发放工作。

【渔业科技推广与服务】

继续组织开展基层水技推广体系改革和项目建设，选送15名渔民技术员参加“新型农民”大专高等教育培训，培育渔业科技示范户50户。针对夏季高温影响养殖生产的情况，通过邀请省海洋渔业厅专家现场指导、技术人员包片服务等方式，增强病害监测和防控技术的业务指导，提高水产养殖水平。

（供稿：县海洋与渔业局）

·农机推广与服务·

【概况】

2015年，漳浦县农机化工作以发展现代农业为主线，以促进农业增效、农民增收为目标，组织农机人员深入田间地头，指导农民应用农机，同时投入农机具1869台套，为农业生产提供机耕、收割等服务；加强农机安全监管，年检拖拉机693台，开展农机安全整治，及时排查隐患51项，做好农机购置补贴，2015年发放农机各项补贴76万元。

【服务春耕备耕】

在春耕季节，组织农机技术人员深入各乡镇田间地头，指导农民应用农机化新技术，新机具，提升科技水平；指导农民机手保养调试和检修各类农机具，为春耕备耕做好准备，其间共深入田间26次。举办农机手技术培训班，提高农机驾驶操作人员技能水平，参训人数32人次。开展农机务农工作，为农业生产提供机耕、机灌，以及夏收、秋收等服务，共投入农机具1869台套。减轻农民劳动强度，降低劳动成本。

【农机安全监管】

建立健全制度 制定《漳浦县农机管理站2015年农机安全生产工作要点》《漳浦县2015年农机安全检查计划》《2015年漳浦县农机安全宣传教育工作方案》等，加强对全县农机安全生产工作早部署、早准备、早落实。与各乡镇(场)农机管理站签订《安全生产责任书》22份，与农机手签订农机安全生产责任书749份，明确责任，确保农机安全生产目标的落实。

严把拖拉机入户年检关 以提升“三率”水平为目标，对于不符合要求的拖拉机坚决不予办理入户年检。是年全县共办理拖拉机入户6台，联合收割机1台，上牌率100%；拖拉机年检693台，年检率72.79%；拖拉机驾驶证期满换证96本；拖拉机持证率92.28%。

农机安全宣传 利用电视、宣传栏、宣传单等形式开展丰富多彩的宣传教育活动，并结合安全生产月加大宣传力度，营造浓厚氛围。开展农机安全咨询活动1次，张贴、悬挂标语9幅(条)，发放各类宣传资料4180份。

农机安全专项整治 先后组织开展农机安全生产“百日行动”和农机安全生产大检查活动。制定《关于漳浦县拖拉机报废补贴办法的通知》，不断深化拖拉机报废工作，消除农机道路交通安全隐患。制定《关于拖拉机免费检验的通知》，直接受益机手693人。农机监理人员经常深入田间地头检查农机具安全操作情况，并联合交警、交通等部门开展打非治违专项整治，排除农机安全隐患。全年共组织农机执法人员、乡镇派出所民警、乡镇农机管理站工作人员开展联合执法24次，出动人员83人次，排查各类拖拉机92台次。检查中排查一般隐患51项，责令当即整改51项，整改率100%。

【农机购置补贴】

全县发放农机购置补贴资金30万元，基层农机推广体系改革与建设补助资金30万元，农业高产创建补助资金16万元，合计76万元。资金指标下达后，做好政策宣传，并通过县有线电视、网站或在乡镇所在地张贴公告等形式，及时公示购机者购买信息。严格补贴程序，实现阳光操作，严格核实抽查，对购机者提供的农机购置补贴材料的合规性进行审核，受理符合条件且材料完整的申请，对补贴额较高和有省级累加补贴机具重点抽查，对已拨付的补贴机具进行建档。加强廉政风险防控机制建设，通过电话、网站、信函等形式受理投诉，严肃补贴纪律。是年全县农机购置补贴总额67.89万元(其中：央补54.39万元，省补13.50万元)，涉及补贴农机具为旋耕机14台、轮式拖拉机10台、水稻收割机1台。

(供稿：县农机站)

·林 业·

【概况】

2015年，漳浦县林业工作以全面有效落实林业各项指标为目标，持续推进“四绿”工程建设，道林绿化2125多公顷，推进花卉苗木产业发展，全县花卉苗木种植面积7200公顷；深化林权制度改革，新审核登记332家，办证面积2466公顷，受理林权抵押贷款29宗，贷款金额4535万元；加强资源保护，共批准用林地38.80公顷，批准采伐38宗，面积306多公顷；办理森林案件42起，查处林政案件35起。

【造林绿化任务超额完成】

结合年度造林任务，着重在组织协调、规划设计、种苗提供、技术指导等方面做好服务。重点抓好沿海基干林带造林、疏林地补植和重点生态区位林分修复补植，持续推进“四绿”工程建设。全县共完成造林绿化2125.67公顷，完成年度任务的111.70%。其中：“四绿”工程905公顷，人工造林更新1220.67公顷。完成森林抚育1000公顷，封山育林1333.33公顷，均完成年度任务的100%。

【花卉苗木产业】

在品种引进、种植、经营、销售等方面加强规划指导。主动邀请厦门市检验检疫局、漳州市检验检疫局的领导和专家到沙西指导创建工作，着手申报创建出口榕树质量安全国家级示范区。推荐宏盛园艺、扬基生物、扬基园艺、闽荷、东南花都、永耕农业、艺泉园林、漳州日好等8家花卉企业评选省级龙头企业，推荐闽荷园艺评审国家级龙头企业。协助沙西艺泉园林公司对接市林业组培中心，合作开发榕树组培苗、推广榕树新品种。2015年，全县花卉苗木种植面积达7200公顷，花卉从业人员9.50万人。花卉产业年销售额8.20亿元，花卉出口创汇3400万美元，销售形势与2014年同期基本持平。

【林业项目建设】

由县林业局直接组织实施的红树林植物无瓣海桑繁育技术推广项目已全面完成，共投资130万元，新营造红树林10公顷、补植13.33公顷，均占任务数的100%；林业科技园项目建设已投资200万元，完成征地4.20万平方米，完成现代花卉项目土地平整8000平方米及名优特品种园规划。协助做好两个现代木业加工园区和六鳌翡翠湾景区酒店挂钩项目建设，确保项目建设进度。

【林权制度改革】

2015年，全县新审核林权登记332宗，办证面积2466.67公顷，其中：林权变更登记28宗，面积471.73公顷。受理林权抵押贷款29宗，抵押面积963.53公顷，贷款金额4535.60万元。继续实施森林综合保险，全县投保面积6.66万公顷，其中：生态公益林5.67万公顷、商品林面积9866.67公顷。配合省、市林业主管部门和各级人大开展林下经济产业调研，争取财政资金加大扶持力度。2015年，对6家较具规模、带动性较强的林下种养殖大户（企业）进行资金扶持，扶持金额50多万元。

【资源保护】

强化林地资源保护管理　在全县开展“五沿”破坏林地等专项整治行动，对非法占用林地等破坏森林资源行为进行全面打击治理。在严厉打击治理的同时，全力做好重点项目征收占用林地审核报批服务。全县共上报并获批13宗，批准占用林地面积38.80公顷。8月，漳浦县2014年度发展保护森林资源目标责任制顺利通过国家林业局检查考核。

强化森林采伐管理　全县共批准采伐林木38宗，面积306.80公顷，蓄积量2.54万立方米，材积2.07立方米。

落实森林防火责任　先后在漳州科技职业学院和古雷镇连续举办3期森林火灾扑救技能培训班，参训人员达800多人，森林火灾扑救能力全面得到提高。2015年，全县没有发生大的森林火灾事故，森林防火工作取得较好成效。

开展林业有害生物防控和野生动植物检疫监测　从外地调运白僵菌2.50吨，有效预防马尾松毛虫454.40公顷、木麻黄毒蛾519.73公顷；采用苏云菌杆菌等生物制济防治桉树尺蠖1618.53公顷，有效预防林业有害生物的发生和蔓延，降低林农的灾害损失。

严惩破坏森林资源的违法犯罪行为　相继开展“春季行动”“雷霆行动”“五沿专项整治行动”等专项行动。2015年，全县共办理各类案件42起，其中：立刑事案件7起，侦破6起，采取刑事强制措施7人；查处林政案件35起，罚没款32.04万元。清查整治古玩城、花鸟市场等场所，取缔小摊点、小档口、小店面、小柜台等；清理木材加工场所92处，没收木材79.50立方米，共挽回经济损失32万元。

（供稿：县林业局）

·水 利·

【概况】

2015年，漳浦县水利工作加速推进28个重点水利工程项目建设，完成投资3.51亿元；规范水行政执法，依法惩治非法采砂，全面整治南溪流域，加强对全县六大河流水环境巡查，落实水土保持，落实防汛备汛措施，全县没有发生严重的洪涝灾害。

【重点水利工程项目建设】

全县共实施中型水库除险加固工程、中小河流治理项目、朝阳大型灌区续建配套与节水改造项目、农村安全饮水工程、小型水库除险加固工程、海堤加固工程、水土保持项目、山洪灾害防治、农村水电增效扩容改造项目等10大类28个重点水利项目，总投资3.57亿元，比年度计划多投资1.41亿元。9月，新增扩大有效投资1.15亿元，年度计划总投资3.31亿元，项目数48个，呈现出项目多、投资大、补助多等显著特点。至12月底，全年累计完成投资3.51亿元，为年度计划的106%。

【落实防汛备汛措施】

坚持做到防汛责任人落实到位、预案准备到位、隐患排查到位、预报预警到位、防汛物资和抢险队伍到位等“五个到位”。是年，除第13号台风“思迪罗”和第21号台风“杜鹃”对漳浦县影响较大外，没有发生影响比较严重的台风、暴雨。全县六大河流水势平稳，没有严重的洪涝灾害发生。

【流域管理工作】

加强沟通平台建设，主动与各乡镇场联系、对接、协调、沟通，理顺管理体制。服务项目建设，承担全县水利工程项目的技术服务工作，开展技术指导、质量监督和项目推进工作。加强流域水资源和河道采砂监管，配合各乡镇制定河道整治方案，建立河道长效监管机制；配合水政大队和相关部门，开展河道联合执法行动。

【水行政执法】

加大非法采砂惩治力度 重拳出击，联合有关乡镇及交通、公安等部门依法惩治非法采砂行为。全县非法采砂行为基本得到遏制，整治工作取得阶段性成效。

开展南溪流域全面整治 联合长桥、官浔2个乡镇，对7户有证采砂户进行整改整顿，进一步规范采砂行为，确保河道行洪安全；配合国土部门取缔南溪赤岭支流东升河段1家非法洗砂场。

加强重点流域水环境巡查 组织人员对鹿溪、浯江溪、南溪、杜浔溪、赤湖溪、佛坛溪主河道巡查，重点开展河道采砂、向河道倾倒建筑垃圾、水面清洁等方面进行检查。

水土保持行政执法 在行政许可项目审批上，缩短办事期限，提高办事效率，把水土保持方案审批时限从原来的30个工作日缩短到18个工作日。是年，审批水土保持方案23个，依法征收水土保持补偿费108万元。

【河道采砂开采权招拍挂】

鉴于全县河道采砂协议出让3年过渡期到6月全部到期的实际情况，学习借鉴兄弟县市成熟的河沙管理经验，进一步探讨适合本县河道采砂的管理模式，制订《漳浦县河道采砂市场化配置实施方案》《漳浦县河道采砂堆砂场、洗砂场专项整治工作实施方案》。实行河道采砂开采经营权招拍挂，采取采挖经营一体化模式进行公开招投标，实行一年一投，分期分批进行。2015年，选取3个河段进行招拍挂，已实施鹿溪上下游河段。同时，完成新一轮《漳浦县河道采砂规划》编制审批及《2016年度漳浦县河道采砂年度实施方案》。

（撰稿人：许志伟）

工　业

•综　述•

【概况】

2015年,全县规模工业产值完成330亿元,同比增长24.20%,完成年目标315亿元的105%;规模工业增加值完成96.40亿元,同比增长24%,完成年目标94亿元的102.60%;工业固定资产投资完成78.10亿元,同比增长24%,完成年初目标60亿元的130%,超年初目标18.10亿元;技改完成投资34.84亿元,完成全年目标任务33亿元的105.57%;工业税收7.30亿元,完成年度目标的100%。新增规模工业企业38家,完成年度新增任务30家的127%。民企对接:全年完成投资100亿元,完成年任务155亿元的64.51%;开工4个,完成年任务3个的133%;投产7个,完成年任务7个的100%。其中,2015年民企产业新对接项目3个,分别为漳龙林业循环经济产业园、九龙江林业工业科技园及一帆新能源装备制造项目,3个项目均已实现开工,完成投资8.07亿元。

【综合协调工业经济运行】

强化目标任务管理和组织推进力度,按照推进转型升级加快科学发展的要求,开展跟踪、督促、协调和服务工作。加强经济运行预警监测分析,强化对重点监测企业的监测,对工业重点行业、重点企业、重点产品等运行情况进行跟踪调研,提出相应的措施和建议,为县委、县政府科学决策提供依据。强化重点行业指导协调,加强与相关部门和行业协会间的联络,及时发现、反映和解决影响行业发展过程中的重要问题,指导全县重点行业健康发展。

【推进技改投资】

及时明悉项目发展动态　围绕国家产业政策,通过广泛的政策宣传,让企业在第一时间了解国家、省市相关产业优惠政策,调动企业加快技改步伐能动性。同时,做好技术改造、科技创新项目的实施和储备工作,为企业争取政策、资金扶持。帮助福建瑞森皮革有限公司、赤湖镇锦业石材厂等通过机电节能、铬液及余热回收改造,获得节能技改财政奖励资金49万元。

及时申报各类技改项目　贯彻落实省委、省政府关于转方式、调结构的战略部署等文件精神,组织有关项目完善资料,对上申报。全县被列入省级战略型新兴产业储备项目3个、省级技术创新项目4个、省级高成长型企业2个、市级技改项目储备68个。

搭建融资服务平台　通过组织银企对接会等形式,推进金融机构开展“无间贷”“助保贷”“税易贷”等业务,缓解企业融资难问题。是年,共有17个重点项目与辖内10家银行机构达成融资意向金额25.26亿元。

【项目储备跟踪】

2015年,漳浦县被列入省级重点项目储备2个(漳州伟伊化纤有限公司、福建君美芦荟有限公司),总投资1.90亿元,年度计划投资11801万元,实际完成投资11066万元;省级新增长点项目5个,总投资58150万元;省级龙头企业2家(盈丰食品股份有限公司、福建万辰生物科技有限公司),总投资11.40亿元;省级战略型新兴产业储备项目3个,总投资3.02亿元;两化融合重点储备项目5个，总投资2.50亿元；省级技术创新项目4个，总投资6208万元。省级高成长型企业2个（车城汽车配件（福建）有限公司、漳州伟伊化纤有限公司）；市级龙头企业4家（一帆重工、盈丰、泉丰、天福）；市级技改项目储备68个，总投资22.64亿元，年度完成投资25.49亿元。

【加大企业扶持力度】

帮助申报专项资金　帮助企业申报2015年度市级中小企业发展专项资金项目，有3个项目均获得12万元的项目资金补助，分别是丰收园果菜有限公司冷库技术改造项目、丹东农业开发有限公司年产1.20万吨蔬菜及腌菜改建项目、创盈实业有限公司冷藏制冷项目。对于符合增产增效条件的用电企业进行奖励。截至第三季度，有台玻、伟伊化纤、漳远皮革等8家企业共获得奖励资金124.78万元；帮助同溢堂获得省级医药产业专项资金47.50万元，申报市级企业技术中心并获得10万元奖励；帮助4家市级工业龙头企业获得奖励资金400万元。

帮助企业拓展市场　为帮助企业拓展国内市场，实施“走出去”“推出去”战略，大力宣传、精心筹备，组织工业生产企业参加各地展示展洽会。是年，先后组织70余家次企业参加“漳州味（福州）展销与订货会”“漳州味（济南）展销与订货会”“闽货华夏行•北京站”“闽货华夏行•天津站”等展洽会，现场销售总额600万元、签订各类购销合同2.60亿元。

减轻企业负担　贯彻落实省效能办和县效能办有关文件精神，开展帮扶企业发展，整治涉企收费、乱摊派和清理规范涉企收费。清理涉企收费项目17项，政府定价的经营服务性收费11项，涉及企业的行政审批前置中介服务收费项目15项，其中有收费标准依据的7项，总金额9000余万元。

【抓好节能降耗】

坚持工业发展、节能降耗两手抓，全面落实节能目标责任制和考评制，狠抓重点企业节能管理；督查企业按计划完成节能目标，进行工业节能降耗预警和晴雨表发布工作；密切跟踪重点企业执行能耗限额标准，严控新上高能耗、产能过剩行业项目；推进淘汰落后产能，开展行业对标，增强产业项目可持续发展能力，提升企业的节能水平。开展工业废弃物再利用调研，11月24—25日，县政协调研组深入工业企业，对全县工业情况及工业废弃物处理状况进行了解，并听取当地政府和企业的汇报。根据调研组的意见和建议，结合全县实际，鼓励企业加大开展技术改造力度，利用工业废弃物；并向上争取技改补贴，促进企业进行技术改造转型升级，使企业工业废弃物得到循环利用，既减少企业工业废弃物排放，又可降低企业废弃物处置成本。

【落实安全生产】

围绕“安全第一，预防为主”和“安全工作重于泰山”的宗旨，按照安全生产目标考核的要求，采取以块为主，条块结合的办法，配合省市安全生产大检查。贯彻落实“一岗双责”制度，加强企业安全生产宣传教育培训，开展涉氨制冷企业液氨使用专项治理，推进企业安全生产标准化建设。做好重点行业集中开展严厉打击非法违法生产行为专项整治和隐患排查，加强企业安全生产的监督检查力度和节点整改落实，确保全县企业和员工生命财产安全。2015年，系统各单位无发生安全生产事故。

（供稿：县经济信息化局）

•电力工业•

【概况】

2015年，漳浦县全年供电总量20.37亿千瓦时（其中，省网19.53亿千瓦时，县网小水电0.84亿千瓦时），同比上升4.12%；售电量18.79亿千瓦时，同比上升5.04%。综合线损率7.77%，同比8.57%下降0.80个百分点。全网最高负荷34.56万千瓦，同比增长3.75%；用户35.01万户，其中：大工业560户，非普工业7617户，农业生产8290户，非居民照明3027户，居民生活用电312319户，商业18239户。固定资产投资7443.73万元，同比增长60.50%。完成纳税总额

3823.87万元，同比增长50.91%。实现连续安全生产3869天。是年，公司被评第十二届省级文明单位、省安全文化建设示范企业、市公司2014年度工会工作先进单位、县行风评议第一名、县绩效评比先进单位、县纳税大户，城郊供电所被全国总工会、国家安全总局评为“全国安康杯竞赛优胜班组”，调控中心被评为“国网福建省电力有限公司调度控制管理先进单位”。

【营销管理】

强化营销基础管理 提升营销量价费管理，全面开展低压电价普查及整改；加快线损异常台区排查与整改。加强重要电力客户供用电安全隐患排查，推进用电客户侧责任安全隐患治理。配合政府专项整治行动，按规定给予4户违规企业停止供电。完成1.80万户手机号码更正，5300户用电地址更正，现场核查、基础信息可用率100%。扎实开展箱户关系核查、线变箱户关系一致率工作。智能表综合采集成功率98.93%，同比增长11.50%。

深化用电满意工程 推出“点亮微笑”提升窗口服务专项行动；全面实施项目对接提效工程，推行低压业扩“1+1”新模式，简化报装手续，缩短报装时间；深化服务快速响应中心建设，加强投诉管控，有效提升服务质量和效率。拓宽缴费渠道，新增银联POS刷卡缴费机51台、大堂式自助缴费终端两台，便民缴费网点30个。推广95598官网自助缴费、微信缴费和掌上电力APP便民服务。兑现用电优惠政策，新增台湾农民创业园优惠电价用户4家。业扩报装量增加18.70%，业扩流程时限缩短33.70%；累计新增高压用户183户，增容67270千伏安；新增小区8个，新装容量165180千伏安；新增低压用户32821户，增容124857千伏安，同比增长34%。

服务地方建设 服务古雷石化、古雷抢险救灾、农业硅谷、漳州沿海大通道和漳浦县城镇建设，建立“一对一”服务机制，有效保障用电需求。推进漳浦县2015年工业发展工作和重点项目共计15项。

【电网建设】

保障供电用电 解决电网薄弱引起的频繁停电、低电压现象，保障经济发展与民生用电需求。2015年共投资6.40亿元，其中，220千伏及以上输变电项目由市公司和省公司筹建，漳浦区域投资3.91亿元；110千伏及以下输配电项目由县公司筹建，投资2.49亿元。加快电网建设，提升供电服务品质，配合省、市公司实施500千伏东林变及其配套220千伏配套送出线路建设；新建110千伏西营、金源变电工程，投产110千伏梅园变一期、油田配套110千伏线路以及35千伏垃圾发电厂配套线路等输变电工程5项，新增主变容量5万千伏安，110千伏、35千伏线路共计23.64千米，有效缓解局部电网供电能力不足问题，增强城区、古雷和前亭镇等区域的供电可靠性。

强化配电网建设升级工业 修编漳浦县2015－2020年配电网规划，完成配网改造项目（含跨年度）竣工150个，国网低电压项目开工50个，配网、农维大修项目竣工133个。深化“一台区一方案”低电压整治，累计整改配变出口低电压台区131个、用户低电压台区798个，整改率分别为96.32%、92.83%，惠及低电压用户14837户。

【安全生产】

实现立体化安全管理 树立安全意识，建立健全安全保证体系和监督体系，通过加强重点环节、重点作业现场全过程安全监督与作业风险控制，强化安全责任落实，发挥公司三级安全网作用，严抓实管、防微杜渐，安全生产保持平稳。

开展隐患整改 消除薄弱环节，完成迎峰度夏、技改、大修46项，有效缓解电网局部“卡脖子”问题。开展变电站防鸟害、线路防外破、设备机构箱（端子箱）防潮、防渗等排查整治；开展变电站重载设备巡检、特巡、测温等工作，及时消除隐患，保证供电线路的安全可靠运行。圆满完成省运会、古雷应急救援、抗战胜利70周年阅兵仪式等重大节假日和地方重要活动保电任务。

夯实安全生产根基 贯彻落实《中华人民共和国安全生产法》，开展“安全基础我懂得 我参与我受益”主题活动，落实安全大检查及隐患缺陷整治。坚持领导人员“六个亲自”，班子成员全年深入生产现场94次，参加班组安全日活动93次，协调解决重大问题52项，组织预案编制18次。加强专业安全执规，规范外协施工队，严格执行违章记分管理，发现问题246个，累计违章记分568分。启动约谈机制，约谈21人次。落实各类问题整改286条，完成率100%。创新小型分散作业风险辨识和预控，编制安全提示卡、风险管控措施。严格执行输变配电生产作业现场风险管控实施细则，落实作业风险等级及评价分析。累计执行“两票”3889份，实现隐患整改的闭环管理。

【体制改革】

顺利完成“三改”工作　完成机构设置和人员调整，实现管理机关“目标任务制”，供电所“工作积分制”，全员绩效考评率100%。持续开展供电所管理人员履职情况考评；完成全民工和农电工内部分配制度改革薪酬兑现。推进“五位一体”协同机制应用，提升队伍整体素质，分层次、分类别、多渠道开展培训工作，培训项目18个，培训3600人次，全员培训率99.93%。生产一线岗位证持证率90%，员工参加省、市调考301人次。

筑牢廉政建设底线　落实党风廉政建设“两个责任”“一岗双责”、廉洁从政若干准则、规定等制度要求，严控“三公支出”，规范“三项费用”，严禁集体“闯红灯”等行为的发生。

严格依法治企　深化法律风险防范体系建设，开展自查自纠，梳理重大风险隐患，举一反三、逐项进行整改。推进财务精益化管理，加强企业内控体系建设。严格执行“三重一大”集体决策制度，加强权力监督制约，规范召开党委会、党政联席会及总经理办公会等“三重一大”决策会议。依法开展反违章用电、反窃电专项检查，共查获窃电、违约用电、计量异常用户74户，追补电量66.81万千瓦时，挽回经济损失83.39万元。

（撰稿人：张文辉、黄巧华）

• 二轻工业 •

【概况】

2015年，漳浦县二轻联社围绕“服务职工、维护稳定”的工作主题，化解多起职工上访事件，协调解决县塑包厂在收储工作中的问题，维护职工的合法权益，促进职工队伍的和谐稳定。

【协调解决塑包厂收储问题】

为了解决塑料包装厂收储工作因涉及租户的利益，个别租户拒绝搬迁，影响收储工作的进度的问题，厂职代会几次与租户进行协商。在工作仍无效，工作陷入僵局的情况下，县联社介入，到现场实地查看，了解情况，指导该厂职代会于法、于情、于理做租户的思想工作，对租户的合理要求给予肯定支持，并向有关部门反映，争取解决；对那些不合理要求则给予回绝，并从政策上做出解释。至年底，塑料包装厂收储工作顺利完成，进入职工安置阶段。

【做好上访职工问题的化解】

2015年，县塑料包装厂部分职工和二轻系统个别其他下属企业的职工到二轻联社及县信访局上访，要求政府帮助解决塑料包装厂在收储工作中碰到的问题及个人的有关待遇问题。接访后，县联社高度重视，深入实际，调查研究，主动与上访人沟通对接，及时向县政府分管领导汇报，对能解决的问题订出解决的时限，不推诿，对暂不能解决的问题则耐心解释，化解上访人的怨气，取得上访职工的理解。

（供稿：县二轻联社）

园　区

•绥安工业开发区•

【概况】

2015年，绥安工业区主要经济指标完成固定资产投资项目64个，完成年任务的173%。年度总投资44.72亿元，完成年任务的130%。新办工业企业35家，完成年任务的117%。新投产工业企业32家，完成年任务的139%。工业项目投资额：500万元以上项目完成35亿元，完成年任务的108%；2000万元以上项目完成32亿元，完成年任务的103%；企业技改投资额完成20亿元，完成年任务的101%。规模工业产值172.40亿元，完成年任务的100.60%。新增规模企业14家，完成年任务的108%。新注册外资4189万美元，完成年任务的52.40%。新注册内资7亿元，完成年任务的292%。外资实际到资5034万美元，完成年任务的101%。内资实际到资15000万元，完成年任务的208%。开业投产生产性三资企业14家，完成年任务的100%。出口创汇3.90亿美元，完成年任务的73.30%。完成财政收入4.92亿元，完成年任务的104.70%。社会消费品零售总额9500万元，完成年任务的119%。新增“社会零售”企业数4家，完成年任务的133%。

【招商引资成效显著】

为更好地做好招商工作，成立开发区招商引资工作领导小组，新设立开发区招商局。健全招商机制，创新招商模式，推行以商招商，盘活园区闲置土地、厂房进行“嫁接招商”。在加强招商引资的同时，注重产业结构的优化调整和产业链的铸造延伸及招商实效，着力引进科技含量高、投资强度高、土地利用率高、产业带动能力强的项目。在厦门投资贸易洽谈会期间，开发区设置漳浦经济开发区展馆进行招商推介，首次采用“互联网＋”微信平台招商，共吸引近万人次参观。全年工业区招商引资共签约项目28个，总投资12.55亿元，完成年任务12亿元的105%。

【项目建设硕果累累】

2015年，共实施投资项目64个，完成年任务37个的173%；完成固定资产投资45亿元，完成年任务34.60亿元的130%；新投产工业企业32家，完成年任务23家的139%。其中，盈丰食品生产项目为省级重点项目，总投资32亿元，占地面积40公顷，总建筑面积32万平方米，建设五大生产加工区，24条生产线，年可生产海产制品、肉制品、罐头食品、蔬菜制品、姜制品等产品10.50万吨，产值50亿元，达产后可创税2.50亿元；台玻（福建）光伏玻璃有限公司增资项目，总投资1.58亿元，新上马新能源客车电池生产线，于11月投产。此外，致易电子、敏捷动漫、自行车产业园、伟伊化纤扩建项目等也序时推进，可望于2016年建成并投产。

【服务企业功到效显】

深入开展“进企业、解难题、促发展”活动，主动服务，了解企业注册、投建、投产、发展过程中存在的问题，热心为企业排忧解难。帮助企业进行技术改造、转型升级，鼓励一批企业增资扩产，做大做强。以“落地注册、项目备案、土地组件、投建报批、用水用电、招工用工、企业技改、转型升级、资本运作”为主线，全程全力服务企业。帮助企业做好项目建设前期的报批报备等服务，力促企业尽早开工建设。帮助企业盘活闲置土地、厂房。为更好地服务企业，除从4个工业园办事处各抽调1名人员派驻县行政服务中心工业服务窗口外，还在开发区管委会专门设立企业服务中心办事大厅，并成立专门的企业服务队伍，为企业提供全方位服务。2015年，完成鹏利玩具二期等4个项目用地农转用报批组件；完成农机产业园7宗地块、和进制罐等23宗项目招拍挂材料组织、交易；整理涉及绥安工业区批而未供土地共71宗，根据各个项目情况，制定整改工作方案跟踪落实；多渠道的招工，为企业招工3000多人次，有效缓解企业用工难问题；支持企业绿力生物科技公司在深圳证券交易所新四板成功挂牌。

【园区整合稳步推进】

完成工业园整合第一阶段4个园区（绥安工业园、黄仓工业园、旧镇工业园、大南坂工业园）的机构、人事、财务归并工作。经县编委批准，绥安工业区管委会内设机构调整为党政办公室、经济发展局、招商局、规划建设局、财政局、社会事业发展局、国土资源管理所、市容管理处等8个。原从各园区所在乡镇借调或兼职的人员已回归乡镇。由工业区4名班子领导挂钩4个园区，任命4名园区办事处主任。财务方面已完成绥安工业园、黄仓工业园、旧镇工业园、大南坂工业园财务交接整合，通过与财政、审计部门配合对各园区财务进行清理，制定财务管理制度，对各园区账务进行归并，统一账务核算，规范各园区各项支出，并初步建立国库统一支付制度。整合归并后，实行统一规划布局、统一配套建设、统一招商引资、统一管理服务，实现园区由传统松散型管理模式向现代紧密型管理模式的转变。

【园区环境净亮绿美】

着手进行园区提升，提高园区项目承载能力。进行环境卫生大清理，并建立卫生长效保洁机制。开展园区基础设施配套建设情况摸底，各园区梳理出需完善建设的项目清单，根据项目的轻重缓急，序时安排项目。结合路灯等设施建设对园区进行绿化，提升园区的品位。

【重新独立申报省级开发区】

绥安工业区重新独立申报省级开发区工作得到省、市政府的重视，并得到省商务厅、发改委、住建厅、国土厅、环保厅等部门的支持。开发区区域环评于8月初到漳浦县现场查勘。11月初，省环保厅已审查并通过开发区区域环评。至年底，申报工作进展顺利，所有材料已汇总上报省商务厅。

（撰稿人：方茂贵、胡巧菁）

·古雷港经济开发区·

【概况】

2015年，古雷开发区实现固定资产投资113.37亿元，同比增长3.06%；财政总收入11.39亿元，同比增长4.69%；地方级财政收入8.48亿元，同比增长5.74%；规模工业总产值受“4·6”事故影响较大，累计完成121.65亿元。同时，全力督促腾龙翔鹭集团按要求整改修复，安全形势稳定好转，发展后劲持续增强。

【加快石化启动项目整改修复】

按照省、市“全力支持、全程服务”的指示要求，全力推动中国石化和腾龙翔鹭集团合作，做好整改和恢复试生产的各项跟踪、协调、服务工作。协调机制高效运作，根据福建省、中石化、腾龙翔鹭三方高层会议的部署，古雷开发区管委会第一时间召集中石化项目管理部和腾龙翔鹭负责人会商，落实制定三方工作联席会议制度。坚持每周五下午固定召开工作联席会，议事程序日趋完善、运作效率逐步提高、议定事项落实力度不断加大，推动合作进程。审批程序抓紧完善，省、市、开发区各级审批部门靠前服务、全力支持，指导业主抓紧完善各项支撑性文件，收件后均在第一时间予以办理。应急吹扫具备条件，启动一炉一机方面，中石化项目部专家团队已完成对热电厂一炉一机临时启动方案的评审，并确认一炉一机已完成所有准备工作。

【在建中下游项目配套跟进】

按照“追问题、解难题、促发展”的思路，加大工作协调力度，与镇村建立良好的沟通渠道，互相配合，互相支持，确保项目顺利推进。腾龙化学苯酐(PA)、春达化工增塑剂(DOP)、海顺德催化剂、济德污泥、中怡化工、新阳聚酯等6个工业项目总投资37.30亿元，2015年，累计完成投资9.70亿元。

【签约项目取得重大突破】

古雷炼化一体化项目一期工程奠基 12月14日，举行古雷炼化一体化项目一期工程奠基仪式，全国人大常委会副委员长、两岸企业家峰会大陆方面副理事长盛华仁，福建省省长于伟国，两岸企业家峰会台湾方面副理事长、台湾三三企业交流会会长江丙坤，省委常委、常务副省长张志南等出席奠基仪式。在各方推动下，项目商务谈判取得重大进展，谈判内容已基本达成一致，争取2016年6月实质性开工。

锦江石化与南光集团芳烃－己内酰胺一体化项目 项目可研已委托辽宁石化研究院编制，环评能评等前期工作同步展开，可望在2016年上半年主体工程开工建设。

台湾中石化烯烃芳烃一体化项目 项目可研和能评编制工作已启动，吉林化工设计院已进场勘察。项目力争2016年上半年完成项目备案，并开工建设。

【发展环境持续优化】

古雷整岛搬迁基本完成 2015年，古雷新港城安居房工程累计完成投资128亿元，245栋、建筑面积240万平方米的19666套房全部完成二次装修并如期交房。9月27日，举行古雷整岛搬迁乔迁庆典，古雷镇各搬迁村近四万多群众平稳有序地住进新港城。幼儿园、小学、中学、银行、超市、农贸市场、社区医疗服务中心，老年活动中心、污水处理厂、公共厕所、民俗文化场所等公共设施同步建设。

安全检查站加快建设 一期工程于10月启动建设，用地面积10.50万平方米，项目主要包括古雷石化基地安全检查站、安全教育大厅、安检办公以及配套的市政道路。主体工程力争在2016年第二季度建成。投入使用后石化基地可以封关运行，可对进出古雷半岛车辆、人员进行有效监管，降低石化企业生产危险、运输危险和运营危险。

公共配套继续完善 按照管委会年初统筹部署，2015年共实施房建、市政及交通基础设施项目31个，总投资448亿元，全年累计完成投资77.11亿元。新港城配套道路、漳州海滨城21区二期商品房、沿海大通道J11、10标段、纬五路、次五路、岱仔连接线、杏仔路与海顺德路连接线、古雷石化基地安全检查站等一批工程开工建设；前埔污水处理厂主体工程、海滨城10千伏电力专线工程、沿海大通道九标段绿化工程等项目如期完工。

两岸产业合作优势独特 为统筹两岸石化产业深度合作，开发区与市发改委对接，联合委托中国国际工程咨询公司和台湾经济研究院，正式编制完成《漳州古雷深化两岸石化产业合作示范区规划研究报告》，较好梳理了国内外石化产业发展趋势和特点、台湾石化产业发展现状与问题，有利于研究提出两岸石化产业深度合作的体制机制新模式新思路，以及相应的优惠政策。

【服务水平不断提升】

加强重点项目建设管理 2015年，古雷开发区被列入省行动计划项目29个、省级重点项目20个、市级重点项目31个。为做好项目规划管理，将确实具备条件的项目努力增补为重点项目，确实无法实施的实事求是调出重点项目，提升重点项目的质量和招牌。全年累计增补6个参照省管理重点项目，调出行动计划项目2个，较好完成省重点项目建设任务。

扩大宜居环境建设项目投资 2015年，实施宜居环境建设项目29个。其中：在建项目15个，完工11个，前期工作3个，总投资85.80亿元，年度计划投资22.30亿元，实际完成投资26.78亿元，完成计划的120%。

严格"大干6个月"活动考核　开发区成立"大干办"，进行项目督查工作。每半月汇总归纳42个实施项目的固定资产投资、项目建设存在问题，提交开发区领导、市大干办研究调度。在落实考核指标上，按照《2015年全市"大干六个月，奋力冲刺全年目标任务"主要工作任务分解方案》，把开发区承担指标任务上墙，明确各项指标和项目的责任人、序时进度，按表跟踪、动态管理，并分类建立台账，形成完整的指标考核体系。

【提高应急安全维稳水平】

应急安全应对与防范　开发区安办、安监、消防、环保、质监、气象、应急指挥中心等单位，在"4•6"事故发生时，均在第一时间赶赴现场，在事故现场指挥部和管委会的领导下，全力参与抢险救灾。事故发生后到大火最终被扑灭，各单位的工作人员大多都在火场一线，协调安排好安监、质监上级部门领导及专家赶赴现场参与救援。大火扑灭后，配合省安监局开展事故调查，为调查组提供车辆接送、食宿、会场安排、办公器材、安全生产台账资料等各项要素保障。吸取"4•6"教训，全面协调指导区内安全生产工作，定期联合组织安全生产检查，到企业为一线工人开展安全生产教育，牵头组织开展危险化学品应急救援演练，编辑手机短信、微博信息，把预警提醒信息、建议等提供给相关单位企业。

社会治安综合治理　2015年，古雷开发区被列为省、市社会治安重点整治跟踪督导点。古雷开发区综治委、漳浦县综治委结合服务古雷石化产业园区建设和古雷整岛搬迁工作的实际，创新推出"责任共担、资源共享、难题共解、协商共决、齐头共进"的区域重点整治协作模式，联合在古雷开发区开展社会治安重点整治行动，取得较好的成效。古雷整岛4万多人口成功实现和谐搬迁，没有发生非正常上访和群体性事件，社会安定稳定。

【强化要素的保障能力】

用地、用林保障　围绕项目建设，提供保姆式服务。交通建设、国土、林业等单位深入企业开展要素保障需求调研，详细掌握企业项目用地、用林、用海需求规模、时间，精简压缩行政审批事项，提高审批效率。全年完成发改审批事项46个、规划审批66件、建设工程审批14件，农转征获得省政府批准13个批次和1个独立选址项目，面积178.15公顷，办理供地11宗，面积112.65公顷。完成古雷特勤消防站（一期）、腾龙芳烃80万吨/年—160万吨/年对二甲苯改扩建工程、古雷石化基地安全检查站等3个项目共7.38公顷用林的审批。

资金保障　重视资本运作，创新融资模式，拓宽融资渠道，千方百计争取开发银行的棚户区低息贷款和专项建设基金、地方政府债券、银行贷款、九龙江企业借款、土地收储、产业基金支持等。2015年实际融资总额254.50亿元，比上年同期114.50亿元增加140亿元，增长122.27%，有力地保障各项工作顺利开展。同时，做好节支节流工作，通过审核工程预算、结算，节省财政资金1.83亿元，总核减率为7.40%。

【招商引资更加精准】

2015年，共接待来自国内外大型企业、跨国集团等客商考察近百批次。

借助政府平台，树立园区形象　借助"9•8投洽会""6•18成果交易会""花博会""两岸经贸恳谈会"等重大招商展会的平台，提前谋划、主动参与，向国内外客商充分展示古雷开发区的投资环境、区位优势、自然条件优势和政策优势，介绍区内项目建设情况，进一步消除事故带来的负面影响。"9•8"投洽会期间，举办"古雷石化基地专场推介会"，来自荷兰皇家孚宝集团、韩国SK、霍尼韦尔（中国）有限公司等跨国企业代表参加了推介会。会上还成功签订2个投资近百亿元的合作项目。

结合产业项目，开展精准招商　重点瞄准世界500强石化企业和台湾百大石化企业，以及国内著名的石化企业，组织招商小分队，主动出击。建立完善客商资料库，定期进行电话回访和电子邮件投递，至年底，已与20几家知名国内外企业建立日常邮件往来。

突出以商招商　支持园区企业引入战略伙伴，实现良性发展，不断做大做强。通过海联会、海洋集团，加强与韩国现代、SK集团的沟通联系，引导他们到古雷投资建设石化项目；通过海顺德公司，加强与荷兰皇家壳牌的洽谈对接，争取引入壳牌公司建设炼化一体化项目和LNG接收站等项目。推出一批公共配套项目，加快推进荷兰皇家孚宝、华能集团、华润集团等一批世界500强企业入驻，高标准做好区内公共配套“一体化”服务。

【健全规划体系】

坚持规划先行，做好“十二五”工作总结与“十三五”规划编制，进一步完善古雷开发区规划体系。

总体规划　通过公开招标确定中国城市建设研究院作为古雷开发区总体规划编制单位，于10月完成总规初稿。由于规划范围扩大，总体规划成果正在作相应的调整。

规划提升　根据国家发改委对《漳州古雷石化基地总体发展规划》的批复精神及省、市政府要求，委托新加坡裕廊国际从园区化规范管理、园区封闭式管理、工业项目集约用地、港区岸线优化利用以及码头后方仓储用地使用等方面提出指导性意见，为总规编制提供更加科学、合理的依据。

专项规划　给水、管廊、燃气3个专项规划完成编制；综合交通、道路、竖向、雨水、污水、供热（冷）等6个专项规划正在加紧修编。

控制性详细规划　中石化炼化一体化、金源变电站、油田变电站、杜浔供电所、海水淡化、公务园区、中怡化工等7个地块控制性详细规划完成编制和报批；古雷作业区东区港口规划和数模研究编制顺利完成，为项目审批提供规划依据。

（供稿：古雷开发区管委会办公室）

附：古雷石化企业腾龙芳烃发生二甲苯塔漏油着火事故处置始末

4月6日18时56分，古雷应急指挥中心视频监控发现，古雷石化企业33号腾龙芳烃装置和周边的常压渣油发生漏油着火事故，引发装置附近中间缺罐区的3个储罐爆裂燃烧，分别是重石脑油储罐607罐（存油6000立方米）、608罐（存油2000立方米）、及轻重整液罐610罐（存油4000立方米）。

事故发生后，党中央、国务院、省委省政府、市委市政府及漳浦县委县政府高度重视。习近平总书记，李克强总理，张高丽、马凯副总理，杨晶、郭声琨、王勇国务委员，以及国家安监总局杨栋梁局长等领导分别作出重要批示指示，国家安监总局指派副局长孙华山、总工程师王浩水带领有关专家迅速赶赴事故现场指导救援工作。省委书记尤权通宵坐镇省委总值班室，并对事故处理作出具体安排部署，常务副省长张志南、副省长王惠敏及省消防总队领导、省直有关部门和漳州市、漳浦县、古雷管委会主要领导及时赶赴现场处置，迅速组织多方力量投入灭火抢险和救治受伤人员的行动。

成立事故现场指挥部　事故现场指挥部由副省长王惠敏任总指挥，漳州市主要领导、省消防总队领导、省政府办公厅领导任副指挥，下设现场处置、警戒维稳、伤员救治、群众疏导、信息发布、善后工作、事故调查、后勤保障等8个组，分头推进各项处置工作。

及时实施现场救援　公安消防部门共调动消防车辆269部、消防官兵1169人，驻军31军防化部队、边防官兵、民兵预备役共300多人集结待命。同时，省、市安监局抽调15名危化品安全专家赶赴现场会商研判事故，提出应对措施。在专家指导下，采取扑灭石化火灾常用的成熟方法，紧急调集1467吨和5万个沙包袋，做好灭火应急处置的物资准备。现场其他装置也全部停车，消防主要采取喷水降温和水路隔离措施，冷却保护中间罐区周边的储罐和装置，控制3个储罐火势不向周边蔓延，使3个储罐没有发现泄油现象，没有波及周边的储罐、装置及管廊。按照专家建议，持续采用喷水冷却的办法控制火情蔓延，确保相邻储罐及周边装置安全。火势得到基本控制。4月7日上午，开始转用泡沫灭火。

妥善转移周边群众　事故

发生后，市、县（区）及时组织干部全力做好人员转移，至4月6日24时，企业周边群众全部转移至安全区域，共转移并妥善安置29096人。事故处置后，即组织干部进村入户，走访群众，听取群众的意见、建议和诉求，做好群众的安抚工作，开展心理疏导。同时，对事故造成的房屋、玻璃破坏等财产损失情况进行调查摸底，登记造册，给予补偿。古雷半岛内的群众生产和生活秩序从10日起得到恢复。

全力做好伤员救治　组织5名专家，并调集市、县（区）70辆救护车赴现场待命，出动16台救治事故伤员，在漳浦县医院等3家医院收治伤员。当场送医院住院治疗伤员共6人（其中，现场受轻伤1人，玻璃刮伤5人）；另据卫生部门统计，之后，又有13人陆续到医院接受检查、留院观察，总体症状较轻。对于受伤人员，均进行妥善医治。截至4月13日，受伤人员全部伤愈出院

密切监测环境变化　组织环保、海洋、海事、气象等部门专家，对古雷半岛及周边的大气、海水等环境指标进行不间断监测。据市环保部门现场环境监测，事故产生的约1万立方米的现场事故废水已全部收集入应急池，没有外排。在事故周边和事故下风方向的几个重点村，均没有检测出污染物。海事部门出动船艇4艘次，疏散在港船舶13艘至安全水域，没有发现辖区水域污染的相关情况。此后，继续对古雷半岛及周边的大气、海水等环境指标进行不间断监测。

加强警戒维稳工作　组织公安干警350人，边防官兵105人进行现场执勤，加强厂区周边及村庄的巡查，有效维护当地秩序。故事发生及处置期间，古雷半岛及周边区域群众情绪平稳，社会局面稳定。

及时发布新闻信息，做好舆论引导　省、市宣传新闻部门主动协调新闻媒体，及时组织发布信息，按照“实事求是、实时发布”的要求，持续发布事故处置进程，回答群众关心的问题，做到公开、透明，启动网络舆情监控预案，对网上出现的不良信息和4月6日当晚网络传播死伤假照片事件，迅速回应和用事实进行澄清，及时消除负面影响。

开展事故调查　在处置事故的同时，着手开展事故调查。根据《中华人民共和国安全生产法》和国务院《生产安全事故报告和调查处理条例》等有关法律法规，省政府授权省安监局牵头组织事故调查。事故调查组由省安监局局长陈炎生任组长，副组长分别由省纪委（监察厅）、安监局、公安厅、漳州市政府领导担任，省安监局、经信委、公安厅、质监局、总工会、消防总队和漳州市政府派员组成，并邀请省检察院派员参加。国家安监总局从全国抽调8名石化行业工艺和设备方面的权威专家，会同福建省内5名专家组成专家组，参与事故调查，并指导企业开展应急处置和隐患排查。

事故调查组按照国务院安委会办公室4月10日事故挂牌督办函，和省委常委会、省政府常务会以及国家安监总局局长杨栋梁的要求，坚持“四不放过”和“科学严谨、依法依规、实事求是、注重实效”的原则，通过现场勘验、查阅资料、调查取证、检测鉴定和专家分析论证，查明事故发生的原因、经过、人员受伤和直接经济损失等情况，认定事故性质和责任，提出对有关责任人员和责任单位的处理建议，并针对事故原因及暴露出的问题，提出整改要求和事故防范措施，限期整改落实到位。

事故原因

直接原因　在二甲苯装置开工引料操作过程中出现压力和流量波动，引发液击，存在焊接质量问题的管道焊口最薄弱处断裂。管线开裂泄漏出的物料扩散后被鼓风机吸入风道，经空气预热器后进入炉膛，被炉膛内高温引爆，此爆炸力量以及空间中泄漏物料形成的爆炸性混合物的爆炸力量撞裂储罐，爆炸火焰引燃罐内物料，造成爆炸着火事故。即：有焊接缺陷的管线41－8″－PL－03040－A53F－H受开工引料操作波动引起的液击冲击，21号焊口断裂，是本次事故的直接原因。

间接原因

1. 腾龙芳烃（漳州）有限公司安全观念淡薄，安全生产主体责任不落实，重效益、轻安全。“7•30”事故后，拒不执行省安监局的停产指令，违规试生产；超

批准范围建设与试生产。工程建设质量管理不到位，未落实施工过程安全管理责任，对施工过程中的分包、无证监理、无证检测等现象均未发现；工艺管道存在焊接缺陷，留下重大事故隐患。工艺安全管理不到位，一是二甲苯单元工艺操作规程不完善，未根据实际情况及时修订，操作人员工艺操作不当产生液击；二是工艺连锁、报警管理制度不落实，解除工艺连锁未办理报批手续；三是试生产期间，事故装置长时间处于高负荷甚至超负荷状态运行。

2.施工单位中石化第四建设有限公司违反合同规定，未经业主同意，将项目分包给扬州市扬子工业设备安装有限公司，质量保证体系没有有效运行，质检员对管道焊接质量把关不严，存在管道未焊透等问题。

3.分包商扬州市扬子工业设备安装有限公司施工管理不到位，施工现场专业工程师无证上岗，对焊接质量把关不严；焊工班长对焊工管理不严；焊工未严格按要求施焊，未进行氩弧焊打底，焊口未焊透、未熔合，焊接质量差，埋下事故隐患。

4.南京金陵石化工程监理有限公司未认真履行监理职责，内部管理混乱，招收的监理工程师不具备从业资格，对施工单位分包、管道焊接质量和无损检测等把关不严。

5.岳阳巨源检测有限公司未认真履行检测机构的职责，管理混乱，招收12名无证检测人员从事芳烃装置检测工作，事故管道检测人员无证上岗，检测结果与此次事故调查中复测数据不符，涉嫌造假。

6.地方党委、政府及其有关部门没有正确处理好严格监管与服务的关系，存在监管"严不起来、落实不下去"现象。

事故性质　经调查认定，腾龙芳烃(漳州)有限公司"4·6"爆炸着火事故是一起重大生产安全责任事故。

对事故有关责任人员的处理　司法机关采取措施人员13人，给予党纪、政纪处分的人员11人，给予查处的其他人员9人，给予诫勉谈话、责令作出深刻书面检查的人员6人。

4月18日，漳州市委、市政府在古雷开发区召开古雷工作专题会议，现场研究解决具体问题，进一步推进古雷开发建设。并提出：要深刻吸取"4·6"事故的惨痛教训，痛定思痛，举一反三，在今后的建设和企业生产运营中，始终把安全和环保放在第一位，高标准、严要求地落实好安全生产责任，坚决杜绝类似的事故再次发生。

·漳浦台湾农民创业园·

【概况】

2015年，漳浦台湾农民创业园按照"集聚发展、优化产业、典型示范"的要求，找准两岸交流合作的定位，对接完成农业部项目，推进兰花产业园二期项目、海峡花卉集散中心项目、花卉苗木进出口检验检疫中心等项目建设；落实优惠政策，为4家公企争取贴息贷款167万多元，促进16家台企与县农行签订10亿元信用额度贷款合作协议，对园区内的台企减半征收所得税和增值税，下浮园区农业生产用电费30%，减收电费672万元。

【对接相关项目】

筹备参与第十三届中国国际农产品交易会　在由农业部和福建省政府共同主办的交易会上，台创园组织园区内8家台湾农业企业在"海峡"特色的台湾展区、海峡两岸农业合作展区内参展，展出商品100多种。

建设花木电子商务平台　结合农业部在全国各台创园开展农副产品网上销售活动，致力于"漳州味一水仙花乡"花木电子商务平台的建设。该平台以线上交易为主线，是一个为花木企业、农户提供网上产品展示、供求信息发布、线上交易的花木电子商务第三方综合服务电商平台。整个平台包含B2B2C购物商城及B2B门户网站，主要建设内容包括：信息采集处理系统、在线交易系统、会员服务系统、诚信认证服务系统、支付结算系统以及物流配送系统等内容。平台在8月18日正式获得福建省通信管理局颁发的"中华人民共和国增值电信业务经营许可证"。至年底，该平台已完成投资1266

万元，成功引导台创园区商户、漳州市大型花木种植户等近80家花木企业入驻电子商务平台，入录花木品种近500种。

【园区项目建设】

兰花产业园二期项目　协调各部门对原兰花产业园首期完成的120公顷的基础设施配套工程资产进行评估、挂牌拍卖，并于9月部分转让资产给福建漳龙集团及其下属公司，其中土地及拆迁款合计10487万元已进入县财政。回收资金及时用于该项目自筹资金的还贷，归还漳浦农行的贷款及福建漳龙实业有限公司的借款，有效地缓解财务费用压力、盘活资金的运作使用。已进驻原兰花产业园首期的钜宝兰科植物园、日好、鸿浩、莱恩、大唐、新镇宇、国全等14家已投产的兰花企业的搬迁前期工作有序展开。在对入驻企业的基本情况统计、登记造册，充分考量各方面因素的基础上，拟定"搬迁安置赔偿方案"，并上报上级主管部门。同时，邀请台湾兰花产销协会及国内多家兰花企业共同筛选地块，准备开启兰花产业园二期项目。

海峡花卉集散中心项目　一期133.33公顷项目累计完成投资4.10亿元，已建成投用。至年底，共引进花木企业145家，已入驻企业有130家；已引种的花卉苗木品种主要有进口罗汉松、进口黑松、本土罗汉松、红花羊蹄甲、樱花、中东海枣、加纳利海枣、红花风铃木、紫薇、桂花、重阳木、香樟等280多种绿化苗木与精品盆景；园区已种植苗木3万株，价值约15亿元。自海峡花卉集散中心正式运营后，累计交易额约达7亿元。集散中心水仙花乡花木电子商务平台正在上线试运行和加快招商工作。中心作为花卉苗木展示、科普、观光、交易的平台作用正在初步显现。

花卉苗木进出口检验检疫中心项目　中心由海峡（福建）花卉进出口服务有限公司投资建设，占地3.33公顷，投资4137万元。中心已取得国家质检总局"进境罗汉松除害处理区"资质，"进境罗汉松除害处理区特定口岸"揭牌设立；联合成立兰花病毒检测实验，购置蝴蝶兰病毒检测仪器，力求早日为园区及周边兰企带介质蝴蝶兰种苗进出口提供技术上的服务和保障。为进一步提升公司业务综合竞争力，中心组织申报《普及型国外引种试种苗圃》资质，争取取得进口林木种苗品种、数量配额，更好地为花木企业服务。

闽南文化生态走廊建设项目　闽南文化生态走廊是漳州市打造宜居环境特色景观走廊的重点建设项目，台创园因处在这一走廊核心景观地带，对此高度重视，开展项目对接工作。至年底，完成园区3千米观光绿道征地和观光绿道、三古驿站建设。整合观光绿道沿线的东南花都花博园、钜宝休闲驿站、水土保持教育园、海峡花卉集散中心、涵翠休闲山庄、兰花大世界、淑霞棕榈休闲驿站、清苑茶庄等观光休闲景点。

【助推闽台交流合作】

新型农民培训基地步入正轨　海峡两岸新型农民培训基地发挥地域优势以及台浦交流的丰硕成果，利用闽台农业专家的学识和经验，开展两岸农业专家研讨交流，培育新型农民和农村实用人才。全年共举办培训班16期，参训人员1400多人次。

浦台交流合作成果丰硕　在第七届海峡论坛期间，通过两岸特色乡镇交流、"台湾农民大陆行"及两岸休闲农业对接会等活动，邀请5名台湾青年农民参会，与台南5家农业组织建立双向交流合作关系，签订合作协议2项，其中"大璞生态文创观光园"已签订投资意向书。在第七届农博会·第十七届花博会期间，受台创园邀请，台湾兰花育种协会、台湾兰花产销协会、台湾大璞文创考察团等多个团体共65人台湾业界代表作为嘉宾前来参加开幕式。台湾兰花育种协会组织旗下15家兰花企业的育种专家随行，把在蝴蝶兰、万代兰、兜兰和狐狸尾兰等兰科杂属类十几个品种居世界领先地位研发成果与国内业者进行交流。台湾兰花产业的业者还达成协议：从2015年底起，利用台创园的交流平台，邀请大陆兰花企业者到台湾参观考察，不定期举办两岸兰花技术培训班。不断增进两岸兰花企业的进一步合作，引进台湾兰花新技术、新品种进行示范、推广，并在技术和人才层面给予支持。

人员往来频繁促进商贸升温 是年，共邀请和接待台湾农商团体4000多人次，派出人员前往台湾交流、招商4批次，继续突出与台湾中南部的交流往来，增进了解，为两岸合作打好基础。尤其是利用花博会、农博会这一契机，以花为媒，邀请台湾农商考察团前来观摩，通过实地考察、交流、洽谈的交流活动，加强闽台现代农业交流合作，共享产业发展成功经验，推动两岸农业经贸往来，并签署投资意向3亿元。

【为台企排忧解难】

解决台农企业融资贴息问题 利用国家对台创园区台资企业现代农业融资贷款贴息的优惠政策，组织人员对园区台资龙头企业进行摸底、核实、统计、造册等前期的基础工作。经初审并汇总，是年符合申报的台资农业企业4家，共申报争取到农业部对园区台资农业企业贴息贷款款项167.27万元。

落实各项融资贷款担保机制 为解决农业企业贷款融资缺乏抵押物的难题，协同多部门探索创新融资办法，拓宽融资渠道。一是由台创园有限公司为企业担保向银行贷款，企业向台创园有限公司提供有效反担保，或企业直接用农业用地作抵押担保。这项做法获得银企认同，取得很好效果。至年底，在园区内开展这项业务合作的银行多个，园区企业特别是台资企业融资出现新的转机，全年新增银行融资近1亿元。同时鼓励这些银行与台湾本岛银行合作，在台创园开设分行，让到漳浦发展创业的台湾农商能够盘活在台资产，贷款融资，发展创业。二是落实漳浦农行向园区内台企提供10亿元的意向性信用额度贷款，与16家园区内的重点台商企业签订《银企合作协议》。推广实施海域使用权抵押贷款、农村土地经营权(含地上物)抵押贷款业务，农行根据台商与台创园签订的用地协议，每亩可贷款5万元。经台创园担保，最高可贷款500万元，台商以投资建设的玻璃温室等生产设施和产品给予反担保。三是请税务部门入园区调研，落实对进驻台创园的台资农业企业给予咨询服务和税收优惠。企业所得税和增值税减半征收，分别为12.50%和1.50%。四是加大力度，对园区内从事种植、养殖生产的台资农业企业、个体工商户落实电价优惠政策，即按农业生产用电标准下浮30%。2015年共为园区台资企业节省电费约672万元。

(供稿：漳浦台创园)

·花博园(花博会)·

11月18日，第七届海峡两岸现代农业博览会、第十七届海峡两岸花博会在漳浦县东南花都开馆。博览会由农业部、国台办、国家林业局、中国贸促会、中国食品工业协会和福建省人民政府共同主办。农博会·花博会继续突出“花卉”主题，做好“食品”文章，汇聚农业“五新”，扩大对台交流合作，注重经贸实效，秉承“花开两岸、合作双赢”的办会宗旨，坚持“特色化、专业化、市场化、信息化”的办会方向，推进改革创新，主动适应新常态，紧扣特色现代农业，促进农村发展、农民增收。

来自20多个国家和地区及海峡两岸、国内20个多省份的3000多名客商、业界人士、专家学者应邀参会，以花为媒，以农会友，谱写两岸交流合作的新篇章。全国政协港澳台侨委员会副主任梁绮萍，全国政协人口资源环境委员会副主任、中国花卉协会会长江泽慧，中国国民党荣誉副主席林丰正，副省长黄琪玉，省政协原副主席陈家骅，中国工程院院士李玉，市委书记陈家东共同启动开馆。市长檀云坤主持开馆式并致辞。出席开馆式的还有：中国国民党中常委、台湾工商建研会理事长、漳州台商协会会长廖万隆，香港福建社团联会荣誉主席、香港漳州同乡总会永远会长林广兆，市、县领导陈汉夫、谭培根、戴平忠等出席活动。

展会共设茶艺表演馆、梦幻馆、生态渔业馆、两岸主题展馆、中国农村青年致富带头人协会展馆等11个展馆，馆内面积5万多平方米，还有28万平方米的室外展区；1200多家企业参展，展示展销农林牧渔业产品及其加工品1.20万多种；其中台湾参展企业280多家。参展的商品种类涵盖花卉、果蔬、食用菌、水产、粮食等多个行业。

“花卉”作为博览会的主题，参展的精品花卉是历届之最，其中不少产品在国际国内获过大奖。展区分为室内、室外两个部分。室内展区在一号展馆，分为省花协30周年成就展区、十佳企业成就展区、历届花王展区、海峡两岸花卉合作馆、水仙花展区、外省花卉展区等17个专项，集中展示历届花王展品、海峡两岸花卉新品、省外花卉精品等。室外展区包括名贵树种园、盆景园、沙漠植物馆等。其中花卉商品一条街将有近100个摊位销售花卉相关产品。展会期间，还举办花王和精品花卉拍卖。

农博会·花博会有五大特色：

一是更浓凸显对台特色　对台交流合作一直是农博会·花博会的一大特色亮点。本届在花卉和食品展都专门设置台湾展区，加大对台湾参展商的邀请力度，时适逢“习马成功会晤”，更极大地鼓舞台商的参展参会热情。展会期间，举办“海峡两岸（漳州）休闲农业项目对接会”，邀请台湾工商企业、农业业者参会，并深入项目现场进行实地考察、洽谈。

二是更多展示名企名品　为进一步打响漳州“中国食品名城”品牌，扩大漳州花卉的知名度和影响力，本届展会引名企名品、请专业客商，重点突出“花卉”和“食品”。参展企业有品牌、有实力、有特色。在花卉展区，有全国、全省十佳花卉企业，汇集全省的历届花王，海峡两岸的花卉精品、新品等，花卉超过5000盆。食品展区有北大荒集团、福建圣农等上市公司，信华、紫山等国家级重点龙头企业；参展的产品绿色、生态、健康，富有地方特色，不但有江西信丰脐橙、河南新乡金银花、山西鲁村小米，及来自本地区的云霄杨桃鲜果、龙海白水贡糖、龙文的港昌罐头、长泰的红酒姜酒，还有来自台湾的黑金刚花生、太阳饼、花枝丸凤梨酥、山葵饼、古坑咖啡、台式果酒等有机果蔬深加工制品、文创食品、古早味等地道的美食。来自各地的名优特产，极具地域风情的特色美味，品种丰富。特别是龙海“兴业食品”的无蔗糖系列产品、漳州片仔癀的食用菌类养生系列。这些优质的“漳州味”食品突出产品精深加工的同时，更是成功用美食推动了各地客商的交流合作，进一步打响漳州“中国食品名城”的品牌。

三是更好示范农业“五新”　现代农业馆集作物栽培新模式、新品种、新技术示范的展示平台。此届对农业“五新”展区进行优化提升，展示新型生物肥、生物防控制剂、新型农用机械、太空育种品种，及植物工厂、都市庭院农业等现阶段最先进栽培模式；同时，现场演示农业物联网技术；并通过实物、图片，现场讲解等多种形式，示范推广农业“五新”技术。

四是更加注重办会实效　本届农博会·花博会把“谋划项目、招商引资”作为办会核心，通过办展带动项目建设。各县（市、区）、市直有关部门精心策划一批招商项目，主动对接客商。同时，邀请花卉、果蔬、食用菌、水产、粮食等行业经销商、采购商，组织产销对接，为参展商、采购商搭建起更加务实有效的对接平台，推动产品购销和产业深度交流合作。展会的举办，向海内外展示漳州“田园都市、生态之城”的城市建设成果。

五是实现wifi全园覆盖　在展会期间，花博园实现wifi全园覆盖。游客在园区无需输入密码，便可在园区免费上网；并通过微信“掌上花博”，获取园区导览、导购、参展产品、现场活动和服务等相关展会信息，第一时间掌握展会吃、住、行、娱、购等最新动态。

博览会期间，举办摄影展、书画展、艺术展、五“古”丰登摄影作品展、“东南花都杯”第七届海峡两岸博览会·第十七届海峡两岸花卉博览会摄影比赛、“厦一站，漳州”生态旅游全国摄影大展、第六届海峡两岸老年书画交流会、“清新福建、花样漳州——名家字画精品展”“走进闽南乌山——清华大学美术学院山水画高研班王界山师生作品展”等一系列专业展和文化活动。其中，在位于花博会芙蓉园入口处的“大美漳浦‘厦一站·漳浦’生态旅游全国摄影大赛获奖作品展”，展示了漳浦丰富历史文化资源。"厦一站·漳浦"生态旅游全国摄影大展由世界闽籍摄影家研究会、福建省摄影家协会、香港《世界摄影地理》、漳浦县人民政府联合主办,组委会共收到来自全国各地的摄影作品5000多幅,最终选出150幅优秀作品展出。

开馆式后,当天上午举行项目签约仪式。漳浦县共有3个项目参加现场签约。在农博会、花博会上,漳浦县落实签约项目9个,其中:外资项目7个、民企项目1个、央(国)企项目1个,项目总投资95.50亿元。投资额比上一届增加一倍多。签约项目以工业为主,占签约项目总投资额的比重达98.70%。

农博会·花博会为期5天,吸引参观者逾51万人次。

(供稿:县委报道组)

【地理标志商标】

赤土小叶榄仁　据漳浦史料记载:赤土小叶榄仁属君子科植物,造型优美,树性强健,生长迅速,赤土乡种植小叶榄仁的历史长久,目前,全乡种植面积33.33公顷。赤土乡位于县境中部,浯江上游。全乡辖有11个行政村,人口25153人。全乡总面积122.10平方千米(含万安农场30平方千米),耕地面积1555.47公顷。近年来,赤土乡进行农业产业结构调整,大力发展花卉产业,已是漳浦县重要的花卉苗木基地,全乡有苗木种植面积13600亩,主要有蓝花楹、重阳木、鸡冠刺桐、小叶榄仁等品种。小叶榄仁是极具特色的地方产业,也是赤土乡花卉苗木经济的主要来源之一,大力培育和发展花卉产业,实施商标品牌带动战略,对加快推进全乡新农村建设具有重要的意义。

赤土小叶榄仁的生产范围分布在赤土乡的赤土、浯源、埔阳、万安、下宫、前坂、西洋、水头、下坂、下埔等11个行政村,具体为东经117.38—117.47,北纬24.05—24.13的地域范围。

赤土小叶榄仁的特定品质及特点是:枝干挺拔,常用作庭院树、行道树。树形虽高,主干浑圆挺直,但枝干极为柔软,根群生长稳固,极抗强风吹袭,并耐盐分,为优良的海岸树种和绿化、防护、用材树种。

赤土小叶榄仁属落叶乔木,原产于亚洲热带地区,阳性植物,需强光。生长适温23—32℃,生长慢,耐热、耐湿、耐碱、耐脊、抗污染、易移植、寿命长。小叶榄仁高3—8米,胸径15—30厘米,小枝粗3—5毫米,顶芽细绒毛,外无毛,髓部周围具维管束,中央无维管束。无托叶,有小叶3—4对。小叶纸质至坚纸质,卵形、椭圆状卵形至近圆形,长—4.5—8.5厘米,宽2—4厘米,先端骤狭渐尖,尖头长0.5—1.5厘米,细狭,基部圆形至楔形,偏斜,全缘,叶面中脉基部被柔毛,中背被短柔毛,脉上较密;侧脉10—12对,花序腋上生,细柔毛,或近无毛。雄花序为狭的聚伞圆锥花序,长4.5—9厘米;雌花序总状,长3—7厘米,少花。雄花长7—10厘米,微被柔毛;雌花长5.5毫米,无毛。花萼在雄花中长1.5—2毫米,在雌花中长3毫米。雄蕊无毛,在雄花中小;花丝在雄花中长合生1/3,在雌花中合生1/2以上。花盘环状,高1毫米,在雄花中肉质,边缘截平,稍6裂,有缘毛,中央有一凹穴,在雌花中的内侧下面和边缘被长硬毛;雌蕊密被锈色硬毛,在雌花中不存在。果序长4—11厘米,略被灰色柔毛,具1—4果。果萼3浅裂,直径约5毫米,裂片外弯。果黄绿色,纺锤形,两端锐尖、横切面三角形,长3—3.5厘米,直径1—2.5厘米,无毛;果核有3个纯至急尖的核肋,核盖具不明显的中肋和清晰的边缘,厚1毫米,极硬;种子1—2粒,不育室强度退化。花期为每年11—5月,果成熟期为每年11月。

赤土乡境内有多条溪流发源于赤土乡与长桥镇及湖西乡毗连处,流至乡境内汇合。向南流入旧镇镇境内,为浯江上游,水资源充足,水质好。赤土乡的西、北、东三边丘陵起伏,中部和南部地势平坦。光、热、水资源丰富,年平均气温21℃,年无霜降期360天。没有工业污染,沙质土壤肥沃。赤土小叶榄仁根群生长稳固,极抗强风,并耐盐分,为优良的海岸树种,广受好评。进入新世纪,成熟的种植管理技术,使赤土小叶榄仁的质量更好。是社会欢迎和喜爱的树种。

商务　贸易

•招商引资•

【概况】

2015年，漳浦县商务工作共实现实际利用外资1.42亿美元，总量居漳州市第一位，增速居第二位；实现外贸出口总额5.95亿美元，总量居第四位，增速居全市第八位；实现社会消费品零售总额92.62亿元，总量居第三位，增速居第六位。

【招商引资扎实推进】

深化拓展产业链招商、飞地招商、驻点招商等新型招商方式，推进招商引资，共引进“三维”招商项目186个，总投资额265.03亿元。其中：10亿元以上项目4个，亿元以上项目31个。产业链招商取得较大突破，签约引进国内家居行业龙头——粤港家居协会，打造总投资50亿元的漳浦粤港家居产业园。至年底，首批7个家居项目已报批；签约引进漳州市龙头企业——九龙江集团、漳龙集团，打造总投资60亿元的漳龙循环经济产业园和总投资30亿元的九龙江林业工业科技园。

【电子商务发展快速】

融入“互联网＋”经济新模式，推动县域电子商务快速发展，成功申报获批“国家级电子商务进农村示范县”。建成投用电商创业园、电商服务中心、电商培训基地；基本建成县级物流仓储中心和21个乡镇的物流分仓；建成首批村级服务站点51个；培育电商实体企业350多家、本地电商企业90多家、电商配套服务企业36家和网络销售平台卖家3000多个，全年实现电商交易额17.38亿元。

【推动内外贸综合发展】

推动内外贸综合发展，开展出口食品农产品品牌示范创建，成功申报获批“国家级出口食品农产品质量安全示范区”，提升漳浦外贸出口品牌知名度和影响力。做好内外贸发展扶持资金和配套政策的对接落实，共争取落实各类外贸扶持资金556.85万元、内贸扶持资金458.90万元，惠及企业72家。组织企业拓展国内外市场，全年共组织115家企业参加“漳州味•世界行”和“漳州味•华夏行”等各类展示展销活动。

【提高漳浦对外开放水平】

成功承办商务部“发展中国家茶产业发展”系列援外培训班共3期，培训外籍学员68人，促进漳浦县对外经济合作及文化交流。为提高漳浦县对外开放水平，上报中央及省、市口岸部门，申请将旧镇港区由二类口岸升级为一类口岸，并调整旧镇港区开放范围。至年底，已取得中央及省、市口岸部门相关前期工作意见，正抓紧推进旧镇港区开放范围内的清淤清障、新设锚地扫测勘探、申报手续等工作。

【做好审核审批服务】

全年共办理审核审批业务481件。其中：外商投资企业设立与变更审批55件，加工贸易业务审核80件，对外贸易经营者备案登记与变更审核39件，外商投资企业年报235家，酒类流通备案登记6件，成品油零售经营资格初审1件，成品油零售经营企业年检65件。全年共办理贸促会原产地证1249份，代办领事认证5份，代办国际商事证明书9件。

（撰稿人：石琼城）

·供销贸易·

【概述】

2015年，漳浦县供销系统组建电子商务服务中心、商务公司，建设村级电商站100个，打造“网上供销社”，发展电子商务；强化农村社区综合维修服务站点建设，新建服务站7个，有效保障全县农业生产和农民生活需要，促进全县农村商品流通。全年供销系统实现商品购进总额81000万元，同比增长29.91%，其中农副产品购进33964万元，同比增长27.85%。商品销售总额92102万元，同比增长24.44%，其中：农业生产资料销售18657万元，同比增长7.66%；生活消费品零售22490万元，同比增长22.91%。实现利润总额212万元，同比增加50万元；实现社会贡献总额772万元，同比增加119万元；上缴国家各种税费285万元，同比增加81万元。

【加快建设“新网工程”】

推进“新网工程”建设，打造为农服务综合平台。在继续抓好长桥供销社日用消费品配送中心大楼扫尾配套工作的同时，加大投入力度，重点推进前亭供销社日用消费品配送中心建设。前亭供销社日用消费品配送中心用地面积4147平方米，建筑面积4198平方米，规划总投资1634.74万元。其中，2015年一期投资540万元，计划建筑面积1540平方米。至年底，该项目已完成土地证办理、可研、环评、立项、图纸设计、工程造价预算与审核，进入办理工程规划许可证和工程招投标程序。

【发展电子商务，打造“网上供销社”】

组建县电子商务服务中心 以县供销社新建的电商大楼为载体，组建电子商务服务中心，搭建网上交易平台。该平台总建筑面积3000平方米，配套供销仓库，共投入238万元进行装修及其他配套设施建设。设置有产品展示厅，开通了网上服务平台。

组建电子商务公司 成立漳浦县腾吉电子商务有限公司，对全县特色农产品进行调查摸底，开展产品信息录入，整合农产品资源。通过自建平台、借助第三方电商平台等形式开展网上销售，打造地方特色，塑造地方品牌，推广本地名优土特产。

开展技能培训 组织全县农村村级综合服务社和电子商务经营人员培训2期，参训人员100人次。

加快农村村级电商服务站点（中心）建设 着手通过2015年至2016年两年的规划建设，对村级综合服务中心（社）和各类经营网点进行信息化改造，使之具备开展电子商务的基本条件。2015年投入250万元，完成100个站点的建设，并已全部投入运营。

【保障农资供应】

稳价保供重质量 及早备足货源，满足全县农业生产对农资商品的需求。县农资公司严把进货关，确保农资产品质量，让农民在供销社网点买到物美价廉的“放心肥”“放心药”。至年底，全县供销系统120家化肥店销售化学肥料88438万吨，供应各种农药972吨。供应上不仅数量充足，质量保证，价格平稳，而且规格品种齐全，结构比例合理，供应及时。

提供优质服务 发挥供销系统各农资配送中心、村级综合服务站、连锁店服务功能，实行电话预约、送货上门等便民措施，全力保障农资供应。发挥庄稼医院等为农服务组织的作用，“庄稼医生”深入田边地头，了解农作物的生长情况，及时向群众发布病虫测报信息，指导群众及时用药、科学用药进行防治。

【农村社区综合维修服务体系建设】

加大力度推进农村社区综合维修服务站点建设，对全县农村社区综合服务提出新的更高要求，以适应农村社会经济的发展和群众生活需要。2015年，新建设综合维修服务站4个（南浦乡龙桥村、旧镇镇后埭村、赤湖镇北桥村、赤岭畲族乡赤岭村），经营面积852平方米；服务点3个（南浦乡南浦村、旧镇镇寨内村、赤岭畲族乡石椅村)，经营面积92平方米，共投入资金51万元。通过扩大维修服务体系覆盖面，改善农村农民生产生活环境和条件，以满足广大农民对综合维修的需求。

【基层供销社建设】

恢复重建大南坂供销社 把大南坂供销社重建作为头等大事来抓，将位于大南坂镇原果品公司柑桔加工场房地产划拨大南坂供销社理事会管理使用和受益。

发展各类农民专业合作社 2015年，新发展农民专业合作社8家，全县供销系统的农民专业合作社总数达到44家，带动周边农户2万多户从事农业产业化经营。

发挥县农村合作经济协会的功能和作用 加强对全县农产品生产、销售环节的技术指导、营销策划和信息服务，对接生产与市场，促进农产品流通。全年通过农村合作经济协会这一平台，引领各类农民专业合作社帮助农民推销各种农副产品达8000万元，帮助农民增加收入600多万元。

(供稿:县供销社)

·粮食流通·

【概况】

2015年，漳浦县粮食工作以粮食安全为主线，加快推进省县粮食储备库建设，完成600万公斤粮食收购和储备粮的轮换；加强粮食市场监管及25个应急粮食供应网点的管理，查处打出粮食市场不法行为；完善规章制度，提高防范技能，实现全年粮食安全无事故。

【粮油储备】

面对粮食购销市场化的不断推进，注重在宏观调控、转变职能、改变管理方式上下工夫。发挥经济手段在调节粮食市场中的作用，通过完善信息监测预警机制、及时发布供求信息、适时吞吐粮食储备等机制，使政府宏观调控能力不断提高，促进全县粮食市场的平衡发展，保障全县的粮食安全。

加快推进省县粮食储备库建设 根据省政府《关于发展粮食生产加强粮食安全工作的意见》、省政府办公厅《关于加快市县储备粮库建设的通知》及市政府《关于加快现代化粮食储备库建设的通知》等文件精神，结合县情实际，县政府于2014年11月9日召开专题会议，就粮食储备库建设的相关工作进行部署。2015年9月9日，县政府领导带领相关部门现场办公，确定福建省漳浦县粮食联合储备库选址在旧镇台玻工业园。10月29日，县政府召开常务会，对加快省县联合粮食储备库建设项目有关事项进行部署。至年底，已投入资金2800万元，建库相关工作有序推进中。

储备粮质量再次创优 8月，完成年度储备粮早稻谷轮换任务及新增储备粮水稻谷任务；9月，完成2014年新增储备粮小麦任务；10月，完成本年度新增储备粮大米任务。至年底，储备规模，与市委、市政府要求相符合。在粮食轮入时，严把质量关，包括水分、杂质等均控制在国家标准以内。同时，优化稻谷品种，为市场调控作准备，为政府调控市场创造条件。

库存管理水平再上新台阶 11月中旬，召集全县所有保管人员、粮食局各股室业务骨干举办业务培训班，进一步健全仓储管理制度，推动仓储工作向科学化、制度化、规范化管理发展。通过春、秋两季组织检查，全县国有粮食企业全部实现“四无”粮仓的要求。

科学储粮条件和功能得到提升 根据省财政厅、粮食局《关于做好“粮安工程”危仓老库维修改造工作的通知》，按照“整体规划、合理布局、提升效能”的原则，对地方国有粮食库点进行重新布局，对保留的地方国有粮食库点仓储设施情况进行界定，对各库点维修改造实施方案进行认真的审核，并制定粮库维修改造实施方案，上报省财政厅、粮食局。至年底，相关工作正在审批中。同时，推广科技保粮新技术，在有条件的仓库安装仓内环流通风系统，实行杀虫环流熏蒸和机械通风、电子测毒等一系列科技含量高的仓储管理硬件建设，实现科技保粮。

【粮食市场管理】

开展粮油知识宣传 结合2015年全国"世界粮食日"和粮食科技活动周。联合县妇联、共青团、农业局、科技局在全县基层集市和城区集市，开展粮食流通、粮食安全和放心粮油进万家的宣传活动，发放各种粮食宣传资料600多份，悬挂横幅标语6条，宣传板报1期。宣传普及科学储粮的方法、健康营养的消费观念和正确消费植物油的相关知识。

加强粮食市场监管 在夏粮收购期间，县粮食局成立市场监管小组，对各乡镇集贸市场进行抽查监管，打击无证经营、哄抬物价、盲目抢购等行为，开展粮油经营户库存数量核查等。通过专项检查和市场监管，维护全县粮油市场秩序，杜绝不合格的粮油流入市场。同时，加强对全县各乡镇确定的25个应急粮食供应网点的管理。

打击私商粮贩囤积居奇等不法行为 在做好每月常规性的检查外，"五一"前夕，联合工商、卫生、质量监督、食品药品监督等部门，在全县范围内开展为期一个月的粮食质量和价格稳定工作专项检查，重点打击私商粮贩囤积居奇、哄抬物价的行为。其间，对全县粮食加工企业、粮食批发市场、超市、粮食经营门店、学校及建筑工地食堂等用粮单位和口粮市场进行检查，未发现不能食用的粮食和油脂。

【粮食收购】

2015年，全县粮食订单收购任务600万公斤，6月，县政府下发《关于2015年储备订单粮食实行直接补贴的实施意见》。随后，县粮食部门组织人员下乡协调指导国有粮食购销企业，落实全县600万公斤订单稻谷收购合同签订和夏粮收购入库工作。采取3条措施：一是在早稻登场后，县粮食部门的各粮食购销公司创新收购方式，在设立固定收购点的同时，组织人员进村入户收购，开展预约收购，昼夜收购等方式，方便群众售粮；二是发挥国有粮食企业的优势，敞开收购农民余粮；三是在收购中，将粮食收购价格、补贴标准、质量等级公布上墙，并及时将收购款和直接补贴、良种补贴全部兑现到售粮户手中。

【军粮供应】

根据省财政厅、粮食局《关于做好"粮安工程"军供网点维修改造工作的通知》，按照"一次性规划，合理布局，提升功能"的原则，对军粮营业场所和业务用房按要求制定维修改造实施方案，并上报省财政厅、粮食局。至年底，相关工作正在审批中。此外，与驻军部队结成共建单位，严格执行军粮供应政策，拓宽军粮供应服务领域；经常主动了解和征询部队官兵对军粮供应的意见和要求，不断提升军粮供应工作的服务质量，使军粮供应满意率达100%。

【安全生产】

安全生产宣传 利用各种宣传阵地，采取板报、宣传标语、发放宣传材料等多种形式，宣传粮食安全的重要性，宣传治安、防火安全常识，提高职工的安全意识，增强安全防范技能。

强化责任明确任务 在主要领导亲自抓，分管领导具体抓，各基层单位一把手负总责，各单位层层签订安全责任书的基础上；按照"谁主管，谁负责；谁检查，谁负责；谁签字，谁负责"的原则，进一步细化责任，将安全工作落实到人，纳入年度考核的内容，年终评比实行安全事故一票否决，做到领导有责任，部门有担子，人人有压力。除加强平时常态管理监督外，每逢重大节日，加大检查力度，及时发现隐患，及时堵塞漏洞。杜绝生产、消防、治安等各种安全事故的发生，实现全年安全无事故。

（撰稿人：杨志文）

· 烟草专卖 ·

【概况】

2015年，漳浦县烟草专卖局（分公司）加强专卖市场监管，规范办证流程，新办许可证573户；保持打击卷烟制假售假态势，查处卷烟涉假案件26起，全年卷烟销售总量43166箱，同比增长0.36%，实现税利34522万元，同比增长23.03%；查处违法案件204起。达到销量稳定增长、效益稳步提高的目的，完成上级下达的经济指标。

【专卖市场管理】

加强监管 重点加大对真烟非法流通案件的查处力度，制订《专项行动实施方案》。采取调查摸底与法律宣传并行，市管员在市场走访和检查中，向零售户宣传“一户一码”以及各类涉烟违法行为后果，并对辖区出现的卷烟收购行为进行登记造册。突出监管重点，通过集中整治与日常检查相结合，运用APCD工作法，明确重点检查区域和重点检查对象，加大对多次违反“一户一码”零售户的监管与检查力度。全年共查处市场卷烟案件204起。

规范办证流程 完善行政管理服务大厅软、硬件设施设备，统一服务标识，对烟草零售许可证行政审批程序进行提速审批。从法定的20个工作日，提速到10个工作日内完成受理、勘察、审批、办结、发证等流程。全年共办理许可证573户。

服务古雷港区建设 响应县委、县政府号召，主动靠前服务古雷新港城经济建设，对古雷政府征迁对象做出服务承诺，在申领材料齐全的前提下，五个工作日完成许可证重新申领工作，最大限度减少征迁户的经济损失。是年，古雷新港城共办理卷烟零售许可证206户，其中新办证117户，重新申领89户。

推进卷烟打假 保持与各乡镇政府、公安等打假成员单位的密切协作。2015年，查获涉假案件26起，查获烟机11台套(22台)，同比增加6台套；查获假烟1056.10件，查获烟叶烟丝107.12吨。同时，加强与公检法机关的配合协作，共同研究做好涉烟案件的取证、定罪、量刑等关键环节，强化对网络案件任务及抓捕追刑情况的考核，给制假分子予沉重打击。全年破获网络案件3起，共有22名涉案人员获刑。

【卷烟营销】

挖掘“保销量”潜力 以“商圈市场”为突破点，建立“1+5”市场信息收集网，及时捕捉当地民风民俗、商业活动等关键市场营销时机，适时将驻店助销、新品促销、体验营销等活动直接搬进社区和村落，挖掘“保销量”增长的市场潜力。同时，通过发挥T+X策略优势，重点开展主流规格卷烟的“订足率”及“订足面”，确保货源策略的高效执行，减少乱渠道进货，巩固市场占有率，“保销量”持续稳定。

创新品牌培育方法 以品类管理为切入点，借助“五力”模型，制定符合辖区内的品牌培育工作计划和目标，逐步在辖区内形成以“全国性知名品牌为主导、省产优势品牌为依托、低焦特色品牌为引领”1+3的优胜重点品牌的品类体系。与此同时，区分不同的目标市场、采取不同的营销形式进行品牌培育，提高优胜重点品牌市场占有率，推动“保税利”增长。

加强价格管控 卷烟提税顺价后，为确保市场稳定，在第一时间通过微商圈、手机短信、电话告知以及上门发放新价目表和告消费者书，确保100%宣传到位。同时通过客户自律、市场考核、买烟消费者等多种方式的持续管控；并设定客户消费跟踪信息点，定点定时收集市场价格动态，市场基本保持稳定。

关注客户盈利 探索创新营销，适应“互联网+”新常态。通过“纯雅记”公众号探索微信营销模式，全年共开展微信相关营销活动16期，发展微信关注用户1768户，以适应“互联网+”的市场发展。同时打造营销服务升级，推进服务记录仪试点工作，通过“致卷烟零售客户的一封信”，向全县客户进行推广使用服务记录仪拜访的宣传，制定出台《营销服务记录仪管理使用规定》，于9月开始全面推广使用。

培植优质零售客户 推进“优质终端示范引领”课题攻关，发展线上微信公众号微粉用户，同步开展线下“七匹狼”低焦油卷烟产品销售引领。探索以客户为中心的“微商圈”自助服务模式，以此提升营销活动的影响力及辐射面。开展区域市场靓店推荐活动，每月由各线路客户经理对片区的靓店进行推荐，借助漳浦烟草“纯雅记”微信公众平台定期进行宣传推介，在提高客户店铺知名度的同时挖掘店铺经营特色，为下阶段打造品牌店做好准备。发挥精英客户引领带动作用，通过参与“通仙之星”创意营销，开展优质精英客户经验交流活动，发挥优质零售客户的示范引领作用，建构良好的终端生态体系。

【热心社会公益】

参与社会公益活动，全年捐赠公益事业金额7.70万元。其中：慰问计生二女户0.20万元，春节慰问卷烟零售户0.50万元，春节慰问边防大队、驻军部队各0.20万元，赞助绥安镇城北居委会社区环境治理费2万元，“八一”期间慰问边防大队、驻军部队各0.20万元，年底慰问退伍老兵0.20万元，支持深土镇敬老院基础设施建设2万元，帮扶马坪镇仙都村2万元。

（供稿：县烟草专卖局）

·盐业经营·

【概况】

2015年，盐业漳浦分公司共销售各类盐产品6293.65吨，比上年同期的6101.99吨增加191.656吨。其中加工用盐4550.15吨，比上年同期的4422.53吨增加127.62吨；小工业盐538.15吨，比上年同期增加462.15吨；小包装碘盐1205.35吨，完成年计划70.16%。同时，完成盐产品的产品升级，推广精选自然盐，严防并举，防止外地市碘盐冲销辖区市场。做好盐场周边盐民自用盐的供应，共供应180.96吨。

【国营盐场生产库存情况】

漳浦盐场共生产一级日晒盐38624吨，放运32624吨，库存22000.05吨；生产二级日晒盐8466吨，放运15740.76吨，库存4999.82吨（包括3个村办盐场）。古雷制盐有限公司共生产一级日晒盐3412.50吨，放运4312.10吨，库存1700吨；生产二级日晒盐2100吨，放运1300吨，库存1600吨。

【加大食用合格碘盐的宣传】

利用“3•15”消费者权益日、“5•15”防治碘缺乏病日，配合有关部门开展宣传。5月15日，县盐业部门与县卫生、疾病控制中心联合，在旧镇卫生院门口开展现场宣传咨询活动，向过往群众分发宣传单，接受群众咨询，向群众赠送碘盐、多品种盐、讲解碘盐知识，宣传多品种盐。活动期间，共发放宣传单1000份，现场赠送多品种盐3箱、自然盐1箱，接受群众咨询600人次。

【盐政执法】

抓住重点乡镇和薄弱环节，加强碘盐市场检查和整顿，开展“三进”活动，通过“三进”活动，加强宣传，严厉打击违法生产、销售和使用假冒碘盐、非碘盐和不合格碘盐的行为。全年盐政共出动188次、791人次，查获大小案件43件，办结42件，其中查获车辆1部，摩托车1辆，窝点1个。加工场涉盐案件2件，小案件38件。查获各类盐产品39.45吨，没收食盐0.40吨，罚款1340元，三项变价款1460.80元。此外，在旧镇镇网点查获厦门地区碘盐冲销案件1起，查获碘盐12.43吨，现场由盐政人员将碘盐押送回厦门配送中心。在官浔镇查获小工业盐冲销市场窝点1个，暂扣原盐26.05吨。

（供稿：县盐务局）

经 济 管 理

·发展规划与实施·

【概况】

2015年，漳浦县宏观经济管理工作根据县委十三个五年规划的建议，编制完成漳浦县十三个五年规划纲要，编制国民经济和社会发展年度计划，向上争取补助资金1.89亿元，补助项目78个；做好项目审批，全年办理545件；有序推进金融与企业的改制上市、公车改革、医药卫生体制改革步伐。

【规划编制实施】

根据《中共漳浦县委关于漳浦县国民经济和社会发展第十三个五年规划的建议》，编制完成《漳浦县国民经济和社会发展第十三个五年规划纲要》（简称《规划纲要》），提交县十六届人民代表大会第六次会议审议通过。

《规划纲要》回顾总结漳浦县“十二五”取得的成绩 发展质量和效益不断提高，综合竞争力明显增强，实现地区生产总值318.77亿元（含古雷），年均增长12.30%，人均地区生产总值39248元（含古雷）；一般公共预算总收入达31.55亿元（含古雷），年均增长24.20%，地方一般公共预算收入达21.94亿元（含古雷），年均增长27%；社会消费品零售总额达92.62亿元（含古雷），年均增长13.30%；全社会固定资产投资五年累计1121.65亿元（含古雷），年均增长18.40%；五年累计出口总额33.43亿美元（含古雷），年均增长4.90%；五年累计实际利用外资8.70亿美元（含古雷），年均增长6.10%。城乡统筹发展，区域协调格局日渐明晰，城镇化率达48.30%；城镇居民人均可支配收入达27924元，年均增长12%，农村居民人均可支配收入14856元，年均增长12.40%。2012年、2013年、2015年被评为福建省县域经济发展“十佳县”。

《规划纲要》提出“十三五”期间漳浦县发展目标、发展定位 围绕建设“富美金漳浦，山水绿家园”，在全市加快科学发展、跨越发展中，主动作为、勇当先锋，全力推进新型工业化、信息化、城镇化、农业现代化同步发展，力争发展方式转变取得重大进展，产业集聚能力明显增强，发展水平和质量明显提升，生态环境持续保持领先，建成宜居宜业宜游的滨海新城。空间布局：根据漳浦县资源环境承载能力与未来发展潜力，按照城乡统筹、产城互动、海陆联动原则，在“一城四区”基础上整合提升，全力构建县城中心区、古雷港区、厦门港南岸漳浦片区、现代农业示范区“四大重点区域”新格局。主要目标：按照预期性指标增速高于全市平均水平、约束性指标好于全市平均水平的思路，努力实现以下新目标（见表3）。

表 3

漳浦县“十三五”期间经济社会发展主要目标(不含古雷)

<table>
<tr><th rowspan="2">分类</th><th rowspan="2">序号</th><th rowspan="2" colspan="2">指标名称</th><th rowspan="2">单位</th><th colspan="2">2020 年目标建议</th><th rowspan="2">指标属性</th></tr>
<tr><th>总量</th><th>年均增长%</th></tr>
<tr><td rowspan="13">经济发展</td><td>1</td><td colspan="2">地区生产总值</td><td>亿元</td><td>432.80</td><td>11</td><td>预期性</td></tr>
<tr><td>2</td><td colspan="2">人均地区生产总值</td><td>元</td><td>50661</td><td>5.30</td><td>预期性</td></tr>
<tr><td>3</td><td colspan="2">三次产业结构比例</td><td>—</td><td colspan="2">13.20:45:41.80</td><td>预期性</td></tr>
<tr><td rowspan="2">4</td><td rowspan="2">财政收入</td><td>一般公共预算总收入</td><td>亿元</td><td>32.45</td><td>10</td><td rowspan="2">预期性</td></tr>
<tr><td>地方一般公共预算收入</td><td>亿元</td><td>20.69</td><td>9</td></tr>
<tr><td>5</td><td colspan="2">固定资产投资</td><td>万元</td><td>548.80</td><td>21</td><td>预期性</td></tr>
<tr><td>6</td><td colspan="2">社会消费品零售总额</td><td>亿元</td><td>156</td><td>11</td><td>预期性</td></tr>
<tr><td>7</td><td colspan="2">外贸出口额</td><td>亿美元</td><td>7.74</td><td>5</td><td>预期性</td></tr>
<tr><td>8</td><td colspan="2">实际利用外资(验资)</td><td>亿美元</td><td>1.81</td><td>8</td><td>预期性</td></tr>
<tr><td>9</td><td colspan="2">规模以上工业全员劳动生产率</td><td>万元/人</td><td>37.50</td><td>—</td><td>预期性</td></tr>
<tr><td>10</td><td colspan="2">服务业增加值比重</td><td>%</td><td>41.80</td><td>—</td><td>预期性</td></tr>
<tr><td rowspan="2">11</td><td rowspan="2">城镇化率</td><td>常住人口城镇化率</td><td>%</td><td>60</td><td>—</td><td rowspan="2">预期性</td></tr>
<tr><td>户籍人口城镇化率</td><td>%</td><td>42</td><td>—</td></tr>
<tr><td rowspan="3">创新驱动</td><td>12</td><td colspan="2">研究与发展(R&D)经费投入强度</td><td>%</td><td>1.56</td><td>—</td><td>预期性</td></tr>
<tr><td>13</td><td colspan="2">每万人口发明专利拥有量</td><td>件</td><td>1.50</td><td>—</td><td>预期性</td></tr>
<tr><td>14</td><td colspan="2">互联网普及率</td><td>%</td><td>96</td><td>—</td><td>预期性</td></tr>
<tr><td rowspan="11">民生福祉</td><td rowspan="2">15</td><td rowspan="2">居民收入</td><td>城镇居民人均可支配收入</td><td>元</td><td>43359</td><td>9.20</td><td rowspan="2">预期性</td></tr>
<tr><td>农村居民人均可支配收入</td><td>元</td><td>23601</td><td>9.70</td></tr>
<tr><td>16</td><td colspan="2">新增劳动力平均受教育年限</td><td>年</td><td>13.11</td><td>—</td><td>约束性</td></tr>
<tr><td>17</td><td colspan="2">基本养老保险参保率</td><td>%</td><td colspan="2">与全省保持同步</td><td>预期性</td></tr>
<tr><td>18</td><td colspan="2">财政教育支出占财政一般预算支出比重</td><td>%</td><td>20</td><td>—</td><td>预期性</td></tr>
<tr><td>19</td><td colspan="2">五年累计新增城镇就业人数</td><td>万人</td><td>3.50</td><td>—</td><td>预期性</td></tr>
<tr><td>20</td><td colspan="2">贫困人口减少</td><td>万人</td><td colspan="2">2018 年国家现行标准下农村贫困人口全部脱贫</td><td>约束性</td></tr>
<tr><td rowspan="2">21</td><td rowspan="2">医疗卫生</td><td>每千人医疗机构床位数</td><td>张</td><td>4</td><td>—</td><td rowspan="2">预期性</td></tr>
<tr><td>每千人口执业(助理)医生数</td><td>人</td><td>2.17</td><td>—</td></tr>
<tr><td>22</td><td colspan="2">城镇棚户区住房改造</td><td>万套</td><td colspan="2">达到省市下达指标</td><td>约束性</td></tr>
</table>

续表 3

分类	序号	指标名称		单位	2020 年目标建议		指标属性
					总量	年均增长%	
生态文明	23	耕地保有量		万亩	53.86	—	约束性
	24	新增建设用地规模		万亩	3.13	—	约束性
	25	万元 GDP 用水量		立方米	15 以内	—	约束性
	26	单位 GDP 能源消耗降低		%	控制在省市下达指标之内		约束性
	27	非化石能源占一次性能源消费比重		%			约束性
	28	单位 GDP 二氧化碳排放降低		%			约束性
	29	森林绿化	森林蓄积量	万立方米	395	—	约束性
			森林覆盖率	%	54.19	—	
	30	城市空气质量达到国家标准比例		%	100	—	约束性
	31	主要流域Ⅰ—Ⅲ水质比例		%	100	—	约束性
	32	主要污染物排放总量减少		%	控制在省市下达指标之内		约束性

【国民经济和社会发展年度计划编制和实施】

受县政府委托，编制漳浦县2015年国民经济与社会发展计划及2015年上半年计划报告，报经县人大会审议通过后，及时组织下达实施。主要发展目标为：地区生产总值增长12%，规模以上工业总产值增长16.40%，农业总产值增长4%，固定资产投资增长24%。财政总收入增长10.56%，其中地方公共财政收入增长10.91%。实际利用外资增长10%，外贸出口总值增长10.80%。社会消费品零售总额增长13%，居民消费价格总指数控制在103%以内。万元地区生产总值能耗、二氧化硫排放量与化学需氧量均控制在市政府下达的目标范围内。城镇居民人均可支配收入增长12.10%，农村居民人均可支配收入增长12%；新增城镇就业6500人，城镇登记失业率控制在3.50%以内；人口自然增长率控制在10.30‰以内。

【重点项目快速推进】

102个县级以上重点项目年度计划投资157.70亿元，完成投资161.70亿元，占年度计划的102.60%，超序时进度2.60个百分点。2015年，全县完成固定资产投资210.68亿元，占市下达奋斗目标210亿元的100.40%，同比增长23.90%。

【向上争取补助资金】

向上争取项目投资补助 争取到漳浦县六鳌一级渔港建设项目、深化县城基础设施投融资体制改革试点项目、农村饮水安全工程、坡耕地水土流失综合治理试点工程等投资补助项目78个，补助资金1.89亿元。

国家专项建设基金 争取国家专项建设基金项目1个，即漳浦县东部片区（一期）供水工程，项目总投资2.089亿元。其中国家专项建设基金2000万元。至年底，农发行已投放2000万元，该工程综合楼主体工程已封顶，清水池过滤池正在进行水泥浇固，已完成投资2200万元，其中专项建设基金490万元。

【项目审批】

及时做好省、市级取消、下放、调整审批事项的承接落实工作。主要承接落实《福建省工程建设项目招标事项核准实施办法》《福建省人民政府关于印发福建省企业投资项目核准目录的通知》《漳州市发展和改革委员会关于下放企业投资项目审批权限的通知》等政策，共办理各类审批、核准、备案事项545件，其中：审批类项目282件、核准类项目16件、备案类项目247件，总投资218.20亿元。

【重点领域改革】

2015年，漳浦县成为国家发改委、住建部确定的福建省3个全国县城深化基础设施投融资体制改革试点县之一，争取到县城深化基础设施投融资体制改革试点补助项目5个，补助资金2000万元。12月16日，在上海举行的福建省政府和社会资本合作(PPP)项目推介会上，试点项目漳浦县深土镇镇区漳东线北侧片区基础设施及配套工程和公用事业特许经营项目合作(PPP)现场签约，是全省8个签约项目之一、漳州市唯一一个。县发改局承担县全面深化改革领导小组经济体制改革专项工作小组联络员工作；承担全县车改办工作，已完成调查摸底和数据上报工作，完成县级车辆保留口径的测算并上报市车改办，等待批复；承担县医改办工作，有序推进全县医药卫生体制改革。

【其他工作事务】

“6·18”项目成果对接 圆满完成第十三届“6·18”项目成果对接会各项任务，共征集企业技术需求18项，完成市下达任务数10项的180%；共对接项目61项，完成市下达任务数35项的174%，总投资15.80亿元。

金融与企业改制上市 盈丰食品、丰盛食品2家企业被确认为2015年福建省重点上市后备企业；万辰生物科技、新润食品、龙睿投资、海峡生物科技、扬基生物科技、中冷食品等6家企业被确认为2015年福建省“新三板”挂牌后备企业。8月，福建万辰生物科技股份有限公司在新三板挂牌交易，漳州市美丽家香食品股份有限公司在海峡股权交易中心挂牌交易，进一步为漳浦县资本市场培育注入新鲜活力。至年底，全县已有4家企业在“新三板”等场外市场挂牌交易(2014年，福建宏盛园艺股份有限公司和扬基生物科技公司在海峡股权交易中心挂牌交易)。

海西天然气管网工程征(租)迁 项目途经漳浦县长桥、南浦等10个乡镇场，总长约65千米，涉及临时性租地（期限2年)面积约100公顷；建设1个分输站和2个阀室，涉及永久性征地面积约1.67公顷。工程漳浦段共分成3个标段：

1.漳州至漳浦境内标段由中石油管道三公司负责，长度约13千米。至年底，已完成管道铺设下沟9.70千米，地貌恢复7.99千米，尚余2.96千米未铺设。

2.漳浦至诏安段境内标段由江汉油建负责，长度约50千米。至年底，已完成管道铺设下沟45.26千米，地貌恢复42.36千米，尚余4.74千米未铺设。该标段剩余工程量主要集中在江滨南岸片区约4千米，其中，采用定向钻施工技术的约1.50千米，其余2.50千米常规铺设已完成900米，剩余1.60千米尚未完成征(租)地工作。该标段其余乡镇仍有一些管道施工的节点未完成。

3.沙西镇牛林尖山隧道标段总长约1.20千米，由中水14局负责。至年底，已全线贯通并完成管道铺设。

(供稿：县发改局)

·统 计·

【概况】

2015年，漳浦县统计工作顺利完成1%人口抽样调查，在8家规模工业企业试行规范统计，发挥统计咨询参谋作为，满足社会公众对统计信息的需求，为351家外资企业提供年检服务，为48家行政企事业单位出具统计证明，对256家单位的统计数据质量开展监督检查，查处统计违法行为3起。

【统计能力得到有效提升】

为提升统计工作人员的业务能力和统计分析的精确度，增强统计工作人员“四会”能力(即会审、会分、会写、会说)，采取四项措施：一是组织统计专业人员参加省、市统计业务培训，加强全市统计系统内部的学习交流，增强干部队伍统计业务能力，特别是数据审核能力，严把相关指标之间的关联性、匹配性，确保上报数据的真实性、合理性、科学性。二是在做好数据审核的基础上，要求专业人员加强会计、经济知识学习，关注国际国内形势，并对每月数据进行整理汇总，通过比对查找各项指标的关系，发现指标数据变化的规律，进一步增强数据分析能力。三是选派人员参加全省统计通讯员培训班、全市统计分析与信息写作培训班，要求专业人员加强学习，提高统计分析与信息写作水平。成立统计分析写作组，加强经济运行的分析和写作，力求形成标题新、内容实、问题准、措施好的综合分析材料。四是通过每周例会工作汇报、专业培训会议授课、下乡入企指导业务等方式，让统计专业人员当“主角”，提高口头表达能力。

【各项指标数据客观真实】

通过开展统计业务培训和统计继续教育工作，提高全县统计人员的业务水平，切实把好数据采集源头关。同时，加强基层单位数据质量检查，及时发现和解决基层统计工作中存在的问题，夯实基层基础。统计专业人员贯彻执行《统计法》和专业统计调查制度，逐步完善数据质量控制办法，全面、及时做好统计数据收集、整理、审核和上报工作，各项指标客观真实地反映全县经济社会发展现状。

【完成人口抽样调查】

漳浦县1%人口抽样调查涉及18个乡镇、32个村（居）的3182户家庭。根据省、市的统一部署，县统计局在指派专业人员参加上级业务培训的同时，组织县级业务培训，建立县级专业人员挂钩制度，确保每位调查员都有专人指导。从入户摸底阶段开始，统计工作人员深入一线加强检查指导，推进人口抽查工作顺利开展，11月1日正式开展入户登记，11月15日登记结束，11月18日，漳浦县人口抽样调查通过市质量验收；11月20日，县统计局完成行职业编码、登记信息改错等后期处理工作。

【统计改革】

组织实施固定资产投资统计制度方法改革试点工作 指派专业人员参加省、市培训，掌握投资统计改革的要领和方法，为县级培训做好准备；召开全县培训会议，部署投资统计改革试点工作，培训试点业务；精心组织，注重专业协调配合，把投资统计改革工作结合到各专业同部署、同安排，充分发挥各专业的力量协同作战，形成投资统计改革的强大合力。通过“业务学习、工作部署、组织实施”三个步骤，扎实地把全县投资统计改革工作推向深入，确保试点数据准确可靠。

不断巩固统计“四大工程”建设成果 开展月度、年度调查单位增减变动工作，及时把符合条件的调查单位纳入名录库，清退不符合条件的调查单位，逐步建立一个比较完整的基本单位名录库。推进统计联网直报系统建设，加强“四上”和房地产开发经营企业特别是新入库企业统计人员的业务培训和日常指导，做好企业上报情况跟踪，确保企业一套表联网直报工作顺利开展。利用统一的数据采集处理软件对企业上报数据加强审核，主要指标数据比较准确，较为客观地反映全县经济社会发展的真实情况。

【规模工业统计规范化建设试行】

落实市统计局《关于在全市开展规模以上工业企业统计工作规范化建设年活动的通知》要求，选定六鳌镇作为试点乡镇，从2015年7月起，在一帆重工、大唐风电等8家规模工业企业开展试点活动。与六鳌镇政府进行沟通，协调试点工作相关事宜。分管领导和产值、财务、能源专业人员及时前往六鳌镇开展试点工作部署和业务培训，要求企业统计人员务必严格按照试点工作要求，开展规范化建设，做到企业统计有台账、有凭证、有记录、有档案的“四有”要求，促进统计管理更加规范、统计数据更加准确。在试点过程中，统计工作人员经常深入8家试点企业进行专项检查指导，确保试点工作顺利通过全市考核验收。

【改善统计外部环境】

法制宣传取得新成效 开展“12·4”法制宣传日、“中国统计开放日”等活动，采用张贴宣传标语、悬挂宣传横幅、LED屏幕滚动播放标语、发送手机短信、发放宣传资料、发布网络信息、微信平台宣传、户外广告宣传等方式开展统计法制宣传，增强社会公众特别是调查对象的统计法律意识，如实上报统计数据。统计法进党校工作已形成制度化并持续开展。2015年，县委党校举办领导干部学习统计法的讲座1期，学员54人，重点讲解《中华人民共和国统计法》的“三个不得”规定及统计违法违纪行为法律责任，增强党政领导干部的统计法律意识和责任意识。

统计监督检查取得新突破 结合上级调研、检查和本单位年度监督检查，先后对盘陀、霞美、前亭、马坪、赤湖、大南坂等乡镇256家单位的统计数据质量开展监督检查。通过监督检查，及时发现问题，现场予以业务指导。

严肃查处各种统计违法行为 对在统计监督检查中发现的违法违纪行为，做到发现一起处理一起。2015年，共查处、通报统计违法行为3起，全部给予警告并处罚款，罚款金额5000元。

【咨询参谋作用更加凸显】

统计咨询作用不断增强 新编《漳浦统计服务指南》，印发企业一套表联网直报时间，明确“四上”和房地产开发企业月度新增、固定资产投资项目准入所需材料及要求，公开统计专业技术职称考试、统计从业资格考试报名有关事项，为基层及企业统计人员办事提供方便。编印《漳浦统计月报》，将每月全县主要经济指标数据，以及各乡镇场（园区）主要经济指标完成情况编印成册，在第一时间印发给县领导、县直各单位和各乡镇场（园区），及时提供统计信息服务。开通“漳浦统计”微信平台，每月及时发布电子版《漳浦统计月报》和统计信息，不断拓展统计服务新渠道。在中国漳浦、漳浦县统计局等网站及时公开电子版《漳浦统计月报》和统计信息，编印《漳浦统计摘要》《漳浦统计年鉴》等资料，满足社会公众日益增长的对统计信息多层次、多方位的需求。

监测预警和建言献策工作得到肯定 围绕党委、政府中心工作，加强经济运行分析，统计分析材料的深度、广度和高度进一步提升，许多建议被县领导采纳。呈阅件《关于确保完成全年GDP增长目标的建议》得到县长的批示，2条统计信息被《漳浦信息》采用。

统计服务领域不断拓展 协助县政府做好市对县绩效评估、县对乡镇场（园区）绩效考核工作，做好《政府工作报告》《国民经济和社会发展计划执行情况报告》等一些重要文件中数据资料的整理、提供、审核工作。为漳浦县创建全国双拥模范县、招商引资、项目建设，企业申报龙头企业、著名商标和名牌产品，企业资质晋升、企业年检以及全县各行政事业单位其他事项提供统计数据支持。全年，为351家外资企业年检提供服务，为全县行政企事业单位出具统计证明48份。

2015年漳浦县国民经济主要指标

表4

指标名称	计量单位	数量	增长(%)
地区生产总值	万元	3187735	3.70
1.第一产业	万元	622951	3.40
2.第二产业	万元	1291365	-6.30
工业	万元	1013883	-3.90
建筑业	万元	277482	-14.00
3.第三产业	万元	1273419	16.50
农林牧渔业总产值	万元	1232217	3.90

续表 4

指标名称	计量单位	数量	增长(%)
规模以上工业总产值	万元	4524744	-23.50
全社会固定资产投资	万元	3354449	15.50
1.固定资产投资	万元	3240560	15.70
2.农村私人投资	万元	113889	9.20
社会消费品零售总额	万元	926219	12.20
财政总收入	万元	315538	7.30
地方级财政收入	万元	219386	7.90
财政支出	万元	480195	29.90
金融机构人民币存款年末余额	万元	3034103	46.30
金融机构人民币贷款年末余额	万元	2069480	67.90
金融机构人民币储蓄存款年末余额	万元	1714009	—
实际利用外资(验资口径)	万美元	23408	24.90
出口总值	万美元	61139	-15.30
城镇居民人均可支配收入	元	27924	9.20
农村居民人均可支配收入	元	14856	9.40
居民消费价格指数(以上年同期为 100%)	%	101.60	1.60
土地总面积	平方公里	2146.24	—
年末户籍人口	人	898373	—

(撰稿人:黄建新)

·审 计·

【概况】

2015 年,漳浦县审计部门共完成审计(调查)项目 38 个,审计查出主要问题金额 129235 万元,其中:违规金额 274 万元,管理不规范金额 128961 万元。审计核减工程投资额 1818 万元,处理应上缴财政 17 万元,移送有关部门事项 3 件,涉及金额 91 万元。提交审计信息 35 篇,被批示、采用的审计信息 46 篇次。

【预算执行审计】

对县财政局、县地税局、绥安工业开发区、杜浔镇城里村、湖西乡城内村等 5 个单位在组织预算收入、安排预算支出以及财政资金使用、管理等方面进行审计。审计查出主要问题金额 116626 万元,其中:未按规定纳入预算管理 55449 万元,未按规定征收缴纳收入 589 万元,虚列支出 9000 万元,扩大开支范围或提高开支标准列支 2332 万元。

1.审计发现县财政局在组织县本级预算执行中存在预算不够细化,部分预算支出在预算外专户列支、影响财政收支的真实性,收入未按规定纳入预算管理,虚列支出,向非财政管理预算单位拨款,超范围使用土地出让金，未按借款用途使用土地抵押融资贷款等问题。绥安工业区管委会向非财政管理预算单位拨款 272 万元问题等。

2. 结合县地税局“同级审”，开展土地使用税征管情况和农村公路建设项目税收缴纳情况审计调查。发现绥安、黄仓 2 个工业园区内 223 家用地单位中尚有 126 家 2014 年度累计应缴未缴或未足额上缴土地使用税 288.85 万元，其中：绥安工业园 77 家合计 179.35 万元、黄仓工业园 49 家合计 109.50 万元。抽查农村公路建设项目补助资金数额较大的 8 个乡镇 72 个村 108 条农村公路建设项目税收缴纳情况，已支付工程款 4109.47 万元，其中：使用建安发票支付的计 1339.21 万元、使用白条支付的计 2770.26 万元，未付工程款 583.08 万元。经测算，应缴未缴营业税、企业所得税等相关税费计 215.28 万元。

3. 结合县财政局“同级审”，延伸调查漳浦县扬基生物科技有限公司、漳州德立信农业有限公司、漳州慧丰水产养殖有限公司、漳浦县佛昙镇恒福水产育苗场等 4 个非公单位财政专项资金使用情况。调查发现：4 家企业提供的支付凭证，自筹资金未按规定取得正式发票，使用收款收据或工资单列支，大额现金收付；扬基生物科技和德立信未能按规定对专项资金进行会计核算，只提供付款凭证，未能体现整个项目资金的核算情况；个别项目实际列支内容与申报材料不一致，个别项目用自筹资金支付的原始凭证存在做假现象等问题。

4. 在杜浔镇城里村、湖西畲族乡城内村 2 个村财政性资金使用情况审计中，发现零星工程建设存在未缴税费，大额现金支付工程及材料款，虚假筹资筹劳，工程报支手续不完整等问题。

【行政事业单位审计】

对绥安镇、大南坂镇、石榴镇、盘陀镇、官浔镇、马坪镇、深土镇、六鳌镇、沙西镇、杜浔镇、南浦乡、赤岭乡、交通运输局、计划生育局、公安局、县委党史研究室、万安农场、石古农场等 18 个单位审计。审计发现上述单位存在未执行“收支两条线”规定、违反政府集中采购制度、未按规定及时足额申报缴纳应交税费、国有资产管理不规范、专项资金使用不规范、业务招待费数额较大、车辆管理不规范、票据管理不够严格、报支手续不够完整等问题。审计查出主要问题金额 10751 万元，其中，未落实收支两条线和专户管理规定 529 万元，违规改变项目计划和资金用途 692 万元，扩大开支范围或提高开支标准列支 1263 万元。

【固定资产投资审计】

2015 年，完成台湾农民创业园兰花大世界，职业技术学校、大南坂中学教学楼，中医院迁建工程附属及后勤综合楼，朝阳路、麦市街改造工程，龙湖路中段道路改造工程竣工等 12 个项目的工程结算审计，送审工程造价 35706 万元，净核减造价 1818 万元。审计发现重复计算工程项目及多计工程数量，未按定额及有关计价规定套价，未按招标文件、投标文件、施工合同等文件约定的条款办理结算，未按设计图及技术规范要求施工，材料以次充好等问题。

【专项资金审计】

开展城乡居民医疗保险资金审计调查，城镇保障性安居工程跟踪审计，国务院稳增长促改革调结构惠民生政策措施落实情况跟踪审计。

城乡居民医疗保险基金专项审计　调查发现医疗保险基金沉淀资金未按优惠利率计算，重复发放二女户、独女户参合人员个人缴费补助款，违规报支普通门诊、特殊门诊补偿费，降低住院门槛，将应由门诊治疗转住院等问题。抽查民营漳浦妇产医院发现分解项目多收费，过度检查、过度治疗等问题。

城镇保障性安居工程审计　发现保障性住房租金未及时收缴，上级财政补助资金未及时拨付，2013 年已基本建成的 390 套保障性廉租住房截至 2014 年底空置未用超过一年，个别项目未严格执行基本建设程序，报建手续不完整，未按规定对已登记申请廉租住房实物配租家庭发放在轮候期间的租赁补贴；长桥国有农场等未完成 2014 年保障性安居工程目标新开工任务等问题。

国务院稳增长促改革调结构惠民生政策措施落实情况跟踪审计 分别在3月、6月、9月、12月，对贯彻落实国家重大政策措施和宏观调控部署情况开展跟踪审计，重点对国务院出台的取消和下放行政审批事项、推进简政放权等21项稳增长促改革调结构惠民生政策措施的落实情况、成效、存在问题和整改措施进行跟踪审计。同时，还对红色旅游经典景区基础设施建设项目、海岸新城及配套项目、万安生态开发一期建设项目3个重点项目的建设情况进行跟踪审计。审计发现公立医院债务负担重，基本通过增加业务收入维持运转，财政未能按公立医院的功能定位给予足额保障。县直3家医院均进行迁建和改扩建，基础设施建设产生的债务成为影响漳浦县公立医院改革的大包袱；农村饮水安全工程进度较慢，按文件要求应于2014年底完工；养老机构整体运营情况不理想；红色旅游经典景区基础设施建设项目进展缓慢等问题。

【经济责任审计】

对绥安镇、大南坂镇、石榴镇、盘陀镇、官浔镇、马坪镇、深土镇、六鳌镇、沙西镇、南浦乡、赤岭乡、交通运输局、计划生育局、县委党史研究室、万安农场、石古农场等16个单位、27名党政领导干部经济责任审计。审计发现未执行“收支两条线”规定、违反政府集中采购制度、未按规定及时足额申报缴纳应交税费、国有资产管理不规范、专项资金使用不规范、业务招待费数额较大、车辆管理不规范等问题。审计查出主要问题金额9521万元，其中，违规金额242万元，管理不规范金额9279万元。

（撰稿人：张　秋）

· 市场监督管理 ·

【概况】

2015年，漳浦县市场监督管理工作共新登记市场主体11726户，新受理食品药品许可716件，受理组织机构代码各项业务6894件，办理条码25家，续展41家，办理动产抵押登记16件，主债权金额达16057.35万元。开展食品、药品、特种设备、“双打”等各类专项整治行动30余次，查处各类市场主体违法案件492起，罚没款279.28万元。被省政府确定为食品安全社会共治示范县。海峡花卉聚散中心被推荐为国家级“诚信市场”创建示范点，永耕农业开发有限公司水培花卉栽培标准化示范区项目如期顺利通过第七批省级农业标准化示范区的考核验收。至年底，全县累计实有各类市场主体43880户，其中企业8552户，食品药品生产经营企业及餐饮单位7490家，特种设备2450台套。

【食品安全社会共治】

年初，省政府确定漳浦县为首批食品安全社会共治示范县，县委、县政府高度重视，将食品安全工作考核高比分纳入全县绩效考评体系，还把食品安全纳入十大为民办实事项目之一。10月，市人大和县政协分别对该项工作进行视察，各位代表和委员们对漳浦县的食品安全社会共治示范县创建工作给予高度评价。至年底，该项工作进入冲刺阶段。

初步建立食品药品安全电子溯源体系 将20家规模以上食品生产经营单位、22家食品批发企业、15家学校食堂纳入首期电子监管溯源系统；将全县1家药品生产企业、2家药品批发企业、2家医疗器械生产企业、13家医疗器械经营企业、3家化妆品生产企业和105家药品零售企业纳入监管平台，对其生产、经营进行全方位监控，构建城乡一体化药械监管平台。

建立县、乡(镇、场)、村三级食品安全监管体系 发挥县食品行业协会、消费者权益保护委员会和其他社会组织的作用，强化沟通协调，让他们参与到食品安全监管工作中来。聘请15名县人大代表、政协委员为荣誉监督员，35名退休老干部、共青团员、社区妇女干部为食品安全义务监督员，提高监管工作的针对性。在全县285个建制村(社区)配备330名食品安全协管员，使三级监管体系覆盖面达到100%，有效落实责任体系。

建立有效的企业主体责任体系 在肉制品、婴幼儿配方食品、食品添加剂等风险度较高的食品生产企业中推行质量受权人制度，严格落实企业主体的第一责任。推进食品行业诚信建设，将全县1万多户食品生产经营单位纳入信用等级评定，实行信用分级分类管理和“黑名单”制度；开展药品经营企业信用等级评定工作，其中：19家药店获评A级诚信药店，105家被评为B级，16家被评为C级；参加全市百家示范药店评选，共推荐16家药店参选。推行“明厨亮灶”项目改造和餐饮服务“六公开”，确实让餐饮食品主动接受群众监督。示范带动，建立全县防范食品安全墙。在新都广场建设一条餐饮示范街，在全县建设餐饮示范店39家。

【强化整治保障食品药品安全】

开展食品药品安全专项整治 2015年，先后组织开展校园食堂及周边食品安全“春雨行动”、肉制品、食品流通安全风险“大摸底大排查大整治”和“四品一械”日常检查、装饰性彩色平光眼镜、避孕套专项检查等食品药品安全专项行动。共立案查处各类食品药品安全违法违章案件185起，罚没收入156万元；检查餐饮服务单位764家，检查药械使用单位596家，责令24家企业进行整改，立案110起、罚款43.90万元。筹建新开办药店16家，指导药企GSP认证79家，通过79家，上报ADR740例。其中新的、严重的150例，MDR110例(新的、严重的17例)。开展化妆品生产信用分级示范县工作，对3家化妆品生产企业信用分级管理进行监督。

开展联合执法行动 与公安局、农业局、海洋渔业局、教育局等部门开展经常性的联合执法行动，加大对食品安全违法行为的打击力度。县检察院在县市场监督管理局设立巡回检察室，检察官及时介入指导行政执法部门查处可能涉嫌犯罪的案件，促进行政执法与刑事司法的无缝衔接，2015年，共移交司法机关案件6起。在联合处理漳州市天福茶业有限公司红茶被违法添加柠檬黄一案中，共责成召回涉案红茶价值3000多万元，消除安全隐患。针对全县面制品、肉圆惯性违法添加硼砂行为，开展联合行动，扭转全县面制品、肉圆违法添加硼砂的局面，百姓饮食安全得到保障。

建立食品质量抽验长效机制 定期开展食品质量监督抽验，提高稽查打假技术支撑水平，共检查食品生产企业125家次，校园及其周边食品生产经营户368户次；检查校园及其周边餐饮单位189户次，向教育部门通报26家不规范单位，发布6条学校食堂预警信息；完成食品生产、流通、餐饮抽样126批次，药品抽样112批次，快检抽样200批次，医疗器械抽检3批次。

建立打假举报奖励机制 制定“食品违法行为有奖举报制度”，建立漳浦县食品安全举报奖励专项基金，县财政每年安排举报奖励专项资金50万元，引导公众积极参与食品违法行为检举。共受理投诉举报41起，其中立案查处27起。

【标本兼治保障特种设备安全】

开展特种设备专项整治行动 深化“打非治违”工作，开展液氨使用单位、压力管道，高考期间考生食宿单位的电梯、锅炉，充装站的气瓶数字化、公共场所的大型游乐设施、问题电梯、化工企业特种设备使用管理等专项检查，查处违法使用特种设备案5起，罚款8.10万元。巡查监察特种设备使用单位日常监督检查41家次，专项巡查20家次，发出《特种设备安全监察指令书》6份，提出责令改正意见135条；检验各项法定的到期设备1366台(件)，定检率达100%；水(油)质监测项数218份，安全阀校验586个，压力表校验824个；液化气充装站送检到期、超期气瓶7078只，其中报废7036只，送检到期工业瓶340只；开展特种设备安全宣传活动5场次；抽查大型游乐设施为主体的应急救援时间演练1次，开展2项专项整治和3个安全大检查。

开展“质检利剑”专项整治 在整治行动中，先后开展以空气净化器和净水器为重点的消费品检查，检查电器商场4家；开展以化肥为重点的农资产品检查，检查化肥生产企业1家，化肥经销店21家；开展建材产品检查，检查建材生产企业4家；

开展以发动机为重点的汽车及零部件检查，检查汽车4S店4家；开展以能效标识为重点的电器专项检查，检查电器店20家；开展以汽、柴油为重点的油品专项检查，检查加油站25家。共立案8件，罚款10多万元。

强化计量监管，服务重点项目建设 对与老百姓生活密切相关的商用衡器、医用计量器具、加油机、民用三表等计量器具进行强制检定，监督查处计量作弊违法行为，保护消费者的合法权益。2015年，检定计量器具7116台件，免费检定5943台件，民用三表13500台件，检定费缴入县财政42.90万元；完成海顺德、腾龙芳烃、祥鹭石化、盈丰食品、工程质量监督站和10个混凝土公司等多家大型企业的检定工作。

【保障市场秩序稳定】

以反不正当竞争执法为重点，开展各类市场专项整治 2015年，开展公用企业专项治理工作，立案查处反不正当竞争案件15起，罚没22.80万元，其中对漳州市骏富文化传播有限公司涉嫌反不正当竞争虚假宣传罚款8万元。加大对无照经营、广告违法、网络违法、商标侵权、非法购销红珊瑚等扰乱市场行为的查处力度。查处商标侵权案件18起，罚没款21.01万元；查处农资违法案件73件，罚没款16.66万元；查处网络违法案件6件，罚没款7.80万元；查处成品油违法案件32件，罚没款16.77万元。

以创建无传销县为重点，打击传销活动 召开全县"创建无传销县"与"打击侵犯知识产权和假冒伪劣产品"动员大会，组织市场监管理各基层单位加大对传销、假冒伪劣产品违法行为的排查和防控工作。开展创建无传销社区（村）活动，至年底，已确定创建无传销社区（村）10个，无传销学校2所；开展直销专项检查调研工作，建立直销企业服务网点（经销店、专卖店）"经济户口"台账；开展新申请直销许可和申请直销扩区企业协助审批的核查反馈工作，是年，已按时核查反馈信息4条次。

以信用体系建设为重点，推进市场主体诚信建设 细化目标要求，制定工作计划，一级抓一级，推动年报公示加快进度。创新由食药协管员、个私协工作人员协助上门引导企业积极主动自行年报公示模式，进一步提高2013年度年报公示和2014年度年报公示率。全县企业、个体工商户2013年年报率分别达90.60%、92.34%，企业、个体工商户、农民专业合作社2014年度年报率分别为88.90%%、91.03%、81.79%。部署开展2014－2015年度"守合同重信用"单位公示认定活动，至年底，已推荐上报企业22家。

以无证无照经营查处为重点，进一步规范市场秩序 全年共检查各类市场主体3120户次，清理出无照经营户2302户，发出《催办通知书》881份，发出《责令停止经营活动通知书》320份，抄告相关部门31户；引导办照5191户、办证1320户；立案查处无证无照经营案件167起，罚没款48.05万元；实现无证无照经营比例与上年度同比下降7.10%。

以消费维权为重点，保证消费者合法权益 发挥好"12315""12331""12365"等维权举报系统的作用，强化商品质量监管、服务领域消费维权和食品药品监督举报。通过开展"3·15国际消费者权益日"宣传活动、化肥质量专项检查、流通领域儿童用品质量专项整治工作，营造安全放心消费环境。2015年，共办理申诉举报案件325件，其中：受理申诉案件294件，办结283件，不予受理6件，终止受理5件，调解成功282件，办结率100%，调解成功率99.60%%，挽回经济损失10.30万元。受理举报案件31件，立案查处盈丰大酒店侵害消费者权益案件，罚没10万元。

【推行"一照一码"登记制度】

先后开展"三证一章合办""三证合办""一照一码"、电子营业执照等登记制度改革，实现"双减负"。企业注册登记时只需填写"一表"，向"一个窗口"提交"一套材料"，即可领取加载统一社会信用代码的营业执照；申请材料由原来的33份缩减为14份，填写数据项由300多项减少为100多项。至年底，全县核发载有统一社会信用代码的"一照一码"营业执照887份，换照

1115份，核发电子营业执照26份。针对漳浦县传统名点小吃如杜浔酥糖、霞美牡蛎、旧镇翰林糕、佛昙豆仁饼及漳浦肉圆、石榴填鸭、六鳌紫菜等多出于食品小作坊，规模小、人员少，无法形成规范化生产和规模化经营的现状，引导经营者办理《食品生产加工小作坊生产加工条件核准证》，有效开拓市场。11月25日，佛昙镇双桃豆仁饼经营户杨意江取得首张核准证。

【实施商标品牌战略】

鼓励和支持支柱产业、龙头企业、拟上市企业争创驰、著、知名商标　指导"彩龙"商标获得驰名商标认定；新申报省著名商标6件。至年底，全县已有驰名商标4件，著名商标29件，知名商标43件。

推进"地标"规范使用、管理和宣传　帮助29件农产品商标申领"兴业富农"补助资金，至年底，全县地标达20件，全县获准注册的集体商标中已有49件。其中，"沙西榕树"获得漳州市十佳地标，"官浔淡水虾"获漳州市十佳集标。

推动质量管理工作和创名牌三年滚动培育计划　组织7家符合条件企业申报2015年度创福建名牌产品申报工作，7家制造业和服务业领域的企业申报2015年度(第五届)福建省政府质量奖工作。

【重大活动食品安全保障】

坚持现场检查与开展快检相结合，重点开展蔬菜农药残留检测、餐饮具洁净度检测、食物中心温度检测等项目，实行全程保障措施，保证每次重大餐饮服务食品安全保障任务顺利完成。共完成重大活动保障任务24次，其中：首长重要保障2次(分别为三级、一级)，高职、高考、中考3次，商务部援外保障4次，人大、政协两会保障3次，古雷事件相关保障3次，古雷中秋节日保障1次，海峡花博会1次，其他保障7次。

【扶持重点项目建设】

强化沟通联络，带领阳光电源股份有限公司人员前往竹屿盐场实地考察，该公司预计投资10亿元建设2个光伏50兆瓦的光伏地面电站，年发电量1亿千瓦时，年产值1亿元，已初步达成投资意向。协助企业做大做强，是年，漳州市毅闽实业有限公司投资2000万元扩建配送中心，漳浦书香肉制品厂投资500万元扩建厂房，加大生产规模。县市场监管局挂钩的漳州片仔癀爱之味生技食品有限公司建设已完成设备比对、场地设计、环境影响评审等工作。

【规范权力运行】

做好上级下放、委托事项的承接工作。清理出的权力清单共有审批项目331项，公共服务项目17项。属食药监职能的行政权力清单113项、公共服务项目14项，其中：新承接省、市食药监部门下放的行政许可项目3项、公共服务项目7项，至年底，县食药监局共办理下放审批事项9件。属质监职能的行政权力清单87项、公共服务项目3项，其中：新承接省、市质监部门下放的行政许可项目7项，县市场监管局共办理下放审批事项121件。工商部门公布行政权力清单131项，省、市工商部门没有新下放的审批事项。

【强化职能宣传】

依托移动信息平台，开展"万条食安信息温情提示"活动，向不同对象发送提示短信12则，共5万余条次。利用"3•15"消费者权益保护日、食品安全宣传月、"安全生产月"宣传活动、"平安古雷、福满新城"平安综治宣传等开展现场宣传咨询活动，共发布餐饮食品安全舆情监测信息32条，发放相关宣传材料4000多份，举行特种设备安全宣传活动3场次。运用报纸、广播、电视等宣传市场监管工作，全年共在各类媒体发表稿件185篇，其中：被国家级报刊采用稿件8篇，省级报刊采用稿件80篇，市级报刊采用稿件48篇。

(撰稿人：罗乐怡)

• 国土资源管理 •

【概况】

2015年，漳浦县国土资源管理工作坚守国土资源保护红线，开发复垦项目19个，面积1481.70

公顷；服务社会经济建设，全年报批建设用地项目93个，面积200.29公顷；办理国土使用权供应56宗，面积255.68公顷；严格执法，检查国土部2014年度遥感监测卫星图斑2434个，面积1100.31公顷，顺利通过国土部验收；立案查处国土违法行为1986起，查处矿产违法案31宗。

【服务保障发展】

抓好用地报批 在农转用指标紧张和总量控制的情况下，加强与项目单位的沟通联系，主动提请服务。做好用地预审和规划衔接，主动为各类建设项目用地拓展政策空间，采取“抓早、跟踪、挖掘”等形式，并动用一切可动用的人力资源，争取多批回土地。是年共获省、市政府批准12个批次和两个单独选址项目，共93个项目，总面积200.29公顷，完成市下达的建设用地数量。其中村民住宅小区3批次9个项目，面积15.12公顷（其中前亭镇后蔡村居住小区一期建设项目面积2.95公顷为省级农村住宅示范小区）。

提供用地保障 加大批后监管力度，办理土地供应。全年共办理国有土地使用权供应56宗，面积255.68公顷；农村住宅小区1批次7宗，面积8.40公顷。供地后及时录入省国土资源厅和国土部的在线监控系统，做到供一宗录一宗，供地率均达到72.40%以上，符合省国土资源厅供地率考核要求，为项目早日投资、早日投产提供用地保障。

【坚守红线保护资源】

加大补充耕地储备力度 2015年，市下达漳浦县补充耕地任务196.67公顷（含古雷16.67公顷）。至年底，全县正在开展可取得新增耕地的土地整理开发复垦项目19个，规模面积1481.70公顷，可新增面积251.06公顷，其中：土地整理项目（高标准基本农田建设）7个，总规模1375.56公顷，可新增耕地149.22公顷；土地开发项目1个，规模面积82.21公顷，可新增耕地78.15公顷；旧村复垦项目11个，规模面积23.94公顷，可新增面积23.68公顷，可挂钩指标23.68公顷。

引导促进土地集约利用 引导建设项目使用疏林地、园地和未利用的荒山荒坡等低丘缓坡地，促进工业园区用地、废弃工矿用地、低效用地的合理开发利用，推广节地型建设模式和节地型产业发展模式。共利用低丘缓坡地120公顷，占批准用地总面积的69.57%，更好地保护优质耕地，减少良田流失。

【规范运作提高效益】

提高土地经营效益 通过政府主导与市场调节相结合的运作模式，有计划、有组织、有程序地开展国有建设用地收储、出让。2015年，全县供地59宗，面积265.13公顷，出让金合同金额12408.16万元。

推进矿业市场建设 严格按《中华人民共和国矿产资源法》《福建省矿产资源条例》及《福建省矿业权招标拍卖与挂牌出让管理办法》等要求执行，全面推进矿业权市场建设。是年，通过协议出让方式办理延续矿山4家，出让价款202.22万元，收取矿山生态环境恢复治理保证金718.87万元。通过公开拍卖方式出让采矿权4家，出让价款294.61万元。做好2014年度矿山年检工作，对25家持证矿山企业自查、排查率达100%。全县共有持证矿山数28个，应检矿山23个，5个申请年度免检，年检率100%。

【依法行政严格执法】

做好年度卫片执法检查 土地卫片：国土资源部下发漳浦县2014年度遥感监测图斑2434个，面积1100.31公顷，其中耕地299.46公顷（含可调整地类67.51公顷）。矿产卫片：2014年度国土资源部下发漳浦县的矿产疑似违法图斑数量11个，经现场核查，共有5个违法图斑（其中有2个为同一个违法图斑，实为4个违法图斑），2个非立案处理图斑及4个天然卤水图斑。违法图斑涉及的主要矿种为饰面用花岗岩。县国土资源部门积极应对，逐个核查监测图斑，真正做到对监测图斑情况了如指掌，并一一定性。至年底，漳浦县卫片执法检查顺利通过国土部验收。

加强国土资源执法监察 落实《国土资源执法监察动态巡查责任制》，发挥局、所、协管员三级巡查网络和国土资源违法举报电话的作用，培育发展国土耳目，强化动态巡查，做到“三个及时”，即及时发现、及时制止、及时处理。全年立案查处国土资源违法行为1986起，处罚款2215.30万元。

开展矿山整治专项行动　在全县营造“严打”的浓厚氛围和高压态势，建立严厉打击非法违法采矿工作挂钩责任制，整合执法力量，采取监察大队、国土所执法人员与矿点相挂钩，出台罚则，明确责任，奖优罚劣，达到“查处一案，震慑一方，处理一人，教育一片”的效果。全年共查处矿产资源违法案件31宗，没收违法所得并处罚款共计35.33万元。

【维护民生权益】

加强征地补偿管理　依法履行征地报批前的征地告知、确认、听证程序，严格执行征地批后“两公告一登记”，做好征地补偿监管工作，与社会保障部门共同做好被征地农民的社会保障审查，切实维护被征地农民合法权益。2015年，共发出征地告知书129份，拟征收集体土地219.41公顷，需补偿总金额12387.75万元，发出“征地两公告”9批，及时通过征地调节资金拨付征地补偿安置费用6915.90万元，基本生活保障安置被征地农民1170人。

信访调处化解　坚持主要领导负总责，分管领导包案件，责任科室包调处、化解的信访工作模式，形成齐抓共管，人人做信访的“大信访”格局。2015年，接待群众来信来访264件，其中：来信111件（重复件23件），来访32件109人次，来电121件；已息诉息访3件，按省处理信访事项“路线图”答复的257件，在调查处理的7件。

地质灾害防治　制订《漳浦县2015年度地质灾害防治方案》，建立汛期地质灾害应急指挥系统，完善地质灾害点群测群防监测网络，实现防御地质灾害零伤亡。加强防灾知识培训，举行地质灾害防治暨群测群防培训会。聘请省地质灾害重点实验室的专家对全县地质灾害点进行实地核查，并拟出初步的治理方案。经县政府常务会研究通过29个地灾点治理方案：已治理或整体搬迁但未验收的有8个点，建议搬迁避险的有5个点，建议工程治理或降险处理的有16个点。推进“三沿”治理工作，至年底，全县共有13处治理点，应治理面积64.62万平方米，已治理面积42万平方米，完成比例63%。

【加强日常业务管理】

提升窗口服务能力，落实国土资源部《土地登记办法》和“一窗口对外、一次性告知、一站式办结”等工作制度和服务措施。县行政服务中心国土窗口办理公建、企业用地土地使用权登记66宗，土地使用权登记面积117.01万平方米；县城区个人住宅土地使用权登记969宗，土地使用权登记面积2.91万平方米各乡镇个人住宅用地土地使用权登记1569宗，土地使用权登记面积15.86万平方米；土地使用权抵押登记381宗，土地使用权抵押面积394.73万平方米，抵押贷款金额115815.45万元。

【国土资源法律宣传】

在“4•22”地球日和“6•25”土地日，开展宣传活动。在单位电子显示屏滚动播放宣传标语；在新都广场设立宣传点，发放宣传资料500多份，接受群众现场咨询100多人次；征订《海峡资源报》800份发至县各相关单位及各乡镇场、各村、各协管员，并采取利用网站、广播电视、报纸杂志、手机短信等形式，全方位普及宣传国土资源法律知识。

（撰稿人：庄雅婷）

• 价格管理 •

【概况】

2015年，漳浦县物价管理工作落实稳价控价政策，确保全县居民消费价格指数低于全省平均水平；推进医药价格改革，调整医疗服务收费3782项；开展农业生产资料、客运票价等涉农涉企专项价费检查；推进价格认证工作，完成存量房交易625件。

【落实稳价控价政策，稳定价格总水平】

贯彻落实稳价控价的各项措施，规范市场价格秩序。继续抓好价调基金征收，开展平价商店建设，民生价格信息发布，努力保持价格总水平的基本稳定。聘请12名价格信息采集人员，设置民生价格监测点11个，监测品种有食品、药品、家用工业消费品。将价格监测情况发布至市物价局官网专栏和县物价局网页，同时，在县有线电视台《在线看物价》民生价格专栏发布，在广播电台及广电30万户微信群上同时发布。是年，全县居民消费价格指数为101.60，同比上涨1.60%，低于全省平均水平。

【加强价费监管，规范收费行为】

管理政府定价和政府指导价的商品价格，进行县城居民阶梯水价制度的前期测算准备工作及水利工程供水价格的测算核定工作，核定澎水、梁山水利工程供水价格为0.21元/立方米(不含水资源费)。推进医药价格改革，此次测算调整县医院、县中医院、县妇幼保健院等3家公立医院，共调整医疗服务收费项目3782项，调增2552项，调减1223项，取消6项，新设便民门诊诊查费1项。做好经济适用住房价格管理，印石花园经济适用房基准价格为2440元/平方米。调整县牲畜定点屠宰厂(场)生猪加工服务收费标准，从6月起，生猪加工服务收费标准调整为：机械化代宰40元/头，手工代宰25元/头。停止行政事业性收费许可证年审工作，建立收费情况报告制度，加强对收费单位的事中事后监管，推进价费公示示范点创建，加强阳光价费工作管理。

【开展价费检查】

加大整顿市场价格秩序的力度，围绕人民群众最关心的利益问题对涉企涉农收费政策落实情况、农业生产资料价格、客运票价进行专项检查。全年共出动检查人员36人次，分别检查县国土资源局、环保局、建设局、房管局、交通局、执法局等单位；共接待各类信访案件23例，落实答复23例，办结率100%。

【推进价格认证工作】

2015年，共完成刑事案件涉案物品价格鉴定292起，标的12686.78万元；完成非刑事案件涉案物品价格鉴定30起，标的11913.34万元；完成存量房交易625件，成交标的54288.54万元，税收收入2997.68万元。

(供稿：县物价局)

·安全生产监管·

【概况】

2015年，漳浦县共发生各类事故102起，与上年同期相比下降74.90%；死亡30人，同比下降37.50%；受伤28人，同比下降52.50%；直接经济损失193.19万元，同比下降88.20%，没有发生较大生产安全事故。其中，发生生产经营性道路交通事故死亡13人，同比下降13.30%；发生消防火灾事故56起，占各类事故总起数的54.90%。四项指数与上一年同比呈全面下降，安全生产形势持续稳定好转。

【落实安全生产责任】

年初，县委、县政府出台《漳浦县安全生产“党政同责、一岗双责”规定》。各级各部门严格落实“党政同责、一岗双责、齐抓共管”责任体系，主要领导亲自抓、分管领导具体抓，一级抓一级，层层抓落实，党政齐抓共管的工作格局进一步形成。县委、县政府将安全生产列入全县八大重点工作之一，并成立全县安全生产重点工作指挥部，下设办公室，挂靠在安监局。指挥部结合全市工作重点定期开展督导，促成全县22个乡镇场、各县直部门及291个村、14个居委会全部制定“党政同责、一岗双责”规定，实现省、市、县、乡镇和建制村“五级全覆盖”。5月，县政府分解下达年度安全生产责任目标，将安全生产绩效考评提高到50分值。全县各级各部门按照“谁主管、谁负责”、管行业必须管安全、管业务必须管安全、管生产经营必须管安全和属地管理的原则，把年度安全生产目标责任和工作指标分解下达，逐级纵向落实到乡镇场、村和企业，落实到岗、到人，形成横向到边、纵向到底的责任体系，并定期加强考核与督导。强化生产安全事故调查与责任追究，对发生安全生产事故的单位，严格落实“一票否决”制度，确保“党政同责、一岗双责”制度化、常态化。

【治理重点领域隐患】

在全面深化隐患排查治理的同时，按照“全覆盖、零容忍、严执法、重实效”的总体要求，开展以危险化学品、非煤矿山、烟花爆竹等领域为重点的安全整治专项行动，做到不走过场、不留死角、不存盲区，坚决防范重特大生产安全事故发生。

危险化学品安全整治　全县共有行政许可的危险化学品企业80家。其中生产企业2家，批发企业3家，加油站67家。深刻吸取漳州腾龙芳烃“6•4”爆炸、天津“8•12”特大爆炸事故教训，强化隐患大检查大排查大整治，按照“全覆盖”“零容忍”的要求，对辖区危险化学品从业单位进行全面整治，在检查中对每一个环节、每一个岗位、每一项安全措施落实等情况从严、从细、从实进行彻底排查，跟踪整治到位。整治时间从4月至12月底。其间，县安监部门共出动执法人员688人次，实际监察危险化学品生产、经营单位170家次，填写执法检查记录170份，发出《责令限期整改指令书》15份、《现场处置措施决定书》3份，《复查意见书》12份（3份未到期），排查并完成事故隐患整改217处（条），督促企业投入隐患整改资金80多万元。强化宣传教育培训，宣传新《中华人民共和国安全生产法》的立法精神和实质内涵。召开专门会议开展腾龙芳烃（漳州）有限公司“4•6”爆炸事故警示教育。抓“三项岗位”培训，全县共组织危险化学品主要负责人、安全管理人员、特种作业人员教育培训6期，受训人员300多人次。强化安全生产标准化推升，邀请组织专家组开展申请标准化换证的经营、批发企业评审，强化现场隐患整改，强化罐区安全管理，强化特殊作业审批，从严把关，全力推进。至年底，共组织评审68家、已完成换证60家。

非煤矿山安全整治　全县“两证”齐全的非煤矿山共有7家。县安监局强化安全监管责任落实，完善监管体系，严格执行新、改、扩建设项目安全“三同时”制度和安全生产许可制度。对5家采矿许可到期的矿山企业，及时收缴安全生产许可正副本。对1家未能按时完成安全隐患整改的矿山，责令停产整顿并函告电力部门停止电力供应。先后开展春节后复产检查、汛期专项安全检查和日常例行检查，共出动执法人员192人次，做出检查记录93份，发出整改指令书15份，隐患整改复查意见书15份，发现隐患31条，整改31条，整改率100%。县政府及时组织相关部门联合执法，将非法违法采矿作为排查整治重点，共检查发现安全隐患54处，涉及非法采矿2处，并立案查处。

烟花爆竹安全整治　全县共有4家烟花爆竹批发企业，其他个体销售点正在整顿中。统一规划，抓好烟花爆竹零售点办（换）证的初审工作。在现场核查过程中严格把关，对“下店上宅”“前店后宅”等不符合安全要求的烟花爆竹零售点一律不予批准，并结合现场核查开展安全教育。建立辖区打击非法销售、存储烟花爆竹联动机制，县安监局出动执法人员累计300余人次，对非法经营、存储烟花爆竹行为保持持续高压态势，有效地打击非法经营烟花爆竹行为。加强重点区域和禁燃区域的巡查工作，多次协调组织公安、工商等部门，对重点区域和禁燃区域（漳浦县城和古雷港区）开展巡查，发现问题及时处理，对在禁燃区域内燃放现象及时纠正。加大宣传力度，利用各种宣传平台和载体，广泛深入宣传烟花爆竹专项整治的内容、目的、意义，提高民众烟花爆竹安全意识。

【开展“打非治违”专项行动】

联合执法，深入开展重点领域安全生产“打非治违”专项行动。在非煤矿山方面，加强源头管控，县国土、公安、安监、工商等部门协同配合，有效遏制非法开采行为；在道路客运整治方面，县交通局联合县交警、安监、公路等部门组织开展打击“黑车”“酒驾”等非法违法行为；在液氨整治方面，县经信、农业、海洋与渔业、安监、消防、气象、市场监管、环保等8部门多次联合行动，按职能分工推进隐患整治。至年底，全县各重点行业、重点领域应排查生产经营单位4190家，已排查4190家，排查覆盖率100%，实现检查“全覆盖”，不留死角。共排查出的安全隐患有2530项，当场整改的有1448项，限期整改的1156项，打击安全生产非法违法行为1117起。

【推进标准化建设】

2015年，全县各行业、各领域积极推进安全生产标准化三年行动提升工程。在工贸企业方面，4月，县安办抽调两名经贸系统工作人员到县安办集中办公，推进安全生产标准化提升工程建设。5月22日，召开全县工贸行业小微企业安全生产标准化建设推进会议，明确达标创建各阶段的时间节点。9月18日，组织相关大中型企业负责人及安标负责人在绥安工业区开展标准化专项培训，随后又组织人员深入辖区企业开展一轮工作指导。至年底，全县大中型冶金等7大行业的企业总数是79家，达标66家，完成率达84%，超额完成市政府下达的70%指标；小微企业130家，达标126家，完成率达97%，超额完成市政府下达的65%；个体工商户9450家，100%达标。在危险化学品方面，安监部门督促危化企业加大安全投入，强化隐患治理，推动标准化运行，辖区78家危险化学品企业均通过安全标准化三级达标(换证)。在非煤矿山方面，深化矿山安全条件审查，推进中深孔爆破等三项安全生产先进技术，全县7家矿山企业全部通过达标验收。

【完善应急建设】

县政府重新修订并发布实施《漳浦县生产安全灾难事故应急预案》《漳浦县危险化学品生产安全事故应急综合预案》《漳浦县非煤矿山生产安全事故应急综合预案》。县安监部门督促相关企业根据《生产经营单位生产安全事故应急预案编制导则(GB/T 29639-2013)》要求，开展全县各危险化学品、非煤矿山企业应急预案重新备案工作，督促企业每年开展综合演练至少1次，专项演练或岗位处置方案至少2次。通过开展不同层级、形式多样的综合、专项和岗位处置应急演练，提升企业事故预防和应急处置水平。至年底，全县所有危险化学品、非煤矿山企业的应急预案修订、评审、备案工作已100%完成。同时，开展危险化学品生产企业个人安全防护用品及应急物资配备、管理专项检查，督促指导辖区内危险化学品生产企业根据《中华人民共和国安全生产法》等法律法规，以及《危险化学品单位应急救援物资配备要求》(GB30077－2013)等标准规范要求，配备齐全个人防护用品及应急物资器材，确保企业应急保障工作落到实处。

【开展安全生产宣教】

开展主题安全生产宣传 以“加强安全法治、保障安全生产”为主题，以推进安全生产知识“五进”活动为载体，深入开展安全生产宣传咨询日、“党政同责、一岗双责”制度落实、安全生产大检查大排查大整治等“安全生产月”宣传教育活动。全县共组织培训104场，受训人员15735人，出动宣传车辆265辆次，发放宣传材料84600份，悬挂标语1796条。

开展安全生产大检查大排查大整治专题动员 8月13日，由分管副县长在县电视台开播专访，动员、号召全县各企业落实主体责任，加大安全投入，强化隐患排查，掀起全县安全生产大检查大排查浓厚氛围。

加大道路交通安全宣传力度 在漳浦新闻前后滚动播报事故案例，以案说法，反响强烈，效果突出。开辟《漳浦警讯》等交通安全宣传专栏，定期播放交通安全警示教育片或公益广告，定期曝光被查处的驾驶人交通违法行为。县道安办通过电信、移动等信息平台发送交通安全提示短信3万多条。

加快企业安全文化建设 多渠道开展新的《中华人民共和国安全生产法》宣传贯彻与培训，各级开展42场次，推进企业安全文化建设。至年底，全县有省级验收达标企业1家；市级验收达标企业12家，达标率居全市之首；通过试点带动、典型引领，在不同规模、不同行业形成一批各具特色的示范企业，树立企业安全文化建设先进典型，稳步推进企业安全文化建设规范、有序、健康发展。2015年，漳浦县被市政府安委会评为“全市安全文化示范企业创建工作先进单位”。

加大安全培训力度　把安全教育培训触角向基层延伸,向建设、电信、移动、联通、旅游、卫生等领域拓展“三项岗位人员”培训。2015 年,全县共培训企业负责人、安全管理人员和电工、焊工等特种作业人员 28 期 1248 人次,进一步提升企业从业人员安全素质。

加大安全生产投入　县政府除斥资治理道路交通事故隐患、完善交通设施外,率先在全市探索和尝试政府购买第三方安全生产技术服务,建立、完善县级安全生产专家库。是年,拨付第一批 20 万元专项启动资金作为安全生产专家评聘、检查等经费,为全县开展隐患排查治理、应急救援、事故调查等提供安全生产技术支撑。

(撰稿人:何永祥)

·海关监管·

【概况】

2015 年,东山海关驻漳浦办事处共办理进出口报关单 717 票,其中进口 472 票,出口 245 票,征税 2579 万元。一般贸易方面:共办理多点报关进口报关单 362 票,主要货物为蓝湿牛皮,货物总重量 1.20 万吨,货值 1.10 亿元,征收税款 2368 万元。加工贸易方面:共办理手册备案 22 本,备案金额 5419 万美元;手册变更 75 份,余料结转 28 票,内销征税 35 票,征收税款 211 万元,手册核销 30 本。转关运输方面:共办理出口转关报关单 26 票,转关车次 25 次,总重量 240 吨,主要产品为冻海鲜、自行车配件。

【纵深推进改革】

通关无纸化改革顺利完成,持续大力度加以推广,先后帮助辖区报关企业解决单证传输、规范申报等关键性问题,6 月至 11 月,通关无纸化率达 100%。推动区域通关一体化政策落地并取得实效,联合地方商务部门召开区域通关一体化政策宣讲会,走访重点企业面对面答疑解惑,已引导辖区瑞鸿、泰庆等多家企业在“家门口”办理通关手续,每票货物通关时间可节省 1—2 天,各项成本大约降低 20%。复制推广上海自贸区内销集中申报、汇总征税政策。引导企业用好政策进一步降低资金成本,已为辖区多家符合资质的企业办理登记备案手续。深入推进关检合作“三个一”。指导报关行安装一次申报系统,与漳州检验检疫局漳浦办事处开展执法联动,监管信息实现共享。

【履行把关职能】

与稽查部门密切配合加强正面监管,通过风险研判发现违法违规线索,第一时间移交稽查部门开展稽核查,对辖区某皮革加工贸易企业派核后补征税款 92 万元。培养牛皮商品专业化审价队伍,是年,对辖区进口牛皮审价补税 7.20 万元。完成各项监管任务,是年,核销到期手册 30 本,手册报核及时率、结案及时率达 100%。

【服务重点项目】

保障赤湖皮革园牛皮原料顺利进口,全年共监管“多点报关”牛皮原料进口 1.20 万吨,是 2014 年全年进口量的 11 倍,保障牛皮生产原料的充足供应。指导自行车产业园投产企业进行海关登记注册和设备进口,全程跟踪企业海关注册登记,在企业进口设备时提供预审价、预归类服务,至年底,园区已有漳浦玮柏自行车有限公司等企业开展进出口业务。协助和参与漳浦跨境电商园区的申设工作,畅通地方政府与海关各级部门的沟通渠道,为辖区跨境电商园区建设提供政策指导。

(供稿:东山海关驻漳浦办事处)

·出入境检验检疫·

【概况】

2015 年,漳浦检验检疫办事处主动配合漳浦县创建国家级出口食品农产品质量安全示范区,并获验收通过;向上争取投入资金 1500 多万元,建成食品农产品检测实验室;推行出口食品检验监管新模式,提高通关效率,全年出口保障蔬菜 6014 批 12.33 万吨;推荐 3 家兰花企业在美国注册,实现漳浦县花卉出口的新突破。

【漳浦检验检疫办事处挂牌成立】

漳州检验检疫局漳浦检验检疫办事处于2月7日正式挂牌成立，并搬迁至新综合实验楼办公，解决漳浦无检验检疫正式机构的瓶颈问题，为促进漳浦县域经济发展提供更高、更好的平台。

【建成食品农产品检测实验室】

争取上级对漳浦检验检疫工作的支持，投入建设资金1500多万元，购置仪器设备，在漳浦办事处综合实验楼建设食品农产品检测实验室，于7月1日正式投入使用，实现出口农产品当地检测，解决漳浦出口农产品长期需送漳州局或厦门局实验室检测的问题，减轻企业负担，极大地提高通关速度。实验室同时承接漳州市食药监局《2015年度流通环节食品质量省级监督抽检工作》中漳浦、云霄、诏安、东山和常山等5个县区的检测工作。至年底，漳浦实验室检测业务收入141万元。

【改革出口食品检验监管模式】

在厦门局食品处指导下，1月，率先在漳浦辖区试行出口保鲜蔬菜检验监管模式改革新机制。新机制运行一年来，成效显著，一方面通关效率显著提高，企业反应较好；另一方面企业质量安全主体意识显著提高，体现在企业风险分析和自检自控意识和能力有了显著提高，出口产品质量安全也得到有效控制。1—11月，共出口保鲜蔬菜6014批12.33万吨，货值7212.60万美元，同比分别增长17.39%、15.19%和3.59%，在当年严峻的出口形势下逆市增长，并实现辖区出口食品、农产品国外零通报。

【推动国家级出口食品农产品质量安全示范区建设】

按照政府主导，检验检疫指导，政府多部门联动的工作机制，配合漳浦县“创建办”推进国家级出口食品农产品质量安全示范区创建工作。在2014年取得“漳浦大葱”“出口榕树”省级质量安全示范区的基础上，提出将两大示范区合并，创建国家级“漳浦县出口食品农产品质量安全示范区”，并于10月22日通过国家级验收，有力地提升漳浦县产业整体发展水平，加快形成技术、品牌、质量为核心的出口竞争新优势。2015年蔬菜新产季，漳浦县出口保鲜大葱价格一路上扬，出口日本每吨1600—1700美元，接近历史高位，同比增长1.60倍。漳浦县出口食品农产品质量安全示范区质量品牌成效初显。

【推进兰花对美注册】

着力培育地方出口产品竞争新优势，发掘更多具有出口潜力的特色优质农产品，扩大种苗花卉特殊农产品出口。漳浦台湾农民创业园是全国最大的兰花种苗生产培育基地，连年来，县检验检疫办事处主动作为，研究国外技术性贸易壁垒，在厦门局动植处指导下，为企业提供技术指导，推动漳浦带介质兰花出口美国。通过国家局谈判，11月，中国输美兰花解禁，县检验检疫办事处立即向国家局推荐漳浦3家兰花企业对美注册，实现漳浦县花卉出口的一大突破。

【加快通关便利化进程】

4月，县检验检疫办事处全面实施“无纸化报检”，对符合条件的企业只需通过检验检疫电子业务平台提交报检单及随附单证电子数据，即可免于提供纸质单证，由企业自行建档保存。进一步提高工作效率，减轻企业负担，优化通关环境。2015年，已有78家企业申请采用无纸化报检方式。

（供稿：县检验检疫办事处）

财政 税务

·财 政·

【概况】

2015年，漳浦县公共财政预算收入完成20.17亿元，完成年初预算的100.85%，同比增长12.03%；地方公共财政收入完成13.46亿元，完成年初预算的100.95%，同比增长11.97%。公共财政总收入、地方公共财政收入税性比重分别为83.50%和75.29%。全县公共财政预算支出39.97亿元，同比增加8.02亿元，增长25.10%，其中：县级预算安排支出29.91亿元（含上级专项转移支付改列一般预算支出5.62亿元），同口径完成预算的105.06%，同比增加4.46亿元，增长17.51%；上级专款支出完成10.06亿元，比上年增加3.98亿元，增长65.46%。

【依法依规抓收入】

加强纳税评估，对增值税税负异常的企业开展纳税评估，实行统一检查、统一汇报、统一定案，做到公平税负。做好企业所得税年度汇算清缴及所得税汇算申报的辅导、评估，降低企业涉税风险。加强行业税收管征，重点做好石板材、混凝土、胶合板、加油站、花卉、皮革等行业的管征；对年纳税100万元以上的133户重点企业进行重点服务与跟踪，关注同比减收的68户企业，主动服务，了解企业存在的困难，促进企业早日提产增效。夯实收入基数，重点做好房地产业、建筑安装业、生活服务业税源欠缴清收，做到“依法征收、应收尽收、不收过头税”。

【拓宽筹资渠道】

主动对接金融机构，通过土地收储和国有企业龙睿公司平台做好在建项目后续融资工作；主动对接省财政厅，争取地方政府置换债券资金15.49亿元，争取发展性债券资金2.18亿元，合计向上争取地方政府债券资金17.67亿元。盘活财政存量资金、加快支出进度，清理收回各预算单位存量资金。通过各种措施，筹措资金保障县委、县政府重点工作、民生工程的建设资金需求。

【向上争取补助】

2015年，共取得中央、省、市各级财政补助资金22.90亿元，比上一年的16.76亿元增加6.14亿元，增长36.63%。有力地推动教育、保障性住房、城乡社区事务、交通运输、医疗卫生与计划生育和社会保障与就业等方面的支出需求。

【惠及“三农”注重实效】

落实各项惠农政策 拨付农资综合补贴资金2307.45万元，惠及全县16.70万农户。农作物良种补贴资金430.59万元，惠及农民14.10万人。拨付渔船油补资金7749万元，惠及渔船2386艘。拨付农机购置补贴56.80万元，更新农机机械36台。对农业水稻种植、生态林种植、渔工渔民上保险，共拨付保费187.79万元，给1.33万公顷水稻、5.28万公顷生态林、2661名渔工渔民、228艘渔船上保险。

推进农业综合开发项目建设 建设高标准农田733.33公顷，其中：拨付资金900万元，建设赤湖片高标准农田示范项目200公顷；拨付资金838万元，建设万安一六鳌片高标准农田示范项目3公顷；拨付资金360万元，建设台湾农民创业园店前片小流域治理项目233.33公顷；拨付资金1800万元，建设朝阳灌区节水配套改造项目。

加快农产品加工企业改革创新 向上争取资金帮助盈丰食品有限公司、丰盛食品有限公司、新华东食品有限公司等一批农产品加工企业加快技术改革创新，促进项目区农民人均纯收入和企业单产稳步提升。

完成“一事一议”财政奖补 以农村水泥路、小型水利设施，农村饮用水，亮化、美化、绿化、农民公园等农村公益项目为指南，全县共实施村级公益事业“一事一议”财政奖补项目152个，拨付“一事一议”财政奖补资金2704.09万元，带动社会资金5600万元，推动农村公益事业全面发展。

推进“点线面”攻坚和美丽乡村建设 拨付“以奖代补”资金4440万元，实施“点线面”攻坚计划和村庄环境整治，支持21个乡镇开展重点村实施美丽乡村建设，城乡一体化建设步伐明显加快。

【保障民生持续增长】

优先发展教育事业 全年共投入教育支出81270万元，占预算支出的20.31%，同比增加13220万元，增长19.43%，高于全市平均比重1.31个百分点。其中，拨付资金6585万元，落实农村义务教育“两免一补”政策补助，提高义务教育学校生均公用经费水平，即小学每生650元/年、初中每生850元/年；为全县80579名中小学生免除杂费、课本费，为5029名农村义务教育寄宿生补贴生活费；拨付资金407.26万元，为1438名普通高中困难学生、834名少数民族学生、499名幼儿园在读困难幼儿提供助学补助；拨付资金499.37万元，补助惠普性民办幼儿园，全县共有16547名幼儿享受该补贴；拨付资金227.76万元，对全县地处边远、较边远地区的农村教师进行补贴，共有2021名教师享受该补贴。

社会保障体系进一步完善 全年共投入社会保障和就业支出48695万元，同比增加7049万元，增长16.93%。将农村居民最低生活保障标准由原来的家庭年人均收入2100元提高到2300元，补差标准从2014年的月人均137元调整为154元，补助标准统一按月人均154元发放，全县共有18212名农村低保对象受益；将农村五保供养保障标准从每人每月478元提高至每人每月571元；拨付资金54万元，对年满80周岁的城乡低保对象，每人每月发放高龄补贴100元，全县共有2384名城乡低保对象享受该项补贴；拨付资金11.80万元，为全县250例贫困的白内障患者免费实施复明手术；建立现代丧葬补助制度，对享受城乡居民基本养老保险待遇领取的人员死亡后，按死亡当月基础养老金标准的20个月一次性支付丧葬补助金，共2600多个家庭受益，发放丧葬补助金500多万元。

支持文化体育与传媒事业发展 全年文化体育与传媒支出6376万元，同比增加1154万元，增长22.10%。其中，拨付资金3245万元，建成乡镇综合文化站25个、农家书屋290个、农民健身工程290个、宣传栏286个、图书阅览室139个、青少年校外体育场所18个，实现全县乡镇场综合文化站、农家书屋、体育活动场所与农民体育工程覆盖率100%的目标；拨付资金65万元，支持开展文艺演出进农村活动，县文艺轻骑队、漳浦竹马戏（芗剧）传承中心常年活跃在各乡镇；拨付资金28万元，支持农村电影免费公演活动，每村每月一场，全县共放映3600场。

实施扶贫开发和造福工程 拨付扶贫开发资金8510万元，支持少数民族乡特色村寨保护和建设，扶持少数民族乡特色产业发展，对少数民族学生义务教育阶段给予助学补助。完善经济欠发达的南浦乡干线建设，支持石榴镇龙岭村和车本村美丽乡村建设，加快推进老区基点村水泥路面建设。拨付造福工程危房改造资金660万元，改善170户贫困家庭的住房条件。

落实村组织运转经费保障 全县村（社区、居）315个，共投入村级运转保障支出5819万元，同比增加958万元，增长19.71%。主要是提高离任村主干生活补助，对困难村和重点老区村进行倾斜。开展在岗大学生村官工作生活补贴的发放工作，将在漳浦县工作的本科、研究生大学生村官的生活补助标准提高到每人每月2650元和3006元。

向艰苦偏远乡镇工作人员倾斜　统筹规划，合理布局，共有8600多人享受乡镇工作津贴，年增加财政支出3950万元。

【体制机制逐步完善】

全面推行全口径预算　明确各预算单位安排的支出优先从“上级专项、政府性基金、国有资本经营预算”中优先安排解决，不足部分再从公共预算中予以解决。从2015年起，将已纳入公共预算管理的政府性基金统筹调入公共财政预算管理，推进财政资金统筹使用取得阶段性进展，“保工资、保运转、保民生”支出进一步得到保障。

财政绩效评价管理有序开展　全年完成预算绩效评价目标92523万元，同比增长26%。开展绩效监控项目176个，涉及监控资金81800万元，通过财政资金绩效目标监控管理，为下一步绩效结果运用奠定基础。

加大结转结余资金清收力度　根据国务院、省、市各级政府和财政部门关于清理财政存量资金要求，对各预算单位本级一般公共预算结转结余资金、本级政府性基金预算结转资金、转移支付结转结余资金、部门预算结转结余资金、财政专户结转结余资金等5大类资金进行分类清理，清理成果显著，有效缓解县城区改造和建设的资金压力。

细化预决算公开　预决算公开的功能分类在2014年基础上稳步提高，2015年，大部分预算单位功能分类科目已细化到“项”级，经济分类细化到“款”级，正面主动回应社会的关切。

健全预算执行管理　强化预算单位是预算执行的主体地位，完善预算支出通报和监督检查制度，加快预算执行进度。

有效规范政府采购制度　严格实行管、采分离制度，不断提高政府采购的效率和质量。全年开展政府采购276宗，总预算资金与实际中标额对比，实际节约率为38.45%，资金使用效益有效提高。

全面推行财政投资评审　全年累计审结工程项目510个，审减率达到10.45%，财政投资评审效益显著提升。

加强队伍建设　结合新修订《中华人民共和国预算法》，组织全县财务负责人和财务人员加强财政知识学习，对进一步深化财税改革有关知识进行培训，努力提高单位一把手和财务人员理财能力。加快乡镇财政所规范化建设，全县21个乡镇财政所标准化建设提前通过省财政厅合格验收。

（供稿：县财政局）

·国　税·

【概况】

2015年，漳浦县国家税务局共组织税收收入89568万元，同比增加641万元，增长0.72%。占完成市局下达的任务数108600万元的82.48%，慢序时进度17.52个百分点，短收19032万元。其中：直接税收收入68543万元，办理免抵调库21025万元。从入库情况分析：县本级（含车购税）入库税收收入80252万元，同比增加6925万元，增长9.44%，占市局下达任务数77700万元的103.28%，快序时进度3.28个百分点，超收2552万元；古雷港区入库税收收入9316万元，同比减少6284万元，下降40.28%，占任务数30900万元的30.15%，慢序时进度69.85个百分点，短收21584万元。

【加强税源管理】

随着“古雷重大石化项目”发展进程的不断推进，为更好地服务古雷区域内各石化项目的发展，及时把“PX项目专业服务团队”提升为“古雷重大石化项目专业服务团队”。继续定期或不定期召开会议，讨论研究管征中碰到的问题；继续开展《征管日志》的记录工作，记录每一次的征管服务活动；继续用电话、电子邮件、上门、纸质材料等方式就有关税务事项对企业进行“友情提醒”。同时，认真撰写专题汇报材料，向上级局和有关部门汇报在税收征管服务中碰到的问题和各阶段工作的开展情况。想企业之所想、急企业之所急，主动向上级局和“退税系统”软件设计服务单位请示、沟通腾龙芳烃（漳州）有限公司消费税退税中存在的问题，以求能尽快为企业办理退税。配合有关部门对腾龙芳烃（漳州）有限公司有关涉税事项的调查。

【规范纳税评估工作的管理】

评估2户出口退税企业，缴回退税款2287.39万元，规范企业财务核算。用好政策引导3户企业转变经营模式，全年可实现增值税680万元，企业可实现1600多万元退税款，实现税企双赢。督促各分局做好省、市、县局下达的26户纳税人的纳税评估工作，至6月19日，税款及滞纳金累计入库58.15万元。开展2015年漏征漏管户清理，截至6月15日新办理税务登记户298户，清理入库税款10.50万元。

【及时办理企业出口退税】

清理历史遗留数据问题 组织人员入户对出口退税审核系统中未办理退税历史数据进行核查清理，逐户形成核查报告，形成集体研究书面材料上报市局出口退税科。其中，同意办理退税15户（含首笔退税7户），应退税金额1684.96万元，为企业解决资金困难。

审批权限下放对接 根据上级文件精神，成立工作领导小组开展审批权下放领导协调工作，明确税源管理二分局专门负责出口型生产企业征税和出口退（免）税管理；配备各岗位人员并进行业务培训，使其能够胜任出口退税岗位，为审批权限下放奠定基础。全年办理、审批退税2.70亿元。

保质保量完成进口料件手册核销 制订具体工作方案，下发统计表由企业自行自查自报进料加工手册清单，并提供海关手册核销结案通知书纸质材料。按时完成2014年度28户企业40本手册核销工作，核销后确定28户进料加工业务企业的2015年度的计划分配率；调增免抵额438.96万元、进项税额转出72.23万元，合计511.19万元。

按时完成出口退税函调核查复函 全年发生生产性出口企业函调45户次，完成39户次，未到期6户次，并按户建立函调核查档案。

【落实小微企业税收优惠政策】

落实符合条件的小型微利企业享受税收优惠政策。及时传达、转发、宣传小微企业税收优惠政策，跟踪核实小微企业优惠政策落实情况。逐户核实符合小微企业条件未享受税收优惠原因，辅导符合条件小微企业未享受税收优惠政策的企业进行更正申报或者补充申报。2015年，县国税局有小微企业户数3399户，盈利户669户，盈利面19.44%、受优惠企业669户、受惠面达100%、享受减免税款346.97万元，有效地缓解小微企业的资金压力。

【提升纳税服务质效】

纳税服务规范管理系统的推广使用 开展《全国县级机关纳税服务规范（2.0版）》的培训、运用工作。稳步推进增值税发票系统升级，成立专项工作领导小组，制订具体实施方案，在导税台安排专人接待指引，及时组织相关科室人员培训，并梳理业务办理流程，为纳税人厘清步骤。

倾听纳税人诉求 召开重点企业纳税服务需求座谈会，向企业代表们介绍新出台的优惠举措、漳州国税微信平台和“税信通”手机应用等，鼓励纳税人通过手机平台及时获取最新优惠政策等相关涉税信息。

建立健全大厅主任值班制度 设立大厅值班长日志、纳税服务咨询台账、纳税服务需求台账、纳税服务投诉台账、预约延时纳税服务台账，让纳税服务行为“有迹可循”；建立领导定期巡查制度，一把手定期、分管领导不定期到办税服务厅进行巡查和现场指导；相关业务科室人员定期到办税厅现场指导，及时解决纳税人在办税过程中遇到的问题。

落实大厅各项服务和管理制度 落实导税服务、全程服务、限时服务、延时服务、预约服务、提醒服务等制度在内的各项办税服务厅服务制度的落实工作，确保纳税人交明白税、便利税、满意税、诚信税。

开展“一照一码、三证合一”税务登记改革 一方面简化办税流程，降低办税成本，提高办税效率；另一方面可以强化部门联动，主动与工商及地税等相关部门进行沟通，互通资料信息，实现部门间数据互换、档案共享、结果互认，切实提高便民效率，至12月31日，累计办理“三证合一”税务登记证993户。

（供稿：县国税局）

·地　税·

【概况】

2015年，漳浦地税局共组织各项收入累计14.82亿元，同比增收1.14亿元，增长8.35%。其中，市局口径收入9.69亿元，同比增收2891万元，增长3.07%；政府口径收入9.35亿元（不含“两金”1229万元），同比增收5719万元，增长6.51%，完成政府任务的100.55%；社会保险基金收入4.45亿元，其中，基本养老保险基金收入2.72亿元，同比增收5548万元，增长25.54%。

【落实税收政策】

减免税　由计财部门牵头，各分局（所）报送减免税统计人员名单。全年累计调查法人企业2094户，个体户测算3035户，实际涉及减免税的企业23户，个体户2963户，涉及减免税金额为企业806万元，个体户3803万元（包括二手房转让及未达起征点减免）。

小微企业税收优惠政策　对符合优惠政策的小微企业进行界定和分类，建立小微企业所得税管理台账，逐户登记企业基本情况、减免税额等，对政策落实情况实行专人负责，动态跟踪管理。全年减免3万元以下小微企业（含个体户及个人）税收569户次，金额324.20万元。

惠民税收政策　落实国家出台的各项税收政策，提升政策宣传效果，加大政策落实力度。全年共落实个人购买住房减免契税2742户，税额2174.86万元，减免个人销售住房412户，减免各项税收1355.44万元，减免“三农”涉农贷款营业税3户，金额186.73万元。

【纳税服务】

以窗口人员考核管理系统为抓手，推进涉税资料影像系统采集工作，无纸化纳税办理事项影像扫描录入，在办税服务大厅设置办税服务自助区，免费提供电脑上网办税；提供POS机银行刷卡、身份证刷卡、ATM自助打印查询等服务不断简化办税流程、优化办税服务。落实“三证合一”“一证一码”登记制度，全年共接收工商数据办理“一证一码”企业户头824户。推广全省3A移动税务服务平台，共印发宣传手册230份。对退税采取全程加限时服务，申请受理后即展开内部流转，业务办理过程中，可根据纳税人的要求提供提醒服务，通过受理单号查询流程节点，在国库退税完毕后及时向纳税人反馈退税结果，方便纳税人核实。2015年办理退库285笔，金额合计共622万元。

【税收征管】

围绕经济发展大局，明确税收征管大方向，将管征力量向各潜力税种倾斜，加大税收管理力度。

个人所得税申报　建立“明细申报分析机制”，举办5场个人所得税全员全额明细申报培训。依托个人所得税明细申报管理系统，严格数据审核分析比对，堵塞征管漏洞，提高个人所得税全员全额申报管理工作质量。个税管理系统应明细申报3843户，明细申报3843户，比2014年同期2335户增加1508户，比增64.58%，申报率100%，覆盖面达80%以上。

房地产、建安企业营业税收征管　加强房地产预收款申报缴税制度，将房地产业、建筑安装业列为全年税收专项检查重点行业和项目，共办理大要案3户，查补750.19万元，入库750.19万元。是年，房地产营业税合计收入1.53亿元、同比增收1566万元，增长11.33%。

房产税、土地使用税管征　对516户税务登记房产及土地信息数据异常纳税人进行修正，共清理补缴房产税19.58万元，土地使用税61.78万元。全年征收土地使用税3016.85万元，同比增收248.80万元，增长8.99%；征收房产税4050.10万元，同比增收807.02万元，增长24.88%。

基本养老费基数调整　及时设定行业预警值，做好相关宣传解释工作，分发相关政策依据，深入基层分局指导工作，对制造业较多的绥安分局与开发区分局，加强指导，主动帮助基层分局向纳税人宣传解释。全县2015年12月企业单位基本养老保险费人均月累计缴费基数1537.17元，缴费率44.12%。人均月累计缴费基数同比增加311.33元，增长25.39%；缴费率由年初35.18%提高到44.12%，提高8.94%。社会保险基金收入共计4.45亿元，其中，基本养老保险基金收入2.72亿元，同比增收5548万元，增长25.54%；

纳税评估工作 做好纳税评估工作，将职业培训机构及工程监理、测绘作为日常纳税评估的重点。全年共评估420户，占正常开业总数9.58%，与2014年同期相比增加0.24%，合计评估税款及滞纳金444.32万元。

排查漏征漏管户 由征管股联合新成立的风险防控中心，根据2014和2015年“两税”税款差异数据，充分利用“增值税、消费税”信息及出口货物生产企业免抵信息，共获取161户漏管户的联系方式与征管资料；并联合工商局、国税局、开发区管委会，重点对新路段、各楼盘小区店面、各商业广场、商业运行中心、各工业园区各乡镇主要路段进行排查，共清理漏征漏管户105户，共清补税款137.19万元，加收滞纳金41.10万元。

【税务稽查】

联合稽查 开展与国税部门探索联合办案模式，将盈利性教育培训机构列为联合专项检查对象，从选案环节开始，尝试一同选案，一同入户的工作方式。全年共联合选案1户，查补各项税费2.35万元，办案过程做到互通信息，协同推进。

发票管理 严厉打击发票违法犯罪活动，共查处发票违法企业7户，涉及违法发票63份，金额达33.97万元；共查补税款、滞纳金和罚款1.46万元，查处发票违法户数的100%、违法发票份数的100%和涉及金额进度100%。

【打造“O2O纳税学堂”】

响应“互联网＋税务”号召，利用微信公众平台，结合已有的纳税学堂及办税服务设施，打造“O2O纳税学堂”。使微信公众平台成为地税部门开展纳税服务和税收宣传的“售货前台”，起到吸引纳税人主动获取税收政策、接受优质服务的作用，实现对传统纳税服务、税收宣传模式的一次创新。该项目被市地税局评为2015年度创新三等奖。

（撰稿人：黄小云）

【地理标志商标】

沙西榕树 榕树盆景，是指以榕树为素材，以观赏榕树的树桩形态及其根茎叶奇异形态为目的，通过修剪、整枝、吊扎，或嫁接的技术加工和精心培育，长期控制其生长发育，使其成为独特的艺术造型的盆栽榕树。它是花卉盆景中一朵瑰丽的奇葩，可适用于室内装缀、庭院摆设，广场、门前、大路等场所均可陈列、观赏，深受各界所喜爱。

沙西镇以其独特的人文、地理优势孕育出具有地方特色的“块根型榕树盆景”“气根型榕树盆景”“树桩型榕树盆景”，统称为沙西榕树盆景。块根型榕树盆景表皮光洁，呈灰白色或赤红色，组合紧凑，无空洞，无缝隙。气根型榕树盆景气根粗壮有力，大小较均匀，组合紧凑，条例清楚顺畅。树桩型榕树盆景组合协调，结构完美，层次分明，桩柱奇特。与其他产区相比，沙西榕树盆景具有姿态优美、寿命长、抗性强、易造型、块根丰满、感观好等特点。有的苍劲古朴，老干虬枝；有的枝叶块疏，横条斜影；有的亭亭玉立，高耸挺拔；有的悬根露爪，古奇雅致，野趣横生，别具一格。造型或苍劲雄浑，或潇洒轻盈，诗情画意，融合一体，被称为“无声的诗，立体的画”，有较高的艺术欣赏价值和可观的经济价值，特别是人参榕(块根榕)在海外被誉为“中国根”(Chinaroots)。沙西栽培榕树盆景历史悠久，盆景风格独特，吸取岭南派和闽派盆景之精髓，具岭南派盆景之修剪、蓄枝截干；又具吊扎、嫁接，师法自然、源于自然、高于自然的沙西盆景艺术风格。2011年11月，沙西榕树获得国家地理标志商标注册认证。

金融　保险

•中国人民银行漳浦县支行•

【金融运行概况】

各项存款保持高速增长态势，新增存款增速与增量居漳州各县(市)第一位　至12月末，全县本外币各项存款余额304.83亿元，同比增长44.87%，增速比全市平均增速高33个百分点，各项存款新增94.50亿元，同比多增59.58亿元，增量、增速均创漳浦历史新高。外币各项存款余额2195万美元，同比下降55.40%。

金融融资总量持续扩大，贷款增速增量均居漳州各县(市)第一　据不完全统计，至12月末，全县社会融资总量达x亿元，同比增加69.30亿元，增长45.60%；其中：2015年辖区银行业金融机构新增贷款x亿元，同比多增35.68亿元，银行表外授信业务x亿元，同比减少2.40亿元，全县金融机构发放但统计在上级行的贷款余额x亿元，同比增加2.18亿元。保险理赔支出X亿元，同比增加533万元。证券融资融券x亿元，同比增加0.19亿元。社会融资总量的快速增长，为漳浦社会经济发展提供有力资金支持。

金融机构经营效益继续保持较好增长势头，不良贷款继续下降　2015年，全县银行业金融机构盈利水平继续增加，实现利润总额x亿元，同比增长26.46%。从结构上看，利差收入仍然是银行业利润的主要增长来源。至12月末，全县银行不良贷款总额x万元，比年初减少2441万元，贷款不良率0.29%，比年初下降0.30个百分点，全县不良贷款和不良率实现双下降，银行贷款风险管控情况良好。

保险保障能力不断加强，证券市场交易量大增　2015年，全县5家保险公司(即财险、寿险、太平洋保险、中华财险、平安保险)保费收入x亿元，同比增长23%，理赔支出x亿元，同比增长8%，赔付率47%。2家证券营业机构交易量x亿元，同比增长260%，融资融券余额x万元，同比增长155%。

【信贷业务】

加大对“三农”重点领域的信贷支持　探索“承包土地的经营权＋”抵押贷款模式创新，获批承包土地的经营权抵押贷款全国试点。引导涉农金融机构开展“承包土地的经营权直押”“承包土地的经营权＋担保”“承包土地的经营权＋农业设施”等模式的抵押贷款。至12月末，全县累计发放“承包土地的经营权＋”抵押贷款11027万元，全年累计发放4404万元，贷款余额3509万元，重点支持全县花卉苗木、铁皮石斛、蔬菜等特色的种植、养殖业的转型升级。9月，人行县支行《先行先试稳步推进农村承包土地的经营权抵押贷款创新》的经验交流材料，在“2015年全省涉农货币信贷管理与服务工作会议”上进行交流与推广；并以漳浦县人民政府名义申报全国承包土地经营权抵押贷款全国试点县。12月27日，漳浦县获批成为全国农村承包土地的经营权抵押贷款232个试点县(市、区)之一。推进农村金融产品模式创新，落实《漳浦县创建现代农业金融服务示范县实施方案》，探索多层次、多模式的信贷支农模式，推进农业设施抵押贷款和林权抵押贷款增量扩面，推动海域使用权、船舶所有权（船网工具指标）抵押贷款，推广互助基金担保贷款，加大对新型农业经营主体的信贷支持。做好合意新增贷款调控管理，全年漳浦农村信用社、漳浦民生村镇银行等2家法人金融机构新增合意贷款56360万元，新增合意贷款使用率达99%。

服务重点项目融资 加强与经贸委、重点办等部门联系，推动重点开工项目资金对接，共有17个重点项目与辖区内10家银行机构达成融资意向金额25.26亿元。至12月末，已落实授信7.26亿元，占对接总额的28.74%，已上报待批准的项目3.80亿元，占对接总额的15%，在调查收集材料的项目4.80亿元，占对接总额19%。向政府相关领导及部门开展直接融资模式宣传引导，推动漳浦首次采用PPP合作模式加快推进重点项目建设，即深土镇和盘陀镇政府与漳浦天行置业有限公司分别签订重点项目合作框架协议，建设2个乡镇公园、温泉馆、文化中心、体育中心等旅游文化项目基础设施。

支持电子商务发展 开展深度调查研究工作，召开“金融支持电子商务发展”座谈会，听取金融机构在支持电子商务基本情况、存在问题、建议及下阶段工作规划，寻找金融支持电子商务发展的突破口和对接点，推动县政府出台、县支行提出的《关于金融支持电子商务发展的指导意见》，促进金融支持电子商务发展。至12月末，辖区内金融机构累计发放电商企业贷款3500万元，余额2000万元。

加大小微企业融资服务 推动金融机构向小微企业签发银行承兑汇票、信用证、保函7400万元，同比多增5000万元，确保小微企业流动性资金需求。推进金融机构开展“无间贷”业务，有效缓解小微企业普遍存在融资难的问题。

扶持民生领域 加强与县妇联、县团委、劳动保障部门及县教育局的沟通协调，采取“一次授信，随用随贷，余额控制，循环使用”的管理办法、贷款利率优惠和优先安排贷款等措施，落实好就业、创业、助学等专项信贷政策。至12月末，农村青年创业贷款、妇女创业贷款余额735万元，支持农村创业青年发展运输、养殖、种植等行业。累计发放生源地助学贷款7696笔，金额5747万元，受益贫困学生达5655人。引导辖区内2家法人金融机构开办个人住房按揭贷款业务，对农村个人购买住房给予贷款支持。至年底，农联社已投放个人住房按揭贷款2518万元，村镇银行住房按揭贷款余额3629万元，共帮助187户住房困难居民解决住房贷款问题。

【金融稳定工作】

深化“两管理、两综合”工作 强化开业管理和在营管理，对兴业银行古雷支行、光大银行漳浦支行、泉州银行漳浦支行等9家新设机构加入央行金融管理与服务体系进行申报，增强人民银行金融管理的主动性。对辖区内16家金融机构的12项业务开展情况进行综合评价，共评定“A”类银行业金融机构4家，“B”类银行业金融机构8家，“A”类保险业及证券业金融机构1家，“B”类保险业及证券业金融机构3家。落实重大事项报告制度，根据市中心支行《关于进一步规范银行业金融机构重大事项报告工作的通知》要求，做好重大事项报告，没有出现迟报、漏报及错报等现象。

落实存款保险制度和利率市场化改革部署 组织辖区内金融机构参加重要金融改革组织实施专题会议，就推进金融改革作具体部署。成立存款保险工作领导小组，开展专项巡查工作，确保改革工作在漳浦辖区内平稳实施。督促和审核2家法人金融机构投保手续，并要求按期、足额缴纳保费。引导和上报农村信用社参与合格审慎评估工作，促使农村信用社成为市场利率定价自律机制基础成员。

推进金融生态县建设 推动县政府出台《漳浦县金融生态县建设实施方案》，力争用两至三年时间，建立“政府主导、人行推动、各方参与、合力推进”的金融生态环境建设与评价长效机制，促进县域经济与金融的良性互动，为全县经济持续平稳发展提供坚强的金融支持。

加强金融风险监测 强化法人金融机构风险监测，加强对农村信用社、漳浦民生村镇银行的流动性及风险指标进行监测，及时掌握农村信用社及村镇银行的经营状况、流动性状况及风险情况。强化日常风险监测，持续关注国内和辖区内民间融资最新动向，从宏观审慎管理的视角继续加强对民间借贷利率的监测，调查研究当前宏观经济金融形势下潜在的各类民间金融风险点。应对漳州古雷腾龙芳烃PX项目爆燃事件，事故发生后，支行立即采取措施，做好融资情况调查摸底，并开展对法人金融机构再贷款风险及古雷区域金融机构信贷风险评估，确保未发生区域性金融风险。

【货币发行】

全面做好2015版百元纸币的发行工作，制订百元新币发行前的宣传方案，要求各银行宣传活动要做好全覆盖、无死角。组织辖区银行业金融机构参加培训，要求各银行要做好转培训工作。督促辖区各银行业金融机构尤其是农联社和村镇银行现金机具的升级工作。新版100元纸币正式投入流通后，做好跟踪监测、信息反馈工作。

【反假货币】

坚持"打防并举，标本兼治，重在治本"的指导思想，提升反假货币工作水平。以反假货币宣传月、110联动宣传等为契机，组织开展反假币集中宣传15场，增强社会大众反假币意识和水平。开展明察暗访36次、执法检查网点达33个，提高反假币的威慑力。深化县城朝阳路反假货币宣传示范街建设，修订反假宣传示范街建设方案，增加义务宣传点商户到30家，示范街建设日趋长效化。至年底，共接收假人民币x张x元。

【反洗钱】

强化与公检法的反洗钱协作取得成效，全年共上报4条重点可疑交易线索，其中3条向公安机关报案，1条立案，并推动2014年报送的1条重点可疑交易线索案件破案，起诉和判决。开展反洗钱文化建设，组织辖区内金融机构参加全省"纪念抗战胜利70周年"暨反洗钱主题书画、摄影等作品征集大赛，对漳浦信用社开展反洗钱"三维"评估，推动"风险为本"监管措施落地。

【国库】

推进国库直拨业务向纵深发展，全年共办理工资补助类和农林水事务类等二大类型的国库直接支付业务8个品种，计2522笔，金额5013万元。推进国库会计标准化管理特色，提升国库会计工作水平。按照总行国库系统会计标准化指导意见，结合国库电子化建设和新业务发展的需要，重点梳理现有的制度，对制度覆盖的盲点进行补充和完善。为辖区紧急救灾资金开通"绿色通道"，4月6日，漳浦古雷腾龙芳烃（漳州）有限公司发生爆燃后，支库快速行动，紧急开通救灾资金拨付"绿色通道"，首笔救灾应急资金40万元在10分钟内划拨到账。协助辖区财政部门推进地方盘活财政存量资金，2015年共盘活财政存量资金3.16亿元。

【外汇业务】

2015年，全县外汇指定银行外汇收入x亿美元，同比减少2.59亿美元，下降32.99%，其中：贸易收汇x亿美元，同比减少0.41亿美元，下降8.37%。外汇支出x亿美元，同比减少0.40亿美元，下降9.78%，其中贸易付汇x亿美元，同比减少1.81亿美元，下降47.50%。外汇贸易顺差x亿美元，同比增加1.39亿美元，上升127.52%。

开展外汇投资企业存量权益登记年报工作 漳浦县资本项目信息系统应列入参加企业存量权益登记网上申报的企业共354家，申报完成率为98.02%。

强化事中事后核查和现场检查 对漳浦农行开展外汇业务专项检查，重点加大对银行履行"展业三原则"情况的检查力度，实现从"规则监管"向"主体监管"转变。对7家涉外企业开展货物贸易外汇监测重点库企业核查，规范企业贸易信贷数据登记与录入，督促企业及时做好收付汇。利用新上线的跨境资金流动监测与分析系统、服务贸易外汇监测系统，开展非现场监测分析工作。开展资本项目信息系统滞留数据核查和处理，全年共处理资本项目信息系统滞留数据24笔。

【支付结算管理】

推动和规范助农取款服务点 引导县农村信用社、中行县支行、邮储银行县支行和建行县支行在辖区各乡镇继续布放银行卡助农取款服务点,拓展服务点的服务功能;指导规范助农取款点业务操作,加强风险防范。

推广农村地区手机支付业务 至12月末,漳浦农村信用社已发展手机银行客户66014户,全年共发生业务357.45万笔347.69亿元。

推进辖区电子商业汇票的发展 全年漳浦辖区银行业金融机构共办理电子银行承兑汇票76笔,金额11995.50万元,电子化率达到75.66%,在漳州各县中排名第二,被福州中心支行评为2015年支付结算工作先进集体。

加强辖区人民币银行结算账户的管理 全年共发放开户许可证2586户,办理销户业务706户。对漳浦工行、漳浦农联社开展支付结算执法检查,不断规范辖区支付结算行为。

【征信管理】

继续推进农村信用体系建设,在扩大农户电子信用档案采集面、完善农户信用评价、开展农村金融产品创新、简化审批授信流程等做了大量工作。至12月底,全县金融机构已建立农户信用档案数139655户,环比增加4236户,增幅3.32%;已评定信用农户54352户,环比增加2858户,增幅5.57%;累计发生额97.75亿元,环比增长6.58%,余额24.90亿元,环比增长2.40%,有效缓解农户贷款难的问题。同时做好机构信用代码的发放工作。

【金融消费者权益保护】

联合工商部门,组织辖区内金融机构做好"金融知识普及月"活动。以纪念抗战胜利70周年为契机,与县总工会、县金融工会联合举办金融系统首届知识竞赛,来自辖区金融机构的20支代表队参加比赛。针对古雷失地农民挥霍赔偿款问题,在古雷新港城社区组织开展以"增强理性投资理念,维护金融消费者权益"为主题的金融知识下乡活动,增强搬迁失地农民金融投资理财意识。

(供稿:人行漳浦支行)

·中国银行漳浦支行·

【概况】

2015年,中行漳浦支行加大支持县域经济的发展力度,在同业市场博弈中持续胜出,本外币一般性存款一举攀至当地同业市场份额顶峰。至12月末,全行本外币一般性存款折合人民币为31.36亿元,比年初新增5.19亿元;贷款余额15.33亿元,比年初新增2.88亿元;实现税后利润5150万元。全行的存款总量、市场份额位居四大行前列并创历史最高水平。

【加大贷款投放力度】

以支持县域经济发展为目标,一年中,投放授信资金支持天福集团、供电公司、瑞森皮革、县医院、中医院、金绿置业、碧桂园等11个综合授信客户,新审批额度12.55亿元;新发展18家小企业,新增授信额度1.11亿元;新增台玻、海顺德2户委贷2.70亿元;投入个人贷款1.61亿元,支持金绿置业、碧桂园、伊利莎白、金龙桥等项目的楼盘按揭。为更好地服务全县经济跨越式发展,在巩固和发展存量授信客户的同时,主动找合作项目,着手上报新授信项目。主要授信目标客户有:赤湖皮革园企业授信额度10亿元(新增授信4.90亿元)、碧桂园项目10亿元、台湾自行车产业园项目(含绥安工业园)5亿元、福晟房地产项目5亿元、长德商贸城项目5亿元、大亭花园项目1亿元、益民家园项目1亿元。

【社保卡的发放】

中行漳浦支行作为漳浦县社会保障卡的唯一合作银行,履行服务民生的社会职能,每天安排社保卡小分队数十人进村入户,发卡、激活、收缴档案、安装农村金融服务点、拓展代收付业务。全县总人口85.70万人,其中:新农合为80.50万人,医保系列为5.20万人。在全行员工的努力下,至12月末,已成功制卡85.20万张,发卡85.20万张，发卡率为99.42%；已激活社保卡72.42万张，激活率为85%。至11月，保障卡存款拓展18027万元，其中：保障卡类存款为8343万元，定期存款为9684万元。金保工程账户总存款为28152万元，其中：新农合为21416万元，医保4478万元，其他机构2000万元；每月社保卡代收、代付、代发薪笔数24826笔，交易金额为4310万元。全县设置农村服务站为312家，商户有效存款为195万元，全年交易笔数为4266笔，交易金额为3808.70万元。

【提升服务效能】

强化服务规范化管理　制定《漳浦中行2015－2017年度文明行业创建工作规划》和《2015年度行业创建工作计划》，定期研究分析文明行业创建活动及全行服务工作状况，听取服务工作汇报，召开文明优质服务专题会，总结文明行业创建经验，提高服务效能。

加强服务文化建设　完善和细化县支行文明优质服务实施细则与考核办法，在二线推行首问和顾问工作制度、大宗物品领用和派送工作制度，细化和完善二线员工着装仪表及工作区"5S"、柜员"六要素""四无五不走"等管理规定和基层网点文明优质工作补充规定。落实《中国银行业文明服务公约》，响应省银行业协会在会员单位中开展"福建省银行业文明规范服务竞赛活动"的倡议，在全行开展以"诚信服务、礼貌待人"主题的活动，规范行业行为，提高示范点服务质量，促进整体服务水平的提高。

接受客户监督　制定《办事公开制度》和《服务承诺》《服务收费项目和价格》《办理业务服务时限》等，接受客户监督。重视客户对服务质量的评价意见，建立顾客投诉受理机制，定期向企业和客户发出客户意见征询表，上门收集企业和个人高端客户的意见和建议，召开银企座谈会等，各网点和业务部门还建立完备的访客登记和报告制度。促进员工主动意识、精细意识、服务意识的提高。

便民利民服务设施齐全　推出柜面服务叫号排队系统，配制电子利率牌、投诉电话号码牌、意见簿、告示牌、一米线、填单台，安装95566投诉咨询电话，所有营业网点客户区均摆放报刊、杂志、老花镜、雨伞、饮水机、药箱等便民利民服务设施。

【改善营业场所】

为向客户提供优雅的营业环境，加大资金投入，改善营业场所。一年中，共投入资金220多万元，其中：投入160万元对绥安支行进行营业网点搬迁，改变绥安支行营业场所狭窄，不能满足客户需求的现状；投资50万元在赤湖皮革园区瑞森皮革设立一个离行式ATM，以满足园区职工的存款、取款、转账、查询的需求。同时，计划投资125万元，将原绥安支行旧址改造为离行式自助银行，设置6台存取款一体机，2台自助终端，以缓解客户排长队的老大难问题。

（供稿：中行漳浦支行）

·中国工商银行漳浦支行·

【概况】

存款保持增势，以增存促增效。至12月末，全行各项存款余额105700万元，其中：个人存款比年实增加7750万元，完成任务的190%；机构存款比年初增加2343万元，完成任务的117.15%；公司存款减少12338万元，完成任务的－224%。

信贷资产结构明显改善，信贷投放进一步向优良客户集中，逐步退出"散小差"劣质客户，有效规避经营风险。至12月末，全行各项贷款余额189600万元，比年初余额基本持平，但日均增量32900万元，比同期增加21.78%。

中间业务持续快速发展，财务贡献率进一步加强。至12月末，全行实现中间业务1206万元（未还原），完成年任务的91.30%；还原后1242万元，完成年任务的94.31%。主要来源于银行卡、理财、保险、个人结算、基金、债务重组、贷款承诺、法人贵金属等收入。

按时完成不良资产清收任务，不良清收效果有所显现，资产质量得到改善。按"五级"清分，“后三类”不良贷款余额350.67万元，较年初增加167.78万元，累计完成清收、转化不良贷款157.50万元，其中以现金清收9.80万元，不良贷款率由年初的0.10%上升为0.18%。

利息收入继续保持有效增长，至12月末，全行收息11170万元，同比增加1572万元。

超计划完成经营损益综合指标，至12月末，实现拨备前利润5189万元，同比增加441万元，增幅9.09%。实现净利润2881万元。

【以增存促增收取得成效】

统一思想早行动 立足于增存增效，早增实增的工作思路，把“迎新春”优质文明服务活动与首季“开门红”有机结合起来，突出“用心服务，春到万家”为主题，早布置、抢先机、强宣传，全面展开营销攻势，为全年存款增长打下基础。

把握重点抢占市场 以代理养老统筹基金为突破口，创新服务手段，提高服务质量，为客户提供人情化、贴心化、细心化服务，帮客户理财，使客户的收益达到最大化，达到巩固老客户、发展新客户、带动“潜”客户的效果，有效地推动存款增长。

抓重点客户的维护 建立大客户档案，逐步推行差别化服务，培养忠诚客户。落实划街包片营销工作，推行“地毯式”营销，巩固和发展工行县支行在区域的地位。

实施激励工资绩效考核机制 通过在全行开展“两节营销”等揽存竞赛活动，对存款实行绝对额新增、季旬新增考核，做到人人肩上扛指标，人人身上有压力、真正体现多劳多得。引导员工由被动到主动，由“要我做”变为“我要做”，调动广大员工吸储揽存的工作热情。

抓宣传抢占周边市场 通过抓优质服务，开展上街咨询宣传，拉横幅树标语，拜访客户送春联等形式，在社会树立工行良好形象。形成以绥安镇为中心，以周边的绥安开发区、黄仓开发区、棕口开发区、大南板开发区为辐射圈的服务范围。

提升对公存款竞争力 明确对公存款牵头部门职责，建立由网点主任与专职公存客户经理组成的公存拓展队伍，完善对公存款考核办法，落实大额存款划转上报审批制度，确保资金最大程度在工行封闭运行。

实施大客户战略 对大客户实行重点攻关、集中营销，行长、副行长、公司部、客户经理密切配合，深入企业，改善关系，增进感情，了解企业各种需求，全面为企业提供优质服务。

【完成信贷任务】

各项贷款有效快速发展，表内外贷款总量再创历史新高，突破19亿元。

全力推进个人贷款业务 开展市场调查，定位于个人优质客户群体和优质楼盘，对符合准入条件的楼盘，营销人员做到一次性把客户资料完整收集，尽快上报，申请机构准入。实行“择优扶持”的原则，营销资金实力强、运营规范的房地产开发项目并重点支持市场前景好、按揭资源丰富的房地产开发项目。至年底，全行办理中的楼盘有8个。成立3个按揭贷款办理小分队，从接单到贷款下柜，每个细节都落实到具体经办，流程简约，效率明显。至12月末，全行个人贷款余额41931万元，同比新增3966万元。

支持、发展有一定规模民营企业 贯彻省、市分行有关会议精神，扩大优质信贷业务的营销。通过建立中小企业金融服务项目库途径，解决制约工行信贷业务发展困境，信贷营销小组深入各大重点优质企业，全方位为企业提供金融服务。

【强化清收盘活工作】

实施行长挂点清收盘活制、专管行长负责制、清收盘活工作问责督办制。对支行出面协商签订的协议，承办人员及时做好后续工作，实施定期问责，通报结果，督促落实到位。基本上做到了“四定三包”（即定目标、定时间、定措施、定奖惩，包落实、包管理、包清收）的责任制，从整体上提高清收盘活的工作效率。同时，加大对抵债资产的处置和管理，用足用活清收政策松紧尺度，带动不良贷款本息的清收。正确处理业务发展与风险控制的关系，推动核销工作开展。至12月末，全行“两非”贷款115万元核销手续都已上报省分行；信用卡核销组卷上报的有26户37笔，总金额20.78万元；进入法院执行程序的个人贷款还有10户约25万元。

【提高中间业务收入的财务贡献】

开展"六到位"(即抓好认识到位，人员到位，任务到位，激励办法到位，员工培训到位，特色宣传到位)工作。加大个人理财营销步伐，客户经理"一对一""面对面"及时向理财金客户传递产品信息，全力提高客户对工行保本理财产品的认知度。加快发展保险代理业务。实施系统营销，突出抓好柜面保险代理以及抵押财产法人、个人贷款客户保险资源的开发。强化银行卡的市场营销，努力促进卡业务由数量扩张型向质量效益型转变。至12月末，个人理财全年销售53514万元，余额16790万元，比年初增加9881万元；私银客户68户，比年初增加47户，余额6614万元；信用卡发卡比年初增加1792张，通过分期付款11850万元；灵通卡发卡比年初增加12155张，完成任务114.70%；商友卡发卡量36733张，比年初增加625张，完成任务的91.37%。

(供稿：工行漳浦支行)

·中国农业银行漳浦县支行·

【概况】

2015年，农行漳浦县支行下辖1个支行营业部及台湾农民创业园支行、古雷石化支行、绥安支行、印钱支行、旧镇支行、赤湖支行、佛昙支行、前亭支行等8个二级支行。县支行综合绩效考评位居全市第四，被评为中国农业银行漳州市分行先进集体；辖内印钱支行、佛昙支行分别获2015年总行级、省行级"三化三达标"先进集体称号。

【主要业务经营情况】

存款业务　至12月末，全行人民币各项存款余额37.16亿元，比年初增加3.24亿元，增量市场份额占四大国有银行的15.39%，占四行一社的7.35%，分别居第三、四位。其中，储蓄存款24.19亿元，比年初增加2.09亿元；对公存款余额12.97亿元，比年初增加1.16亿元。

贷款业务　至12月末，全行人民币各项贷款余额22.50亿元，比年初新增3.70亿元，其中：个人贷款余额9.50亿元，比年初新增1.64亿元；对公贷款余额13亿元，比年初新增2.06亿元。

中间业务收入　至12月末，全行实现中间业务收入2206万元。

利润　至12月末，全行拨备前利润10551万元；拨备后利润10292万元，同比分别增加1636和1426万元。

惠农卡和农户小额贷款发放　至12月末，全行惠农卡9398卡，农户贷款授信户数1878户，授信额度29249万元，贷款余额25244万元。其中，农户小额贷款余额7202万元，占全行贷款的3.20%。

国际业务　至12月末，全行国际结算量19505万美元，国际结售汇14553万美元，跨境人民币业务44691万元。

不良贷款　至12月末，全行不良贷款余额1318万元，比年初减少182万元，不良率0.59%，占比下降0.21个百分点。

电子机具方面　至12月末，全行共有在行式ATM36台，离行式ATM39台，惠农通15户，POS机251台，转账电话383部，电子机具覆盖21个乡镇205个村。

(撰稿人：蓝秋燕)

·中国建设银行漳浦支行·

【概况】

2015年，建行漳浦支行各项业务稳步增长。

存款业务增势良好　至12月底，漳浦建行一般性存款余额16.38亿元，当年新增7075万元。其中：企业性存款余额6.42亿元，储蓄存款余额9.96亿元。存款增势持续偏好。

信贷业务取得新突破，个贷新增创历年新高　至12月底，全行各项贷款余额18.79亿元，比年初新增2.49亿元。其中：公司贷款余额9.42亿元；个人贷款余额9.38亿元，当年发放

5.40亿元，净新增2.60亿元，个人贷款突飞猛进，发放额、新增额创历年同期新高。

资产质量在系统内、同业中领先 至12月底，全行不良贷款71.15万元，其中：公司类不良贷款0万元，个人类不良贷款71.15万元。资产质量保持在系统内、同业中领先。

信用卡主要指标完成全市第一 2015年，全行申报分期14532.80万元，审批通过10114.90万元，分期申报、审批通过总数均位居全市第一；新增公安便民卡1989张，居全市第一。

【提升存款市场份额】

个人存款方面 提前做好全面梳理，抓旺季，争客户，将“存款”和“质量”作为全年的工作重点，强化客户营销。完善考核机制，加大奖罚力度，细化考核办法，激励员工抓客户、争大户，全力拓展个人存款业务。以表格化管理做好个人历史数据挖掘，分解目标客户，加强对流失客户分析，开展针对性营销和资金回流工作。夯实客户基础，强化对存量信贷客户代工代发，推进存量企业客户的代工营销，扩大代工份额。倡导走社区、走企业，做好产品宣传，以手机银行、网上银行、结算通卡等优势加大客户拓展。强化公私联动，综合营销，挖掘贷款客户、按揭楼盘等上下游客户。

企业存款方面 结合漳浦县域经济形式和地方发展现状，抢占新机遇、巩固老客户、拓展新客户，运用好产品、信贷来助力。借助机构整合、开发区合并的有利时机，提前介入营销，获取信息，择机介入新客户营销。梳理走访存量客户，以理财产品、汇择盈、掉期存款、存贷宝等优质产品为切入点，做好存量客户的维护和价值挖掘。对新一轮授信客户的产品结构进行调整，重点推进有保证金存款搭配，增加跨境结算量的业务，提升客户贡献度。加大对重点机构、企业客户维护，深耕客户贡献度。

【强化信贷营销】

加大中小企业、房地产等行业优质客户的营销。对项目授信申报实行表格化管理，采取“人盯人”的战术，形成与项目的无缝隙对接，明确申报进度，提高申报效率。全力推进房地产商楼盘按揭合作，成功营销多家优质新楼盘合作按揭项目。依托“五贷一透”新信贷品种，主动介入政策支持的行业和项目，重点推进产业园等项目的落地，进一步优化县支行信贷结构。

【控风险，收不良】

根据“调结构、防风险、抓管理、保质量”的工作重点，全力以赴，守住资产质量风险底线，确保资产质量安全。做好存量信贷客户排查，对全辖区存量信贷客户进行地毯式排查，研判、分析、摸清家底，做到存量信贷客户风险把控心中有数。密切关注宏观经济金融环境和住房消费市场形势变化，加强个贷逾期及不良贷款的清收，采取“一户一策”的应对措施，防止关注类贷款向不良迁徙。加大考核力度，以分行出台的《漳州分行信用风险责任奖惩办法》，对当年发生的不良贷款区分情况进行激励约束，增强清收不良的责任心与积极性。强化客户选择，对新项目的介入加强风险把控、甄别，把住客户“入口关”，忌盲目营销、盲从跟风。

【促进中间业务收入稳步增长】

坚持以产品为依托，通过多形式、多渠道拓展对公结算产品、个人重点产品、国际结算业务，推进中间业务收入稳步增长。加强重点产品推进，推进分期业务，不断提升分期业务在中间业务收入的贡献度。适时调整相应的考核激励机制，实行产品营销按量全额计价，激发全行员工奋勇作为。开展与资产相关产品的创新推进，通过创新理财产品设计，加强对政府项目的支持力度，提升全行综合化金融服务水平及营销实力。立足现有资产收益权、票据受益权等业务，推广供应链理财融资类、资本金股权类、并购类理财产品，尝试办理资本市场类资产收益权产品，加快推进混合所有制改革相关理财业务。深挖存量对公客户的结算产品营销，“地毯式”耙耕、推进每个账户结算产品全覆盖。

（撰稿人：陈明川）

·中国邮政储蓄银行漳浦支行·

【概况】

2015年，邮蓄银行漳浦支行通过开展"服务管理年"活动，改进服务质量，优化发展环境，提高工作效率，实现全年安全生产无事故，促进各项业务存款余额同比净增6.23亿元，各项贷款业务全年净增1.70多亿元，贷款结余73901.86万元。

【开展"服务管理年"活动】

开展服务年活动，以"规范出习惯、习惯成文化、文化出口碑、口碑树形象、形象创效益"为工作思路，以示范网点为抓手，全面提升窗口形象。通过"每周进步一点点，每月前进一大步"网点服务规范化标准，推进网点服务意识快速提升，促进网点转型；通过服务明星支行和服务明星个人评选，推广服务示范窗口和服务标兵，提升营业网点服务水平。开展信贷银企对接活动，以"服务三农"为出发点，在赤土乡、赤湖镇、长桥镇等与当地小企业举办银企对接会，听取各个地方小企业协会、各企业家的意见，收集客户对邮蓄银行信贷产品和服务的建议评价，提高自身的服务水平。6月，被评为省"四星级服务网点"。

【加强防控风险能力】

提高执行力，突出加强信用风险管理　对信贷业务，每月不定期召开逾期贷款分析会，要求管户人员逐个对逾期客户进行分析，按一户一策针对性制定催收计划。

防患于未然，提高检查质量　结合总行2015年"一个加强、两个遏制""两个加强、两个遏制回头看"及"合规回头看"等活动，采取多样化方式，组织开展自查及员工排查活动，对发现的问题坚决落实整改。

强化合规经营工作　从全员教育入手，多次以支行长授课的方式，开展案件防控意识宣传和合规警示教育，利用每季度经营分析会及1月、10月、12月的旺季生产，动员组织全行员工对新"五十个严禁""十条禁令"等进行贯彻教育。

【支持地方经济发展】

在保证业务规模增长，增强持续盈利能力的同时，通过产品、服务等创新，与县工商联、经贸局、农业局、海洋渔业局签订战略合作协议。跟踪研究全县农业设施抵押涉农政策，结合邮蓄行的贷款产品，加大产品创新。至年底，累计发放涉农贷款1820万元。多次召开银企对接会，不断助力中小企业发展，小企业贷款增量及结余均列全市第一位。

（供稿：邮储银行漳浦支行）

·漳浦县农村信用合作联社·

【概况】

2015年，漳浦县农村信用合作联社始终以"服务三农、造福民生、奉献社会"为己任，坚持"小额、流动、分散"的信贷原则，加大存款力度，规范贷款管理工作。至12月底，全县农村信用社各项存款余额75.65亿元，比年初增加23.05亿元，增长43.83%；各项贷款余额32.61亿元，比年初增加5.56亿元，增长20.57%。存贷款总量继续位居全县各金融机构首位。

【加强清收力度】

至12月底，全县农村信用社五级不良贷款余额2027.69万元，不良贷款占比为0.62%，比年初下降0.13个百分点；共收回已置换不良贷款0.92万元，收回已核销不良贷款358.15万元，收回已剥离不良贷款37.20万元。拨备覆盖率达到986.14%，贷款减值准备充足率1555.71%。

【提升经营效益】

至12月底，全社各项业务收入42745.52万元，同比增加6020.95万元，增长16.39%。其中：中间业务收入858.29万元，同比增加212.30万元，增长32.86%；各项支出29639.90万元，同比增加3217.13万元，增长12.18%；税前利润17465.62

万元，比上年同期增加3728.82万元，增长27.14%；实现净利润13105.62万元，比上年同期增加2803.82万元，增长27.22%。

【加大支农支小力度】

至12月底，全县农村信用社涉农贷款余额304406.19万元，比年初增加35619.86万元，增长13.25%，涉农贷款占比93.35%；小微企业贷款余额77746.20万元，比年初增加13950.96万元，增长21.87%。实现小微企业贷款“三个不低于”的目标。

【加快电子化建设步伐】

加快电子银行业务发展步伐，加大自助设备投入，推进“金融服务不出村工程”建设。至12月底，累计签约短信银行客户118863户，比年初增加30503户，网上银行个人签约客户4826户，对公签约客户283户，网上银行企业签约客户比年初增加97户。累计发展手机银行合并存量66014户，合并客户覆盖率11.02%，合并动户率40.55%，电子占比39.54%。其中贴膜式手机银行客户36335户，覆盖率6.07%，动户率22.58%；客户端手机银行客户40375户，覆盖率6.74%，动户率45.99%；累计发展福农通签约客户1379户；全县累计投放自助机具77台，自助机具覆盖率244.83%（只统计ATM/CRS）。全县自助设备（ATM/CRS/自助终端）累计交易笔数3847889笔，交易金额1051618.59万元，POS商户数62户，是年，新增发行贷记卡3546张，其中：普惠金融卡3339张，福农通贷记卡207张。

【落实惠农富农政策】

着力民生信贷投放　与县计生协会合作发放计生户小额创业贴息贷款，对符合条件的计生户优先安排贷款、简化贷款手续。至12月底，共发放计生小额贴息贷款197笔，余额556万元，累计发放1893笔，金额2124万元。加大生源地信用助学贷款投放力度，利用省联社新开发的助学贷款管理系统，实现网上申贷、审批、办贷的流程化操作，为借款学生、资助中心、高校、银行等用户提供高效运作的业务平台。至12月底，累计发放助学贷款9578笔，金额5550.32万元；发放福农通慈善基金11.50万元，共捐助学生23人。

推进“金融服务不出村”工程　不断优化便民点布局，撤换一些业务办理不积极且存在风险隐患的小额支付便民点；对区域大人口多的建制村给予增设便民点，实现村村金融服务全覆盖。至12月底，全县共设立小额支付便民点281个。覆盖率达100%。2015年度交易总笔数1105421笔，交易总金额15997万元，其中助农取款交易金额10543万元。

持续改善农村信用环境　通过对农户小额信用贷款的宣传和发放，以及信用评定和信用公开，让农民理解信用的价值，增强农民的信用观念，逐步营造一个“守信光荣、失信可耻”的农村社会氛围，使具备良好信誉的农户享有守信的益处和便利。至12月底，全县已累计评定信用乡镇8个、信用村182个。

（供稿：县农信社）

中国人寿保险漳浦支公司

【概况】

2015年，人保漳浦县支公司全面推进“改革创新、转型升级”，组织一系列业务竞赛，各项业务取得较快发展，至12月末，公司实现股份总保费收入11406.35万元，同比增长22.44%。其中：长险首年保费4102.59万元，同比增长107.11%；首年期交保费1801.79万元，同比增长61.64%，其中：10年期及以上期交保费1209.91万元，同比增长95.13%；长险首年标准保费1129.71万元，同比增长83.73%；短期险保费619.87万元，同比增长7.82%。

【项目带动实现业务快速发展】

精心安排企划活动，开展各项业务竞赛，在不同时期开展多样化的销售活动。特别是二季度，公司加大平台运作力度，通过加强培训、职场训练，细化实操，坚持标准等一系列改进方式，利用40天的时间，实现10年期保费332万元。在三、四季度业务竞赛中，公司不断改进平台运作成效，借助TM平台和如意随行新品上市，狠抓访量，实现首年期交、10年期交、标保3项期交目标全面达成。

【夯实基础管理工作】

加强费用管控，强化增收节支　落实市公司财务预算政策，强化销售渠道费用管控，减少行政办公费用支出，确实将有限资源投入到销售一线，提高销售渠道费用预算管控能力，实施严格费用动支管控办法，养成增收节支的好习惯。

提升业务质量，控制业务风险　开展“送培训、送指导、送监督”活动，提升柜面服务销售、服务客户技能，强化服务时效的跟踪管理，采取措施提升服务质量、服务时效和客户的满意度。履行收付费管理规定，严把业务处理关键环节，筑牢风险防线。

把风险防范贯穿业务发展的全过程　组织员工开展风险防范主题的警示教育活动、全员上国寿E家学习内控合规知识和反洗钱法规知识、全员参与在线考试。开展防范非法集资诈骗专项治理，加大销售误导滚动自查自纠检查力度，发现问题及时整改。开展第八届“诚信我为先”活动，引导销售人员诚实守信展业，防范销售误导风险和销售风险的发生。落实保监会《人身保险客户信息真实性管理暂行办法》要求，新业务确保客户信息真实完整并遵守销售实名制；加强犹豫期新单回访，达到新单犹豫期内100%成功回访。

开展日常反洗钱工作　进一步规范反洗钱工作，加强监督检查，提升公司反洗钱履职效能，防范违规违纪行为及案件发生。组织开展反洗钱宣传工作和开展人行组织的反洗钱知识宣传活动。在全县金融系统首届反洗钱知识竞赛中获得“优胜奖”，在人民银行反洗钱机构评级中，被评为B级单位，名列报险行业第一。

加强监管杜绝风险　严格执行总公司单证、印章管理制度，围绕单证、印章、权限等风险管控重点，开展专项检查。加强关键岗位风险教育及检查制度执行，开展日常监控、突击检查和专项核查工作，防范公司经营风险；强化违规违纪行为的问责力度，依法、依规从严、从重查处违法违规行为，防范违规违纪行为及案件发生，确保实现“零案件、零处罚、低风险”。

开展风险排查　增强内外沟通和上下联动，建立完善常态化的工作机制和追踪机制，提升服务意识。做好重点客户风险排查，加强风险排查和纠纷处理工作，严密防范由此可能引发的群体性事件风险，坚决守住不发生区域性、系统性风险的底线。同时，做好销售误导滚动自查自纠发现问题的整改和常态化管控，定期开展销售渠道经营风险排查工作，加强治理工作的日常检查和通报，开展治理效果评价和管理问责，提升治理工作成效。开展“诚信我为先”活动，促进销售人员诚实守信依法合规展业。

【提升服务客户水平】

本着“有利于客户服务，有利于支持销售，有利于提高运营效率”的原则，做好各项服务工作，提高服务保障水平。加大回访力度，防范化解经营风险。严格做实各类授权回访，保障客户的利益。做好保全、理赔送培训进职场工作，服务销售人员。依托理赔统一作业平台的推广使用，优化理赔流程，加强及时报案宣传及从报案到付费的全流程跟踪，提高理赔效率，提升理赔服务。同时，推进1+N服务品牌建设，提升客户满意度。

（撰稿人：陈阿纯）

•中国人保财险漳浦支公司•

【概况】

2015年，人保财险漳浦支公司保费收入7030.88万元，同比增加652.10万元，增长10.22%，完成年计划100.26%，实现利润1175.79万元，完成年计划156.77%。

【车辆保险业务】

调整业务发展思路　建立分管副经理、部门经理、车商专员、业务员联动机制，在新车销售不好、费率下行已成定局的情况下，把提高续保率作为车险工作的重中之重。严格业务督导方式，要求部门经理落实部门每位员工一个月业务跟踪情况和15

天业务续保情况。利用每周一的晨会，详细分析业务脱保原因，提高车险续保率，重点促进优质次新车续保率提升，带动整体家用车续保率突破。

在提升竞回率上下功夫　密切关注体量非常大、竞争程度低的次新车市场，在提高风险识别能力的同时，加大竞回专业团队建设和业务督导考核力度，拓宽竞回渠道，挖掘修理厂，持续提升竞回业务对车险整体业务发展贡献度。2015年，家用车竞回率都在30%以上，基本完成市公司下达的竞回目标。

以二级车行与4S店车行为重点　实施进取性的资源配置政策，强化驻点团队建设和考核力度，严防新车跑冒滴漏，整合理赔资源，严肃推修纪律，利用车商运营管理平台和送修系统提升精细化管理水平，提升修理厂推修资源置换比，“以资源换资源”，确保增量份额市场第一。

【非车险业】

培育新的规模销售渠道　面对非车险市场竞争越来越激烈，利用人保公司在非车险领域专业性、技术性强优势，组建一个专职非车险业务部门，培育新的规模销售渠道，以未承保和近年脱保的优质规模企业为重点，抓新增保费拓展。同时，强化续保管理与考核，提升企财险规模客户数量续保率，2015年，已新增1笔企财险9万多元。工程险强化客户分类，紧盯重大项目，深挖中小工程，抓大不放小，紧盯古雷大开发的契机，确保增量份额领先。船货险狠抓续保管理，巩固神舟造船厂船舶险传统项目。开拓新领域新市场，走访古雷海关，寻找业务增长点，继续以随车行为抓手，同时开拓物流保险等新领域，推动货运险业务发展。

分析市场，找准发展突破口　受市建设局和劳动局联合发文要求建筑行业农民工在人社局办理保险的影响，没有大项目开工，年初的建工团意险出现负增长态势。高危行业公众责任险在县安监局和古雷安监局的支持下，保持稳定的发展。拓展新险种，道路交通事故救助保险、诉讼财产保险、公路财产保险、环境污染保险等险种正在协商中。

【严格理赔管控】

严格执行理赔制度和工作纪律　加强理赔线内控合规建设和廉政建设，将理赔思想引入正确轨道。不接受客户任何礼金、礼品和宴请；对客户托人或打电话的，都预约到办公室，并由了解案情的承保经办人或理赔经办人随同当场处理。在案件审核中，发现个别不合理情况，立即由经办人解释，对存在的问题当场改正或批评教育。

提高查勘定损透明度和可疑案件调查管理　强化“案件集中会审”“配件回收”和“定损回避”制度，引入经办人定损监督和会审参与，将查勘定损做到更透明、更贴切实际。对于会审后车方无法接受的案件，实行现场办公及时解决。成立案件调查领导小组，强化与检察部门的合作与沟通，发现可疑案件及时聘请检察人员参与调查取证，加大对出险情况、人身受伤用药清单、户口情况、抚养情况、路产损失等方面的调查。

深化落实理赔人员改革　实行理赔质量考核体系，有奖有罚，保证高素质的理赔队伍。成立理赔指标分管副经理、部门经理、查勘人员联动机制，对重大案件从查勘、理算、结案、赔款支付全程跟踪，哪个环节出问题就追究那个人的责任，做到有跟踪，有落实。

【推进“三农”建设】

配合县“三农”保险服务体系建设领导小组开展工作，向分管副县长报送《关于申请加大支持“三农”综合保险工作的报告》《关于做好2015年水稻保险工作的请示报告》《关于做好2015年林木保险工作的请示报告》等，得到县政府的支持，促成县政府多项农业保险工作方案的出台。构建“三农”综合保险服务网络，选拔村协保员，拓宽业务深度和广度。至年底，在全县31个乡镇合署办公的“三农”保险服务站26个，有独立经营场所的“三农”保险服务站5个。

（供稿：人保财险漳浦支公司）

社会民生

·民政事务·

【概况】

2015年，漳浦县民政工作以服务民生为主线，有序推进社会保障工作，全年发放城乡低保金6160万元，医疗救助金510万元，重残生活补助金740万元，困难家庭慰问金180万元；落实优抚政策，发放抚恤补助资金1650万元，优抚对象医疗补助资金176万元；依法进行村（居）换届选举工作，100%完成村级换届选举；持续推进民政重点项目建议，新建乡镇敬院5所。

【指导村（居）民委员会换届选举】

按照省、市的统一部署，县委、县政府成立换届选举工作领导小组，抽调精干人员指导乡镇场的选举工作。在4月完成4个乡镇（场）36个试点村选举工作的基础上，以点带面向全县铺开。整个换届工作全过程严格依照法定程序，至8月底，全县村级换届选举100%完成。

【完成县域界线联检】

建立健全地名档案管理机构，完善地名档案管理制度，开展《行政县域界线管理条例》贯彻执行情况专项检查工作，加强行政县域界线管理。6月，完成与龙海市县域界线联检工作，漳浦与龙海域界线长140.26千米。

【社会事务管理】

民间组织管理 会同组织部门对全县民间组织，科级以上兼任情况进行调查，加强对民间组织的领导。对全县45家社团和165家民办非企业单位进行年检，合格率达100%。开展对社会团体和民办非企业的审批、发证和变更工作，是年新登记社会团体7个、民办非企业单位12个。

婚姻登记 执行《中华人民共和国婚姻法》和国务院《婚姻登记条例》，严格执法、规范操作。是年共办理结婚登记7236对，涉外13对，登记合格率100%；办理离婚登记745对。依照《中华人民共和国收养法》，从严把关，共办理收养登记22件。

加大殡葬改革力度 创新殡葬服务方式，修改和完善殡葬规章制度，规范服务行为。全县火化数为3987具，火化率达100%。在清明前期组织开展“绿色殡葬”“海葬”“文明丧葬”宣传，倡导群众移风易俗，简办丧事。

【最低生活社会保障工作】

2015年，全县有农村低保18817人。省定农村低保标准从家庭年人均收入2100元提高到2300元。从1月起，农村低保对象人月均补差由137元提高至154元；城镇低保3138人，实行分类施保，全年累计发放城乡低保保障金6160万元，发放医疗救助金510万元；享受生活补助重度残疾人12166人，共发重残生活补助款740万元；春节走访慰问城乡困难群众1530户，发放慰问金180万元。完成全县低保信息录入“全国最低生活保障信息系统”。

【社会救助】

组织领导落实到位 县政府成立以分管副县长为组长的社会救助工作协调小组，全面领导和具体协调全县低保等社会救助工作的开展，以推动农村低保工作的制度化、规范化。各成员单位履行相应职责，乡镇、村也及时成立相应的工作机构，在村级成立低保评议小组。

健全社会救助体系　根据《福建省人民政府转发国务院关于进一步加强和改进最低生活保障工作意见的通知》，进一步完善和改进城乡低保政策。制定建立社会救助和保障标准与物价上涨挂钩联动机制实施方案。建立城乡低保标准自然增长机制，按照维持城乡居民基本生活所必需的衣、食、住等主要必需生活费用，以城乡居民人均主要消费支出等宏观经济指标为基本测算依据。根据县统计及物价部门的价格监测通知，及时启动联动机制。

【健全完善救灾工作管理体制】

健全完善救灾工作管理体制　健全完善救灾工作管理体制和运行机制，实现灾害救援高效、迅速的目标。是年共下拨救灾专项资金50万元，全县农村贫困群众得到及时有效救助，保障受灾群众生活及灾区社会稳定。完成全县农房投保工作，投保金额110万元。

开展防灾减灾综合创建　制定防灾减灾预案、应急转移安置方案的编制、避难场所临时安置点、救灾物资储备仓库的设置等工作都得到落实。在“5•12”防灾减灾宣传日，群发10万条防灾减灾宣传信息，悬挂横幅标语4条，分发防灾减灾宣传资料和宣传挂图5000余份。

【优待抚恤事业】

落实优抚安置政策　继续对66个零葬烈士墓进行规划迁移到烈士陵园。开展农村籍退役士兵核查认定工作，继续完善信息录入归档工作。

及时足额发放抚恤补助资金　在中央和省级抚恤补助标准基础上平均提高3%。提标后，农村烈属的抚恤金达到每人每月638元，高出国家标准201元，达到漳浦县农民平均生活水平。全年共发放抚恤补助资金1650万元。

有效解决优抚对象医疗困难　落实门诊补助和资助新农合，对全县2210位对象及时发放每人每年180元的门诊补助共计39.78万元；并对每位对象资助60元，让其免费参合参保。落实大病补助政策，共为155位大病对象发放住院补助费35万元。对2026人重点优抚对象发放每人500元体检费，共发放101.30万元。

【民政重点项目建设】

县殡仪馆迁建项目　漳浦县殡仪馆迁建项目占地9.92公顷，总建筑面积1.79万平方米，总投资6712.41万元。至2015年底，已投入资金5500万元，完成基本建设。

敬老院项目建设　2015年，计划投入800万元（其中，民政厅补助450万元，县级配套15万元，其余业主自筹335万元），建设5所敬老院。至年底，官浔敬老院已建设完成，马坪敬老院正在装修，长桥、杜浔、赤湖敬老院正在建设中。

•人力资源与社会保障•

【概况】

2015年，漳浦县人力资源与社会保障工作以机构改革为抓手，推进全县机关事业单位养老保险制度改革，加强培训，促进全年新增就业，再就业和农村劳动力转移近2万人，成立县人才市场，举办各种形式招聘会，为求职的毕业生提供近3000个就业岗位，切实提升劳动人事争议管理效能，全年为4849名劳动者讨薪5794万元。被省人社厅、省文明委评为2015—2017年度省级文明示范点。

【人社领域改革】

推进全县机关事业单位养老保险制度改革　11月，县政府办公室下发关于印发《漳浦县机关事业单位养老保险制度改革实施方案的通知》，正式进入全县机关事业养老保险改革筹备阶段。至年底，各项准备工作基本完成，合作银行方案已定，待正式确定合作银行后正式实施。

加强和完善工资基金管理　完成机关事业单位的全国统一调资和各项正常增资工作，做好工资福利的日常审批工作，为符合晋级晋档的10896人增调工资，月增调资额30.65万元，教护龄增资2070元。共办理机关事业单位职工调进313人、调出125人的工资基金增减。办理各项工资变动724人次。根据国办发〔2015〕三号文规定，于2015年6月26日开展调整工资标准工作，已完成在职人员13099人，月增调1214万元，一次性补发11500万元；离退休人员5123人，月增调资164万元，一次性补发160万元。

实施乡镇工作补贴　至年底，已办理符合条件的7587人享受乡镇工作补贴，全县每月累计增发223.54万元，从2015年1月起，补发2185.26万元。此外，开展职务与职级工作，至年底已进入审核审批阶段。实行医保"两定"机构协议管理，取消行政审批，做好医保付费方式改革。做好中小学教师职称工作。

【推进就业创业】

切实提高就业率　2015年，全县新增就业人数6521人，城镇下岗失业人员再就业人数2128人，帮助就业困难对象再就业人数362人，新增农村劳动力转移就业人数10132人，城镇失业率控制在2.01%以内。

建立完善劳动就业用工管理信息系统　开展劳动就业用工管理信息化平台，为劳动用工管理、和谐劳动关系构建提供强有力的信息化支撑。将推广运用劳动就业用工管理信息系统工作实施方案下达到各个用工企业及上报系统操作人员名单，并指派人员到漳州参加用人单位申报平台、劳动监察模块培训。至12月底已经完成企业覆盖率、职工报备率都达到60%。

加强培训，提升劳动者素质　联合相关部门就大学生就业创业政策、创业项目扶持、小额担保贷款等出台配套文件。投入就业专项资金用于企业参加省外招工补贴和企业技能培训经费直补，加强企业职业技能培训，是年完成就业技能培训1528人。

开展各类互联网经济创业和职业培训　以漳浦县被列为"电商进农村"示范县为契机。3月，在电商创业园举办1期160人参加的"普及电商知识讲座"；8月，联合县邮政局在电商创业园举办2期共97人参加的"跨境电商培训"，带动30名大学毕业生就业；举办3期"农村互联网＋电子商务"知识讲座，共培训362人，带动80名各行业人员进入实操课程深入学习；11月，在金仕顿大酒店举办全县电子商务发展大讲堂，各乡镇场主要负责人、各村（社区）支部书记、农民专业合作社、行业协会、电商协会行业代表以及农村电商合作站代表等656人参加为期半天的专题培训；12月22－31日，在漳州科技职业学院举办农村电商村级服务站负责人的电子商务专业培训，参训人数73人。此外，结合电子商务就业创业，举办6期创业培训，参训人员180人次。

【社保经办】

是年机关事业养老保险参保人员累计11963人，退休人员5125人，养老保险基金征缴24909万元，按时足额发放机关事业单位离退休职工工资24176万元；企业养老保险参保人数累计63214人，基金征缴30064万元，发放36607万元；城乡居民养老保险应参保人数417472人，已参保人数397239人，其中60周岁及以上的城乡居民有108036人，参保缴费率达95.15%，已征缴金额4243.25万元，发放基础养老金14044.48万元，被征地养老参保人数7517人，被征地养老保险发放金额781.50万元；企业工伤保险参保人41764人，工伤保险基金征缴1419万元，支付工伤保险待遇743万元；失业保险参保32673人，征收失业保险费1397.81万元，支付　2289人次失业保险金334.53万元；基本医疗保险参保58291人，征收医保基金15365.80万元，支付医疗保险费14025.17万元，其中个人账户支付7021.58万元；生育保险参保38994人，征收生育保险基金619.02万元，支付生育保险基金399.97万元。

【人才工作】

人才资源开发　成立漳浦县人力资源市场，为企业和人才供需搭建平台。发展网上人才市场，建立各类人才信息数据库，实行网上全天候服务。全年举办人才现场招聘会3场，提供1013

个岗位，求职人数2630人次，现场共有994人次达成意向。在漳州科技职业学院举办人才交流现场会1场，参加企业17家，毕业生上千人。网络招聘毕业生求职5435人次，企业76家，提供1902个就业岗位。

面向基层服务到位 开展大中专毕业生的就业呈报、档案转递、转正定级、年度考核、职称确认、人才流动、就业咨询、就业指导等工作。是年共进档2387份，出档392份。毕业生就业审批工作共审批296个。

加强对专业技术人员聘后的管理 做好全县专业技术人员年度考核验收工作，共办理考核验收7461人次，办理各类专业技术职务聘任、续聘1195人。

抓好人才队伍岗位培训 做好专业技术人员和高技能人才的岗位继续教育工作。上报参加省级公务员调训班3人次。专业技术人员和高技能人才继续教育认证960人次，换发证书近500本。落实层次人才确认申报。

【人事工资管理】

完成2015年机关事业单位工勤人员技术等级考试报名网上审批工作，全县符合条件报名参加考试的有35人。

按照公开、平等、竞争、择优的原则，根据县委、县政府同意，并报请上级主管部门批准，公开招聘事业单位工作人员279人；其中，卫生系统97人，教育系统136人，县直事业单位46人。

办理人员流动69人，其中干部59人，工人10人。

完成2014年度全县政府序列行政机关及事业单位非领导职务工作人员考核工作，参加考核总人数11944人，其中：考核优秀等次的1615人，考核称职等次的9553人，不定等次的327人，考核不称职等次的7人，不属于考核对象29人。

做好奖惩任免工作，全县推荐财政系统先进集体1个，办理副科级以上任免事项79人次，根据政策办理开除公职处分1人，办理工作人员辞职手续4人。

严格执行干部退休政策，按时办退，是年办理干部职工退休81人，办理干部职工病故抚恤批复108人，审批遗属补助对象48人。切实落实退休干部的生活待遇，审批退休干部职工高龄补贴203人；关心慰问退休干部49人次，探望住院干部28人；走访慰问14名长期因病在家的老干部，为退休干部送温暖。

【协调劳动关系】

开展工资支付、劳动力市场秩序清理整顿、女职工劳动权益保护、规范劳务派遣等专项检查，共检查劳务派遣公司5家及用工单位105家。开展用人单位书面审查、劳动保障信用等级评定、诚信企业评选、劳动关系和谐园区创建等活动，督促企业规范用工。加大劳动争议调处力度。共受理案件1173件，其中：劳动争议调解仲裁案件306件，工伤认定案件387件，劳动监察案件480起，结案478起，为4849名劳动者讨薪5794.82万元。加大调解力度，2015年案件调解率98%；完善与司法、法院、工会、行业协会等的联合调处机制，搭建“调、裁、审”对接的工作平台。

【整合资源优化结构】

是年，县人社局分别成立劳动人事争议调解仲裁庭、县劳动人事争议纠纷多元调处中心和县人才市场和劳动力市场。

劳动人事争议调解仲裁庭 将原劳动争议纠纷调解中心和人事仲裁庭合并，成立劳动人事争议调解仲裁庭，为局下属事业单位，经县编办批准，编制从2人增加为5人；按照省级规定的标准，做到人员、机构、编制、经费、场地、设备“六到位”。

县劳动人事争议纠纷多元调处中心 建立县劳动人事争议纠纷多元调处中心，健全“四级网络”调解体系（企业、乡镇、县仲裁、县级多元调处），构建“五位一体”的调解机制（劳动人事争议纠纷人民调解委员会、劳动人事争议调解仲裁院、劳动争议台商调解员办公室、劳动保障法律援助工作站和法院巡回庭），制定“六个步骤”的调解流程（县级登记分解、企业化解、乡镇调解、县级再调解、依法仲裁、法院介入）。

县人才市场和劳动力市场 对县人才市场和劳动力市场进行重新整合，购买镔门社区幸福园一层600多平方米作为县人力资源市场，可容纳100多家企业同时招聘，为企业和人才供需搭建平台。

【提高保障水平】

提高城乡居民养老保险缴费补贴　根据省政府《关于完善城乡居民养老保险制度的实施意见》文件规定，漳浦县在2015年提高城乡居民养老保险缴费补贴，补贴标准每人每年30元；是年再提高一个缴费档次，补贴标准增加10元。建立丧葬补助制度，从1月开始，待遇领取人员死亡后，按死亡的当月基础养老金标准的20个月一次性支付丧葬补助金。

切实做好被征地农民养老保障工作　妥善解决从2009年1月开始由政府实施征地（国有土地除外）但未报批的被征地农民的养老保障问题，将被征地农民养老保障工作列为2015年县委、县政府为民办实事项目。建立被征地农民养老保障正常调整机制，每年均按照上年度农村最低生活保障水平补差标准制定，并从1月开始发放。其中，从2015年1月起，当年被征地农民养老保障标准调整为每人每月150元；将2009年1月起由政府实施征地（国有土地除外）但未报批的且符合被征地农民社会养老保障条件的，纳入被征地养老保障范围，养老保障金从1月开始发放，2015年度前不予补发。

调整全县城镇职工基本医疗保险参保人员医疗待遇　根据《漳州市人民政府办公室关于调整漳州市城镇职工基本医疗保险参保人员医疗待遇的通知》，漳浦县从2015年4月起，一是下调参保人员住院统筹基金起付标准，县医院、中医院等二级医院的第一次起付标准由500元下调为200元，乡镇卫生院等一级及以下医院起付标准从300元下调为0元；二是调整住院个人负担比例，二级医院甲类项目全额报销，乙类项目在原有报销比例基础上再下调5%，一级及以下医院甲类项目全额报销，乙类项目5%调整为0，乙类项目10%、15%调整为5%，乙类项目20%、25%调整为10%（乙类项目5%是指自付比例为5%）；三是启动一级医疗机构门诊统筹基金支付，一级及以下公立和民营医院，门诊医疗费用报销50%，单次限额50元，年度限额500元；四是调整恶性肿瘤、尿毒症的治疗和器官一直的手术和术后抗排异治疗，取消乙类药品和诊疗项目费用的个人先行负担比例，目录内医疗费用统一按90%报销。

【提升服务质量】

完成军转干部和转业士官安置工作　2015年，11名营职以下军官全部安置，其中2人自主择业，9人安置在乡镇司法所，49名军转士官全部安置在乡镇事业单位。

加大社保卡服务力度　成立社保卡综合管理机构，挂靠在县医保中心，成立社保卡服务中心，办公地点暂设在中国银行漳浦支行营业部。设立乡镇劳动保障所社保卡服务代办点22个，县财政出资40多万元统一在各级社保卡服务平台配置电脑、扫描仪、读卡器、身份证读卡器、智能相机，在中行社保卡服务中心配置2台制卡机。各乡镇网络全部调试成功。中心建立后，做到县级制卡中心制卡当日可取，乡镇代办点代办15天可取卡。至7月底，全县已可以单独制卡，并已制卡8000多张。

提高企业招工的奖励标准　由县组织到省外招工的企业从2014年的每家奖励5000元提高至5500元，外地招来的员工与企业签订半年以上劳动合同的每人给予奖励300元。把召回漳浦外出务工人员纳入奖励范围，鼓励企业和个人参与招工。

开通“医保通”个人信息查询平台　2014年12月，漳浦县开始启用“医保通”个人信息查询平台。参保职工通过自行下载“医保通”手机客户端或登录互联网查询终端，可自助查询个人医保账户余额、医保报销情况、个人缴费明细、门诊记录、住院情况、定点药店、定点医院等信息，方便参保职工随时随地掌握个人权益记录等医保信息。

（撰稿人：范志军、洪凯明）

·住房公积金管理·

【概况】

2015年，漳浦县住房公积金

新增开户缴存单位 49 个，新增缴存人员 3600 人；至年底，全县缴存单位数 556 个（包括全县行政事业单位及部分企业），缴存人数 27099 人。全年归集 24672.12 万元，同比增长 19%；至年底，全县住房公积金归集总额从年初的 11.34 亿元增至 13.81 亿元，归集余额从年初的 6.99 亿元增至 7.91 亿元。

【住房公积金的使用】

2015 年，共审批住房公积金支取笔数 5950 笔，金额 16967.80 万元，同比增加 6999.01 万元，增长 70.21%。全年共发放贷款 680 户，金额 2.045 亿元，同比增加 1.045 亿元，增长 104.50%。全年贷款发放金额占全县住房贷款发放总额 17.10 亿元的 11.96%；全年贷款发放面积数 6.90 万平方米，占全县住房贷款发放面积数的 19.71%。至年底，累计发放 80015.46 万元，累计发放户数 5060 户，贷款余额 53406.35 万元，存量贷款户数 2764 户。资金使用率从年初 53.68% 上升至 67.53%，增长 13.85%。为全县房地产去库存发挥积极的促进作用。

【支持廉租住房建设】

为全县保障性住房建设提供资金支持，截至 2015 年 1 月，县住房公积金管理中心已累计支付漳浦县廉租住房建设资金 1317.66 万元。

（供稿：县住房公积金管理中心）

• 老区建设 •

【概况】

2015 年，漳浦县共向上争取老区建设各类资金 21.30 亿元，加大老区基础设施建设的投入，总计投入 244 万元，完成老区村道路建设 23.80 千米及扶助老区环境整治和实施科技示范项目，特色产业项目；着手对 5 处革命遗址进行修缮；落实革命“五老”优惠待遇，按省定标准金额发放，向老区困难群众发放慰问金 5 万元。

【发挥政策效应】

加强对《规划》实施的组织领导，编印《赣闽粤原中央苏区振兴发展规划》小册子 300 本，《福建省促进革命老区发展条例》宣传手册 2 万份，分发乡镇和县直各单位，规范明确工作责任，推进各项建设项目的落实。发挥政策叠加效应，从基础设施、民生工程、产业振兴、科技环保等方面争取资金促进全县老区各项事业的全面发展。是年，因原中央苏区县的恢复，全县共向上争取各项资金 21.30 亿元。

【推进老区经济社会发展】

开展老区贫困乡村经济发展调研 按照市农办、老区办、党史室《关于推动我市原中央苏区县振兴发展的研究》的课题，开展调研活动，探索漳浦苏区县贫困村发展中存在的问题和原因以及振兴苏区县贫困乡村发展的思路与建议。同时，会同县委农办、县农业局、工商局等部门组成联合调研组，深入重点老区乡镇和农民专业合作社进行调查研究，召开村民代表座谈会 3 场次，召开学习研讨会 2 场次。

加快老区基础设施建设 在全县 123 个老区村落实水泥路验收 23.80 千米，补助资金 119 万元。安排上级财政帮扶资金 30 万元和本级财政帮扶资金 30 万元用于老区村环境整治、道路建设、美化家园等老区村基础建设，10 万元用于老区科技示范项目建设，55 万元用于发展老区特色产业项目扶持。

举办就业培训 协同县农办、人社局、农业局、林业局、水利局、海洋与渔业局和县科协等单位，根据农、工、企的用工要求，有针对性地组织老区地区剩余劳动力的专业短期培训。全年培训 1250 人。

苏区革命遗址整理修缮 组织对全县革命遗址进行调查摸底、澄清核实共计 39 处。已开工邓子恢点燃“山城烽火”时居住的山城村吴氏祖祠旧址修复；筹建石榴镇“中央红军红三军七师司令部旧址”、南浦乡“中共漳州中心县委机关旧址”、马坪镇“中共漳浦县委成立旧址”；着手对霞美虎硿岩“吴庭坚殉难处”等 5 处革命遗址进行修缮。会同石榴镇政府向县政府建议建设苏区“靖和浦”保卫战烈士散葬遗骸集中安葬处，已开工建设。

【老区宣传】

及时传达贯彻全国老区宣传工作会议精神，鼓励老区宣传报道员积极投稿，全年被省、市以上报刊采用刊登185篇，其中：被《中国老区建设》《红土地》采用14篇，省、市其他报刊、电台采用171篇。增订《中国老区建设》560份，赠送县四套班子成员、全县乡、镇、场主要领导，村党支部书记、中学党支部。县老区办获2015年度全国老区宣传工作一等奖。

【落实革命“五老”优待政策】

按省定“五老”和“遗偶”生活定补标准按时足额发放到位。五老遗偶的生活定补标准为每月350元，革命“五老”每人每月生活定补为950元。结合新型农村合作医疗制度的实施，落实革命“五老”医疗补助政策，使革命“五老”最大程度地享受医疗补助，尽可能减轻“五老”看病负担。关心特困“五老”，对因病、因灾的“五老”给予特殊困难补助，春节元旦期间走访6个老区重点乡镇，慰问“五老”、遗偶及部分老区困难群众，共发放慰问金5万余元及食用油等物品。

（供稿：县老区办）

·库区移民工作·

【概况】

2015年，全县累计发放后扶补助资金600多万元，惠及移民11019人；争取大中型水库移民后扶补助资金1722.92万元，在有关移民村实施后扶项目20个；争取小型水库扶助资金117万元，实施扶助项目5个；开展平安库区创建活动，全县34个移民村创建率达100%，各移民村基本实现“五无”创建目标。

【大中型水库移民后扶工作】

2015年，全县大中型水库列入后期扶持范围的现状移民总人数为17671人，分布于17个乡镇场52个建制村103个自然村，其中，政府集中安置的自然村72个。另有影响人口的4个建制村8个自然村，其中盘陀镇割埔村、长桥农场店前新村、马坪镇仙都村、前亭镇文山村、赤岭乡前园村被确定为第二批库区环境综合整治村。

移民生活水平有所提高 累计发放后扶补助资金600多万元，惠及移民11019人次，每人每年纯增收600元。后期扶持资金的发放帮助许多移民家庭缓解生活困难，解决部分生产和发展资金，最直接体现的是移民人均纯收入有较大幅度增长。

凸现一批库区美丽家园 投入水库移民后扶补助资金1722.90万元，实施12个移民村38个自然村内路面、巷道及房前屋后整治硬化、污水处理、库区路灯和部分移民房屋立面修缮等建设工程。新建外墙面贴瓷砖2.27万平方米，刷涂料4.61万平方米，村内巷道整修硬化6.82万平方米，配套安装路灯190盏、排污管渠整治1.10千米，新建移民生产道路2.50千米，及对移民小额贷款贴息等。实现12个移民村政府集中安置移民点内“硬化、净化、亮化、美化”目标，直接受益移民11019人，移民群众满意率达99%。

环境整治试点扎实推进 大南坂镇新民村被列为省级环境整治试点村，赤岭畲族乡杨美村、万安农场下埔畲族村和湖西乡城内新村等3个库区移民村被列为市级环境整治试点村，盘陀镇割埔村、长桥农场店前新村、马坪镇仙都村、前亭镇文山村、赤岭畲族乡前园村等5个库区移民村被列为第二批库区环境综合整治村。按照“一清、二梳、三修、四配、五绿、六管”的工作要求，采取以自然村为单位分步推进的方式，以“清理村庄环境”“梳理规范管线”“修缮房屋立面”“配套基础设施”“绿化美化村庄”等项目建设为载体，全面营造环境整洁、配套完善、自然生态、舒适宜居的美丽移民村庄，实现村内“硬化、净化、亮化、美化”目标，促进移民安居乐业，提升移民幸福指数。

【小型水库移民扶助】

2015年，全县小型水库原迁移民审定数为85户433人，其中：水磨岭水库八户50人，小径水库10户64人，下仓水库11户47人，弯坑水库25户106人，申内水库14户61人，金刚山水库1户7人，苦竹水库两户14人，另有云霄白花洋水库移民

14户84人，分别搬迁安置在七个乡镇场的8个建制村的12个自然村。是年，共投入117万元，对大南坂镇下楼村、湖西畲族乡顶坛村、前亭镇顶埕村、石榴镇东山村等4个移民村进行村内路面硬化和库区路灯配套等建设。

【平安库区创建】

落实岗位责任，上下互动 紧扣“排查整治突出问题、保障库区跨越发展”的工作思路，把“平安库区”创建活动纳入“平安漳浦”建设的工作布局。以维护和促进库区和移民安置区的稳定和发展为目标，以集中排查化解库区矛盾纠纷为主线，以“三支队伍”为依托，通过开展“温暖在库区，倾情为移民”活动、层层落实岗位责任、坚持季度维稳分析、建立基层三级互动、健全预警预知和应急处置机制等多措并举，对全县信访维稳形势进行分析，查找问题，排查苗头，落实责任，研究对策，防患于未然，有效地维护全县库区社会安定稳定。

深入基层排忧解难 结合创建“平安库区”工作，走村入户慰问移民困难户、特困户150户，发放慰问金5万多元。以“平安库区”为载体，深入基层，倾听移民意见，解决好移民最直接、最关心的现实问题。共组织开展30次实地调研活动，深入14个乡镇场34个移民村，与镇、村移民干部及移民代表面对面互动，倾听移民对后扶项目建设意见和诉求，提高移民群众对移民政策认知。是年，全县14个政府集中安置的移民乡镇场34个移民村“平安库区”创建达标率达到100%；妥善化解领导包案突出问题信访件，移民信访突出问题和矛盾纠纷的化解率达到100%，基本实现“五无”目标。

（撰稿人：柯毅嵘）

• 民族宗教事务 •

【概况】

2015年，漳浦县民族宗教事务工作共向上争取民族补助款1248.76万元，用于民族乡村的社会经济建议；投入资金2290万元，实施民族乡村文物修缮保护；指导宗教团体热心慈善工作，共捐款877万元，举办第七届闽台佛教文化交流周活动。

【民族工作】

开展民族乡村的挂钩帮扶 7月22日，省委常委、统战部部长雷春美到漳浦调研少数民族工作。8月，省委、省政府明确由市委书记陈家东挂钩帮扶赤岭畲族乡、市长檀云坤挂钩帮扶湖西畲族乡。在发展项目的申报方面，取得较好的成效。是年全县共争取各级民族补助款1248.76万元，有效地推动民族乡、村的发展。

开展文物保护 为指导今后湖西畲族乡旅游业的发展，邀请闽江学院旅游发展与规划研究所编制《湖西畲族乡旅游发展总体规划》，并于8月7日通过专家评审。开展文物资源保护，湖西畲族乡投入资金1660万元，实施赵家堡——诒安堡文物保护设施建设项目，已开工步行道建设及环境整治部分项目。赤岭畲族乡投资600万元，完成“种玉堂”修缮，并配套建设文化广场、石雕廊、日月潭等设施；投资30万元，对蓝理叔父家宅古民居进行维修。

【宗教事务】

全县已登记纳入管理的宗教活动场所和民间信仰活动场所有134座，其中，佛教34座、基督教54座，道教10座，天主教5座、民间信仰31座；被列入市级对台重点宫庙的活动场所有12座。在全市开展“和谐寺观教堂”创建活动中，漳浦县有11处宗教活动场所被评为市级模范场所。

推进慈善工作 指导全县各宗教团体结合实际，找准社会公益慈善需求进行扶助。是年，全县各教派资助学生、慰问特困户、建老年活动中心、农民公园、公益修路等项目共捐款877万元。

宗教政策、法规宣传 在各宗教团体中举办“宗教政策法规学习班”，通过政策法规上墙、宣传标语、宣传栏、发宣传手册等多种形式，宣讲党的宗教政策、法规。是年，各宗教团体以会代训的形式，共举行学习会议50余次，参训670人次。

宗教文化交流 开展各种宗教文化交流，是年全县共接待台湾进香团28团4000多人次。通过海峡两岸民间宗教文化进行交流学习，探讨民间宗教文化的传承与发展，推动两岸民间宗教文化的交流。

举办第七届闽台佛教文化交流周活动 11月9—11日，第七届闽台佛教文化交流周•广钦老和尚修持观交流研讨活动在漳浦县举行。活动由省佛教协会主办，漳浦县佛教协会、漳浦法泉寺、台湾承天禅寺承办，国家宗教局和省、市宗教工作部门到会进行指导协调。活动内容有海峡两岸和平祈福法会、广钦老和尚“苦•忍•境”修持观交流研讨、广钦老和尚舍利回归安奉仪式、广钦老和尚“苦•忍•境”主题书画展等。大陆、台湾诸山长老、法师、居士善信共计500余人出席活动。

（供稿：县民宗局）

•老龄工作•

【概况】

2015年，漳浦县老龄工作围绕“六个老有”的工作目标，加快养老服务体系建设。至年底，全县已有敬老院16所，幸福园34所，床位2946张；有乡镇老年体协23个，村级老体协298个，老年文体团体210支；全县有60岁以上老年人口12.70万人，占全县常住人口的14.30%，80—89岁老人1.68万人，90岁以上老人2333人，百岁老人77人，高龄老人总数居全市之首。

【养老服务体系建设】

至年底，全县有敬老院16所、幸福园34所，床位共2946张。全县农村老年人99%以上都是居家养老。从2010年开始，全县建有27个社区居家养老服务站（其中城市社区24个、农村社区3个），有12个乡镇场12106个老人享受服务，实现居家养老服务站城市社区全县覆盖。居家养老服务站服务项目不断增加，服务模式不断创新，服务质量不断提高。探索居家养老服务新模式，联系养老服务知名企业，利用好国家出台的惠老政策，扶持服务中介机构，争取早日建成县居家养老服务中心。

【老龄工作宣传】

敬老月期间，县老龄办组织人员到超市、街头开展普法活动，向老年人赠送书籍和新《老年法》共5000余册，并将印有“常回家看看”和“敬老月”活动标志的购物袋2000多份发给年轻人，增加社会各界对老年人的关怀度。各单位充分利用LED显示屏、横幅、宣传栏等，宣传《中华人民共和国老年人权益保障法》；各级老年协会召开老年人座谈会，并组织理事成员会员学法，让老年人学会运用法律维护自己的合法权益；旧镇镇将老年人权益保障法的宣传教育纳入“六五”普法计划，向全社会特别是面向中青年人开展宣传教育。

【老年人生活状况抽样调查】

按照民政部、全国老龄办的统一部署，2015年8月1—30日，全国开展“第四次中国城乡老年人生产状况抽样调查”。漳浦县及诏安县被抽中参与问卷调查；漳浦县有绥安、旧镇、深土、前亭4个乡镇共16个村（居），每个村随机抽30户，共480户参与抽样调查。

【基层老龄工作】

老龄组织机构建设 至年底，全县已建立乡级老年协会25个，村级老年协会316个，一些企业和小区也相继成立老年协会分会。基层老年协会在乡、村两级和谐乡村促进会中发挥主要作用，做好当地党政的参谋助手，为当地道路修建、旧村改造、清洁家园、关心未成年人健康成长等发挥积极的作用。

老年活动场所建设 2015年，全县新建老年活动中心（室）37个，至年底，全县共有老年活动中心（室）375个。其中，赤湖镇投资200多万元，建设1160平方米镇老年中心已于2014年底投入使用；长桥镇为老龄委配备100多平方米的办公室、会议室的新办公用房；竹屿盐场投入6万元，完善退休职工活动中心设施；赤湖、六鳌、沙西各村建有设施完善的老年活动中心；赤土村老年活动中心功能齐全，佛昙整美、石榴田寮、长林、赤湖前湖、杜浔徐坎、湖里，深土大店、大南坂下楼等村也都新建老年活动中心;杜浔文卿村建立市级老年体育活动示范点，超过1000平方米的广场成了老人的乐园。

老年教育 采取增加投入、资源共享、抓点带面等有效措施加强基层老年教育。以县老年大学为示范，强化老年教育工作。县老年大学有专兼教师33人，学员900多人，开设的课程14门,全校共有41个班、队、学会,各具特色,定时开展活动,办学质量高。剪纸、摄影课程列入市级精品课程,校刊《漳浦老年教育》办得有声有色,成为全县老年教育宣传主阵地。至年底,全县有老年学校341所,在校学员2.83万人，老年人入学率达22.30%,老年学校成为老年人学习娱乐的主阵地。

【为老年人办实事好事】

惠老新政让老人共享发展成果 漳浦县在2012年出台3项惠老政策,县委、县政府为全县80岁以上老人发放高龄补贴;2015年，补贴标准有了大幅度的提高，具体为:80周岁—89周岁老年人,每人每年发放高龄补贴从120元提高到300元;90周岁—99周岁老年人,每人每年从600元提高到720元;100周岁以上老年人,每月由200元提高到300元。2015年,全县享受高龄补贴老人数近2万人,共发放补贴692万元。做好惠老政策的跟踪工作,了解老人免费乘坐公交情况,将老年人乘车中存在的拒载等服务问题及时反馈给公交公司,促进公司整改,免费为老年人办理“老年人优待证”,提出办理时间不超过7天的承诺。主动为经常居住在漳浦县的港澳台侨胞办理优待证。一年来免费为老年人办理优待证近3000本。

开展爱老助老活动 联合县药监局、县人大科教文卫委开展“合理用药、健康生活”讲座,到4个乡镇为1300多名老年人讲解如何正确就医和用药;联系县级医院到乡镇、社区,为老年人免费体检和义诊达900多人次。开展为老维权工作,全县各级老龄部门接待老年人来信来访165人次，做到件件有着落,事事有回音。全县基层老年协会开展“一访四查”活动,共访查1.30万多个家庭,解决涉老问题136件。旧镇镇老龄委联系镇司法所开展老年法律援助和老年人政策、法律咨询活动,把涉老纠纷化解在萌芽状态,维护老年人的合法权益。

【老年文体活动】

文艺活动 县老体协、县中老年艺术团、基层老年协会、老年学校经常组织开展各种形式健康有益的娱乐活动。至年底,全县有老年文体队伍210多支,经常性参加文体活动老年人超过3.50万人。全县有广场舞文体队300多支,广场舞已经成为乡村的主导娱乐方式。县中老年艺术团精心编排节目,深入社区和农村开展慰问演出活动20多场,“重阳节”期间到石榴镇参加“情系老区，关爱老人”文艺表演。

体育活动 全县老体协各级组织健全,活动场所建设发展迅速,有力地推动全县老年健身活动。至年底,全县已建立乡镇场老年体协23个，村级老体协298个，新建老年纳凉点42个,参加健身活动老年人数7万多人,建有门球、地掷球、气排球、等球场34个。老体协举办老年健身健步走和泰迪球表演赛、门球、气排球、地掷球、太极拳、剑等多种单项比赛活动。许多老年协会配合县老体协、县农体协,开展老年人健身活动。各乡镇建设村级健身舞为示范点,推动全民健身的积极开展。

(撰稿人:吴明宗)

城乡规划建设　环境保护

·城乡规划建设·

【概况】

2015年，漳浦县城建规划与建设工作以创建省级园林县城和建设宜居环境示范县为抓手，以建设现代化县城、园林县城、富美县城为目标，全年计划实施项目123个，原年计划项目投资58亿元。“大干六个月”后，县委、县政府下达完成投资任务70亿元，截至12月末，完成投资70.73亿元，完成年计划投资121.94%，完成县下达任务投资101%，其中房地产完成投资53.40亿元(不含古雷项目)。

【城建规划项目】

实施项目16个，年计划投资2710万元，截至12月末，完成投资950万元。完成新一轮县城总体规划评审稿，完成《漳浦县城区道路竖向规划》《漳浦县美丽乡村示范村规划》《漳浦县城区排水、排污专项规划》《漳浦县城绿地系统规划》等专项规划方案编制工作；完成《漳浦县城城市景观风貌专项规划》方案稿；完成前亭一古雷风景名胜区总体规划纲要；完成闽南文化生态走廊（花卉聚散中心一县城）和人民剧场、城市规划展示馆初步设计方案。

【市政基础设施建设】

加快城市道路建设，完善县城主次干道和乡镇路网框架，继续启动道路改造提档升级。计划新建改造雨水管沟17.60千米，污水管网16.60千米，供水管网17.80千米，燃气管网22千米，城市道路15.50千米，年计划投资18.20亿元。截至12月末，共完成投资10.53亿元；完成雨水管沟11.83千米，污水管网11.05千米，供水管网11.80千米，燃气管网10千米，城市道路4.50千米。其中市重点项目的迎宾大道改造工程已完成投资3亿元，预计2016年2月全线主车道沥青路面通车。朝阳隧道建设工程已累计完成投资3.10亿元，主干道已通车。大亭农贸市场总投资710万元，已在11月上旬竣工。

【市政公用设施配套建设】

市政公用设施配套建设重点抓好为民办实事项目，2015年，抓紧建设县综合农贸市场、鹿溪北岸污水主干管二期项目、士章南路及中医院污水管道工程、万安污水处理厂、文体中心、市民广场、人民剧场等九个项目，计划总投资25.09亿元。截至12月末，府前街延伸段二期和大亭路(江滨段)已完成水泥稳定层及管道铺设；文体中心周边道路正在土方开挖。蓝理路一金霞路、长德商贸城 汽车站周边道路、绥东花园周边道路、鼎元北路、金浦大桥、得仙路、石斋北路、旗山路、麦市街延伸段二期、万祥路等13条道路前期工作稳步推进。

【创建省级园林城市】

以创建省级园林城市为抓手，2015年实施项目11个，年计划投资7.80亿元，截至12月末，完成投资8003万元。其中，在建园林绿化实施项目9个，年计划投资1.265亿元，截至12月末，完成投资7120万元。其中道周公园景观工程完成80%，建筑小品完成桩基。九曲岭山体休闲运动公园前期工作扎实推进。内河整治实施项目2个，绥东溪景观改造完成一期工程，台湾东路至金鹿东路标段A区水车基础石材装饰面铺贴完成；拦水坝鹅卵石铺贴，景观桥钢筋绑扎完成；叠水瀑布水池混凝土浇筑完成；南门溪景观改造完成一期改造工程。是年，还完成《漳浦县城绿地系统规划》及创园宣传片、宣传扇、宣传折页、公益广告等，与电信部门合作群发相关信息3万余条。12月10日，省创园考核领导小组同意通过对漳浦县园林绿化和市政基础设施建设情况的考核验收。

【宜居环境建设】

2015年，实施宜居环境建设项目12个，年计划投资8.60亿元，截至12月末，完成投资8.07亿元，完成年计划投资93.80%。

美丽乡村建设 全县实施美丽乡村建设项目24个，其中：省级美丽乡村示范村2个，省级村庄整治村22个；年计划投资1.25亿元，截至12月末，完成投资1.20亿元，占年计划投资96%。加大美丽乡村建设，实施“三整治三提升”工程(即整治旧房裸房、整治生活环境、整治污水，提升基础设施配套水平、提升经济社会发展水平、提升生态管理水平)。是年累计拆除猪圈、旱厕、临时搭盖6万平方米，完成整治裸房旧房312幢3.60万平方米，新建农村污水处理设施8个，铺设污水管网23千米，硬化村道24千米，巷道8.80千米，新增绿化面积10万平方米。其中，省级美丽乡村示范村——六鳌镇鳌西村投入1368万元，拆除旱厕猪圈各类违章建筑75处，整治裸房40幢，完成六鳌古城一期修复工程和农民休闲公园改造提升，新建1处污水处理池；湖西畲族乡城内村投入1172万元，拆除旱厕、猪圈、蘑菇房48处1300平方米，拆除违章搭盖20多处880平方米，建成治安公园和两座水冲式公厕，完成污水处理池清淤和生物水草种植，铺设污水收集管网1.20千米；官浔至绥安美丽乡村景观带完成投资3410万元；马口至花卉聚散中心绿道建设，安装防护栏20千米，沿线京里、割后、山边、溪坂等村庄整治有序推进。

实施城镇“三边三节点” 全县城镇“三边三节点”项目共实施10个，年计划投资5.20亿元。至12月末，完成投资4.45亿元，占年计划投资85.57%。其中：水边项目—绥东溪二期整治项目完成投资1451万元，完成河岸及回水坝基础工程，正在叠水水池、景观水车、汀步施工；山边项目—九曲岭片区周边整治项目完成投资13650万元；文体中心完成土方平整，正在桩基施工；九曲岭山体公园完成施工图设计；市民活动节点—府前唐街国学教育区完成投资5000万元，建筑群落、室内地面及室外景观绿化施工均已完成，完成年计划投资100%；金浦大道整治项目完成投资2.89亿元；滨海新园区提升工程完成投资3520万元；完成粤港家居产业园场地平整及规划设计等前期工作。抓好鹿溪流域三期治理，实施水环境整治、沿溪防洪堤建设和鹿溪北岸景观带建设，实施排污截污工程。

污水、垃圾处理 至12月末，全县共计供水约1612.80万吨(日均供水4.80万吨)；共计处理垃圾4.66万吨（日均处理139吨)，处理率100%；处理污水772.80万吨（日均处理2.30万吨)，处理率96%。

【安全生产管理】

安全生产 贯彻落实省、市有关加强安全生产文件精神，以开展工程质量和队伍素质“双提升”行动为抓手，结合集中开展“六打六治”打非治违专项行动以及安全生产“百日行动”进行部署，严格按照安全生产“党政同责、一岗双责”的工作制度，落实安全生产目标责任，开展质量安全生产检查。针对房屋建筑、市政、燃气、自来水、预拌砼企业的质量安全生产情况，开展季度质量安全综合大检查、安全生产专项检查以及“两会”和“两节”期间安全生产检查。全系统共开展此类检查16次，出动执法人员186人次，监督检查企业418家次，发出整改通知书214份，排查事故隐患716条，其中：当场整改589条，限期整改167条，投入整改资金698万元，查封塔吊11台、施工电梯16台；根据《福建省建设质量安全动态管理办法》，给予施工单位记476分，项目经理记687分，监理单位记457分，总监记674分。

2015年，全县建设系统实现安全生产零事故、零伤亡。加强燃气安全检查，全年共组织燃气安全大检查7次，查处无证经营者6处，发出责令整改通知书73份，发出扣留违法通知书24张，扣留50千克燃气气瓶4瓶、15千克172瓶，燃气气瓶相互转充气带26条；组织对全县瓶装燃气企业操作培训场次3次，参训人员近千人次。

维稳信访 开展信访维稳工作，做好信访日常事务处理，并根据年度出现的工程质量、安置拆迁等重点情况，有针对性地开展工作。全年共受理网站、来信来访等各类举报、投诉91件，所有案件均能及时处理，处理率100%。

办理人大、政协提案 2015年，共承办县人大、政协提案41件（其中人大议案15件，政协提案25件），涉及范围有关市政基础设施建设提案16件，规划建设提案9件，工程建设3件，其他提案13件。至年底，各项议案、提案的办理均落实到位。

（撰稿人：卢有财）

·住房保障与房地产管理·

【概况】

2015年，全县房地产开发投资稳步增长，新开工面积81.86万平方米，同比增长35.48%，房地产开发施工面积263.02万平方米，同比下降0.83%。根据大干六个月工作部署，全年需完成固定资产投资55.13亿元，全年实际完成房地产投资额61.41亿元，超额完成全年计划投资额。全县建安房地产两行业共入库税收68458万元，比2014年同期60475万元增收7983万元，同比增长13.20%；房地产土地增值税收共计入库11692万元，比2014年同期8706万元增收1986万元，同比增长34.30%。

【稳步推进住房保障】

完成印石花园A区保障房分配 在2014年完成初审、联合审核、公示、入户调查的基础上，稳妥地推进印石花园A区保障房配租配售工作。经核准名单、公开抽号、选房等工作，圆满完成印石花园A区保障房分配任务，有366户住房困难家庭圆了安居梦。收取印石花园廉租住房租金200户39.70万元；发放106户住房困难家庭2014年度廉租房住房补贴金额13.03万元，及99户住房困难家庭2015年度廉租房住房补贴金额12.26万元。

严格实行年度审核机制 开展惠民家园、益民家园保障家庭年度审核，确保廉租住房政策真正用于解决最需要住房的弱势困难群体。收取惠民家园廉租住房租金85户14.66万元、益民家园廉租住房租金148户29.13万元。对4户已不符合保障条件的住房保障户，向人民法院提起诉讼，予以清退。

建立健全保障房管理制度 拟定《漳浦县公共租赁住房管理办法》和《漳浦县印石花园B区公共租赁住房分配工作方案》，经县社会保障性住房管理委员会研究通过并上报县政府常务会审定实施。

完成印石花园保障房受理申请 从12月10日起，开始受理申请印石花园B区520套公共租赁住房保障，至月底完成受理申请。同时，完成印石花园A区24套可售廉租住房受理申请。

【监管服务】

加强市场监管 严格办理房地产开发企业资质审批、预售许可，对符合资质、预售条件的，按规定及时发放资质证书或预销售许可证。宣传和实行新版《商品房买卖合同示范文本》，让企业满意，让群众放心。全年共办理房地产开发资质5件，办理商品房预售许可证25件5989套，面积45.77万平方米。

落实相关政策 贯彻落实“闽八条”“闽七条”“漳八条”等一系列促进房地产市场健康发展的有关政策，从税费减负、融资服务、简化手续等方面拟订出台促进全县房地产市场平稳健康发展的8条措施，即《漳浦县人民政府关于促进房地产市场持续健康发展的意见》，经县政府常务会审定实施。

完善信息体系 进一步完善房地产信息网，全面推行商品房网上登记备案，建立健全房地产信息发布制度。通过房地产网这一平台,全面、及时、准确地发布商品住房交易信息,定期发布商品住房交易及房源信息,正确引导市民合理消费,促使房地产开发商理性投资与开发。

优化服务环境 强化服务意识,进一步转变工作作风,简化手续,简化审批工作流程环节;强化一次性告知制,工作首问责任制,提供一站式服务、预约服务、延时服务。深入到各社区、农村、医院等,为老弱病残孕等行动不方便的群众提供上门登记服务。2015年,共审核发放房屋所有权证2947本;预购商品房抵押权预告登记3311件,登记面积35万平方米,抵押金额17.48亿元,贷款金额8.22亿元;在建工程抵押登记2564件,抵押登记面积28.28万平方米,抵押金额16.31亿元,贷款金额14.61亿元;现房抵押登记3189件,抵押登记面积31.98万平方米,抵押登记金额18.51亿元;房屋存量房(二手房)转移登记429件,成交面积4.91万平方米,成交金额1.59亿元;商品房备案登记4308套,面积46.76万平方米,同比上升37.93%,成交金额27.65亿元,同比上升42.89%;开具房产信息证明4285份、提供房产档案复印件2736份(张);协助司法备案登记44件。

【棚户区改造】

实施项目35个,年计划投资48.10亿元。至12月末,全县累计完成商品房开发投资额53.40亿元(不含古雷项目,下同),占年计划投资111%,同比上升138.39%;累计完成商品房施工总面积258.57万平方米。其中集中成片棚户区改造,实施项目1个(南门片区棚户区改造),计划征收200户,年计划投资3亿元。至12月末,完成投资3.34亿元,占年计划投资110%。完成房屋征收135户,建筑面积2.50万平方米;印石花园南区安置房完成投资1.38亿元,2号至5号楼装修,1号、6号砌体,7号、10号楼地下室土方开挖。同时,推进房地产及城市综合体建设,持续推进万新阳光城、福晟钱隆首府、美伦清华园、漳浦碧桂园、新天国际二期、尚城豪庭西区、府前唐街、碧海置业、润丰及佛昙、赤土、深土、盘陀城市综合体等项目建设工作。

【提升物业服务水平】

信用档案检查 根据《漳州市住房和城乡建设局关于开展2014年度物业服务企业和项目经理信用档案检查》,对在本县开展物业服务活动的物业服务企业和项目经理进行信用档案检查,检查结果为11家物业服务企业合格,1家不合格。通过信用档案管理提升物业服务水平。

规范管理制度 为规范和加强物业管理,结合全县物业管理实际情况,拟定《漳浦县物业管理规定》上报县政府研究决定;为进一步明确住宅专项维修资金交存标准,拟定《关于住宅专项维修资金交存标准的请示》,完善缴交流程,实行多银行多点交存,方便房地产企业和业主。全年共归集住宅专项维修资金3429.86万元,保障住宅售后维修管理,维护产权人利益。

落实前期备案 办理联创城市广场、尚城豪庭、长德商贸城、夏商水岸名都(一期)、翰林·上座等13个物业服务小区的前期物业服务合同备案,备案面积97.33万平方米。

创建示范小区 7月,"万新阳光城(一期)"被市住建局评定为"漳州市物业管理示范项目"。

【服务招商引资】

推进"飞地工业" 落实县委、县政府《关于发展"飞地工业"的实施意见》精神,多措并举、扎实推进招商工作。县房产局主要领导带队,到深圳、东莞、福州等地开展"点对点"招商活动,与香港漳浦同乡会主要人士陈国强、杨小龙、林少聪等密切互动,委托招商。全年累计接待和外出拜访客商7批次,收集有价值信息21余条,引进总投资3000万元项目1个,即经营建筑材料生产销售的漳浦亿家居建材有限公司;该公司已在绥安工业园注册,注册资金1000万元。

优化环境促招商 县房产局结合房管部门职责,共计办理落户企业房产确权登记、评估、抵押等业务112宗,建筑面积45万平方米,尽最大可能为企业融资发展创造便利条件。落实相关政策规定,严格减免全县小微企业各类办证服务项目收费。全年共计办理各类小微企业服务项目费用减免36宗，减免金额2.50万元。

（供稿：县房产局）

• 环境保护 •

【概况】

2015年，漳浦县环境保护工作以深入开展国家级生态县创建活动为平台，扩建县城、杜浔、盘陀等一批污水处理厂，切实做好污染物总量减排，设立巡回检察环保工作室，加强环境执法，检查各类企业256家，取缔非法生产企业3家，受理各类环境投诉103件，责令限期整改26件。

【生态文明建设】

围绕国家级生态县创建，加强环境宣传教育，开展生态文明建设，持续推进创建工作，狠抓存在的薄弱问题整改。是年，省环保厅向环保部申请推荐对漳浦县国家级生态县进行技术评估。至年底，国家级生态县技术评估考核验收需要的技术报告、宣传画册、电视专题片等生态县创建材料已更新、补充齐全，迎检各项业务档案材料收集、归档工作已完成。组织实施2014年度漳州市唯一一个农村环境综合整治项目——漳浦县盘陀镇农村环境综合整治项目，总投资1584万元，涉及盘陀镇10个建制村。至年底，已完成投资1000多万元，完成任务的70%。

【皮革园区建设】

赤湖皮革园区13家皮革企业已有信德、泰庆、瑞森、富洋、德昌五家通过省、市建设项目竣工验收，正式生产；大洋、香洲、宏国、致远等4家正在试生产，项目验收正在办理当中；瑞泰、富盈等2家企业在建，峰安、竣安等企业未建。

【总量减排】

县政府高度重视主要污染物总量减排，制定2015年度主要污染物总量减排计划。县城污水处理厂进一步完善配套管网，一期工程稳步运行，二期扩建工程9月完成扩建并投入运行。杜浔镇（前埔）污水处理厂主体工程已基本完成，12月25日前完成所有工艺设备安装，进入联合调试期。盘陀污水处理厂正在进行主体构筑物施工，配套管网11.40千米已完成6千米。旧镇西区污水处理要求进水量达到设计能力的60%，业主单位正在进行污水收集管网建设。台玻二期项目脱硫设施稳定运行，处理率达90%以上，同步建设脱硝设施，脱硝效率达70%以上。县扬绿热能有限公司脱硫设施9月底建成投入运行，安装在线监控设备，综合脱硫效率要达到80%以上。此外，全县已有27家规模化畜禽养殖场完成全过程综合治理。

【环评审批】

坚持“规划先行，提前介入，主动服务，加强监督”的理念，参与县域经济综合决策；创新管理机制，实行环评审批限时办结制，提高服务效率；开辟“绿色通道”，做到“超常规、不违规”。2015年，办结审批建设项目127个，其中：报告书22个，报告表73个，登记表32个；办结建设项目竣工验收59个；办理环评豁免项目36个。落实生产经营过程中排放废气、废水、产生环境噪声污染和固体废物的行为许可证管理规定，严格把关，依法签证。全年共发放排污许可证56份，其中正式52份，临时4份。

【环境执法】

开展环境执法 开展“整顿违法排污企业保障群众健康环保专项行动”，抓好全县当前突出环境问题整改。采取集中检查和日常检查、明察与暗访、节假日检查等形式，依法查处环境违法行为。全年共出动执法人员752人次，检查各类企业256家次，其中：检查“冒黑烟”企业31家次，检查饮用水源地12个次，检查涉重金属55家次。取缔非法生产企业废塑料加工厂1家，土炼铜2家；严厉打击违法排污企业，对7家企业违法排污14人依法进行行政拘留。

加强环境信访 加强涉台环保服务中心和环境应急中心建设和运作。全年共受理各类环境问题投诉案件103件，责令限期整改26件，办理人大和政协提案议案建议10件，所有投诉案件和人大、政协提案建议都及时得到有效处理，办结率达100%。

依法征收排污费　加大新的《中华人民共和国环境保护法》贯彻落实，加强排污收费工作，做到应收尽收。2015年，共征收排污费971.15万元，累计征收户数165户次；对违法排污行为加大惩处力度，共处理违法排污行为11起，处理罚款46.84万元。

设立巡回检察环保工作室　在全国率先设立巡回检察环保工作室，加强司法衔接工作，为环保执法工作提供司法保障，得到最高法院、最高检察院、环保部领导的高度评价。

【环境综合整治】

"大干六个月，奋力冲刺全年目标任务"期间，环保提升工程主要任务包括漳浦赤湖皮革园危废处置及资源地利用项目工程年度投资2000万元，至10月完成投资2350万元，占年度的117.50%；县环境监管能力建设年度投资54.25万元，省环保厅下达资金54.25万元，完成建设任务的100%；县环境监测能力建设项目年度投资265.60万元，完成投资200多万元，完成年度任务的88%；盘陀镇农村环境综合整治项目年度投资1584万元，完成投资1000多万元，完成年度任务的70%。

【环境宣传】

加强环境宣传教育，组织开展《中华人民共和国环境保护法》知识竞赛活动；开展"6•5"世界环境日系列宣传；出版《环境简讯》15期，信息量37条(篇)，向上级各类报纸杂志报送信息材料46条(篇)。

(撰稿人：蔡聪智)

•市政管理•

【概况】

2015年，漳浦县市政管理工作，以提高市容市貌水平为目标，先后开展市容市貌专项整治42场，卫生专项整治32场，查处渣土车违法违规行为237起，强制拆除"两违"建筑面积67万平方米；投入50万元，实施县城区市场改造配套工程，投入360万元，对县城区路灯及时维护与维修，在全县乡镇实行垃圾清运统一打包社会化动作。

【市容市貌专项整治】

为创设整洁有序的市容环境，2015年，共开展校园周边环境整治、流动摊点专项整治、烧烤大排档专项整治、店面遮阳棚的专项整治等。市容市貌专项整治42场，校园周边环境整治12次，出动执法人员800多人次，入店宣传3000余家，整改不规范经营的餐饮店23家，取缔违规占道作业120家、流动摊点156摊次，发放《责令整改通知书》143份，整治取得明显成效。同时，还开展流浪人员收容救助行动，共收容救助流浪人员11人。

【环境卫生专项整治】

落实县委、县政府关于开展城乡环境卫生整治行动的工作部署，组织开展县城区"脏乱差"专项治理。集中清理县城区道路两侧、建筑工地周边乱堆放的建筑及装修材料和垃圾，查处垃圾乱倾倒行为，清理各类卫生死角。一年中，先后开展卫生专项整治32场，清理卫生死角280处，清理垃圾511车，出动清扫人员2600多人，清理建筑及装修垃圾445车次，比较彻底地清理县城区街区、道路两侧的各类垃圾杂物、杂草和暴露垃圾等。

【广告店招专项整治】

按照"三个一致"原则(即同一幢建筑物店招规格尺寸基本一致、设置高度基本一致、设置位置基本一致)，严格管控墙体广告设置，有针对性地、由点及面地实施规范化店招管理。对县城区主要道路和迎宾大道两侧店招进行专项整改和全面整治，对以上路段内悬空式广告牌、罗马旗、灯箱广告、墙体广告、屋顶广告等进行全面拆除，及对不符合规范，影响市容市貌的广告店招进行全面规范。一年中，县城区累计发放限期整改通知书52份，共拆除违规设置店招20个，整改店招34个，总面积约170平方米；拆除破损店招48个，一店多招广告13个，移动广告56个，清理小广告2100多张。

【“两违”专项整治】

为推进“两违”综合治理专项行动深入开展，县市容管理处牵头协调全县各职能部门做好“两违”整治工作，着力打击抢建违建、新占地抢建违建、侵占已完成的征地区域进行抢建违建等“两违”行为，全面遏制违法建设多发势头。截至11月20日，全县共拆违67.50万平方米，超额完成省、市下达的年度任务目标。

违章抢建整治　在县城区域内开展多次违章建设专项整治行动，共发现并制止各类违建抢建215起，其中强制拆除103起，拆除面积1.23万平方米。同时，做好国道324线大南坂一盘陀路段80米控制区的规划管控，严厉打击偷建、抢建违章行为，共拆除4起简易搭盖，总面积382平方米。

配合各乡镇开展联合拆违　根据县“两违”办的统一部署，联合国土、公安、消防等职能部门配合各乡镇开展大型联合拆违行动，强力拆除各类“两违”建筑物。一年中，县市容管理处参加各乡镇大型联合拆违行动15次，出动执法人员670人次，配合拆除违建面积7万余平方米。

【渣土车专项整治】

联合县公安交警大队、交通执法大队等部门开展渣土车整治行动。每天利用早、中、晚不同时间段加强对县城区重点区域、重点路段、重点工地的巡查，严厉查处渣土运输车辆非法改装、拼装、无牌、无证、无资质、超载、超限、沿途滴洒漏等违法违规行为；特别对非法改装、拼装的车辆采取措施强制切割，保持高压态势。全年查处渣土车违法违规行为237起，对非法改装、拼装车辆强制割斗147起，累计罚款39.695万元，已完成安装GPS录入管控平台45辆，成立运输企业2家。

【改造市场配套工程】

为解决中心市场内排水不畅，布局不合理问题。县市容管理处共投入50万元，对中心市场水产批发区重新改造设置，对中心市场老旧排水设施进行改造提升。同时，为解决县城大亭北路和后楼池片区居民买菜难问题，经过实地调查研究，向县政府提请建设大亭农贸市场和后楼池农贸市场。

【路灯维护市场化运作】

为确保县城区夜景灯饰得到专业、及时的维护及维修，投入资金360万元，将县城区各主次干道两侧路灯的日常维护统一打包给具有专业资质的路灯维护公司承包。至年底，夜景市场化运作模式前期准备工作已基本完成。

【乡镇垃圾清运市场化运作】

全面推行县城区以外的乡镇垃圾清运统一打包市场化运作，已于7月正式投入运作，进一步实现城乡环卫一体化。同时，为确保各乡镇场和各职能部门能够密切配合，及时、足量将生活垃圾运至焚烧发电厂，还牵头制订《漳浦县城乡生活垃圾收运系统运行方案》，进一步完善城乡垃圾清运市场化运作机制。

（供稿：县市容管理处）

【地理标志商标】

深土花菜　深土镇属亚热带气候，年均降雨量1256毫米，极适合蔬菜生长。深土花菜原产地中海东部海岸，清光绪年间引种。因深土位于淡水与咸水交汇处，属排水良好的沙壤土半盐碱地，土壤肥沃，地肥、地平、土壤无病虫，待施足基肥，精耕细作，花菜种植出来花球周边未散开，洁白度高，无异味、无毛花，品相极佳，保存时间比普通花菜多一至二周，且易冷藏不变色。深土花菜质地细嫩，沾上尘土后一吹即掉，是一种粗纤维含量少，品质鲜嫩，营养丰富，食后极易消化吸收的优良品种，其嫩茎纤维，烹炒后柔嫩可口，适宜于中老年人、小孩和脾胃虚弱、消化功能不强者食用。目前，塔底花菜复种面积达1300公顷以上，产量1460多吨，已形成产业规模。2012年8月，深土花菜获得国家地理标志商标注册认证。

交通　邮电

•道路交通•

【概况】

2015年,交通基础设施建设方面,按照“十二五”发展规划要求,争取项目,加大项目投入,全年交通建设项目11个,完成总投资19.04亿元,至年底,全县拥有公路总里程2265.09千米。其中,沈海高速66.50千米,国道G324线50.40千米,省道漳东线83.50千米,县道241.10千米,乡道561.10千米,村道482.50千米,自然村路795.70千米。道路运输管理方面,整顿客运市场营运秩序,规范货物运输管理,引导运输企业向大型化、集约化发展,道路运输生产继续保持良好发展态势。至年底,全县有道路运输经营企业209家,其中:货运企业60家、危货企业4家、客运企业10家(含出租车公司3家、旅游客运公司1家)、汽车客运站22家(含在建1家)、汽车维修企业108家(其中二类44家、三类64家)、驾培机构6家、客运车230辆,出租车185辆、公交车44辆。

【交通项目建设】

2015年,计划实施交通建设项目11个,市交通局年度下达总投资16.60亿元,累计完成19.04亿元,完成全年任务的115%。

漳州沿海大通道漳浦段(续建) 项目总投资33.50亿元,建设一级公路57.30千米,双向六车道,路基宽度32米。2015年,计划完成投资6亿元,实际完成投资8亿元,完成年度任务的133%。主要完成全线53千米沥青路面,旧镇、佛昙2座特大桥下部结构完成85%、上部结构部分进行梁片预制。

旧镇镇至纵二线(迎宾大道,续建) 项目总投资9.30亿元。2015年,计划投资4亿元,计划完成路基、路面主体建设(绿化工程除外)。实际完成投资4.55亿元,完成年度计划的114%。至年底,已完成管道铺设、桥涵、隔离带及沥青路面底层,次干道已通车。

赤土乡(瓦仔村)至纵二线新厝顶二期工程(续建) 项目总投资4.31亿元。2015年,计划投资1.66亿元,计划第二合同段工程开工建设2.15千米。实际完成投资8286万元,完成年度计划的50%。主要是第一合同段已全部完工并试通车,第二合同段完成前期招标及用地征迁。

中共闽粤边区特委红色旅游经典景区(靖和浦)出口公路(续建) 项目总投资4.39亿元,路线长33.10千米,分成4个标段建设。2015年度,S1和S3标段计划投资1.50亿元,实际完成投资15060万元,完成年度任务的100%。至年底,S1和S3标段路基成形,准备路面建设。

赤土乡(瓦仔村)至纵二线新厝顶一期工程(续建) 项目总投资3.98亿元,路线长3.26千米。2015年,计划投资1亿元,实际完成投资10079万元,完成年度任务的101%。至年底,完成隧道路面工程及设备安装,准备通车。

南浦乡龙桥村至纵二线割后村(计划开工) 项目总投资1.30亿元。2015年,计划投资2000万元,实际完成投资9600万元,完成年度任务的480%。至年底,已完成征迁,路基基本成形。

旧镇漳东线至沿海大通道连接线(计划开工) 项目路线长

3千米，原先按二级公路建设，总投资6800万元；7月，县委、县政府决策提升该项目的建设标准，按一级公路标准建设，路基宽度增加到32米，估算投资为1亿元。至年底，该项目正在重新编制工程可行及路线方案论证。

古雷大霜(西林)陆岛交通码头(计划开工) 项目新建300吨客货泊位2个(整美村、岱嵩村)及相应的配套设施，设计年吞吐能力为货6万吨、客8万人次；同步建设大霜码头接线路300米、西林码头接线路1000米，总投资约2400万元。2015年，计划前期投资200万元，至年底，已完成施工图修正设计及报批。

漳州四通物流园区(计划开工) 项目总投资2亿元，2015年，计划投资5000万元，实际完成投资5000万元，完成年度任务的100%。

漳浦县中心车站(续建) 按一级客运站标准建设，总建筑面积5.59万平方米，一期工程投资1.017亿元。2015年，计划投资5000万元，实际完成投资7010万元，完成年度任务的140%。至年底，完成一期主体工程建设，进入装修扫尾阶段。

农村公路建设(新开工) 2015年，计划投资7200万元，建设农村水泥路120千米。实际完成投资8600万元，已建成农村水泥公路130千米，完成年度计划投资的119%。

【交通运输行业管理】

推进公共交通发展 推进新型公交车辆推广应用，加快城市公交车辆的改造和升级步伐，倡导绿色出行，低碳环保。2015年，新增12辆纯电动、20辆插电式新能源车辆投入运营。

圆满完成春运工作任务 2015年交通运输春运工作共组织客车185辆、公交车50辆、出租车165辆参加旅客运输；春运期间共安全发出客运24618班次(其中加班318班次)，运送旅客53.20万人次，满足群众的出行需求。

不断规范行业管理 严格市场准入，依法依规做好许可工作。新增汽车租赁公司1家，更新新增农村客运车辆8辆，新增农村客运班线2条，村村通客车率达98%。开展危险货物道路运输违法行为专项整治，加强对危险货物运输车辆和从业人员的监督检查，严禁无资质车辆非法运输危货以及驾驶员、押运员不具备危险货物道路运输资质等行为。会同工商、安监、公安等部门对全县无证机动车维修店进行专项整治，规范净化机动车维修市场秩序。提升驾驶员培训质量，增强教练员守法执教的意识，定期不定期对全县驾校进行检查，查看各驾校的培训落实情况，推进智能化管理，提升教练员综合素质。

狠抓交通执法 一年中，先后开展“春雷”“雷霆”等系列行动，严厉打击“非法营运”“超限运输”等非法违法经营行为，重点突出对“两客一危”的执法监管。全年共出动执法车辆1350辆次、执法人员5805人次，查处、纠正各类违法违章行为1180起，罚款444.56万元，有效地净化全县道路运输市场，规范道路运输经营秩序。

确保行业安全生产 严格落实“党政同责、一岗双责”规定，开展“道路运输平安年”等活动，形成企业负责、政府监管、行业自律、社会监督的安全生产工作机制。全县道路、内河水上运输、交通建筑施工安全生产总体平稳，水上运输和在建工程继续保持安全无事故，全县运输企业无发生较大安全生产责任亡人事故。加强源头管理，督促客运企业建立健全安全生产管理制度，落实“三不进站、六不出站”安全规定。加强巡查检查，严格旅客行李物品检查，有效地防止安全生产事故和恐怖袭击事件的发生。加大GPS监控平台监管力度，落实24小时动态监控，督促落实“三长”责任制和“四级”安全管理责任，实现规范管理。

(撰稿人：陈嘉伟、刘睿华)

·邮 政·

【概况】

2015年，漳浦邮政主动适应邮政新常态，转变发展方式，着力企业创新发展，构建良好企业生态，业务发展呈现平稳增长态势，全县邮政总收入累计实现

12584万元，完成预算指标的111.80%，收入规模、完成进度及增幅均居全市第一；实现收差1757万元，完成市分公司下达指标的100%，同比增长32.80%，收入规模列全省第二位。

【业务发展情况】

面对激烈的市场竞争，稳步推进转型发展，代理金融逐步调整客户市场定位，发展基础客户，提升客户金融资产，强化金融资金安全。至12月末，代理金融期末余额达214635万元，本年度累计新增62843万元，完成市分公司下达指标的336%；累计完成代理金融业务收入4774万元，完成全年收入预算指标的129.50%，同比增长40.30%，排名全市第一。邮务业务加快传统业务转型升级，探索农村电商业务发展模式，全年邮务类业务收入完成7670万元，完成年任务的107.70%。

【邮政主要工作】

协助县政府成功申报“全国电子商务进农村示范县” 受县政府委托，牵头组织编写“电子商务进农村综合示范县”申报材料；配合县政府向省商务厅、商务部作专题汇报，为漳浦县成功申报“全国电子商务进农村示范县”发挥积极的作用。与县政府就农村电子商务建设和发展达成战略合作，承建“县乡村三级物流体系”。

重新修订和完善绩效考核办法 在确保职工月基础报酬的前提下，坚持“按贡献分配”。强化绩效考评和月度过程考核，用定量和定性相结合的方法，着重考核工作能力和营销业绩。同时，对各岗位职责进行梳理，提取各岗位关键绩效指标，形成绩效工作执行流程。

培训教育 组织举办“管理人员及后备人才”“金融网点客户经理”“办公软件操作”和“邮掌柜业务知识”等培训班，组织内训师选拔和培训。通过培训，全面提高员工素质，挖掘员工潜能，为企业发展提供更好的人力资源支撑。

硬件能力建设 按期保质保量完成跨境电商仓储中心项目、盘陀网点改造和海滨城、深土新增网点，以及六鳌职工小家等建设工程。

安全生产 组织邮件、金融资金检查，同时着力提高防范能力，强化防范意识，把安全生产真正落到实处。县分公司获2015年度全省“安康杯”竞赛先进单位称号。

提升服务水平 严格执行营业窗口服务管理规范，落实邮政投递服务规范；组织开展邮政服务质量提升专项活动。舟亭邮政支局、旧镇支行分别获得漳州市文明委“五星级营业窗口”，省分公司、省分行“文明规范服务星级服务网点”。

（供稿：县邮政局）

·电 信·

【概况】

2015年，电信漳浦分公司完成业务收入1.48亿元；发展天翼手机用户3.30万户，其中，智能机1.80万户；发展宽带用户1.30万户；行业信息化应用和智慧校园建设进一步拓展。

【迎接4G时代】

2月27日，工信部正式发文，向中国电信颁发第二张4G业务牌照，即FDD－LTE牌照。中国全面进入4G规模商用时代。此前，电信漳浦分公司已做好4G基站的选点储备工作。在中国电信获取FDD－LTE牌照后，电信漳浦分公司即按照总公司的统一部署，开始进行快速的4G基站建设，以最快速度满足全县客户对4G通信的需求。至11月25日，漳浦分公司已全面完成2015年4G－LTE移动网基站建设开通任务，共安装基站设备148套，开通站点124个，在全区率先完成建设开通任务，为漳浦分公司4G网络覆盖和天翼4G业务发展打下坚实的基础。

【推行成立合作社】

基于4G网络全面建设，推行成立合作社，大规模引入民资，合作社引资约155.45万元，光资源覆盖近14270户，每个分局都有合作社引资突破。从第二季度开始，中国电信漳浦分公司开始“天翼向4G，宽带向百兆”的工作频道转换，在县城全面实行光受理，发展50兆、100兆光宽带，最大限度地满足广大电信用户高速互联网应用。

【服务古雷整岛搬迁】

2015年，古雷整岛11个建制村进行搬迁，集中安置在新港城，由于需求量大且时间紧，分公司网络部提前网络规划设计、突击施工，在保障光缆资源提供的同时，及时协调开发商驻地网建设提供进度，组织多批次的装移机，支撑多个建制村同时拆迁通信保障难度大、协调困难，网络部提前规划建设光缆第二路由，及时调整重要通信业务，把拆迁对通信网络的影响降至最低限度，有效地保障古雷港区大客户的通信畅通。

【推进光网城市建设】

响应国家“新四化”和宽带中国战略，向上级争取资金扶持，推进光纤入户，加快光纤网络和无线网络等基础设施建设，加快“数字漳浦，智慧城市”进程。在2015年实现“漳浦绥安•全光纤化覆盖”，城区接入带宽达100%，城郊接入带宽可达8—50兆。“全光纤镇”的建成，标志着绥安镇告别了“传统铜网通信”旧时代。这是继2009年漳浦县实现村村通光纤宽带、村村通ITV电视之后，漳浦“智慧城市”建设的又一成果。在绥安镇实现宽带接入全光纤化后，电信漳浦分公司于10月19日召开“2015光网漳浦”决战誓师大会，计划分“三步”推进漳浦光网城市建设：第一步，在2015年度，实现绥安、古雷两个乡镇全光覆盖；第二步，到2016年上半年，全县一半以上的乡镇实现全光覆盖；第三步，到2016年底，实现所有乡镇全光覆盖，提前一年实现全省提出的目标，宽带平均速率达到30兆以上。

【农村电商互联网建设】

为更好地支持、服务农村电子商务发展，9月，电信漳浦分公司开始与客户接触，从基础通信业务合作不断深入，为客户定制“互联网＋云信息化应用”方案。首批签订100家农村电商网点宽带网络业务，同时还涵盖了光纤、天翼、云主机业务等一系列互联网信息化应用，实现漳浦分公司全业务的全面渗透。

（供稿：电信漳浦分公司）

【地方特色美食】

石榴填鸭　石榴填鸭是清朝漳浦籍宰相蔡新从北京城引入故乡的，既有北京烤鸭的风味，又有闽南咸水鸭的特色，肉质清甜可口，肥而不腻。

填鸭首先是选鸭，选的鸭子要符合三个条件，一是既要体质好又要瘦，体质好能保证填到约定的日子，瘦有利于长膘；二要养三个月左右的鸭，这样的鸭子生命力强，肉嫩，填成后脆而好吃；三必须是雄性菜鸭子，这样的鸭子比较易填，不会抛食。鸭选完后就是填鸭，填鸭的饲料要用糙米和木薯树粉或番薯或米糠，加上花生或芝麻，饲料煮熟，让它变温后，搅拌到能捏成团。接着就是用手工把鸭子填饱，每天填一次，一般是在傍晚，还要在鸭棚内放些水，让吃饱的鸭子喝，帮助它们消化。这样填的鸭，肉吃起来特别的香。填鸭的周期一般是20天左右，这个天数的鸭子肥瘦刚好，精肉多肥肉少，吃起来香而不油，肥而不腻，脆而不韧。

煮鸭也有讲究，白开水烧煮，火候的控制极为重要。煮的时间过长，鸭油都被挤出来了，不够香软；若火候不够，鸭子没煮熟再回锅，味道就大打折扣。通常煮上约1小时，将筷子插入鸭子翅膀下的部位，抽出时不见血水就可起锅了。将煮熟的鸭子捞起，用盐巴、五香粉、味精混合后抹在鸭肉上。切开后，肉层红白相间，夹一块放入口中，肥而不腻，松软香甜，口有余甘。填鸭肝是填鸭的精华所在，也是填鸭的价值所在，填鸭的肝比普通鸭肝大一倍，大的重达500克以上。由于脂肪增加，填鸭肝特别嫩软，炖熟后仍保持松软状态，石榴当地称之为“粉肝”，可与法国鹅肝相媲美。

科技 教育

·科学技术·

【概况】

2015年，全县科技工作深化政产学研合作，在丰盛食品公司创建全县首家院士工作站；组织申报省级科技项目7个，市级9个；强化在研的42个国家，省市县级科技项目的示范带动和成果转化作用，从中筛选出5个申报市级科技进步奖；推进创新技术企业、科技孵化器取得新突破，全县有6家企业参加省高新技术企业备案，27家企业申报省科技型企业；加大知识产权工作力度，至年底，全县专利申请582件，授权386件，有效发明专利47件。

【深化政产学研合作】

发挥科技部门的桥梁纽带作用，主动为企业牵线，与科研院校建立产学研合作关系；完善企业技术需求调研机制，及时了解掌握企业技术需求信息，适时开展产学研对接活动，帮助企业解决技术难题。其间力促丰盛食品有限公司与大连工业大学食品学院朱蓓薇院士合作建成院士专家工作站，实现全县院士专家工作站零的突破；组织美丽家香、绿力生物等企业赴中国海洋大学交流，达成牡蛎干原色原味加工、卡拉胶深度加工等多项合作意向；联合华侨大学举办漳浦县工业创新设计研修班，全县有13家工业型企业的25名学员参加研修学习，使企业加深对工业设计认识和理解，促进工业设计与生产制造充分融合，增强企业自主创新能力和产品市场竞争力。

【申报特色科技项目】

结合各企业现状，指导企业申报省级科技项目7个，市级科技项目9个。其中：海峡生物科技有限公司申报的省星火项目“漳浦优势花卉产品开发与标准化生产示范”，获得扶持资金30万元；漳州钜宝生物科技有限公司申报的省对外合作项目“台湾珍奇蝴蝶兰种质资源的引进与品种的创新研究”，获得扶持资金100万元；海峡生物科技有限公司获得2014年度进入股份转让系统补助资金10万元；漳州钜宝生物科技有限公司申报的“一种蝴蝶兰的育种方法等专利技术的产业化运用研究”，被列入2015年省专利技术实施与产业化项目计划，获得经费补助12万元。

【科技项目实施效益结硕果】

突出在研项目管理，科技项目实施效益结硕果。在研的主要科技项目42个，包括：3个国家级项目、6个省级项目、2个市级科技计划和创新项目及31个县级科技计划项目。项目实施取得示范带动、成果转化的作用。其中，国家“十二五”科技支撑计划项目子课题“茶资源增值加工技术研究与应用示范”，在国内外首次提出绿茶汤低氧液态加热黄化技术，经过4年的研究与应用，实现企业新增销售额82400万元，新增利税22110万元，节支1210万元，取得良好的经济效益、社会效益和生态效益。县旅游局与厦门理工学院合作的“漳浦智慧旅游APP系统及漳浦旅游网开发”项目，提升旅游行政部门及旅游企业的信息化管理水平，增加新的信息发送渠道，为游客提供方便、快捷的旅游服务。从已通过验收的科技项目中，筛选出5个项目经济、社会效益好，申报市级科技进步奖，为历年之最。其中：漳州科技职业学院的“茶资源增值加工技术研究与应用示范”获市科技进步一等奖，漳浦台湾农民创业园有限公司的“蝴蝶兰新品种选育与产业化关键技术研究示范”获漳浦县科技进步三等奖。

【高新技术企业、科技孵化器等有新突破】

深挖在培高新技术企业潜能，组织扬基园艺、科晟、长禾等6家企业，参加省高新技术企业备案，其中长禾已被确认为国家高新技术企业；组织27家申报省科技型企业（已获批13家），同溢堂药业有限公司、美丽家香食品有限公司被列入省创新型企业；组织电商创业园、台创园等2家申报省孵化器备案，福建扬基生物、华达玩具、恒烨等3家企业申报漳州市企业技术创新中心，纬伊化纤申报漳州市数控一代项目，腾睿申报漳州市众创空间；漳州钜宝生物科技有限公司被认定为省闽台科技合作基地。

【知识产权工作】

邀请专利事务所到企业协助申请专利，至年底，全县专利申请582件、授权386件，有效发明专利47件。组织白山鞍食品、望松生物、钜宝生物申报“企业发明专利清零行动”奖励，获奖励金额3万元；组织5家企业申报市级首次专利奖，有4家企业的专利获得奖励，其中：漳州钜宝生物科技有限公司的“一种蝴蝶兰的育种方法”、福建新华东食品有限公司的“一种保持罐装蟹肉嫩度的加工方法”被授予二等奖，丰盛食品有限公司的“一种花蛤肉的制备方法”、同溢堂药业有限公司的“一种具有温肾益阳功能的药物及其制备方法”被授予三等奖；组织金浦汽车悬架有限公司、钜宝生物科技有限公司申报漳州市知识产权试点单位，已获批准；被列入“漳州市知识产权试点单位”；组织钜宝生物科技有限公司申报福建省知识产权优势企业并被列入2015年“福建省知识产权优势企业”；组织企业及相关单位知识产权管理人员13人参加市知识产权实务培训，3人参加省企业知识产权管理规范业务培训，4人参加专利代理资格培训及考试，4人参加省行政执法资格考试；组织13家企业参加企业知识产权培训，提升企业知识产权管理标准化意识，营造良好的知识产权保护氛围。兑现专利授权奖励43.70万元、知识产权试点单位及优势企业奖励2.50万元。

【科技系列宣传报道】

以农业新品种引进、农业生物科技、工业企业智能制造、专利产业化等领域的优势企业为重心，全方位、各层次、多角度的报道农业新技术运用推广、企业高新产品研发以及技术工艺改造升级中取得的新成效，让科技创新观念走进企业，进入乡镇，下到基层，扩大科技创新工作的影响力，引领全县企业走科技创新发展之路。

【落实创新创业精神】

起草《漳浦县人民政府关于支持和促进科技创新十三条措施的通知》，对高新技术企业发展、技术创新和成果转化、知识产权保护等方面予以扶持，为今后科技创新工作指明方向，措施上得到保障，文件于11月正式出台。

（供稿：县科技局）

·教　育·

【概况】

2015年，全县教育工作以“办好人民满意教育”为总要求，力促城乡教育均衡发展，提升“双高普九”水平，稳步提高教育教学质量。是年，全县在园幼儿30407人，入园率95.81%；在校小学生57794人，在校中学生39412人；落实教育惠民政策，全年累计发放各项惠民资金1686.33万元；加强师资队伍建设，全年培训教师1.45万人次，漳浦县连续获得漳州市“高中教育教学质量先进县”和“初中教育教学质量达标县”称号，漳浦一中连续8年获市级“高考功勋奖”。

【学前教育】

学前教育稳步发展，全县幼儿园363所，其中：公办幼儿园25所，在园幼儿6201人；民办幼儿园338所，在园幼儿24206人。秋季毕业生10902人，招收新生13370人。全县公、民办幼儿园在园幼儿30407人，入园率达95.81%，教职工3147人，其中公办605人，民办2542人。2015年，有实验幼儿园古雷分园、江滨幼儿园(原青少年宫幼儿园)、沙西中心幼儿园、赤岭中心幼儿园等4所公办幼儿园顺利开园办班。

推进示范性幼儿园的创建与评估 通过创建申报、指导和评估验收工作，10月，江滨幼儿园顺利通过“市级示范性幼儿园”评估验收。旧镇中心幼儿园、杜浔中心幼儿园等2所公办园和绥安富丽欣欣幼儿园、赤湖喜洋洋幼儿园、深土小飞龙幼儿园等3所民办园通过“县级示范性幼儿园”评估验收。至年底，全县有省、市级示范性幼儿园各2所，县级示范性幼儿园16所。

发挥省级示范性幼儿园的示范作用 1月20日和6月17日，漳州市“省级示范性幼儿园开放日活动、《指南》第四片区教研活动”在漳浦县第二实验幼儿园举行。市教育局、闽南师大博士杨爱君、县教育局领导及各县(市、区)部分幼儿园园长、教研员、骨干教师等400多人参加教研活动。县实验幼儿园是漳浦县第一所省级示范性幼儿园，10月，园长陈少丽应邀带领其名师工作室成员到诏安县、东山县、常山开发区送教送培，发挥其示范辅导作用。

清理整顿无证民办幼儿园取得成效 县政府召开无证幼儿园和校外学生寄托机构清理整顿联席会议，教育局成立清理整顿工作小组，开展督查清理整顿工作，严格办学申请程序和办学标准，规范办学行为。对全县49所无证民办幼儿园进行指导整改及年检验收，给予基本具备办学条件的24所幼儿园办理临时许可证，停办存在安全隐患园17所，还有8所无证幼儿园给予限期整改，以待验收。

学前教育成绩显著 县实验幼儿园顺利通过“第十二届省级文明学校”届中复评考核；旧镇民办乐欣幼儿园获“漳州市巾帼文明岗”称号。县实幼教师林丽娟、二实幼教师陈玲玲获“漳州市第三届幼儿园十佳教师”称号。开展全县第三、四届幼儿讲故事比赛，择优选送8名选手参加市级比赛，其中：获“故事大王”奖2人、新秀奖2人、最佳表现奖4人。

【小学教育】

全县完全小学158所，其中：漳州实小古雷分校1所，九年制学校4所，十二年制学校1所，民办小学3所，教学点18个，在校学生57794人。是年秋季毕业生8087人，招收新生10325人，学龄儿童入学率、毕业率均达100%。教职工3007人。全县158所完小全部通过“省级义务教育标准化学校”验收，提前三年完成省、市下达任务。石斋小学于8月从城关中心学校所辖完小校升格为独立建制，直属教育局管理；大南坂中心学校与大南坂中学合并为九年制学校。

小学教育教学常规管理规范化 贯彻落实《漳州市教育局关于小学各学科教学常规（试行）的通知》，开展小学教学常规专项抽查，做好跟踪督查、评估工作。组织全县小学学籍管理员进行业务培训，及时做好小学生学籍建档管理工作。规范全县小学招生工作，做好小学升初中的学籍衔接。

加强教研活动，助推名师成长 开展“一师一优课，一课一名师”评优活动，其中：绥安中心学校王少武(语文科)、赤土中心学校翁雅婷(英语科)、大南坂中心学校陈巧华(美术科)获市级一等奖。绥安中心学校王少武再获“省级优课”，被推荐国家级参评。开展小学语文、数学、英语学科“十佳优秀教师”评选活动，实验小学胡婉瑛(语文)、旧镇中心学校陈小红(英语)获“漳州市小学学科十佳教师”称号。

教学质量监控工作扎实有效 配合做好漳州市小学教育教学质量监测工作。1月，石斋小学接受市教育局教育教学质量监测小组的抽测，综合成绩80.25分，名列全市第三名。12月，盘陀中心小学接受全市小学教学质量抽测，综合成绩79.59分，名列全市第四名。制定实施《漳浦县2015年小学体育、音乐、美术、信息技术等学科教学质量监测方案》,6月，对全县中心学校本部体、音、美、信息技术学科进行现场抽测和六年级语、数、综合学科教学质量检测。县实小、绥安、城关、前亭、长桥、湖西、石榴、佛昙等8所中心学校成绩显著，被评为“漳浦县教育教学质量先进单位”,8位校长均获“教育教学质量贡献奖”。

科技教育工作成绩突出 在县科技协会支持下，全县各小学开展科技教育活动。组织部分学生参加“第30届福建省青少年科技创新大赛”,获省级二等奖1人、三等奖1人，市级一等奖5人、二等奖1人、三等奖3人。

【特殊教育】

特殊教育走上巩固发展阶段。特殊教育学校1所，在校学生112人，送教上门学生81人，教职工30人。农村残疾少儿在当地小学随班就读学生311人，在初中校随班就读学生197人。

着力提升特殊教育学校办学条件 县政府重视残疾少年儿童接受义务教育的权利，努力提升特教学校办学条件。将原教师进修学校占地面积1万平方米的旧校园，及建筑面积1900平方米的教学、办公综合楼，调整为特教学校新校区。县教育局争取省级补助资金300万元，县政府拨款240万元，新建成一座建筑面积1976平方米学生生活综合楼(宿舍、食堂)和建设200米塑胶跑道的运动场。争取省中小学建设发展项目资金126万元，用于装修原进修学校旧校舍，加固工程1900平方米，添置教学设备。至年底，新校区建筑总面积达3870平方米，各项配套设施、教学设备完善、办学条件优越，迎接创建“省级特殊教育标准化学校”评估验收。

坚持特教学校办学宗旨和培养目标 重视师资培训和教研活动，全面推进素质教育，让学生在校学有一技之长，提高就业能力，适应社会。先后选派7名教师参加省级特教学校教师通训，选派2名教师到福州盲校参加省级“自闭症”教研，选派2名教师到泉州聋哑学校参加省级“听障”教研。在县特教学校开展省级教研课题《特殊教育课堂教学最优化实验与研究》《培养特教学生良好礼仪习惯的实践与研究》活动，提高教师特教业务水平。加强学校德育常规工作，开展“新八德”文明礼貌教育。组织部分教师送教下乡，对不能到校上学的81名残疾学生，实施送教上门，定期巡回辅导。

特殊教育成绩显著 学生杨小花被抽调加入省残疾人女子篮球队集训，参加全国第九届残疾人运动会暨第六届特殊奥林匹克运动会，获女子篮球赛第一名，陈桂玲获女子400米赛跑第三名和100米第四名。县特教学校学生舞蹈节目《我相信》获省特教学校学生文艺汇演二等奖。林雅婷获市首届残疾人运动会女子100米、200米赛跑第一名，跳远第二名；林玉婷获400米赛跑第一名和100米、800米第二名。县特教学校获“漳州市巾帼文明岗”,校长李丽娇被授予“漳州市三八红旗手”称号。

【初中教育】

全县初中校43所，其中：独立初中30所，完全中学初中部8所，九年制学校4所，十二年制学校1所。在校学生25127人，教职工1763人。是年毕业生8952人，初中毕业班学额巩固率达99.40%,比上一年提高0.66个百分点，秋季招收新生8061人。新办的“漳浦立人学校”(民办)位于大南坂教育园区，是年招收初一年学生300人，实行封闭式管理。

规范教学常规督查指导 把教育教学常规管理作为工作重点，研究确定质量跟踪重点学校，组织教育督导室督学和教师进修学校教研员深入学校听课、议课、查阅教案作业和教务材料，对学校教学常规管理工作的落实和教学质量管理情况进行检查，以敦促提升管理水平。

加强教研培训 以国家和省市级课题研究为导向，以学校教研为主阵地，全面推进素质教育。制定实施《2015年漳浦县中小学开展“一师一优课，一课一名师”活动方案》,形成县、片区、校三级教研网络，开展评选优质课和十佳教师活动，促进教师专业成长。

抓创建达标学校建设 在2014年全部完成“省级义务教育标准化学校”创建验收的基础

上，着力整改提升，加大校舍改造、校园整治、完善设备等资金投入，进一步改善办学条件，迎接国家《义务教育基本均衡县》的评估验收。

强化管理，实现考纪“双零”目标 中考工作严格按市教育局规定要求组织实施。整合中考考点，将上一年13个考点减少至6个省达标高中考点，按标准化考点进行建设。规范考试组织与管理，相关部门严密组织，是年考生8940人，考风考纪端正，实现“零投诉、零舞弊”的预定目标。

全县中考成绩显著 道周中学等5所中学连续获“漳州市教育教学质量信得过学校”称号，是年新增长春中学1所。绥安中学等10所学校获“漳州市初中教育教学质量先进校”称号；丹山中学等19所中学获“漳州市初中教育教学质量达标校”称号。漳浦县再次获“漳州市初中教育教学质量达标县”称号。

【普通高中教育】

全县完中学校11所，其中：高级中学2所，完全中学8所，十二年一贯制民办学校1所；漳浦五中、六中、丹山中学只办初中部，保留完中建制。全县在校学生14285人，教职工1951人。是年毕业生4342人，招收高中新生4796人。

坚持优质、特色高中办学方向 对照省二级达标高中验收标准，多方筹措资金，改善办学条件。4月，省教育厅核准道周中学、二中、三中、四中等4所高中晋级为“福建省二级达标高中校”。全县6所省二级达标完中立足各校实际，狠抓整改、完善、提升，积极筹措资金，继续完善学校硬件建设和校园文化建设，打造优质高中。加大建设投入力度，努力推进漳浦一中、达志中学、道周中学创建省一级达标高中校工作。

多措并举积极备考 推介漳浦一中教育教学经验和管理经验，加强培尖辅优、补差辅导教学工作，促进教学质量再上新台阶。严格执行省教育厅、市教育局的规定要求，强化高考组织领导与管理，考点建设、试卷保密、考试安全、考风考纪等工作抓实抓细，效果良好，实现“零投诉、零舞弊”的预定目标。

高考成绩再获大丰收 全县高考成绩稳居全市第一梯队。是年参加高考考生3671人，比上一年减少249人，本一批、本科批上线绝对人数又创新高。本一上线数764人，其中：理科521人，文科243人，上线率20.81%，同比提高1.40个百分点；本科上线2589人，上线率70.53%，同比提高2.80个百分点，比全省平均上线率62.96%高出7.60个百分点。漳浦一中本一批上线696人，上线率达63%；本科上线1028人，上线率达98.60%，连续13年稳居全市同类完中第一。其他各完中校进步明显，道周、达志、二中、三中、四中本科上线率分别达到80.20%、64.35%、58.74%、47.06%和39.51%，为开办以来成绩最好的一年。全县考生进入全省理科前100名、文科前50名的有3人，占全市27.27%（全市共11人），漳浦一中考生陈雅芳以653高分摘取全市文科状元，洪哲泓以647分获第二名。全县5名考生分别被北大、清华大学录取，漳浦一中连续8年获“漳州市高考功勋奖”，达志中学、二中、三中获“漳州市高中教育教学质量先进校”，道周中学、四中获“漳州市高中教育教学质量达标校”。漳浦县再获“漳州市高中教育教学质量先进县”称号。

全力应对2016年使用全国高考试卷 根据福建省2016年高考将使用全国试卷的新形势，县教育局及时采取措施积极应对，狠抓高三复习备考。组织全县高三毕业班教师学习、研究2015年版全国考试大纲、考试说明，汇编教师学习心得体会。组织全县高中校校长、教研员、教师分层次培训。9月，组织完中校长和骨干教师到先进地区参加使用全国高考试卷的教学策略培训；11月，组织全县高中高考学科教师近800名在漳浦一中分学科进行应对全国高考试卷的教学复习备考攻略培训，提高高中教师尽快熟悉全国高考试卷的命题特点和教学业务能力。

【职业技术教育】

县职业中专技术学校开设机电技术应用、会计、学前教育等15个专业，秋季招收新生735人。在校学生2419人，教职工

125 人，是年毕业生 372 人，其中 58 人参加高职单招考试，考上高职本科院校 13 人、高职专科 45 人。

调整专业设置 贯彻落实省政府《关于加快发展现代化职业教育的若干意见》精神，应对漳浦临港石化产业基地迅速上位和全县经济结构变化对人才的需求，适时调整专业设置，优化整合旧专业，增设“港口机械运行与维护、城镇建设专业”。

统筹职技校与技工学校合作 实行两块牌子一套人马管理模式，采用学历教育与技术推广、劳动力转移培训相结合，开展面向退役军人、外来务工人员、农村富余劳力、失业人员再就业与创业培训。全年培训 580 人次。

推进办学体制改革 以产教融合和校企合作为突破口，与漳州仂元工业有限公司、厦航酒店、漳州一帆重工等 10 多个企业合作办学，为学生提供校外实践实训基地和就业平台，是年推荐到企业就业毕业生占 90%以上。

组建职技校实训中心 在绥安工业区租赁一幢厂房，建筑面积 2800 平方米，组建职技校实训中心，作为校外实训基地。争取国家、省级资金 700 万元，用于建设汽车维修、装潢、数控实训、机电培训、电梯维修等教学设备，聘请 3 名高级技师任实训教师，增强实训师资力量。

【成人教育与终身教育】

成人教育 省电大漳浦分校 2015 年开设成人教育本、专科 20 多个专业，在校生 2200 多人。是年本、专科毕业生 802 人，招收新生 710 人。开展社区教育，在各乡镇场设立社区成人教育学习点，与绥西社区共建试点，探索“全民教育、终身教育的有效途径”，被市社区大学授予“社区教育模范学习点”。开展志愿服务活动，提供各类法律咨询援助 17 起，还为 112 位退役军人提供免费学历教育，为民办幼儿教师报读学前教育专业减免学费 40%的优惠。

终身教育 县教师进修学校为全县教师继续教育培训 5000 多人次，举办中小学、幼儿园教研活动累计 100 多场，培训骨干教师 200 多人次。县农业局培训农村农业技术员 2000 多人次。县直机关、企事业培训干部职工 8050 人次，老年大学培训学员 1500 多人次，全县社区教育学习点培训 2910 人次。

【学校德育工作】

加强德育师资队伍建设和爱国主义教育 以“智慧人生大讲堂”为师德培训基地，开展道德与法制相结合的主题教育活动，召开 10 场主题教育推进会、5 场“德音雅乐”进校园观摩活动。全年累计举办教师培训 50 期，受训人数 6000 多人次。2014－2015 年，共评选表彰 228 名“智慧人生教育讲堂”学员力行模范。组织师生参加纪念中国人民抗日战争胜利和世界反法西斯战争胜利 70 周年活动，进行爱国主义教育，弘扬民族精神。

推动家庭教育 3 月 7 日，举行漳浦县家庭教育讲坛启动仪式暨首场专家讲座；下发《关于举办家庭教育讲坛暨加强家长学校工作的指导意见》，在全县中小学、幼儿园推进家庭教育讲堂，通过家长推进和优化家庭教育，构建学校、家庭、社会“三位一体”的育人网络。至年底，全县各学校共计举办近 700 场规模不一的家长学校“家庭教育讲堂”。同时，还依托“幸福人生教育讲堂”开办家长学校专场，已举办 4 期，参训家长达 400 人次。为树立典型，表彰先进，推动全县家长学校工作不断创新发展，县教育局联合县妇联命名漳浦一中等 30 所学校为县首批示范性家长学校，并从中推荐 16 所学校申报市示范性家长学校。

学生心理健康教育 组织骨干教师 312 人参加市中小学、幼儿园心理健康教育知识培训。开展扶贫助学、关爱留守儿童活动，配合县关工委、老促会等单位，深入中小学召开扶贫助学会议，资助贫困生近 400 人次，发放扶助金近百万元。

学校体育工作 推进校园足球项目活动，做好全国青少年校园足球特色学校申报工作和师资培训。漳浦二中、实小分校等 11 所中小学被确定为“省级青少年校园足球特色学校”。其中，四中等 4 所中学同时被确定为"全国青少年足球特色学校"。选派5名校长、5名教导主任、10名足球骨干教师参加2015年国家级、省级足球专项培训。道周中学组队参加"2015年漳州市中小学体育联赛"，获篮球高中男子组第一名，漳浦四中队获足球高中男子组第一名，并代表漳州市参加"福建省中学生足球联赛"，获三等奖。

校园文化建设 选送学生书法、艺术作品参加"福建省中小学生艺术节"，其中：剪纸作品获一等奖1幅、二等奖2幅，书法作品获三等奖1幅。选送创作作品参加"漳州市中小学生行为习惯养成教育主题文艺节"展演，获一等奖2个，三等奖2个。实验小学的《我学弟子规》情景剧被选参加漳州市展演。为推动"每周阅读一小时"活动的开展，投入180万元，建设石斋小学、实小分校等11所"心天地多媒体互动阅读教室"。

【校舍安全建设】

制定项目建设规划 以"建设和谐校园，打造教育强县"为目标，精心谋划，制定《漳浦县2014－2018年全面改善义务教育薄弱学校基本办学条件的项目规划》(简称"改簿"工程，下同)和《中小学建设项目2015－2018年规划》。多方协调，促成县政府出台《漳浦县关于全面改善义务教育薄弱学校基本办学条件的纪要》《漳浦县义务教育薄弱学校改造专项资金管理实施办法》等文件。制订重点项目建设规划，根据县城区发展趋势，加大城区各类学校建设规划的力度，漳浦一中一级校达标工程、城关中心学校本部、实小城北分校、实幼城东分园、二实幼夏商分园，利用党校旧址改造建设第二实验幼儿园等项目，都已完成规划总评审。

向上争取资金 加快"改薄"工程进度，多方努力向上争取资金。2015年，争取省级中小学建设项目、全面改薄项目、公办幼儿园建设项目、省级教育救灾资金等，合计7392.31万元。

加快项目工程建设进度 加快校安工程、扩容工程、"改薄"工程和公办幼儿园等在建项目工程进度。是年有20个项目竣工，总面积1.50万平方米。绥安中学、古雷港中学、六鳌中心学校、大南坂中小学、霞美白石小学、沙西中心小学、沙西中心幼儿园、赤岭中心幼儿园、实幼古雷分园、江滨幼儿园等10所中小学、幼儿园新校区交付使用。

金浦教育园区建设 园区位于大南坂镇，占地面积4.33公顷。至年底，在建办公楼1幢1776平方米，教学楼1幢3346平方米，生活综合楼1幢1.05万平方米，总建筑面积近1.60万平方米。县教师进修学校、漳浦电大分校、县委党校于12月搬迁进入园区，部分配套设施正在不断完善。

【落实教育惠民政策】

细化工作环节 完成寄宿制学校寄宿生实名制学籍管理系统录入工作和2015年以前教育系统财政存量资金清理工作，及全县中小学校"财政一体化信息"录入工作，对中央、省市教育专项资金实施足额配套、专人负责、专账管理，按时拨付的工作原则，细化经费审批、使用、发放等工作过程，规范操作，无截留、无挤占挪用。

加强监管 及时完成年度经费收支预算工作，并在教育局网站向社会公开全县中小学校年度决算和年度预算，公布"三公经费"使用情况，接受多方监督。加强中小学校财务人员廉洁自律教育和业务知识更新培训工作，提升财务人员的政治素质和业务水平。

做好"两免一补"资金拨付 学生平均公用经费按初中每人每年850元，小学每人每年650元标准，共拨出公用经费5865万元；全县义务教育阶段学生80579人，免费作业本计205万元。还拨出5029位寄宿生生活补助金549万元(含低保家庭)；按上级文件要求做好学校各项资助工作，拨出低保家庭幼儿499人补助保教费69.85万元，少数民族学生837人助学金56.09万元，发放民办幼儿园省级惠民补助资金499.37万元，普通高中家庭经济困难学生1438人助学金281.32万元，中职学生129人国家补助金计25.70万元。为新入学大学生办理生源地助学贷款964人，贷款金额684.15万元；为往届大学生续贷办理1961人，金额1126.79万元，合计助贷2925人1810.94万元。

关爱留守儿童 开展留守儿童关爱行动、扶贫助学工作，配合驻军某部开展团以上干部结对帮扶贫困学生，共资助7名特困学生金额1.05万元；配合县红十字会关爱扶助贫困生发放“以爱育爱，扶贫计划”幸福天使基金会捐赠物资，配合县慈善总会为全县在校贫困中学生发放救助服装8870套。

【学校安全综治工作】

校园安全综治工作扎实稳定 加强学校综治安全工作的领导，健全学校综治工作“党政同责、一岗双责、齐抓共管”的管理体系，落实岗位安全责任制。制定学校综治安全管理工作责任追究办法，签订学校综治安全目标管理责任书，建立和健全学校安全隐患排查治理、校车安全管理、学生宿舍安全管理、学校安全管理、学校安全信息报送、门岗值班值守等制度。全面深化“平安校园等级创建和安全标准化建设提升工程三年行动”。县教育局成立“两项创建”工作领导小组，制订工作方案，明确责任分工、细化工作要求、确保工作落实到位。至年底，全县368所学校安全标准化提升建设和“平安校园”等级创建评审达标率达100%。强化安全隐患排查治理，深入各校对建筑质量、消防设施、道路交通、食品卫生、校园周边治安环境等安全隐患进行排查，及时发现隐患，责令整改治理。加强学校“三防”建设，加强校园治安防控建设、完善学校内部安全防范机制，构建新型校园安防体系，提升治安防控科技水平。投入资金52万元，购置更新学校消防栓、灭火器等消防设施。加强安保队伍建设，提高安保人员待遇，全县已配学校专职保安员368人(不含民办学校)。调整充实聘任法制副校长74人、法制辅导员36人。

开展校园周边治安整治 牵头组织公安、工商、城建、卫生、食药监等部门，深入学校开展校园周边治安环境综合整治，清除校门口50米内乱摆摊设点，占道经营乱象。全年开展综合整治行动13次，出动执法人员86人次，取缔“黑网吧”7家，收缴电脑152台、赌博机5台和一批淫秽书刊。

加强安全教育 始终把安全和法制教育纳入教学计划，开展“防溺水、防交通事故”教育活动，开展“安全教育周”“法制宣传月”“防震减灾”和“火灾应急疏散演练活动”。

加强校车安全管理 建立以县政府分管领导牵头召集的“校车联席会议”制度，制定校车服务方案。已累计更换、购置国标校车92部，均安装GPS运行装置。确保学生上学放学途中的交通安全，杜绝校车交通事故发生。

【师资队伍建设与管理】

提升师资队伍素质 实施名师工程和骨干教师带动工程，强化绩效管理，重视培优带动，突出培训提高，逐步调整师资配置，促进教育均衡发展。开展幼儿园、中小学教师教学技能大赛、“一师一优课、一课一名师”等活动，倡导教师自我充电、自我提高，营造名师培养氛围。实施基层学校中层领导、班主任和重要岗位的教师轮训制度，当年累计接受各类轮训达5000多人次；实施教师转岗培训，教学技能培训、骨干教师培训，全年参训人数3500人次以上，有效提升师资队伍素质、师德师风水平和教学能力。2015年，推荐核准中小学市级名师10人、学科带头人52人、骨干教师97人，组织培训新一批县级学科带头人60人、骨干教师200人，培育一支拥有38名省市级研究型名师、190名省市级学科带头人、405名省市级骨干教师的名师队伍。漳浦一中杨汉章、吴金碧、杨琳琳、黄繁荣、陈艳萍，绥安中心学校王少武等6位教师获“省优课”并送国家级评选。绥安中心学校教师蓝佐玉参加第五届全国农村及少数民族地区中小学英语课堂教学优秀课展评获二等奖、论文获一等奖。

教师职称评聘工作管理 根据县人社局下达的职称晋升职数，是年，有13名小学高级教师晋升小学中学高级职称，2名中学一级教师晋升中学高级教师职称，6名小学一级教师、19名中学二级教师、4名职教系列的助理讲师分别晋升小学高级、中学一级和讲师中级职称。教师绩效考评工作逐步规范。

开展“德行金浦·寻找最美教师”评选宣传活动 教师节期间,评选表彰一批教育教学工作的先进典型;组织先进教师代表演讲团,通过典型事迹现身说法巡回演讲,以榜样为力量调动广大教师的工作积极性。

师资队伍建设 教育局会同县编办等相关职能部门随机抽查,核编定岗,全面掌握各级各类学校的年级、班生及师资配备情况。是年考录招聘新教师132人和专职生管人员4人,一定程度上缓解紧缺学科和幼教师资的紧张状况。是年退休教职工合计137人。

【党风廉政建设和纪检监察】

落实党风廉政建设主体责任,制订并出台《关于开展教育系统贯彻落实中央“八项规定”精神情况专项督查的通知》,成立教育系统党风廉政建设领导小组,对23项党风廉政建设和反腐败工作任务进行责任分工。加强廉政教育和反腐警示教育,落实中央“八项规定”和“九个严禁”要求的通知精神,通过短信平台发送廉政短信,转发各级纪委有关违反中央“八项规定”精神和党风廉政建设责任追究典型案例的通报。是年,先后4次对6起教育系统典型问题通报曝光。同时,配合县纪委对教育系统开展“八项规定”落实情况检查,并对19所基层学校当年“三公经费”支出情况及落实中央“八项规定”精神相关制度、财经制度建立和执行情况开展专项检查。加强信访举报件查处工作,共受理信访40件,办结40件,共问责教师80人次,党纪政纪处分8人,追缴违规资金5.22万元,扣发绩效工资38人次,金额11.37万元,以案释法、警钟长鸣。

【教育工会与离退教协会工作】

教育工会工作 开展基层工会组织建设,先后指导六鳌中学、沙西中学、前亭中学、丹山中学、马坪中学、龙山中学、浔阳中学、漳浦六中、六鳌、石榴、深土中心学校等11个教育工会按时换届选举;还指导新建校石斋小学成立首届教育工会委员会。热心为在职教职工办实事送温暖,全年探望慰问系统教职工及其家属近80人次,发放慰问金近5万元。在教师节、元旦及春节期间,走访慰问系统教职工近300人次,发放慰问金近16万元。组织在职教职工7000多人参加医疗互助活动,及时缴纳互助金42万元。组织教职工开展文体活动,“五一”节期间,举办教育系统第四届教职工篮球赛,全县有24队参赛;组织教师合唱团参加“漳州市2015年迎新春音乐会”。

离退教协会工作 全县分设33个基层分会,至年底共有会员2603人。先后指导绥安中心校分会、盘陀镇分会、石榴镇分会和职业技术学校分会举行换届选举。组织会员开展经常性文体健身活动,县城退休教师民乐队、合唱团同老年大学合唱团、文艺队经常性联合开展活动,参加县文化三下乡。全县组建退休教师7个门球队、5个气排球队,还有广场舞队,拳剑舞操队,部分退休教师受聘担任当地乡镇场群众性文体活动教练、辅导员,为活跃城乡群众文化生活发挥骨干作用。重阳节为87对金婚、4对钻石婚和35位满80周岁高龄教师庆贺,赠送纪念牌。春节慰问特困户25户、是年逝世会员遗属43户、危重病号161人、80周岁以上高龄教职工178人,发放慰问金合8万多元。还先后为43位逝世会员组织告别仪式,杜浔、沙西、绥安、城关等15个分会长期设立慈善互助基金会,为逝世会员遗属送去互助金。

(供稿:县教育局)

文化 传媒 旅游

·文 化·

【概况】

2015年，漳浦县全年组织举办群众性文化活动800场次，投入资金121万元，为农村基层农家书屋和县图书馆添置书籍和设施，加强竹马戏的传承保护，创作编排的节目获省第六届艺术节，第26届戏剧会演的剧目一等奖、导演奖、演员奖。

【群众文化丰富多彩】

群众文化　群众性文化活动丰富多彩，全年共举办80场次。其中：1月20日，由县委宣传部、县文联、福晟集团主办，县文化馆、书法协会、美术协会承办的“福满漳浦、晟世中国”2015漳浦县迎新春书画名家作品展正式启动；1月23日，霞美镇举办霞美书画院成立暨霞美书画作品展；2月3日，举行漳浦县宣传贯彻党的十八届四中全会精神暨“三下乡”活动启动仪式；春节期间，由市文广体局、漳浦县委宣传部、县文体新局主办的“漳浦县闹新春激情广场文艺展演活动”在新都城市广场举行，并在正月初六至初八举办戏曲展演，初九举办返乡大学生新春音乐会；7月31日，“军民共建、富美漳浦”－2015年漳浦县庆八一、双拥、征兵文艺晚会在县城新都广场举行。9月17—20日，漳浦县组团参加在湖北仙桃举行的“中国民间文化艺术之剪纸交流”活动。

文化惠民工程　投入资金71万元，为农家书屋配置图书8万多册，书橱172张；组织15支数字电影队，开展“一村一月一场电影”放映活动，全年放映公益电影3098场，观众达3万多人次。

群众文艺创作　2015年，漳浦文化艺术创作活跃，多人获奖。其中：李小燕的剪纸作品《织情》获中国剪纸艺术家学会、通化师范学院主办的全国剪纸艺术家作品邀请展银奖，被漳州市民间文艺家协会授予“漳州市第二届民间优秀传承人”称号；陈燕榕剪纸作品《开创未来》获“锦绣桂东”全国剪纸艺术邀请赛创意奖，被县委组织部列为“漳浦县第一批优秀人才”，被漳州市民协授予“漳州市民间文艺十大杰出传承人”称号；陈巧华的剪纸作品《老俩口的幸福生活》在“鲁光杯”2015（山东临沂）全国剪纸艺术大展中获银奖。

【加强文物保护】

贯彻执行新修订的《中华人民共和国文物保护法》，开展一系列的工作：先后完成全国重点文物保护单位赵家堡忠堂、惠堂的修缮工程，并通过省文物局的初步验收；完成全国重点文物保护单位，漳浦文庙大成殿的修缮工程，配合府前唐街文化街区实施漳浦文庙东西两庑、文昌阁等项目的复建工程；完成县级文物保护单位，中共漳浦县委机关旧址（马坪）的抢救维修工程；完成县级文物保护单位，林士章墓保护规划范围内征地和墓主体维修工程；启动全国重点文物保护单位，福建土楼之锦江楼修缮工程，至年底，已完成前期项目报批及招投标工作；启动省级文物保护单位黄道周讲学处的维修工程；完成全国重点文物保护单位管理系统的上报，重大险情排查工作，建立国保档案；开展第一次全国可移动文物的普查工作，至年底，已完成可移动文物的数据采集、录入工作。博物馆、纪念馆全年免费开放。

【图书馆工作】

采取“一证在手，全家共享”的形式，免费开放图书馆。在馆内设立成人外借室、期刊外借室，同时开展网上预约、电话续借。全年图书流通册次达12万多次，流通人次达5万多人，共接待读者7万多人次。开展全国文化信息资源共享工程视频资源放映工作，全年共放映40场次，接待读者观众2000多人次。开放电子阅览室服务，全年共接待1800多人次。与漳浦有线电视台合作，开办“农民之友”栏目，开展文化共享工程视频播放工作，让更多群众受益。举办以“诵读国学经典”为主题的读书活动。全年投入资金26万元采购新图书；投入资金24万元，安装电子图书借阅机、书目查询机、自动化借阅系统及机房消防设施等。

【竹马戏(芗剧)传承保护】

坚持“两为”方向和“双百”方针，全年共演出120场次，其中公益性演出52场次，观众6万多人次。

赴台交流　应台北市文化局和台湾廖琼枝歌仔戏文教基金会的邀请，带去芗剧《争婚记》《春江明月》和竹马戏《跑四美》《唐二别妻》等节目，在台各地演出10场。

常年演出，丰富群众文化生活　编排大型芗剧《争婚记》、方言小品《菜瓜拱狗双头了》和《生男生女都是宝》、新编竹马戏《唐二带某逛新港城》等节目，参与县各大型文艺汇演活动。同时，新编大型芗剧《颠倒姻缘》，重排《庙会姻缘》等剧目。

精品创作成效显著　王川军自拉自唱芗剧《邵江海》选段，获省第12届“水仙花”节比赛演奏金奖；许美香表演的芗剧《汉宫皇后》、徐燕梅表演的《皇后认假亲》获表演银奖；《菜瓜拱狗双头了》参加省文化厅、文联举办的首届“丹桂奖”曲艺(电视)大赛，获创作一等奖，张小玲的月琴演奏《思亲》，获新人二等奖；新编古装芗剧《兄弟讼》《拾银记》参加省第六届艺术节、第26届戏剧会演，获剧目一等奖、导演奖、演员奖等。

【加快人民剧场建设进度】

加紧人民剧场建设前期报批及招投标。项目位于县城和康大道东侧、府前街北侧。项目总用地面积7.99万平方米，总建筑面积2.64万平方米，主要建设1个1200座的观众厅、乐池，400座的综合小剧场和舞台及212座的多功能厅、125座的多功能厅、化妆间、小排练厅、道具间和仓库、设备机房等。

【文化市场管理】

2015年先后开展“打击整治游艺娱乐场所”“打击侵犯知识产权和制售假冒伪劣商品”“打击淫秽盗版音像制品”“打击政治性出版物和非法出版物”、网吧专项整治、卫星地面接收设施专项整治等。全年出动执法人员450人次，共检查网吧152家次，歌舞娱乐场所116家次，印刷企业41家次，书店音像店25家次。组织互联网上网服务、演出、游泳池、印刷企业等从业人员学习《娱乐场所管理条例》等20多项法律法规；并通过电视等媒体，宣传文化市场相关法律法规，发放1000多份宣传材料。

(供稿：县文广体局)

• 档案工作 •

【概况】

2015年，漳浦县档案局(馆)开展档案资料接收与征集，共接收各单位档案2596卷，征集各类资料140多册，图片905张；加快档案信息化建设，完成馆藏36万页档案全文扫描和8.06万件目录数据录入；做好档案利用服务，全年接待利用者1300多人次，提供档案2350多卷，复印件3100多页。至年底，已有馆藏档案42764卷，婚姻、收养档案55691件，资料10959册，照片2871张、光盘116张。

【政府信息公开】

落实《干部档案工作条例》的要求，稳妥地推进档案局政府信息公开工作和档案馆政府公开信息查阅中心服务工作，完善保密制度。推进政府信息公开，在合法合理的情况下做到群众满意。全年档案局政府公开信息13条；共接收各单位报送的政府信息公开文件461份，全文电子化率为100%。接待公众查阅档案局及其他机关政府公开信息26人次，提供政府公开信息52件。

【档案资料接收征集】

为督促各单位依法移交档案，印发《关于到期档案移交进馆情况的通报》，是年接收县农办、发改局等单位档案2030卷。加大民生档案接收力度，是年接收旧镇、盘陀等镇婚姻档案566卷。扩大特色史料征集面，是年征集《福建省家训》《湖西黄氏族谱》《一品功臣黄性震》《漳浦历代墓志墓表》等特色资料140多册；征集胡锦涛、张思卿等党和国家领导人照片28张，省部级领导到漳浦调研视察13张，海峡两岸新型农民交流培训照片26张，漳浦县境石刻、牌坊照片838张，石刻拓印10片。编印《漳浦非物质文化遗产普查成果汇编》《“中国书法之乡”道周故里瀚墨香》《2015年漳浦重大活动剪辑》等档案书籍3种。

【信息化建设】

加快档案信息化建设，分布式基础数据库（二期）建设通过省档案局验收。完成馆藏36万页档案全文扫描，8.06万件目录数据录入，开展第二期馆藏75万页档案全文扫描，逐步实现计算机检索查档，提高查档效率。

【档案指导、监督】

贯彻落实省委办公厅《加强和改进新形势下档案工作的意见》精神和做好政府机构改革档案管理工作，由县委办、县政府办分别印发《关于进一步加强和改进新形势下档案工作实施意见》和《关于县政府机构改革中档案处置的意见》。到县农业局、卫计局、市场监督管理局等单位，督导机构变动部门档案的处置、归属与流向，确保档案完整与安全；督导县工商联、老区办、盘陀镇等单位完成历年文件材料积存清理归档工作。加强和改进档案管理工作提供保障，印发《关于开展档案安全保密专项督查活动的通知》，并与保密局、县数字办联合深入县直机关开展督查。督查活动从10月开始，至12月底结束，共督查单位近50个。

【安全管理】

不断完善档案安全制度，利用空调、除湿机、温湿度计进行调控，抓好库房日常温湿度监控，努力把温湿度控制在规定范围内。投入近2万元，由漳州兰台公司修复馆藏早期破损档案1万张；购置计算机1台、空调2台、机柜3台及清华同方档案专用备份光盘和专用刻录机、档案文件箱（柜）、密集架16.40立方米；因办公室库房调整，改造库房照明线路，改造、增添视频监控4个；在服务器机房铺设防静电地板，确保档案实体和信息的不丢失、不损坏、不泄密。

【法制建设】

拓展档案宣传方式，在“6•9”国际档案日“12•4”法制宣传日等期间，通过分发档案宣传小册子、悬挂标语，在县有线电视台、西湖公园闹区电子屏幕连续播放档案宣传标语，编制宣传短信，发送全县手机客户；征订、分发“档案法律法规知识有奖竞赛试题”“档案行业徽章”等形式进行宣传。同时，依法开展行政权力事项梳理工作，保留行政权力9项，公共服务事项6项，制发行政办理程序流程图，提高依法行政能力和行政办事效率。

【档案利用服务】

简化查档手续，执行查档零收费制度，热情接待每位查档者，耐心解答好每一个问题，让利用者忧虑而来，满意而归。改善查阅利用场所，配备计算机、空调、办公桌椅、老花镜、放大镜等方便利用者查阅。全年，共接待利用者1300多人次，提供档案2350余卷，复印件3100多页。

【馆库建设】

县委、县政府重新将县综合档案馆纳到县人民剧场、城市规划展示馆的项目统一规划、统一设计、统一建设，选址位于县城和康大道东侧，府前街北侧。其中，县综合档案馆是相对独立的一幢三层建筑，建设用地面积2666.40平方米，规划建筑面积4932平方米，预计投资2000万元。项目已完成征地、初步方案设计、土质勘探等工作。

（撰稿人：何 婧）

•党史研究•

【概况】

2015年，县党史研究工作抓好党史资料征编，共编纂出版中共漳浦历史，中共漳浦地方史大事记4本书；做好革命遗址的保护、开发和利用，在车本村建设红军遗址公园、在南浦乡修复靖和浦小龙溪革命旧址，县革命历史纪念馆全年接收参观者2000多人次。8月，县党史研究室被县委、县政府授予“申报原中央苏区范围集体三等功”称号。

【征编党史资料】

出版《中国共产党漳浦历史》第二卷(1949—1978) 《中共漳浦县地方党史(二卷)》收录内容为1949—1978年中共漳浦地方史料，按上级部门统一要求，更名为《中国共产党漳浦历史》第二卷(1949—1978)，全书共30多万字。经省党史室审定后，报送中央党史出版社审定，于11月出版。

出版《中共漳浦地方史大事记(1949—2013)》 全书共13万多字，于4月出版。该书记述自1949年10月中共漳浦县委成立以来64年间，贯彻执行党中央路线、方针、政策和上级党组织的指示，领导全县人民进行社会主义革命和建设的主要活动、重要事件和建设事项。

编撰《中共漳浦县委执政纪要》 为全面反映县委执政实践，总结执政经验，探索执政规律，交流工作信息，展示执政成果；也为纂写中共漳浦地方党史正本打下基础，《中共漳浦县委执政纪要—2013年》于6月编纂出版，全书26万多字。同时，启动《中共漳浦县委执政纪要—2014年》编纂工作，经县委研究同意，成立“中共漳浦县委执政纪要”编撰工作委员会，下设办公室。至年底，《中共漳浦县委执政纪要—2014年》正在编纂中。

编纂《福建中央苏区纵横—漳浦卷》 漳浦是中央苏区的重要县份之一。根据省委党史研究室续编出版《福建中央苏区纵横》大型系列丛书的通知精神，县党史研究室在2014年完成编纂任务的基础上，按上级部门部署，在8月对全书24万多字再次进行修改，并报送省委党史室审定。全书由综述、重要文献、回忆录、重点专题、人物简介、重要遗址、大事记及有关图片组成。

再版《漳浦人民革命史》 《漳浦人民革命史》自1992年10月出版后，一直是全县进行革命传统教育的重要教材。为更好地发扬光荣革命传统，弘扬苏区精神，服务于漳浦跨越发展，县党史研究室于2015年再版《漳浦人民革命史》。

【革命遗址保护与开发】

全县普查登记革命遗址共计28处。2015年，县党史研究室在保护、利用、开发方面进行一些探索。

建设红军遗址公园 与有关部门向县委建议，在石榴镇车本村中共闽粤边特委旧址前规划设计红军遗址公园。公园将遗址遗迹与当地的秀丽山水、独特风景、自然人文景观捆绑经营，打造“红色教育、绿色休闲”的红色文化和生态旅游经典路线。项目已在10月竣工。

修复南浦乡靖和浦小龙溪革命旧址 7月，收到人大“关于修复南浦乡靖和浦小龙溪革命旧址的建议”的议案。经查证，人大议案要求修复旧址为中共漳州中心县委机关驻地旧址，该旧址保存现状较差，已建议南浦乡政府立项向上级争取资金维修。

编印漳浦县革命历史纪念馆画册 加强革命遗址的宣传推介作用，编印漳浦县革命历史纪念馆画册，提高革命遗址影响力与感召力。

发挥县革命历史纪念馆宣教平台作用 纪念馆是漳浦县进行爱国主义、革命传统教育重要基地，利用这一平台，发挥党史“以史鉴今，资政育人”的作用，吸引了广大干部、群众、学生前往参观学习。全年有25批次2000多人次到该馆参观。

【在重大纪念活动期间重温党的历史】

以中国人民抗日战争暨世界反法西斯战争胜利70周年为契机，多举措进行党史宣传。悬挂宣传标语、将宣传栏内容更换为抗战胜利纪念专版，清晰直观地让群众了解相关史实并受到教育；联合广电部门制作漳浦人民的抗日战争专题新闻，9月3日在漳浦电视台播出，扩大宣传面；与县文联、县书协联合在纪念馆举办漳浦县纪念抗日战争胜利70周年书法笔会；参加市党史举办的“纪念中国人民抗日战争暨世界反法西斯战争胜利70周年”理论研讨会活动，论文《芗潮剧社指导下的漳浦抗日救亡宣传活动》入选。

【参加县社会科学普及宣传周活动】

10月，参加由宣传部、社科联在漳州科技职业学院举办的社会科学普及宣传周活动，以“学习革命史、建设新漳浦”为主题，设置咨询台答疑解惑，开展党史知识普及，向社会各界展示《中共漳浦地方史大事记》《中共漳浦县委执政纪要2012卷》等党史工作成果；并发放漳浦革命历史纪念馆、车本红军之家纪念馆宣传折页，扩大党史宣传教育覆盖面。

（供稿：县党史室）

·地方志编纂·

【概况】

2015年，漳浦县方志委完成《漳浦县志(1990-2007)》的印刷招标及200万字清样的对稿，编纂出版72万字的《漳浦年鉴(2014年)》和33.80万字的《漳浦寺庙志》，完成《漳浦年鉴(2015年)》的初稿排版及第一稿校对，完成省方志委下达的《福建茶志》《福建乡规民约》及市方志委下达《漳州名乡志》《漳州茶志》的资料收集；完善县地方志数字化网络化建设，将县方志委已编纂出版的书籍电子版上传至网站，方便社会民众查阅。

【完成《漳浦县志(1990-2007)》第一遍对稿】

3月，《漳浦县志(1990－2007)》完成招标工作，确定深圳中华商务印务股份有限公司为印刷厂，与之签订合同，并确定方志出版社为出版社。此后，将志稿发送至印刷厂进行排版，至12月底，已完成第一遍对稿。

【《漳浦年鉴》出版与编纂】

1月，《漳浦年鉴(2014年)》正式印刷出版，全书约72万字，有彩照33张，全面、系统、翔实地记载2013年漳浦县经济、政治、文化、社会等情况。同时，《漳浦年鉴(2015)》已完成总纂和第一稿校对，并经保密局保密审查，对不符合保密制度的内容进行修改。

【《漳浦寺庙志》编纂出版】

6月，《漳浦寺庙志》经过最后的校对正式印刷出版。该书由中国文史出版社正式出版发行，全书约33.80万字，有彩照47张，重点选编全县近400座较具规模和代表性的寺庙，对寺庙的基本情况、建筑特色、所奉神明以及和寺庙有关的文字记录做了全面翔实的介绍。

【地方志数字化网络化建设】

继续完善地情网站(漳浦县地方志编纂委员会:http://zpdfz.org.cn/)建设，做好信息维护，推动地方志数字化网络化。已将大部分县方志委出版的书籍电子版上传至网站共享，便于民众查阅资料。

【提供资料服务社会民生】

接待民众查阅资料，是年为来自广西平乐县、龙海市以及漳浦县各乡镇等多批次人士提供资料和帮助，用于查找民俗活动、编纂族谱、寻根谒祖和课题调研等。

【完成省、市、县各项工作任务】

配合省方志委做好《福建茶志》《福建乡规民约》等资料收集、补充工作和其他材料的报送；做好市方志委下达的《漳州名产志》《漳州茶志》等资料收集，并配合市方志委专家到漳浦考察调研“异读音标”工作，完成市方志委下达的各项任务。

（撰稿人：林雪芬）

·体　育·

【概况】

2015年，漳浦县体育工作以丰富群众业余体育生活为主线，加大资金投入，持续完善城乡公共体育场地和设施，至年底，全县公共体育场地面积137.60万平方米；推进全民健身运动和青少年体育运动的蓬勃开展，全县常年参加体育锻炼人口30余万人，群众参与全民健身活动率近38%。

【公共体育场地和设施建设】

经过连年的投建，至2015年，全县已先后投入体育场地建设资金1960万元，建设县级青少年校外体育活动中心1个，占地面积4006.87平方米；建设乡镇级青少年校外体育活动场所18个，总面积2.40平方米；建设清泉岩登山健身步道1条，面积1600平方米；建设社区多功能运动场总建设面积2.12万平方米，包括12个笼式篮球场和建设路径、2个社区健身房、1个笼式足球场、1个拆装式游泳池；建设村级农民体育健身工程290个，总面积18万平方米。至年底，全县公共体育场地总面积137.60万平方米，人均1.72平方米，居全市前列。公共体育场地和设施的持续完善，进一步推动全民健身运动的开展，全县常年坚持各项体育锻炼的人口有30余万人，群众参与全民健身活动率近38%。

【体育竞赛硕果累累】

2015年，漳浦县运动员在国家、省、市级比赛中取得佳绩，其中：10月，在福州举行的第一届青年运动会上，漳浦籍运动员卢云秀、戴燕芬在帆船帆板比赛中分别获得女子RS:X团体第一名；黄艺和方嘉豪在男子篮球U16比赛中分别获得第三名；陆燕华获得跆拳道女子46公斤级第三名；卢云秀在全国水上运动会帆板锦标赛中分别获得长距离女子RS:X级第一名、场地赛女子RS:X级第三名、障碍赛女子RS:X级第四名，国际帆船世界杯帆船赛青岛站获得RS:X级第七名。戴燕芬在浙江象山举行的全国青少年锦标赛中分别获得女子RS:X级甲组场地赛第二名、女子RS:X级甲组长距离赛第二名、女子RS:X级甲组障碍赛第二名；戴燕芬还在大连•将军石举行的2015年“将军石杯”全国帆船帆板冠军赛中也分别获得了女子RS:X级场地赛第四名和女子RS:X级长距离赛第五名的佳绩。陈燕飞在2015年“体彩杯”全国男子拳击锦标赛获得60公斤级第五名，在河北迁安举行的2015年“九江杯”男子拳击冠军赛中获得60公斤级第三名。

【“浦云诏”三县气排球邀请赛】

1月1日，由县老体协主办，县地税局承办的庆祝2015年元旦“浦云诏”三县气排球邀请赛在县地税局气排球馆举行。经过角逐，漳浦男子代表队、诏安男子代表队、云霄男子代表队分别获得男子组前三名；漳浦女子代表队、云霄女子代表队、诏安女子代表队分别获得女子组前三名。

【县老体协地掷球代表队获金奖】

县老体协地掷球代表队在11月24—28日在漳州市老年人体育活动中心举行的2015年福建省全民健身运动会地掷球项目交流展示中，漳浦县代表队发挥出色，在来自全省各市区的27支代表队中脱颖而出，以全胜的成绩获得金奖。

（供稿：县文广体局）

·广播电视·

【概况】

2015年，漳浦县持续推进广电公共服务体系建设，着力完善广播影视公共服务职能，有线广播应急系统实现市县乡村四级联播联络；围绕中心开展新闻宣传，全年播出广播、电视新闻各2700多篇，播出《传真干线》等专题片90期，创建漳浦广播电视台微信公众号并投入运行。

【公共服务体系建设】

有线广播应急系统实现市县乡村四级联播联控 为实现市县乡村四级联播联控和应急预警功能，对全县21个乡镇和部分建制村的广播应急系统进行联调联试；并现场指导镇、村广播管理员实际操作。4月底，完成市县乡村四级联播联控的正常运行，每天中午12:00—12:30转播或播放县级节目，18:00—19:00转播或播放市级节目。成立应急抢修工作组，加强村村响建设巡查维护，组织对全县各乡镇镇村两级广播管理员进行技术业务培训。

服务古雷征迁　按照古雷征迁指挥部的要求，利用应急广播系统，结合无线广播设备，信号覆盖西林、港口等10个建制村，为古雷整体搬迁的政策宣传发挥作用。安装移动广播宣传车24驾次，为古雷整体搬迁发挥应有的作用。

加强大峰山广播电视转播台建设　加强大峰山上山道路维护和配套建设，加强安全播出监控管理，做好技术改造和信号监测。加强运行情况的实时技术监测，做好转播台的运行维护，巩固无线覆盖成果。按照省广电局的要求，制订大峰山转播台无线信号覆盖技术实施方案。时刻强化安全播出，确保“两节”、全国“两会”、国庆等重要保障期和敏感时期的安全播出。

【广播电视宣传】

围绕中心开展新闻宣传　围绕全面推进古雷港区、厦门港南岸漳浦片区、县城区、现代农业示范区等四大重点区域的开发建设和着力抓好工业发展、重点项目建设、生态旅游、综治维稳、村级换届、计生工作、安全生产、“两违”整治等八项重点工作，及“工业发展年”，开展新闻宣传工作。一年中，《漳浦新闻》共播出广播、电视新闻各2700多篇。

电视专题专栏丰富多彩　县电视台开播的电视专题栏目有《传真干线》《金浦农家》《交通视线》等。以《传真干线》为平台，服务中心、服务社会、服务群众；以《金浦农家》为平台，服务“三农”；以《交通视线》为平台，推动全县道路交通安全工作开展。一年中，专题部共播出《传真干线》45期、《交通视线》22期、《金浦农家》23期。

广播传统媒体巩固发展　广播栏目注重创新节目编排，找准定位，突出特色，使广播传统媒体得到新发展。少儿栏目《成长1＋1》是一档集新闻性、知识性、参与性为一体的少年儿童的直播节目，用学生的口吻、从学生的视角出发，融入国学传统文化教育，讲述与学生学习、生活、成长密切相关的话题，节目轻松活泼。闽南语节目《金浦农家》，定位于服务全县“三农”发展，结合漳浦县农业大县和地方特色，传授农业专业知识，及时报道发生在身边的群众关心的人和事。

微信网络新媒体融合发展　漳浦广播电视台微信公众号自7月21日开始投入运行至年底，累计关注量接近10万。每天发布4个左右帖子，内容主要取材于电视新闻，从民生角度结合音视频的广电特色，设有“新闻回放”“厦一站漳浦”“权威发布”“热点关注”等内容。总点击量在110万人次左右，其中，最高一天点击量为18万人次，单帖点击量最高7万人次。

对外向上宣传成效良好　与省、市台沟通联系，努力创造宣传漳浦良好格局，一批重要稿件在省、市电视台播出。继续与漳州电视台、漳州人民广播电台合作，分别在市两台最重要的新闻栏目《漳州新闻》中推出《新闻互联网—漳浦篇》《直播漳州—漳浦篇》，每周一期，每期节目时长3分钟，报道全县重要时政、项目、经济新闻。协助做好福建电视台公共频道到漳浦县开展《发现美丽新闻福建》大型采访活动（第三站），全省10家县级台到漳浦县进行为期2天的采访，采拍20条新闻在《福建农村新闻联播》中分2期进行整档播出。

上稿和创优两大指标再夺第一　2015年，新闻部共在漳州电视台列入评比的《漳州新闻》《记者在线》两档栏目上稿868分，得分位列全市各县市区第一名；在漳州广播电台新闻用稿2125分，总量保持全市第一。在省电视台各新闻栏目上稿355篇，在福建广播电台新闻上稿474分，2项上稿排名均位居全省县级台前列。继续巩固精品工程，狠抓节目创优，选送优秀广播电视作品参加上级组织各轮次评奖活动。是年，获奖作品共计26件次，其中国家级行业奖9件，市级奖17件。

（供稿：县文广体局）

•旅游业•

【概况】

2015年，漳浦县旅游工作以完善旅游配套设施为基础保障，以旅游宣传营销、生态旅游项目建设、旅游景区提升、行业监管为工作重点,推进旅游产业取得突破性进展。据不完全统计,全县旅游接待总人数 582.78 万人次,同比增长 20.10%,旅游总收入 26.781 亿元, 同比增长 30.60%。六鳌翡翠湾滨海度假区获评国家AAAA级旅游景区,东南花都花博园、天福茶博物院、滨海火山国家地质公园 3 个景区入榜首批“全国旅游价格信得过景区”; 官浔镇获评省级乡村旅游休闲集镇,赤土乡下宫村获评省级乡村旅游特色村;滨海火山国家地质公园和六鳌翡翠湾滨海度假景区入选漳州 2015 十佳自驾游目的地。

【完善提升旅游整体规划】

邀请中国城市旅游和景区营销专家郑泽国、深圳市榜样旅游项目设计有限公司负责人等到漳浦实地考察,分析漳浦旅游资源,整合提出总体策划思路。由闽江学院旅游发展与规划研究所编制设计的《湖西畲族乡旅游发展总体规划》,于 8 月 7 日通过专家评审。同时,完成《漳浦县“十三五”旅游业整合提升发展对策研究》的编制并上报。

【做好旅游市场营销】

策划一系列旅游节事活动 围绕“月月有活动,季季有高潮”的营销思路,策划一系列旅游节事活动,加大旅游节事活动宣传营销力度。元旦、春节、清明、五一、端午、中秋、国庆等黄金周及小长假期间,策划开展火山岛首届“相聚火山岛,跨年花灯节”、青熙风铃节、第二届原创音乐节、翡翠湾第二届映像丝路沙雕艺术节暨“海丝故里 星座传奇”系列活动、欢乐冰雪艺术节等丰富多彩的旅游活动,吸引游客。此外,还举办“美丽漳浦•幸福采摘”第二届乌石荔枝采摘节;东南花都开展暑期亲子夏令营活动;天福茶博物院推出“手绘青花瓷,亲子采摘乐”活动、户外茶道表演;天福“唐山过台湾”石雕园推出杜鹃花茶会、茶文化之旅、阿光师烘焙快乐体验营、芗音表演等。在 5 月 19 日中国旅游日,开展“中国旅游日扫漳浦旅游二维码有礼”主题活动,通过扫漳浦旅游二维码即送景区门票或漳浦旅游宣传茶杯,吸引市民、游客互动、咨询、参与休闲旅游,营造良好氛围。

借助各类营销宣传平台,策划“走出去”活动 先后组织辖区内旅游企业参加美丽中国——2015 丝绸之路旅游年港澳地区宣传推广活动、第七届中国国际旅游商品博览会、2015 北京国际旅游博览会、厦漳泉金澎西北巡回推介会、中国国际旅游交易会。在第十一届海峡旅游博览会上,漳浦县首次独立布展,购买 7 个展位,组织辖区内 10 多家旅游企业 69 人参展,全方位推介漳浦旅游产品、旅游线路和旅游 APP 等新媒体介质。

搭建宣传营销平台,策划“请进来”活动 福建电视台《空中新视界》栏目用航拍形式将漳浦特色旅游资源及独特魅力景点进行系列展播。邀请温州电视台《乐游天下》栏目组拍摄旅游节目。与世界闽籍摄影家研究会、福建省摄影家协会、香港《世界摄影地理》合作,举办“厦一站,漳浦”生态旅游全国摄影大赛,评选出 149 幅作品,其中:一级收藏作品 1 幅、二级收藏作品 2 幅、三级收藏作品 6 幅,优秀作品 140 幅,于第七届海峡两岸现代农业博览会•第十七届海峡两岸花卉博览会期间在东南花都展出,展示漳浦县富美和谐的自然风貌和人文风情。坚持活动与宣传并举,印制漳浦旅游微读本、订制茶杯、大美漳浦“厦一站,漳浦”生态旅游全国摄影大赛作品集共计 2 万余份在各项活动中进行发放,全方位地展现漳浦美丽风光。

创新旅游新媒体宣传营销模式 首推涵盖旅游服务资讯发布、智能导游、在线预订支付等功能的智能手机 APP 应用系统,于 5 月投入试运行,并结合漳浦县实际,进一步优化智慧旅游发展规划和行动计划。与厦门旅游局亚太旅游发展中心协作“厦一站,漳浦”品牌营销,充分利用“三微”(即微博、微信、微电影),不断提升“厦一站,漳浦”的对外知名度。加快推进旅游网开发设计、“旅游多媒体触屏机”安装、“中国旅游卡—清新福建•万里行自驾游一卡通”和“八闽智旅卡”推广等工作,并引导民间资本参与智慧旅游建设,探索科学有效的发展模式。

【加快旅游项目建设】

加快推进生态旅游项目建设　全县生态旅游项目共8个，总投资65.60亿元，年度计划投资5.18亿元，实际完成投资5.21亿元，占年度计划的100.40%，超序时进度0.40个百分点。

开展旅游项目招商引资　六鳌抽象画廊旅游区项目已签订投资意向书，县政府2015年第六次常务会已通过景区开发经营权招标方案，并完成网上招标，所在乡镇已着手开始征地，同时指导业主做好项目规划。借助第十一届海峡旅游博览会平台，策划包装“两帝师”文化产业园、白鹭森林公园2个旅游项目，纳入《旅博会重点招商项目指南》，对接具有旅游项目运作经验的大型综合企业集团投资漳浦旅游。将“五里三城”文化旅游项目、白鹭森林公园生态旅游区、海月岩旅游度假区、旧镇海水温泉、两帝师文化产业园等5个旅游项目纳入《漳州市旅游重点项目招商手册》，吸引优质社会资本参与开发。

【完善旅游基础设施】

根据全国旅游重点工作要求，投入207万元在火山岛、翡翠湾、乌石妈祖新建、改扩建7个“干净无味、实用免费、管理有效”的旅游公厕，6月，全部竣工投用。完善调整旅游主干道和重点旅游景区的引导标识系统，加快提升改造重点旅游景区对外交通路线，推动旅游公交线路的拓展，提升旅游交通服务保障水平。配合县农办，在省级美丽乡村示范村建设中多方面融入旅游元素，完善旅游基础设施。东南花都景区创评国家级生态旅游示范区，于9月初通过省级专家组考核评估。

【旅游安全监管】

开展旅游安全大检查　结合安全生产大检查、隐患大排查以及打非治违专项行动，在大小旅游黄金周、安全生产月及各项安全检查活动中，派出30多人次，对各旅游企业展开全方位、多层面检查，切实提高从业人员的安全意识和自我防护能力。强化企业安全生产标准化建设，推进“平安旅游”，打击各种非法违法行为，实施长效整治，开展旅游行业安全隐患自查自纠。同时，按照“企业自查、行业检查、主管部门督查”的步骤，开展市场专项整治，预防各类旅游安全事故的发生。

加强安全教育培训　全方位提高旅游从业人员的安全意识。加强旅游安全业务培训，县旅游局邀请专家讲解消防安全知识及新《中华人民共和国安全生产法》；组织全县20多名旅游从业人员参加由市、县安监部门举办的企业安全管理员培训。组织各旅游企业根据自身需要，开展各种旅游安全事故应急救援培训。

加大安全投入　结合旅游企业安全生产标准化建设，提升功能“三年行动”推进计划，各旅游企业加大对安全生产建设资金投入，把安全生产工作纳入重要议事议程，从人力、物力、财力和机制等方面入手，加大旅游安全设施装备的投入、队伍建设、宣传教育培训等，提升旅游安全生产水平。2015年，全县旅游企业共投入旅游安全建设资金约20多万元，实现安全生产形势良性化。

【提升旅游服务质量】

开展旅游企业文明单位、示范窗口评选，推动企业文明服务、标准服务、诚信服务，形成行业创先争优局面。为壮大全县讲解员队伍，提升讲解员服务水平，促进旅游业持续健康发展，举办第四期景区（点）讲解员培训班；组织参加2015年“花样漳州”导游大赛，获“最佳组织奖”。由省、市星评委组织专家对凯都大酒店、交通大酒店进行星级复核评定，提高星级酒店服务水平。通过一系列举措，促进全县旅游行业服务质量总体提升，为游客创造“安全、舒适、放心”的和谐旅游环境。

（撰稿人：张慧琦）

卫生　计生

·卫计工作·

【概况】

2015年，漳浦县有县级医疗卫生机构4所，卫生监督所1所，中心卫生院6所，社区卫生服务中心1所，乡镇卫生院15所，医疗室2所，村级卫生所(室)622所。卫生系统在职职工总数1931人，其中卫生技术人员1650人。在卫生技术人员中，高级职称118人，占7.20%；中级职称378人，占22.90%；初级职称1004人，占60.80%；本科及以上学历546人，占33.10%；专科学历682人，占41.30%；中专学历365人，占22.10%。全县共核准病床数2064张，平均每千人口2.40张。全县总人口905956人，出生率16.75‰，自然增长率11.88‰；出生人口政策符合率83.12%；政策外多孩率1.79%；出生人口性别比108.55，同比下降3.58个点，二多孩性别比114.12，同比下降13.93个点。

【改革与创新】

持续推进基层医疗机构基础建设　5月，县医院扩建项目全面投入使用；至12月，占地2.27万平方米，总建筑面积2.60万平方米，设置病床200张，总投资近1亿元的县妇幼保健院迁建项目，工程进入扫尾阶段；总投入1500万元，建设面积4500平方米的赤土卫生院整体搬迁项目和建筑面积1487平方米的长桥卫生院扩建项目，均基本完成；建筑面积1500平方米的前亭卫生院住院楼建设项目已完成并投入使用；总投入5700万元，建设面积1.25万平方米的漳州市医院古雷港分院(漳浦县杜浔中心卫生院)住院综合大楼新建项目，完成主体建设。

支持社会资本办医　继续支持社会资本举办医疗机构。为规范全县口腔医疗市场，解决历史遗留问题，缓解群众口腔科疾病的诊疗服务需求，根据“建设海西，先行先试”精神，结合全县实际，核发个体口腔诊所20家，新设精神病医院1所、中西医结合医院1所。

持续开展“医德医风建设年”活动　结合《“医德医风建设年”活动若干问题的处理意见》、印发卫生信息专版、召开座谈会和交流研讨会等活动，促进“医德医风建设年”活动的深入开展；同时，结合学习党的十八大、十八届四中、五中全会精神，提高医务工作者廉洁行医的自觉性和学优争先的积极性。

【公共卫生管理】

加强公共卫生项目组织管理，开展全科医师、乡村医生签约服务。做深、做细、做实公共卫生工作，12项基本公共卫生服务项目和重大妇幼公共卫生服务项目得到有效落实，全面完成或超额完成上级下达的各项任务指标。全县常住人口签约率66.20%，重点人群众签约率87.89%。共建立居民健康档案754645份，电子健康档案744331份，电子化建档率达91.64%。

【提升农村卫生水平】

加强乡镇卫生院内涵建设　开展示范乡镇卫生院和“建设群众满意乡镇卫生院”活动，加强卫生院建设和规范化管理。把活动列入乡镇卫生院专项考核，与公共卫生工作考核同步进行，强化督导考核，每半年考核1次，奖优罚劣，对先进单位进行通报表彰，对后进单位的主要领导进行约谈，并在全县院长会议上作表态发言，有效地推动各项卫生工作的全面开展。重点抓好赤湖、深土、石榴、前亭等4个示范乡镇卫生院暨“群众满意的乡镇卫生院”创建工作，至年底，基本完成各项创建指标和任务。

乡村医生整体素质有明显提高 抓好省委、省政府为民办实事项目的落实，强化督导考核，做好乡村医生享受津贴补助及时发放工作，调动乡村医生开展公共卫生服务的积极性。开展乡村医生规范培训，做好集中授课、临床跟班实习、网络在线培训和中医药适宜技术培训，组织发动乡村医生报考临床医学大专班，不断提高乡村医生的学历层次和整体素质。全年共培训乡村医生1700人次，培训率达95%，考试合格率100%；组织做好乡村医生执业再注册和499家村卫生所、室有效期延续工作。

村卫生所服务能力有明显提升 抓好标准化村卫生室建设项目的规划、方案、选址、建设和验收等工作。经常检查督促，严格按照标准，投入168.80万元补助资金，新建或改扩建标准化村卫生所、室164家，村卫生所、室诊疗环境明显改观，服务能力明显提升。

【推进新农合工作】

新农合覆盖面不断扩大 从2015年起，将当年度出生的父母双方均参加城镇职工医保的新生儿、2014年12月16日后出生的新生儿及与漳浦县公民通婚且常住漳浦县，但未办理中国有效身份证的外籍人员等3类对象，纳入漳浦县新农合参合对象，使新农合优惠政策惠及更多人群。

进一步扩大即时结报范围 年初，在市直公立医院开展外伤住院即时结报工作，切实方便参合居民报销补偿，提高经办机构办事效率。7月，与晋江市政府正式签订异地即时结报服务协议、开展异地即时结报服务工作，既能为漳浦、晋江两地务工参合人员在就业地看病就医补偿提供便捷服务，又促进两地人力资源稳定和经济发展，为全省首创。

加大重大疾病保障力度 推进农村居民重大疾病保障及大病补偿等工作，补偿范围不断扩大，重大疾病医疗保障范围由原来8种增加到22种。全县共有480人享受到重大疾病保障政策，补偿金额1465.65万元。

推进新农合支付方式改革 完善并实施康宁医院按床日付费支付方式改革，促进新农合制度健康发展，成效突出。实行限额控费支付方式改革，与漳浦锐光医院、漳浦中西医结合医院、漳浦康复护理院签订限额控费协议，实行限额结算；在县医院、县中医院实行住院患者按病种(组)付费改革，减轻群众经济负担。

加强新农合基金监管 完善和创新监管机制，加强对定点医疗机构定期不定期的稽查，有效地控制医疗费用不合理增长，减轻参合居民就医负担。

完成各项指标任务 2015年度，全县城乡居民合作医疗共有78.76万人参合，参合率达100%；全县共有93162人获得住院补偿，住院补偿受益面达11.83%，补偿金额达28604.42万元，住院医疗费用实际补偿比达48%，政策范围内补偿比70.01%。县内定点医疗机构住院即时结报率99.76%；县、乡两级目录外药品费用占比分别为6.18%和3.97%，符合医改指标分别控制在10%、5%以内的要求。

【妇幼保健】

县妇幼保健院成功晋级为“二级甲等妇幼保健院”，服务能力进一步提升，全县妇幼儿童住院分娩率100%、高危产妇住院率100%、孕产妇产前检查率93.86%。

【卫生执法监督】

推进卫生监督机构服务能力建设，卫生监督业务用房于4月投入使用，较大地改善卫生监督办公条件；贯彻落实国家卫计委《卫生监督协管规范(试行)》，加强基层卫生监督协管工作，完善农村卫生监督网络。

职业卫生监督职能于5月顺利平稳移交，在职能转变过渡期，确保职业卫生安全。

医疗服务列为卫生监督工作的主要日常工作之一，开展公共卫生重点监督检查工作。开展校园周边打击非法行医专项行动、打击互网非法医疗广告行为，配合开展打击“两非”违法行为。

加强集中式生活饮用水的监督监测，生活饮用水监督工作步入常态。生活饮用水卫生监督情况接受人大质询。

开展餐饮具集中消毒单位的常规监督检查和专项整治，加强集中式餐饮具的监督抽检力度，并将抽检结果在卫计局网站公示。

加强放射卫生工作，举办放射人员培训班，放射诊疗场所办证率90%。

开展防控传染病日常卫生监督，强化冬春季节的传染病监督检查工作。

【卫计队伍建设】

2015年，全县共招聘99名卫生类本科、大专毕业生，引进2名硕士研究生，入编12名乡镇卫生院签约的医学院校本科毕业生。

【计生工作】

常规事务　建立镇、村计生例会实时监控网络，县里投入100多万元，建立健全镇、村计生例会实时监控网络，全县已有310个建制村安装监控系统。依法行政，维护生育秩序，县法院从乡镇计生办工作人员中确定32名执法联络员，协助开展巡回执法。一年中，银行冻结相关人员资金28人次，划拨180万元，查封财产34户，执行标的325.40万元，有效维护生育秩序。全县共征收社会抚养费5430.23万元。抓住关键时机节点开展计生宣传服务活动，围绕“双查”“四术”落实、清理出生人口漏报、打击“两非”案件、社会抚养费征收等重点工作，开展三、五月春季计生宣传服务活动和大干九、十月计生专项活动，掀起计生工作新热潮，并取得明显成效。全县共落实“四术”10872例。

“两非”整治　2015年，共查处“两非”案件34件，结案率100%，其中：处理介绍人2人，吊销生育服务证7本，罚款2.30万元。“两非”重大案件取得突破，查处1例“两非”重大案件，系党员介绍他人非法进行胎儿性别鉴定，当事人被开除党籍。

利益导向　法定奖励扶助政策兑现率达100%，全县共发放独生子女奖励费21.60万元，独女贡献奖励57.46万元，二女扎奖励131.03万元，奖励扶助225.48万元，计划生育特殊家庭扶助204.36万元。2015年是开展“全程式助学”的第4年，全年共发放助学金48万元；自2012年以来，已累计发放助学金120万元，受益学生80人。同时，对全县考上大学本科的城镇居民独生子女、农村二女户、独女户女儿给予奖励，考上本一的，每人奖励1500元，考上本二的每人奖励800元。

流动人口管理　全年开展2次流动人口清查活动，做到底子清、情况明。组织开展流动人口“关怀关爱”专项行动2次，落实相关公共政策和均等化服务，关爱流入人口和返乡农民工。流动人口平台运行情况：信息反馈率100%，协查率99%，信息变动率(新增、注销)40%。

宣传服务　5—9月，集中力量开展为期5个月的“与法同行•婚育健康进万家”计生卫生宣传教育活动。开展“红五月”活动，组织女组长演讲比赛8场，文艺演出6场，新创作品14个；镇级队伍培训38场，召开座谈纪念会58场；慰问救助人数472人，发放救助金额17.60万元；慰问失独家庭57个，发放慰问金额4.20万元；举办志愿者服务114场次；举行宣传活动72场，发放宣传资料3.46万份；评选表彰“阳光女孩”262人，发放助学金、奖品等累计10.06万元。

优质服务　实施“服务百姓健康行动”，探索计生“双查”和育龄妇女免费健康体检相结合的孕情管理新模式。在已开展的婚前医学检查、免费孕前优生健康检查、“两癌”筛查、不孕不育症夫妇免费治疗、生殖健康服务、生殖道感染干预工程、优生促进工程等项目的基础上，做大做优做精基本服务项目，努力提高婚检、优检、筛查的覆盖率。1—10月，免费孕前优生健康检测覆盖率达到88.49%；免费治疗不孕不育患者66对；免费发放避孕药具1.23万人次。

(撰稿人：吴镇杰)

•疾病防控•

【概况】

2015年,县疾病预防控制中心进一步加大重点传染病、慢性病的防控工作力度,及时监测霍乱、禽流感等各类传染病553例,实施卡介苗、脊灰疫苗等接种1929人;加强对碘缺乏病、血防等地方病和公共场所卫生、饮用水监测;开展结核病的防治,全年登记结核病358人;规范健康体检和职业病防治,完成食品从业人员、驾驶员等群体健康体检5.21万人。被省疾控中心授予"传染病疫情及突发公共卫生事件报告管理"先进集体称号。

【传染病防控措施得力】

加强疫情监测、分析力度 中心坚持24小时疫情报告值班制度。截至12月22日,疫情网络直报上报卡片共上报7530例,及时报告7521例,及时报告率99.85%;及时审核卡片数7530例,及时审核率100%。发现传染病237例,报告226例,及时报告220例,报告率95.36%,及时报告率95.36%;漏报11例,漏报率4.64%。

疾病监测 ①霍乱监测:根据省、市监测方案要求,4—10月开展肠道门诊,截至10月,全县共收集肠道标本473份,海产品675份,检验结果均为阴性;外环境水210份,检验结果均为阴性。②完成省、市下达的人感染高致病性禽流感监测任务指标。③麻疹监测:疑似麻疹病例报告19例。根据省、市监测方案要求,24小时调查率、48小时录入率、72小时血清送检率均达100%。④手足口病监测:根据市CDC计划安排,1—11月,完成手足口病病例咽拭子60份,其中:肠道病毒通用核酸阳性46例,COXA16阳性1例,EV71阳性19例。⑤新破、麻疹、AFP监测:发现疑似AFP病例1例,经调查排除脊髓灰质炎。⑥蚊媒监测:6—10月,对长桥、霞美、绥安、石榴、深土、盘陀、南浦、官浔、杜浔、赤土开展蚊媒布雷图指数监测。

疾病控制 ①相应传染病控制:脊灰、白喉、百日咳、麻疹、流脑无发现病例,均达到省市下达控制指标。②手足口病:截至12月22日,网络直报发病2627例,漳州市医院报告漳浦县1例重症并死亡病例。③H7N9禽流感:调查处置2例人感染H7N9禽流感病例,进行流行病学调查及疫点处理。④水痘:调查处置深土墩柄小学1起水痘疫情,进行流行病学调查,疫点处理以及健康教育宣传。由于疫情处理措施及时有效,全县未发生报告疫情扩散现象。

应急演练 为加强全县人感染H7N9流感应急防控工作,提高疫情处置能力,1月,县疾控中心组织开展1期人感染H7N9流感疫情应急处置演练。演练对疫情报告系统、个人防护、现场流行病学调查、采样、疫点消毒处理、健康教育等方面进行综合考核。

【免疫规划工作稳步推进】

实施国家免疫规划,卡介疫苗、脊灰疫苗、百白破疫苗、麻疹疫苗、乙肝疫苗接种率均达到省、市指标要求。4月,对全县2010年1月1日至2014年12月31日期间出生的儿童进行国家免疫规划疫苗查漏补种活动。全县脊灰疫苗应种人数1040人,实种人数1017人,接种率为97.79%;麻风疫苗应种人数322人,实种人数319人,接种率99.07%;麻腮风疫苗应种人数607人,实种人数593人,接种率97.69%。

疑似疫苗异常反应处置:全年共上报并处置疑似疫苗异常反应31例。

新配置冷链车1辆,进一步确保疫苗配送安全。根据市卫生局统一部署,指导规范旧镇、杜浔中心卫生院预防接种门诊创建示范性规范化预防接种门诊。经市卫生局组织专家考核,两个乡镇卫生院通过市示范性规范化预防接种门诊验收。

【落实地方病、慢性病防治措施】

地方病防治 按照《2015年福建省地方病防治项目启动会》的具体内容要求,全县5个乡镇20个建制村共抽检300份盐样,合格数256份,不合格数17份,非碘盐份数27份;非碘盐率9%,碘盐覆盖率91%,碘盐合格率93.80%,合格碘盐食用率85.30%。县域内尚未实现消除碘缺乏病阶段性目标(合格碘盐食用率达90%以上)。按照《福建省饮水型地方性氟中毒监测督导方案(试行)》内容要求，对石榴镇象牙村、佛昙镇洞野村2个饮水型地氟病区村进行病情监测，调查监测村的户籍人口数、常住人口数、16岁以上常住人口数等人口学资料；分枯水期和丰水期各采集1个饮用水样500毫升，测定氟含量，并计算均值，并调查改水工程规模、运行情况、供水范围以及受益人口等信息；检查病区村全部8—12岁儿童的氟斑牙患病情况。

血防工作　是年，县疾控中心血防人员配合省疾控中心专家，指导查螺人员，共投入422人工，查螺总面积25.43万平方米，重点对前亭镇长百内螺区进行查螺，均未发现钉螺。

疟疾防治　2014年，漳浦县已通过市级消除疟疾考核验收。为加强疟疾防治工作力度，落实《漳州市2015年疟疾防治工作计划》所要求消除疟疾的各项措施，制订《漳浦县2015年疟疾防治工作计划》，采取加强传染源搜索、传疟媒介调查和流动人口管理等综合性抗疟措施，各项防治措施得到有效的落实，未发生疟疾疫情的暴发流行。开展公共卫生服务的建档及慢病管理工作，开展全民健康生活方式宣传活动。

鼠疫监测　总结往年鼠疫监测经验，结合全县实际情况，将监测点设在绥安镇、旧镇镇、深土镇。监测工作从4月1日开始，9月28日结束，共捕鼠292只，其中成年鼠197只，占67.47%，幼年鼠雌雄比为1:1.1，另外成年鼠类妊娠率为35.44%，平均胎仔数6.25个；采集血清292份，采集鼠肝脾209份，经检验结果均为阴性。

肠道寄生虫病调查完成情况　2015年，漳浦县为第三次全国人体寄生虫病调查中签点。为了解全县居民肠道寄生虫感染和流行情况，及对人民群众的危害性，为寄生虫病防治提供科学依据，根据国家卫生计生委下发的《全国人体重点寄生虫病现状调查方案》，精心部署，各部门密切协作，严格落实各项规定动作，5月，共调查受检标本760份，任务完成率101.30%，圆满完成调查任务。

重性精神病人排查和随访工作　对县域辖区内常住人口开展拉网式排查，对排查出的重性精神病人按照《重性精神病管理治疗规范》和《国家基本公共卫生服务规范》要求建档，及时录入“国家重性精神病基本数据收集分析系统”。各乡镇卫生院、社区卫生服务中心对辖区内纳入管理的病人每年至少进行4次随防；对病情不稳定或发现疾病有加重征兆的患者，及时进行危险性评估，并进行危机干预，防止发生肇事肇祸行为的出现。至12月20日，全县共有2989名精神疾病患者的信息录入国家系统，其中：在管患者2830人，死亡患者97人，失访患者59人，非在管患者3人。

【加强卫生监测】

饮用水监测　根据《全国饮用水卫生监测工作方案(2015年版)》内容要求，县疾控中心于3月提前接受省卫计委下达的饮用水监测任务。中心随机选取了21个市政供水作为2015年工作开展的重点，其中出厂水1份、末梢水9份、二次供水11份，监测完成率100%。农村饮用水监测采用东、西、南、北、中和随机分层相结合的选择方法，选取具有代表性的25个饮水安全工程，分布于全县的16个乡镇场、3所学校的自建水源、2个分散式供水。受益人口170636人。

公共场所卫生监测　配合相关单位开展重点公共场所卫生监测工作，共监测住宿、沐浴、歌舞厅(KTV)、美容美发、超市等场所44家，游泳场所4家；对7家医院、99家牙科诊所和1家幼儿园进行消毒质量监测；抽查35所中小学校，其中小学24所、中学11所，开展学校教学环境卫生监测。

【结核病防治扎实有效】

病人发现　2015年，全县结防机构共登记报告活动性肺结核病人358人，完成全年任务369例的97.02%，其中涂阳病人182人；在涂阳病人中，新涂阳病人为169人。完成省下达的登记报告任务的101.20%。

肺结核病人治疗管理　治疗满一年涂阳病人转归情况：2015年全县结核病防治机构共登记治疗新涂阳病人171人，其中治愈151例，平均治愈率为88.30%，达到85%指标要求。

综合医院转诊未到位可疑病人的追踪 2015年，县结防机构与县级以上综合医院继续开展可疑肺结核病人的转诊与追踪工作，病人的登记、报告、转诊到位与追踪到位情况较好。2014年12月1日至2015年11月30日，全县县级以上综合医院共报告可疑病人700人，重复5人，死亡11人，实际报告684人，转诊、追踪到位628人，到位率为91.81%，达到90%的指标要求。

涂阳病人密切接触者调查完成情况 2015年，县结防机构开展涂阳病人家属密切接触者结核病筛查工作。是年，全县共登记报告涂阳肺结核病人182人，登记密切接触者239人，已筛查239人，筛查率为100%，达到95%的工作指标。

促进"三位一体"结核病防治体系建设 7月，市疾控中心联合漳浦县疾控中心考察组赴龙岩市武平县考察"三位一体"结核病防治新体系，学习借鉴龙岩市武平县医疗机构、社区卫生服务机构共同开展结核病防治的医防合作新模式。

结核病疫情监测 加强对综合医院的技术指导，及时开展各类网上直报核实，做到每天一核实，每周对核实结果进行反馈，按要求及时进行网络录入与报告。开展全县结核病疫情进展情况动态监测，为结核病防治提供较为完整的数据。

学校结核病筛查 6月，县疾控中心确诊1例学生肺结核，对所在学校进行常规筛查时，发现同时有多例可疑肺结核存在。省、市、县三级紧急采取措施，对该学校同年级的1406名师生进行胸部X线、PPD检测等筛查，共确诊肺结核患者数例。10月，国家疾控中心结核病防治中心及省疾控中心对漳浦县学校结核病防治工作进行调研。

结核病防治规划"十二五"终期评估 9月，根据国家、省卫计委部署，为了解"十二五"结核病防治规划的实施情况和防治目标的完成情况，总结经验，分析问题，为制定《结核病防治规划(2016－2020年)》提供依据，漳浦县对"十二五"结核病防治规划进行终期评估，所有任务指标基本完成，达到规划预期要求。

【健康宣传教育】

利用各种媒介开展社会性健康教育 提供健康素养66条及禽流感、结核病、春季传染病等防治知识宣传短片10篇，每天在漳浦有线电视台播放；县疾控中心宣传栏出刊4期(每季度1期)；LED滚动播放相关健康知识10条；出刊7篇相关健康教育活动信息报道，其中：《漳州疾控简报》2篇，《漳浦卫计局网站》2篇，《漳州文明网》2篇，《金浦报》2篇；向全县移动、电信用户发送宣传短信521多万条。

开展卫生防病知识宣传咨询活动 全年卫生宣传活动涉及多类宣传目标人群，活动形式多种多样，内容丰富，主要有：禽流感防治、世界结核病日、全国计划免疫日、疟疾日、碘缺乏病日、世界无烟日、全国高血压日、世界精神卫生日、世界糖尿病日、世界艾滋病日宣传等10场。开展高血压防治知识讲座1场，艾滋病防治知识讲座3场，青春期卫生保健讲座1场。在全年宣传活动中，总共参与的领导、专家、工作人员有200多人次。直接参与现场活动的群众达到7000多人次。

多部门协作，抓好重点人群的基础健康教育 学校健康教育：在漳浦一中、职业中学、长春中学、南浦中学共开展4场艾滋病防治知识讲座和健康教育活动。医院健康教育：加强医院健康教育工作督导，促使医院把健康教育贯穿于医疗活动的每个阶段，各医院设有健康教育咨询台，向病人及家属开展有针对性的知识宣传和康复指导，以及提供面对面的健康教育服务。社区健康教育：乡镇卫生院及村级卫生所(室)都设有固定的健康教育专栏，每2个月更换1次宣传内容，使社区居民能在闲暇之余学习卫生保健知识。

加强禽流感宣传 1月，在县域内发现人感染H7N9病例。疫情出现后，为做好全县禽流感防控健康教育工作，中心统一制作2万份人感染H7N9防控知识问答宣传资料，针对农村地区及时做好相关宣传及资料的入户发放。同时，在漳浦电视台新闻时段前后进行禽流感防控知识(Flash动画)播报、在电视屏幕下方24小时滚动播放，还利用宣传栏、LED 等开展宣传教育及舆论引导。

【艾滋病感染者及病人的管理】

对符合条件抗病毒治疗的艾滋病感染者，治疗率达 80%以上。定期对艾滋病病毒感染者和病人进行 CD4 检测，对其配偶进行艾滋病病毒抗体检测，对本人和配偶进行宣传教育，采取必要的预防措施，避免婚内传播，随访比例 90%以上。

【规范健康体检和职业病防治】

健康体检 中心体检科采用健康体检电子录入系统，实现刷卡登记。全年共完成食品从业人员预防性健康体检人数 7266 人，驾驶员体检 27516 人，学生体检人数 17258 人，公共娱乐场所艾滋病监测人数 1966 人。

职业病防治 开展有毒有害作业人员的健康体检，主要包括上岗前职工、在岗期间职工及离岗职工的健康体检。累计接受职业健康检查委托 33 次，体检人员 440 人。并对 23 家企业的职工建立健康档案。

【基层公共卫生】

公共卫生督导 中心传防科、地慢科和健康科专业人员每季度对全县各乡镇卫生院公共卫生工作进行督导，对发现的问题，及时给予指出并提出建议，督导结束后总结各方工作中的优缺点，并给予反馈。

公共卫生培训 加强公共卫生专业队伍建设，提高专业水平和人员素质。根据县卫计局培训计划，对基层公共卫生专业人员进行业务培训，在一程度上提高公共卫生工作人员专业水平。

（供稿：县疾控中心）

·爱国卫生运动·

【概况】

2015 年，漳浦县爱国卫生工作围绕“美丽家园”为主题，在“三节”及 4 月爱国卫生运动月期间，在全县城乡广泛开展爱国卫生运动和夏季除“四害”活动，做好今冬明春人感染 H7N9 禽流感等呼吸道传染病的防控，开展秋季爱国卫生综合整治，全县清除病媒生物孳生地 27.19 万平方米，清理积小容器 10.26 万个，投放药品 6649 公斤，消杀面积 474.85 万平方米。

【广泛宣传发动爱国卫生运动】

县爱卫会制订《关于开展 2015 年元旦春节元宵“三节”期间爱国卫生运动的通知》和《关于开展夏季除“四害”活动实施方案》，召开全县开展元旦、春节、元宵“三节”期间爱国卫生运动的工作会，要求各乡镇场、工业区(园)、县直各单位广泛发动群众，开展以“美丽家园”为主题的爱国卫生运动，开展卫生综合整治。按照“四害”生活生长规律进行地毯式清理、拉网式整顿，消除“四害”孳生地、栖息地。同时，在 1 月 9 日召开各医疗机构负责人爱国卫生运动工作加温会，要求各医疗单位做好爱国卫生业务指导。其间，全县出版宣传栏 21 期，发放宣传材料 3960 份，播放广播 95 条。

【组织卫生专项整治行动】

治理城乡环境卫生 县城区结合创建卫生城市的要求，重点整治城乡结合部、城中村、背街小巷、“五小”行业、农副产品市场等薄弱易反复部位提高群众生活环境卫生质量；农村以建设“美丽家园行动”为载体，围绕新农村建设，开展农村垃圾处理和人居环境的重点整治，针对个别村镇垃圾乱倒、粪土乱堆、污水乱排、禽畜乱放、杂物乱垛等“五乱”现象，清除卫生死角，提高农村环境卫生状况。

开展卫生综合整治 开展病媒生物防治工作，有效降低“四害”密度，防止疫情发生。各地结合环境卫生整治，发动群众参与，重点消除病媒生物孳生地，科学开展灭蚊灭鼠工作，特别是一些重点部位的灭鼠工作。各单位利用新闻媒体普及登革热防治知识，宣传卫生防病常识，开展卫生整治，清除垃圾和卫生死角。全县清除病媒生物孳生地 27.19 万平方米，清理积水容器 10.26 万个，投放药品 6649 公斤，消杀面积 474.85 万平方米。

开展夏季除“四害”活动 6 月下旬至 8 月上旬，对县城区所有的大街小巷、公共场所、22 个居民片区和 33 个物业居民小区进行大规模地毯式除“四害”活动，特别针对县城区下水道进行灭蟑蚊幼虫，开展总长度3.77万米。

开展秋季爱国卫生活动 开展城乡环境卫生整治，做好登革热防控工作，开展以灭蚊为主的除“四害”工作和新一轮的城乡环境卫生整治行动。各单位在国庆节前及10月中旬，组织开展2场以灭蚊防蚊为主的病媒生物防治活动，降低成蚊数量，治理“四害”孳生地；并建立台账，明确记录用药品种、数量、消杀范围、治理“四害”孳生地数量，做到有据可查。消除蚊虫孳生地的重点是做好建设工地、园林绿化地带、垃圾收集和转运站（点）、废品收购站（点）、农贸市场、公厕、企事业单位及公共场所、居民室内外的各种积水，以及各类明沟和暗沟，大中型水体和小型积水及无人管理荒地等容易孳生蚊虫地方，确保整治不留死角，没有盲区。10月上旬，对县城区所有的大街小巷、公共场所再次进行一次大规模地毯式除“四害”活动。县城区开展的2次地毯式的消杀活动，消杀蚊幼虫面积达99.11万平方米。清除病媒生物孳生7.15万平方米，清理积水容器1.64万个，投放灭蟑药品1120公斤，消杀灭蟑面积4.82万平方米；投放灭蚊4.50%顺式氯氰菊酯（微乳剂）500毫升和0.60%高效氯氰菊酯粉剂共3680公斤。通过各乡镇各部门不断加大投入，全县城乡环境卫生面貌有明显改善，环境卫生的布雷图指数控制在10以下。

【以点带面推进运动的开展】

1月4—6日，县爱卫办组织清洁人员在县城各公园、居民区开展清洁家园活动；6月下旬至8月上旬、10中旬以及12上旬，开展四季除“四害”活动；县爱卫办以点带面，促进全县城乡爱国卫生运动的开展。全县各乡镇场和县直各单位都通过地毯式清理、拉网式整顿，消除“四害”孳生地、栖息地，全面整治环境卫生。

（供稿：县爱卫会）

【地理标志商标】

盘陀金萱茶 金萱茶是盘陀镇的特色茶叶品种，其树型横张，叶厚呈椭圆形，叶色浓绿富光泽，幼苗绿中带紫，密生茸毛，适制包种茶及乌龙茶。由于受到浓雾笼罩，按古法培制，拥有甘美光亮之茶汤。其茶汤呈清流蜜绿色，具独特天然牛奶香和桂花香气，品茗口感奇特，其中以牛奶香最为上品，滋味甘醇浓郁，喉韵极佳。

金萱茶品质优良、特色明显，这与产地地理环境条件是分不开的。种茶制茶在盘陀镇有着历史悠久，始于宋朝，明朝略有发展。盘陀镇行政区域内的盘陀村、东林村、官陂村、产山村等11个建制村，处于东经118°6′27″至118°6′32″，北纬24°4′30″至24°4′00″的区域范围。常年平均气温21℃，年平均降雨量1533—2550毫米，阳光充足，年日照时数2115.8时，无霜冻期，属南亚热带海洋性季风气候。良好的地理条件和自然生态环境，孕育出品质优良的盘陀金萱茶。同时，盘陀金萱茶对种植工序、加工、移植等多个环节有严格的要求，从而造就了“盘陀金萱茶”特有的品质。

2001年，盘陀镇被中国农业部授予“中国茶文化镇”称号。目前，全镇茶叶种植面积达到533公顷，加工厂35家，年产值逾3亿元，人均茶叶收入2550元。创建东林、和美两个茶叶示范村。其中，金萱茶占有重要比重，2012年“盘陀金萱茶”获得国家地理标志商标注册认证，其品牌效应也逐步突显。

气象测报 防震减灾

·气 象·

【概况】

2015年,县气象局应对气候变化,以提供精准、优质、高效的服务为理念,及时为全县的工农业生产和居民的生活提供精准、精确的气象信息,为地方政府提供优质、准确的决策资料。气象服务“三农”和气象防灾减灾服务业绩突出,连续第三届被省气象局指定为创建文明行业示范点单位,被国家气象局授予全国文明台站标兵称号,被省委、省政府授予第十二届省级文明单位,被省文明委授予“五星级服务窗口”。

【气象服务】

把农业气象服务放在首位 2015年,共发布重要天气报告45期,针对重要天气发布预警信号114次,呈送决策气象服务专报90期。做好雷达监测,加强短临预报服务,针对强降水、强雷暴等强对流天气,共制作发布短临预报25次,短信121182条。制作发布一县一业(青枣)气象服务专题产品45期,春播气象服务7期,夏收夏种6期,秋收秋种7期,在乡镇平台及乡镇宣传栏开展气象科普知识专题宣传16期。

为“林下经济”提供气象服务 创新服务方式,结合农产品公司生产基地建设,转变思路,创造性地直接在农业生产公司——“林下经济”大南坂铁皮石斛种植示范基地建设3套小气候观测站,成立“气象信息服务站”,在每周一制作铁皮石斛精细化气象服务专题产品;并通过邮政EMS快递、“漳浦气象”微博、微信公众号、漳浦乡镇气象信息服务平台、种植基地走访发放等方式免费送到用户手中;还联合市农业气象服务中心,在铁皮石斛的关键生育期,上门走访种植企业和种植户,进行面对面“直通式”技术指导。

【社会气象服务精准到位】

“4·6”事故救灾服务 在古雷腾龙芳烃“4·6”特大事故中,反应迅速,事件发生30分钟内即启动重大事故应急响应预案,全员投入气象现场保障和加强预报值守班。连续56个小时不间断,与省市气象局圆满完成整个救灾的服务过程。

古雷整岛搬迁庆典活动气象保障服务 为提供古雷整岛搬迁庆典活动期间精确的气象信息,县气象局制定相应预案和服务流程,做好监测、预警预报。气象业务人员克服预报时效长、天气背景复杂等因素,密切监测天气变化,开展滚动式预报服务。在26日夜里降雨仍在继续的情况下,做出“9月27日上午以多云天气为主,适合各项庆典仪式开展”的专题预报,使市、县党政领导作出古雷整岛搬迁庆典活动在9月27日上午如期举行的决策。

做好汛前各项准备工作 面对全年台风多、暴雨频繁的气象特征,持续开展各项服务工作;同时,针对综合业务岗工作中可能出现的各种问题,开展气象服务演练,发现不足,及时整改。在“莲花”“苏迪罗”“杜鹃”等台风的预报中,及时向有关部门报告台风动态及可能造成的影响,提供决策依据,促使全县防台风的各项措施和部署落实到位。

【新站建设规范标准】

12月,县气象局新站通过省气象局验收,并于12月31日20点成功将地面气象观测业务搬迁到新观测站运行。新站建设累计投资626.50万元。

【2015年气候概况】

气温　年平均气温21.6℃,比历年平均偏高0.3℃,属正常。年≥35℃高温日数10天。年极端最高气温36.3℃,出现在6月18日,年极端最低气温4.4℃,出现在2月10日,均无超过常年极值。10月11日出现"23型"、11月26日出现"20型"寒露风。无倒春寒和"五月寒"天气。全年无霜。

降雨量　年降雨量1516.70毫米,比历年平均偏少88.20毫米约5%,属正常。1月13日(54.50毫米)和12月9日(98.60毫米)出现的暴雨,刷新同期历史最大记录。年降水略偏少,有春头旱和秋旱。

日照　年日照时数1651.50小时,比历年平均偏少173.90小时,属偏少。年日照百分率为37%。

春播期(2月下旬至4月上旬)　春播期(2月下旬至4月上旬)平均温度17.3℃,比历年平均偏高1.1℃。总雨量84.20毫米,比常年偏少108.60毫米,约偏少56%,降水主要集中在2月上旬前期和4月上旬后期,出现较为突出的"春旱"天气。总日照时数142.30小时,比历年偏少8.90小时,约偏少6%。整个春播期没有出现不利于春播的长时间低温阴雨天气。

雨季　5月9日开汛,6月20日前汛期结束,前汛期历经43天。雨季(5—6月)总雨量376.60毫米,比历年同期偏少13%,主要是5月偏多,6月偏少,其中,5月雨量280.10毫米,偏多27%,6月雨量96.5毫米,偏少65%。5月中旬至下旬,全县进入雨季相对集中期,5月31日,全县普降暴雨,县气象站雨量达51.60毫米。

台风季(7—9月)　影响漳浦县台风个数偏少,影响程度偏轻,雨量正常略偏多。台风季降水量674.80毫米,比历年平均偏多59.30毫米,约偏多10%。

7月9日12时15分,第10号台风"莲花"登陆广东省陆丰市,受其外围云系影响,全县普降暴雨,县气象站降水量达51.10毫米。无明显灾情。

7月19—25日,受南海辐合带影响,全县出现比较长时间降水过程,其中7月20日,县气象站雨量达110.40毫米。

8月29日,受切变线影响,全县普降暴雨,县气象站降水量达68.50毫米。

9月29日8时50分,21号台风"杜鹃"登陆福建省莆田秀屿区,漳浦县普降暴雨到大暴雨,最大降水量120.30毫米(沙西镇)。受台风"杜鹃"环流与天文大潮的影响,沿海乡镇出现较大灾情,据县防汛办统计,全县有15个乡镇场不同程度受灾,受灾人口1821人,农作物受灾313.33公顷,水产养殖损失330.67公顷,堤防决口26处1.24千米,损坏护岸46处,经济损失4575万元。其中水利设施损失1140万元。

低温阴雨　受南下冷空气影响,2014年12月29日至2015年1月4日,日最低温度均在8℃以下。县气象站最低气温仅5.2℃,出现在2015年1月3日。1月13—24日、2月5—14日出现最低温度在10℃以下,1月15—20日、2月5—10日平均温度低于12℃,最低温度4.4℃,出现在2月10日。进入5月,降水日数达到28天,最长连续降水日数达到16天,出现持续的连阴雨天气,不利于农业生产对病虫害的防治。

干旱　2月17日至4月5日,连续48天降水量仅39.60毫米,没有明显的降水,春旱明显出现,不利于春耕春播、植树造林、水库蓄水、水力发电,农作物的生长受到制约,森林火险等级较高。10月2日至11月8日,连续38天降水量仅1.10毫米,出现明显的秋旱天气。

高温　夏季共出现≥35℃的高温天气10天。极端最高气温36.3℃,出现在6月18日。

(撰稿人:杨珂玲)

•防震减灾•

【概况】

2015年,漳浦县防震减灾工

作按照有备无患理念，有序推进2处地震应急避难场所建设和3个地震安全示范社区创建；在组织参加省市举办的防震减灾宣传培训的同时，指导全县70多所中小学校开展地震应急演练，做好地震监测台站的维护管理，加强防震减灾宣传，全年走访家庭1000多户，群发宣传短信1.30万多条。

【防震减灾培训】

志愿者骨干培训 4月22日，县地震办联合县委文明办、县红十字会举办第三期防震减灾应急救护志愿者骨干培训班。内容涉及地震科普、心肺复苏、外伤包扎止血固定、突发事件和意外情况逃生避险与自救互救等理论知识和实际操作技能，提升青年志愿者骨干的防震减灾知识水平以及自救互救能力。

地震应急疏散演练 3月，结合第八个福建省学校安全教育周活动，参与指导全县70多所学校开展防震减灾宣传及地震应急疏散演练，并向学校赠送宣传材料及影像光盘5400多份，提高学校师生的应急疏散能力及自救互救能力。

协调组织全市“三网一员”培训会 10月16日，全市防震减灾“三网一员”(即地震宏观测报网、地震灾情速报网、地震知识宣传网和防震减灾助理员)培训会在漳浦县举办。县地震办协调配合市地震局做好会议安排各项工作。此次培训共邀请各县(市、区)地震办负责人和“三网一员”代表，及漳浦县全体“三网一员”共计100多人参加。省地震局震害防御处副处长洪星作《防震减灾任重道远》专题讲座。此次培训提高了“三网一员”基层工作者的业务能力和积极性，进一步推动地震群测群防工作的深入开展。

【避难场所建设】

根据省、市地震应急避难场所建设任务要求，保质保量完成印石公园和旧镇暾照广场两处地震应急避难场所建设任务。同时，联合财政局、建设局等部门，定期对已建成的7处地震应急避难场所进行监督检查，确保避难场所各项设施正常运行。

【参加省、市组织的救援演练】

5月13日，代号为“闽动—2015”的福建省首次县级地震紧急救援队跨区域联合演练在漳州举行。漳浦县地震灾害紧急救援队作为两支主要参演的县级救援队伍之一，在演练过程中顺利完成了通信指挥、生命迹象搜索、视频定位救援、大面积搜索、破拆救援、院前救护、野外宿营等任务。此次演练一切从实战出发。演练充分展示漳浦县地震灾害紧急救援队完成各种复杂条件下救援任务的能力。10月，参加市地震局组织的地震应急通讯演练，演练中测试无线电、卫星、对讲机通信抢救等情况。

【震情跟踪与监测点维护管理】

研究制订2015年震情跟踪工作方案，定期到地震监测台站和其他水准点、流动观测点、宏观观测网点开展巡查工作；重点检查监测台站运行情况、建筑物及周边环境安全等。及时了解、解决台站运行中存在的问题，确保地震监测设备的正常运行和监测数据的正常传输，为地震监测工作奠定坚实的基础。落实辖区内地震监测台点建设协调工作，配合省、市地震局做好道周中学强震台迁建和旧镇GPS连续观测台北斗加密站建设工作；配合厦门地震勘测研究中心做好甘林小学、黄仓小学和方林村、寨窑村、通坑村等5个流动观测点建设协调工作。

【完成近海人工地震爆破工作】

6月，省地震局在漳浦县近海区域实施“福建及其近海地区地震构造人工地震爆破观测”项目。县地震办与公安局、海洋与渔业局、边防大队及六鳌镇政府等协调配合，完成渔船出海、回港停靠码头、设备仪器存放等后勤保障服务工作，确保爆破项目的圆满完成。

【农村民居抗震设防调查】

5月，根据省、市防震减灾工作部署，县地震办深入深土镇埭厝村和南浦乡美林村2个村进行实地调研，开展农村民居抗震设防抽样调查工作。调查涉及民居694栋，人口2259人。

【创建地震安全示范社区】

推进绥安镇城西社区申报

创建国家级地震安全示范社区。根据社区实际，指导其制定创建工作方案，完善组织体系，开展防震减灾宣传教育，建立应急预案，组建志愿者队伍等系列工作，并定期组织居民开展科普讲座和疏散演练。至年底，全县已有绥南社区江滨花园、绥北社区假日新天国际、城西社区港城国际3个小区获得“国家级地震安全示范社区”称号。

【防震减灾宣传】

在网站开辟专题专栏，及时更新动态，做好防震减灾网络宣传工作。利用移动平台向群众群发宣传短信1.30万多条，加大宣传力度。向县直机关及各乡镇场分发《漳浦县防震减灾宣传手册》《平安随手册》等宣传材料，扩大宣传范围。结合“5.12”等时段，在新都广场播放《加强防震减灾，构建和谐社会》等宣传片。在绥南、绥北等示范社区及公园悬挂宣传横幅12条，营造宣传氛围。深入盘陀镇西厝村、南浦乡美林村、深土镇埭厝村等做好防震减灾宣传、演练和民居抗震设防指导工作。累计走访家庭1000多户，发放宣传材料5000多册。指导漳浦职校、道周中学等70多所学校开展防震减灾知识讲座、科普展览及疏散演练等。邀请市地震局深入驻浦某部队开展防震减灾专题片拍摄工作，并为部队带去宣传材料和科普光盘1000多份。

（供稿：地震办）

【地方特产】

赤土土鸡　据史料载：赤土土鸡即指放养在山野林间、果园的肉鸡。相传，明末漳浦籍进士张若仲在明亡后，义不仕清，回家乡赤土古致山清修独善，荷锄务农，放养土鸡。还经常邀请各方的文人志士到家里欢聚，文人志士在品尝张若仲放养的土鸡后，赞不绝口，赤土土鸡也因此声名鹊起，经历代相传至今。

赤土土鸡的养殖范围分布在赤土乡的各个村落，凭借天然的地理优势，以天然山地、林地为土鸡养殖的栖息地，以草籽树叶为食，使赤土土鸡形成特定品质及特点：肉质甘甜、结实、弹性适宜，食后唇齿留香，且富含蛋白质、氨基酸及胶质蛋白，易被身体吸收，食之既可增强体质，又不会使人肥胖，有滋阴补阳、益五脏、补筋骨、活血脉的作用提男女老少皆宜的营养佳品。

许多餐饮店把赤土土鸡当作特色菜，并延伸到各地。赤土土鸡以味道佳、营养足，又有利健康而广受消费者欢迎，被称为“滋被菜”。到赤土乡吃土鸡，成为食客的美事。赤土乡政府因势利导，将其列为地方特色产业，实施商标品牌带动战略，大力培育和发展土鸡产业，加快推进产业发展。全乡现有养殖户1000多户，养殖面积达到270多公顷，年销量逾30万只。

畲乡油茶　漳浦县有湖西、赤岭两个畲族乡，由于均居于漳浦的内山区，以其独特的地理与自然环境，油茶是畲乡主要的经济产业之一，特别是湖西畲族乡，全乡有百年油茶树近70公顷，年产茶油5000多公斤。

畲乡油茶枝略被毛，树皮黄褐色，芽有疏松的鳞片，稍被毛。叶互生，革质，椭圆形或椭圆状矩圆形，长4—10厘米，宽2—4厘米，先端渐尖，基部宽楔形，边缘有小锯齿，上面有光泽，嫩时疏生茸毛，侧脉不明显；叶柄长约6毫米，有毛。花白色，单生或并生于枝顶，无梗；花直径约4厘米；萼片圆形，外被丝毛；花瓣5—7厘米，倒卵形，长2.50—4.50厘米，先端深2裂，外面稀被毛；雄蕊多数；子房密被丝状绒毛，花柱顶端3浅裂，基部有毛。蒴果近球形，直径约2.20厘米，2—3裂，果瓣厚木质。种子1—2粒。花期9—11月。生于山坡灌木丛中。秋季采果，晒干，打出种子，经加工得油。油茶油性凉，味甘，茶油为淡黄色的澄清液体，营养价值丰富，有“东方橄榄油”之美称。是心脑血管疾病患者、孕产妇、婴儿和爱美人士的食用佳选。

乡　镇

• 绥安镇 •

【概况】

2015年，绥安镇财税收入70754万元，完成年任务69610万元的102%。其中：国税收入11507万元，完成年任务11172万元的103%，工业企业国税收入2153万元，完成年任务1780万元的121%；地税收入59247万元，完成年任务58438万元的101.40%，工业企业地税收入618万元，完成年任务500万元的123%。出口创汇17296万美元；社会消费品零售总额86247万元；文化产业收入25486万元，各项指标均较好完成或超额完成上级下达的任务。

【项目征迁稳步推进】

针对梳理出来的项目遗留尾巴、存在的问题，分清轻重缓急，实行重点项目重点突破，取得一定的成效。共完成长德商贸城、润丰置业、妇幼保健院、大亭农贸市场、西湖引水渠等26个项目的征迁遗留扫尾工作。民生置业、迎宾大道等30多个项目的征迁扫尾加快推进。其中，民生置业项目完成征地21.73公顷，坟墓迁移172座，房屋签约8座；迎宾大道改造项目房屋征收完成签约12户，完成腾房32户，成立项目施工维护工作队，先后维护施工100多次；威惠公园项目用地约8公顷，已完成征地7.53公顷；鹿溪溪堤防汛路项目道路总长2.40千米，11月启动道路用地青苗清理工作后，至年底已基本完成，项目正在加快建设中；龙湖中学周边道路拓宽改造涉及沿路两侧20多户住户的铁棚、围墙等附属物，征迁难度较大，已基本完成，不影响项目施工的总体进度。同时，加大对已征未用土地的管控力度，投入80多万元，通过架设铁丝网对金海峡微电影项目、农科所置换用地等项目用地进行有效管控。

【经济态势良性循环】

利用闲置厂房发展飞地工业，至年底，已与十几家企业初步对接，有6个项目完成报批立项等前期工作。

经济指标实现稳中有进　全年完成工业项目投资额37883万元，完成年任务1.20亿元的316%；规模工业总产值20389万元，完成年任务1.40亿元的145.64%；新增规模企业2家，完成年任务1家的200%；新办工业企业18家，完成年任务2家的900%；新投产工业6家，完成年任务1家的600%；固定资产投资116654万元，完成年任务10亿元的117%，含黄仓园全年任务23亿元，完成23.70亿元，完成年任务的103%；重点项目投资额17.96亿元，完成年任务8.90亿元的202%；固定资产投资项目14个，完成年任务4个的350%；新增外资注册资本1100万美元，完成年任务300万美元的367%；新增飞地工业内资注册资本2.20亿元，完成年任务1亿元的220%。

重点项目建设步伐加快　民生置业产业园印刷厂项目已完成1.20万平方米的一号生产车间厂房建设并正式投产；长德商贸城一期28栋12万平方米主体市场及周边配套已经基本完成并已售卖，二期因加油站未搬迁，力争近期开工建设；膨利玩具生产项目计划投资1.60亿，占地5.33公顷，已完成项目用地征迁工作，正进行土地报批、方案设计等前期工作；建福汽车坐垫生产项目计划投资8000万元，建设厂房、仓库及其他配套设施共4.23万平方米，至年底，主体结构已顺利封顶，进入外装修阶段；益材粉煤灰生产项目总投资2000万元，建有办公楼、宿舍楼及配套设施共3300平方米，项目已建成投产；炜峰顺电子科技项目计划投资16000万元，用地2.67公顷，至年底，项目用地征迁已进入扫尾，正进行土地报批、方案设计等前期工作。

【农业农村持续发展】

重点工作扎实推进 粮食、蔬菜种植、水稻保险、生猪数、动物防疫等工作均完成上级下达任务。开展畜牧养殖污染治理，全面关闭拆除小型不达标生猪养殖场，关闭、停养45家禁养区养殖场，关闭、停养122家可养区养殖场。加强渔业养殖管理，做好鱼产品抽样检测。加强森林防火及森林资源管理，没有发生森林火灾、非法占用林地、盗伐林木等现象。完成植树造林111.27公顷，完成年任务104.67公顷的106.30%，完成顶下草和油车矿点的“青山挂白”治理工作。完成东坑垄、卫星、九曲岭3个水库除险加固工程，建设小农水渠道4.60千米、拦水坝4处。农村安全饮水二期工程已完成工程量的95%。以下店村、寨窑村为示范点，推进农村土地确权试点工作。

现代农业加快发展 新增现代农业企业2家，其中：三茂现代农业示范园项目是漳浦县省级农民创业园示范基地，已经完成投资700.38万元；福建远德工贸有限公司已完成投资7668万元，主要种植大棚蔬菜，做蔬菜初加工，专供新华都超市。

美丽乡村加快建设 美丽乡村建设示范村大埔村突出自然生态，挖掘历史文化，村中500多年历史的关帝庙已完成修缮，着手修缮2座具有130多年历史的晚清闽南同字形古民居；新建占地3334平方米的农民休闲公园——荔海公园，拆除废旧建筑物18处，硬化村主干道5.90千米，硬化巷道2150平方米，新增绿地面积1350平方米，安装艺术雕塑2座，铺设步行道2.20千米，整理5.30千米主干道的“三线”并安装路灯188盏，清淤整治池塘7个，设立垃圾箱310个。利用本村美术院校返乡大学生组建墙画绘制团队，在村主干道两侧和农民公园周边的墙壁上绘制系列漫画，打造成一道靓丽风景线。京里村坚持规划先行，聘请深圳中海世纪建筑设计有限公司编制总体规划，新建1座1000平方米的老人活动中心和占地2400平方米的金榕公园，拆除废旧建筑物7处，硬化村主干道0.60千米，铺设人行道1千米，新增绿地面积500平方米，安装路灯110盏，村容村貌得到明显提升。

【“两违”治理成效突出】

保持严打“两违”的高压态势，促进全镇“两违”综合整治取得成效。创建下店村为“无违建”示范村。2015年，全镇共查处“两违”案件99宗，拆除面积6.02万平方米，完成年度任务5万平方米的120%。其中：“四重点、六先拆”对象69宗，拆除面积5.03万平方米，其他违建情形30宗，拆除面积9907平方米；通过电视台公告的8户违建户，已全部拆除。及时处理群众信访举报违章行为15起，有效制止违法违章现象的发生，“两违”回潮现象得到遏制。

【强化安全生产监管】

学习贯彻新《中华人民共和国安全生产法》，落实安全生产责任制，下发《绥安镇人民政府2015年安全生产工作目标责任书》《绥安镇人民政府2015年消防安全工作目标责任书》，强化安全生产监管。开展“安全生产月”活动，狠抓安全隐患排查，加速企业安全生产标准化创建速度。先后开展劳动密集型企业消防安全专项治理、道路交通安全综合整治、幼儿园及托儿所消防安全和食品安全大检查等一系列安全生产大检查及重点领域专项整治行动。投入40余万元，完善各村社区道路警示牌、减速带等设施建设，创建罗山村、大埔村等2个交通安全示范村。全镇无发生安全生产、道路交通等突发安全事件。

【社会环境安定稳定】

平安创建工作扎实有效开展，新一轮“平安家庭”挂牌率在95%以上，社会治安重点整治成效显著，群众安全感有所上升，信访维稳形势有所好转。12月9日，绥安镇代表漳州市接受省综治考评组的检查验收，得到考评组的肯定；12月22日，社会治安重点综治工作通过市考评组的验收。全年共化解矛盾纠纷216件，24件初信初访件全部化解办结，化解2015年度省市县三级信访积案5件。失地农民保险等有可能引发群体性事件的问题得到妥善解决，县城区征迁遗留的安全问题排查整改顺利进行。

【计生工作扎实有效】

开展“生育关怀”行动，落实计生家庭奖励扶持政策，开展三、五月计生宣传服务月活动，举办以“婚育健康进万家”为主题的庆祝计生协会成立35周年文艺晚会。严厉惩治“两非”行为，推进“双查”“四术”工作。全镇出生人口1511人（含补报往年出生人口1688人），人口出生率14.35‰，总性别比107.84：100（近三年来总性别比104.28：100），符合政策生育1258人，出生人口政策符合率83.26%，双查到位率98.03%，共落实“四术”1010例，打击“两非”行为2例，征收社会抚养费292万元。计生工作整体水平不断提高，全年考评成绩名列全县第四名。

【党建工作更加科学】

村级换届顺利推进，全镇33个村（社区）一次性100%完成换届选举。完善联系服务群众机制建设，实施《绥安镇群众工作制度》，党员干部直接挂钩群众，帮助群众解决实际困难。完善“四议两公开”、农村“六要”工作法、“一事一议”等民主议事决策制度，严格执行每月15日党务村务公开的制度，接受群众监督。培育麦埔村、绥东社区、城西社区等3个党建示范点；抓好溪南、英山、南门等3个后进村（社区）整顿，使3个村（社区）两委干部作风焕然一新，群众认可程度有所提高。加大非公党建工作力度，全镇共组建非公企业党支部10家，其中规模以上企业5家。全年发展党员28人。

（供稿：绥安镇党政办）

• 旧镇镇 •

【概况】

2015年，旧镇镇实现固定资产投资10.88亿元，规模工业产值3.58亿元，合同外资730万美元，实际利用外资2568万美元，出口创汇5721万美元，财政总收入2505万元，社会消费品零售总额完成1.47亿元，农民人均纯收入同比增长14%，全镇经济社会及各项事业取得较好较快发展（旧镇镇工业园企业收归绥安工业区管理后，各项指标独立核算）。

【工业经济强劲发展】

强力推进招商引资工作 年初成立镇招商引资工作领导小组，至年底，引进企业8家，总投资额逾10亿元：台玻新能源汽车用动力电池模组生产线、天闽光伏发电、金马金葱粉、金海宝、海昌冷冻、文新纸业、闽鲜冷冻、飞灰固化等多个项目落地，同时有汽车玻璃生产和家具生产2个项目正跟踪在谈。

全力跟进重点项目建设 对重点项目实施贴身服务，力促项目落地投产。自行车产业园是市委、市政府拉练项目，自行车产业园已有6家企业进驻，其中1家投产，另有2家已完成围墙建设，年度投资可达1.50亿元；漳州闽南文化城已完成主体工程建设，正在进行外墙装修，近期即可投入使用。

落实项目征迁工作 自行车产业园已全部完成征地工作；迎宾大道、沿海大通道、丰瑞园征迁工作均已进入扫尾阶段，飞灰固化也正式启动征地工作；海西如意城和安义路重新成立征迁工作小组。各个项目征迁工作稳步推进，为项目落地提供保障。

【村镇面貌展现新颜】

升级镇区基础设施 富楼街改造工程已竣工，是全县乡镇首条改性沥青道路。着力完善镇区亮化及排涝设施，镇区面貌焕然一新。漳东线至边防路口的道路是通往县城、高速以及多个其他乡镇的交通要道，11月底竣工的路灯铺设及变压器安装，为过往行人提供便利。

加大民生项目投入力度 “十二五”农村饮用水工程现已完成水管铺设，可解决全镇4万人饮水安全问题；铁浦水库除险加固工程完成投入使用。

落实村级项目建设 各村履行年初工作大会上的表态，共计投入451万元，建成排水管道、涵洞、老人活动中心、堤岸加固、拦水坝等16个惠民项目，提前完成年初表态任务数。投入310万元，建成村级道路12千米，完成年初表态任务数的75%。

【生态建设全面铺开】

重点推进美丽乡村建设 东厝村投入300万元，拆除破旧构筑物0.55万平方米，建成污水沉淀池3个，公厕2座，污水收集管网1200米。西示村投入500万元，拆除破旧构筑物0.40万平方米，建成郊野公园1座，完成村主次干道硬化和生态沟及生态塘建设，对西示小学进行重新装修，完善配套设施。开展镇区绿化美化试点，旧城村投入27万元规划并建设古寨山公园，完成广场砖铺设以及太公庙水泥梯修缮工程。

严厉惩治“两违”行为 制订《旧镇镇开展“两违”综合治理“百日会战”暨“大干六个月”实施方案》。利用村级换届选举，对不称职的土地协管员进行调整。确定山仔村为“无违建”创建示范点，以点带面，增强全镇治违控违意识。全年，共拆除“两违”建筑4.42万平方米，完成年任务4.40万平方米的100.50%。

开展环境卫生整治 多次对全镇的交通要道、农贸市场、各村主干道及沿海道路进行大清扫、大整治。制订并下发《环境卫生整治及垃圾集中转运工作实施方案》，明确奖惩机制，要求各村将生活垃圾运送至垃圾焚烧发电厂。

【社会事业有序开展】

卫生工作 完善覆盖城乡的社会保障体系，新农保、新农合筹资工作如期完成；在计生方面，全镇通过开展多项专项活动，尤其在“大干六个月计生宣传服务活动”后，各项工作指标完成情况良好。

发展生态旅游 加强对乌石天后宫的管理，成立乌石妈祖管理委员会。推介乌石妈祖生态旅游品牌，全年共接待台胞近5000人次。

教育事业 加大教育投入力度，筹资近150万元，完善多所中小学基础设施。其中有潭仔头小学操场修缮工程、西示小学操场美化工程以及教学楼维修工程等。镇中心幼儿园顺利通过县示范幼儿园评估验收。

【社会大局和谐稳定】

交通安全设施建设 为提高社会民众的交通安全意识，避免减少交通事故发生，年初，在全镇各村路口增加交通安全标志，减少交通安全隐患；在漳浦三中、八一小学、长春中学和妈祖庙周边道路等重点区域增设爆闪灯和减速带，重画斑马线等标志。

安全生产 多次深入开展安全生产大检查，突出交通安全、森林防火、矿山、消防、粉尘涉爆、烟花爆竹、建筑工地、危险化学品以及人员密集场所等重点区域大排查。取缔3家自营汽油销售点，对31家幼儿园进行安全生产整改。

平安旧镇创建 旧镇派出所筹资500多万元，完成派出所大楼新建工程，为案件办理、群众维权等平安创建提供平台。在全镇开展网络化管理建设，完善设备和平台系统，至年底，已完成16个村平安监控探头铺设。

综治维稳工作 落实信访工作领导责任制，在“9·3”阅兵、“两会”及青运会期间均未出现越级上访、非访等现象。全年，镇社会调解室共调解各种社会矛盾、民事纠纷570起，调解成功率达98.10%。做到“小事不出村、大事不出镇、矛盾不上交”，确保全镇社会安定稳定、人民安居乐业。

（撰稿人：张军伟）

·霞美镇·

【概况】

2015年，霞美镇完成生产总值12.80亿元，同比增长20%。其中：工业总产值3.50亿元，同比增长25%；农业总产值7.07亿元，同比增长15%。实现财政收入

2695万元，同比增长20%；固定资产投资4.10亿元，同比增长30%；农民人均纯收入12986元，同比增长15%；向上争取无偿资金1500万元。

【项目建设扎实推进】

2015年，全镇建设项目17个，总投资6.39亿元，年度投资3.29亿元。其中：省重点项目2个，市、县重点项目3个，基础设施项目7个，农业水利项目5个。至年底，已完成北江2千米海防执勤路、10千米自然村水泥路、66.67公顷董门虾池改造、镇区排涝工程等项目。2个省重点项目（沿海大通道霞美段、LNG管道霞美段）、二期安全饮水工程、五社村新村建设、竹寺安置小区正在加紧施工；白石避风塘、镇农贸市场、镇卫生院职工宿舍楼、海堤除险加固、标准化农田已完成设计，正在报批；铭万建材、泰园建材正在安装生产设备。

【招商引资成效突出】

2015年，共引进项目9个，总投资3.50亿元，同比增长50%。铭万建材、三立百基建材签约落户霞美特色建材园，南渔饲料在原大统食品厂改建，农丰食品、晟源食品、卓凯海蛎壳加工、日日春酒业、金公山茶厂等5个项目开工建设。

【严抓“两违”专项整治】

按照“拆、防、化”的治理要求，重点对漳东线霞美段两侧、沿海大通道霞美段红线内、古雷港区附近及农保区进行巡控。全年共开展大型专项整治行动5次，拆除违法建筑14宗，拆违面积4.50万平方米。

责任分工到位　结合实际制订“两违”综合治理实施方案，明确部门工作分工，做到一日一巡查。与各村签订目标责任书，把查违、控违、拆违工作列入村干部年度考核，确保管控到位。对发现的新增违法建设，要求立即停建；对拒不配合纠正的违法行为，采取强制措施，依法严处。取得较好的震慑和示范效应，有效遏制“两违”行为。

宣传教育到位　多次召开“两违”工作会议，做好村干部的思想工作，把依法制止违法建设的政策讲清楚，促进“拆违”工作顺利开展。对巡查发现的问题及时制止，把不稳定因素消除在萌芽状态。按照县“无违建”示范点“六达标”的要求，扩宽思路，创建“无违建”示范村——黄埔村，取得较好带动效果。

【狠抓综合环境治理】

抓畜牧污染整治　完善区域养殖情况分布图，建立一户一档，新建养殖场按照相关程序经过严格的环评和审批，成立管控执法队伍对禁养区内的养殖场进行拆除。一年中没有发生有关畜牧污染的问题。

抓森林资源保护　完成造林绿化78.67公顷，落实森林防火行政领导责任制，与各村签订森林防火责任状。开展防火宣传，加强镇村两支防火队伍的演练，落实防火工作经费，配备扑救设备，较好地完成火灾双控指标任务，没有发生非法占用林地行为。

抓水利资源保护　建立健全小溪域渠道整治管理制度，成立小溪域渠道整治管理队伍。投入资金150万元整治东港、下楼溪、中社溪等重点流域，同时，加强对水利资源的管理保护，没有发生与河道有关的信访和破坏水环境、水利工程及非法采砂行为。

抓环境卫生整治　健全卫生管理长效机制，加大资金投入，配齐保洁车、卫生箱等设施。开展对漳东线等主要道路整治，做到垃圾堆放规范整齐，路沟内外、路面及设施上无暴露垃圾及杂物，有效地解决霞美“脏、乱、差”现象。

【力抓富美乡村建设】

以市级富美乡村示范点五社村为重点，按照“洁化、序化、硬化、绿化”的总要求，以“拆清楚、扫干净、摆整齐、保畅通、增绿化”为目标，致力于富美乡村建设。至年底，全村共投入资金1785万元，完成1.20千米水泥路硬化，绿化花木1800棵，新建污水处理池1个，整治池塘1个，新铺污水收集网1.80千米，拆除废弃杂乱建筑2205平方米，清理陈年垃圾282车。同时，打造竹仔林公园，配套凉亭、喷水瀑布、活动休闲中心等；打造红色革命教育基地一虎崆岩，完成环境整洁及配套等。五社村实现村容村貌整洁有序,村民的生活生产环境大为改善。

【社会事业有序发展】

社会管理措施扎实 实行领导干部信访包案责任制,明确责任领导和具体承办责任人,并建立台账。通过教育说服、盯防稳控等措施,确保上级重大活动期间没有出现集体性上访。一年中,共接到上级批转信访件29件次,均落实"一岗双责"和"六定五包"责任制妥善解决。加大不稳定因素排查力度,全年共受理各类纠纷162起,调解成功157起,调处成功率达97.10%,没有发生矛盾纠纷引发的"民转刑"重大刑事案件和群体性事件。投入4万元,开通全镇手机平安霞美宣传彩信,投入80多万元,在9个村建设综治网格化监控项目。

安全生产常抓不懈 镇村两级高度重视安全生产,坚持每月的安全生产联席会议制度,经常性开展渔船、烟花爆竹等重点领域的整治,实现安全生产零事故。

道路安全整治规范 投入30万元,整改全镇四大交通安全隐患点的交通安全警示设施;投入10多万元,修复后辽边防所旁边的道路山体崩塌工程,确保道路下方10多户居民的生命财产安全。加大执法力度,对街道两侧占道经营现象进行整顿,规范广告牌的设立,使街道整体美观;在漳东线霞美段沿线建设围墙,规范道路秩序,并喷涂宣传标语,打造道路安全整治示范路。

【完成村级换届选举】

抓创建强基础 上半年,完成白石、中社2个后进村整顿转化工作,加强2个村党组织建设;创建五社、北江2个村党支部党建示范点,初步达到示范点建设标准要求,为村级换届打下良好基础。

抓谋划促成功 超前谋划,提早介入,多措并举消除村级换届选举工作隐患。按照"公正、公平、公开"依法依规的原则,至8月27日,全镇20个村(居)组织换届选举一次性成功。

【农业经济提质增效】

发展三大特色产业 着力构建特色种养殖乡镇,特别是致力从品牌培育、规模养殖、质量提升等方面扶持牡蛎、鲍鱼、杨梅特色产业。

发挥龙头带动效应 以中冷食品、美丽家香食品、九坤蚝业、德立信、良顺丰食品、恩丰食品等为龙头,走"公司+农户"模式,逐步朝深加工、精包装、多样化迈进。同时,发展一村一品,形成霞美牡蛎、北江鲍鱼、董门海参、黄埔杨梅、巷内梅酒等品牌产品。

【霞美名优特产】

霞美牡蛎 霞美镇是全省最大的牡蛎生产加工基地和牡蛎贸易聚集地之一,牡蛎养殖、生产、加工已经成为霞美镇特色农业。随着养殖技术革新和进步,全镇从乱石头养蚵发展到条石—棚架—浅海吊养等养殖模式,牡蛎的产量大幅度提高。至年底,全镇牡蛎养殖面积1467公顷,年产值1.50亿元。从事牡蛎养殖、生产、加工人口占全镇沿海总人口1/4以上。霞美镇立足资源优势,培植牡蛎养殖、生产、加工、深加工,促进当地经济发展是今后农业特色产业发展方向和重点。

北江鲍鱼 鲍鱼又名海耳,是海洋中的单壳软体动物,鲍鱼列在海参、鱼翅、鱼肚之首,素称"海味之冠",其营养价值十分丰富。霞美镇鲍鱼产业项目位于旧镇港湾霞美镇北江海域,是近年来漳浦沿海试吊养鲍鱼效益最好的海域。至年底,全镇已发展吊养鲍鱼1.50亿粒,鲍鱼育苗场10多家,年产值6亿元。有5000多人从事鲍鱼育苗、养殖、营销等工作,是霞美镇经济发展新的增长点。

黄埔杨梅 杨梅,又名龙睛、朱红,素有"初疑一颗值千金"之美誉。杨梅果实色泽鲜艳,汁液多,甜酸适口,营养价值高。霞美镇黄埔村是名优水果"黄埔杨梅"的主产地,黄埔村以其独特的地理优势,产出具有地方特色的黄埔杨梅。至年底,黄埔村的杨梅种植面积已达134多公顷,并延伸到巷内村、五社村、塔岭村等相邻山区村庄,全镇已发展杨梅种植734公顷,产值近亿元。

董门海参　海参属于温补食品，因其稀有，营养价值极高，被誉为“海八珍”之一。霞美海参，肉质厚，口感非常好，深受广大消费者的喜爱。霞美镇董门村利用优异的地理条件，使得海参产业得到了发展。经过几年的努力，董门村有养殖户300多户，年产值1000多万元。董门村大部分劳动力都投入到海参经营、养殖、批发等工作中。

（撰稿人：蔡晓宏）

·杜浔镇·

【概况】

2015年，杜浔镇完成固定资产投资1747万元，规模工业总产值20729万元，财政总收入2100万元，社会消费品零售总额5724万元，农民人均纯收入13750元。

【项目征迁实现新突破】

树立属地主体意识，全力推进港区项目征迁工作。按照部署安排，各征迁工作组发扬“走千趟万趟、说千言万语、吃千辛万苦、想千方百计、帮千家万户”的精神，以政策引导群众，以真情感化群众，以真心帮助群众，最大限度得到群众的理解、支持和配合，促进项目征迁工作有效推进。2015年，全镇共完成征地443.73公顷，涉及22个项目，13个村(场)。妥善解决林前村下吕自然村碧海置业道路问题。后姚村后姚自然村整体搬迁进入尾声。收海工作扎实开展。

【“两违”整治初显成效】

强化巡查管控　建立“片区－督查组－巡查管控队”三级巡查管控体系，每天对全镇实行不间断动态巡查，不留死角。全年共巡查制止1135宗“两违”抢建装修行为，制止及拆除“两违”抢建面积2.46万平方米，查扣非法运输建筑材料车辆600辆，并由交通、公安部门依法进行处罚。

强力组织拆除　按照“三区域”“四重点”“六先拆”原则，对重点“两违”对象进行重点打击，保持高压态势。全年共组织强制拆除“两违”建筑9处共2260平方米。

从严案件查处　从严从重从快查处非法转让、倒卖土地使用权，非法占用农用地，顶风作案继续抢建乱建，妨碍公务、暴力抗法，非法运输贩卖建筑材料等违法案件。已批准逮捕9件21人，起诉3件10人，立案侦查职务犯罪1件1人。

落实堵疏结合　为妥善解决农村村民住房困难问题，经报请市委市政府、县委县政府同意，杜浔镇按照调查摸底、逐级上报、详细核对、反复公示、分批解决的工作部署，批准第一批49户住房困难户进行建设，真正做到堵疏结合，确保“两违”治理与民生改善两不误。

【社会和谐稳定得到巩固】

信访维稳不断加强　实施镇村二级信访接待、来信来访台账登记、驻村包片领导负责、“一村一卷，一件一策”等多项工作机制。全年共接待受理群众来信来访172件次，其中：接到上级批转件60件次，一件多投重复件20件次，已办结39件，办结率达97.50%。排查各类民间纠纷256件，成功调处256件，调处成功率达100%。

平安建设不断深化　加强社会治安管理，全年共破获刑事案件25起，查处治安案件174起，刑事、治安案件发生数同比分别下降35%和22%，社会安定稳定形势得到进一步巩固。强化道路交通安全整治，共查处各类交通违法行为2856起，查扣车辆1325辆，行政拘留80人；投入25万多元完成辖区12个主要交通事故多发路段的整改。推进社会管理服务中心规范化建设，完善网格化管理平台，建成龙港社区、居委会、正阳村、后因村、路边村、徐坎村等6个网格化服务管理中心，共安装监控摄像头216个。

安全生产不断巩固　落实安全生产“党政同责、一岗双责”，开展消防、非煤矿山无证开采、烟花爆竹安全、船舶安全、农村液化气、易燃易爆物品等各项整治工作16次。开展“安全生产月”、安全生产大检查和大检查“回头看”等一系列活动。加强应急防范和值班值守，提高应急处置能力，增强群众的安全防范意识。妥善处置近城村发现的人感染H7N9禽流感病例，有效防控疫情扩散。

【群众福祉大幅改善】

城乡环境提质优化　投入15万元，出动铲车、土车、吊车10部，汽割设备6台，对镇区环境卫生、违章搭盖及广告牌、乱堆乱放等开展集中整治，镇区特别是漳东线主街道环境整治取得初步成效。以后因村为示范点，投资100多万元推进富美乡村建设，拆除旱厕、猪圈、蘑菇房等680平方米，清理陈年垃圾50吨，建设水冲式公厕1座，硬化巷道5.50千米，安装路灯160盏，栽种树木380棵。木禾农林有限公司投资1050万元，在官埔山种植果树品种三红蜜柚、柠檬80公顷，全部采用滴水喷灌模式，成为杜浔镇生态休闲观光农业的典范。开展春秋季动物防疫工作，全面拆除小规模不达标生猪养殖场167家。完成造林绿化119.27公顷，通过国家林业局森林资源监督检查验收。

卫计教育事业健康发展　加快古雷港区医院综合楼项目施工进度，城乡居民医疗保障水平进一步提升。加大教育设施投入，共投资194.80万元用于修缮学校学生宿舍、食堂及购买、维修课桌椅等。计生服务水平持续提高，"国优"成果更加巩固。2015年度，全镇出生人口1105人，政策符合率82.08%，出生人口性别比111.7；征收社会抚养费218.08万元，立案198件，打击"两非"案件3起；计生奖励扶助84人共9.32万元，计生"安居工程"补助10户共5万元。

社会保障力度加大　完善城乡社会救助体系，做好农村低保动态管理工作，全镇共有低保对象1590人，其中"五保"对象531人。开展结对帮扶困难群众活动，镇领导干部结对资助贫困学生4人、结对帮扶贫困户15户。全镇城乡居民社会养老保险覆盖人数1.12万人，参保缴费人数已达4719人。落实各项扶贫政策，发放中央财政扶贫资金3万元，扶贫小额贴息贷款44万元，抓好扶贫开发建档立卡对象调查摸底，为"精准扶贫攻坚年"做好前期准备。

（供稿：杜浔镇党政办）

·沙西镇·

【概况】

2015年，沙西镇以加快发展为主题，以和谐稳定为保障，以"建设古雷港区中央休闲区"为目标，推动全镇经济和社会各项事业持续稳定发展。全年固定资产投资项目6个，完成固定资产投资额7023万元，完成技术需求1个，实现成果对接2个；完成规模工业产值6223.80万元，净增规模工业企业1家，完成工业税收133万元；新批内外资项目注册资本共计12578万元，完成内资实际到资3900万元，新增限上零售企业2家，引进旅游项目2个；完成财政收入1098万元，其中：国税收入509万元，地税收入589万元。

【农业农村工作】

富美乡村建设　成立镇富美乡村建设工作领导小组，制订实施方案，明确要求、责任领导与责任人。是年累计投资307万元，其中：投资235万元完成高山村老人活动中心及相关配套设施建设；投资12万元用于整治乱搭盖、废旧建筑；投资8万元购买垃圾桶；投资15万元用于清理村排污沟渠；投资19万元用于整治缆线和裸房；投资18万元用于村庄绿化。

农业生产　开展农村土地登记确权颁证工作，确定北旗村为示范点。完成漳州长隆农业开发有限公司大棚蔬菜生产项目的立项，投资920万元完成农业设施建设。开展畜牧养殖污染治理，全年共拆除15户共2476平方米的养殖场，无害化处理154只病死畜禽。完成春秋季重大动物防疫防控工作，全年没有发生重大动物疫病。粮食播种面积1386.67公顷，粮食总产量0.95万吨，超额完成县下达全年任务指标，种粮直补1673.67公顷，良种补贴1100公顷，水稻保险880公顷。开展3次农技员的业务培训，完成18口农村户用沼气池建设。

造林绿化　完成造林绿化（含"四绿"工程）131.33公顷，其中：种植"三沿一环"26.67公顷，红树林20公顷，完成县下达造林任务。组建镇、村扑火队，投入4万元购买160套防火装备，全年没有发生森林火灾事件及破坏生态公益林事件。

水利建设 2015年，水利建设重点项目3个。投入1224万元，完成沙西“十二五”农村安全饮水项目建设，完成白衣、河墘、枋林、院前、屿头5个建制村入村管网铺设。计划投入1500万元的沙西村桥闸除险加固工程完成设计招投标；计划投入1500万元的庄前村海口闸除险加固工程完成设计招投标。

海洋渔业 配合上级部门落实船舶登记工作和伏季休渔监管，共完成渔业船舶安全检验354艘、落实渔工保险1320份，均完成县下达任务指标的100%。一年中，没有发生船舶出事死亡事件。全年开展4次水产品质量安全及养殖技术培训。

【基层组织建设】

村级党支部换届选举 沙西镇于6月12日全面启动村级党支部换届选举工作，至8月15日结束。其间，有效地化解涂楼村、河墘村、屿头村的党支部内部矛盾。一次性成功选出14个党支部班子，支委共58人，支部书记11人，下派第一书记2人(涂楼村、河墘村)。

村级活动场所建设 年初，得到市、县相关部门以及古雷港区支持，投入120万元建设高林村村级组织活动场所，已完成建筑，准备投入使用。

党员发展及培训管理 2015年，新发展党员6人，其中：镇直机关2人，农民党员4人，高中文化以上党员4人，35周岁以下党员3人；转正党员14人。利用镇党校组织开展各种专题内容培训活动2期，培训农村党员180多人次。

走访慰问困难党员 通过调查摸底，健全档案机制，开展走访慰问活动。“两节”期间，共走访慰问困难党员58人，其中：特困党员10人，贫困党员18人，困难党员30人，共发放慰问金2.18万元。

【“两违”整治及安全生产】

“两违整治” 全年共出动巡查人员3819人次，出动执法车辆1315车次，组织拆违行动20次（其中开展主题拆违6次，集中拆违14次），拆除24宗“两违”案件，拆除面积2.02万平方米。

安全生产 组织镇安办、派出所、边防、城建、国土、林业、供电、司法、执法等部门，多次进行安全生产检查。共出动执法人员76人次，对生产经营单位进行安全隐患排查，发现存在安全隐患11条，已整改11条，整改率100%，全年没有发生安全生产事故。

道路交通安全 开展多项道路交通安全专项整治行动，共出警执法192次，查纠严重交通违法行为282起，交通行政拘留58起，刑事拘留4起。

【服务古雷经济区】

2015年，完成古雷区域(沙西段)峰头水库引水工程项目征(租)地10.93公顷、海西天然气管网工程项目征地24.87公顷、古雷港区纬五路(沙西段)29.83公顷的征地工作及沿海大通道84.53公顷的征地工作，配合施工单位做好项目的扫尾、清表及建设工作。是年，沙西镇共抽调干部21人参与古雷整岛搬迁及收海工作。

【计生工作管理】

2015年，全镇出生774人，出生率15.9‰，出生人口性别比106.90，同比下降4.60个点；政策内出生635人，政策符合率为82%。二(多)孩出生385人，性别比129.20，同比下降18.30；人口自然增长率10.4‰。统计初婚377对，初婚率7.80‰。依法征收社会抚养费119.67万元，审核发放生育证465本，办理独生子女父母光荣证18本。

【及时化解矛盾纠纷】

由于固废场项目落地建设，非法围垦，土地、滩涂、虾池承包纠纷、承包期满后难收回，村级三资管理不规范，村级组织换届选举遗留问题及征地过程中产生新问题、新矛盾，导致全镇社会不稳定因素较为突出，信访上访现象较为严峻。为切实妥善处理存在的社会突出问题，镇党委、政府在完成平安创建的各项基础工作上，完善镇、村、组三级治安防控网络，实行重信重访责任制；按照“包片包区、划分责任”的原则，推行领导干部下访接待和“一线工作法”。建立健全社会矛盾纠纷排查调处机制，聘用三名社会威信较高、作风公道正派、调处能力强的退居二线村主干组成矛盾纠纷排查调处小组，由镇主要领导带队到一线调研、座谈、走访，召开专题会议进行分析研判，寻找有效解决方法。一年中，镇主要领导多次牵头蓬山固废场项目征地失地群众要求落实失地补的信访人，与县人社局、信访局对接，商讨方案，预防群体性事件的发生，妥善处理高林村花圃租金等问题，化解各种纠纷和矛盾，对维护社会安定稳定起到积极的作用。

（供稿：沙西镇党政办）

·古雷镇·

【概况】

2015年，古雷镇持续开展“三个年”活动和抓好八项重点工作，较好地完成年初既定的各项目标任务。全镇实现社会总产值7.68亿元，农民人均纯收入12180元，同比增长16%。

【服务项目举措有力】

抓整岛搬迁 围绕推进古雷石化产业基地建设这一目标，加快推进启动区一、二期搬迁补偿安置扫尾工作。在总结一、二期工作经验得失的基础上，启动古雷整岛搬迁补偿安置工作。在补偿方案制订时，更加考虑搬迁群众的利益，在搬迁签约工作中更加注重深化群众思想工作。发挥“主人翁、主心骨、主战场”的作用，全力以赴配合市、县派工作队，坚持正面宣传引导，深入与群众面对面沟通，帮助群众算细账、算大账、算长远账，取得群众的理解与支持。同时，有针对性选择各个角落代表作为突破口，调动村两委、离任村主干、外出干部、社会贤达等工作力量，发挥好本地人缘地缘优势，集中资源、合力攻坚，形成多层面、全方位、广覆盖的宣传态势和群众工作态势，整岛搬迁签约工作快速有效推进。自6月12日进入实质性签约至12月31日，整岛搬迁的8个村累计完成签约7433户，占总任务数的97.48%；完成选房结算6864户，共选房11664套139.64万平方米，其中：已结清6275户，发放补偿资金88.90亿元；累计完成腾房7104户，占总任务数的92.15%。

抓项目征地 开展配套项目的征迁工作。2015年，全镇共完成包括中怡石油精细化工、台湾中石化一期、腾龙西路及河道、新阳科技不饱和聚酯树脂、岱仔路及疏港连接线、春达化工、海顺德催化剂等重点配套项目征迁扫尾，及岱仔输煤廊、海水淡化工程、海洋气象观测站、锦江石化、中石化炼化一体化前期等项目征迁工作。完成征地298.20公顷、40多个鲍鱼场拆迁和732座坟墓迁移，涵盖8个村79个村民小组的2万多人口。

抓西侧海域征收 西侧海域征收工作顺利实施，至年底，6086.67公顷的收海任务已基本完成，其中：网箱养殖完成签约2641户19276排，占总任务数的99.14%；拖排上岸拆除处置完成19298排。筏式养殖完成签约1896户2867.67公顷，占总任务数的99.21%，并全部完成退养处置。虾池(鲍鱼池)、工厂化养殖完成签约641户392.24公顷，占总任务数的98.01%，基本完成生产管理房的拆除。滩涂养殖1933.33公顷，其中：西林、港口2个村滩涂群众有实际养殖的769户686.67公顷，已全部完成签约；另外，下堀、古雷、油沃、半湖、陂内、龙口、西辽、岱仔等8个村滩涂1000公顷，由各村委会统一收回并进行第二次利益分配；新增收海任务(南港区外围及北侧)2664排网箱养殖（第一批）461户1989排已全部完成签约，全部完成拖排上岸拆除处置；历史遗留问题(南港区外围及北侧)网箱养殖(第二批)105户675排已完成签约14户63排。

【民生改善成效显著】

落实强农惠农政策 落实种粮直补、渔船燃油补贴等政策。累计兑现各类惠民资金845.30万元，其中：发放粮食直补金额35.30万元，发放渔船燃油补贴金额810万元。

实施劳动力转移 规划建设劳动就业培训中心，通过举办失地失海农民技能培训、理财培训和企业招聘现场会等，帮助和服务失地失海农民再就业。一年中，在古雷新港城举行失地失海农民就业培训8个班次，培训失地失海农民700余人次，联系对接用工企业6家，转移农村劳动力900余人。

完善保障体系建设　重视困难群众的生活救助，全镇已有678户756人纳入低保救助，已有98户99人纳入五保户救助，是年，发放低保金200.30万元，弱势群体应保尽保，较好解决困难群体生活难问题。全镇新农合、新农保参合率、参保率分别达到100%和90%以上。

【和谐水平持续提升】

加强统筹，明确责任　镇党政一把手对综治稳定工作亲自安排、亲自部署，把维护稳定工作列入重要议事日程来抓，并严格执行"一岗双责"责任制，层层落实责任。同时还制定相应的考核细则，订立责任状，将责任状列入年终考核范围，实行"一票否决"。保综治维稳工作有人管、有人抓、能落实。

计生基础更加夯实　打基础、抓常规、突破重点难点，统筹解决人口问题。根据古雷计生工作特殊性，把计生工作当做一项长期性、基础性的工作来抓，任何时候都不松懈。对"四术""双查"各种遗留情况进行梳理，逐个分析原因，任务、责任落实到人，切实扭转古雷计生被动落后的工作局面，成功摘掉"市重点跟踪管理乡镇"帽子。推进依法行政，与相关执法部门配合，严格依法征收社会抚养费，全年共征收社会抚养费833.02万元，完成任务数的245.70%。

平安建设稳步推进　深化平安创建，开展平安项目、平安海岸线、平安码头、平安校园、平安村创建活动，将平安古雷触及至每一个角落。依托港区治安办、岱仔边防所、古雷派出所组建巡逻队，加强项目区及全镇各道路的巡逻，形成无缝衔接的防控网络。落实安全生产责任制，经常性地开展渔业生产、渡口、易燃易爆行业等方面安全检查，及时消除安全隐患。

民主法制切实加强　发挥工、青、妇、老人协等群众性团体的作用，密切与人大代表、人民群众的联系，听取他们的意见和建议。实施政府网站信息公开、民主听证、镇务公开等，有效推进党务村务公开制度建设。同时，抓好会计委托代理、经济合同审核和招投标监管"三个服务中心"规范化建设，强化农村集体资金、资产和资源的监督、管理和清理。

跟踪督促提升办案指数　针对上半年任务指标完成存在差距的问题，指定专人，建立每周数据跟踪比对制度，定期例会分析，把情况及时呈报党政主要领导，有针对性的督促派出所、边防所加强治安打击和案件侦破。加强社区群防群治队伍建设，调整充实义务巡逻员、治安信息员，组建治安中心户长理事会，做到有情必知、有情必报，及时掌握辖区内的不稳定因素。抓好路面巡逻和出租房屋、流动人口管理等治安基础工作，最大限度地挤压违法犯罪活动空间。一年中，"两所"共破案69起(其中侵财案件68起，故意伤害1起)，打击起诉32人，办理治安行政案件273起。

及时排查化解矛盾　将矛盾纠纷排查工作与中心工作紧密结合。把突出问题及群体性事件作为排查的重点，每天一排查，每周一上报、一汇总，摸清底数，纳入台账管理。建立完善矛盾定量排查、重点排查和专项排查"三项机制"，矛盾排查横到边、纵到底、底子清、情况明。第三季度，累计走访群众2200户，生活困难家庭81户，排查化解矛盾纠纷107件次。

处置信访积案　逐一落实责任主体和具体责任人，逐一明确办理时限；对问题复杂、事关重大的复杂疑难信访案件，由党政主要领导带头包案；对政策法规有明确规定的，尽快处置到位；对诉求合理但要求过高的，在解决合理诉求的同时，耐心细致地做好思想教育工作；对诉求不合理但确有实际困难的，综合采取政府救助、社会救助、民间互助等多种方式帮助解决；对无理诉求并缠访、闹访的涉嫌违法人员，依法打击处理。一年中，共处置信访件23起，其中积案8起，积案处置率100%。

【村级组织建设不断加强】

结合古雷实际，一方面尽量提高村主干的政治待遇，激发村两委干部的积极性和主动性。对在征地、收海、搬迁等重大战役中，表现突出、贡献巨大的，优先推荐上级授予较高的荣誉。另一方面注重从经济上倾斜，着力提高村干部经济待遇，为各村主干全额缴交医保社保，并把工资从原来的每月900元提高到3020元；村两委一般干部的工资从原来的每月500元提高到800元。

（撰稿人：陈庆丰）

·六鳌镇·

【概况】

2015年，六鳌镇全年实现固定资产投资93997万元，完成年任务的116.05%；规模工业产值20.64亿元，完成年任务的105.87%；财政税收总收入6704万元，完成年任务的100.04%，工业企业税5308万元，完成年任务的100.15%；新批合同注册资本（内资）达到19686万元，完成年任务的196.86%，新批合同注册资本（外资）540万美元，完成年任务的180%；实际到资中，内资达到9167万元，完成年任务的366.68%，外资951.92万美元，完成年任务的634.61%。在2015年度全县乡镇重点工作综合考评中，六鳌镇被县委、县政府评为第二名，连续四年获得全县二等奖的好成绩。

【工业项目强力推进】

2015年，全镇列入建设的有一帆新能源、六鳌一级渔港、六鳌半岛旅游度假中心、翡翠湾旅游开发一期等4个项目。为确保项目的强力推进，把项目细化分解落实到每个班子成员、每个干部身上，做到每一个项目、每一个工作环节，都有工作组人员跟踪到位、服务到位；同时加强分类指导，根据项目的类型、轻重缓急做好分工，解决好项目报批、征迁、协调等一系列问题，确保每一个项目能够有效地推进。是年，重点战役项目完成投资75373万元。在4个省、市重点项目中，投资6亿元的福船一帆新能源装备制造项目顺利开发出陆用和海上风力发电塔筒产品，并进入核电金属结构生产，第一批产品于4月交货，至年底已形成产业规模，是福建省唯一具有陆用和海上风电产品制造能力的新能源项目。

【滨海旅游效益显现】

致力打造“滨海旅游名镇”，六鳌翡翠湾旅游度假中心于2015年获批国家AAAA级旅游景区；继成功举办第一届闽南沙雕艺术节及第一届欢乐冰雪艺术节后，再次成功举办第二届印象丝路沙雕艺术节。六鳌半岛旅游度假中心和抽象画廊2个重点旅游项目已着手征地等前期工作，并投资1000万元建成六鳌古城脚下的鳌西和鳌东2个美丽乡村，将文化元素融入滨海旅游大格局，滨海旅游业发展所带来的综合效益逐步显现。

【美丽乡村建设协调进展】

根据本地的民风民俗、人文景观，采取“统筹规划、特色明显、设施完善、环境协调”的原则，保护乐三楼、古路街、莲花园等原有传统建筑风貌；利用古榕树、龙眼树等自然生态资源，实施绿化、亮化、净化、美化、硬化这“五化”工程，完成莲花园景观工程及玉池潭景观改造工程。按照修旧如旧的原则，保存原有的传统建筑风貌，修复完成总长600米的鳌西“旧路街”。

【民生事业稳步发展】

省级重点项目六鳌一级渔港已完成投资量14251万元，初步形成避风港湾，解决渔船多、避风差、停靠难等问题。投资约1500万元建设完成新一轮海堤除险加固工程，涉及下寮村、鳌中村、大澳村3个村。重视教育的均衡发展，投资近3000万元建设完成六鳌中学2幢学生宿舍楼、六鳌中心学校新校区、淑华学校、六鳌中心幼儿园等5个校安工程及配套设施。淑华学校于2015年春节后投入使用，六鳌中心学校新校区于9月投入使用。开展环境卫生综合整治，实施“户分类、村收集、镇中转、县处理”的城乡一体化垃圾处理模式，以“扫干净、摆整齐、保畅通”为基本要求，以“垃圾不落地、环境更美丽”为目标，发动群众全民参与，全镇卫生环境得到有效整治。1月，六鳌镇被市委、市政府评为第十二届（2012－2014年度）文明乡镇；12月，顺利通过第十三届（2015－2017年度）市级文明乡镇年度考评。

【社会事业有序推行】

落实人口计生管理目标责任制，坚持党政一把手“亲自抓、负总责”，计划生育工作从2014年的全县第19名进步到2015年的第七名，年度考核位居全县二类乡镇评比第二名。全面推行“网格化管理、组团式服务”的社会管理创新模式，创新建立六鳌海上综合管理服务中心和海上流动党员管理模式。建立一帆重工平安企业示范点，建设完成10个村和虎头山全球眼监控系统。

（供稿：六鳌镇党政办）

•深土镇•

【概况】

2015年，深土镇实施“生态名镇•宜居深土”发展战略，狠抓项目建设，推动农业升级，持续改善民生，经济保持平稳。全年新增创盈食品、达旺石材2家规模工业企业，完成年任务的200%；固定资产投资5.05亿元，完成年任务的202%；规模工业产值8.10亿元，完成年任务的101%；新批内资合同注册资本3.90亿元，完成年任务的390%，新批外资注册资本560万美元，完成年任务的187%；财税总收入3850万元，完成年任务的101%。

【推动产业升级】

投资2600万元的日盛农业开发项目、投资3000万元的信利农蔬菜项目均已建成投产；鸿跃农产、泰康源农产、丹山农产品、聚盈农产、信义果蔬等一批总投资1亿元新签约项目顺利落地，创盈实业有限公司晋级为“农字号”规模企业，全镇农业产业链进一步壮大。新华东“+xinhuadong牌速冻虾”获得“福建名牌产品”认证，“深土三角文蛤”“深土皱纹盘鲍鱼”获得国家地理标志认证，农产品品牌规模逐渐形成。

【惠民成效突出】

基本完成总投资2.40亿元的沿海大通道（深土段）建设，新建总投资400万元10千米长的农村水泥，投资100万元完成各村主要道路监控安装。总投资2300万元的石古水库、石盘水库、山美水库除险加固项目、农村安全饮用水项目及车敖片土地整理项目等已竣工待验收。投入350多万元，建设山边和西丹2个美丽乡村示范点，并借助新媒体宣传，打造区域乡村旅游特色村。发放种粮综合直补资金100万元，争取14个“一事一议”项目财政奖补资金386万元，发放新农保900万元，发放困难补助金、低保金、慰问金等30多万元，基本实现应保尽保。

【镇村环境明显改善】

严厉惩治非法采石、采砂、毁林和非法占用林地等行为；建立健全环境污染综合整治联动机制，治理工业污染；规范养殖行为，关闭“两违”猪场108家，改造提升3家规模猪场。突出重点区域治理“两违”，规范城乡建设，维护公众利益，共拆除违法建房、违章搭盖4.04万平方米。开展环境整治，建立垃圾治理长效机制，投入近300万元，实现陈年垃圾基本清零，实施生活垃圾日产日清，改善农村环境。创新融资方式，加快城镇化步伐，在全市率先采用ppp模式，签约合作总投资达6.50亿元的“碧水丹山”小城镇综合体项目。

【社会事业统筹兼顾】

不断完善镇综合文化站、村综合文化服务中心等硬件建设，成功承办漳州市“三下乡”启动仪式，举办“印象丹山”中秋诗词吟诵会等文化活动；顺利通过省级农村宣传思想文化工作示范乡镇验收，并取得全市第一的佳绩。加大计生工作力度，查处“两非”案件4起，其中重大案件1起，征收社会抚养费349.06万元，二孩性别比同比下降6.14%。落实安全生产责任，健全“党政同责”“一岗双责”制度，集中开展专项整治行动，实现全年安全生产零事故。保持高压态势打击违法犯罪，破获刑事案件14起，查处治安案件111起，化解矛盾纠纷298件，全镇社会治安保持整体稳定。完成漳浦县村级组织换届选举试点工作，一次性成功选举出141名村“两委”成员。

（供稿人：王文彬）

•赤湖镇•

【概况】

2015年，赤湖镇围绕巩固提升“四大重点区域”，抓实抓好“八项重点工作”的工作部署，突出做好“经济发展、农业农村、计划生育、维稳信访”四项重点工作，较好地完成各项工作任务。全年实现社会生产总值47.60亿元，同比增长13.10%。其中，规模企业产值37.22亿元，同比增长10.40%；固定资产投资11.90亿元；财政总收入6826万元，工业税收5700万元，出口创汇2411万美元。

【工业发展稳步推进】

皮革园区　进一步完善皮革园区基础设施配套，推动全镇工业经济跨越发展。首批入园的12家企业已有9家通过环保预验收并进行试生产，2家通过环保预案核查。是年陆续有含铬污泥处置和油脂回收2个配套项目投入使用，实现皮革企业废物综合利用。强化投产后的监督管理，完善在线监控系统和数据监测系统建设，实现投产企业、污水处理厂和园区环保部门的联网实时监控。制订完善环境风险防范预案，落实环境保护措施。出台“和谐村企”工作方案，打造“共享、共建、共融”的和谐村企关系。是年，园区实现产值21.50亿元，税收4432万元。

五金园区　在保持原有企业正常生产的同时，强化废水、废气、废弃物排放等环保标准，鼓励其他企业合并、转产、退出，对不符合环保要求的落后企业坚决予以关停。根据上级文件要求制订闲置土地处置盘活方案，联合执法部门开展闲置土地清理，优化园区结构。2015年，五金园区创造1400多个就业岗位，实现工业总产值约2亿元，税收1000万元。

【经济产业结构得到优化】

重视第三产业，把旅游业、服务业发展作为助推社会经济发展的重要动力。全力做好总投资40亿元，占地面积244公顷的七星海国际滨海旅游度假区项目征地工作。加大宣传力度，增派精干人员，完成二期征地扫尾8.33公顷，基本完成一、二期征地任务188公顷。配套项目七星海商务酒店投入使用，林地、道路建设项目审批有序进行。至年底，全镇共有商贸业、服务业158家，税收1993万元。

【农业农村工作成效突显】

漳浦县“小农水”项目赤湖片区建设有序推进，已完成半石、后湖农业连片基础设施建设；镇辖区内各水库除险加固工程扫尾工作全面竣工；总投资1500万元的赤湖溪中小河流治理项目现已完成一期堤岸防护工程。依托农业资源优势，鼓励农民调整产业结构，倡导科学化管理种植，种植结构趋向合理，是年全镇大葱种植扭转连续三年亏损的状况，取得大丰收、卖出好价钱，产值3亿元以上。加大省级富美乡村前湖村的资金投入，以点带面推动全镇富美乡村建设进程。全年累计投入资金240万元，用于村内拆旧、拆违共计2000多平方米，巷道硬化1.50千米，粉刷墙面2670平方米，在通村入口架设大型路灯3盏，栽种绿化苗木2600株，并完善管护制度，基础配套设施日趋完善。

【城乡面貌有效改观】

以高压态势狠抓“两违”整治。2015年，全镇共组织巡逻242次，出动执法人员2236人次，联合边防派出所、行政派出所进行拆违行动21次，拆除违建34处，及时制止违建23处，清理拆除非法占地违章建筑4.10万平方米，处理投诉举报案件7起，查扣违法运输车4辆，“两违”现象得到有效遏制。以营造舒适人居环境为目标抓农村环境卫生整治，建立健全环境卫生工作机制，实现镇、村卫生机制全覆盖；创新工作方法，对各村完成垃圾运转任务的按实际吨数给予补贴，并根据运输路距给予油费补助；同时强化考核，对每月超额完成的前三名给予资金奖励，初步形成“村收集、镇运转、县处理”的农村垃圾处理模式。全年共投入环境卫生整治100多万元，全镇农村环境大大改观。

【民生投入持续加大】

"十二五"农村安全饮水工程顺利完工，管道入户正在抓紧进行中，让老百姓喝上干净的饮用水。赤湖镇敬老院、前湖村老人活动中心等项目建设也相继竣工；垃圾中转站、消防站、保安村海防执勤道路、半石村旧村改造等项目陆续完成。

【社会事业全面进步】

教育教学硕果累累　2015年，中考考上漳浦一中61人，高考进入本一线24人，本科线共362人，稳居全县第二；中心幼儿园按原计划于9月顺利开园；达志中学三号教学楼即将竣工；半石、西潘、亭里等小学加大资金投入。

计生基本国策有效落实　继续抓常规、打"两非"，重点抓好人口出生性别比失调整治和社会抚养费征收工作，计生考核实效位居全县第三。

（供稿：赤湖镇党政办）

·佛昙镇·

【概况】

2015年，佛昙镇紧紧围绕"宜居侨乡、商贸重镇、旅游胜地、物流枢纽"发展战略规划，推动各项工作全面发展。是年全镇实现工农业总产值26.63亿元，同比增长9.18%；财政收入6261万元；完成固定资产投资7.46亿元，同比增长200%；农民人均纯收入14212元，同比增长14.74%。

【"四大战役"硕果累累】

攻坚整美片区征迁项目　该片区是厦门港南岸新城的核心区，也是漳浦县三大战役之一，已完成征地192.54公顷，完成应征面积的92.60%。可安置1200座坟墓的整美陵园已经投入使用，秀岛三路、秀岛五路等道路设施已经开工建设。

推动商贸城建设项目　已完成征地34.33公顷，完成任务数的98%；建设市政道路4条2.10千米和1座标志性的售楼部及5座商贸封顶楼房，为佛昙成为漳浦东城市立下里程碑。

佛昙溪河道整治　该项目是一项惠民利民的民生项目，采取路堤捆绑建设，计划总投资约2600万元，已顺利开工整治。至年底，累计投资1600万元，拆除占用河道虾池13.27公顷、拆除违章建筑1445平方米，完成护岸填土加固3千米及河道清淤。

【招商引资成效显著】

发挥2667公顷海产品养殖基地和600多艘渔船带来海产品的丰富资源，突出精准招商、专题招商和定向招商；创新招商理念和招商方法，实行以侨招商、商会招商、以企招商、以商引商等有机结合，提高招商工作的针对性、实效性。共组织外地招商12批次，新签约漳浦县聚兴食品有限公司和福建源豚生物科技开发有限公司等6个项目。

【农业农村稳步发展】

基础设施建设　总投资708万元，建设全镇各村13个农村基础设施项目，主要是大白石村外埔机耕路排洪水沟、新安村官岭保障亭建设、石埕村、人坪村、后社村、整美村等4个村的水泥路硬化及下坑、园东等5个村的自来水管道改造。

"富美乡村"建设　轧内、后许2个村被评为省级乡村旅游特色村。市、县、镇、村四级通力协作，完成产业规划，开展村庄环境整治；已完成代卿古樟园中心景区、玄天上帝公庙和石猴讲坛等人文景观建设。大白石村作为富美乡村示范点，是年累计完成投资917.10万元，完成整治乱搭盖、废旧建筑6300平方米；完成垃圾堆放场建设；建设排污管7条、公厕8座；整治裸房12座；硬化游艇码头道路800米；村庄绿化300株；完成建设2座卫生院和1座中心幼儿园；建设自来水供水管道8000米；配备路灯200盏。

发展现代农业　总投资550万元，在轧内村建设1个封闭式循环水工厂化设施养殖基地，已完成立项、征地及土建、水路、电路等；总投资500万元，在轧内村建设1个石斑鱼、南美白对虾人工繁殖基地，已完成立项、土建、水路、电路等。

"两违"综合整治　开展"两违"综合治理，全年"两违"拆除目标任务为5万平方米。至年底，共拆除上报违建物32处，拆除违建面积共6.03万平方米，腾出土地面积6.46万平方米，完成年度拆违目标任务的120.69%。

【特色产业不断壮大】

扶持发展蔬菜种植业，突出发展海洋生物育种与健康养殖业，养殖模式主要以滩涂、池塘、网箱和陆上工厂化养殖为主，养殖品种涵盖鱼、虾贝、藻等领域。其中，佛昙的河豚、九节虾、花蛤养殖规模较大，产业特色明显。

持续发展河豚养殖 佛昙河豚养殖始于民国时期，当时渔民尝试将捕捞的天然海域野生河豚苗种进行池塘养殖，经多年的探讨，已开发出一套成熟鲀、虾、贝生态养殖模式。佛昙河豚前部粗壮，后部渐细，肉质洁白、细嫩，味道鲜美，营养丰富，富含蛋白质、不饱和脂肪酸、维生素、矿物质及多种对人体有益的微量元素，被誉为“百鱼之王”。至年底，佛昙河豚遍布全镇沿海各村，品种主要是菊黄东方豚和条纹东方豚，全镇养殖面积近2666公顷，年产量近6000吨。产品销往江苏、浙江、广东等省份，年产值1.80亿元。佛昙成为福建省河豚育苗量最多，养殖面积、养殖产量最大地区。

九节虾养殖 佛昙九节虾养殖历史悠久，解放前，就有渔民在佛昙沿海捕抓九节虾，这是早期佛昙九节虾的来源。20世纪50年代末，佛昙渔民开始利用得天独厚的海域资源条件，大面积、大规模进行海滩围垦并建设标准对虾养殖池，推广养殖九节虾。佛昙九节虾壳薄，光滑透明，体长而侧扁，营养价值非常高，有养血固精、化淤解毒、开胃化痰等功效。佛昙九节虾养殖遍布沿海各村，养殖地之一的东坂村还有万亩的农业部水产健康养殖示范区，全镇年产近2000吨。产品供不应求，除部分销往国内诸省外，还远销澳大利亚、美国、日本等国家，年产值达2.40亿元。

花蛤养殖 佛昙花蛤同样具有很长的养殖历史。1952年，全镇有46户人家利用滩涂22.40公顷养殖花蛤，年产8.80吨。20世纪70年代末，已建成沙质池或池塘池，放养花蛤近130公顷，走上佛昙花蛤产业化发展道路。佛昙花蛤以虾池立体混养的模式为主。佛昙花蛤贝壳表面的颜色、花纹主要是棕色或密集褐色，壳体小而薄，不含沙土，肉质饱满、肉味鲜美，营养丰富，有滋阴明目、软坚、化痰之功效。佛昙花蛤养殖遍布沿海各村，其中，整美村等地出产的产品获得农业部无公害农产品证书。全镇花蛤年产超3.20万吨，加工后的产品获得福建名牌产品，远销东南亚和非洲，产值近2亿元。

【社会事业健康发展】

抓民生项目 2015年，全镇水利建设有4个重点项目8个标段，即小(二)型水库除险加固项目、小农水项目、“十二五”安全饮用水项目、水土保持项目、佛昙溪堤防与护岸工程项目。建成后，可提高防御洪涝灾害能力，改善全镇供水情况，又可满足南太武滨海新区4个镇(场)的集中供水。

创新社会管理 开展新一轮“平安佛昙”建设，加大综治平安建设宣传力度，提高“七率”水平；落实“四下基层”工作机制，畅通群众诉求渠道，强化矛盾纠纷排查，全镇基本实现零上访。一年中，共调解各类纠纷案件249起，调处率100%；办理来信来访17件，已办结17件。

稳步推进计生工作 开展春季计生攻坚行动、计生“九、十”月宣传月活动，提升出生人口政策符合率，出生人口性别比失调得到明显改善。同时，深入开展“生育关怀”行动，共投入资金72万元，发放小额贴息贷款47万元，“幸福工程”扶助款25万元，提升计生家庭的生产生活质量。顺利通过市级计生重点跟踪管理乡镇验收，并代表漳浦县接受市计生检查。

文体教卫协调发展 成功举办第三届龙舟文化节、鸿江诗会、歌咏比赛、少儿才艺晚会、广场舞、美食文化节等大型文艺活动。通过市级教育督导工作验收，成立佛昙镇扶贫助学促进会。开展爱国卫生运动，建成并投入使用垃圾中转站，完善卫生院基础设施建设，做好城镇居民及新型农村合作医疗工作，是年，全镇新农合参合率达100%。

落实安全生产 落实“一岗双责”工作制，建立安全工作长效监管机制。开展安全生产“六进”活动，开展以消防、危险化学品、建筑施工、非煤矿山安全为重点的隐患排查治理专项行动。

（供稿：佛昙镇党政办）

·前亭镇·

【概况】

2015年，前亭镇实现规模工业产值25.37亿元；财政收入2705万元，其中，国税1745万元，地税960万元；工业投资5.87亿元；实际利用外资461.70万美元，实现出口创汇2233万美元。

【工业经济发展后劲增强】

全镇工业投资5.87亿元，其中，总投资5000万元的万顺吉非金属加工完成一期主体厂房建设，进入试投产阶段；元新食品、顺益食品纷纷进行扩资增产，分别投资3000万元和1000万元用于主体办公楼和冷冻库建设。

【发展要素得到保障】

加快前亭工业园征地扫尾进度，包括完成237座坟墓签约和197座坟墓迁移工作；厦门港南岸滨海新城前亭后蔡项目区完成征地223.63公顷，其中，项目区秀岛路1—4路完成交地开工，区内54座养殖场全部顺利拆除；东部片区自来水厂项目完成3.33公顷的土地征用，进入施工阶段。

【农业工作健康持续】

加大基础投入　加大农业基础设施资金投入，投资1000万元，完成洛运、田中央200公顷土地整理项目，包括配套建设机耕路、灌溉渠及排水渠除险加固。

突出龙头带动　发挥元新食品、顺益食品龙头带动作用，扩大虾、蟹、贝、牡蛎等养殖规模，发展精深加工，强化品牌带动，打响前亭对虾、前亭珠蚶2个国家地理标志品牌。2015年，元新食品和顺益食品被评为省级海洋产业龙头企业。

推动转型升级　以蜜原生态农场为示范，带动玉女番茄、莲雾、红心火龙果、水晶芭乐等高优水果种植，配套建设农业休闲旅游项目，推动蜜原生态农场由生产农场向旅游观光农场转变。以永利顺休闲观光有限公司为推手，发展现代农业，园区主要以蔬菜种植为主，规划用地面积33.33公顷，总投资8000万元，全区配备现代喷灌设施及亮化绿化等工程，打造具备观光、旅游等功能的现代农业园地。

【新农村建设有序推进】

有序推进旧村改造　重点实施桥仔头村市级美丽乡村建设，全年共投入550万元用于19套裸房整治和村道硬化、绿化、拓宽改建及氧化塘建设等，提升村容村貌。后蔡村占地2.67万平方米的新村建设已完成地类确认、规划修编、选址意见书申报、地灾评估和土地预审等所有报件，进入申报农村住宅小区建设试点阶段。

持续深化“两违”专项整治　2015年，全镇共拆除违建11宗，共计4.03万平方米，腾出土地4.60万平方米，拆后土地利用面积4.60万平方米，总利用率达100%。

抓好环境卫生整治　安排56万元专项资金，用于镇村卫生环境建设，启动垃圾中转站，健全卫生环境管理机制，落实垃圾统一堆放、统一运载、统一处理，保证全镇垃圾日日清。全镇日均垃圾处理量达13吨。

【社会事业全面发展】

实施民生项目　2015年，投入6000万元，进行东部片区自来水厂建设；投入503万元，实施“十二五”村级安全饮水工程；投入475万元，进行村级道路硬化建设；投入320万元，进行卫生院住院楼建设及设施设备配备。此外，还实施海堤除险加固、土地整理等民生项目，民生项目总投入达1.20亿元。

提高计生工作水平　重视对育龄妇女生育观念的教育引导，持续保持低生育水平，全镇男、女性别比趋于正常，全年人口出生性别比109.48，政策符合率82.84%，年终考评成绩位居全县前列。

综治维稳工作扎实有效　对矛盾隐患做到早发现、早化解，重视初信初访，对合理诉求及时化解；对积压矛盾分批分期化解，做到小事不出村、大事不出镇。是年全镇共化解矛盾纠纷176件,其中办受理初访件8件,化解率100%。

社会保障工作到位　2015年,全镇共发放低保户补助资金132万元,发放残疾人补助资金18万多元。新农保和新农合参保率分别达到92%和100%,做到应发尽发,应保尽保。

教育事业持续发展　全镇在2015年中考中,被漳浦一中录取30人,比上一年有较大幅度提升。江口小学、后蔡幼儿园、桥仔头小学等校舍陆续完成设计开工建设。

(撰稿人:胡毅恒)

·马坪镇·

【概况】

2015年,马坪镇实现国内生产总值达6.43亿元,国税入库92万元,完成年任务的100%;地税入库240万元,完成年任务的103%。财税收入460万元,完成社会固定资产投资8500万元,农民人均纯收入14125元。

【工业经济取得新突破】

主动融入厦门港南岸滨海工业新区,找定位、求转型、谋发展。全年新办工业企业3家(湖埔农业有限公司、洁美手套有限公司、漳州青禾生态农业有限公司),完成年任务的150%;新投产工业企业2家,完成年任务的200%;全镇外资新批合同注册资本400万美元,完成年任务的133%;限额以上社会消费品零售总额4010万元,完成年任务的100.20%;新增企业2家(马坪镇安鹏电器商行、马坪镇福氏文具商行),各项经济指标均完成或超额完成年度任务。

【基础设施日趋完善】

2015年,全镇实施民生项目建设15个。

交通道路项目2个　总投资1000万元。其中,投入650万元,实施佛昙东坂至镇区5.30千米、四车道拓宽及下水道工程;投入350万元,实施"村村通"及海防道路建设工程。

水利项目4个　总投资9123.20万元,其中:投入3789万元,实施杨美水库除险加固;投入3591万元,实施石过陂水库除险加固工程;投入493.20万元,实施马坪二期安全饮用水工程;投入1250万元,实施坡耕地治理工程。

农业农村项目6个　投入8677万元,分别实施马坪污水处理厂建设、马坪垃圾中转站建设、马坪农业技术推广业务用房建设、53.33公顷现代休闲农业观光园(漳州青禾生态有限公司)、仙都村环境综合整治和马墟村、京野村巷道硬化。

社会事业项目3个　投入320万元,分别实施马坪敬老院建设、马坪中心幼儿园围墙建设和寨仔山公园建设。

【农业农村蓬勃发展】

美丽乡村建设成效突出　2015年,投入850万元,推进仙都村美丽乡村建设。建设垃圾收集池5个和污水处理管道,建立农村保洁队伍,及时清理生产生活垃圾,拆除废旧房屋、旱厕、猪圈及各类违法乱搭乱建面积4000平方米,整理村道"三线"6千米,保持房前屋后杂物堆放整齐有序;完成村主干道路灯设施配套,铺设自来水供水管道3千米,建设顶厝文化公园和福康庙24孝文化公园,实现硬化、绿化、亮化、美化和公共设施配套化。开展造林绿化和创建绿色乡镇活动。

现代农业结构逐步升级　转化资源优势为产业优势,以杨梅、食用菌、油茶、毛豆、黄牛、淡水养殖等六大生态产业建设为突破口,加快6个建制村的现代农业产业发展,深化"一村一品"产业链,打造杨梅、油茶、食用菌生产基地。

其他重点工作同步推进　农村土地登记确权领证工作有序进行;开展污染综合治理,特别是加大生猪面源污染整治,关闭拆除小规模不达标生猪养殖场,做好重大动物疫病的防控,强化病死畜禽无害化处理;开展河流溪域渠道整治,保护水资源,推进水产品质量安全措施的有效落实。

(撰稿人:庄志杰)

• 官浔镇 •

【概况】

2015年，官浔镇以“美丽官浔，花木名镇”为主线，做大做强花木特色产业，激发发展活力，实现环境与产业互动，生态建设与经济发展双赢。是年全镇生产总值12亿元，同比增长27.60%；规模工业产值0.828亿元，完成比例80.40%；社会固定资产投资5亿元，完成比例111.10%；财税总收入1940万元，完成年任务的100.16%，其中地税完成1015万元，国税完成925万元；社会消费品零售总额9725亿元，完成比例97.25%；农民人均可支配收入2.65万元，同比增长9.20%。全镇花木种植面积3333.33公顷，实现花木总产值达到10亿元。被评为“省级乡村旅游休闲集镇”。

【着力推进“三农”工作】

加快工业项目建设　项目建设方面：全镇完成项目投资27066万元，占年度任务数的100%。分别是：园艺景观展示交易中心，宏盛农业产业花卉种植、培植等管理用房配套设施项目，三本工业公司扩建等3个重点项目。招商引资方面：完成飞地工业项目6个，总投资3.52亿元。其中注册内资有5家，分别是：漳州佳新食品有限公司，注册资本100万元，总投资500万元；漳浦长丰果品开发有限公司，注册资本为341.45万元，投资总额为8000万元；漳浦庆浩水产品加工有限公司，注册资本为2100万元，投资总额为5200万元；漳浦时营冷冻有限公司，注册资本为2800万元，投资总额为7000万元；漳浦福营冷冻有限公司，注册资本为2600万元，投资总额为6500万元。外资1家，即漳浦隆福农业开发有限公司，注册资本为300万美元，投资总额为1000万美元，已完成投产。

推动农业结构调整　实施“一镇一业”和“一村一品”的发展战略，推行水稻“五统一”机械化作业，配套建设康庄水稻工厂化机插育秧示范点，稳定粮食生产面积。以花博园、树博园、毓秀园、台创园、花卉苗木创业园、农业部万亩水稻示范基地为载体，扶持发展农民专业合作社（家庭农场）18家，改变传统分散的种粮方式，逐步向集约化、规模化、机械化发展。打造花木、水稻、蔬菜、水产四大支柱产业，扩大马铃薯、水稻等经济作物种植面积，提高经济作物比重；立足万亩花卉、万亩商品粮、大棚蔬菜、南美洲白对虾等基地的主导产业，建立休闲农业观光园，加快推进生态农业发展。

加强农村环境建设　注重生态和环境保护建设，抓好农村家园清洁和村容整洁工作，实现村庄道路硬化亮化；开展环境综合评比整治活动，改善农村生产生活环境；加强农贸市场规范化管理，关闭拆除禁养区内的生猪养猪场1972平方米；开展禽畜养殖、生活污水和生活垃圾的全面整治，配套排污管道、污水处理池、垃圾处理场等设施建设，加大垃圾中转站和垃圾焚烧的运行管理。

做大花木特色产业　优化花木产业布局，打造国道324线花卉苗木产业带；完善溪坂村花木街市和景观名木毓秀园2个花木市场建设，吸引知名企业进驻；提升324国道特色花木走廊、花都新村休闲驿站周边环境，配套发展“农家乐”“自助游”；推进土地流转，扶持培育现代花木企业，实现花木种植、营销科学化、规模化、网络化，提高生产效率；健全市场服务体系，提高花木行业协会服务水平，利用信息共享和网络交易平台建设，整合漳浦电商办、花木协会资源；以第七届农博会和第十七届花博会为契机，启动万家花木企业上网工程，利用“任淘APP”平台，免费为全镇300多家花木企业提供信息采集、上网，开展“互联网＋培训”，共同推进“一镇一品”“互联网＋花木”建设。

【持续开展“两违”整治】

按照先易后难的原则，强化联合执法力度，狠抓强制拆除，实现“两违”专项整治提速。建立健全机制，定期召开“两违”例会，分析解决“两违”治理中存在的问题。利用村村通广播、执法宣传车进行广泛宣传，引导村民自行拆除“两违”建筑；强化查违控违，打击“两违”苗头，确保“两违”零增长；开展“两违”自查和督查，落实党员干部责任追究制度；建立健全镇级举报投诉记录台账，完善举报投诉；全年共出动车辆300多车次，人员700多人次，完成拆除违建面积1.70万平方米。

【深化平安创建活动】

深入实施安保工程　编织交通安全网，提升农村道路交通安全工作。投入62万元，完善境内主干道停车线、标志牌、减速带、标牌等低标路段排查整治，完善全镇县道、乡道及镇区和学校等路段指路标牌173套；依托县公安局交警大队的技术支持，投入12万元，对镇区交通实施严管一条街的车辆违章行为进行抓拍布控，促进驾驶人的文明行车行为，通过集中整治，有效遏制道路交通事故的发生。

社会治理创新发展　加强信访维稳创新工作和防控体系建设，维护社会和谐稳定。“平安官浔”建设深入开展，投入120万元，实现全镇社区网格化与农村平安监控全覆盖，成为全县首个社区和农村平安监控全覆盖的乡镇。投入50万元，建设平安文化园，以社会主义核心价值观为主题，规范村规民约，促进乡村和谐。制作“七率”宣传杯，发放至每家每户。发挥“德煌”人民调解工作室以及3支维稳队伍的作用，强化社会矛盾纠纷排查化解；严格按照“线路图”，依法处置无理缠访、闹访和非法组织、煽动越级集体上访等行为。2015年，全镇实现零积案，没有出现越级上访。

【稳定低生育水平】

确保稳定低生育水平　开展以技术为重点的服务，加强流动人口计划生育管理，综合治理出生人口性别比例失调问题；开展特色宣传，完善计划生育基础设施和服务体系，创建计生“优质服务镇”。是年全镇人口出生400人，其中男210人，女190人，出生率为15.01‰，出生人口性别比110.53，出生人口政策符合率83.75%。

强化打击防范措施　清理出生补漏报12人，整治“三高”问题，打击查处“两非”案件1起；加大社会抚养费征收力度，共立案68件，对拒不缴交社会抚养费对象申请法院强制执行。

兑现扶助奖惩政策　实施安居工程、幸福工程和小额贴息贷款工作，办理计划生育家庭意外伤害保险，促进全镇人口与经济社会协调发展。全年共发放各种奖励费72.83万元。

【加快推进惠民工程】

发展社会事业　做好中心卫生院新建准备工作，力争早日开工建设。关爱老年群体，建设康庄、红霞老人康乐中心。投入31万元，建设赵厝村多功能运动球场。

增强社会保障能力　健全社会保障体系，发挥人力资源市场作用，整合就业网络，全年转移农村劳动力3000人。开展农村社保、医保工作，提高城乡低保补助标准和“五保”供养水平，实现应保尽保；加强低保信息化管理，完善农村“五保户”生活保障制度，帮助解决弱势群体生活生产困难。

推进民生建设　开展“一水一溪一村一道一制”“五个一”惠民工程项目建设。投入1000万元，实施农村安全饮用水“村村通”工程，保障群众基本生活用水需求；加快生态南溪建设步伐，投资30万元，进行南溪官浔段水葫芦和清淤治理，投资160万元，实施下炉地质灾害点整治，提高防灾减灾能力。提升美丽乡村内涵，在完善溪坂、山边花都新村的基础上，继续打造红霞、康庄2个省级富美乡村建设。实行动态监管，持续开展每周二的环境综合整治评比活动，建立健全环境卫生长效机制，实现垃圾不落地，环境更靓丽。加大农村道路建设，全镇投入340万元，进行康庄、红霞、赵厝等建制村总长8.50千米道路硬化及安全整治。

（撰稿人：杨国原）

·长桥镇·

【概况】

2015年，长桥镇实现社会生产总值9.86亿元，同比增长7.80%；完成固定资产投资2.63亿元，完成任务的75.10%；财政收入完成3257万元，完成年任务的58.40%,其中:国税1891万元,地税1365.90万元;已有规模工业企业7家,完成产值3.96亿元,完成任务的68.70%。同时,完成7家飞地工业企业的登记,已提交相关部门进行确认。

【"林业循环经济产业园"建设有序推进】

项目由福建漳龙集团有限公司投资建设,第一期规划面积186.67公顷,其中长桥镇用地43.33公顷。项目于7月28日启动征地工作,全镇上下齐心协力,抽调精干力量组成4个征地组,进村入户开展征地赔青工作。至10月底,除4户水库(池塘)户外,已基本完成征地任务,进入扫尾除青阶段。至年底,已完成地表清理23.33公顷,交付施工队进行土地平整。

【割后村至南浦乡公路工程征地顺利进展】

项目起于国道324线割后村段,下穿厦深铁路,途径掷石村,与规划县道相交,止于南浦乡龙桥村。路线里程长7千米多,按二级公路标准兼城市功能设计,设计速度每小时60千米,双向四车道,水泥混凝土路面,于10月9日开工建设。至年底,涉及长桥镇辖区的9.13公顷土地已经全部征迁完成,交付工程队施工。

【农业重点项目按序时进行】

重点生态农业项目"漳浦县御荣绿化苗木精品示范园",预计投资2300万元,规划用地面积9.33公顷,年产蝴蝶兰25万株,种植香樟、朴树、赤楠等苗木,年产值770万元。至年底,已完成投资2645万元。万辰生物科技年产9900吨蟹味菇(白玉菇、海鲜菇)食用菌生产线技术改造项目属县级重点项目,预计投资4500万元,已完成投资5175万元。重点项目共完成投资7820万元,完成年任务3000万元的267%,超序时进度187个百分点。

【富美乡村建设效果显著】

春光村富美乡村建设计划投资1088万元,截至10月,已投入559万元,完成总体规划设计、村庄废旧房屋禽舍拆除、道路硬化、春光幼儿园及春光敬老院建设等,转入村庄整治、村庄绿化、危桥改造。各项目均按序时安排有效推进。

【农村环境整治取得新成效】

开展系列环境综合整治,打击非法无证采矿、木业加工、生猪养殖、河沙乱采(洗)等违法行为,取缔一批对环境污染严重的企业。长桥镇垃圾中转站建成投入使用,已配备垃圾转运车1辆,司机3人,垃圾收集三轮摩托车4辆,司机8人,各村保洁员59人。"两违"专项整治活动取得突破性进展,至10月,全镇共拆除厂房11家、铁棚11处、房屋22座,面积2.68万平方米,完成年任务数的95.84%;根据县政府要求,开展生猪养殖污染专项整治行动,已强制关闭禁养区内27家养殖场,并督促可养区内40家养殖场年底前完成整改提升。

(撰稿人:李琪哲)

·石榴镇·

【概况】

2015年,石榴镇围绕"农业强镇,生态名镇,旅游重镇,和谐新镇"这一发展目标,发挥现有资源优势,向外对接项目,经济运行势头良好。全年实现固定资产投资3.10亿元,规模工业总产值2.58亿元,同比增长15.60%,限额以上社会消费品零售总额6704万元,同比增长72%,财政收入2382.90万元,同比增长18.60%,完成外资注册816万美元,同比增长104%,内资注册1.40亿元,同比增长180%,农民人均纯收入13206元,同比增长9%。

【发展后劲增强】

2015年,共投入6.42亿元,有序推进红色旅游道路、土地整理、水库除险加固、农村安全引水等一批民生项目,改善群众的生产生活条件。重点项目建设不断加速,列入市级重点项目1个(石榴特色现代农业核心示范园),县级重点项目有2个(即利苑农业、泓润农业),全年完成重点项目投资1.79亿元,完成年度计划的223%。

【特色农业健康发展】

以工业化理念发展现代设施农业，加快土地流转步伐，大力培育经营主体，强化农业科技支撑，推动全镇现代农业发展。2015年，依托总投资1.48亿元的333.33公顷国家现代农业示范区石榴特色产业核心园建设，发挥其示范带动作用和规模集聚效应，推动现代农业发展，面积达到1436.67公顷。引进福建合本生物科技有限公司，注册资金1200万元，总投资6000万元，主要是中草药种苗种植技术的研发、应用、推广。抓农业生产和造林绿化，完成人工造林更新73.33公顷，完成全年任务，没有发生森林火灾和破坏生态公益林事件。

【招商引资成果突出】

2015年，签约(中民新能)横达工贸、力辉工贸、弘越服装等7个项目，完成年度计划的350%，其中：隆星休闲用品、力辉工贸、天意农业等3家企业实现当年投建当年投产。同时，多措并举扶持洪流汽车悬架、博松服装、金阳食品等工业企业的发展，加快解决梅林服装园区征地遗留问题和项目用地指标问题，推进飞秒一期厂房及配套工程建设，力促亚洲豹早日开工建设。

【推动生态发展】

加快红色旅游资源开发 挖掘和利用革命历史文化资源，推进车本革命老区建设。在改善农村环境面貌的同时，加快推动红色旅游资源开发和红色旅游、生态旅游产业发展。计划总投资820万元，实施产业发展、环境整治、文化提升三大工程，是年累计完成投资460万元。美丽乡村项目于4月初开工，至年底已完工，待验收；红军公园项目已完成建设，红军纪念园项目已开工建设。

整治“两违”乱象 落实省、市、县关于开展“两违”综合治理“百日会战”暨“大干六个月”专项行动的精神，主要领导带头拆违。加强红色旅游道路、“石榴泉”旅游专用车道等重点区域管控。一年中，共拆除违法建房、违章搭建4.03万平方米，完成全年任务。

加强环境卫生整治 出台卫生评比制度和奖罚制度，健全长效机制，组建环卫队伍加强卫生管理。加强鹿溪水环境综合整治，开展畜牧养殖污染治理行动，全镇卫生环境有较大改观。

【优化发展环境】

深化“平安石榴”创建力度，一年中，共调解各类纠纷案件184起，调处率达100%。抓好落实各项信访工作，是年共签订息访息诉协议书3件，共收到初信初访件21件，均回复办理。开展道路交通安全整治，对红色旅游道路、“石榴泉”旅游专用车道及各村主要路口的道路安全隐患进行排查整治。抓好“党政同责”“一岗双责”和《安全生产责任制》等各项制度的落实，全年无发生安全生产事故。社会和谐稳定。

(供稿：石榴镇党政办)

•盘陀镇•

【概况】

2015年，盘陀镇实现规模工业总产值18.40亿元，完成固定资产投资7.20亿元，招引飞地工业项目8个，新办工业企业2家，招引文创、旅游项目2家。完成国税入库8271万元，地税入库1183万元。

【工业经济取得突破】

2015年，全镇共招飞地工业项目8个，即桐利工贸木材加工项目、天之然湿纸巾生产加工项目、彩霞服饰项目、梁源食品项目、珍汇食品项目、天福食品厂扩建项目、天福蜜饯厂扩建项目、天域置业通用厂房项目，总投资3.07亿元；新办工业企业2家，即福建梁源食品有限公司和漳州天之然卫生用品有限公司；招引文创、旅游项目2家，即投资1000万元的御汤泉生态农庄旅游度假中心和投资10亿元的南国天境温泉度假中心。

【重点项目稳步推进】

总投资29652万元的省重点项目东林500千伏变电站已完成总投资量的80%，正在进行设备安装和配套线路建设；投资2.50亿元的鹿水新城综合体已签订框架协议第一期，正在进行用地报批;投资1584万元的盘陀镇10个村庄环境综合整治项目已完成85%;投资546万元的盘陀镇堤防及护岸工程已完成75%。

【农业农村工作加快步伐】

割埔“美丽乡村”建设稳步开展　割埔村富美乡村建设,共拆除废旧房屋、残墙断壁、旱厕、猪圈及各类违法乱搭乱建近2563平方米;按照统一规划、统一报批、统一图纸、统一外观的方式进行建设,使村内道路、房屋整齐有序,基本无柴火等杂物堆放。通过向上争取项目资金、政府补助、村民自筹等方式,投入237万元实施村主干道、次干道、巷道硬化5千米近1.20万平方米,硬化率达100%,并配套建设排水排污管道,确保道路环境整洁。先后投入55万元,建设2个休闲公园,投入50万元,进行道路拓宽改建并沿路绿化,绿化面积达3000多平方米,做到需绿必绿、应绿尽绿。全年共整治裸房20栋,对裸房外墙进行粉刷装饰并修缮有破损的墙壁。

推进“两违”综合整治　推进“无违建”创建活动,确保“两违”整治不反弹。全年共拆除历史违建95宗,建筑面积1.31万平方米,腾出土地1.23万平方米;开展危房改造工作,共登记危房户93户,拆除危房93座,拆除面积1.38万平方米,经审核批准改建93宗,占地面积为1.06万平方米。

森林资源有效保护　落实森林防火责任书,做到“防得紧、控得严、扑得灭”。实行班子领导成员分片包干责任制,完善镇、村森林火灾扑救队伍,共落实防火经费1.80万元;加大防火广告宣传力度,共书写宣传标语120条;全年没有发生森林火灾。加强巡查,打击盗伐林木的行为,有效地保护森林资源;加大植树造林力度,全年共完成植树造林面积73.33公顷。

【社会各项事业统筹发展】

综治维稳工作有序　2015年,全镇共投入70多万元用于综治维稳、平安监控、网格化建设、治安打击、打假巡查和道安整治等工作,全镇11个建制村已安装平安监控探头111个。建立健全信访、矛盾纠纷排查调处预防化解机制,全年共调解矛盾纠纷124次,有效地清除各类不稳定因素,没有出现进京上访,越级上访事件。

社会保障水平稳步提高　加快完善社会保障体系,提高社会保障水平。2015年,全镇新型农村合作医疗保险参保人数达26445人,参保率100.13%,新型农村社会养老保险总参保10069人,参保率91.71%。加强低保的动态管理,完成“五保”、低保户家庭信息系统数据更新工作,做到应保尽保。完成全镇440户540人的低保核查,停保注销42户。全年共下发中央、省自然灾害救灾资金3.80万元。

强力推进计生工作　计生工作取得实效,通过狠抓计生队伍建设,建立镇、村干部激励机制,在全镇上下形成齐抓共管的局面。全年共出生人口482人,计划生育率达83.19%;征收社会抚养费196万元,较好地完成既定目标。

安全生产常抓不懈　落实安全生产“党政同责,一岗双责,齐抓共管”制度,开展全镇安全生产大检查隐患大排查、重点行业领域整治、“六打六治”“打非治违”等专项行动,重点开展以烟花爆竹、公共场所、危化品、非煤矿山、建筑、“三合一”消防安全等为重点的安全专项整治。全年共开展各类安全检查24余次,发放安全告示、整改通知182份,消除安全隐患28处,全年无发生安全生产事故。

深化“平安盘陀”创建　完善镇治安巡逻队和村级护村队,组织人员进行不定期的巡逻。通过设置“平安盘陀”公益宣传广告、张挂平安横幅、张贴创建平安标语、发放平安问卷入户调查表以及宣传材料等形式,增强群众安全意识。开展打击非法制售假烟活动,通过设立举报热线,奖励举报人、组织队伍巡查等多种方式,打击制售假烟的行为。

（撰稿人:吴玉玲）

·大南坂镇·

【概况】

2015年,大南坂镇紧扣“一城四区”的战略部署,立足大南坂实际，持续推动全镇经济社会科学发展、跨越发展。全年完成规模工业总产值32亿元，完成年任务的100%；固定资产投资10.60亿元，完成年任务9亿元的117%；出口创汇5700万美元，完成年任务的215%，财政收入99万元，完成年任务68万元的146%。

【招商引资取得成效】

改变招商模式，充分借助原有工业园企业资源，深度挖掘大南坂的地域文体优势，大念“变、借、挖”三字经，推进招商引资工作。是年成功签约晟半、天廊、金都成、美一、万三、超达、通宝、泉通、新农鑫等项目9个。

【发展现代农业】

立足现有优势，扶持龙头农业企业，发展以林下种植、林下养殖为主的林下经济。培育现代农业项目1个（扬基铁皮石斛），完成投资2300万元。

【推进富美乡村建设】

以实施下楼村省级美丽乡村建设为契机，把条件较成熟的新民、上埔、青年山、坑内等村一并纳入创建。投入建设下楼村环村路、帝师故里景观工程、污水管网建设、生态水系及绿化亮化等项目。

【深化“两违”专项整治】

2015年，共拆除违建面积2.68万平方米，腾出土地面积3.50万平方米。同时，组织多方力量，做好生猪养殖污染整治、生活垃圾治理等工作。进一步优化提升农村人居环境。

（供稿：大南坂镇党政办）

• 南浦乡 •

【概况】

2015年，南浦乡实现社会固定资产投资2.178亿元，完成年任务1亿元的217.80%，同比增长80%；实现财政总收入516万元，完成年任务515万元的101%；新引进外资企业注册资本800万美元，完成年任务300万美元的266.60%；内资企业注册资本2.30亿元，完成年任务1亿元的230%；社会消费品零售总额1349万元，完成年任务数1000万元的134.90%。

【农业农村工作有新进展】

“一溪四园”景观格局逐步成型　以美丽乡村建设为抓手，围绕一溪（即龙溪滨水景观带）四园（即天正文化园、古镇文化园、祖师文化园、红军文化园）的景观格局，通过面上整治、节点打造、细节修饰，对各村进行美化绿化亮化，达到“小整治、大变样”的效果。继续提升兴巷、后坑2个省级美丽乡村示范村，投资200万元对“天正文化园”中的“龙溪竹海”“戏水南溪”等特色景观进一步完善；在“古镇文化园”区，投资7000万元，拓宽从324国道至南浦乡政府7.20千米的道路；投资500万元，完善“祖师文化园”建设，重点实施美林至中西村“祖师路”建设、美林村生态公园、溪滨景观步行道和龙桥村镇区改造、龙溪湾生态公园建设等项目；投资500万元，完善“红军文化园”建设，重点修复南浦村红军楼，建立“闽南小苏区”，逐步打造“古韵龙桥、禅音南浦、碧水美林”等美丽南浦生态品牌。

民生项目加快实施　开展旧村复垦工程、土地整理、水土流失综合治理和坡耕地综合治理等工程，改善农业生产条件；实施街道整治、集镇供水等工程，改善农村人居环境；实施南溪防洪堤建设、地质灾害点治理、水库除险加固等工程，保护农民生命财产安全。

特色农业发展步伐加快　依托万亩绿竹林，鼓励、引导竹农坚持竹笋无害化种植、规模化收购、品牌化管理和体验式经营，“南浦绿竹笋”特色品牌逐步打响。鼓励当地企业加强山苏、白玉菇、明目叶等特色蔬菜的研发培育，加快实施差异化发展，生态农业、特色农业、观光农业的农业发展。

生态环境得到有效保护　实行“两违巡查整治”“水资源保护巡查整治”“森林防火巡查”“卫生巡查整治”四位一体的综合巡查整治工作，有效保护南浦乡生态资源，改善村居环境，收到良好的成效和社会反响。特别是针对生猪养殖污染整治工作，不断创新工作思路，开展家禽养殖、流通环节的监管工作，严格控制传染源；加强健康教育，开展全方位的爱国卫生运动。

【计生工作继续保持全县前列】

2015年，全乡计划生育各项指标运行良好，年度上报出生185人，其中政策内出生154人，出生人口政策符合率83.24%，出生人口性别比控制在105.56，人口计生统计准确率达100%。年度双查到位率均达到99%以上，全面完成县委、县政府下达的责任指标，计生工作继续保持一类乡镇水平。同时，开展服务工作，共办理一孩、二孩生育服务证、独生子女证共计105本，办证率100%；兑现5户独生子女家庭和3户二女结扎家庭的奖励，兑现率均达到100%。

【综治维稳工作机制不断完善】

通过开展"圩日接访""百姓道德讲堂"等载体和建设"平安山区服务队""网络化管理"等措施，维护全乡经济社会稳定。全年共发生信访件4件，均已销案，历史积案1起；共立刑事案件18起，破案12起、移送起诉10起；排查矛盾纠纷130件，成功调处130件，调处率达100%。建立健全安全生产长效化督查机制，集中开展生态环境整治、道路交通安全整治大会战和安全生产大检查活动，对各类安全隐患进行整治，辖区内无重大安全事故发生。

（撰稿人：翁国安）

·赤土乡·

【概况】

2015年，赤土乡围绕"打造绿色赤土，创建生态新区"的发展目标，经济社会保持较好的发展态势，共完成500万元以上固定资产投资3.96亿元，同比增长93.20%；规模工业产值3.50亿元，同比增长41.10%；财政收入2468万元，同比增长10.77%；社会商品零售额5200万元，同比增长78.27%；农民人均纯收入11623元，同比增长3%。在年度全县乡镇绩效考评中名列第三，获二等奖。

【服务"两区"开发建设】

抽调40多人次参加古雷整岛搬迁　经过抽调干部全体队员的共同努力，赤土乡负责的油沃、岱仔2个村的搬迁工作进展顺利。至年底，油沃村共完成群众签约431户，完成总户数的99.20%；所有签约户全部腾房。岱仔村已签约1683户，完成总户数的98.08%；完成腾房1599户，占总户数的92.97%。

抽调20多人次服务万安园区开发建设　至年底，累计完成土地征收500公顷，报批土地98公顷、使用林地35.73公顷。全长4.30千米、总投资3.10亿元的万安大道一期工程已竣工通车，并被省公路局评为普通公路标准化示范项目。万安大道二期工程已基本完成征地，正在清表、平整。唐郡漳浦文化村项目区展示馆和项目建设临时指挥部已建成，项目组已进场。万安220千伏变电站已进入施工阶段。安义路已完成征地，正在优化道路施工图设计。

【加快产业转型升级步伐】

工业发展步伐加快　把工业作为转变经济发展方式、优化经济结构、提升区域经济的主要突破口。引进中电投与福建绿领现代农业共同投资11亿元的光伏发电与现代农业综合项目。特色产业初具规模，形成全省最大的光伏与现代农业开发基地。

现代农业提质增效　利用万亩花卉苗木种植基地，引进花卉企业康美生物科技有限公司，投入近千万元建设埔阳花卉交易市场、前坂百花园，使花卉苗木种植业初步实现由粗放型向集约型发展。实施66.67公顷的巨尾桉改种大果树油茶工程，有效改善生态环境系统。引导种植66.67公顷的莲雾、苹果枣等高优水果。结合光伏发电与现代农业综合项目，发展46.67公顷的蘑菇城和主题公园以及种植名贵药材和花卉，力争将赤土乡打造成现代农业休闲观光示范乡镇。

第三产业活力释放　投入250万元提升白鹭森林公园品位，建设3千米的木栈道，保护公园内全省最大的10公顷油杉林。成功申报天福石雕园为国家AAAA级景区，新建闽南特色文化城，为景区新增一处景点。推进下宫村旅游特色村建设，进一步丰富旅游内涵。

【基础设施日益完善】

提升镇区品位 投资7220万元，建设"三路一区一院一溪"，从交通、居住、医疗、环境等方面改善镇区居住环境。其中投入2300万元，实施镇区2条主干道拓宽改造工程，建成万丰路镇区段，成为全县首个镇区全部道路实现雨污分流、管线下地的乡镇；投入2100万元，建成68套、建筑面积1.70万多平方米的安置示范区；投入1320万元，实施浯江溪堤防与护岸工程，提升镇区防洪标准和形象品位；投入1500万元，建成占地1.33万平方米、建筑面积4500平方米的全县最标准的乡镇级卫生院。

村级道路建设 投入100多万元，建设"一桥二网"，修建浯江溪水头村段潜水桥。投入4000多万元，建设农村道路120多千米，在水泥路村村通的基础上，实现全乡自然村社社通水泥路，偏远山区的小自然村横山、水美、古致、闪门、丹乌、苦竹均通上水泥路；实施农村安全饮水工程，铺设10千米输水管道网络，解决近3000人口饮用水问题。

实施旧村复垦 实施8个村旧村复垦工程，拆除危废建筑3000多平方米，新增耕地面积7公顷多。完成下宫、前坂、下坂195公顷的土地整理和西洋、水头73.33公顷的土地开发。

建设美丽乡村 建设美丽乡村6个，实现市委提出的"扫干净、拆清楚、摆整齐、保畅通"要求。其中赤土、下宫、水头、万安、溪东等5个村为美丽乡村省级重点村。

开展环境卫生整治 发动全乡开展环境卫生整治，成立环卫队伍14支，各村做到每日一打扫，每日一清理。建成赤土垃圾中转站，实行垃圾统一收集、集中处理，日清运垃圾30车，全乡环境卫生大幅改观。

【民生事业明显改善】

教育文卫事业全面进步，"校安工程""教育均衡"有序推进，教育质量有效提升，全乡通过"双高普九"达标验收。投入980万元，新建岩山小学、中心学校和赤土中心幼儿园，实施教育均衡发展，实现塑胶跑道、冲水式厕所中小学全覆盖。11个村的农民体育活动场所投入使用。卫生计生事业得到不断发展，出生人口素质、乡村医疗水平不断提高。持续推进"平安赤土"建设，推进社会管理创新，社会治安安全感稳步提高。社会保障逐步提高，新型农村合作医疗参合率达100%。建成赤土敬老院、埔阳幸福园等养老院。

（撰稿人：陈纯美）

•湖西畲族乡•

【概况】

2015年，湖西畲族乡实现国民生产总值8.37亿元，同比增长12%；其中工业产值4.47亿元，同比增长13.20%；财政收入2245万元，同比增长16.30%；农民人均纯收入14080元，同比增长13%。

【工业经济有新提升】

通过加大招商引资力度，清理解决未开工企业遗留问题，推进闲置土地项目嫁接，服务企业发展，在工业产业发展上取得新的成效。总投资4000万元的外资企业源邦仓储续建项目实现年内投产；总投资4600万元的玄武岩建材公司完成投建并投产；总投资2000万元车城汽配公司增资扩建6号、7号厂房项目，即将开工建设。总投资500万元以上，工业技术改造等工业投资均超额完成全年目标任务。全年完成规模工业产值3.55亿元，完成县下达任务3.50亿元的101.40%；车城汽配年纳税突破1000万元，成为全乡首家年度纳税上千万元的企业。

【项目建设力度加大】

制订项目联系跟踪制度，对各个项目进行目标化、节点化，逐个分解任务，具体落实到每位班子成员身上；对项目建设实行全程跟踪，及时掌握项目建设情况、协调解决项目建设过程中的问题和困难，促进工作进度。全年共有新建、续建500万元以上项目11个，完成固定资产投资1.90亿元，完成县下达任务数1.80亿元的105.60%。投资6000

多万元，实施包括河道整治、枋林—赵家城片高标准农田治理、顶坛—城内片农田治理、辽丝坑及岭顶水库除险加固、坡耕地治理等一批农田水利项目；下楼桥重建工程、顶楼至后洞革命老区村道路拓宽工程及通自然村水泥路等一批道路交通项目；垃圾中转站、安全饮水二期工程、亮化安防工程以及赵家城村、城内村美丽乡村环境整治等一批社会事业项目。

【旅游项目建议有新进展】

赵家堡高速出口商贸物流产业园区　赵家堡国通物流、鑫皇酒店投产使用，总投资4000万元的外资企业源邦仓储公司也即将建成投产。

赵家堡—诒安堡保护设施建设项目　总投资1660万元的中投项目赵家堡—诒安堡保护设施建设项目已进行分项目步道建设及环境整治，赵家堡—诒安堡展示、管理用房已完成工程招投标，12月开工建设，其他分项目也将陆续实施。

完善全乡旅游总体规划　聘请闽江学院旅游系对全乡的旅游产业进行规划设计，初步方案于8月通过专家评审，为畲乡今后旅游产业的发展提供详细可操作性的指导蓝图。

朝天马峰生态园项目　推进总投资2.50亿元，规划总面积104.87公顷，其中建设用地6.49公顷，非建设用地98.38公顷的朝天马峰生态园项目。至年底，基地的雏形已基本形成，旅游总规和项目控制性详细规划已经县政府批准，建筑部分正在办理土地报批手续。

【生态创建有新亮点】

调整充实镇区环卫队伍，招聘专职保洁员对沿高速配套路、景区道路及519、524县道等重点路段的两侧进行时时保洁；投入80万元建设垃圾中转站，于10月投入使用；为每村配备1辆三轮垃圾运输车，逐步建立各村卫生保洁长效机制，解决垃圾处理转运问题。投入1000万元，实施城内美丽乡村建设，实施诒安堡南门谭污水处理项目及堡内环境整治、游步道建设。发挥乡综合执法队的作用，加强执法管控，开展矿山、河沙、非法占用林地、破坏植被、养殖排污等专项整治，取缔赤湖溪湖西南山段、罗汉陂段等非法采砂场，保护青山绿水，农村人居环境得到进一步优化。

【“两违”整治效果明显】

加强巡查　按照上级要求，采取有力措施，通过多形式宣传造势，全方位落实措施，开展密集巡查，做到日常巡查不留死角、“5+2”、“白加黑”，不给违建抢建分子留有空间和时间，大力度治违。

狠抓督促检查　对辖区实行分片、分级、分部门、分人员包干，建立监管区，确保责任到具体单位、具体人，对工作不到位、不作为、乱作为的单位或个人进行严肃处理。

突出整治重点　具体做到对顶风违建必打，属先拆对象必打，在重点区域违建必打的“三必打”，强势形成“零容忍”，惩治一起曝光一起，教育一片，发挥执法震慑作用，让群众不敢违、不能违、不愿违。至年底，完成拆除违章建筑面积1.73万平方米，完成县下达任务数1.70万平方米的101.90%。拆除腾出土地面积2.21万平方米，有效遏制违法建设、违法占地的势头。

【计生工作再创佳绩】

把计生专项活动与经常性工作结合起来，抓好每年三期的孕(环)情检查和节育手术服务。突出出生人口性别比整治，依法惩治“两非”案件，稳定低生育水平。在2014年计划生育年终考评取得全县第一名的基础上，2015年人口计生工作年终考评继续保持第一名。

【社会管理有新成效】

投入40多万元，实施监控体系网络化建设，在全乡重要交通要塞、各村进出路口，安装高清探头100多个。实现每村监控探头全覆盖，提高社会治安技防水平，为加快湖西发展创造和谐稳定的社会环境。开展打击制售假烟专项整治行动，实现全年制售假烟“零”发案。

【文体卫事业全面发展】

发动外出侨胞乡贤回乡关爱教育，热心助学。民族华侨中学有华侨黄万丁、蓝宝华伉俪设立的每年1万元“爱心助学金”和每年3万元“有才奖学奖教金”以及乡贤陈志文、蓝文豪等设立的每年8万元奖学奖教基金;顶坛小学有蓝智贤兄弟设立的每年2万元的“蓝天奖学奖教基金”;后溪、城内、丰卿等村也相继筹措资金设立奖学奖教基金,形成全社会支持重视教育氛围,办学质量进一步提升,中小学持续保持漳州市教育教学质量达标校。加强乡村医疗公共卫生服务体系建设,全面完成新农合、居民社保筹资缴费任务,全乡实现应保尽保。

(供稿:湖西乡党政办)

·赤岭畲族乡·

【概况】

2015年,赤岭畲族乡农业产值(含林、牧、渔、闽台合作等)6026万元,林业127万元,牧业1793万元,渔业5689万元。社会总产值达3.15亿元,同比增长21%;完成固定资产投资10268万元,完成年任务的102%;完成财税收入595万元,完成年任务的101%;全年税收完成595万元,完成年任务591万元的101%,其中,地税完成200万元,国税完成395万元;工业税收完成485万元,完成年任务470万元的103%;限额以上社会消费品零售总额完成13650万,完成任务数16000万元的86%。共向上争取资金2850万元,用于基础设施建设。农民人均纯收入12175元,同比增长18%。

【招商引资发展工业经济】

把招商引资列为全年工作重点,抽调5名干部,成立以乡党委书记为组长的招商工作小组,制订招商队伍管理办法,出台《招商引资奖励具体措施》,鼓励社会人士参与招商引资;设立招商引资专项资金30万元,专款专用;设立乡村两级招商联运机制、专职招商队伍定期例会制、按月上报机制、专职招商队伍责任等4个招商引资工作机制;召开外出乡亲座谈会。利用蓝氏种玉堂、雨霁顶三官大帝等平台,动员蓝氏宗亲回乡兴业,并通过他们的社会关系网进行招商引资。是年,共引进项目5个,即漳浦县永荣鑫石板材厂,计划投资1800万元;漳州远宏矿业有限公司,计划投资3000万元;漳浦仁寿石材加工厂,计划增资扩建4000万元;大发(福建)石业有限公司二期项目,计划增资扩建3000万元;漳州市博豪农业发展有限公司(外资项目),注册资金50万美元。全年外资到资5300美元,内资到资7570万元。

【发展特色产业】

扩大蜜柚、荔枝等水果种植规模 利用丰富的山地资源优势,引导群众发展特色品牌农业,种植新品蜜柚333.33公顷,全乡蜜柚种植面积666.67公顷;引进推广琼A4无核荔枝、双肩绿荷包、蜜丁香等晚熟优质荔枝品种,对低产荔枝果园进行改种或嫁接换种,全乡种植晚熟荔枝200多公顷。抓好大行村蜜柚产业园区建设,投资约200万元,完善园区基础设施,建设园区道路3.20千米,机耕路1.20千米,排灌渠道4.30千米,方便蜜柚运输和管理。

发展和推广油茶新品种 年初制订奖励政策,对新种植新品种油茶的种植户给予补助奖励,引导群众发展软枝油茶(岑软2号)种植。至年底,全乡已推广种植新品种油茶100公顷。投资520万元,在石椅村新建燕山家庭农场,发展软枝油茶新品种,面积37公顷。

建设电商营销平台 利用外出乡贤,建立农产品电商营销平台,对蜜柚等农特产品进行包装推广销售,解决农产品销路,促进农民增收。

【加快推进新农村建设】

开展青山挂白整治 落实县“五沿”专项整治的要求,开展“青山挂白”整治行动,规范有证矿区,打击和制止无证开采。专项整治期间,共没收钻机5台,查扣铲车、钩机4部、大切2部,清理违法占地1.10万平方米,恢复植被4.33公顷。

开展农村卫生环境整治 石椅村是省级美丽乡村建设示范村,是年共投资247万元,建设完成农民休闲公园、排水沟以及路灯亮化、村庄绿化。投入300多万元建设特色村寨、农民休闲公园、畲族文化广场。

推进镇区城镇综合体建设 对镇区旧供销、旧粮站以及农贸市场进行土地收储，总面积1.26万平方米，统一规划改造，建设具有畲族特色城镇综合体。项目已通过县政府研究同意，正在抓紧手续报批。

农村安全饮用水普及 完成农村安全饮用水工程项目建设，农村安全饮用水普及率达94%。

【社会事业和精神文明建设】

完善卫生医疗设施，改善农村卫生条件，优化医疗服务，提高群众满意率。加大教育投入，义务教育普及率和升学率得到巩固和提高，民族中学连续七年被市教育局授予“教育教学质量先进学校”称号；投入500万元完成中心幼儿园配套设施建设，并开始启用招生。落实计生工作，稳定低生育水平，计生工作保持“一类”先进乡镇。推进具有畲族特色的美丽乡村建设和“平安赤岭”建设，平安创建和依法治乡成效突出，全乡社会安定稳定。落实一岗双责，抓好隐患排查整改，全年没有发生安全生产事故。参加新型合作医疗得到普及，2015年，全乡群众参合率达到100%。

【做大民族特色观光旅游业】

建设畲族文化中心 中心规划总面积33.33公顷，总投资约6000万元，规划建设蓝氏宗祠“种玉堂”、闽台畲族博物馆、畲族祖图石刻区、特色村寨、畲乡风味小吃区、民俗风情表演区、畲族艺术品及土特产展销区、农业果园观光区等7个项目，分三期建设。2015年，投入650万元，完成蓝氏宗祠种玉堂修缮、畲族祖图石刻区、日月潭建设等第一期工程建设。

完善山平三官大帝庙朝圣景区建设 山平三官大帝庙为涉台宫庙，每年都有很多台湾信众到庙里朝拜挂香。2015年，加大三官大帝庙旅游景点规划建设力度，共投资800多万元，完成管委会接待中心建设和配套景区道路硬化和绿化。

做好蓝理叔父家宅保护与修缮 把蓝理叔父家宅作为传统民居、传统建筑进行修缮保护。是年共投入30万元，完成蓝理叔父家宅屋顶与墙体修缮。同时，弘扬“勇壮简易、所向无前”蓝氏三杰精神，力促电视剧《蓝理将军》开拍。已完成《所向无前·蓝氏三杰传》影视改编，并通过国家广电总局审批，正抓紧与投资商沟通。

（供稿：赤岭乡党政办）

【地理标志商标】

赤湖大葱 大葱是人们生活中不可缺少的调味菜，大葱能刺激人体肝腺，有发汗解表的作用，也能促进消化液的分泌，而具有健胃的功能。因为大葱有提高人的消化功能，能把人体胃肠积下的污垢、邪气清除出去，没病的人多吃葱，不仅可以预防春季呼吸首传染病，而且能强健身体。它主要含有蛋白质、脂肪、糖类、维生素A、B、C，及矿物质、盐、钙、镁、硫、磷、铁等矿物质及多种维生素；还有挥发油，油中主要成分为葱蒜辣素，也叫植物杀菌素，具有较强的杀菌作用；而且大葱含有大量抑制癌生产的化学物质，有很高的药用价值.不仅可以增进食欲.健脾健胃.而且治疗失眠.腹痛.鼻炎等病症，也有一定的疗效。

赤湖大葱被誉为“葱中之王”。其特点是“高、长、脆、甜”。“高”是指赤湖大葱植株高大，整株高度可达70厘米；“长”是指葱白很长、很直，一般长达30—50厘米，最长可达60厘米以上，白粗2—4厘米；“脆”是指赤湖大葱质地脆嫩、味美无比；“甜”是指赤湖大葱葱白甘芳可口，很少辛辣，最宜生食，熟食也佳。

近年来，赤湖镇大力发展大葱生产，不断扩大种植面积；同时，开发高产、优质、抗病的赤湖大葱新品种，对大葱主要品种提纯复壮，保持品种纯度，提高单位面积产量，全镇大葱种植面积已达1000公顷左右，每公顷产量达6万公斤，最高可达9万公斤。镇政府还牵头成立大葱销售协会，产品销往全国各地，并远销港、澳、日、韩、新加坡等国家和地区。

农林盐茶场

• 石古农场 •

【概况】

2015年，石古农场突出抓好基础性工作，加强土地监管，规范土地承包行为，继续抓好新村建设和环境卫生整治，全年实现工农业总产值4825万元，同比基本持平；水果产量2500吨，同比增长40%。

【加强土地监管】

将加强土地监管摆上农场的重要议事日程，建立年度动态巡查机制和每周一报工作制度，对土地“两违”形成高压态势。打击违规占用耕地3起，乱搭乱建行为得到有效遏制。规范土地承包行为。对到期、逾期的承包地依法给予收回并统一纳入招投标程序，是年，完成1.47公顷土地的招标工作，中标价为初始年份每亩410元，合同期内梯度上涨，中标价呈现明显上升。

【新村建设有序推进】

驻村干部亲临一线，挂钩领导靠前指挥，及时解决问题。投入44.40万元，完成石古作业区危旧房安置区二期A块0.73公顷土地的平整，投入15万元完成二期B块0.51公顷土地的补偿工作。区内在建住房11套，小区雏形基本形成。发动群众参与环境卫生整治活动。建立一支保洁员队伍，投入5万元购置2辆垃圾清运车及配套用具，垃圾日产日清，农村“脏乱差”现象得到改变。

【社会事务统筹管理】

职工养老保险基本实现农场全覆盖，全场620名退休职工参与职工医疗保险，“新农合”参保人数1783人，“新农保”参保人数六人。矛盾纠纷排查持续开展，形成以场、区、村调委会为主要节点的维稳网络，注重抓“早”抓“小”，全年调处矛盾纠纷7起，无发生信访事项。

（供稿：石古农场）

• 万安农场 •

【概况】

2015年，万安农场工农业总产值28373万元。其中：工业总产值16253万元，农业产值13120万元，工农业同比增长2%。国民生产总值6437万元，同比增长5%，农民人均纯收入13710元，全场规模企业3家。

【收地工作推进有力度】

以服务园区为中心，农场结合园区基础设施建设和项目引进情况，制订科学合理收地任务、范围；明确人员分工，明确时间节点，落实工作责任，确保按时完成项目用地征收工作。是年，完成新增及扫尾用地7.07公顷，其中：唐郡文化创意村2.27公顷、台商佳园0.93公顷、万安大道延伸段1.33公顷、食品观光厂0.80公顷、中海油万安加油站0.60公顷、万安大道0.60公顷、漳州欣晖食品有限公司0.37公顷、污水处理厂0.13公顷、万安幼儿园扫尾334平方米。

【项目建设有进度】

建立“一个项目、一个领导、一套人马、一条龙服务”的工作机制，推进农场项目建设。一年中，累计投资1420万元，完成水利、道路、村庄整治及在建等项目设施建设。其中：投资245万元完成南景、建垅、古陂、西垅、文科等5个作业区，长1.56万米的饮用水管铺设；投资305万元，完成文周水库坝岸除险加固、坝顶硬化及管理房建设；投资66万元，完成下埔畲族村长580米、宽5米，长220米、宽3.50米的环境整治项目建设及路肩砌石298平方米；投资86万元，完成海新作业区长631米、宽3.50米的环村路硬化建设并配套交通标志；投资60万元，完成下埔作业区长1200米、宽3.50米的生产道路建设；投资38万元完成西垅作业区文化广场建设，其中铺广场砖及硬化1000平方米，绿化1100平方米；投资285万元的万安片土地治理项目现已开工建设；投资185万元的岩山水库除险加固现已完成主体工程建设；投资75万元的下埔畲族文化活动中心建设现已完成主体工程；投资40万元的南景（田美）幸福院建设现已完成主体工程；投资20万元的古陂休闲公园（古陂祖厝潭）建设已进入扫尾阶段；投资15万元的西垅水库坝岸维护项目已进入投标阶段。全场道路交通、水利、教育、卫生等民生基础设施进一步完善，为农场纳入县城规划后发挥土地资源优势，建设生态产业园区打下基础。

【土地管控有强度】

加强农场国有土地资源的规范管理，开展“两违”综合治理专项活动，对非法占建、抢建；非法买卖及变相承包土地；非法采矿、开采高岭土等不法行为进行严厉打击，保护好控制好农场3000公顷国有土地资源，为园区建设和项目引进创造良好环境。全年，拆除“两违”建筑3宗，建筑面积2617平方米，完成年度任务100%。

【做优现代农业】

开展产业结构调整 加快转变农业发展方式，推进农业科技创新，努力形成以种植业为基础，以花卉为主导，以养殖、林果为支撑，有较强的市场竞争力的现代农业产业体系。推广节能养殖、喷灌、滴灌灌溉、大棚栽培技术，种植反季节蔬果，提高农业综合生产能力。

完善农业基础设施 争取上级支持，新建农渠硬化1777米，灌排渠硬化3222米，斗渠硬化1520米，支渠487米，新建田间支路1207米，整修田间支路1024米，田间干道硬化280米等。

加强科技合作与培训 与华南农业大学园艺学院、福建农林大学园艺学院、市农业局经作站合作，通过采取高接换种技术，创建0.87公顷“井岗红糯”“荷花大红荔”“草莓荔”“贵妃红”“钦州红荔”“桂糯”等6个晚熟荔枝新品种试验园；引导果农走发展晚熟荔枝生产之路，促进荔枝产业升级，增加职工群众收入。同时，开展现代农业实用技术培训，提高农场职工群众种植技术水平。

鼓励职工群众发展立体养殖 创建淡水养鱼与养鸭、养猪的养殖模式，形成产业链。至年底，全场已发展淡水养殖面积170公顷，鸭、鸡存栏数17.05万只，猪2.09万头，种植名优水果900.33公顷，产值158万元，有力地推进“现代农业富民”进程。

【民生事业有序推进】

推进垦区危房改造项目 2015年度任务数110套、计划投资2900万元的危房改造项目现已全部实施。其中已竣工60套，在建50套。

道路交通安全综合整治 落实省、市、县关于道路交通安全综合整治“三年行动”精神，加强道路交通秩序专项整治，遏制重特大交通事故发生。成立工作领导小组，对辖区内隐患路段进行排查，先后投入16.50万元，对各路段隐患点设置减速带、安装警示牌、凸面镜、反光柱等。

教育工作 加大教育投入，改善教学环境。全年，投资25万元，分别完成万安学校辅助用房室外工程建设8万元，篮球场硅PU面层工程建设12万元，小学教学楼电线改造工程建设3万元，露天舞台工程建设2万元。是年，万安学校被评为市级教育质量管理达标校。

卫生工作 扩大职工社保、医保覆盖面，帮助解决社保遗留问题，对低保户应保尽保；开展农村生活垃圾综合整治行动，聘请专职卫生清运队伍和保洁人员对全场各区(村)生活垃圾实行日产日清,动员职工群众共同参与。一年中,共投入25万元对全场脏、乱、差现象进行整治,有效的改善人居环境。宣传新农村医疗合作和新型农村社会养老保险,2015年,全场农民参合率、参保率均达100%。

计生工作　2015年,全场出生人数108人,政策出生89人,政策符合率83%,出生率16.97‰,双查到位率98.70%。

社会综合治理　拓宽平安建设领域,投入4.70万元安装下埔畲族村网络化数字监控系统。全年全场没有发生重大案件,社会安定稳定。

(撰稿人:林龙泉)

·长桥农场·

【概况】

2015年,长桥农场按照“社会稳定、企业增效,职工增收”的经营理念,创新发展思路,致力于调整农业产业结构,建立合理有效的土地流转机制,盘活土地资源;促进农场体制改革,做好在建项目的基础工作,做好富余劳动力转移,加快富美乡村建设,及时将惠农政策落实到农民身上,全场各项工作有序开展。

【做好在建项目的基础工作】

漳龙林业循环经济产业园区　园区址于长峰作业区,项目于6月开始赔青征迁工作,计划园区总面积333.33公顷,一期征用面积193公顷。至年底,项目征迁工作已基本完成,进入土地平整等相关配套设施的筹建。

农业综合开发项目　项目位于店前作业区,计划投入400万元进行基础设施的投建,至年底,基本完成水泥路面的硬化。

兰花的二期工程　位于倒桥作业区的兰花的二期工程,至年底,园区的规划、设计部分的土地已完成平整。

新村建设　投入500万元的库区移民的立面改造工程已开始筹备工作。山边村的新村建设工作已全面铺开,拆除危旧房1500平方米,一期建设新房14套。

【调整农业产业结构】

引导职工群众将一部分土地流转出来,进行规模经营,改变原有的传统的耕作方式;引导富余劳动力从事二、三产业,缓解企业的用工需求。以花为媒,借助花博会、农博会、兰花大世界、海峡花卉集散中心为依托,提升农业产业化,调整农业结构种植。加强土地集约化管理,加快招商引资的进程,为企业的落地投产提供保障。引导职工群众的转型,逐步改变农场的产业结构。

【加快富美乡村建设】

落实国有垦区危房改造政策,2015年,全场危旧房改造50户,全部竣工并通过验收,总投入75万元。建立保洁队伍,投入经费20万元,新设置卫生桶200个,分布于全场各个作业区,做到生活垃圾日产日清。

【落实惠农政策】

将县农业局发放的粮食综合补贴和良种补贴及时落实到农户。是年,全场粮农综合补贴总面积50公顷,共发放补贴资金4.51万元,良种补贴48.67公顷,共发放补贴资金10877.28元。开展重大动物疫病防疫工作,采取农场工作人员承包方式,农场每年补贴3600元,由承包人承担责任,形成有责可追的局面。重点做好禽流感、猪蓝耳病、牲畜口蹄疫、猪瘟等疫病的控制,免疫率达98%。

【计划生育工作不放松】

加大计生工作力度,落实计生工作“一票否决制”,明确责任;对上衔接计生部门,逐步理顺剥离后计生事务办理事项;强化队伍建设,充实计生服务所工作人员,组建综合执法队伍,加大对违生行为追查力度和社会抚养费征缴力度。抓常态化管理,加强宣传,营造优生优育氛围;加强计生协会队伍建设,及时兑现发放奖励费扶助,健全利益导向机制。

【社会事务健康开展】

综治工作　开展每季度社会稳定形势分析,明确各季度工作重点,加强宣传,着力提高“三率”。结合农场实际,加大综治经费的投入,在各作业区出入路口安装13个探头监控，建立网络平台。投入8.70万元，完善健全农场警务室、流动人口管理站的建设。综合执法大队全面开展工作，依托长桥、官浔派出所，完善社会治安防控体系建设，加大社会治安信息网络建设，做到“打早、打小”，有效维护社会稳定。

安全生产 落实森林防火责任制，做好日常宣传工作，落实好组织指挥、人员调整、装备和后勤保障，做好汛期安全，多次组织人员对主要河道进行整治；加强消防安全工作，定期组织人员对人员密集场所进行督查和宣传教育，督促企业对隐患进行整改；加强排污治理力度，已有2家省级整改，2家县级整改，加强对散户的引导，关闭、拆除部分排污严重的生猪养殖户。

家园清洁工作 组织职工群众搞好“家园清洁”和“国道卫生整治”，垃圾收集日产日清。协调县执法大队、公路局、长桥镇对农场所辖4个作业区范围内的国道路面环境卫生交由专人定期维护。对影响国道边整体环境的企业进行迁移，对重点脏、乱、差地段进行重点整治。

（供稿：长桥农场）

·白竹湖农场·

【概况】

2015年，白竹湖农场围绕经济发展，农业与农村，人口与计划生育等方面开展工作，取得较好的发展。全年完成农业总产值9765万元，同比增长15%，其中工业总产值6765万元，同比增长12%；粮食总产量355吨，与上年度持平，水果总产量1900吨，同比增长24%。

【农业生产与民营工业】

农业生产 发展特色产业，优化杨梅品种，改进生产技术，提升杨梅质量，促进市场竞争能力。引导职工发展水果、蔬菜、玉米等农作物生产，全场有水果种植专业大户135户。

民营工业 农场民营工业是以机砖生产为主，全场有机砖厂4家，是年总产值2500万元。

劳动力转移 与县移民局、劳动部门和相关企业单位联系协调，组织富余劳动力人员参加技能就业培训。是年完成技能培训235人，实现劳动力转移345人，完成下达任务100%。

【计生工作】

坚持每月计生例会，及时通报计生工作进度情况，切实抓好计生工作。2015年，全场育龄妇女297人，“四术”应落实21例，已落实21例，应征收社会抚养费8万元，已征收8万元，人口出生26人，计划内生育26人，政策符合率100%。

【维稳与信访】

开展平安建设和社会矛盾排查工作，加强宣传力度，利用固定标语，流动广播等进行宣传，并将工作分解到各片区包片干部。全年完成上级党委、政府下达知晓率80%，重视率85%，满意率96%的工作任务；创建平安家庭615户，创建率98%，全年没有发生刑事案件和信访件。

【森林防火】

农场有林地面积1000多公顷。落实森林防火措施，入户发放防火通告，做到家喻户晓；加强护林员上山巡逻力度，制订扑火预案，确保防火工作安全。

【家园清洁行动】

不定期组织干部、职工清理园区周边垃圾、污水沟，全年共计出动405人次，清理垃圾约120吨。不定期对生猪饲养户进行卫生检查，开展疾病防治。

【民生事务】

挤出资金16万元，在白竹湖作业区安装路灯32盏；投资8万元，改建场部水泥路面及搭建停车棚；投资95万元，铺设古山作业区村道水泥路1.16千米；向上级有关部门争取资金202.50万元，为干部、职工新建住房135套。

【加快项目建设征地】

滨海新区技术产业园在白竹湖、顶埕2个作业区已征地清除青尾133.33公顷，迁出坟墓205座。

（撰稿人：陈志良）

·玳瑁山茶场·

【概况】

2015年，玳瑁山茶场完成工农业总产值5880万元，同比增长5%，其中工业总产值225万元，同比增长9%。粮食总产量290吨，与上一年度持平；水果总产量3100吨，同比增长12%；茶叶产量640吨，同比增长8%。

【农业农村工作有序】

发展茶叶特色产业，改进茶叶加工技术，提升茶叶质量，促进市场竞争能力。全场有茶叶加工户5户，是年茶叶产量640吨，产值256万元。引导职工群众发展生猪饲养、水果、蔬菜等农副产品生产，全场有生猪饲养18户，年存栏母猪280头，生猪存栏2500头，出栏3500头，年总产值840万元。

【切实抓好计生工作】

坚持每月召开计生例会，切实抓好计生工作。2015年出生10人，其中政策内生育8人，政策外生育2人，政策符合率80%，征收社会抚养1.20万元。

【维稳与信访】

围绕维稳、信访、矛盾排查和平安建设四项内容，加强宣传引导，特别是做好越战老兵、职工社保、蓝氏民族身份相关人员的思想工作。及时排查民事纠纷3件，全年没有出现越级上访事件。安排工作人员每月上山2次，对场辖区内重点地区进行排查，查获制造假烟1次；开展交通安全整治，全场有注册登记的摩托车120辆，占全场摩托车总数90%，在行动中查处无牌无证15起，不带头盔10起，超员5起。

【垦区危旧房改造】

投入150万元，完成危旧房改造15户；投入35万元，完成危旧房改造基础设施配套工程。

（供稿：玳瑁山茶场）

·南山华侨茶果场·

【概况】

2015年，南山华侨茶果场以农业为主，第三产业为辅，继续调整产业结构，加大茶园优良品种的改造种植，以发展高优农业促全场经济健康发展；同时，加大民生工程的投入，抓好饮水工程建设，完善农村基础设施建设，落实危房改造项目，做好职工群众社会保障。全年农场GDP总额达944万元。其中，第一产业796万元，第二产业108万元，第三产业40万元。

【发展高优农业】

加大对茶园优良品种的改造种植，通过技术改良等手段，提升茶叶的品质和档次，增加农场职工收入。同时，推进特色产品晚熟优质荔枝品种“双肩玉荷包”的推广种植，引导群众高接换种、改良。“双肩玉荷包”具有成熟时间较晚、丰产稳定的特点。

【民生工程出成效】

筹集资金，抓好饮水工程　饮水工程建设，总投资20万元，打机井1口，更换南山侨村、枋林村原本报废的自来水铁管2000米，保证群众饮水安全。

环村路建设　投入20万元，完成南山侨村西区幸福园至文化站350米水泥路建设，惠及人口1000多人，解决群众出行难的问题，有利于农产品的运输。

落实危房改造项目　是年投资300万元，建设危房改造20户及水、电、路等基础设施建设，有效地改善人居生态环境。

做好职工群众社会保障　2015年，为职工缴纳社保和医疗保险费用100多万元，全场职工基本纳入县劳动社会养老保险和县城镇医疗保险。做好医保卡发放与激活工作。

【综合治理促稳定】

社会治安综合治理　深化“平安南山”的建设，实施“组织、制度、责任制、落实、督查”5个保障机制。不断完善维稳服务中心、村警务室、村级治保调解组织等基层基础建设。建立党政领导接访、包案调解制度，及时解决矛盾纠纷和突出信访事件的排查调处工作。2015年，农场各片区没有发生刑事案件和治安案件。

安全生产 按照安全生产有关精神,落实安全生产目标责任制,由场经贸办牵头,组织人员深入茶叶工厂、建筑工地、水库库区等进行宣传教育、检查指导,开展事故隐患的排查整改,加强安全生产监督管理。

计划生育 结合农场实际,抓基层、打基础、保投入,累计人均投入计生经费6元。配合赤岭乡计生办开展各阶段的服务活动,开展法律法规政策宣传和技术服务,提高育龄群众的满意率。全场人口出生政策符合率、统计准确率和“双查”“四术”到位率均达到上级的要求。

(撰稿人:杨幼参)

• 中西国有林场 •

【概况】

2015年,中西林场根据漳州市国有林场2015年度目标管理责任书和安全生产目标管理责任书的要求,抓早抓好资源培育,完成造林89.40公顷,幼林扶育993.33公顷;推行木材砍伐招投标,完成伐木1.25万立方米,标得614.20万元;投入资金321.50万元,改造危旧房135套及区间道路建设和安装路灯。

【资源培育工作抓早抓好】

林场克服开春后时间紧,任务重,雨水多,给造林工作带来的压力和困难,联系引进工队,于4月完成全年89.40公顷的造林任务,完成任务数的100%,比原计划提前一个多月。实施中幼林抚育,全年共完成中幼林抚育993.33公顷,完成任务数的100%;完成2014年600公顷中幼林抚育试点任务。

【木材招投标】

针对木材市场疲软的不利形势,主动组织木材招投标6次,完成8个伐块98.73公顷的木材招投标,其中国有部分6个小班75.73公顷。8个伐块设计出材12445立方米,其中国有部分10481立方米。标的金额566.30万元,其中国有部分481.30万元。中标金额614.20万元,其中国有部分510.21万元。增加收入47.90万元,其中国有部分28.91万元。

【安全生产管理】

落实安全生产责任制,下达安全生产责任书,把安全生产责任细化到单位、到人,层层分解、层层抓落实。与工队签订安全生产合同,对新工人进行岗前培训,普及安全知识,规范安全操作;同时,所有上山作业工人全部参加人身意外伤害保险。落实各项安全措施,防范事故于未然。以市林业局集中安全生产大检查及“安全月”活动为契机,对安全生产进行大检查、大宣传,全年共发放安全宣传单1000份、张挂安全标语横幅30条、临时宣传牌20个。

【良种基地建设】

中西林场相思林木良种基地是省重点林木良种基地,共有18个品种,280多个家系,总面积80.07公顷。通过几年来的科学管理,成果已逐渐显现。5月21日,省种苗总站及科技推广总站到中西林场良种基地调研时,充分肯定林场林木良种基地建设所取得的成效。

【及时做好林木病虫害防治】

5月,林场发现桉树有油桐尺蠖虫害,且发展和蔓延的速度非常快。林场及时采取有效防治措施,将有关情况及时上报市林业局森防站、林场处,主动与县森防站联系,并借助他们的防治经验进行有效的防治;聘请县森防站的有关人员为生产科人员、工区主任、护林员开展防治技术培训,使林木的病虫害得到及时防治。

【加强财务管理】

加强和完善财务制度,严控各种非生产性开支,做好增收节支计划,并按上级规定对肥料采购进行公开招标。2015年,全场木材销售16254立方米,收入823.83万元。全年管理费用支出688万元。其中:工资性支出256万元:医社保及公积金费用支出83万元;营林投资203万元,占年计划数的95%;销售成本430万元,控制在市局核定的控制数内;公务费用52.50万元,占全年计划数的91%。

【推进重点项目建设】

建设一幢840平方米的职工宿舍　完成旧职工宿舍固定资产报废处置报批的相关手续，做好红线图规划、可研、用地预审等立项相关的报批前期准备工作，已委托有资质的设计公司对项目进行规划设计，正在实施对旧职工宿舍的拆除。

2个建制村顺利移交南浦乡管理　通过市林业局及林场与当地县、乡、村积极有效的沟通协商，林场代管的2个建制村于7月顺利移交给南浦乡管理。

【社会事业有序推进】

围绕构建和谐林区目标，加强社会创新管理，持续开展创建“平安漳浦”和“平安中西”活动。落实惠农政策，全年共落实农资直补9.54万元。做好山地房租的征收，全年共收回山地租金（含房租）37.80万元。改善场容场貌，全年投入30多万元，对场部大门、围墙及办公环境进行改造修缮。

（供稿：中西林场）

·下蔡国有林场·

【概况】

2015年，下蔡林场经营总收入71.09万元，其中：石英砂资源费收入38.43万元，各类土地收入租金32.66万元。

【林业生产】

林场针对沿海防护林营林质量差、品质单一等现状，加大造林投入，利用林中空地及疏林地进行补植，对公路两侧进行绿化美化和农田果园林网建设。全年共补植树种为马占相思1.08万株、木麻黄5000株；补植道路两侧绿化5千米，绿化树种为夹竹桃1700株、非洲茉莉170株、美人树60株、火焰木60株；新造林浇水3.41万株/次，绿化带抚育除草约6千米，追肥1800公斤；病虫害防治43.20公顷。维修林道18千米。

【护林防火安全】

惩治盗伐　加强治安联防队和护林队队伍建设，充实护林力量，健全护林制度，惩治盗伐，保护林木不被盗砍滥伐，林地被侵占现象明显改观。

安全生产管理　加大安全生产管理，严格要求各项生产按安全技术规程执行，层层落实安全生产责任制，制订《各项安全生产应急预案》，开展以“加强安全法治，保障安全生产”为主题的安全月活动，场部与各科室工区作业队签订安全生产责任书，明确林业生产、社会治安、道路交通、食品卫生安全等责任。

加强森林防火　针对林区人员流动较多，森林防火形势较为严峻的情况，制订《森林防火工作预案》，建设快速反应扑火队，统一购置配发防火服、鞋帽、水壶、手电、毛巾，发放给队员保管使用。开展防火宣传，在林区主要路口设置5个固定防火警示牌，张贴标语100张，向周边群众发放宣传材料500多份，并深入林区和海水养殖场对农业承包户、渔民进行宣传教育。与护林员签订森林管护合同，明确护林管护责任。坚持24小时防火值班，特别在秋冬季节，要求全场工作人员24小时开通手机，随叫随到。全年没有发生森林火灾。

【加强产业管理】

古雷经济开发区古雷新港城生态项目在林场征收344.07公顷林地，林场在完成林地使用手续移交后，经营面积大幅减少，各项经济收入也相应减少。为增加土地使用价值，提高土地利用价值，林场加大基础设施投入，加强道路交通、排水排涝、输电和防风林带的建设。改善林场的环境，引进农业新品种新技术，使林场的农副产品发展有了大幅提升。

（供稿：下蔡林场）

·漳浦盐场·

【概况】

2015年，漳浦盐场产盐43677吨，完成年任务的91.37%；销盐50329吨，销售收入3127万元（不含税）；完成税收637万元（其中，场部分483万元），完成年任务的100.95%；上缴职工社保金511.20万元，其中补缴

2004至2006年中断的社保金101.30万元。

【企业经济健康发展】

继续拉大品种盐的差价，鼓励生产优质一级盐，提高产品附加值。改革生产工区管理层工资待遇，实行绩效工资，把滩场维修、产品销售、质量管理考核纳入工资结构中，提高考核结果在工资中的占比，以此促进工区的工作积极性。做好盐田技术改造、滩场及生产配套设施维护等工作，全年投入技改资金150万元，完成三、五、七工区部分结晶池的升级改造、春季蒸发区施沙压实、电力设施维护更新、第一道防洪堤除险加固、排泄洪设施清障以及防汛抗灾准备等。通过改革创新，保障盐场在遭受几次暴雨侵袭的情况下，企业的经济仍保持稳定发展态势。

【招商引资成效明显】

引进阳光电源股份有限公司(该公司是上市公司)拟租用盐场养殖池74公顷，开发建设渔/游/光互补光伏电站项目，计划投资15亿元，年装机容量50兆瓦，产值可达8000万元。至年底，项目正进行前期审批中。

【农业经济提质增效】

实施“一村一品”经济战略，雄厝村种植特色花菜取得丰收，产量达82.50万吨，创产值412.50万元；竹屿村水产养殖业持续发展，养殖科技含量提升，养殖品种多样化，混养效益逐渐显现，产值持续提高，且带动水产品物流行业的发展。2015年，全场水产业及附加流通业产值11340万元。

【项目建设取得新成果】

2015年，投资100万元的竹屿顶山环境整治工程一期项目顺利建设，将顶山周边竹屿幼儿园及职工群众生活区整体环境打造成职工群众出行方便、生活休闲娱乐的好场所。雄厝村通过多方筹资近100万元，规划建设石厝自然村小公园，改造雄厝村污水池塘及清理周边环境，建设姚厝村等村级水泥路1千米。投入15万元，配套完善盐场垃圾中转站电力设施、入口道路硬化及机器安装等。

【拆违控违扎实推进】

加强违建日常巡查力度，全年拆除违建面积1003平方米，现场暂扣施工工具20余副，有效控制违建行为。同时，完善群众住房建设审批等疏导政策，探索违章建筑治理长效机制，确保盐区城乡规划建设的科学推进。

【社会事业全面发展】

文明创建取得新成绩 重点抓好创建县级文明乡镇和环境卫生综合整治工作，成立综合整治工作机构，全年共发放创建宣传品2000多份，制作创建宣传图片专栏20余处，投入40万元开展对环境卫生的整治，开展河道清淤、乱停乱放、乱搭乱建、“牛皮癣”清除等专项治理；增设垃圾收集池6处，加强辖区环境卫生管理，做到垃圾日产日清，辖区面貌大为改观。

社会和谐稳定 推进“平安盐场”“法治盐场”建设，开展矛盾纠纷大排查，全年共排查调处化解各类矛盾纠纷30起，调处30起，调处成功率达100%；接到上级转发信访件3件，回复办结3件，盐场信访态势总体平稳，没有出现重大信访事件。投入资金18万元，完成辖区监控网络平台建设，覆盖全场的21个高清视频监控探头全部联网实行实时监控，提升了辖区治安综合管理水平。全年发生刑事案件5起，治安案件39起，查处39起，查处破案率均达100%。

安全生产常抓不懈 开展道路交通、消防隐患、打非治违等专项整治；落实安全监管责任到人，推进安全生产标准化建设，提升“三年行动”；开展校园周边环境治理，确保学校安全稳定。是年，盐场交通道路安全整治工作被县政府评为“优胜单位”。

社会保障有效落实 城乡低保提标扩面、扶贫救助、新型农村合作医疗、城乡居民社会养老保险等工作有序开展。完成全场300户的低保核查，是年新增低保22户，发放贫困人员救助金1.26万元；参加城乡居民养老保险1923人，新增参保98人，参保率为95.39%，60周岁以上享受待遇人员857人；全场新农合参合7141人，参合率100%，社会保障实现全覆盖。

计生工作稳妥开展 制订

一系列落实计划生育工作措施，“单独二孩”政策稳步实施，全场人口出生政策符合率、长效节育措施落实率均达到上级考评标准。落实计生奖励扶助政策，是年发放各种计生补助金 1.10 万元、长效节育奖励 1.05 万元。

（撰稿人：陈建党）

·杜浔盐场（制盐分公司）·

【概况】

2015 年，杜浔盐场坚持以安全生产为前提，强化内部管理，落实岗位责任，推进公司的各项工作顺利开展，全年产盐 5820 吨，完成年任务的 111%，销盐 5612 吨，完成年任务 107%；强化安全生产，投入 10 多万元更新生产设备，全年安全无事故。

【超额完成原盐生产任务】

坚持各部门、各工区每周周一的安全生产例会制度，分析上一周存在的问题，部署新一周的工作。细化任务，严格按制盐操作规程组织生产，做到生产场面有组织、有秩序，发现问题及时协调处理。生产管理人员按各自职责坚持到生产一线现场巡查和监督，加强现场管理，促进原盐生产任务的完成。是年全场产盐 5820 吨，其中：一级盐3915 吨、二级盐 1905 吨，完成全年生产任务的 111%。

【严格遵守食盐专营制度】

执行和遵守食盐专营制度，按调拨计划组织生产和销售，根据调拨单据保质保量组织调运。是年全场销盐5612 吨，完成全年销售任务的107%。至年底，全场原盐库存 3287 吨左右，其中：一级盐 1721 吨、二级盐 1566 吨。

【加强原盐生产质量管理】

以提质增产为努力方向，坚持产量、质量并重。根据各个季节的变化和各工区的实际情况组织生产，严格控制结晶面积，实行量卤开晒，较好地保证深卤和新卤结晶，为原盐质量创造条件。一年中，放运到各地的原盐没有收到产品有质量问题的反馈。

【强化安全生产】

坚持安全发展，采取有效的措施加强现场一线安全管理。坚持每月例行检查及日常巡查，特别是滩场扬水设备和电力设施的检查和维护，发现隐患及时整改。一年中，投入安全生产整改资金 10 多万元，更新部分照明线路、电机、直流泵、配电箱、纳水闸门等生产配套设备，修护运盐道路，及时消除安全隐患。同时，定期或不定期由生产管理部牵头组织各工区的安全生产会议，贯彻传达上级安全生产的文件精神和安全生产制度，加强职工的安全生产培训教育，提高生产人员的安全生产意识，杜绝各种违章行为。

【征地进度有较大突破】

纬五路经过盐场需征地 11.33 公顷，路线大部分经过虾池用地，直接涉及 10 多户养殖户的切身利益。经过细致工作，至 7 月前，大部分的养殖户已陆续清理完虾池，交付给工程项目部使用，尚还有存在一小部分争议的土地未完成征迁。

（供稿：杜浔盐场）

人物和先进单位

人物名表

漳浦县副科级以上领导名表

·中共漳浦县委员会·

【书记、副书记、常委】

职　务	姓　名	籍　贯	任职时间
书　记	沈志平	平和	续任——在任
副书记	苏孝道	龙海	续任——2015－09
	戴平忠	芗城	续任——在任
	李明清	东山	2015－08——在任(挂职)
常　委	刘　军	洪泽(江苏)	续任——在任
	何晓明	龙海	续任——在任
	柳亚殊	云霄	续任——在任
	刘达文	漳浦	续任——在任
	陈勇谋	芗城	续任——在任
	郑智平	芗城	续任——2015－02
	齐全明	乐陵(山东)	续任——在任
	陈锦云	福安	续任——在任
	贾广君	敖汉旗(内蒙古)	续任——2015－02(挂职)
	吴新斌	武平	续任——在任(挂职)
	邓思民	莆田	续任——在任
	林益生	东山	2015－02——在任
	马文山	彭阳(宁夏)	2015－07——在任(挂职)

【中共漳浦县委系列单位】

办公室

主　任	蓝主保	漳浦	续任——2015－03
	洪和庭	漳浦	2015－03——在任
副主任	黄毅卿(女)	漳浦	续任——在任
	林锦泉	漳浦	续任——在任
	洪　苗(女)	漳浦	续任——2015－06
纪检组长	陈良跃	漳浦	2015－06——在任

主任科员　李旺坤　黄金聪　黄毅卿(女,6月任)　陈智海(6月任)

副主任科员　何志雄(6月免)

610办公室

主　任	吴国豪	漳浦	续任——在任(兼)
副主任	何卫平	漳浦	续任——2015－06

组织部

部　长	邓思民	莆田	续任——在任
副部长	洪照宏	漳浦	续任——在任
	吴　佐	云霄	续任——2015－03
	陈同苗	漳浦	续任——在任
	邱志华	龙海	2015－06——在任
	陈耀胜	漳浦	2015－06——在任

副主任科员　杨晓娟(女,3月免)　何立志(6月免)

组织员办公室

主　任	林甲主	漳浦	续任——在任
副主任	蔡炳煌	漳浦	续任——2015－03

正科级组织员　吴　佐(3月任)　杨晓娟(女,3月任)　陈耀胜(6月任)　何惠珠(女,6月任)

副科级组织员　黄世哲(6月任)

宣传部

部　长	陈勇谋	芗城	续任——在任
副部长	洪振垣	漳浦	续任——2015－03
	陈玉宝	漳浦	续任——在任
	翁永祥	漳浦	续任——2015－10
	林建耀	漳浦	续任——在任(兼)
	陈国辉	漳浦(佛昙)	续任——2015－10(兼)
	苏英纶	漳浦	续任——在任
	卢艺福	漳浦	2015－03——在任

主任科员　胡建水(3月免)　林机套(3月任)

副主任科员　何志腾

统一战线工作部

部　长	刘达文	漳浦	续任——在任

副部长	黄荣仙	漳浦	续任——在任
	蔡黎明	漳浦	续任——在任
	魏唐国	漳浦	续任——2015－10
	黄河生	漳浦	续任——2015－10(兼)

副主任科员　许余宾(女)　陈志雄　张翠珏(女,6月任)

政法委员会

书　记	何晓明	龙海	续任——在任
副书记	郑世然	漳浦	续任——2015－03(兼)
	林飞跃	漳浦	续任——在任
	王建峰	漳浦	续任——在任
	杨海峰	漳浦	续任——在任
	林顺德	龙海	续任——在任(兼)
	吴国豪	漳浦	续任——在任
	陈志伟	漳浦	2015－03——在任(兼)

主任科员　林在溪(3月退休)　胡少茵(女)　何卫平(6月任)

副主任科员　陈葵艺　杨志坚　戴东跃　蔡罗坤

社会治安综合治理委员会办公室

主　任	王建峰	漳浦	续任——在任(兼)

教育工作委员会

书　记	陈勇谋	芗城	续任——在任(兼)
副书记	陈仁俊	漳浦	续任——在任
	黄耀光	漳浦	续任——在任(兼)
	戴贵盛	漳浦	续任——在任(挂职)

农村工作领导小组办公室

主　任	王少平	漳浦	续任——在任
副主任	林荣斌	漳浦	续任——在任
	王建文	漳浦	续任——在任
	王亦成	安溪	续任——在任

副主任科员　魏志杰

机构编制委员会办公室

主　任	何进祥	漳浦(官浔锦江)	续任——在任
副主任	王紫茳(女)	安溪	续任——在任
	林为国	漳浦	2015－06——在任

台湾工作办公室(县政府台湾事务办公室)

主　任	蔡红茂	漳浦	续任——在任
副主任	林松山	漳浦	续任——在任
	许智富	漳浦	续任——在任

主任科员　戴荣花(女)

副主任科员　李荣彬

台湾渔民事务工作站

站　长	陈熊武	漳浦	续任——2015－10
	张有嘉	漳浦	2015－10——在任

县直机关工作委员会

书　记	邓思民	莆田	续任——在任(兼)
常务副书记	杨福山	漳浦	续任——在任
副书记	卢全胜	漳浦	续任——在任
	王炳建	漳浦	2015－03——在任
纪委书记	陈志民	漳浦(赤湖)	2015－06——在任
主任科员	何碧燕(女)　郑建鲁		
副主任科员	程银珠(女)		

老干部局

局　长	陈同苗	漳浦	续任——在任(兼)
副局长	陈飞彪	漳浦	续任——在任
	王万主	漳浦	续任——2015－06
	林机套	漳浦	续任——2015－03
主任科员	蓝志跃　陈泗杰(6月任)		
副主任科员	杨阳寿(6月免)		

精神文明建设办公室

主　任	陈国辉	漳浦(佛昙)	续任——在任
副主任	蓝培在	漳浦	续任——在任
	林燕坤	漳浦	续任——在任

机要局

局　长	陈泗杰	漳浦	续任——2015－06

保密局

局　长	李文峰	漳浦	续任——2015－06
	王永华	漳浦	2015－06——在任

信访局(县政府信访局)

局　长	陈利平	漳浦	续任——2015－03
	蔡小彬	漳浦	2015－03——在任
副局长	刘秋玲(女)	漳浦	续任——2015－03
	洪宗华	漳浦	续任——在任
	陈晓宏	漳浦	2015－06——在任

党史研究室

主　任	陈国辉	漳浦(六鳌)	续任——2015－03
	林锦泉	漳浦	2015－03——在任
副主任	陈志民	漳浦(盘陀)	续任——2015－06

党　校

校　长	邓思民	莆田	续任——在任(兼)

常务副校长	吴　佐	云霄	续任——在任
副校长	蔡立芬(女)	漳浦	续任——2015－06
	卢江艺	漳浦	续任——在任
	陈俊雄	漳浦	续任——在任
正科级组织员	蔡立芬(女,6月任)		

老龄工作委员会办公室

主　　任	吴立宏	漳浦	续任——2015－06(兼)
	李文峰	漳浦	2015－06——在任
副主任	柯云东	漳浦	续任——2015－06

漳浦宾馆

书记、经理	李旺坤	漳浦	续任——在任

【园区】

古雷港经济开发区(处级)

书　记	康溪顺	龙海	续任——2014－08
	沈志平	平和	2015－08——在任(兼)
副书记	沈永祥	东山	续任——2015－08
	曾平西	平和	续任——2015－01
	戴平忠	芗城	2014－09——2015－10(兼)
	陈一森	诏安	2015－01——在任
纪工委书记	沈建东	诏安	2015－07——在任(兼)

绥安工业区(副处级)

书　记	卢辉达	漳浦	续任——2015－03
	陈燕斌(女)	漳浦	2015－05——在任
副书记	王朱申	漳浦	续任——2015－03
	吴继志	云霄	续任——2015－06
	李文庚	漳浦	2015－06——在任
纪委书记	郑贵德	漳浦	2015－06——在任

台湾农民创业园(长桥农业园艺科技合作园区)

书　记	陈德贤	漳浦	续任——在任
副书记	王添文	漳浦	续任——在任
	戴厝魁	漳浦	2015－06——在任

【单位党组】

卫生与计划生育局党组(3月成立)

书　记	王木泉	漳浦	2015－03——在任
副书记	胡建水	漳浦	2015－03——在任

人力资源和社会保障局党组(3月成立)

书　记	郑惠坚	漳浦	2015－03——在任

副书记	陈　斌	莆田	2015－03——在任

农业局党组(3月成立)

书　记	王少平	漳浦	2015－03——在任
副书记	张齐嘉	漳浦	2015－03——在任

水利局党组(3月成立)

书　记	陈石金	漳浦	2015－03——在任

文化广电体育局党组(3月成立)

书　记	谢长生	漳浦	2015－03——在任
副书记	何清江	漳浦	2015－03——在任

市场监督管理局党组(3月成立)

书　记	王荣元	漳浦	2015－03——在任
副书记	王志伟	漳浦	2015－03——在任

民政局党组(6月成立)

书　记	吴立宏	漳浦	2015－06——在任

财政局局党组(6月成立)

书　记	陈衍龙	漳浦	2015－06——在任

林业局党组(6月成立)

书　记	黄建平	如东(江苏)	2015－06——在任

商务局局党组(6月成立)

书　记	王志勇	漳浦	2015－06——在任

· 漳浦县人大常委会 ·

【主任、副主任】

主　任	陈少华	漳浦	续任——在任
副主任	林溪河	漳浦	续任——2015－03
	吴川泽	漳浦	续任——在任
	刘两溪	漳浦	续任——在任
	张秀华(女)	云霄	续任——在任
	王予军	许昌(河南)	2015－06——在任
	王朱申	漳浦	2015－06——在任
调研员	蔡和平	漳浦	续任——2015－09

【县十六届人大常委会委员】

杨和来　黄录章　张俊云　李开龙　卢艺福(3月免)
黄东辉(专职常委)　陈志坚(专职常委)　林进三(6月免)
吴秀莲(女)　陈丽蓉(女,3月免)　李色香(女)　林晋生

洪照宏　洪振垣　林锦泉　张美珍(女)　陈婉儿(女,1月免)
王秋月(女)　许志强　陈展平　卢合智(3月任)

【人大常委会工作机构】

办公室

主　任	杨和来	漳浦	续任——在任
副主任	林荣建	漳浦	续任——在任
副主任科员	戴顺龙　林志鹏(6月任)		

信访办公室

主　任	卢合智	漳浦	2015－03——在任
副主任	吴秀莲(女)	漳浦	续任——2015－06
副主任科员	杨达武		

人事代表工作委员会

主　任	黄录章	漳浦	续任——在任
副主任	陈亚兰(女)	漳浦	续任——在任

内务司法工作委员会

主　任	林耀宏	漳浦	续任——2015－03
	陈志坚	漳浦	2015－06——在任

财政经济委员会

主　任	陈　言	漳浦	续任——在任
副主任	郑乾元	漳浦	续任——2015－03
主任科员	邱秋荣(10月任)		

教育科学文化卫生委员会

主　任	卢艺福	漳浦	续任——2015－03
	陈国辉(六鳌)	漳浦	2015－05——在任
副主任	陈丽蓉(女)	漳浦	续任——2015－03
主任科员	林应璋		

农村经济工作委员会

主　任	张俊云	漳浦	续任——在任
副主任	戴仲云	漳浦	续任——2015－06
	庄志华	惠安	2015－06——在任
主任科员	陈和鹏(1月退休)　戴仲云(6月任)		

华侨台胞民族宗教委员会

主　任	李开龙	漳浦	续任——在任
副主任	李色香(女)	漳浦	续任——在任
主任科员	林文学(8月免)		

城乡建设环境资源保护委员会

主　任	林进三	漳浦	续任——2015－06
	吴秀莲(女)	漳浦	2015－06——在任

副主任	林懿祥	漳浦	续任——在任

• 漳浦县人民政府 •

【县长、副县长】

县　长	苏孝道	龙海	续任——2015－09
	戴平忠	芗城	2015－10——在任
常务副县长	柳亚殊	云霄	续任——在任
副县长	戴平忠	芗城	2015－09——2015－10(代县长)
	陈美慧(女)	莆田	续任——在任
	黄国峰	漳浦	续任——在任
	戴文利	漳浦	续任——在任
	郑世然	漳浦	续任——在任
	蓝文华	漳浦	续任——在任
	戴晓清	漳浦	续任——在任
	陈　林(女)	长泰	续任——2015－08(挂职)
	陈伟红	漳浦	2015－03——在任
县长助理	张延能	漳浦	续任——在任(赴宁夏挂职)
县政府党组成员	陈志伟	漳浦(赤湖)	2015－03——在任
	魏建真	漳浦	2015－03——在任

【县政府系列单位】

办公室

主　任	王任艺	漳浦	续任——2015－03
	王永盛	漳浦	2015－03——在任
副主任	杨水寿	漳浦	续任——2015－03
	郑建南	南安	续任——2015－03
	陈进四	漳浦	续任——在任
	林国辉	漳浦	续任——在任(兼)
	洪和庭	漳浦	续任——2015－03(兼)
	陈阳升	漳浦	续任——2015－03
	陈利平	漳浦	续任——2015－03(兼)
	陈世杰	漳浦	2015－06——在任
纪检组长	郑建南	南安	2015－03——在任

主任科员　陈利平(3 月任)

副主任科员　陈美兰(女)　陈世杰(6 月免)　黄艺军　刘友钦(6 月任)

机关效能建设办公室

主　任	林忠来	漳浦	续任——在任

发展和改革局

局　长	高文贵	漳浦	续任——在任
副局长	林广雄	漳浦	续任——在任
	蓝汉义	漳浦	续任——在任
	何进祥	漳浦(官浔红霞)	续任——在任
纪检组长	黄少坚	漳浦	2015－06——在任

主任科员　蓝捷胜(6月任)　黄炳坤(6月任)

副主任科员　林庆永

经济和信息化局(经济贸易局)

局　长	陈建华	漳浦	续任——在任
副局长	黄宏星	漳浦	续任——在任
	林寿明	漳浦	续任——在任
	刘　海	漳浦	续任——在任
纪检组长	黄少坚	漳浦	续任——2015－06
	刘　强	文登(山东)	续任——2015－06
	黄卫西	漳浦	2015－06——在任

主任科员　洪国继(6月免)　李毅杰(6月免)　陈炳煌(6月免)　黄炳坤(6月免)　阮金龙　杨跃进(6月任)

副主任科员　吴明智(6月免)　林艺华(女)　杨跃进(6月免)

商务局

局　长	王志勇	漳浦	2015－03——在任
纪检组长	陈旺宝	漳浦	2015－06——在任

主任科员　李春跃(6月任)　李毅杰(6月任)　洪国继(6月任)　陈炳煌(6月任)

副主任科员　吴明智(6月任)　涂惠宗(6月任)

教育局

局　长	黄耀光	漳浦	续任——在任
副局长	朱炉堃	漳浦	续任——在任
	杨惠聪	漳浦	续任——在任
	陈秋绒(女)	漳浦	续任——在任
纪检组长	陈旺宝	漳浦	续任——2015－06
	李旺万	漳浦	2015－06——在任

副主任科员　陈志伟(南浦)

科学技术局

局　长	杨长泰	漳浦	续任——在任
副局长	蔡昭生	漳浦	续任——在任

主任科员　陈耀胜(6月免)　郭镇东

副主任科员	林志雄　陈吟泉		

知识产权局

局　长	郭镇东	漳浦	续任——在任(兼)

民族与宗教事务局

局　长	杨历群	漳浦	续任——在任
主任科员	蓝玉瑛(女,6月免)		
副主任科员	何子达		

公安局

局　长	林顺德	龙海	续任——在任
政　委	林　锐	诏安	续任——在任
副局长	陈北河	漳浦	续任——在任
	柯志鸿	漳浦	续任——在任
	蔡荣福	漳浦	续任——在任
	陈瑞强	漳浦	续任——在任
	卢建明	漳浦	续任——2015－10
	林长盛	漳浦	续任——在任
纪委书记	陈少任	漳浦	续任——在任

副科级以上领导	李志能　张镇顺　陈坤山　林新军　刘小纯　李玉锋
	吴文坚　林芳艺　叶晓秋　柯卫新　卢连色　王易升
	蓝周全(3月免)　蔡进生　卢志坚　黄瑞文　潘毅明
	周浦和　李继伟　陈曲斗　林友发　许达强　陈福有
	胡育斌　林炜江　黄秦贵　蔡耀辉　卓建金　李夙辉
	徐河镇　郑进展　林育强　林　峰　林景珍(女)
	范晓林　林瑞连　林雄志　林兴州　蓝绿野　俞慧武
	邱志翔　林喻成　商荣裕　汤儒鸿　石建湘　郑扬新
	余华恢　林志贤　张亚强　郑德金　黄延伟　许木林
	方艺斌　杨龙泉　陈毅庭　邱清泉　胡正义(10月免)
副主任科员	陈世辉　余建生　林炎镇　邱亚教　林燕鹏　蔡玉山
	林武定　林斌毅　齐浦明　林南生　陈智慧　陈少锋
	蓝国安　刘　锋　刘进加　杨荣福　张雅田　庄朝坤
	胡镇江　林太山　李进忠　张树义　王闽秋　潘忠川
	黄宽定　王世明　刘　琳(女)

民政局

局　长	吴立宏	漳浦	续任——在任
副局长	林国平	漳浦	续任——在任
	林绍东	漳浦	续任——在任
	许耀和	漳浦	续任——2015－06
	黄成福	漳浦	续任——在任
纪检组长	丛美红(女)	霍邱(安徽)	续任——2015－06

	何立志	漳浦	2015－06——在任
主任科员	许耀和(6月任) 柯云东(6月任)		
副主任科员	洪志敏		

司法局

局　长	林耀雄	漳浦	续任——在任
副局长	林凤英(女)	漳浦	续任——2015－10
	许剑平	漳浦	续任——在任
	吴明坚	漳浦	续任——在任
纪检组长	林俊成	漳浦	续任——2015－06
	陈进财	漳浦	2015－06——在任
副科级领导	张长伟 陈志豪 林纯伟(6月免) 邱宏伟 林栋梁 陈龙章 蓝良裕 杨海东 郑辉强(6月免) 陈维通(6月免) 温晓暄(6月免) 黄瞻洋 洪旺枞(6月免) 杨永华(6月免) 林志荣 蔡锴斌 林宝勇 邱远章(6月免) 胡志阳(6月免) 蔡建云 庄东宏(6月任) 蓝小裕(6月任) 许国富(6月任)		
主任科员	陈正谦 林凤英(女,10月任)		
副主任科员	柯海南(5月退休) 毕闽建(6月退休)		

财政局

局　长	陈衍龙	漳浦	续任——在任
副局长	李建华	龙海	续任——在任
	林建新	漳浦	续任——在任
	陈顺利	漳浦(湖西)	续任——在任
	邱秋荣	漳浦	续任——2015－10
纪检组长	丛美红(女)	霍邱(安徽)	2015－06——在任
主任科员	陈顺利 何志雄(6月任)		
副主任科员	蔡云忠 卢艺安 陈云清 陈佶萍(女)		

机关事业单位登记管理局

局　长	林为国	漳浦	续任——2015－06
	叶冠文	漳浦	2015－10——在任

人力资源和社会保障局(机构改革后)

局　长	陈　斌	莆田	2015－03——在任
纪检组长	吴赞生	漳浦	2015－06——在任
主任科员	黄伟安(6月任)		

人力资源和社会保障局(机构改革前)

局　长	何清江	漳浦	续任——2015－03
副局长	黄旺寿	漳浦	续任——在任
	刘景文	菏泽(山东)	续任——在任
	许坤才	漳浦	续任——在任
纪检组长	陈进财	漳浦	续任——2015－06

副主任科员	蔡恩平　游瑞元　黄多佑　谢建章　陈建南		

公务员局

局　长	谢长生	漳浦	续任——2015－03
副局长	洪元峰	漳浦	续任——在任
	黄伟安	漳浦	续任——2015－06
主任科员	陈宏辉		
副主任科员	商永进　庄志华(6 月免)		

国土资源局

局　长	魏建真	漳浦	续任——2015－03
	王赐义	漳浦	2015－03——在任
副局长	陈国裕	漳浦	续任——在任
	林伟雄	漳浦	续任——在任
	陈建才	漳浦	续任——在任
	杨国友	漳浦	2015－10——在任
纪检组长	陈海泳	漳浦	2015－07——在任
监察大队长	林耀德	漳浦	续任——2015－06
监察大队教导员	洪天德	漳浦	续任——在任
主任科员	张金发　吴良雄		
副主任科员	戴浦雄　郑建和　陈培强(7 月任)		

城乡规划建设局

局　长	林远鹏	漳浦	续任——2015－10
	许志明	漳浦	2015－10——在任
副局长	陈海滨	漳浦	续任——在任
	许志明	漳浦	续任——2015－10
	陈琪斌	漳浦	续任——在任
纪检组长	吴赞生	漳浦	续任——2015－06
	陈春龙	漳浦	2015－06——在任
主任科员	蔡传勇　林长辛(6 月任)		
副主任科员	洪松民　胡茂辉　曾宪梁		
总工程师	陈顺庆(6 月任)		

住房保障与房地产管理局

局　长	蔡传勇	大埔(广东)	续任——在任

交通运输局

局　长	王赐义	漳浦	续任——2015－03
	卢辉达	漳浦	2015－03——在任
副局长	刘俊育	漳浦	续任——在任
	卢和木	漳浦	续任——2015－06
	管建亮	漳浦	续任——在任
	王晓彬	福清	2015－03——在任(挂职)

纪检组长	许心意(女)	漳浦	续任——2015－06
	陈坤谋	漳浦	2015－06——在任
副组长	许心意(女)	漳浦	2015－06——在任
执法大队长	黄维跃	漳浦	2015－03——在任
运管所长	洪德两	漳浦	续任——在任
主任科员	黄维跃(3 月任)		
副主任科员	洪德两　刘建利(6 月任)		

水利局

局　长	陈石金	漳浦	续任——在任
副局长	郑荣裕	漳浦	续任——在任
纪检组长	陈汉章	漳浦	续任——2015－03
	刘伟长	漳浦	2015－06——在任
主任科员	陈良溪　张庆新(3 月任)		
副主任科员	卢鸿宝(6 月任)		

林业局

局　长	黄建平	如东(江苏)	续任——在任
副局长	赵建民	漳浦	续任——在任
	柯文森	漳浦	续任——在任
	林武强	漳浦	续任——在任
	许达武	漳浦	续任——2015－06
纪检组长	王耀清	漳浦	续任——2015－06
	陈来顺	漳浦	2015－06——在任
主任科员	胡发屏　许达武(6 月任)		
副主任科员	朱国进　王世坦　卢美菊(女)		

农业局

局　长	张齐嘉	漳浦	续任——在任
副局长	蓝跃光	漳浦	续任——在任
	陈林生	漳浦	续任——在任
	张德生	诏安	续任——在任
	陈志远	漳浦	续任——2015－01
纪检组长	蓝跃光	漳浦	续任——2015－03(兼)
	林居南	漳浦	2015－03——在任
主任科员	何建河　柯进平　陈龙伟(6 月任)　洪　苗(女,6 月任)		
副主任科员	戴文勇　林六二		

畜牧局

局　长	蓝跃光	漳浦	续任——在任(兼)

农业机械管理站

站　长	陈志远	漳浦	续任——2015－01(兼)
	陈龙伟	漳浦	2015－06——在任(兼)

海洋与渔业局

局　长	李六三	漳浦	续任——在任
副局长	洪俊杰	漳浦	续任——在任
	陈木枞	漳浦	续任——2015－06
	陈建榴	漳浦	续任——在任
	蓝志强	漳浦	续任——在任
	陈志华	漳浦	续任——在任
纪检组长	洪立学	漳浦	续任——在任
执法大队长	王鲁安	漳浦	续任——2015－10
执法大队教导员	郑向阳	漳浦	续任——在任

主任科员　　赵建忠　林建明　陈木枞(6月任)

副主任科员　　蔡振阳　刘达宏(6月免)

市场监督管理局

局　长	王志伟	漳浦	2015－03——在任
纪检组长	林进三	漳浦	2015－06——在任
副组长	吴耀坤	漳浦	2015－06——在任
	黄光明	漳浦	2015－06——在任

工商行政管理局

局　长	张建龙	平和	续任——2015－03
	王志伟	漳浦	2015－03——在任(兼)
副局长	杨振林	漳浦	续任——在任
	刘南越	漳浦	续任——在任
	陈渊旗	龙海	续任——2015－03
纪检组长	郑贵德	漳浦	续任——2015－06

副科级以上领导　　孔　飙　吴炼山　张军强　陈勇团　陈永乐　林忠明
林志强　王元甫　陈志坚　蔡世坤(1月任)

主任科员　　王建华(1月退休)　陈培元　王裕宏(3月免)
蔡云祥(1月退休)

副主任科员　　罗敬祥　林空军　林发福　刘清标　许淑鸾(女)
蔡金凤(女)　洪新伟　杨国民

食品药品监督管理局

局　长	王志伟	漳浦	续任——在任
副局长	蔡益华	漳浦	续任——在任
	吴伟亮	漳浦	续任——在任
纪检组长	吴耀坤	漳浦	续任——2015－06

副科级领导　　詹富强　陈飞鸿　陈启猛　魏其荣　林忠明　商毅平
王蔗龙　卢宗勇　林大军

主任科员　　郑进道　王裕宏

副主任科员　　尤长浦　李榕珊(女)　郑文强

质量技术监督局

局　长	王荣元	漳浦	续任——2015－03
	王志伟	漳浦	2015－03——在任(兼)
副局长	蔡海东	漳浦	续任——在任
纪检组长	黄光明	漳浦	续任——2015－06
主任科员	王一清		
副主任科员	林汉武		

卫生和计划生育局

局　长	胡建水	漳浦	2015－03——在任
纪检组长	王电辉	漳浦	2015－06——在任
主任科员	卢和木(6月任)　戴两全(6月任)		

卫生局(3月机构改革后撤销)

局　长	王木泉	漳浦	续任——2015－03
副局长	赵　文	永泰	续任——在任
	陈秀珍(女)	漳浦	续任——在任
	戴两全	漳浦	续任——2015－06
纪检组长	陈来顺	漳浦	续任——2015－06
副主任科员	蔡合成　陈楚田		

人口和计划生育局(3月机构改革后撤销)

局　长	郑惠坚	漳浦	续任——2015－03
副局长	陈全来	漳浦	续任——在任
	林兰福	漳浦	续任——在任
纪检组长	黄清源	漳浦	续任——2015－06
副主任科员	黄育香(女)　吴立艺		

审计局

局　长	杨惠杰	漳浦	续任——在任
副局长	陈励明	漳浦	续任——在任
	杨爱香(女)	漳浦	续任——在任
	陈龙春	漳浦	续任——在任
纪检组长	赵杰铭	漳浦	续任——在任
总审计师	郑少生	漳浦	2015－06——在任
任主任科员	欧阳忠宝		
副主任科员	张　秋　蓝太生　李韶华(女,6月任)		

统计局

局　长	王志勇	漳浦	续任——2015－03
	杨水寿	漳浦	2015－03——在任
副局长	林高春	漳浦	续任——在任
	陈洁秋	漳浦	续任——在任
纪检组长	胡水友	漳浦	续任——2015－06

	刘　强	文登(山东)	2015－06——在任
副主任科员	王闽东　林跃民(6月任)		

环境保护局

局　长	李英明	漳浦	续任——在任
副局长	杨国友	漳浦	续任——2015－10
	陈捍南	漳浦	续任——在任
	尤芳艺	南安	续任——在任
纪检组长	陈艺伟	漳浦	2015－06——在任
总工程师	胡守贤	漳浦	续任——在任
主任科员	许志强　陈捍南　黄香莲(女)		
副主任科员	蔡聪智		

粮食局

局　长	蓝捷胜	漳浦	续任——2015－06
	黄炳坤	漳浦	2015－06——在任(兼)
副局长	黄加进	漳浦	续任——在任
主任科员	洪泰山		

物价局

局　长	林亚扁	龙海	续任——在任
副局长	蔡建立	漳浦	续任——在任
	林毅武	漳浦	续任——在任

文化广电体育局

局　长	何清江	漳浦	2015－03——在任
纪检组长	王耀清	漳浦	2015－06——在任
主任科员	赵　弘(3月任)　林耀宗(6月任)		

文化体育新闻出版局(3月机构改革后撤销)

局　长	林建耀	漳浦	续任——2015－03
副局长	李志鑫	金门(台湾)	续任——在任
	何亚万	漳浦	续任——在任
主任科员	何俊明		
副主任科员	黄海生　陈光辉		

广播电视事业局(3月机构改革后撤销)

局　长	胡建水	漳浦	续任——2015－03
副局长	赵　弘	永泰	续任——2015－03
	林坤荣	漳浦	续任——在任
	王耀庭	漳浦	续任——在任
纪检组长	陈春龙	漳浦	续任——2015－06

安全生产监督管理局

局　长	刘添顺	漳浦	续任——在任
副局长	许志强	漳浦	续任——在任

	江少红(女)	漳浦	续任——在任
纪检组长	林俊成	漳浦	2015－06——在任
副主任科员	蔡彬荣		
旅游局			
局　长	林耀宗	漳浦	续任——在任
副局长	林中华	漳浦	续任——2015－06
主任科员	蔡燕斌(女,5 月免)		
档案局			
副局长	王朱林	漳浦	续任——在任
	林桂荣(女)	漳浦	续任——在任
库区移民开发管理局			
局　长	涂金城	漳浦	续任——在任
地方志编纂委员会			
主　任	赵惠娇(女)	漳浦	续任——在任
副主任	陈淑惠(女)	漳浦	续任——在任
人民防空办公室			
主　任	翁慧建	漳浦	续任——在任
副主任	林长辛	漳浦	续任——在任
副主任科员	林孝杰		
革命老根据地建设办公室			
主　任	黄粤闽	惠东(广东)	续任——2015－01
	许耀和	漳浦	2015－06——在任
副主任	赵永庆	漳浦	续任——在任
副主任科员	王珍妹(女)		
外事侨务办公室			
主　任	杨腾飞	漳浦	续任——在任
副主任	陈炎辉	漳浦	续任——在任
二轻集体工业联社			
主　任	林连络	漳浦	续任——在任
供销合作社联合社			
主　任	张家生	漳浦	续任——在任
副主任	陈长安	漳浦	续任——在任
	何明松	漳浦	续任——在任
	戴江艺	漳浦	2015－06——在任
主任科员	郑重振		
地震办公室			
主　任	陈熊武	漳浦	2015－10——在任
副主任	张有嘉	漳浦	续任——2015－10
	徐慧卿(女)	漳浦	续任——在任

	叶冠文	漳浦	续任——2015－10

支前双拥工作办公室

主　任	林绍东	漳浦	续任——在任
副主任	林艺强	漳浦	续任——在任
	朱冬龙	漳浦	续任——在任
副主任科员	杨志文(6月免)		

工业办公室

主　任	陈建华	漳浦	续任——在任(兼)
常务副主任	刘　海	漳浦	在任——在任(兼)

国家统计局漳浦调查队

队　长	黄正山	漳浦	续任——在任
副队长	林水金	漳浦	续任——在任
	方文忠	云霄	续任——在任

市容管理处

主　任	林国辉	漳浦	续任——在任
教导员	黄金聪	翔安(厦门)	续任——在任(兼)
副主任	陈宝玉(女)	漳浦	续任——在任
	林建国	漳浦	续任——在任
	李文庚	漳浦	续任——2015－06
	陈裕斌	漳浦	续任——在任
	林子豪	漳浦	续任——在任

【园区】

古雷港经济开发区(处级)

主　任	沈永祥	东山	续任——2015－08
	卢　力	平和	2015－08——在任
副主任	曾平西	平和	续任——2015－01
	陈文基	漳浦	续任——在任
	章　洲	大田	续任——在任
	陈艺章	漳浦	续任——在任
	郭炎河	华安	续任——在任
	陈一森	诏安	2015－01——在任
	林仲友	莆田	2015－04——在任(挂职)
	陈　林(女)	长泰	2015－08——在任(挂职)
	林　盛	福安	2015－04——在任(挂职)
	林东文	东山	2015－04——在任(挂职)
	叶炳辉	南安	2015－04——在任(挂职)
	黄亚标	漳浦	2015－04——在任(挂职)
调研员	曾跃国	漳浦	续任——在任

副科级以上领导	黄建龙　石艳生　李永法　李耀坤　郭淑彬(女)　陈秀绒(女)　王汉清　周毅军　李宏敏　李四毛　李少平　曾庆龙		
主任科员	蓝永强		

绥安工业区(副处级)

主　任	王朱申	漳浦	续任——2015－02
	涂平辉	漳浦	2015－02——在任
副主任	李春跃	漳浦	续任——2015－06
	何思聪	漳浦	续任——2015－06
	陈龙伟	漳浦	续任——2015－06
	洪旺枞	漳浦	2015－06——在任
	许志远	漳浦	2015－06——在任
	林兴林	漳浦	2015－06——在任
主任科员	林耀宗(6月免)　吴继志(6月任)　王志明(6月任)　蓝伟斌(6月任)　何思聪(6月任)		

台湾农民创业园(长桥农业园艺科技合作园区)

主　任	王添文	漳浦	续任——在任
副主任	陈鸿辉	漳浦	2015－06——在任
	张少珍(女)	漳浦	2015－06——在任
主任科员	陈顺利(杜浔)　戴厝魁(6月任)		

• 政协漳浦县委员会 •

【主席、副主席】

主　席	林培兴	漳浦	续任——在任
副主席	陈伟红	漳浦	续任——2015－06
	吴水跃	漳浦	续任——在任
	何北贡	漳浦	续任——在任
	蓝主保	漳浦	2015－06——在任
	张少榕(女)	漳浦	2015－06——在任
副调研员	林仲文	漳浦	续任——在任

【政协各工作机构】

办公室

主　任	戴鹏毅	漳浦	续任——在任
副主任	薛元民	漳浦	续任——2015－06
主任科员	蓝振祥　薛元民(6月任)		

副主任科员	陈伟斌(6月任)		
学习文史委员会			
主　任	林惠云	漳浦	续任——在任
副主任	陈叶纯(女)	漳浦	2015－03——在任
提案委员会			
主　任	蓝建进	漳浦	续任——在任
副主任	陈少辉	漳浦	续任——在任
法制与社会委员会			
主　任	刘解法	漳浦	续任——在任
副主任	陈永生	漳浦	续任——在任
副主任科员	陈叶纯(女,3月免)		
台港澳侨联络委员会			
主　　任	曾荣彬	漳浦	续任——在任
副主任	陈挚纯(女)	漳浦	续任——2015－03
	陈一华(女)	漳浦	2015－06——在任
经济与科技委员会			
主　任	陈挚纯(女)	漳浦	2015－03——在任
副主任	陈民辉	漳浦	续任——2015－06
	周壮丽(女)	漳浦	2015－06——在任
主任科员	陈民辉(6月任)		
副主任科员	陈俊武		
文教卫体委员会			
主　任	邱广生	漳浦	续任——在任
副主任	何越仲	漳浦	2015－03——在任
副主任科员	何越仲(3月免)		
民族与宗教委员会			
主　任	蓝振祥	漳浦	续任——在任
副主任	林长贤	漳浦	续任——在任
工作室			
主　任	蓝玉瑛(女)	漳浦	2015－06——在任

·中共漳浦县纪律检查委员会·

【书记、副书记、常委】

书　记	刘　军	洪泽(江苏)	续任——在任
副书记	王一鸣	漳浦	续任——在任
	林晋生	漳浦	续任——在任

常　委	程伟平	漳浦	续任——在任
	方晓明	云霄	续任——2015－03
	洪和庭	漳浦	续任——2015－03
	赵翠玲(女)	漳浦	续任——在任
	陈汉章	漳浦	2015－03——在任
	杨增玄	龙海	2015－03——在任

正科级纪检监察员　柯丽雯(女)　洪国华(6月任)

副科级纪检监察员　王凤辉　洪玲玲(女)　蓝国明　胡水友(6月任)　黄清源(6月任)　张志伟(6月任)　王超英(女,6月任)

【监察局】

局　长	王一鸣	漳浦	续任——在任(兼)
副局长	李旺万	漳浦	续任——2015－06
	陈坤谋	漳浦	续任——2015－06
	洪国华	漳浦	2015－06——在任(兼)
	吴志强	漳浦	2015－06——在任(兼)

【县纪委、监察局工作机构】

办公室

主　任	杨增玄	龙海	续任——2015－06
	陈锦坤	漳浦	2015－06——在任

信访室(举报中心)

主　任	方晓明	云霄	续任——2015－03(兼)
	张志强	漳浦	2015－06——在任

第一纪检监察室

主　任	潘渝文	南安	续任——在任

第二纪检监察室

主　任	吴志强	漳浦	续任——2015－06

案件审理室

主　任	林跃辉	漳浦	续任——在任
	郑毅兴	漳浦	2015－06——在任

党风廉政建设室

主　任	张达永	漳浦	续任——在任

纠正行业不正之风工作室

主　任	洪国华	漳浦	续任——2015－06
	李庆川	漳浦	2015－06——在任

执法监察室

主　任	陈海泳	漳浦	续任——2015－06
	王　宁	平和	2015－06——在任

宣传教育室

主　任	李贺强	漳浦	续任——在任

干部管理室

主　任	何惠珠(女)	漳浦	续任——2015－06

县行政服务中心

主　任	洪和庭	漳浦	续任——2015－03(兼)
	方晓明	云霄	2015－03——在任
副主任	林耀文	漳浦	2015－06——在任
	余进耀	漳浦	2015－06——在任

县公共资源交易中心

主　任	洪和庭	漳浦	续任——2015－03(兼)
副主任	林耀文	漳浦	续任——2015－06
	余进耀	漳浦	续任——2015－06

·人民团体　社会团体·

总工会

主　席	刘达文	漳浦	续任——在任(兼)
常务副主席	翁永金	漳浦	续任——在任
副主席	吴龙颜	漳浦	续任——在任
	蔡景龙	漳浦	续任——在任

主任科员　许启生　张美珍(女)　陈毅媛(女,6 月任)

副主任科员　林　恩(女)　陈毅媛(女,6 月免)

妇女联合会

主　席	谢秀莲(女)	漳浦	续任——在任
副主席	王秋月(女)	漳浦	续任——在任
	林丽琴(女)	漳浦	续任——在任
	简瑞斌(女)	漳浦	续任——在任(挂职)

副主任科员　胡晓君(6 月任)

共青团漳浦县委员会

书　记	杨　媛(女)	漳浦	续任——在任
副书记	李富家	漳浦	续任——在任

文学艺术界联合会

主　席	陈玉宝	漳浦	续任——2015－03
	洪振垣	漳浦	2015－03——在任
副主席	陈水城	漳浦	续任——2015－06

工商业联合会(总商会)

党组书记	黄河生	漳浦	续任——在任
会　　长	陈典平	漳浦	续任——在任
第一副会长	黄河生	漳浦	2015－04——在任(兼)
专职副会长	黄文海	漳浦	2015－04——在任

归国华侨联合会

主　席	吴世强	芗城	续任——在任
副主席	许见星	潮阳(广东)	续任——在任(兼)
副主任科员	徐国和　何惟英(女)		

台湾同胞联谊会

会　长	李玉峰	台南(台湾)	续任——2015－07(兼)
	张　群(女)	云林(台湾)	2015－07——在任
副会长	张　群(女)	云林(台湾)	续任——2015－07

残疾人联合会

理事长	杨少农	漳浦	续任——在任
副理事长	林玉法	漳浦	续任——在任
	何玉纯(女)	漳浦	续任——2015－06
主任科员	何玉纯(女,6月任)		
副主任科员	陈素丽(女)		

关心下一代工作委员会

主　任	李宋保	林市(河南)	续任——在任

老区建设促进会

会　长	戴全成	漳浦	续任——在任

科学技术协会

主　席	陈海亮	漳浦	续任——在任
副主席	林建宗	漳浦	续任——在任
	林育珍(女)	漳浦	2015－06——在任
主任科员	商清来		

计划生育协会

会　长	吴水跃	漳浦	续任——在任(兼)
常务副会长	陈捷生	漳浦	续任——在任
副会长	李文胜	漳浦	续任——在任
	洪月卿(女)	漳浦	续任——在任
	洪振垣	漳浦	续任——在任(兼)
	郑惠坚	漳浦	续任——在任(兼)
主任科员	陈庆宝		

社会科学界联合会

主　席	翁永祥	漳浦	续任——在任
副主席	刘兆民	漳浦	续任——在任(兼)

	蔡立芬(女)	漳浦	续任——在任(兼)
	陈建新	漳浦	续任——在任
	林杜鸿	漳浦	2015－06——在任

企业与企业家联合会

会　　长	杨安乐	漳浦	续任——在任

爱国卫生运动委员会

主　任	戴文利	漳浦	续任——在任(兼)
常务副主任	王木泉	漳浦	续任——在任(兼)

红十字会

会　　长	戴文利	漳浦	续任——在任(兼)
常务副会长	蔡美兰(女)	漳浦	续任——在任

·法院　检察院·

人民法院

院　　长	翁麦展	东山	续任——在任
副院长	林龙法	漳浦	续任——在任
	杨毅波	漳浦	续任——在任
	林伟文	漳浦	续任——在任
纪检组长	蔡和备	漳浦	续任——在任

正科级领导　赵碧惠(女)　张龙贵　黄瑞生　王道生　王文山　余速金　林美荣　林木海

副科级领导　洪良平　蔡雄斌　姚国明　陈毅东(12月免)　刘建头　陈月虹(女)　许合兴　黄钢生　吴昭晖(女)　张勇军　薛建龙　许云川　洪和明　林镇一　张建成　林惠勇　陈文胜　黄源荣(1月退休)

人民检察院

检察长	林文井	龙文	续任——在任
副检察长	许永康	漳浦	续任——在任
	林　海	漳浦	续任——在任
	林宏杰	漳浦	续任——在任
	陈永强	漳浦	续任——在任
纪检组长	许九德	漳浦	续任——在任

副科级以上领导　叶金荣　陈永强　陈秋成　黄荣顺　洪军营　陈国平　陈奕雄　许九德　林炳合　杨文鹏　刘建南　徐国平　王惠明　陈智海(6月免)　陈清华　江坤南　陈福长　林耀煌　林海印　郑建川　林进发

• 省、市驻县机构 •

国家税务局

局　长	黄黎明	龙海	续任——在任
副局长	胡镇城	漳浦	续任——在任
	杨少民	漳浦	续任——在任
	郭建武	漳浦	续任——在任
纪检组长	黄坤斌	龙海	续任——在任

副科级以上领导　黄登旺　卢志强　张跃敏　洪堃海　陈荣兴(3月免)
许国防　康裕仁　刘文仁　蔡振强　许镇川　蓝永顺
李糖元　卢伟强　蓝文枝　许其成　许龙照　杨阿香(女)

主任科员　刘辉龙

副主任科员　蓝扬辉　许惠美(女)　林加法　谢邦华(女)　冯精专
陈文生　蔡鹏飞　何志强　陈文才　林志武　陈玉娟(女)
林一雄　陈日桂　蔡志民　许艺红(女)　刘文山
丁宝珊(女)　曾惠珍(女)

地方税务局

局　长	朱平然	东山	续任——在任
副局长	孙振华	潮州(广东)	续任——在任
	石文城	潮州(广东)	续任——2015－06
	施自生	云霄	续任——在任
	黄军华(女)	漳浦	2015－06——在任
纪检组长	黄军华(女)	漳浦	续任——2015－06
	张家平	吉安(江西)	2015－06——在任

副科级以上领导　王一清　何文亮　张建新　郑鸿鹏　陈天海　陈宋来
陈爱强　陈镇勇　林海洋(12月免)　柯志华(女)
戴进明

主任科员　王道明　杨仕奇(11月任)

副主任科员　刘仲山　杨国辉　陈辉钦(6月退休)　林剑鸿　郑长成　胡秀婷(女)

东山海关驻漳浦办事处

主　任	董黎明	株洲(湖南)	续任——2015－12
副主任	林智慧	漳浦	2015－12——在任

副调研员　陈文天

主任科员　蓝安全　林智慧　陈金福　陈耀辉

漳州检验检疫局漳浦检验检疫办事处

主　任	刘顺国	龙海	续任——在任
副主任	马凯阳	芗城	续任——在任

副主任科员	张颖滨(3月免)　吴佳斌		
气象局			
局　长	戴群春	南靖	续任——在任
副局长	杨珂玲(女)	漳浦	续任——在任
纪检书记	陈瑞林	漳浦	续任——在任
盐务局			
局　长	林惠强	漳浦	续任——在任
副局长	林孔化	漳浦	续任——在任
	王一明	福州	续任——在任
烟草专卖局			
局　长	张族云	漳浦	2015－02——在任
副局长、副经理	张族云	漳浦	续任——2015－02(主持)
副局长	陈　昌	长泰	续任——在任
副经理	陈艺惠	漳浦	续任——在任
纪检员	陈　宏	云霄	续任——在任
住房公积金漳浦管理部			
主　任	张亚发	长泰	续任——2015－07
	曾建春	龙海	2015－07——在任
公路局			
局　长	徐伟民	长泰	续任——在任
书　记	林树盛	平和	续任——在任
副局长	郑和友	漳浦	续任——在任
	陈秋伟	漳浦	续任——在任
副书记	严军红(女)	永定	续任——2015－10
邮政局			
局　长	王德财	龙海	续任——在任
副局长	王惠丰	芗城	续任——在任
主任科员	蔡水连(3月退休)		
副主任科员	许来福		
电信局(电信分公司)			
局　长	杨火灶	华安	续任——在任
副局长	陈进发	龙海	续任——在任
	曾　勤	芗城	续任——2015－09
	黄美娜(女)	龙海	2015－02——在任
	曾　强	芗城	2015－11——在任
国网漳浦县供电有限公司			
总经理	陈晓华	龙海	续任——在任
书　记	黄艺峰	漳浦	续任——在任
副总经理	蔡亚腾	漳浦	续任——2015－12

	林志国	漳浦	续任——在任
	林育生	东山	续任——在任
	黄添印	漳浦	2015－12——在任
纪委书记	蔡亚腾	漳浦	续任——2015－12(兼)
	吴琳丽(女)	云霄	续任——在任

福建移动通信有限公司漳浦分公司

总经理	沈　禧	东山	续任——在任

中国联通有限公司漳浦分公司

经　理	高建伟	龙海	续任——2015－01
	林耀沛	漳浦	2015－01——2015－06(主持)
	张子扬	龙海	2015－06——2015－12
	柳　萍(女)	云霄	2015－12——在任

·武装部 边防 消防 武警·

人民武装部

政　　委	陈锦云	福安	续任——在任
部　　长	韩晓东	洪泽(江苏)	续任——在任
副部长	廖仔桥	寻乌(江西)	续任——在任

武警漳浦边防大队

大队长	陈明发	华安	续任——在任
政　委	石信土	宁德	续任——2015－03
	杨东明	随州(湖北)	2015－03——在任
副大队长	蔡荣辉	芗城	续任——在任
	杨玉华	宜昌(湖北)	续任——在任

武警漳浦消防大队

大队长	陈兴良	南平	续任——2015－07
	洪玉荣	莆田	2015－07——在任
教导员	詹振宇	泉州	续任——在任

武警漳浦县中队

中队长	雷晓展	霞浦	续任——在任
指导员	邱建德	龙海	续任——在任

•金融　保险•

人民银行漳浦县支行

行　长	康佩芬(女)	龙海	续任——2015－05
副行长	郑文贵	漳浦	续任——在任
	林建南	漳浦	续任——在任
	陈汉伟	漳浦	2015－05——在任(主持)
主任科员	李济南(1月免)		
副主任科员	洪日春　饶凤斌　陈朝曦		

中国银行漳浦县支行

行　长	陈如光	东山	续任——2015－10
	胡瑚琳	诏安	2015－11——在任
副行长	陈红丽(女)	漳浦	续任——在任
	王跃华	漳浦	续任——在任

工商银行漳浦县支行

行　长	许李琪	漳浦	续任——在任
副行长	游浩伟	南靖	续任——2015－09
	梁学耘	福州	续任——在任

农业银行漳浦县支行

行　长	何国富	云霄	续任——2015－01
	陈戴本	芗城	2015－01——在任
副行长	郑晓冬	漳浦	续任——在任
	林茂清	东山	续任——在任
	沈庆生	云霄	续任——在任
	博永进	仙游	续任——在任
	吴　罡	敦化(吉林)	续任——在任

建设银行漳浦县支行

行　长	黄智建	漳浦	续任——2015－09
	饶凤蔚	漳浦	2015－09——在任
副行长	林柳明	漳浦	续任——在任
	陈　昱	诏安	续任——在任

县农村信用合作联社

理事长	何清忠	云霄	续任——在任
主　任	林文智	平和	续任——2015－05
	林丰然	龙海	2015－05——在任
监事长	林国庆	云霄	续任——在任
副主任	蓝顺良	漳浦	续任——在任

	刘金和	漳浦	续任——2015－07
	黄柳华	华安	2015－11——在任
中国邮政储蓄银行漳浦县支行			
行　长	林建寿	芗城	续任——在任
副行长	张　陵	芗城	续任——在任
中国人寿保险漳浦县支公司			
经　理	杨耿东	泉州	续任——2015－05
	沈文奇	南靖	2015－05——在任
副经理	魏志联	龙海	续任——2015－05
	吴文锋	漳浦	2015－05——在任
中国财产保险漳浦支公司			
经　理	陈建得	漳浦	续任——2015－01
	陈朝阳	漳浦	2015－01——在任
副经理	陈朝阳	漳浦	续任——2015－01
	何永方	漳浦	续任——在任
	徐纬洪	漳浦	2015－01——在任

·直属教育 卫生单位·

漳浦一中			
书　记	陈荣龙	漳浦	续任——在任
校　长	胡少吴	漳浦	续任——在任
县人民医院			
书　记	洪振惠	漳浦	续任——在任
院　长	陈汉毅	漳浦	续任——在任
县中医院			
书　记	陈古树	漳浦	续任——在任
院　长	卓　斌	平和	续任——在任
县疾病防控中心			
书　记	郑元顺	漳浦	续任——在任
主　任	陈侨生	漳浦	续任——在任
妇幼保健院			
书　记	黄　芙	漳浦	续任——在任
院　长	方日明	云霄	续任——在任

• 乡镇场 •

绥安镇党委、人大、政府负责人

党委书记	涂平辉	漳浦	续任——2015－03
	许坤煌	漳浦	2015－03——在任
人大主席	刘秋玲	漳浦	2015－03——在任
党委副书记、镇长	王永盛	漳浦	续任——2015－03
	李伟国	漳浦	2015－03——在任
党委副书记	刘秋玲(女)	漳浦	续任——2015－03(挂职)
	林中华	漳浦	2015－06——在任
	王基旺	漳浦	2015－06——在任(综治计生)
纪委书记	王朝晖	漳浦	续任——2015－06
	陈健东	漳浦	2015－06——在任
组织委员	吴志阳	漳浦	续任——在任
宣传委员	王基旺	漳浦	续任——2015－06
	黄贵义	漳浦	2015－06——在任
统战委员	王义斌	漳浦	续任——在任
党委秘书	陈健东	漳浦	续任——2015－06
	王朝晖	漳浦	2015－06——在任
党委委员	陈荣南	漳浦	续任——2015－06(武装部长)
	曾志元	漳浦	2015－06——在任(武装部长)
	张　锐	彭阳(宁夏)	2015－07——在任(挂职)
副镇长	李庆川	漳浦	续任——2015－06
	陈一华(女)	漳浦	续任——2015－06
	卢海堤	漳浦	2015－06——在任(科技)
	杨瑞峰	漳浦	2015－06——在任
主任科员	陈荣南(6月任)		

副主任科员　林艺明(6月任)　刘镇洁(6月任)　谢宝竹(6月任)

旧镇镇党委、人大、政府负责人

党委书记	卢建明	漳浦	续任——2015－03
	王上飞	漳浦	2015－03——在任
人大主席	蔡小彬	漳浦	续任——2015－03
	柯文伟	漳浦	2015－03——在任
党委副书记、镇长	陈志勇	漳浦(沙西)	续任——在任
党委副书记	李相武	漳浦	续任——2015－03
	陈建才	漳浦	续任——2015－06(挂职)
	赵卫强	漳浦	2015－06——在任

	陈志坤	漳浦	2015－06——在任(综治计生)
纪委书记	林海坤	漳浦	续任——2015－06
	林纯伟	漳浦	2015－06——在任
组织委员	许开有	漳浦	续任——2015－06
	胡志阳	漳浦	2015－06——在任
宣传委员	戴智渊	漳浦	续任——在任(武装部长兼至 6 月)
统战委员	许志远	漳浦	续任——2015－06
党委秘书	陈少斌	漳浦	续任——在任
党委委员	林兴林	漳浦	续任——2015－06
	刘达宏	漳浦	2015－06——在任(武装部长)
副镇长	郑定在	漳浦	续任——2015－06
	李　芸(女)	漳浦	续任——在任
	王典林	漳浦	2015－06——在任(科技)

主任科员　张长贵(6 月任)　郑定在(6 月任)

副主任科员　邱王锦(6 月任)　林宏伟(6 月任)

霞美镇党委、人大、政府负责人

党委书记	张延能	漳浦	续任——2015－03(赴宁夏挂职)
	陈森辉	漳浦	2015－03——在任
人大主席	黄海南	漳浦	续任——在任
党委副书记、镇长	卢惠祥	漳浦	续任——在任
党委副书记	陈海东	漳浦	续任——2015－06
	黄进源	漳浦	2015－06——在任
	洪文胜	漳浦	2015－06——在任(综治计生)
纪委书记	陈银国	漳浦	续任——2015－06
	许月华(女)	漳浦	2015－06——在任
组织委员	洪文胜	漳浦	续任——2015－06
统战委员	许月华(女)	漳浦	续任——2015－06
党委秘书	刘伟长	漳浦	续任——2015－06
党委委员	陈晓宏	漳浦	续任——2015－06(武装部长)
副镇长	卢海堤	漳浦	续任——2015－06
	林凯恒	漳浦	续任——2015－06
	郑汉鹏	漳浦	2015－06——在任

主任科员　陈海东(6 月任)　李泽福(6 月任)

副主任科员　胡艺发(6 月任)

杜浔镇党委、人大、政府负责人

党委书记	许少维	漳浦	续任——2015－07
	陈志达	漳浦	2015－07——在任
人大主席	王炳建	漳浦	续任——2015－03
	李相武	漳浦	2015－03——在任

党委副书记、镇长	郑福安	漳浦	续任——2015—07
	林振宗	漳浦	2015—07——在任
党委副书记	张长贵	漳浦	续任——2015—06
	方志坚	漳浦	2015—06——在任
	林伟杰	漳浦	2015—06——在任(综治计生)
纪委书记	陈少煌	漳浦	续任——在任
组织委员	方志坚	漳浦	续任——2015—06
	林立维	漳浦	2015—06——在任
宣传委员	胡晓君(女)	漳浦	续任——2015—06
	王武乾	漳浦	2015—06——在任
统战委员	陈晓冬	漳浦	续任——在任
党委秘书	周诗明	漳浦	续任——在任
党委委员	陈志卫	漳浦	续任——在任(武装部长)
副镇长	林海东	漳浦	续任——2015—06
	刘建利	漳浦	续任——2015—06
	黄建生	漳浦	2015—06——在任
主任科员	林海东(6月任)		

沙西镇党委、人大、政府负责人

党委书记	卢长贵	漳浦	续任——在任
人大主席	涂文胜	漳浦	2015—03——在任
党委副书记、镇长	吴周杨	漳浦	续任——2015—03
	陈湘海	漳浦	2015—03——在任
党委副书记	戴厝魁	漳浦	续任——2015—06
	郑贵林	漳浦	2015—06——在任
	郑贵章	漳浦	2015—06——在任(兼武装部长)
纪委书记	王振中	漳浦	续任——2015—06
	陈安宏	漳浦	2015—06——在任
组织委员	陈小建	漳浦	续任——在任(兼)
宣传委员	郑贵林	漳浦	续任——2015—06
统战委员	王杰秀(女)	漳浦	续任——在任
党委秘书	陈长法	漳浦	续任——在任
党委委员	郑贵章	漳浦	续任——2015—06(武装部长)
副镇长	戴艺文	漳浦	续任——2015—06
	涂惠宗	漳浦	续任——2015—06
	陈杰辉	漳浦	2015—06——在任
主任科员	杨志文(6月任) 陈小建(6月任)		

古雷镇镇党委、人大、政府负责人

第一书记	戴平忠	芗城	2015—03——2015—10(兼)
党委书记	戴平忠	芗城	续任——2015—03(兼)

	卢建明	漳浦	2015－03——在任
人大主席	陈建贡	漳浦	续任——2015－03
	魏国华	漳浦	2015－03——在任
党委副书记、镇长	许德文	漳浦	续任——在任
党委副书记	李加坤	漳浦	续任——2015－06
	戴清奇	芗城	续任——在任(挂职)
	林其安	漳浦	2015－06——在任
	许开有	漳浦	2015－06——在任(综治计生)
纪委书记	林建强	漳浦	续任——2015－06
	杨春金	漳浦	2015－06——在任
组织委员	洪金辉	漳浦	续任——2015－06
	邱远章	漳浦	2015－06——在任
宣传委员	洪贵荣	漳浦	续任——续任
统战委员	黄华芬(女)	漳浦	续任——续任
党委秘书	林其安	漳浦	续任——2015－06
党委委员	林志辉	漳浦	续任——续任(武装部长)
副镇长	李泽福	漳浦	续任——2015－06
	杨春金	漳浦	续任——2015－06
	洪朝福	漳浦	2015－06——在任
主任科员	陈宝国(3 月任)	林建强(6 月任)	洪金辉(6 月任)

古雷新港城安居服务中心

主　任	陈宝国	漳浦	2015－06——在任
副主任	林团助	漳浦	2015－06——在任
	张志文	漳浦	2015－06——在任

六鳌镇党委、人大、政府负责人

党委书记	叶达国	漳浦	续任——在任
人大主席	蔡荣辉	漳浦	续任——2015－03
	陈结定	漳浦	2015－03——在任
党委副书记、镇长	杨艺明	漳浦	续任——2015－03
	蔡荣辉	漳浦	2015－03——在任
党委副书记	柯志伟	漳浦	续任——2015－03
	陈志东	漳浦	续任——2015－06
	刘建发	漳浦	2015－06——在任
	陈国库	漳浦	2015－06——在任(综治计生)
纪委书记	邱志平	漳浦	续任——在任
组织委员	蔡泉江	漳浦	续任——2015－06
宣传委员	陈志勇	漳浦(深土)	续任——在任
统战委员	陈敏雄	漳浦	续任——在任
党委秘书	刘建发	漳浦	续任——2015－06

党委委员	曾志元	漳浦	续任——2015－06(武装部长)
副镇长	周壮丽(女)	漳浦	续任——2015－06
	陈永源	漳浦	续任——在任
	洪　正	漳浦	2015－06——在任(科技)
主任科员	陈敏雄(6月任)　王荣安(6月任)		
副主任科员	陈晓琼(女,6月任)		

深土镇党委、人大、政府负责人

党委书记	许坤煌	漳浦	续任——2015－03
	许志刚	漳浦	2015－03——在任
人大主席	洪立新	漳浦	续任——2015－03
	陈锦辉	漳浦	2015－03——在任
党委副书记、镇长	吴周杨	漳浦	2015－03——在任
党委副书记	陈锦辉	漳浦	续任——2015－03
	邱长土	漳浦	续任——2015－06
	林朝波	漳浦	2015－06——在任
	王志永	漳浦	2015－06——在任(综治计生)
纪委书记	蓝伟斌	漳浦	续任——2015－06
组织委员	张肇禧	漳浦	续任——2015－06
	邱丽玉(女)	漳浦	2015－06——在任
宣传委员	陈满海	漳浦	续任——在任
统战委员	蔡尧盛	漳浦	续任——在任
党委秘书	王荣安	漳浦	续任——2015－06
	陈银国	漳浦	2015－06——在任
党委委员	王志永	漳浦	续任——2015－06(武装部长)
	郑辉强	漳浦	2015－06——在任(武装部长)
副镇长	余华柱	漳浦	续任——在任
	邱丽玉(女)	漳浦	续任——2015－06
	陈永平	漳浦	2015－06——在任
主任科员	邱长土(6月任)　谢冬义(6月任)		

赤湖镇党委、人大、政府负责人

党委书记	林龙喜	漳浦	续任——在任
人大主席	郑建和	漳浦	续任——在任
党委副书记、镇长	洪艺明	漳浦	续任——在任
党委副书记	杨亚中	漳浦	续任——2015－06
	吴少甫	漳浦	2015－06——在任
	刘天瑞	漳浦	2015－06——在任(综治计生)
组织委员	黄永坤	漳浦	续任——2015－06
	温晓暄	安溪	2015－06——在任
宣传委员	刘天瑞	漳浦	续任——2015－06

	林志成	漳浦	2015－06——在任
纪委书记	黄炳章	漳浦	续任——2015－06
统战委员	林志强	漳浦	续任——2015－06
党委委员	洪　璐	漳浦	续任——2015－06(武装部长)
副镇长	郑建华	漳浦	续任——2015－06
	吴少甫	漳浦	续任——2015－06
	陈志刚	漳浦	2015－06——在任
	张泽强	漳浦	2015－06——在任(科技)
主任科员	杨亚中(6月任)	郑建华(6月任)	
副主任科员	陈长泉(6月任)	曾少雄(6月任)	

佛昙镇党委、人大、政府负责人

党委书记	陈福强	漳浦	续任——在任
人大主席	王电辉	漳浦	续任——2015－06
	林秋德	漳浦	2015－06——在任
党委副书记、镇长	陈森辉	漳浦	续任——2015－03
	蓝和阳	漳浦	2015－03——在任
党委副书记	林秋德	漳浦	续任——2015－06
	林凯恒	漳浦	2015－06——在任
	陈伟滨	漳浦	2015－06——在任
纪委书记	张志强	漳浦	续任——2015－06
组织委员	赵卫强	漳浦	续任——2015－06
宣传委员	黄进源	漳浦	续任——2015－06
	戴艺文	漳浦	2015－06——在任
统战委员	陈伟滨	漳浦	续任——2015－06
党委秘书	黄惠芬(女)	漳浦	续任——在任
党委委员	杨东军	漳浦	续任——2015－06(武装部长)
副镇长	黄贵义	漳浦	续任——2015－06
	杨添福	漳浦	续任——在任
	陈志勇	漳浦(赤湖)	2015－06——在任
主任科员	杨阳寿(6月任)		
副主任科员	林晓斌(6月任)	薛迎滨(6月任)	

前亭镇党委、人大、政府负责人

党委书记	陈志伟	漳浦	续任——2015－03
	吕坤新	漳浦	2015－03——在任
人大主席	洪立新	漳浦	2015－03——在任
党委副书记、镇长	林振宗	漳浦	续任——2015－07
党委副书记	李向阳	漳浦	2015－06——在任
	杨东军	漳浦	2015－06——在任(综治计生)
纪委书记	何时昕	漳浦	续任——2015－06

组织委员	陈鸿辉	东山	续任——2015－06
宣传委员	陈安宏	漳浦	续任——2015－06
统战委员	陈再荣	漳浦	续任——2015－06
	魏建孟	漳浦	2015－06——在任
党委秘书	陈俊龙	漳浦	续任——2015－06
	陈瑞武	漳浦	2015－06——在任
党委委员	陈永国	漳浦	续任——2015－06(武装部长)
	王榕鑫	漳浦	2015－06——在任(武装部长)
	陈焕伟	华安	2015－06——在任(兼,边防所长)
副镇长	蓝武艺	漳浦	续任——2015－06
	王　鸿(女)	漳浦	续任——2015－03
	赵雪林	漳浦	2015－06——在任(科技)
主任科员	陈长兴(6 月任)　林乙平(6 月任)		
副主任科员	蓝杰麟(6 月任)　戴伟泉(6 月任)　黄豪坚(6 月任)		

马坪镇党委、人大、政府负责人

党委书记	陈志达	漳浦	续任——2015－07
人大主席	刘建德	漳浦	续任——2015－03
	郑乾元	漳浦	2015－03——在任
党委副书记、镇长	王瑞东	漳浦	续任——2015－03
	陈建贡	漳浦	2015－03——在任
党委副书记	陈长兴	漳浦	续任——2015－06
	卢进才	漳浦	续任——2015－06
	陈志东	漳浦	2015－06——在任
	郑艺真(女)	漳浦	2015－06——在任(综治计生)
纪委书记	黄卫西	漳浦	续任——2015－06
组织委员	林周兴	漳浦	续任——在任
宣传委员	郑艺真(女)	漳浦	续任——2015－06
	陈毅谦	漳浦	2015－06——在任
党委秘书	(未配)		
党委委员	戴文明	漳浦	2015－06——在任(武装部长)
副镇长	陈毅谦	漳浦	续任——2015－06
	王武乾	漳浦	续任——2015－06
	陈维通	漳浦	2015－06——在任
主任科员	卢进才(6 月任)　洪　璐(6 月任)		
副主任科员	张鼎铭(6 月任)		

官浔镇党委、人大、政府负责人

党委书记	许志刚	漳浦	续任——2015－03
	王任艺	漳浦	2015－03——在任
人大主席	朱艺辉	漳浦	续任——2015－03

	林振华	漳浦	2015－03——在任
党委副书记、镇长	陈湘海	漳浦	续任——2015－03
	朱艺辉	漳浦	2015－03——在任
党委副书记	魏国华	漳浦	续任——2015－03
	许艳霞(女)	漳浦	2015－06——在任
	陈中坚	漳浦	2015－06——在任(综治计生)
纪委书记	林朝波	漳浦	续任——2015－06
	林加成	漳浦	2015－06——在任
组织委员	许艳霞(女)	漳浦	续任——2015－06
宣传委员	戴文明	漳浦	续任——2015－06
统战委员	蔡剑义	漳浦	续任——2015－06
	邝　斌	新田(湖南)	2015－06——在任
党委秘书	陈文来	漳浦	2015－06——在任
党委委员	林文秀	漳浦	续任——在任
党委委员、副镇长	蓝亚杰	漳浦	续任——2015－06
副镇长	林加成	漳浦	续任——2015－06
	何远平	漳浦	续任——在任
主任科员	林文秀(6 月任)　蓝亚杰(6 月任)		

长桥镇党委、人大、政府负责人

党委书记	蔡艺良	漳浦	续任——在任
人大主席	涂文胜	漳浦	续任——2015－03
	蔡炳煌	漳浦	2015－03——在任
党委副书记、镇长	林惠明	漳浦	续任——在任
党委副书记	蔡森梅(女)	芗城	续任——2015－03
	邱宝清	漳浦	2015－06——在任
	陈唐盛	漳浦	2015－06——在任(综治计生)
纪委书记	邱宝清	漳浦	续任——2015－06
	蔡剑义	漳浦	2015－06——在任
组织委员	郑志华	漳浦	续任——2015－06
	罗悄袖(女)	漳浦	2015－06——在任
宣传委员	郑志华	漳浦	2015－06——在任
党委委员	黄锦山	漳浦	续任——2015－06(武装部长)
	李团寿	漳浦	2015－06——在任(武装部长)
副镇长	潘建春	漳浦	续任——在任
	黄依俊	漳浦	续任——在任
	陈唐盛	漳浦	续任——2015－06
	戴文龙	漳浦	续任——在任
主任科员	蓝荣何(6 月任)　黄锦山(6 月任)		
副主任科员	王　勤(6 月任)		

石榴镇党委、人大、政府负责人

党委书记	王上飞	漳浦	续任——2015－03
	卢秀云(女)	漳浦	2015－03——在任
人大主席	黄维跃	漳浦	续任——2015－03
	刘哲勇	漳浦	2015－03——在任
党委副书记、镇长	李伟国	漳浦	续任——2015－03
	何胜火	漳浦	2015－03——在任
党委副书记	何胜火	漳浦	续任——2015－03
	洪逸峰	漳浦	续任——2015－03
	吴锦州	漳浦	2015－06——在任
	陈江山	漳浦	2015－06——在任(综治计生)
纪委书记	杨昆仲	漳浦	续任——在任
组织委员	吴锦州	漳浦	续任——2015－06
	陈跃罗	漳浦	2015－06——在任
宣传委员	陈江山	漳浦	续任——2015－06
	蓝明顺	漳浦	2015－06——在任
统战委员	蓝荣何	漳浦	续任——2015－06
党委委员	陈加元	漳浦	续任——在任(武装部长)
	陈培强	漳浦	续任——2015－06
副镇长	陈跃罗	漳浦	续任——2015－06
	蔡玉真(女)	漳浦	续任——在任
	陈建洪	漳浦	2015－06——在任
主任科员	李文良(6 月任)　杨昆仲(6 月任)　黄永坤(6 月任)		

盘陀镇党委、人大、政府负责人

党委书记	许伟明	漳浦	续任——2015－03
	杨艺明	漳浦	2015－03——在任
人大主席	卢合智	漳浦	续任——2015－03
	柯志伟	漳浦	2015－03——在任
党委副书记、镇长	陈　斌	莆田	续任——2015－03
	蔡森梅(女)	芗城	2015－03——在任
党委副书记	杨艺东	漳浦	续任——2015－06
	陈水城	漳浦	2015－06——在任
	蔡泉江	漳浦	2015－06——在任(综治计生)
纪委书记	陈结定	漳浦	续任——2015－03
	林海坤	漳浦	2015－06——在任
组织委员	陈国库	漳浦	续任——2015－06
	蔡海利	漳浦	2015－06——在任
宣传委员	陈艺伟	漳浦	续任——2015－06
	柯美华(女)	漳浦	2015－06——在任

统战委员	林志成	漳浦	续任——2015－06
	王振中	漳浦	2015－06——在任
党委秘书	黄文海	漳浦	续任——2015－06
	蓝武艺	漳浦	2015－06——在任
党委委员	吴逢日	漳浦	续任——在任(武装部长)
副镇长	黄晓莹(女)	漳浦	续任——在任
	许海勇	漳浦	续任——2015－06

主任科员　杨艺东(6月任)　吴逢日(6月任)　许海勇(6月任)

副主任科员　陈许凤(女,6月任)　林天兴(6月任)

大南坂镇党委、人大、政府负责人

党委书记	郑煜辉	漳浦	续任——在任
人大主席	李春跃	漳浦	续任——2015－03
	王　鸿(女)	漳浦	2015－03——在任
党委副书记、镇长	张少榕(女)	漳浦	续任——2015－03
	陈阳升	漳浦	2015－03——在任
党委副书记	郭武军	漳浦	续任——2015－06
	吴海洲	诏安	续任——2015－06
	陈志民	漳浦	2015－06——在任
	陈再荣	漳浦	2015－06——在任(综治计生)
纪委书记	刘哲勇	漳浦	续任——2015－03
	黄丙章	漳浦	2015－06——在任
组织委员	李向阳	漳浦	续任——2015－06
	蔡志毅	漳浦	2015－06——在任
宣传委员	邱耀斌	漳浦	续任——在任
党委委员	张华东	漳浦	续任——2015－06(人武部长)
	杨永华	漳浦	2015－06——在任(人武部长)
副镇长	欧汉祥	漳浦	续任——在任
	柯建有	漳浦	续任——2015－06
	陈中坚	漳浦	续任——2015－06
	蔡志毅	漳浦	续任——2015－06

主任科员　郭武军(6月任)　吴海洲(6月任)

副主任科员　林连和　(6月任)

南浦乡党委、人大、政府负责人

党委书记	卢秀云(女)	漳浦	续任——2015－03
	张晓龙	漳浦	2015－03——在任
人大主席	林居南	漳浦	续任——2015－03
	洪逸峰	漳浦	2015－03——在任
党委副书记、乡长	张晓龙	漳浦	续任——2015－03
	陈丽蓉(女)	漳浦	2015－03——在任

党委副书记	王洪德	漳浦	续任——2015－03
	林振华	漳浦	续任——2015－03
	张华东	漳浦	2015－06——在任
	陈耀兴	漳浦	2015－06——在任(综治计生)
纪委书记	陈志坤	漳浦	续任——2015－06
组织委员	张少珍(女)	漳浦	续任——2015－06
党委委员	徐文献	漳浦	续任——在任(武装部长)
副乡长	陈耀兴	漳浦	续任——2015－06
	卢鸿宝	漳浦	续任——2015－06
	杨敦旭	漳浦	续任——2015－06
	翁国安	漳浦	2015－06——在任

主任科员　徐文献(6月任)

副主任科员　邱炳成(6月任)　林晓军(6月任)

赤土乡党委、人大、政府负责人

党委书记	杨振有	漳浦	续任——在任
人大主席	张庆新	漳浦	续任——2015－03
	刘建德	漳浦	2015－03——在任
党委副书记、乡长	陈志元	漳浦	续任——在任
党委副书记	李文良	漳浦	续任——2015－06
	林志盛	漳浦	续任——2015－06
	林福建	漳浦	2015－06——在任
	陈俊龙	漳浦	2015－06——在任(综治计生)
纪委书记	林福建	漳浦	续任——2015－06
	林志强	漳浦	2015－06——在任
组织委员	杨瑞峰	漳浦	续任——2015－06
宣传委员	王景松	漳浦	续任——2015－06
	何时昕	漳浦	2015－06——在任
统战委员	林建伟	漳浦	续任——在任
党委秘书	蔡雨来	漳浦	续任——在任
党委委员	林艺武	漳浦	续任——在任(武装部长)
副乡长	林育珍(女)	漳浦	续任——2015－06
	陈顺庆	漳浦	续任——2015－06(兼)
	林空印	漳浦	2015－06——在任

主任科员　林志盛(6月任)　王景松(6月任)

湖西畲族乡党委、人大、政府负责人

党委书记	蓝永强	漳浦	续任——在任
人大主席	柯文伟	漳浦	续任——2015－03
	蓝周全	漳浦	2015－03——在任
党委副书记、乡长	蓝宗武	漳浦	续任——在任

党委副书记	王志明	漳浦	续任——2015－06
	谢冬义	漳浦	续任——2015－06
	王万主	漳浦	2015－06——在任
	陈永国	漳浦	2015－06——在任(综治计生)
纪委书记	王荷明	漳浦	续任——2015－06
	吴伟强	漳浦	2015－06——在任
组织委员	吴伟强	漳浦	续任——2015－06
	蓝志清	漳浦	2015－06——在任
宣传委员	柯美华(女)	漳浦	续任——2015－06
统战委员	林立志	漳浦	续任——2015－06
	蓝阿伦	漳浦	2015－06——在任(兼)
党委秘书	陈瑞武	漳浦	续任——2015－06
	张昌阳	漳浦	2015－06——在任
党委委员	蓝阿伦	漳浦	续任——在任(武装部长)
副乡长	陈添坤	漳浦	续任——在任
	张昌阳	漳浦	续任——2015－06
主任科员	王荷明(6月任)	林立志(6月任)	
副主任科员	黄国荣(6月任)	郑雯蓉(女,6月任)	

赤岭畲族乡党委、人大、政府负责人

党委书记	吕坤新	漳浦	续任——2015－03
	王瑞东	漳浦	2015－03——在任
人大主席	陈宝国	漳浦	续任——2015－03
	王洪德	漳浦	2015－03——在任
党委副书记、乡长	蓝和阳	漳浦	续任——2015－03
	蓝素梅(女)	漳浦	2015－03——在任
党委副书记	蓝素梅(女)	漳浦	续任——2015－03
	林乙平	漳浦	续任——2015－06
	陈　林(女)	长泰	续任——2015－08(兼)
	柯建有	漳浦	2015－06——在任
	蓝永义	漳浦	2015－06——在任(综治计生)
纪委书记	蓝明顺	漳浦	续任——2015－06
	陈安华	漳浦	2015－06——在任
组织委员	林伟杰	漳浦	续任——2015－06
宣传委员	蓝永义	漳浦	续任——2015－06
党委委员	陈和生	漳浦	续任——在任(武装部长)
副乡长	赵雪林	漳浦	续任——2015－06
	陈银发	漳浦	续任——在任
	陈安华	漳浦	续任——2015－06
	何来福	漳浦	续任——在任

主任科员	张肇禧(6月任)		

大南坂农场党委、场负责人

书　　记	郑煜辉	漳浦	续任——在任(兼)
副书记、场长	张少榕(女)	漳浦	续任——2015－03(兼)
	陈阳升	漳浦	2015－03——在任(兼)

石古农场党总支、场负责人

书记、场长	黄维跃	漳浦	续任——2015－03(兼)
	刘哲勇	漳浦	2015－03——在任(兼)

万安农场党总支、场负责人

书记、场长	陈阳升	漳浦	续任——2015－03
	刘建德	漳浦	2015－03——在任

长桥农场党总支、场负责人

书记、场长	王添文	漳浦	续任——在任

白竹湖农场党支部、场负责人

书记、场长	洪立新	漳浦	2015－03——在任(兼)

玳瑁山茶场党支部、场负责人

书记、场长	赵雪林	漳浦	续任——2015－10(兼)

南山茶果场党支部、场负责人

书记、场长	吴森明	漳浦	续任——在任

中西林场党委、场负责人

书　记	李艺波	漳浦	续任——在任
副书记、场长	许江雄	惠安	续任——2015－07
	何明辉	漳浦	2015－08——在任

下蔡林场党支部、场负责人

书　　记	李艺波	漳浦	续任——2015－11(兼)
	林国华	漳浦	2015－11——在任
副书记、场长	林国华	漳浦	续任——2015－11(兼)
	邱佳辉	漳浦	2015－11——在任

漳浦盐场党委、场负责人

书记、场长	黄炳坤	漳浦	续任——2015－06
	杨跃进	漳浦	2015－06——在任

杜浔盐场(制盐分公司)党支部、场负责人

书记、场长	洪锦通	漳浦	续任——在任

(注:为资料的完整性,领导名录除收录各单位副科级以上领导外,还收录各单位副主任科员以上非领导职务的工作人员。单位排名顺序不分前后)

· 2015年获地厅级以上表彰的个人名表 ·

（按颁奖时间顺序排列）

获省部级以上表彰的先进个人名表

获奖姓名	工作单位	获奖名称	颁奖单位	颁奖时间
陈建坤	旧镇镇	全国“十佳农民”	农业部	2015.02
刘文勇	县法院	荣誉天平奖章	最高人民法院	2015.02
林俊杰	县法院	荣誉天平奖章	最高人民法院	2015.02
周瑞壬	县法院	《人民法院报》优秀通讯员	最高人民法院、人民法院报	2015.04
陈淑义	古雷杏仔村	全国“劳动模范”	国务院	2015.05
杨历群	县民宗局	全省民族团结进步模范个人	省政府	2015.05
陈进鹏	佛昙轧仔内村	中国乡村旅游致富带头人	国家旅游局	2015.10
柯雪龙	马坪镇政府	2012－2015年度福建省计划生育与人口先进个人	省委、省政府	2015.12
林志荣	霞美司法所	全国模范司法所长	司法部	2015.12

获地厅级表彰的先进个人名表

获奖姓名	工作单位	获奖名称	颁奖单位	颁奖时间
蓝文华	县政府	全省征兵工作先进个人	省政府征兵办	2015.01
蓝文华	县政府	国防动员先进个人	省国防动员委员会	2015.01
黄锦洪	县法院	全省法院系统先进工作者	省高级法院	2015.01
吴成斌	县法院	全省法院系统先进工作者	省高级法院	2015.01
许国伟	县电力公司	先进工作者	国网福建省电力公司	2015.01
林凰英	县法院	全省法院少年审判工作先进个人	省高级法院	2015.02
柯志华	县地税局	省三八红旗手	省妇联	2015.03
陈巧敏	绥安镇	省三八红旗手	省妇联	2015.03
柯文惠	县文化馆	省三八红旗手	省妇联	2015.03
邱秀珍	县疾控中心	传染病疫情和突发公共卫生事件报告管理先进个人	省疾控中心	2015.03

获奖姓名	工作单位	获奖名称	颁奖单位	颁奖时间
卢忠良	县公安局	省“五一劳动奖章”	省总工会	2015.04
高少萍	绥安镇	省“五一劳动奖章”	省总工会	2015.04
陈晓华	县电力公司	漳州市劳动模范	市政府	2015.04
许德文	古雷镇政府	漳州市劳动模范	市政府	2015.04
王志勇	县统计局	漳州市劳动模范	市政府	2015.04
李庆光	天福公司	漳州市劳动模范	市政府	2015.04
吴冬钦	湖西自来水厂	漳州市劳动模范	市政府	2015.04
陈建南	县林业局	漳州市劳动模范	漳州市政府	2015.04
林财生	古雷镇港口村	漳州市劳动模范	市政府	2015.04
胡耀河	绥安镇绥东居委会	漳州市劳动模范	市政府	2015.04
卢志明	县电力公司	优秀共产党员	国网福建省电力公司党组	2015.06
刘永强	县电力公司	优秀共产党员	国网福建省电力公司党组	2015.06
庄文彬	县农业局	省2014年度科学技术进步奖二等奖	省科技厅	2015.08
张　蓉	县疾控中心	结核病流行抽查抽样工作先进个人	省疾控中心	2015.08
郑煜辉	大南坂镇	漳州市道路交通安全综合整治“三年行动”先进个人	市政府	2015.09
许志明	县规建局	漳州市道路交通安全综合整治“三年行动”先进个人	市政府	2015.09
黄乌炮	县老年大学	全省老年教育工作突出贡献者	省老年大学协会	2015.09
巫育江	县公安局	全省公安巡特警岗位技能比武标兵	省公安厅	2015.10
何进祥	县发改局	2015年度全省重点项目工作先进个人	省发改委、公务员局、重点办、省总工会	2015.12
何德煌	官浔镇司法所	福建省我最喜爱的调解员	省司法厅、省广播影视集团	2015.12

·漳浦县副高级以上专业技术职务人员名表·

(2015年)

姓　名	工作单位	专业技术职务	任职资格确认时间
戴丽红	县直机关干校	高级讲师	2015.02.26
李成佳	县直机关干校	高级讲师	2015.02.26
戴良山	县职业技术学校	高级讲师	2015.02.26
王燕华	县职业技术学校	高级讲师	2015.02.26
魏玉文	县职业技术学校	高级讲师	2015.02.26
张凌峰	县职业技术学校	高级讲师	2015.02.26
蓝秋林	民族中学	高级教师	2015.03.12
黄振武	深土中学	高级教师	2015.03.12
林国雄	长春中学	高级教师	2015.03.12
邱华其	龙山中学	高级教师	2015.03.12
林志刚	漳浦台创园	高级农艺师	2015.04.29
王启发	官浔畜牧兽医站	高级畜牧师	2015.04.29
洪雪英	赤湖中心幼儿园	“小中高”	2015.09.07
陈梅凤	县实验小学	“小中高”	2015.09.07
戴顺盛	绥安中心学校	“小中高”	2015.09.07
林　旦	城关中心学校	“小中高”	2015.09.07
陈小华	县特殊教育学校	“小中高”	2015.09.07
林阳海	锦屿中心学校	“小中高”	2015.09.07
陈铜仁	马坪马圩小学	“小中高”	2015.09.07
邱舒苗	杜浔路边小学	“小中高”	2015.09.07
洪长乐	杜浔院边小学	“小中高”	2015.09.07
何庆裕	盘陀中心学校	“小中高”	2015.09.07
杨　毅	前亭中心学校	“小中高”	2015.09.07

姓　名	工作单位	专业技术职务	任职资格确认时间
陈跃贵	深土中心学校	“小中高”	2015.09.07
林元兴	深土中心学校	“小中高”	2015.09.07
杨合河	东坂中学	高级教师	2015.11.06
蔡友福	刘坂中学	高级教师	2015.11.06
庄建福	县医院	副主任医师	2015.12.07
黄小明	县妇幼保健院	副主任医师	2015.12.07
杨裕华	前亭卫生院	副主任医师	2015.12.07
戴文华	县医院	副主任医师	2015.12.07
冯文星	县医院	副主任医师	2015.12.07
杨志跃	县医院	副主任医师	2015.12.07
林四仁	县医院	副主任医师	2015.12.07
陈志强	县医院	副主任医师	2015.12.07
何惠娜	县医院	副主任医师	2015.12.07
孙春香	县妇幼保健院	副主任医师	2015.12.07
徐建梨	县计生服务站	副主任医师	2015.12.07
林思明	县中医院	副主任医师	2015.12.07
罗志宏	县中医院	副主任医师	2015.12.07
薛志敏	县中医院	副主任医师	2015.12.07
余超颖	县中医院	副主任医师	2015.12.07
陈　湧	县医院	副主任医师	2015.12.09
刘衍波	县医院	副主任医师	2015.12.09
黄凯明	县医院	副主任医师	2015.12.09
杨兰辉	县医院	副主任医师	2015.12.09
王秀娇	县中医院	副主任医师	2015.12.09
赵丽英	官浔中心卫生院	副主任医师	2015.12.09
陈奕华	县计生服务站	副主任医师	2015.12.09
郑凤龙	县妇幼保健院	主任医师	2015.12.09

姓　名	工作单位	专业技术职务	任职资格确认时间
邱广宜	县中医院	主任医师	2015.12.09
许荣利	梁山水库管理处	高级工程师	2015.12.23
陈建贤	县流域水利管理中心	高级工程师	2015.12.23
陈卫莲	县林业执法大队	高级工程师	2015.12.25
林建有	赤湖林业站	高级工程师	2015.12.25

漳浦县公务员局浦职改(2015)11号、12号、13号、15号文通知，同意确认：

姓　名	工作单位	专业技术职务	任职资格确认时间
谢艺真	县建设工程造价管理站	高级工程师	2014.12.12
薛启锋	县建筑设计院	高级工程师	2014.12.12
柳小黑	县委党校	高级讲师	2014.12.24
庄文源	梁山水库管理处	高级工程师	2014.12.29
林建兴	县水利管理工作站	高级工程师	2014.12.29
薛伟强	县广播电视台	主任记者	2014.12.31
王文凤	县广播电视台	主任记者	2014.12.31

先进单位

•2015年获地厅级以上表彰的单位名表•

（按颁奖时间顺序排列）

获省部级以上表彰的先进单位名表

获奖单位	获奖名称	颁奖单位	颁奖时间
漳浦县	中国文化先进县	文化部	2015.01
漳浦县	中国民间文化艺术之乡	文化部	2015.01
漳浦县	“电子商务进农村”国家级示范县	财政部、商务部	2015.07
天福观光茶园有限公司	全国三八红旗集体	全国妇联	2015.03
县地税局	全国巾帼建功先进集体	全国妇联	2015.03
县电力公司城郊供电所	全国“安康杯”竞赛优胜班组	全国总工会、国家安全总局	2015.04
县人民检察院	福建省第十二届(2012－2014)文明单位	省委、省政府	2015.05
县公安局	福建省第十二届(2012－2014)文明单位	省委、省政府	2015.05
县人民法院	福建省第十二届(2012－2014)文明单位	省委、省政府	2015.05
县环保局	福建省第十二届(2012－2014)文明单位	省委、省政府	2015.05
县工商局	福建省第十二届(2012－2014)文明单位	省委、省政府	2015.05
县气象局	福建省第十二届(2012－2014)文明单位	省委、省政府	2015.05
县烟草局	福建省第十二届(2012－2014)文明单位	省委、省政府	2015.05
县电信分公司	福建省第十二届(2012－2014)文明单位	省委、省政府	2015.05
农行漳浦县支行	福建省第十二届(2012－2014)文明单位	省委、省政府	2015.05
县邮政局	福建省第十二届(2012－2014)文明单位	省委、省政府	2015.05
国网漳浦供电公司	福建省第十二届(2012－2014)文明单位	省委、省政府	2015.05
县广电局	福建省第十二届(2012－2014)文明单位	省委、省政府	2015.05
漳浦公路分局	福建省第十二届(2012－2014)文明单位	省委、省政府	2015.05

获奖单位	获奖名称	颁奖单位	颁奖时间
赤湖镇	福建省第十二届(2012—2014)文明村镇	省委、省政府	2015.05
赤岭畲族乡	福建省第十二届(2012—2014)文明村镇	省委、省政府	2015.05
深土镇	福建省第十二届(2012—2014)文明村镇	省委、省政府	2015.05
绥安镇	福建省第十二届(2012—2014)文明村镇	省委、省政府	2015.05
大南坂镇	福建省第十二届(2012—2014)文明村镇	省委、省政府	2015.05
盘陀镇	福建省第十二届(2012—2014)文明村镇	省委、省政府	2015.05
前亭镇后蔡村	福建省第十二届(2012—2014)文明村镇	省委、省政府	2015.05
漳浦一中	福建省第十二届(2012—2014)文明学校	省委、省政府	2015.05
县实验幼儿园	福建省第十二届(2012—2014)文明学校	省委、省政府	2015.05
县实验小学	福建省第十二届(2012—2014)文明学校	省委、省政府	2015.05
漳浦三中	福建省第十二届(2012—2014)文明学校	省委、省政府	2015.05
漳浦达志中学	福建省第十二届(2012—2014)文明学校	省委、省政府	2015.05
绥安镇绥北社区	福建省第十二届(2012—2014)文明社区	省委、省政府	2015.05
古雷消防大队	集体一等功	公安部	2015.05
湖西畲族乡政府	全省民族团结进步模范集体	省政府	2015.05
县老促会	2015年度全国老区宣传工作一等奖	全国老促会	2015.06
县老区办	2015年度全国老区宣传工作一等奖	全国老促会	2015.06
漳浦翡翠湾滨海度假区	国家AAAA级旅游景区	国家旅游局	2015.09
县疾控中心	结核病实验室诊断技术优秀单位	中国疾控中心	2015.11
东南花都有限公司	第二批全国中小学环境教育社会实践基地	环保部	2015.12
杜浔中心卫生院	2014—2015年度全国建设群众满意的乡镇卫生院	国家卫计委	2015.12

获地厅级表彰的先进单位名表

获奖单位	获奖名称	颁奖单位	颁奖时间
漳浦县	省食品安全社会共治示范县	省食安办	2015.03
漳浦县	爱民固边模范县	市政府	2015.07

获奖单位	获奖名称	颁奖单位	颁奖时间
漳浦县政府	全省政府系统信息报送优秀单位	省政府办公厅	2015.01
县法院立案庭	全省法院系统先进集体	省高级法院	2015.01
县审计局	2014年度审计统计工作先进单位	省审计厅	2015.01
县海洋与渔业局	2014－2015年度省级平安渔业示范县	海洋与渔业厅	2015.02
县地税局办税服务厅	省巾帼文明岗	省妇联	2015.03
县第二实验幼儿园	省三八红旗集体	省妇联	2015.03
县安监局	2014年度安全生产宣传教育、政务信息工作先进单位	省安监局	2015.03
漳浦农信社	2014年度业务增长十佳行社	省农信社	2015.03
古雷消防中队	五四红旗团支部	共青团福建省委	2015.05
县广播电视台	2014年度全省供稿工作十强县级台	省广播影视集团	2015.05
县八一希望小学三(1)张海迪中队	2014年度福建省少先队先锋中队	团省委、教育厅、省关工委、少先队福建省工委	2015.05
县公安局盘陀派出所	全省公安机关廉政教育展馆示范单位	省公安厅	2015.06
县公安局拘留所	全国拘留所“三项重点工作”推进落实活动先进单位	公安部监管局	2015.06
县公安局禁毒大队	全省公安机关“亮剑扫毒”会战成绩突出集体	省公安厅	2015.06
县妇联	2015年度《婚姻与家庭》杂志宣传推广优秀奖	全国妇联宣传部	2015.06
县疾控中心	传染病疫情和突发公共卫生事件报告管理先进集体	省疾控中心	2015.06
县委办	漳州市第十二届(2012－2014)文明单位	市委、市政府	2015.07
县委宣传部	漳州市第十二届(2012－2014)文明单位	市委、市政府	2015.07
县教育局	漳州市第十二届(2012－2014)文明单位	市委、市政府	2015.07
县科技局	漳州市第十二届(2012－2014)文明单位	市委、市政府	2015.07
县文明办	漳州市第十二届(2012－2014)文明单位	市委、市政府	2015.07
县信访局	漳州市第十二届(2012－2014)文明单位	市委、市政府	2015.07
县质监局	漳州市第十二届(2012－2014)文明单位	市委、市政府	2015.07
县食药监局	漳州市第十二届(2012－2014)文明单位	市委、市政府	2015.07
县海洋与渔业局	漳州市第十二届(2012－2014)文明单位	市委、市政府	2015.07

获奖单位	获奖名称	颁奖单位	颁奖时间
县物价局	漳州市第十二届(2012－2014)文明单位	市委、市政府	2015.07
县农业局	漳州市第十二届(2012－2014)文明单位	市委、市政府	2015.07
县审计局	漳州市第十二届(2012－2014)文明单位	市委、市政府	2015.07
县疾控中心	漳州市第十二届(2012－2014)文明单位	市委、市政府	2015.07
县总工会	漳州市第十二届(2012－2014)文明单位	市委、市政府	2015.07
中行漳浦支行	漳州市第十二届(2012－2014)文明单位	市委、市政府	2015.07
县林业局	漳州市第十二届(2012－2014)文明单位	市委、市政府	2015.07
县计生局	漳州市第十二届(2012－2014)文明单位	市委、市政府	2015.07
县政府办	漳州市第十二届(2012－2014)文明单位	市委、市政府	2015.07
县纪委(监察局)	漳州市第十二届(2012－2014)文明单位	市委、市政府	2015.07
县司法局	漳州市第十二届(2012－2014)文明单位	市委、市政府	2015.07
县卫生局	漳州市第十二届(2012－2014)文明单位	市委、市政府	2015.07
团县委	漳州市第十二届(2012－2014)文明单位	市委、市政府	2015.07
县行政服务中心	漳州市第十二届(2012－2014)文明单位	市委、市政府	2015.07
县委政法委	漳州市第十二届(2012－2014)文明单位	市委、市政府	2015.07
县公务员局	漳州市第十二届(2012－2014)文明单位	市委、市政府	2015.07
县财政局	漳州市第十二届(2012－2014)文明单位	市委、市政府	2015.07
县委统战部	漳州市第十二届(2012－2014)文明单位	市委、市政府	2015.07
县地税局	漳州市第十二届(2012－2014)文明单位	市委、市政府	2015.07
县国土局	漳州市第十二届(2012－2014)文明单位	市委、市政府	2015.07
县交通局	漳州市第十二届(2012－2014)文明单位	市委、市政府	2015.07
县人大常委会机关	漳州市第十二届(2012－2014)文明单位	市委、市政府	2015.07
县政协机关	漳州市第十二届(2012－2014)文明单位	市委、市政府	2015.07
县委组织部	漳州市第十二届(2012－2014)文明单位	市委、市政府	2015.07
县民政局(老龄办、支前办)	漳州市第十二届(2012－2014)文明单位	市委、市政府	2015.07
县市容管理处	漳州市第十二届(2012－2014)文明单位	市委、市政府	2015.07
县供销联社	漳州市第十二届(2012－2014)文明单位	市委、市政府	2015.07

获奖单位	获奖名称	颁奖单位	颁奖时间
绥安工业区管委会	漳州市第十二届(2012—2014)文明单位	市委、市政府	2015.07
移动漳浦分公司	漳州市第十二届(2012—2014)文明单位	市委、市政府	2015.07
人行漳浦支行	漳州市第十二届(2012—2014)文明单位	市委、市政府	2015.07
海峡银行漳浦支行	漳州市第十二届(2012—2014)文明单位	市委、市政府	2015.07
六鳌镇	漳州市第十二届(2012—2014)文明村镇	市委、市政府	2015.07
马坪镇	漳州市第十二届(2012—2014)文明村镇	市委、市政府	2015.07
湖西畲族乡	漳州市第十二届(2012—2014)文明村镇	市委、市政府	2015.07
南浦乡	漳州市第十二届(2012—2014)文明村镇	市委、市政府	2015.07
佛昙镇	漳州市第十二届(2012—2014)文明村镇	市委、市政府	2015.07
长桥镇	漳州市第十二届(2012—2014)文明村镇	市委、市政府	2015.07
盘陀镇官陂村	漳州市第十二届(2012—2014)文明村镇	市委、市政府	2015.07
湖西畲族乡赵家城村	漳州市第十二届(2012—2014)文明村镇	市委、市政府	2015.07
县八一希望小学	漳州市第十二届(2012—2014)文明学校	市委、市政府	2015.07
漳浦四中	漳州市第十二届(2012—2014)文明学校	市委、市政府	2015.07
霞南中学	漳州市第十二届(2012—2014)文明学校	市委、市政府	2015.07
福建电大漳浦分校	漳州市第十二届(2012—2014)文明学校	市委、市政府	2015.07
道周中学	漳州市第十二届(2012—2014)文明学校	市委、市政府	2015.07
漳浦二中	漳州市第十二届(2012—2014)文明学校	市委、市政府	2015.07
县第二实验幼儿园	漳州市第十二届(2012—2014)文明学校	市委、市政府	2015.07
霞美中心小学	漳州市第十二届(2012—2014)文明学校	市委、市政府	2015.07
县职业技术学校	漳州市第十二届(2012—2014)文明学校	市委、市政府	2015.07
绥安镇绥西社区	漳州市第十二届(2012—2014)文明社区	市委、市政府	2015.07
绥安镇油车社区	漳州市第十二届(2012—2014)文明社区	市委、市政府	2015.07
绥安镇绥东社区	漳州市第十二届(2012—2014)文明社区	市委、市政府	2015.07
绥安镇城西社区	漳州市第十二届(2012—2014)文明社区	市委、市政府	2015.07
县人社局劳动管理监察大队	全国清理整顿人力资源市场秩序专项行动先进单位	国家人力资源保障部办公厅、国家工商总局办公厅	2015.07
县人社局	省第八届文明行业创建竞赛活动示范点	省文明委	2015.08

获奖单位	获奖名称	颁奖单位	颁奖时间
县公安信访接待室	省级信访接待场所示范单位	省公安厅	2015.08
教育局	爱祖国、爱学习、爱劳动，感恩祖国主题教育先进单位	省教育系统关工委	2015.09
教育局	第十八届全国青少年五好小公民“少年向上，真善美伴我行”主题教育活动先进集体	教育部关工委	2015.09
六鳌海上船舶（海防）综合管理救援中心	全省海防系统先进单位	省综治委	2015.09
县委宣传部	第五届中国剪纸艺术节“优秀奖”	中国民间文艺家协会、中国剪纸艺术节组委会	2015.10
官浔镇	“省级乡村旅游休闲集镇”	省旅游局	2015.10
县气象局	省第七届文明行业示范点	省气象局	2015.10
县邮政局	省“安康杯”竞赛先进单位	省总工会	2015.10
县电信局	省“安康杯”竞赛先进单位	省总工会	2015.10
县电信局	省第八届（2015－2017年度）文明行业竞赛创建示范点	省文明委	2015.10
杜浔司法所	全省政法系统“十佳百优”基层单位	省委政法委	2015.11
湖西畲族乡城内村	第一批省级传统村落名录	省住建厅、省文化厅、省财政厅	2015.11
县疾病预防控制中心	省传染病疫情及突发公共卫生事件报告管理先进集体	省疾病预防控制中心	2015.12
官浔镇调委会	“2013－2015年度福建省人民调解先进单位”	省司法厅	2015.12
六鳌镇	2015年度统计工作先进单位	市委、市政府	2015.12
县农业局	科技网络书屋应用竞赛三等奖	省农业厅	2015.12

·2015年漳浦县纳税500万元以上企业名录·

（54家）

纳税1亿元以上企业（一家）

漳州市烟草公司漳浦分公司

纳税5000万元至1亿元企业（四家）

天福集团

盈丰集团

漳浦长德商贸物流开发有限公司

漳浦县农村信用合作联社

纳税1000万元至5000万元企业（21家）

万新集团

国网福建漳浦县供电有限公司

福建福晟钱隆房地产开发有限公司

漳浦华顺置业有限公司

漳浦国源房地产开发有限公司

福建金绿置业发展有限公司

贵州省公路工程集团有限公司漳浦沿海大通道第一项目经理部

漳浦丽都房地产开发有限公司

漳州一帆重工有限公司

漳浦县碧桂园联创房地产开发有限公司

车城汽车配件（福建）有限公司

同溢堂药业有限公司

漳浦县南顺时装针织有限公司

厦门第一建筑工程有限公司漳州分公司

福建省丰盛食品有限公司

漳州浦达城市建设投资开发有限公司

漳州市阳光皮革制造有限公司

福建瑞森皮革有限公司

漳浦美伦房地产开发有限公司

漳州元新食品有限公司

福建隆晟集团有限公司漳浦分公司

纳税500万元至1000万元企业（28家）

福建金仕顿房地产开发有限公司

福建和进食品制罐工业有限公司

福建省闽楚建设工程有限公司漳浦分公司

福建龙睿房地产开发有限公司

漳州市万义房地产开发有限公司

大唐漳州风力发电有限责任公司

漳浦隆宝工业有限公司

漳浦前垣纺织有限公司

漳州伟伊化纤有限公司

福建肯博纺织工业有限公司

福建新华东食品有限公司

福建聚源房地产开发有限公司

漳浦县金诺房地产开发有限公司

漳州力元工业有限公司

台玻福建光伏玻璃有限公司

漳州伟浩化纤有限公司

贵州省公路工程集团有限公司漳浦沿海大通道第二项目经理部

漳州顺益食品有限公司

漳浦联创世纪置业投资有限公司

福建弘安建筑有限公司

漳浦新假日房地产开发有限公司

福建福华建设工程有限公司

福建省长汀县第一建筑工程有限公司

中石化森美（福建）石油有限公司漳州漳浦霞潭加油站

中国移动通信集团福建有限公司漳浦分公司

革新（漳浦）金属制造有限公司

漳州信德皮革有限公司

华达（福建）玩具有限公司

文　献

在县委十二届十二次全会上的讲话

中共漳浦县委书记　沈志平

（2015 年 8 月 4 日）

同志们：

这次全会的主要任务是，深入学习贯彻习近平总书记系列重要讲话和来闽考察重要讲话精神，认真落实省委九届十四次全会、市委十届十次全会精神，研究部署我县今后一个时期产业转型升级工作，加快打造漳浦产业升级版，更好地推动漳浦科学发展跨越发展。下面，根据县委常委会研究的意见，我讲三个方面意见。

一、加快产业转型升级，是我县实现科学发展、跨越发展的必然选择，加快推进产业转型升级，无论对当前稳定经济增长，还是对漳浦长远发展，都具有十分重要的意义。

第一，从当前经济形势看，要求我们必须加快产业转型升级。当前，我国宏观经济形势错综复杂，经济下行压力不断加大，在经济发展新常态下，多数传统产业企业利润空间收窄，部分产业发展遇到了前所未有的挑战。从我县情况看，今年上半年，全县实现规模工业总产值 161.30 亿元，增长 10.30%，比去年同期回落 6.9 个百分点；全县 189 家规模工业企业中，减产企业达 54 家，减产面 28.50%，主要集中在纺织服装、雨伞帐篷、食品加工等传统产业。同时，我县战略性新兴产业虽有所发展，但去年增加值仅占规模工业增加值的 10.60%，在地区生产总值中占比也只有 3%，总体规模还偏小，核心技术比较少，缺乏有竞争力的企业群体。我们只有主动适应经济发展新常态，加快产业转型升级，大力培育产业发展新动力，才能有效应对经济下行压力，推动我县经济持续稳定健康发展。

第二，从我县产业发展现状看，要求我们必须加快产业转型升级。近年来，我县经济持续快速增长，综合实力明显增强。但我们也要清醒地看到，我县产业发展中还存在一些比较突出的问题，主要体现在产业结构不优，去年我县三次产业比重为 20.6:46.4:33，一产比重过大，三产规模偏小，特别是二产比重较低，还没超过一半，比全市平均水平低 3.4 个百分点，对三产和一产带动力不强；产业规模不大，去年全县没有超百亿元的产业，超 50 亿元的产业仅一个（食品加工业产值 99 亿元）；大企业偏少，去年全县产值10亿元以上5家，占2.60%；5—10亿元3家，占1.60%；1—5亿元57家，占30.1%。我们要突出问题导向，通过加快产业转型升级，进一步优化产业结构，做大产业规模，壮大产业实力，努力实现有质量有效益的发展。

第三，从建设富美金漳浦的角度看，要求我们必须加快产业转型升级。建设富美金漳浦，“富”就是要抢抓新一轮发展机遇，加快产业发展。当前，世界经济处于大变革大调整之中，正引发影响深远的产业革命，我国加快推动“中国制造2025”“互联网＋”行动计划，省市也积极推进“互联网＋”协同制造，加快数控技术、智能技术的推广运用，这些都为我们加快产业转型升级带来了难得机遇。目前我县科技创新能力较弱，市级工业设计中心仅一家（漳州科技学院），企业基本没有工业设计中心；省级高新技术企业六家，仅占全市的5.80%。我们要在产业竞争中赢得优势、占据主动，最关键是要顺应发展趋势，抓住产业革命的难得机遇。“美”就是要保护好生态环境。要把产业转型升级与生态建设更加紧密结合起来，积极贯彻落实漳州“七个五”生态建设行动计划，以生态建设支撑转型发展，真正做到既要金山银山，又要绿水青山，实现生态与经济建设的互促共赢，努力为建设富美金漳浦创造更好的生态条件。

二、明确目标任务，推动产业转型升级取得新成效

加快我县产业转型升级，总体要求是：深入贯彻中央“四个全面”战略布局和省委、市委的决策部署，主动适应经济发展新常态，着力推动发展模式向节约集约、质量效益型转变，产业结构向更加协调、更加优化转变，发展动力向深化改革、创新驱动转变，制造模式向智能化、网络化、服务化转变，资源利用方式向高效、清洁、安全转变，改造升级传统产业，做优工业，做大农业，做强现代服务业，推动三次产业互融互动，持续优化产业结构，增强产业核心竞争力和可持续发展能力，全力打造漳浦产业升级版。主要目标是：力争到2020年，全县规模工业总产值达615亿元以上，年均增长15%左右；培育形成食品加工、机械制造、皮革制造、精细化工等4个超百亿元主导产业集群；高新技术产业增加值占地区生产总值比重16%左右。同时，万元GDP能耗、二氧化碳和污染物排放量均控制在省市下达目标内，生态环境质量显著提升。在具体实施中，重点抓好以下四个方面工作：

（一）突出做大做优增量。从我县实际情况看，产业发展的首要问题是总量不大，“低小散”问题突出，加快产业转型升级，必须把重点放在做大做优增量上，通过突破重点区域，发展特色园区，壮大新兴产业，努力培育一批产业新增长点，以增量促进整体产业结构的优化升级。

一要全力突破四大重点区域。古雷港区、厦门港南岸片区、县城区和现代农业示范区，是县委县政府规划发展的四大重点区域，是重点打造的新增长极，也是当前乃至今后一段时期工作的重中之重。四大重点区域的规划布局、发展定位已经十分明确，当前重点是要加快完善基础设施配套，加快推进朝阳隧道、沿海大通道、港城快速通道、迎宾大道、东部片区引水工程等重大设施建设，增强区域项目承载能力；要加大征迁工作力度，力促厦门港南岸新城项目、粤港家居产业园、锦江石化等一批重大项目尽快开工建设。要加强四大重点区域的互融互动，促进产业、城市、港口、生态一体发展，为产业转型升级提供高端的载体平台。

二要着力提升工业园区建设水平。按照建设现代化工业园区的要求，加快打造一批基础设施配套完善和功能配套齐全的优质园区。①整合做大漳浦经济开发区。要认真落实好省里出台的《促进工业园区提升发展六条措施》，加快绥安工业区整合，进一步优化产业规划布局，理顺园区管理机制，并尽快申报为省级开发区。②全力打造万安标准化生态示范园区。高起点、高标准建设园区，注重产城融合，完善道路交通、供热供气、电力电信、污水处理以及学校、医院、文体、商贸等生产生活设施配套，营造更加宜居宜业的发展环境，为工业转型升级、集群发展提供强大平台。③加快建设两个林业循环经济产业园。实行“统一规划、统一开发、统一入园门槛、统一生产工艺、统一环保要求”，严把项目准入门槛，注重引入经济效益好、环境污染小的高端木业加工企业，着力把园区打造成为集木材加工、贸易、物流、金融服务为一体的现代林业产业基地。此外，要加快规划建设赤湖5000亩的石油精细化工产业园，依托古雷石化基地的原料优势，发展石油精细化工中下游产业，积极引进一批具有较高技术含量、高附加值的石油化工企业入驻园区，着力打造百亿元级的产业集群。

三要加快发展战略性新兴产业。主动融入全市“4+4”产业发展战略，立足我县现有新兴产业基础，注重抓龙头、铸链条、建集群，加快引办一批高端高品质项目，推动新兴产业规模化。①新材料产业，要重点发展新型光伏、玻璃新材料、化工新材料、建筑新材料等产业链，强化产品自主创新，规划以台玻集团为龙头的光伏及玻璃新材料产业园，着力打造成为全省重要的光伏玻璃及新材料产业基地。②新能源产业，要重点扶持发展清洁能源、可再生能源开发利用和设备制造，加快建设一帆新能源装备制造、中电集团光伏发电与农业综合开发、石榴光伏电站、绿领农业科技大棚光伏电站、台玻屋顶发电等一批新能源项目，努力建设成为东南沿海重要的新能源基地。③生物与新医药产业，要做大做强现有的扬基生物、同溢堂等特色中药材和保健食品企业，努力培育一批生物医药产业；力促国药产业园落地建设，打造两岸中医药新兴产业聚集区。④电子信息产业，要重点加快建设致易电子、比速光电等一批电子信息产业项目，鼓励企业加大研发力度，突破关键技术，推动产品向高端、节能、智能化发展。同时，要筛选一批科技“小巨人”领军企业，实行领导挂钩、重点帮扶，培育成为拥有自主知识产权和自主品牌的创新型企业，使之成为引领我县产业转型升级的生力军。

（二）加快传统产业改造升级。我县传统产业基础好、比重大，是当前产业发展的基本盘，仅食品加工、纺织服装、五金电器三大产业产值就占全县规模工业的60%。加快产业转型升级，并不是要放弃传统产业，而是要运用高新技术、信息化手段改造提升传统产业，让传统产业焕发新的生机和活力。

一要加快推进“两化”融合。我县的产业发展还比较落后，大部分采用传统的手工制造，比如，一帆重工造船作业主要还是依靠人工焊接，生产成本较高，现在国内外大型造船企业都已经采用机械手焊接和激光焊接技术，说明我们的工艺还比较落后，生产效率还有很大的提升空间。要抓住用好信息化与工业化“两化”融合的机遇，引导食品、机械、皮革等行业成套设备及生产系统的智能化改造，实现生产管理精细化、智能化。探索运用“机器换工”，推动数控技术和智能装备在工业领域广泛应用，促进传统优势产业和劳动密集型产业不断转型升级，进一步降低企业生产成本、提高生产效率和生产效益。

二要大力推进企业技术改造。充分发挥企业在技术改造中的主体作用，突出抓好大型企业、龙头企业的技改工作，加快全县龙头企业新一轮技术改造，推动企业发展提速提效。比如，食品加工业，占全县规模工业总产值的37.30%，是目前我县最大的主导产业之一，全县共有食品加工企业262家，但上规模的仅49家，大多数企业处于低端的初加工层面，通过技术改造实现转型升级的空间很大，要重点抓好盈丰、丰盛等龙头企业的技术改造，鼓励和引导食品加工企业引进新技术、新品种、新工艺、新设备，推动机械化、自动化、标准化、清洁化生产，提高精深加工水平，提升产品附加值和产业竞争力。

三要强化资源环境倒逼机制。对皮革、建材、五金、造纸等高耗能、高污染行业，实行严格的能效、物耗和环境监管，加快推动该类企业生产技术改造，推广应用节能环保技术装备，淘汰落后的工艺和设备，促进企业生产过程清洁化、废物循环资源化、能源利用高效化。特别是赤湖皮革产业园，要引导现有皮革制造企业创新理念、改进工艺，大力引进皮革深加工企业，延伸产业链，加快产业集聚，努力建设集生产加工、设计开发、产品展示等功能为一体的现代化、绿色环保型工业园。

（三）推动三次产业融合发展。一、二、三产业融合发展，是推动产业转型升级的重要路径。要充分发挥区位优势、资源优势和独特产业优势，找准产业融合的着力点和切入点，打造产业新形态，放大产业叠加效应。

一要做大做强现代服务业。重点发展面向制造业、现代农业的现代物流、研发设计、信息技术服务等生产性服务业，积极发展商贸服务、旅游休闲、文化创意、体育健身等生活性服务业，加快发展电子商务、互联网金融等服务业新兴业态，提高服务业的比重和水平。①电子商务产业，要大力支持漳浦电商创业园发展，积极构建海峡花卉集散中心"水仙花乡"等电子商务平台，指导漳浦名优企业在各类大型网络交易平台开设商店或旗舰店，鼓励各类专业批发市场建立网上交易平台。②商贸物流产业，要着力培育发展商业综合、汽车交易、花卉交易、农产品交易等四大市场集群；科学布局城乡商业网点，加快建设一批乡镇商贸综合市场，实现城乡商贸全面繁荣；分类推进漳浦火车站场和旧镇、杜浔高速互通口周边物流园区的规划建设，重点抓好四通物流园、湖西赵家堡高速互通口周边物流园等一批专业物流基地建设，全力推进现代物流业发展。③生态旅游文化产业，要进一步整合全县旅游资源，更加注重生态环境保护和文化传承创新，加强旅游配套设施建设，重点提升赵家堡、"五里三城"、火山地质公园等旅游景区的品质，打造特色突出、产品新颖、配套完整的旅游产品体系；加快建设六鳌翡翠湾海西旅游度假中心、七星海国际滨海旅游度假区等一批高端旅游项目，推动旅游产业转型升级。

二要做精做特现代农业。充分发挥我县现代农业的独特优势，坚持用工业理念发展农业、用先进适用技术提升农业、用现代经营方式拓展农业，推动农业"接二连三"，实现我县从农业大县向农业强县转变。与二产融合方面，要重点延伸农业生产的产业链，促进农产品深加工，提高农产品附加值。要发挥天福集团的示范带动作用，重点扶持盈丰、丰盛等农副产品深加工龙头企业集团化发展，鼓励重点加工企业积极与国内外知名企业合资合作，扩大品牌影响力和覆盖率。加大海洋生物、生物制药、植物萃取、果胶果汁等农产品精深加工企业的引进力度，培育形成一批农产品精深加工产业集群。与三产融合方面，重点要拓宽农产品销售渠道，引导企业进一步强化互联网思维和品牌运作思维，创新和整合农产品配送、连锁专卖、电子商务等多种模式互补融合的销售方式，鼓励有条件的企业争创驰名商标、著名商标、申请使用地理标志，努力提升我县农产品的市场占有率。在推动产业融合发展的同时，也要注重创新产业组织形式，加强生产合作社、行业协会商会等组织建设，健全完善利益联结机制，不断适应新的市场需求。

（四）着力强化创新驱动。促进发展动力从要素驱动向创新驱动转变。一要增强企业自主创新能力，落实和完善企业研发费用加计扣除、高新技术企业扶持等政策措施，鼓励和引导企业加大研发投入，实施以技术创新为核心的全面创新，推动技术、产品、营销、管理的全面升级。二要加强产学研协同创新，鼓励县内企业与高校、科研院所等多元主体合作，推动产学研用深度融合。三要加快发展工业设计，积极引进和培育一批专业化、开放型的工业设计企业，提升工业设计产业化水平，促进企业产品升级换代和品牌建设。四要扶持建立众创空间，鼓励和扶持农村青年、大学生返乡创业，整合盘活闲置厂房、旧仓库、存量商务楼宇等资源，改造一批创客天地，培育一批低成本、便利化、全要素、开放式的"众创空间"。

三、强化保障措施，营造产业转型升级的有利环境

一要加强组织领导。各级各部门要按照这次县委全会的部署要求，心往一处想，劲往一处使，切实转变发展观念，把加快产业转型升级摆到更加突出的位置，形成推动产业转型升级的强大合力。各乡镇场、各工业园区要加强组织协调，积极主动谋划，进一步明确产业转型升级的思路方向和目标任务，全力以赴抓好落实。县直有关部门要主动作为，密切配合，及时协调解决产业转型升级中的突出问题。各级领导干部要深入企业调研，摸清产业实情，帮助企业理清转型思路、挖掘增长潜力，为加快转型升级创造有利条件。

二要优化服务环境。进一步推进简政放权，深化行政审批制度改革，不断简化审批程序，落实省市下放行政审批事项的具体措施。要变被动服务为主动服务，继续推动"三证一章"合办服务机制和"零积事"制度，坚持能快则快、能简则简，做到"零

停留”办公、“零关系”办事、“零利益”服务，为项目建设、企业发展提供保姆式服务。要认真落实省里出台的《关于加快发展智能制造的九条措施》《关于大力推进大众创业万众创新的十条措施》等政策，加快发展智能制造和支持发展众创空间。要认真研究落实好上级出台的首台套、固定资产加速折旧等税收优惠政策，引导企业加强技术改造研发、工业设计、信息化建设、品牌培育、人才引进及管理创新。要加大金融支持力度，鼓励金融机构对企业转型升级给予资金倾斜，简化贷款审批手续，着力解决企业融资难问题。

三要强化人才支撑。人才是撬动产业转型升级的有力杠杆。要深入实施人才强县、人才强企战略，主动适应产业转型升级需要，促进人才、知识、技术等创新要素转化为现实生产力。要坚持企业主体，加大人才培养力度，通过建立完善的用人机制，引进一批企业紧缺人才和创新创业团队，让优秀人才在产业转型升级中发挥引领作用。要充分发挥对台优势，建立台湾人才引进绿色通道，在对台招商中同步引进一批与产业项目相配套的台湾专业技术和经营管理人才。要进一步优化人才发展环境，建立健全以激励创新为导向的用人制度，使各类人才创业有机会、创新有舞台、创富有环境，切实增强我县人才竞争软实力。

四要狠抓工作落实。全县党员干部要积极践行“三严三实”要求，大力弘扬谷文昌精神，深入开展“马上就办、办就办好”，把贯彻这次县委全会决策部署与“大干6个月”紧密结合起来，以“严”的标准、“实”的作风落实产业转型升级各项任务。县“两办”、效能办要进一步加大督促检查和效能监察力度，严肃整治庸懒散、虚假浮、不作为、慢作为、乱作为等问题，对不敢担当、作风不实、落实不力的，坚决问责，切实为加快产业转型升级提供强有力的作风纪律保障。

同志们，打造漳浦产业升级版任务艰巨、责任重大。全县各级各部门要进一步明确目标，振奋精神，抢抓机遇，真抓实干，全力抓产业、全面促升级，为加快我县科学发展跨越发展做出新的更大贡献！

在县委十二届十三次全会上的讲话

中共漳浦县委书记　沈志平

(2015 年 12 月 10 日)

同志们:

这次全会的主要任务是深入学习贯彻党的十八届五中全会、省委九届十五次全会和市委十届十一次全会精神,审议《中共漳浦县委关于制定漳浦县国民经济和社会发展第十三个五年规划的建议》(以下简称《建议》),确定我县"十三五"时期经济社会发展的指导思想、目标和任务,进一步动员全县上下统一思想、凝聚共识、形成合力,开创科学发展跨越发展新局面。

下面,根据县委常委会研究的意见,我讲三个方面意见:

一、统一思想认识,切实增强加快发展的责任感和紧迫感

第一,要深刻领会十八届五中全会和省委、市委全会精神。"十三五"时期是全面建成小康社会的决胜时期。党的十八届五中全会确定了我国今后五年经济社会发展的指导思想、目标要求和任务举措,提出以创新、协调、绿色、开放、共享五大理念引领发展,到 2020 年国内生产总值和城乡居民人均收入比 2010 年翻一番,实现第一个百年奋斗目标,全面建成小康社会。省委九届十五次全会、市委十届十一次全会与五中全会在指导思想上一脉相承,对全省、全市"十三五"时期经济社会发展作出了全面部署。省委全会提出全省地区生产总值要保持年均增长 8.50%左右,比全国高 2 个百分点,到 2020 年接近 4 万亿元;固定资产投资年均增长 15%,到 2020 年超过 4 万亿元。市委全会提出全市经济增长保持高于全省平均水平 1.5 个百分点,到 2020 年人均 GDP 达到全省平均水平。

第二,"十三五"时期我县面临难得的发展机遇。一是政策优势叠加。中央支持福建进一步加快经济社会发展,赋予自由贸易实验区、21 世纪海上丝绸之路核心区、生态文明先行示范区等重大使命;省委明确提出设立漳州深化两岸产业合作示范区和古雷深化两岸石化产业深度合作示范区;市委把古雷港区和厦门港南岸新城列入全市打造产城融合的四大经济增长极,我县叠加享受中央、省、市一系列政策,对台、生态、港口等比较优势正加快转化为现实优势。二是发展空间较大。据初步统计,漳浦目前工业化率 44%,城镇化率 48.30%,正处于加快提升阶段,四大重点区域以及万安工业园、前亭工业园、林业产业园等开发建设潜力巨大。三是综合实力增强。经过"十二五"时期的发展,到 2015 年底,我县 GDP 预计达到 338 亿元,比 2010 年翻了一番多;同时,交通、电力等基础设施配套日臻完善,支撑发展的基础比较扎实。四是发展氛围浓厚。我们拥有一支善打硬仗、敢于担当、勇于奉献的干部队伍,形成了推动发展的强大合力。

在看到难得发展机遇的同时,我们也要看到今后五年我们面临的严峻挑战。突出表现在:县域经济总量不大,产业实力不强,三产结构不合理,区域发展不够协调,对台等优势发挥不够,社会事业发展相对滞后,生态比较脆弱,环境保护压力加大,要素成本上升,用地用林等要素保障问题日益凸显。这些都是"十三五"期间我们要重点破解的难点重点问题。

总的来看,“十三五”时期是漳浦加快科学发展跨越发展的重要历史时期。机遇前所未有,挑战也前所未有,全县上下要把思想和行动统一到中央、省委、市委的决策部署上来,切实增强加快发展的责任感和紧迫感,抢抓机遇,团结拼搏,努力推动漳浦经济社会发展再上一个新台阶。

二、明确目标任务,努力开创科学发展跨越发展新局面

按照中央、省、市的部署,结合我县实际,县委确定“十三五”经济社会发展指导思想是:深入贯彻党的十八届五中全会精神和习近平总书记系列重要讲话精神,围绕“四个全面”战略布局,坚持发展第一要务,更加注重经济发展的质量和效益,加快形成适应经济发展新常态的体制机制和发展方式,打造“四大重点区域”发展布局,做大产业龙头,突出创新驱动,加强民生保障,致力生态保护,狠抓改革攻坚,实现速度、结构、质量、环境协调统一,全力打造生态宜居宜业宜游的滨海新城,努力在推动漳州科学发展跨越发展中勇当先锋。

依据上述指导思想,《建议》明确提出了“十三五”时期我县经济社会的发展目标是:预期性指标高于全市平均水平,约束性指标好于全市平均水平。全县 GDP 年均增长 11%,高于全市平均水平 1 个百分点,到 2020 年总量达到 479.20 亿元;固定资产投资年均增长 21%,到 2020 总量达到 544.60 亿元。要实现以上目标,要突出抓好以下六个方面。

(一)突出加快赶超,保持一个高于全市有质量有效益的增长速度。

在发展布局方面,要全力突破四大重点区域。古雷港区我们重点要做好服务和保障工作,围绕打造千亿产值石化园区和世界级石化基地的目标,千方百计做好征迁工作,为重大项目建设和石化产业发展营造和谐稳定的社会环境。县城中心区要按照建设漳州次中心城市的发展定位,紧紧依托古雷,立足产城互动,着力打造成为国家级园林城市和漳州南部区域性经济、政治、文化、金融和信息中心。厦门港南岸新城漳浦片区要按照新兴生态型港口工贸城市的定位,主动融入厦门港,加快发展滨海旅游业和临港工业,重点建设前亭工业园和厦门港南岸新城项目,打造成为漳浦东部新的经济增长极。现代农业示范区要依托漳浦台湾农民创业园、漳浦农民创业园两大平台,重点发展现代农业、休闲农业、农业博览、农产品物流等产业,建成漳浦现代农业示范区和旅游观光生态走廊,构筑漳浦发展的生态屏障。

在发展动力方面,要坚持“三驾马车”并驾齐驱。一要抓投资。要紧紧盯住工业、能源、城建、交通、服务业、生态、现代农业、社会事业等八大重点领域,一手抓计划在建项目,一手抓后续项目的谋划、储备和前期工作,促进投资较快增长、结构不断优化、后劲持续增强,更好地发挥投资在发展中的关键作用。二要抓消费。“十三五”时期的消费业态、消费热点的变化将更加明显,要适应居民消费需求变化,持续拓展中高端房地产、旅游、养老、健康等新的消费热点。特别是要加快完善物流环境,以被列为国家级“电子商务进农村示范县”为契机,建设完善电子商务创业平台,加快推进“工业品下乡、农产品进城”,不断提高农民收入,培育和释放消费潜力。三要抓出口。要适应国际市场发生重大变化的新形势,积极推进出口贸易企业转型升级,提高参与对外经济合作与竞争的水平。要加强对重点出口企业的服务,用好用足惠企政策,加快新兴出口企业的培植,持续拓展出口业务。

(二)突出创新发展,全力推动产业转型升级。

要通过创新促进产业转型升级,优化提升现代农业,改造提升传统产业,壮大提升现代服务业,打造漳浦产业升级版。力争到 2020 年,全县培育食品加工、装备制造、皮革制造、家居木业、精细化工等一批上百亿元的产业集群。一要做大做强园区载体。要加快实施全县“一区七园”的整合归并,重新组建漳浦经济开发区,进一步优化园区规划布局和产业定位,引导产业向工业园区聚集,切实提高园区的综合实力和竞争力。同时,要着力打造万安工业园、长桥木业园、前亭工业园、赤湖皮革园及精细化工产业园等一批特色园区,努力培育经济新增长点。二要优化增量提升存量。要在做大增量中推动转型升级,主动对接“中国制造 2025”、“互联网 +”行动计划,积极发展电子信息、新材料、生物与新医药、新能源等新兴产业，注重抓龙头、筑链条、建集群，加快引办一批高端高品质项目，推动新兴产业规模化。要加快推动传统产业改造提升，探索运用“机器换工”，推动数控技术和智能装备在工业领域广泛应用，推动工业提速提效。三要加快产业融合发展。要加快发展现代服务业，重点发展生态旅游、现代物流、现代金融、信息服务等四大现代服务业，提高服务业的比重和水平。要充分发挥我县现代农业的独特优势，坚持用工业理念发展农业、用先进适用技术提升农业、用现代经营方式拓展农业，推动农业“接二连三”，实现我县从农业大县向农业强县转变。四要促进发展动力从要素驱动向创新驱动转变。要通过一系列政策鼓励企业加大研发投入，加强产学研用协同创新，推动技术、产品、营销、管理的全面升级。要创新创业载体，整合盘活闲置厂房、旧仓库、存量商务楼宇等资源，改造一批创客天地，培育一批低成本、便利化、全要素、开放式的“众创空间”。

(三)突出协调发展，加快实现城乡一体化协同发展。要围绕增强发展的协调性和可持续性，科学谋划县、镇、村区域协调发展的新格局，实现城乡一体化发展，提高城乡居民生活品质和幸福感。一要高品质建设中心县城。实施“大城关”发展战略，进一步拉大县城框架，加快实施“面海东进、跨溪南扩、依山北拓”城市发展战略和“一溪两线三组团”的城市空间结构，重点推进鹿溪江滨两岸、火车站场、九曲岭三大板块和万安、大南坂、旧镇三个组团开发建设，提高中心城区综合服务能力和辐射带动能力。二要加快推进新型城镇化建设。着力推进杜浔小城市培育试点工作，努力培育成全省小城市示范点。启动实施绥安镇低碳社区城镇化建设项目，着力打造宜居宜业的小城镇样板。支持各乡镇规划建设一批小城镇综合体和新村集中区。三要加快推进宜居农村建设。加强农村人居环境综合治理，实施房屋立面改造、河道清理、管线整理、垃圾归类、污水处理等项目，以南浦后坑村“美丽乡村”建设和佛县轧内村、后许村、官浔红霞村“富美乡村”建设为依托，着力推进全县宜居乡村建设全覆盖。同时，要统筹推进城乡公共服务设施和交通基础设施建设，切实做到城乡公共服务均等化、生活同质化。

(四)突出绿色发展，率先建成生态文明示范区。要深入实施“七个五”生态建设行动计划，有度有序利用自然资源，走绿色循环低碳发展的路子。一要构建美丽空间格局。坚决按照重点开发、限制开发、禁止开发的主体功能区定位，引导产业、人口、要素向重点开发区域集聚，科学开发限制开发区域，保护禁止开发区域。科学统筹各类空间性规划，严格落实用途管制，基本形成生产空间集约高效、生活空间宜居适度、生态空间山清水秀的国土空间体系。二要加强生态环境综合整治。下大力气实施“青山挂白”、矿山违规开采、河道非法采砂、“两违”等整治工作，加大水流域、大气、土壤等污染防治，提高环境承载力和竞争力。加强规模化畜禽养殖污染综合整治，推广立体生态种养模式和生物发酵“零排放”技术，切实改善城乡宜居环境。三要发展节能环保产业。大力倡导节能降耗，推广清洁能源使用，加快淘汰机砖等落后产能。加强高耗能、高排放的落后产业改造提升，推行节能环保工艺，重点力促石油化工、皮革制造等主导产业向高端、绿色方向发展。要严把项目引进环保关，提高项目引进门槛，大力发展绿色、低碳、循环产业。

(五)突出共享发展，着力改善民生福祉。坚持把保障和改善民生作为工作根本立足点，使全体人民在共建共享发展中有更多获得感。一要办好为民惠民实事。不断提高民生支出比重，把更多的财政资源用于改善民生。推进优质教育资源共建共享，努力实现县域基础教育达到高级均衡发展，全面实现“教育强县”目标，至2020年，学龄前儿童入园率达95%以上，小学、初中入学率100%，高中毛入学率96%以上。优化医疗资源规划布局，以基层和农村为重点，加快城乡医疗卫生服务体系建设，提高人均享有医疗卫生资源水平，至2020年，每千人医疗床位数达到四张，每千人医生数达2.17人。不断健全现代公共文化服务体系，加快建成文体中心、城市规划展示馆、人民剧场等一批公共文体设施，力争实现城乡基本文体设施全覆盖。加强创业服务体系和公共就业服务体系建设，提升就业承载能力；逐步建立城乡一体化的社会保险组织管理运行体制机制，构筑全覆盖、多层次、较高水平的社会保障体系。全面深化“平安漳浦”建设，提高人民群众对社会治安的安全感和满意度；建立健全突发事件应急管理机制，提高应急处置和应急保障等能力，着力防范严重自然灾害和重大安全事件。二要大力推进扶贫开发。我县有一个市级扶贫重点村和四个县级扶贫重点村，全县贫困人口9590人。我们提出每年减贫人口5000人，力争2017年实现全面脱贫，比全省提前三年，比全市提前一年，这项工作必须确保完成。各相关乡镇和部门要高度重视扶贫工作，建立扶贫档案，摸清致贫原因，做到因户施策、因人施策、精准扶贫；要加大财力投入，特别是扶贫资金要做到专款专用，确保用在贫困村和贫困人口身上。

（六）突出开放发展，创造一流的营商环境。“十三五”时期是深化改革开放的关键机遇期，要坚持把深化改革和扩大开放作为加快发展的第一动力。一要深化行政审批制度改革。要进一步转变政府职能，持续推进简政放权，努力营造优质的服务环境。加快推进工商登记制度改革，积极实施电子营业执照和全程电子化登记管理，推行“三证合一”制度，切实简化工商登记注册流程，努力提供高效、便捷的市场准入服务。二要深化对台合作交流。我县是福建省重要的台胞祖籍地，对台合作优势明显。今年11月7日，习近平总书记与台湾方面领导人马英九在新加坡的历史性会面，进一步巩固深化了两岸关系。我们要以此为契机，深化浦台农业、文化、教育、科技、社会等领域交流合作。特别是要充分利用好古雷台湾石化产业园、台湾农民创业园等平台，优化台商投资环境，强化产业链招商，着力引进一批产业链关键环节和龙头项目。三要构筑开放式发展格局。主动融入厦漳泉同城化发展布局，加快建设对外连接通道，承接厦门等地区优质产业转移辐射。积极融入海上丝绸之路建设，深化与沿线国家和地区多领域的合作，推动重大产业项目对接。

三、加强组织领导，确保“十三五”规划各项目标任务顺利实现

党的领导是实现“十三五”各项目标任务的根本政治保证。我们要切实加强和改进党的领导，创新党领导经济社会发展的观念、体制和方式方法，推动各级领导干部履职尽责、开拓创新、敢于担当，扎扎实实做好经济社会发展工作，确保“十三五”各项目标任务落到实处。

一要提升领导发展能力。各级党组织要发挥好党领导经济社会发展的核心作用，加强对经济社会发展形势的分析研判，完善党委研究经济社会发展战略、定期分析经济形势、研究重大方针政策的工作机制；要强化重大决策和重要事项落实情况的监督检查，确保决策部署落到实处。各级领导干部要主动加强学习，提升调研能力，加强实践历练，增强把握和运用市场经济规律、社会发展规律、自然规律的能力，特别是要提高突破要素瓶颈制约的能力，努力成为领导经济社会发展的行家里手。

二要落实全面从严治党。各级党组织书记要强化党建主业意识，认真履行好管党治党“第一责任人”责任，班子成员要严格执行“一岗双责”，坚持原则、敢抓敢管。要按照习近平总书记提出的“四个有”“四个人”的要求，以谷文昌等先辈为标杆，加快建设一支与发展方式相适应的干部队伍。各级党组织和党员干部要严守党的政治纪律和政治规矩，认真贯彻落实《中国共产党廉洁自律准则》和《中国共产党纪律处分条例》，自觉用党纪党规规范和约束自己的言行，坚决不触碰纪律底线。

三要激发干事创业热情。要加强干部作风建设，健全改进作风长效机制，持续保持正风肃纪高压态势，着力解决“慵懒散”、不作为、慢作为、乱作为等问题，打造一支勤政廉政、充满活力的干部队伍。要认真贯彻执行中央关于《推进领导干部能上能下若干规定》，建立完善有利于科学发展的目标体系、考核办法、奖惩机制，推动干部能上能下，让那些想干事、肯干事、干成事的干部有用武之地，激发广大党员干部干事创业热情。

同志们，这是一次凝心聚力、务实高效、团结奋进的大会，全县上下要把思想统一到县委的决策部署上来，在市委、市政府的坚强领导下，解放思想，开拓进取，真抓实干，顽强拼搏，为实现“十三五”规划各项目标任务而努力奋斗！

漳浦县人大常委会工作报告

（节选）

——在漳浦县第十六届人民代表大会第六次会议上

漳浦县人大常委会主任　陈少华

各位代表：

现在，我代表漳浦县第十六届人大常委会，向大会报告工作，请予审议，并请列席会议的同志提出宝贵意见。

·过去一年的主要工作·

2015年县人大常委会在县委的正确领导下，深入学习贯彻党的十八大和十八届三中、四中、五中全会精神，全面贯彻落实习近平总书记系列重要讲话和来闽考察重要讲话精神，突出民主法治建设的根本任务，切实履行宪法和法律赋予的各项职责，努力发挥地方国家权力机关作用，为推动我县经济、政治、文化、社会和生态文明建设发挥了积极的作用。

过去的一年，常委会召开会议9次，听取和审议专项工作报告20项，讨论并作出重大事项决定、决议22项，形成审议意见14件65条；开展调研、视察、执法检查和跟踪督查29次；任免国家机关工作人员54人次，全面完成了县十六届人大四次会议确定的工作任务。

一、围绕工作中心，主动服务大局

紧紧围绕全县四大重点区域、八项重点工作，勇于担当、积极作为，推动全县经济平稳健康发展。

主动服务全县经济建设中心。常委会依法行使重大事项决定权，作出相关决议，支持旧城改造和重点项目建设，推进“四大重点区域、八项重点工作”战略部署深入实施。全力支持古雷石化项目建设，于去年7月组织市、县人大代表视察古雷整岛搬迁工作，围绕加快古雷整岛搬迁、促进搬迁群众就业和加强新港城社区管理等工作提出意见和建议，推动市委、市政府，县委、县政府决策部署贯彻落实。常委会领导挂钩联系古雷石化、县城中心区域和木业产业等项目建设，经常深入项目现场检查和指导，促使项目顺利推进。

推动全县经济社会协调发展。听取和审议了县政府关于2014年度县本级财政预算执行和其他财政收支的审计情况报告，审议了县政府关于2014年县本级财政决算草案，批准2014年县本级财政决算。听取和审议了县政府关于2015年上半年预算执行情况以及2015年财政收支预算调整的报告，批准2015年财政收支预算调整，要求县政府提高部门预算编制的科学性、准确性和执行的质量、效益，继续抓好增收节支工作，加大对民生项目的投入力度，让广大人民群众共享改革发展的成果。听取和审议了县政府关于2015年上半年国民经济和社会发展计划执行情况的报告，推动县政府围绕目标、强化责任，统筹做好稳增长、调结构、惠民生、促和谐工作。听取和审议了古雷港经济开发区、绥安工业区关于2014年预算执行和2015年预算草案的报告，批准古雷港经济开发区、绥安工业区2015年预算；审查和批准了古雷港经济开发区、绥安工业区2015年财政预算调整，并围绕加强预决算工作提出具体要求。

保障国家机关更好履行职能。坚持党管干部原则，充分发扬民主，严格依法办事，切实做好酝酿、审议、选举、表决等各项工作。2015年，先后任免国家机关工作人员54人次；任命人民陪审员22人。于2015年6月26日依法补选出王予军、王朱申两位同志为县人大常委会副主任、卢合智等四位同志为县人大常委会委员；于2015年10月22日依法补选出戴平忠同志为县人民政府县长，从而为地方国家机关更好地履行职能提供了有力的组织保障。

二、围绕问题导向，增强监督实效

紧紧围绕全县改革发展稳定中的重大问题，抓住监督重点，加大监督力度，增强监督实效。

加强法律监督，推动法律法规正确实施。对税收征管法近三年来的实施情况进行检查，推动县政府及其职能部门加强税源管理，完善税收征管体制，推进涉税信息共享，加大税收稽查力度，依法打击偷、逃、骗、抗税等违法犯罪行为，堵塞税收漏洞，确保应收尽收。开展刑法执法检查，常委会组成人员提出了“加大宣传力度、依法打击犯罪、提升执法水平、提高办案质量”等审议意见，对于刑法的正确实施，始终保持对刑事犯罪的高压态势，推动严格、公正、文明执法起着积极作用。受市人大常委会委托，开展全民健身条例执法检查，促进全民健身活动深入开展。配合省人大常委会开展科技进步“一法一例”执法检查，推动创新驱动发展战略实施和产业转型升级。配合市人大常委会开展食品安全“一法一例”执法检查，促进县政府及其职能部门进一步落实食品安全监管责任，加强部门协作，依法查处食品违法犯罪行为。对水污染防治法和动物防疫法执法检查工作整改情况进行跟踪督查，促使水污染防治法和动物防疫法实施中存在的问题不断得到解决。开展少数民族权益保障法执法调研，为少数民族法律法规正确实施营造良好氛围。

加强工作监督，推动依法行政公正司法。听取和审议县政府2015年上半年工作报告，常委会组成人员提出“壮大工业经济、夯实农业基础、着力改善民生、转变政府职能”等建议，引起了县政府的高度重视。听取和审议现代渔业发展专项工作报告，推动县政府在坚持项目带动战略、加强渔业发展支撑体系建设、强化渔业生态修复、加强执法监管等方面取得了新进展、新成效。通过听取和审议全县城镇基本医疗保险工作的报告，推动县政府及其职能部门严格按照政策规定要求，不断扩大医保统筹覆盖面，加强“两定单位”管理和基金监管，从而较好地保障了城镇职工的基本医疗服务。同时，审议了城乡低保、新农合、社会保险等工作报告，提出意见和建议，促使社会保障体系进一步健全和完善。与省、市人大常委会联动，听取和审议县政府关于社区矫正专项工作报告，形成监督合力，有效提升社区矫正工作水平。听取和审议了县法院、县检察院2015年上半年工作报告，指出审判和检察工作中的薄弱环节，提出审议意见，要求县法院和检察院坚持司法为民，提高队伍素质，加强制度建设，规范司法行为，进一步加大民事执行和查办渎职侵权犯罪案件的力度，确保当事人合法权益得到维护，确保违法犯罪行为依法受到追究，着力推进司法公正。

关注社会热点难点，促进社会和谐稳定。开展预算绩效考核、农产品加工企业生产、城市规划与建设情况调研，组织对农村文化体育建设、水源地周边环境综合整治情况进行视察，及时向有关部门提出改进相关工作的意见和建议。根据县人大代表的意见和广大群众的呼声，听取和审议县政府关于全县自来水普及和饮用水安全保障专项工作报告并进行专题询问，推动县政府及其职能部门正视全县自来水普及和饮用水安全保障工作存在的问题，深刻剖析原因，深入查摆工作中存在的薄弱环节和不足，有针对性地制定整改措施，扎实推进自来水普及和饮用水安全保障工作。围绕社会普遍关注的“看病难”、“看病贵”问题，听取和审议县政府关于县级公立医院综合改革专项工作报告并进行满意度测评，要求县政府及其职能部门明确改革目标任务，强化政府主导，始终坚持公立医院的公益性，彻底破除以药养医机制，加强县级公立医院制度建设，建立健全以公益性为核心的县级公立医院绩效考核管理体系和医疗服务质量评价体系，不断提升医疗服务能力和水平。加强信访工作，去年共受理群众来信98件，接待群众来访128批207人次。通过依法依规交办、督办，促进"一府两院"有效化解信访问题，促使社会和谐稳定。

三、围绕主体地位，发挥代表作用

紧紧围绕代表主体地位，积极搭建代表活动平台，完善服务保障机制，有效发挥代表作用。

加强代表基础工作。坚持代表主体地位，一如既往地抓好代表的基础性工作，根据人事调整，及时依法补选28名县人大代表，确保代表工作的连续性。根据公安机关提请，暂停一名县人大代表执行代表职务，保障代表的先进性。高度关注代表小组建设，促进代表活动有序开展。每月向代表寄送有关文件和材料，通报县人大常委会和"一府两院"工作进展情况，拓宽代表知情知政平台。加强和改进乡镇人大主席团和代表小组建设，为代表履职创造必要条件。以乡镇人大代表工作室为依托，进一步密切人大代表与人民群众的联系，畅通民意表达渠道，更好地听取和反映群众的意见和要求，推进代表履职常态化、长效化。

积极搭建履职平台。加强代表联络机构建设，邀请代表参加调研、视察和执法检查活动，不断扩大参与面，去年共有112人次参加县人大常委会组织的各项活动，有利于代表对各方面工作提出意见和建议，发挥代表在推动工作和促进发展中的积极作用。引导代表深入实际、深入群众，认真听取群众的意愿和呼声，及时向当地党委、政府反映重要社情民意，为当地党委、政府决策服务。继续开展"6.28代表统一活动日"活动，常委会认真听取代表的意见和建议，决定2015年度活动主题为"营造亲商重商氛围，助力工业经济发展"。通过活动，促使代表更加关注招商引资工作，有利于工业经济发展良好氛围的进一步形成。

提升建议办理质量。加强对代表的指导，引导代表围绕全局性、普遍性问题提出建议，增强建议的针对性。健全和完善代表建议办理工作的督办制度，通过重点督办、对口督办、协同督办等方式强化督办，加大对代表多次提出、带有普遍性问题的建议的督办力度，以点带面，着力推进有关部门完善办理机制、强化责任举措、有效解决问题。通过实地察看、走访和召开座谈会等形式，对办理进度、质量进行督查，对于办理过程中出现的问题，及时协调解决。听取和审议县政府关于代表建议、批评、意见办理情况的报告，提出审议意见，督促县政府及其有关部门针对办理过程中的突出问题，找准办理代表建议与改进工作的切入点、结合点，采取有力措施，切实把代表的建议办理工作落到实处，得到代表的普遍认可。

四、围绕自身建设，提升履职水平

紧紧围绕自身建设，坚持学习为先，不断提高履职能力和水平，为常委会依法履职创造了必要条件。

加强学风、作风和制度建设。以学习型机关建设为抓手，坚持集中学习和自学相结合，认真学习贯彻中国共产党廉洁自律准则和纪律处分条例以及全国人大常委会关于修改"地方组织法、代表法、选举法"的决定精神，为依法履职打下扎实基础。以开展"三严三实"专题教育活动为契机，不断拓展和深化党的群众路线教育实践成果，促使人大机关廉洁自律和联系服务群众常态化、制度化。坚持调研先行，认真听取人民群众、人大代表的意见和建议，积极探索做好人大工作的有效途径，努力提高常委会依法履职水平。实行领导班子成员和委室挂钩贫困户制度，着力解决困难群众最关心、最直接、最迫切的利益问题。抓好县人大常委会及其机关制度的落实，进一步提高议事质量和效率。

加强人大制度理论研讨和新闻宣传。加强人大制度理论研讨，积极参加2015年全省"全面推进依法治国与发挥地方人大作用"课题研讨，提交论文22篇，有4篇论文获奖。加强人大宣传队伍和阵地建设，坚持每月编写一期《漳浦人大简报》，每季度编写一期大事记，积极向上级人大报刊杂志网站投稿，努力在宣传人民代表大会制度，报道县、乡人大工作以及代表履职和发挥代表作用等方面下功夫，努力提升我县人大工作的影响力，为推进民主法治建设提供了舆论支持。去年在全国、省、市人大刊物发表文章12篇，在全国、省、市人大网站刊登信息1020多条，位居全市各县(市、区)前列。

加强上下联系和对外交流。自觉接受省、市人大常委会的监督和指导，主动加强与省、市人大常委会的沟通和联系，得到省、市人大常委会的大力支持。召开县乡人大工作座谈会，积极探索新形势下加强县乡人大工作和建设的途径和办法。加强对乡镇人大工作的指导，坚持乡镇人大主席列席县人大常委会会议制度，邀请乡镇人大主席参与县人大常委会的重要活动。加强与地方人大的横向交流，学习借鉴工作经验，拓宽工作思路，不断提高人大工作的整体水平。

各位代表，过去的一年，县人大常委会各项工作取得了新进展、新成效，这是县委正确领导、常委会组成人员和全体县人大代表共同努力的结果，也与“一府两院”密切配合，县人大常委会历届老领导、老同志和社会各界大力支持分不开的。在此，我谨代表县人大常委会表示衷心的感谢！

回顾过去一年的工作，我们也清醒地看到，县人大常委会监督工作的力度还不够大，审议决定的质量还不够高，代表作用发挥还不够好。对此，我们将在新的一年认真研究，切实加以改进和解决。

政府工作报告

(节选)

——在漳浦县第十六届人民代表大会第六次会议上

漳浦县人民政府县长　戴平忠

各位代表：

现在，我代表漳浦县人民政府向大会作工作报告，请各位代表连同《漳浦县国民经济和社会发展第十三个五年规划纲要(草案)》一并审议，并请县政协各位委员和其他列席人员提出意见。

·2015年和“十二五”工作回顾·

过去的一年，在市委市政府和县委的坚强领导下，在县人大、政协的监督支持下，全县上下认真贯彻党的十八大和十八届三中、四中、五中全会精神，深入贯彻习近平总书记系列重要讲话和来闽考察重要讲话精神，认真落实市委十届十次、十一次全会和县委十二届十二次、十三次全会精神，扎实推进“四大重点区域、八项重点工作”，深入开展“大干六个月”活动，圆满完成县人大十六届四次会议确定的各项目标任务。全年实现地区生产总值256.90亿元，增长11.20%；固定资产投资210.70亿元，增长23.90%；规模工业总产值330.80亿元，增长11.90%；规模工业增加值96.30亿元，增长11.80%；公共财政总收入20.20亿元，增长12%；地方公共财政收入13.50亿元，增长12%；社会消费品零售总额92.60亿元，增长12.20%；外贸出口总值5.95亿美元，下降17.60%；实际利用外资1.23亿美元，增长1%；城镇居民人均可支配收入27924元，增长9.20%；农村居民人均可支配收入14856元，增长9.40%。

一年来的主要工作和成效体现在：

(一)经济实力稳步提升

工业经济快速发展。规模工业企业发展壮大，新增规模企业38家(含年报)、总数达到226家，亿元以上企业78家、同比增加15家；盈丰食品、一帆新能源、伟伊包覆线、敏捷动漫等41个项目建成投产，鹏利玩具、安发纸业、农机产业园、佳誉泳装等114个项目开工建设。平台建设加快推进，古雷港区整岛搬迁、收海工作基本完成，八个村2.79万名群众喜迁新居，总投资近千亿、首期投资300亿的古雷炼化一体化项目实现奠基；绥安工业区园区整合有效推进，一期四个园已完成机构、人事、财务等归并工作；厦门港南岸漳浦片区完成投资9.60亿元、征地1220亩，其中海岸新城项目投资5.60亿元、前亭工业园投资4亿元，园区道路、水电网等市政基础设施开工建设；万安生态产业园区完成投资3.50亿元，万安大道一期建成通车，唐郡漳浦文化村、通用厂房等项目建设加快；赤湖皮革园区首批12家企业有10家进入试投产，其中信德、泰庆等5家企业正式投产。

农村经济加快推进。获批国家级出口食品农产品质量安全示范县，新增农民专业合作社43家、家庭农场26家，新增扬基生物等4家市级农业产业化龙头企业，申报新华东食品等13家企业为省级农业产业化重点龙头企业、扬基铁皮石斛专业合作社为全国农民合作社农产品加工示范单位。农业基础设施不断完善，投入2.16亿元，顺利实施10大类28个重点水利项目；完成土地整治9832亩；渔港建设加快推进，开工建设两个避风锚地。

三产水平明显提高。全年接待游客582万人次，旅游总收入26.70亿元，分别增长20.10%和30.60%；翡翠湾成功创建国家4A级旅游景区，东南花都获评省级生态旅游示范区，并与天福茶博物院、火山岛入榜首批全国旅游价格信得过景区，官浔镇、赤土下宫村分别荣获省级乡村旅游休闲集镇、特色村。“互联网＋”①产业提速增效，投入1.20亿元，建成投用电商创业园、电商服务中心、电商培训基地，基本建成县级物流仓储中心、21个乡镇物流分仓，建成首批50个村级服务站点；培育350多家电商实体企业、90多家本地电商企业、36家电商配套服务企业和3000多个网络销售平台卖家，一批传统特色产品通过本地电商平台走上线上销售“快车道”，全年实现电商交易额17.40亿元，获国家级电子商务进农村综合示范县。

(二)发展后劲持续加强

重点项目建设不断加速。完善项目分级管理，实行县级领导挂钩责任制和“双百”挂钩机制，有力促进重点项目建设提速提效。全县102个重点项目完成投资161.70亿元，占年度计划的102.60%，超序时进度2.60个百分点。其中省市重点项目38个，完成投资85.10亿元。

招商引资成效显著提升。签约报批项目157个，总投资169亿元，其中超亿元项目19个。坚持定期召开“飞地工业”工作推进会，继续发挥漳浦驻深圳等招商联络处作用，积极承接台湾和珠三角等地优质产业项目转移。引进总投资50亿元的粤港家居产业园、总投资50亿元的漳龙循环经济产业园和总投资30亿元的九龙江林业工业科技园。

要素保障力度持续加大。深入开展“进企业、解难题、促发展”活动，帮助企业解决项目报批、用地用工、融资融券等难题，解决企业用工3000多人，全年获批土地3004亩、完成闲置土地处置36宗2488亩；出台优化审批服务18条措施，积极推行“三证合一”②、“一照一码”③登记制度，促进项目审批提速提效；光大银行、厦门银行先后进驻开业，信贷总量突破200亿元；500千伏东林变开工建设，110千伏西营变竣工投用，全县用电保障能力进一步提高。

(三)城乡环境更趋优化

城乡面貌不断改善。基本完成道周公园、绥东溪、南门溪等一批景观工程改造，一次性通过省级园林县城验收；实施24个美丽乡村建设项目和10个“三边三节点”工程，新增绿化面积11.90万平方米；投入794万元，完成大亭、后楼池农贸市场建设；开展县城区市容市貌、“两违”整治等五大专项整治，城乡面貌焕然一新。

基础设施不断完善。完成城区道路、排水排污、景观风貌等16个专项规划；万安隧道建成通车，迎宾大道基本通车，旗山路、石斋北路等13条道路改造建设加快推进；新建改造污水、燃气等一批管网；沿海大通道建设顺利推进，旧镇、佛县两座特大桥建设加快，漳江湾特大桥开工建设，建成农村公路130公里，改造危桥三座、完成农村道路养护400公里。

生态保护不断加强。建成县城污水处理厂二期、杜浔(前埔)污水处理厂、盘陀污水处理厂等一批排污设施，完成盘陀镇农村环境综合整治；深入开展整顿违法排污企业专项行动，非法排烟等违法行为得到有效遏制；扎实开展非法采矿采砂等专项整治，关闭矿山26家，河砂采售权实行公开拍卖；持续推进“四绿工程”、人造林更新等补植工程，完成造林绿化3.40万亩，超额完成省市任务，生态环境得到有效保护。

(四)社会更加和谐稳定

社会保障能力进一步加强。发放城乡低保金6160万元、抚恤补助资金1650万元；城乡居民社会养老保险、新农合保障标准进一步提高；建成官浔、马坪、长桥、杜浔、赤湖敬老院；完成配租配售廉租房360套；大力发展网上人才市场，新增就业6487人，新增农村劳动力转移就业9988人，城镇失业率控制在2.20%以内；累计为4000多名劳动者讨薪5000多万元；成立我省首个全国妇女创业就业基地。

社会事业发展进一步加快。实施22个中央和省市科技计划项目，授权专利305件；绥安中学等项目投入使用，漳浦一中本科上线率连续13年稳居全市第一、连续第八年荣获“高考功勋奖”；文体中心和人民剧场启动建设，大型芗剧《兄弟讼》和《拾银记》荣获全省戏剧会演一等奖。县医院改扩建工程投入使用，县妇幼保健院迁建工程基本建成，赤土、前亭卫生院建成投用，新招录卫技人员101人；“单独二孩”稳步实施，发放各类奖金640万元，计生“国优”成果更加巩固。

社会治理水平进一步提高。严格落实安全生产“党政同责、一岗双责”，推进企业安全生产标准化建设，配合妥善处置古雷“4.6”燃爆事故，道路交通安全综合整治三年行动成效显著；加强市场监督管理，积极创建食品安全社会共治示范县，海峡花卉集散中心被确定为2014－2015年度全国诚信示范市场；加强矛盾纠纷化解，有效解决历年信访积案30件；“平安漳浦”建设深入开展，官浔镇成为全县首个社区和农村平安监控全覆盖乡镇；村级组织换届100%完成，社会保持安定稳定。此外，人事编制、审计统计、粮食物价、民族宗教、外事侨务、双拥支前、广电网络、县志档案、老干老龄、老区老促、工会残联、妇女儿童、共青团员、气象地震及红十字会等各项事业均取得新成绩。

各位代表，2015年各项目标任务的顺利完成，标志着“十二五”规划的圆满收官。这五年，漳浦发展历程极不平凡，全县人民共同努力，积极应对国内外经济环境变化等严峻挑战和古雷石化两次燃爆事故，攻坚克难，抢抓机遇，在科学发展、跨越发展的道路上迈出了坚实的步伐。

“十二五”，是综合实力提升最快的时期。全县三次产业结构由2010年的28.8:34.5:36.7　优化为19.5:40.5:40；地区生产总值年均增长12.30%；全社会固定资产投资年均增长18.40%，总量是“十一五”总和的3.50倍；公共财政总收入年均增长24.20%，剔除古雷突破20亿元大关；社会消费品零售总额年均增长13.30%。培育省级以上高新技术企业7家；培育市级以上农业龙头企业19家，新增中国驰名商标3个、著名商标31个、地理标志证明商标24个。2012年、2013年、2015年三次被评为福建省县域经济发展十佳县；先后荣获国家级现代农业示范区、全国科技进步考核先进县、全国文化先进县、中国县域旅游品牌百强县、原中央苏区县、中国书法之乡等称号。

“十二五”，是城乡面貌变化最大的时期。全县共实施城建项目549个，累计完成投资309亿元，2011年、2012年、2013年投资量连续三年实现翻番。其中，累计投入10多亿元，新建改造20多条城市道路，县城主次干道基本实现“白改黑、上改下”。累计投入100多亿元，建成金仕顿、永嘉天地、新都城市广场等5个城市综合体。累计投入20多亿元，相继建成鹿溪北岸江滨片区、青少年活动中心等一批重点公共服务设施。累计投入30多亿元，完成10个片区旧城改造，征收房屋面积约120万平方米。累计投入3.20亿元，建成43个市级以上美丽乡村示范点。累计投入16亿元，新建9座城市公园，全县绿化覆盖率达42.40%。建成城市生活垃圾焚烧发电厂，全县污水垃圾处理率达到100%。

“十二五”，是改革开放成效最明显的时期。深化财政体制改革，新一轮乡镇和工业园区财政管理体制顺利实施。加大行政审批事项改革，推进行政审批规范化建设，及时对应取消上级审批项目。创新招商引资机制，大力实施“飞地工业”，累计新批合同外资项目174个，实际利用外资8.70亿美元，年均增长6.10%；其中累计批准台资企业115家，实际到资5.40亿美元。

“十二五”，是社会事业发展最全面的时期。全县共授权专利1246件，授权量同期增长504.90%，新增院士专家工作站一家，省级技术创新中心两家。累计投资6亿元，建成校安工程206个，圆满完成“双高普九”达标验收。累计投入3000万元，建成25个乡镇综合文化站、290个农家书屋、290个农民健身工程等。累计投入7亿元，建设县直三大医院和13个乡镇卫生院，共新增业务用房14万平方米，新增床位800张。计生工作稳中进位，荣获全国计生优质服务先进县称号。

“十二五”，是人民群众得到实惠最多的时期。全县城镇居民人均可支配收入年均增长 12%、农村居民人均可支配收入年均增长 12.40%。新建续建保障性住房 3917 套；建成 17 所乡镇敬老院和 34 所农村幸福园；城乡居民合作医疗参合率 100%，补助补偿比例调整到全省最高水平；城乡居民社会养老保险和城市社区居家养老服务站实现全覆盖；在全市率先成立县扶贫开发协会，整合扶贫资源，减少贫困人口近万人；新增城镇就业 3.70 万人，农村劳动力转移就业 5.10 万人。

各位代表，过去五年取得的成绩，是历届县委县政府打下的坚实基础，是全县上下共同努力的结果。在此，我代表漳浦县人民政府，向全县人民，向人大代表、政协委员、各民主党派、工商联、无党派人士、各人民团体和离退休老干部，向驻浦部队、武警官兵，向所有支持漳浦建设与发展的社会各界人士，表示衷心的感谢和崇高的敬意！

在充分肯定成绩的同时，我们也要清醒地看到，我县经济社会发展中还存在不少困难和问题：一是县域经济总量还不够大，重点区域、主导产业的支撑作用有待于进一步显现；二是产业转型升级不快，自主创新能力有待提高；三是中小微企业经营困难，融资难、担保难、库存大等问题仍较突出；四是城乡统筹协调还不够好，推进城乡一体化、缩小城乡差距任重道远；五是社会文明环境还不够优，节能减排、生态保护、安全生产、信访维稳形势依然严峻；六是机关作风转变还不够实，部门责任意识、廉政意识和服务意识有待进一步增强。对此，我们将高度重视，坚决采取措施，切实加以解决。

各位代表，站在新起点，实现新跨越，是历史赋予我们光荣而神圣的使命。让我们在市委市政府和县委的坚强领导下，奋力崛起，勇当先锋，为建设富美金漳浦而努力奋斗！

·《政府工作报告》有关注解·

①“互联网＋”：代表一种新的经济形态，即充分发挥互联网在生产要素配置中的优化和集成作用，将互联网的创新成果深度融合于经济社会各领域之中，提升实体经济的创新力和生产力，形成更广泛的以互联网为基础设施和实现工具的经济发展新形态。

②“三证合一”：指企业登记时依次申请，分别由工商行政管理部门核发工商营业执照、组织机构代码管理部门核发组织机构代码证、税务部门核发税务登记证，改为一次申请、合并核发一个营业执照的登记制度。

③“一照一码”：指通过“一口受理、并联审批、信息共享、结果互认”，将由三个部门（工商、质检、税务）分别核发不同证照，改为由一个部门核发加载法人和其他组织统一社会信用代码的营业执照。

④“中国制造 2025”：应对新一轮科技革命和产业变革，立足我国转变经济发展方式实际需要，围绕创新驱动、智能转型、强化基础、绿色发展、人才为本等关键环节，以及先进制造、高端装备等重点领域，提出了加快制造业转型升级、提升增效的重大战略任务和重大政策举措，力争到 2025 年从制造大国迈入制造强国行列。

⑤“三品一标”：无公害农产品、绿色食品、有机农产品和农产品地理标志统称“三品一标”。

⑥“五新”：指在农业生产过程中推广应用新品种、新技术、新肥料、新农药、新机具。

⑦“五海”：指海岸、海湾、海岛、海滩、海水。

⑧“三同时”：指建设项目中防治污染的设施，应当与主体工程同时设计、同时施工、同时投产使用。

政协第十三届漳浦县委员会常委会工作报告

（节选）

——在漳浦县政协十三届五次会议上

漳浦县政协主席　林培兴

各位委员、同志们：

我代表十三届县政协常委会，向大会作工作报告，请予审议，并请列席会议的同志提出意见。

• 2015 年工作回顾 •

过去的一年，是在中共十八大精神指引下，人民政协协商民主实践扎实推进的一年；是我县抓住重大历史机遇，适应经济发展新常态，大力推进“四大重点区域、八项重点工作”成效显著的一年。县政协在中共漳浦县委的坚强领导和县政府大力支持下，充分发挥人民政协的优势和作用，紧紧围绕全县中心工作议政建言，共召开常委会议 4 次，主席会议 13 次，各类协商座谈会 39 次；收到提案 70 件，立案 70 件，均已收到回复；开展各类视察调研 8 次，向县委、县政府提交常委会建议案 6 份。着力改进工作作风，不断健全制度机制，提高履职能力，为加快建设机制活、产业优、百姓富、生态美的金漳浦做出了新贡献。

一、主动作为，努力推动漳浦科学发展跨越发展

融入县委、县政府工作大局，围绕“四大区域”、“八场攻坚战”战略部署，深入开展调查研究和议政建言，促进了我县经济社会的协调发展。

1. **一线担当促发展**。一年来，我们将工作力量推向经济社会发展的主战场。有 4 名副主席、10 名机关干部和部分委员参加古雷石化园区、长桥木业园区和万安生态工业园、前亭经济园区的征地、收海和项目建设一线当指挥长或副指挥长和组长、业务骨干等工作，同时政协班子成员还经常深入基层、深入企业，做好挂钩乡镇和项目的跟踪服务工作，主动担当，为项目建设贡献力量。

2. **协商调研促发展**。一年来，县政协紧扣县委、县政府“四大重点区域、八项重点工作”的战略部署，充分发挥政协人才优势，重点就产业转型升级、工业废弃物处理、农村饮用水安全、食品安全监管等涉及社会经济发展和民众切身利益的热点问题，开展 8 场调研视察活动，针对存在的问题提出建议，形成 7 篇调研、视察报告和 2 份呈阅件报送县委、县政府和相关部门，成为县委、县政府决策措施中的重要内容。如：我们多次组织县政协委员和省市在浦政协委员深入了解古雷石化项目推进情况和搬迁群众的生产生活安置情况开展专题调研，提出《关于引导和帮扶古雷搬迁群众快速实现就业转型的建议》，引起了县委、县政府的高度重视。

3. **民主监督促发展**。一年来，县政协把民主监督贯穿于政协各项工作中，不断强化监督意识，拓宽监督途径，丰富监督手段，提高监督水平，协助县委、县政府抓重大决策的落实，促成疑难问题的解决。一是部门协商监督。在去年的四次政协常委会上，分别邀请绥安开发区、县卫计局、财政局、教育

局、卫计局、人社局等部门的主要领导到会通报工作情况，面对面听取常委的意见建议，推动相关部门工作作风的转变和工作效率的提高。二是专题协商监督。去年县政府、政协召开联席会，县政府、政协领导互相通报工作情况，围绕全县中心工作，就“补短板”、“抓落实”、“破难题”进行沟通交流。同时，县政府领导及相关部门负责人还就县政协反映的5个方面社会热点问题进行现场解答。得到了广大政协委员高度赞赏。

二、倾情履职，努力增进民生福祉促进社会和谐

坚持把维护群众利益融入履职全过程，协助县委、县政府做好改善民生、维护稳定、聚力聚势的工作，努力营造和谐发展的社会环境。

1. ***致力提案办理质量***。委员提案是政协履行职能的重要方式。县政协十三届四次会议以来，共收到委员提案70件，其中涉及民生事业的65件。一是创新提案答复方式。我们重视抓好办前、办中、办后沟通，针对承办民生提案较多的县建设局、县教育局等部门专门召开提案办理协商会，共商办理工作中出现的问题，承办单位领导到会倾听委员们的意见和建议，更准确地领会委员提案的意图和内容，现场答复意见和建议，促进人民群众关心的热点难点问题的有效解决。二是抓提案办理成果。在县委、县政府的重视领导下，县政府认真跟办，35个具体承办部门做到“领导重视、办理认真、部门协作、措施有力、落实到位”，70件提案件件有落实、事事有回音，提案综合办结率100%，委员满意、基本满意率100%。为县委、县政府作出科学决策、落实为民办实事、推动经济发展提供了更加广泛的民意基础和智力支持。其中，庄永宏委员提的《关于部门基础设施建设项目推用PPP模式的建议》、陈建有委员提的《关于加快漳浦一中申报一级达标校进程的建议》、方克恒委员提的《关于加强县“120”急救中心建设的建议》等一批提案被有关部门采纳吸收后已取得阶段性成果。

2. ***致力收报社情民意***。我们把了解和反映社情民意作为履行职能的拓展和延伸，不断扩大社情民意信息的来源。积极鼓励政协委员、政协机关干部，围绕群众关注的社会热点、焦点问题，广泛收集社情民意，积极采写上报政协信息。一年来，共收集社情民意信息52条，向县委、县政府领导和上级政协反映社情民意信息专报32条。其中，何佳凤委员撰写的《应加强医疗费用票据管理防止医保基金流失》、王志伟委员撰写的《食品药品监管体制改革亟需完善》等社情民意信息分别被全国、省、市政协采用，为党委政府了解民情、体察民意，促进问题的解决发挥独特作用。

3. ***致力投身公益事业***。一年来，我们充分发挥人民政协联系面广的优势，加强与社会各界的联系，积极发动我县各级政协委员、社会贤达和企业团体参与社会公益事业，献爱心、送温暖、见真情，取得良好社会效果。如：吴志民、杨集文、王明煌、梁加辉、王庆荣、陈纪林、王建祥、陈建中、张群豪、郑洪坤、陈忠辉、施结麟、陈英雄、黄全和、林树森、林炳义、杨坤田、蔡文谦、杨小龙、陈国强、蓝佳金、王阿文、王剑辉、姚淑丹、杨志旺、陈壬水、蓝宝华、陈迪鹏、郑远明、杨春葵、吕美玲等省市县委员、社会贤达和海外爱国爱乡侨胞，以及县总商会、泉州商会、厦门商会、深圳商会、广州商会、上海商会、香港漳浦同乡会、漳浦泉州商会等企业团体也都尽己所能，通过各种形式资助公益事业、扶贫济困，传播正能量。

4. ***致力建设诚信体系***。以县诚信促进会为依托，以开展“诚信漳浦”创建活动为抓手，通过开展诚信经营先进单位和个人评选、举办诚信与科学经营讲座、拓展和丰富“诚信漳浦”网站及同名微信平台建设等工作，宣传和推动社会诚信建设。尤其是与诚信顾问单位—漳浦县法院协作开设的“失信被执行者”专栏，对被纳入“失信被执行人名单”的人员采取限制高消费、限制贷款等措施，有效震慑失信行为，取得良好的社会效应。

三、尽心尽力，努力助推漳浦文化发展繁荣

坚持创新驱动、文化引领，不断挖掘漳浦历史、人文环境的丰厚底蕴，营造和谐的文化发展氛围。

1. ***文史修编工作有声有色***。深厚的历史文化积淀是我县的特色与优势，也是县政协一直关注的重点。一年来，我们积极开展文史资料的挖掘、整理、征集和出版工作。一是编辑出版《黄道周书法导临》

《漳浦历代名人诗吟》《漳浦文史资料（第34辑）》，其中《黄道周书法导临》不仅宣传弘扬了“一代完人”黄道周精神，更成为我们学习和研究“黄漳浦体”书法艺术的重要教材；二是再版《尚书探花一林士章》《乌石妈祖》，启动编撰《漳浦古村落》；三是积极配合市政协做好《漳州古村落》《陈元光诗赋篇》等有关文史资料的征编工作。

2. 族谱修编工作有序有力。族谱修编工作是一项集民心的公益事业，在常委会的推动下，也取得了令人欣喜的成绩。一是完成对吴、许、王、蓝、胡、赵、詹、施、翁、何等10个姓氏的族谱修编；林、黄、张、刘等4个姓氏正在收集汇总，即将修编完成；李、陈等2个姓氏虽然涉及面广、工作量大，目前也正在有序推进。二是设立“漳浦县姓氏族谱博物馆”，在县政府及各界人士的大力支持下，我们在威惠庙内建立收藏室和展列室，配置专门设备，计划将追随陈元光至漳浦的87姓族谱全部整编馆藏，作为我县文化传承和两岸寻根谒祖、文化交流的重要平台。

3. 助推文物保护与修缮工作有为有效。发挥政协“智囊团”作用，深入挖掘漳浦历史、人文环境的丰厚底蕴，推进文化遗产、非物质文化遗产和历史文化名镇、名村的保护开发。我们组织委员和专家学者开展专题视察调研，到旧镇海云家庙、石榴林士章墓、县威惠庙、孔庙、武庙遗址、湖西畲族乡杨世懋总兵府、深土镇锦江楼等文物保护单位实地考证，并多次召开座谈会反复论证，为我县文化遗产恢复重建和修缮保护工作提出许多有益的意见和建议。如：《关于修缮保护林士章墓的建议》得到县委、县政府领导的高度重视，项目去年4月开工修缮，主体工程已经竣工。

四、借智借势，努力推进人民政协协商民主发展

以“三严三实”专题教育活动为契机，以“四有”干部为准尺，进一步建立健全政协工作制度，全面推进政协自身建设，不断提升政协协商民主工作水平。

1. 践行“三严三实”，着力加强自身建设。根据中央、省委、市委和县委的统一部署，扎实开展“三严三实”专题教育活动，认真抓好党课教育、下基层调研、专题研讨、党组专题民主生活会和机关支部组织生活会，切实把思想教育、党性分析、整改落实、立规执纪结合起来，着重聚焦对党忠诚、个人干净、敢于担当，着力解决不严不实问题，增强了党员干部践行“三严三实”行动自觉性。同时，以专题教育活动的深入开展为契机，按照严与实的要求，着力改进作风，健全各项规章制度，规范委办职责分工，使机关干部的大局意识、廉政意识、责任意识和服务意识得到进一步增强，机关的服务保障能力得到进一步提高。

2. 抓学习教育，健全体制，着力提升委员履职水平。一是重视学习培训，强化委员主体意识。我们将学习培训放在突出位置，制定委员学习培训工作意见，举办委员培训班一期，召开常委学习会三场，委员人手一份赠阅《政协天地》《金浦报》，编发《漳浦政协信息》及各类《简报》六份，在政协机关设立阅览室，有效提高委员政治业务素质，为委员知情议政创造条件。二是规定履职内容，激发委员工作活力。在委员中广泛深入开展以“提交一件提案、反映一条社情民意、参加一场调研活动、为民办一件实事”为内容的“四个一”活动。通过活动开展，将委员履职落到实处，使广大委员真正成为传递上情的宣传员、反映下情的联络员、服务发展的参谋员、促进和谐的调解员和改进工作的监督员，激发委员服务经济社会发展的积极性和创造性。三是健全工作机制，激发委员履职动力。去年，党中央和漳州市委分别颁发《关于加强人民政协协商民主建设的实施意见的通知》，县委常委会召开专题会议学习领会中央和市委精神，我们在此基础上修订完善县政协常务委员会和各专门委员会的《工作规则》，加强政协常委会集体领导作用和专委会基础作用，形成党政支持政协履职的工作局面，委员履职更加规范、协商更有保障、更有激情。

3. 加强联络联谊，着力营造招商投资环境。一是做大“朋友圈”，提升漳浦对外形象。我们重视加强与上级政协、兄弟县（区、市）政协、异地漳浦商会和国内外知名人士的联系和交流，广交朋友、增进友谊，宣传漳浦、提升形象。一年来，我们努力推进海峡两岸、漳台文化交流及民间社团交流、族谱对接交流，共接洽了全国、省、市政协及省内外兄弟单位团体32批次，接洽国内外各界名士、贤达和漳浦在外乡贤41批次，宣传漳浦、提升形象。二是深入开展委员走访联谊活动。去年9月起，县政协领导分组带队深入全县各界别及厦门、泉州、广深等地走访委员和异地商会，召开座谈会18场，有500多名在外乡贤、浦籍企业家和政协委员参加座谈。通过走访，宣传县委、县政府决策部署，收集委员们对漳浦经济社会快速发展好意见、好建议，为漳浦改革发展汇聚各方正能量。总结一年来的生动实践，我们深切体会到，做好新时期人民政协工作，必须着力提高政治把握、调查研究、联系群众、合作共事的能力，找准政协的坐标定位，发挥政协的优势作用，切实做到"懂政协、敢担当，会协商、善议政"。要讲政治识大局，保持正确的政治方向，服从服务党政工作大局，做到"县委有号召、政协有响应，政府有安排、政协有跟进"，不越位、不干扰，不偏激、不偏执，不添乱、不添堵，尽力而为，量力而行，确保与县委、县政府同频共振、同轴共转、同向共进。要重调研献良策。坚持问题导向，深入基层、博采众谋、集合众智，提出解决办法，不道听途说，不蜻蜓点水，不夸夸其谈，多献锦囊妙计，多建诤言良策，让党政取之可用、用之有效。要敢担当真为民。充分发挥政协亦官亦民、位置超脱的优势，当好党民"连心桥"，用好协商监督权，用好政协话语权，真诚为民代言，真心为民解忧，真情为民，以爱心凝聚民心，协助党委政府做好新形势下的群众工作。要多商量会包容，坚持民主协商、平等议事，以商量求理解，努力寻求最大公约数；坚持求同存异、体谅包容，以宽容求共存，努力增进最大共识度；坚持精诚合作、团结共事，以共享求大同，努力形成最大凝聚力，共同推进漳浦改革发展大业。

在总结成绩与经验的同时，我们也清醒的认识到，与新常态、新形势相比，与广大委员和人民群众的新期望、新要求相比，我们的工作还存在很大差距和不足，主要是，新形势下政协工作的思维思路、方式方法都有待创新；组织调研视察、反映社情民意等活动还不够规范不够深入；监督性较强的协商议政开展得较少；建言献策的社会影响力、提案质量和协商成果运用都有待提高；服务委员的质量效率等还不适应事业发展的要求。这些都需要在今后的工作中加以改进。

附　录

·重要文件(通知)目录·

县委(县政府)出台的部分重要文件(通知)目录

日　期	文　号	文件标题
1月9日	浦委[2015]1号	县委关于县委常委会改进作风的意见
1月5日	浦委[2015]2号	县委关于贯彻党的十八届四中全会精神，全面推进依法治县的实施意见
2月13日	浦委[2015]3号	县委印发《关于落实党风廉政建设党委主体责任的实施意见》《关于落实党风廉政建设纪委监督责任的实施意见》和《漳浦县党风廉政建设责任追究暂行办法》的通知
2月13日	浦委[2015]4号	县委、县政府关于印发《贯彻落实〈漳州市建成全国生态文明先行示范区实施方案〉的工作方案》的通知
2月13日	浦委[2015]5号	中国共产党漳浦县第十二届委员会第十次全体会议决议
2月13日	浦委[2015]6号	县委、县政府关于深入贯彻习近平总书记来闽考察重要讲话精神的实施意见
3月20日	浦委[2015]7号	县委、县政府关于2015年度人口和计划生育工作的意见
3月23日	浦委[2015]8号	县委、县政府关于做好2015年农业农村工作的实施意见
5月6日	浦委[2015]10号	县委、县政府关于印发《漳浦县2015年度乡镇、县直机关绩效考评方案》的通知
5月26日	浦委[2015]11号	县委、县政府关于印发《漳浦县2015年深化改革工作要点及责任分工》的通知
6月26日	浦委[2015]12号	县委、县政府关于坚持计划生育基本国策，促进人口长期均衡发展的实施意见
8月19日	浦委[2015]13号	中国共产党漳浦县第十二届委员会第十二次全体会议决议

日 期	文 号	文件标题
9月6日	浦委[2015]14号	县委、县政府关于进一步加强禁毒工作的实施意见
9月18日	浦委[2015]15号	县委、县政府关于印发《漳浦县全面深化医药卫生体制改革实施方案》的通知
12月25日	浦委[2015]16号	县委、县政府关于印发《漳浦县村主干职业化管理实施办法(试行)》的通知
12月17日	浦委[2015]17号	县委关于制定漳浦县国民经济和社会发展第十三个五年规划的建议
1月14日	浦委发[2015]3号	县委、县政府关于表彰第十三届(2012—2014年度)精神文明建设先进集体和先进个人的决定
2月25日	浦委[2015]6号	县委、县政府关于表彰各项工作先进单位和纳税大户的决定
3月20日	浦委[2015]10号	县委、县政府关于兑现2014年度人口和计划生育工作奖惩的决定
5月28日	浦委[2015]17号	县委、县政府关于做好2015年村级组织换届选举工作的实施意见
6月18日	浦委[2015]21号	县委《关于落实市委责任制检查反馈"问题清单"的整改任务与分解方案》的通知
9月25日	浦委[2015]53号	县委、县政府关于印发《绥安镇深化小城镇改革试点工作方案》的通知

县政府出台的部分重要文件(通知)目录

日 期	文 号	文件标题
1月16日	浦政[2015]1号	县政府关于实行县城区活禽、白条禽暂停交易措施的通告
1月28日	浦政[2015]2号	县政府关于规范县城区农贸市场禽类交易的通告
1月29日	浦政[2015]3号	县政府关于做好冬春季节火灾隐患排查整治工作的通告
3月27日	浦政[2015]4号	县政府关于收回古雷半岛西侧海域使用权公告
4月16日	浦政[2015]5号	县政府关于实施2015年海洋伏季休渔制度的通告
7月2日	浦政[2015]7号	县政府关于开展重点流域河砂堆放场及洗砂场专项整治工作的通告
11月2日	浦政[2015]8号	县政府关于对无绿色环保标志机动车实施限制通行的通告
11月1日	浦政[2015]9号	县政府关于实施生猪定点屠宰的通告
11月11日	浦政[2015]10号	县政府关于全面开展生猪养殖污染整治工作的通告
12月18日	浦政[2015]11号	县政府关于开展古雷石化基地(坡内村)征地前期工作的通告
12月18日	浦政[2015]12号	县政府关于开展古雷石化基地(西林村)征地前期工作的通告
12月18日	浦政[2015]13号	县政府关于开展古雷石化基地(港口村)征地前期工作的通告
12月18日	浦政[2015]14号	县政府关于开展古雷石化基地(下堀村)征地前期工作的通告

日　期	文　号	文件标题
12月18日	浦政[2015]15号	县政府关于开展古雷石化基地(古雷村)征地前期工作的通告
12月18日	浦政[2015]16号	县政府关于开展古雷石化基地(油沃村)征地前期工作的通告
12月18日	浦政[2015]17号	县政府关于开展古雷石化基地(防沙村)征地前期工作的通告
12月18日	浦政[2015]18号	县政府关于开展古雷石化基地(半湖村)征地前期工作的通告
12月18日	浦政[2015]19号	县政府关于开展古雷石化基地(杏仔村)征地前期工作的通告
12月18日	浦政[2015]20号	县政府关于开展古雷石化基地(西寮村)征地前期工作的通告
12月18日	浦政[2015]21号	县政府关于开展古雷石化基地(龙口村)征地前期工作的通告
12月18日	浦政[2015]22号	县政府关于开展古雷石化基地(岱仔村)征地前期工作的通告
12月18日	浦政[2015]23号	县政府关于开展古雷石化基地(古城村)征地前期工作的通告
12月18日	浦政[2015]24号	县政府关于开展古雷石化基地(下垵村)征地前期工作的通告
1月12日	浦政文[2015]2号	县政府关于认真做好《福建省非机动车管理办法》贯彻实施工作的通知
1月15日	浦政文[2015]5号	县政府关于印发杜浔镇后姚林前搬迁补偿安置实施方案及人口生产生活安置补助发放办法的通知
1月2日	浦政文[2015]7号	县政府关于进一步加强漳浦县国有企业管理的意见
1月3日	浦政文[2015]11号	县政府关于印发漳浦县公立医院综合改革实施方案的通知
1月28日	浦政文[2015]12号	县政府关于腾龙芳烃(漳州)有限公司“2014.8.27”调查意见的批复
2月5日	浦政文[2015]14号	县政府关于漳浦县龙湖大道与印石路南侧01-B地块控制性详细规划的批复
2月5日	浦政文[2015]15号	县政府关于金霞东侧D1地块控制性详细规划调整的批复
2月5日	浦政文[2015]16号	县政府关于漳浦县麦市街东段拆挞安置房北侧收储地块控制性详细规划调整的批复
2月6日	浦政文[2015]17号	县政府关于下达漳浦县劳动密集型企业消防安全专项治理工作责任书的通知
2月1日	浦政文[2015]18号	县政府关于漳浦县道周中学校区控制性详细规划的批复
2月12日	浦政文[2015]19号	县政府关于印发漳浦县2015年度国有建设用地供应计划的通知
2月26日	浦政文[2015]21号	县政府关于漳浦县湖西后溪建筑用玄武岩矿公开拍卖出让采矿权实施方案的批复
3月5日	浦政文[2015]26号	县政府关于下达2015年财政收入任务的通知
3月5日	浦政文[2015]27号	县政府关于同意成立漳浦县林业系统财务管理中心的批复
3月6日	浦政文[2015]28号	县政府关于同意成立漳浦县林地收储中心的批复

日　期	文　号	文件标题
3月6日	浦政文[2015]29号	县政府关于下达2015年全县主要经济指标任务的通知
3月2日	浦政文[2015]31号	县政府关于开展"无违建"创建工作的实施意见
3月11日	浦政文[2015]32号	县政府关于下达2015年度漳浦县渔业安全生产等责任书的通知
3月17日	浦政文[2015]33号	县政府关于增补漳浦顺鑫食品有限公司等2家企业为龙头企业的通知
3月18日	浦政文[2015]34号	县政府关于做好2015年了兵整组工作的通知
3月19日	浦政文[2015]36号	县政府关于促进我县房地产市场待续健康发展的意见
3月23日	浦政文[2015]37号	县政府关于增加我县地方储备粮规模的通知
3月23日	浦政文[2015]38号	县政府关于加强全县道路交通安全管理工作十八条措施的实施意见
3月24日	浦政文[2015]39号	县政府关于下达2015年重大动物疫病和动物H7N9水流感防控工作责任书的通知
3月2日	浦政文[2015]40号	县政府关于深土镇圣安食品预约地块控制性详细规划的批复
3月27日	浦政文[2015]41号	县政府关于同意更改湖西中心学校等学校校名的批复
4月17日	浦政文[2015]43号	县政府关于印发漳浦县推行县级行政权力清单制度实施方案的通知
4月1日	浦政文[2015]44号	县政府关于做好2015年农资综合补贴资金工作的通知
4月14日	浦政文[2015]46号	县政府关于印发收回古雷半岛西侧海域使用权补偿方案的意见的通知
4月22日	浦政文[2015]47号	县政府关于下达"五海"资源保护责任目标的通知
4月17日	浦政文[2015]48号	县政府关于下达2015年度漳浦县海洋伏季休渔责任书的通知
4月17日	浦政文[2015]49号	县政府关于成立漳浦县涉农资金专项整治工作领导小组的通知
4月22日	浦政文[2015]53号	县政府关于下达漳浦县2015年消防安全目标责任书的通知
4月22日	浦政文[2015]54号	县政府关于印发漳浦县2015年乡镇武装部和民兵营(连)部正规化建设方案的通知
4月23日	浦政文[2015]55号	县政府关于加强古雷开发区征迁项目银行账户管理等有关事项的通知
4月23日	浦政文[2015]56号	县政府关于深入开展安全生产标准化建设提升工程三年行动的通知
4月21日	浦政文[2015]57号	县政府关于印发漳浦县2015年度乡镇(场)食品安全等两份工作目标责任书的通知
4月27日	浦政文[2015]58号	县政府关于下达2015－2017年松材线虫病等重大林业有害生物防控目标责任的通知
4月29日	浦政文[2015]60号	县政府关于增补漳浦玉凯龙农业开发有限公司等2家企业为县级农业产业化龙头企业的通知

日 期	文 号	文件标题
5月4日	浦政文[2015]61号	县政府关于印发漳浦县贯彻落实省政府生猪养殖面源污染防治工作六条措施实施方案的通知
5月11日	浦政文[2015]64号	县政府关于同意漳浦县生活垃圾焚烧发电项目建设用地变更使用权人的批复
5月11日	浦政文[2015]65号	县政府关于完善国有土地出让金管理的通知
5月11日	浦政文[2015]66号	县政府关于印发2015－2019年乡镇财政管理体制实施方案的通知
5月11日	浦政文[2015]67号	县政府关于印发2015－2019年绥安工业区财政管理体制实施方案的通知
5月12日	浦政文[2015]69号	县政府关于黄仓工业区F01地块控制性详细规划的批复
5月12日	浦政文[2015]70号	县政府关于中心城区金园路两侧、迎宾大道以北地块及中心城区鼓山北路西侧、麦市街延伸以南地块控制性详细规划的批复
5月12日	浦政文[2015]71号	县政府关于漳浦县黄仓工业区北2－01地块控制性详细规划的批复
5月12日	浦政文[2015]72号	县政府关于漳浦县黄仓工业区北1－01收储地块控制性详细规划的批复
5月12日	浦政文[2015]73号	县政府关于漳浦县中心城区鼓山北路纱侧及府前街延伸段以北01－03地块控制性详细规划的批复
5月12日	浦政文[2015]74号	县政府关于漳浦县一中学校区地块控制性详细规划的批复
5月12日	浦政文[2015]75号	县政府关于漳浦县朝天马峰控制性详细规划的批复
5月1日	浦政文[2015]77号	县政府关于加快电子商务和物流快递产业发展的若干意见
5月26日	浦政文[2015]82号	县政府关于进一步规范经营性房地产用地出让工作的意见
6月1日	浦政文[2015]84号	县政府关于成立漳浦县赤湖溪堤防及护岸工程建设处的批复
6月2日	浦政文[2015]85号	县政府关于成立漳浦县盘陀镇溪堤防及护岸工程建设处的批复
6月3日	浦政文[2015]86号	县政府关于完善信访事项复查工作的通知
6月2日	浦政文[2015]87号	县政府关于县人大常委会会议对学前教育专项工作报告的审议意见落实情况的报告
3月23日	浦政文[2015]88号	县政府关于印发漳浦县佛昙镇商贸街片区土地房产收储搬迁补偿实施方案的通知
3月23日	浦政文[2015]89号	县政府关于印发漳浦县2015年度国有土地出让和收储计划的通知
3月23日	浦政文[2015]90号	县政府关于印发漳浦县佛昙镇商贸街片区土地收储项目施方案的通知
6月3日	浦政文[2015]91号	县政府关于漳浦县湖西岭坑矿区玄武岩矿公开拍卖出让采矿权实施方案的批复
6月3日	浦政文[2015]92号	县政府关于漳浦县杜浔鸡笼山等2个矿区公开拍卖出让采矿权实施方案的批复

日 期	文 号	文件标题
6月9日	浦政文[2015]94号	县政府关于成立漳浦县湖西畲族乡河道整治工程建设处的批复
6月9日	浦政文[2015]95号	县政府关于成立南浦乡河道整治清淤工程建设处的批复
6月11日	浦政文[2015]96号	县政府关于印发古雷石化基地搬迁补偿安置实施方案及人口生活安置补助发放办法的通知
6月3日	浦政文[2015]99号	县政府关于福建中阳建材预约地块控制性详细规划的批复
6月3日	浦政文[2015]100号	县政府关于福建省汇泉食品有限公司预约地块控制性详细规划的批复
6月12日	浦政文[2015]101号	县政府关于滨海新区高新技术产业园控制性详细规划用地布局局调整的批复
6月17日	浦政文[2015]102号	县政府关于2015年储备订单粮食实行直接补贴的实施意见
6月17日	浦政文[2015]103号	县政府关于重新下达2015年农资综合补贴资金的通知
6月17日	浦政文[2015]104号	县政府关于漳浦(天福)220KV变电站控制性详细规划的批复
6月18日	浦政文[2015]105号	县政府关于印发漳浦县城乡生活垃圾收运系统运行方案的通知
6月18日	浦政文[2015]106号	县政府关于下达2015年安全生产目标责任的通知
6月1日	浦政文[2015]107号	县政府关于同意扩大古雷半岛西侧海域收海范围及海域补偿资金估算的批复
6月1日	浦政文[2015]108号	县政府关于收回古雷半岛西侧海域使用(虾池、工厂化养殖场)和陆域水产养殖设施补偿方案的通知
6月24日	浦政文[2015]109号	县政府关于印发漳浦县2015年推进依法行政建设法治政府工作要点的通知
7月1日	浦政文[2015]112号	县政府关于赤湖众盈食品预约地块控制性详细规划的批复
7月1日	浦政文[2015]116号	县政府关于增加我县地方储备粮规模的通知
7月1日	浦政文[2015]117号	县政府关于贯彻落实粮食安全省长责任制的实施意见
7月1日	浦政文[2015]119号	县政府关于漳浦鹿溪江滨板块J16收储地块控制性详细规划高速的批复
7月22日	浦政文[2015]122号	县政府关于同意2015年安全生产监管执法工作计划的批复
7月23日	浦政文[2015]124号	县政府关于东南花都核心区商住项目相关地块规划控制指标综合平衡等相关问题的批复
7月28日	浦政文[2015]126号	县政府关于漳浦县金鹿路西侧(原卫生局和县疾控中心)地块控制性详细规划的批复
7月28日	浦政文[2015]127号	县政府关于漳浦县溪鹿江滨板块J17－1、J18－1收储地块控制性详细规划的批复

日 期	文 号	文件标题
7月28日	浦政文[2015]128号	县政府关于漳浦县金浦工业区园C－05地块控制性详细规划的批复
7月28日	浦政文[2015]130号	县政府关于实行2015－2016年财税征收奖励办法的通知
8月3日	浦政文[2015]131号	县政府关于确认漳浦霞美北江二级渔港的批复
8月4日	浦政文[2015]135号	县政府关于同意申请授权委托漳浦县霞美镇政府对“漳浦县霞美北江二级渔港”的业主进行网上公开招投标报告的批复
8月6日	浦政文[2015]136号	县政府关于鹿溪江滨南岸通站大道北侧A地块控制性详细规划调整(4S产业园)的批复
8月1日	浦政文[2015]137号	县政府关于福建龙睿房地产开发有限公司国有建设用地闲置处置方案的批复
8月12日	浦政文[2015]138号	县政府关于调整赤湖丽龙针织厂地块控制性详细规划的批复
8月17日	浦政文[2015]139号	县政府关于印发漳浦县创建省级园林县城实施方案的通知
8月21日	浦政文[2015]140号	县政府关于绥安镇和祥陵园地块控制性详细规划的批复
8月2日	浦政文[2015]141号	县政府关于漳浦县赤土乡旅游区客服中心地块控制性详细规划的批复
8月26日	浦政文[2015]145号	县政府关于长桥镇总体规划(修编)的批复
9月6日	浦政文[2015]146号	县政府关于同意漳浦县古雷中学及漳浦县大南坂中学更名等有关事项的批复
9月15日	浦政文[2015]149号	县政府关于漳浦台湾农民创业园东南花都核心区控制性详细规划局部调整的批复
9月15日	浦政文[2015]150号	县政府关于进一步扩大有效投资的若干意见
9月22日	浦政文[2015]154号	县政府关于县人大常委会会议对社区矫正专项工作报告的审议意见办理情况的报告
9月23日	浦政文[2015]155号	县政府关于表彰全县道路交通安全综合整治“三年行动”优胜单位、先进集体和先进个人的决定
9月24日	浦政文[2015]156号	县政府关于印发2015年漳浦县新型职业农民培育示范工作实施方案的通知
9月24日	浦政文[2015]157号	县政府关于印发2015年推进简政放权放管结合转变政府职能工作方案的通知
9月23日	浦政文[2015]160号	县政府关于转发县电子商务工作领导小组关于漳浦县电子商务进农村综合示范建设实施方案的通知
8月29日	浦政文[2015]162号	县政府关于长桥林业循环经济产业园(一期)控制性详细规划的批复
9月23日	浦政文[2015]163号	县政府关于推进义务教育均衡发展的实施意见

日　期	文　号	文件标题
9月25日	浦政文[2015]164号	县政府关于下达漳浦县乡镇政府推进县域义务教育均衡发展工作责任书的通知
10月28日	浦政文[2015]167号	县政府关于赤岭乡石村加工集中营区山坪片区控制性详细规划的批复
11月5日	浦政文[2015]173号	县政府关于县人大常委会对县政府2015年上半年国民经济和社会发展计划招待情况审议意见输情况的报告
11月5日	浦政文[2015]174号	县政府关于确认漳浦佛昙整美二级渔港的批复
11月13日	浦政文[2015]176号	县政府关于漳州市坤基鞋业有限公司预约用地控制性详细规划的批复
10月28日	浦政文[2015]177号	县政府关于县人大常委会会议对2015年上半年政府工作报告审议意见输情况的报告
10月28日	浦政文[2015]178号	县政府关于县人大常委会会议对县人民政府《漳浦县2015年上半年预算执行情况报告》的审议意见办理情况报告
11月24日	浦政文[2015]179号	县政府关于漳浦县通站大道西侧面01—A地块控制性详细规划的批复
11月24日	浦政文[2015]180号	县政府关于实验小学城北分校控制性详细规划的批复
11月25日	浦政文[2015]181号	县政府关于支持和促进科技他新十三条措施的通知
11月3日	浦政文[2015]183号	县政府关于印发漳浦县城市园林绿化管理实施意见的通知
11月3日	浦政文[2015]184号	县政府关于印发《漳浦县城市绿线管理暂行办法》的通知
12月4日	浦政文[2015]187号	县政府关于做好第三次全国农业普查工作的通知
12月9日	浦政文[2015]191号	县政府关于印发《漳浦县公共租赁住房管理办法》的通知
12月9日	浦政文[2015]192号	县政府关于2015年申请公共租赁住房保障中等偏下收入(财产)对象标准及认定条件的批复
12月1日	浦政文[2015]194号	县政府关于授权委托漳浦县佛昙人民政府对漳浦县佛昙整美二组长渔港的业主进行网上公开招标的批复
12月11日	浦政文[2015]195号	县政府关于调整盘活2012年及以前度中央预算内投资存量资金的批复
12月16日	浦政文[2015]197号	县政府关于同意浦海挂 (2015)001号浅海哉使用权申请我资格挂牌出让方案的批复
12月18日	浦政文[2015]199号	县政府关于印发漳浦县2016年度国有土地出让和收储计划的通知
12月23日	浦政文[2015]201号	县政府关于进一步做好为农民工服务工作的实施意见
12月24日	浦政文[2015]202号	县政府关于滨海新区高新技术产业园工业三区控制性详细规划调整的批复

日　期	文　号	文件标题
12月25日	浦政文[2015]204号	县政府关于印发漳浦县水污染防治行动计划工作方案的通知
12月29日	浦政文[2015]205号	县政府关于漳浦县绥安工业区三期扩区B2－02地块控制性详细规划的批复
12月29日	浦政文[2015]206号	县政府关于漳浦县绥安工业区三期扩区B3地块控制性详细规划的批复
12月29日	浦政文[2015]207号	县政府关于漳浦县绥安工业区三期扩区B2－01地块控制性详细规划的批复
12月29日	浦政文[2015]208号	县政府关于漳浦县中心城区金鲤路西侧面地块控制性详细规划的批复
12月29日	浦政文[2015]210号	县政府关于漳浦县金浦工业园C－02地块控制性详细规划的批复
12月29日	浦政文[2015]211号	县政府关于漳浦县金浦工业园C－01地块控制性详细规划的批复
12月29日	浦政文[2015]212号	县政府关于湾片区B、FF地块调整限高的批复六鳌镇翡翠
12月31日	浦政文[2015]213号	县政府关于漳浦县城东区D-2地块控制性详细规划的批复
12月31日	浦政文[2015]214号	县政府关于漳浦县龙湖中学控制性详细规划的批复
12月31日	浦政文[2015]215号	县政府关于漳浦县黄仓村综合服务场所及老人活动中心地块控制性详细规划的批复

县委办出台的部分重要文件(通知)目录

日　期	文　号	文件标题
1月13日	浦委办发[2015]1号	县委办关于转发《漳浦县关心下一代工作委员会2015年工作意见》的通知
2月13日	浦委办发[2015]2号	县"两办"关于建立进一步加快漳浦科学发展跨越发展的行动计划,推进落实机制的若干意见
3月16日	浦委办发[2015]4号	县委办印发《关于深化"四风"整治,巩固和拓展党的群众路线教育实践活动成果的实施意见》的通知
4月14日	浦委办发[2015]7号	县委办转发《2015年全县宣传思想文化工作要点》的通知
4月21日	浦委办发[2015]8号	县"两办"关于进一步加强少年儿童和少先队工作的实施意见
7月1日	浦委办发[2015]9号	县"两办"关于印发《漳浦县科学扶贫精准扶贫工作实施方案》的通知
7月1日	浦委办发[2015]10号	县"两办"关于印发《漳浦县行政服务中心分中心管理办法》的通知
7月7日	浦委办发[2015]11号	县"两办"关于进一步加强和改进新形势下档案工作的实施意见
8月12日	浦委办发[2015]12号	县"两办"关于转发《县委宣传部、县委政法委、县"打黄打非"工作领导小组办公室2015年"打黄打非"行动方案》的通知
8月28日	浦委办发[2015]13号	县"两办"关于进一步加强值班应急工作的实施意见
1月4日	浦委办[2015]1号	县"两办"关于2015年县党政领导接待群众来访及第一季度领导干部接访群众时间安排的通知
1月14日	浦委办[2015]2号	县"两办"关于组织开展2015年春节、元宵期间氛围
2月13日	浦委办[2015]3号	县"两办"关于印发《漳浦县2015年村级组织换届试点工作方案》的通知
2月28日	浦委办[2015]4号	县"两办"关于印发《领导请假报告》有关制度的通知
2月28日	浦委办[2015]5号	县"两办"印发《关于进一步规范公务接待的规定》的通知
2月28日	浦委办[2015]6号	县"两办"关于2015年全国"两会"期间县党政领导接待群众来访时间安排的通知
3月3日	浦委办[2015]9号	县"两办"关于县纪委、监察局参与的议事协调机构调整情况的通报
3月27日	浦委办[2015]12号	县"两办"关于对2015年重点项目实行分级管理和领导挂钩责任制的通知
4月27日	浦委办[2015]17号	县"两办"印发《关于建立打击非法采捕交易红珊瑚等违法活动长效机制的实施方案》的通知
5月8日	浦委办[2015]19号	县"两办"关于转发《2015年漳浦县科技人才活动周工作方案》的通知

日　期	文　号	文件标题
5月10日	浦委办[2015]20号	县委办印发《漳浦县贯彻落实2014—2018年全国党员教育培训工作规划》实施意见的通知
5月20日	浦委办[2015]21号	县"两办"关于印发《漳浦县2015年县直机关挂钩项目及招引飞地工业绩效考核实施方案》的通知
6月9日	浦委办[2015]23号	县"两办"关于印发《漳浦县2015年村(居)民委员会换届选举工作实施方案》的通知
6月10日	浦委办[2015]25号	县"两办"印发《关于在全县处级领导干部中开展"三严三实"教育实施方案》的通知
6月18日	浦委办[2015]37号	县"两办"关于成立部队项目建设工作领导小组的通知
6月30日	浦委办[2015]38号	县"两办"关于成立杜浔镇"两违"综合治理工作指挥部及专案组的通知
7月1日	浦委办[2015]39号	县"两办"关于印发《开展河道采砂堆砂场、洗砂场专项整治工作实施方案》的通知
7月7日	浦委办[2015]41号	县"两办"关于成立创建新一轮全国双拥模范县工作领导小组的通知
7月15日	浦委办[2015]42号	县"两办"关于成立漳浦县电子政务内网建设和管理领导小组的通知
7月27日	浦委办[2015]45号	县"两办"关于印发《漳浦县处级领导挂钩帮扶规模以上工业企业情况表》的通知
8月5日	浦委办[2015]46号	县"两办"关于成立"大干6个月,奋力冲刺全年目标任务"工作领导小组的通知
8月5日	浦委办[2015]47号	县"两办"关于组织2015年重点课题调研的通知
8月5日	浦委办[2015]48号	县"两办"、人武部政工科关于成立漳浦县国防教育联席会议的通知
8月10日	浦委办[2015]51号	县"两办"关于印发《县属国有企业派驻财务总监管理办法》的通知
8月10日	浦委办[2015]52号	县"两办"关于印发《县属国有企业外派监事会管理办法》的通知
8月10日	浦委办[2015]53号	县"两办"关于成立县建设用地保障协调小组的通知
8月12日	浦委办[2015]54号	县委办关于印发《2015年县委每月吸取干部群众意见活动实施方案》的通知
8月12日	浦委办[2015]55号	县委办关于2015年漳浦县驻村蹲点干部进村到岗有关事项的通知
8月25日	浦委办[2015]58号	县"两办"关于成立漳浦县电子商务工作领导小组的通知
8月27日	浦委办[2015]59号	县"两办"关于印发《2015年全县"大干6个月,奋力冲刺全年目标任务"主要工作任务分解方案》的通知
8月28日	浦委办[2015]60号	县"两办"关于印发《漳浦县矿产资源集中整治专项行动方案》的通知
9月10日	浦委办[2015]61号	县"两办"印发《贯彻落实〈中共漳浦县委、漳浦县人民政府关于进一步加强禁毒工作的实施意见〉主要任务分工方案》的通知

日　期	文　号	文件标题
10月15日	浦委办[2015]63号	县“两办”关于成立漳浦县义务教育均衡发展工作领导小组的通知
10月29日	浦委办[2015]64号	县“两办”关于印发《漳浦县迎接第七届农博会、第十七届花博会环境整治工作实施方案》的通知
11月10日	浦委办[2015]65号	县“两办”关于增加漳浦县2015年度农业农村工作考评细则内容的通知
12月7日	浦委办[2015]68号	县“两办”关于漳浦县处理信访突出问题及群体性事件联席会议更名为漳浦县信访工作联席会议的通知

政府办出台的部分重要文件(通知)目录

1月12日	浦政办[2015]2号	政府办关于印发漳浦县实行最严格水资源管理制度考核工作实施方案(试行)的通知
1月23日	浦政办[2015]3号	政府办关于成立漳浦县网络与信息安全协调小组的通知
1月29日	浦政办[2015]4号	政府办转发漳州市人民政府办公室关于做好感015年度火灾隐患排查整治工作的通知
2月5日	浦政办[2015]5号	政府办关于成立漳浦县盘陀镇农村环境综合整治项目建设领导小组的通知
2月3日	浦政办[2015]6号	政府办关于转发漳浦县2015年度春运工作方案的通知
2月2日	浦政办[2015]7号	政府办转发县教育局等部门关于漳浦县第二期学前教育三年行动计划(2014－2016年)的通知
2月15日	浦政办[2015]8号	政府办关于印发漳浦县公务车制度改革领导小组工作方案的通知
2月3日	浦政办[2015]10号	政府办关于下达2015年地质灾害搬迁任务的通知
2月11日	浦政办[2015]11号	政府办关于印发漳浦县土地出让领域违法违规问题专项整治工作方案的通知
3月17日	浦政办[2015]12号	政府办关于切实抓好2015年造林绿化和森林经营工作的通知
3月19日	浦政办[2015]14号	政府办关于成立县级公立医院管理委员会的通知
3月23日	浦政办[2015]15号	政府办关于印发漳浦县集中开展道路交通秩序专项整治工作方案的通知
3月24日	浦政办[2015]16号	政府办关于加强2015年春季重大动物疫病防控工作的通知
3月31日	浦政办[2015]17号	政府办关于印发漳浦县2015年度地质灾害防治方案的通知
3月31日	浦政办[2015]18号	政府办关于调整土地矿产卫片执法检查工作领导小组的通知
3月31日	浦政办[2015]19号	政府办关于印发漳浦县2014年土地矿产卫片执法检查工作方案的通知
4月3日	浦政办[2015]21号	政府办关于成立县土地例行督察工作协调小组的通知

日　期	文　号	文件标题
4月14日	浦政办[2015]23号	政府办关于做好2015浙江省水稻种植保险工作的通知
4月15日	浦政办[2015]24号	政府办关于印发漳浦县开展安全生产大检查隐患大排查大整治专项行动工作方案的通知
4月2日	浦政办[2015]27号	政府办关于下达2015年粮食生产指导性计划的通知
4月2日	浦政办[2015]28号	政府办关于认真做好我县2015年全国1%人口抽样调查的通知
4月24日	浦政办[2015]29号	政府办转发县财政局等部门关于开展涉农资金专项整治行动实施意见的通知
4月27日	浦政办[2015]30号	政府办关于印发漳浦县创建福建省2015年食品安全社会共治示范县实施方案的通知
4月1日	浦政办[2015]33号	政府办关于抓紧做好土地例行督察准备工作的通知
5月6日	浦政办[2015]34号	政府办关于印发漳浦县"五沿"青山挂白治理工作实施方案的通知
5月11日	浦政办[2015]35号	政府办关于成立国家级漳浦出口农产品质量安全示范县创建工作领导小组的通知
5月11日	浦政办[2015]36号	政府办关于加强财政存量资金管理的通知
5月13日	浦政办[2015]37号	政府办关于印发漳浦县打击非法采捕红珊瑚暨整治涉渔"三无"船舶专项行动实施方案的通知
5月18日	浦政办[2015]38号	政府办关于引导农村土地经营权有序流转发展农业适度规模经营的实施意见
5月18日	浦政办[2015]39号	政府办转发县防汛抗旱指挥部关于漳浦县防台风暴雨洪涝应急预案的通知
5月18日	浦政办[2015]40号	政府办关于转发县防汛抗旱指挥部关于县城区防洪涝应急预案的通知
5月2日	浦政办[2015]41号	政府办关于县级政府投融资项目招标投标存在问题的通报
5月2日	浦政办[2015]42号	政府办关于印发漳浦县创建全国基层中医药工作先进单位实施方案的通知
5月21日	浦政办[2015]44号	政府办关于印发漳浦县创建国家级出口农产品质量安全示范县工作实施方案的通知
5月25日	浦政办[2015]46号	政府办印发漳浦县黄标车及老旧车淘汰工作实施方案的通知
5月26日	浦政办[2015]47号	政府办关于印发漳浦县赤湖皮革园环境安全大检查工作方案的通知
5月27日	浦政办[2015]49号	政府办关于印发卫片执法检查"两违"专项整治行动方案的通知
5月27日	浦政办[2015]50号	政府办关于成立漳浦县长桥林业循环经济产业园区建设工作协调领导小组的通知
5月28日	浦政办[2015]51号	政府办关于建立加快推进宅基地和集体建设用地使用权确权传记工作联席会议制度的通知

日　期	文　号	文件标题
5月28日	浦政办[2015]52号	政府办关于印发漳浦县采用PPP模式推进城市基础设施建设实施方案的通知
5月28日	浦政办[2015]53号	政府办关于加强县城规划区内房地产交易登记管理工作的通知
5月28日	浦政办[2015]54号	政府办关于印发漳浦县市政公用事业单位体制改革方案的通知
5月28日	浦政办[2015]55号	政府办关于印发漳浦县政府性投资项目跟踪审计实施办法的通知
5月28日	浦政办[2015]56号	政府办关于规范乡镇农产品质量安全监管机构建设的意见
5月28日	浦政办[2015]57号	政府办关于印发漳浦县落实简政放权放管结合职能转变工作任务分解方案的通知
5月28日	浦政办[2015]58号	政府办关于印发漳浦县深圳特区化投融资体制改革方案的通知
5月28日	浦政办[2015]59号	政府办关于印发漳浦县政府向社会力量购买服务工作实施办法的通知
5月29日	浦政办[2015]60号	政府办关于印发漳浦县“三证合一”登记制度改革实施方案的通知
6月3日	浦政办[2015]62号	政府办关于印发漳浦县2015度主要污染物总量减排计划的通知
6月3日	浦政办[2015]63号	政府办转发县市场监管局等部门关于漳浦县创建无伟销县实施方案的通知
6月4日	浦政办[2015]64号	政府办关于印发加强县城区交通管理行动计划工作方案的通知
6月16日	浦政办[2015]65号	政府办关于做好2015年造福工程危房改造工作的通知
6月18日	浦政办[2015]66号	政府办关于印发2015年度县长环保目标环保局责任书考核任务分解方案的通知
6月19日	浦政办[2015]67号	政府办关于开展低效工业用地调查清理工作的通知
6月23日	浦政办[2015]68号	政府办关于印发漳浦县“平安渔业示范县”创建活动工作方案的通知
5月29日	浦政办[2015]69号	政府办关于实施宜居环境建设行动计划的通知
6月24日	浦政办[2015]70号	政府办关于印发漳浦县道路交通安全综合整治“三年行动”2015年重难点工作目标任务分解的通知
6月25日	浦政办[2015]71号	政府办关于印发漳浦县加强县城区交通管理行动计划宣传教育工作方案的通知
7月1日	浦政办[2015]72号	政府办关于印发漳浦县加快推进宅基地和集体建设用地使用权登记发证工作实施方案的通知
7月13日	浦政办[2015]74号	政府办关于印发漳浦县2015年示范乡镇卫生院暨“群众满意的乡镇卫生院”建设活动方案的通知
7月16日	浦政办[2015]78号	政府办关于印发漳浦县开展“五沿”破坏林地等专项整治行动方案的通知

日　期	文　号	文件标题
7月15日	浦政办[2015]79号	政府办关于杜浔镇“两违”综合治理集中整治工作经费实行定额管理的通知
7月2日	浦政办[2015]80号	政府办关于转发人行漳浦县支行关于金融支持电子商务发展指导意见的通知
7月2日	浦政办[2015]81号	政府办关于成立漳州九龙江林业工业科技产业园建设协调领导小组的通知
7月21日	浦政办[2015]82号	政府办关于调整水磨岭等10座重点小(一)型水库除险加固工程建设处主任的通知
7月23日	浦政办[2015]83号	政府办关于组织开展“十三五”专项规划编制工作的通知
7月27日	浦政办[2015]84号	政府办关于促进漳浦县设施农业健康发展有关事项的通知
7月27日	浦政办[2015]85号	政府办关于做好中小学保安配备及分级承担工资等工作的通知
7月31日	浦政办[2015]89号	政府办关于印发漳浦县网格化环保监管体系实施方案的通知
8月5日	浦政办[2015]92号	政府办转达发县地震办关于进一步做好全县防震减灾工作意见的通知
8月1日	浦政办[2015]95号	政府办关于印发2015年信息公开工作主要任务分解表的通知
7月31日	浦政办[2015]97号	政府办转发县农业局县财政局关于漳浦县拖拉机报废补贴办法的通知
8月19日	浦政办[2015]98号	政府办关于印发漳浦县2015年海洋经济发展工作要点的通知
8月24日	浦政办[2015]99号	政府办关于认真做好“同级审”审计整改工作的通知
4月28日	浦政办[2015]101号	政府办关于关于加强环境监管执法工作的通知
4月28日	浦政办[2015]102号	政府办转发县环保局等部门关于2015年漳浦县环境保护大检查工作方案的通知
9月6日	浦政办[2015]104号	政府办关于印发2015年全县治理“餐桌污染”建设“食品放心工程”工作方案的通知
9月2日	浦政办[2015]105号	政府办关于落实漳浦县校车安全管理工作联席会议制度的通知
9月2日	浦政办[2015]106号	政府办关于转发《福建省预防中小学生溺水事故管理暂行办法》的通知
9月8日	浦政办[2015]107号	政府办转发县文广体局等部门关于创建老年人健身康乐家园活动方案的通知
9月14日	浦政办[2015]110号	政府办关于印发漳浦县强化乡镇场涉渔船舶安全管理落实技监措施方案的通知
9月1日	浦政办[2015]111号	政府办关于加强政策解读工作的通知
9月16日	浦政办[2015]112号	政府办关于成立漳浦县梁山水库水源地保工作领导小组的通知

日 期	文 号	文件标题
9月18日	浦政办[2015]113号	政府办关于做好坡耕地水土流失综合治理试点工程的通知
9月1日	浦政办[2015]114号	政府办关于印发漳浦县加快推进闲置土地整改工作的通知
9月11日	浦政办[2015]115号	政府办关于印发漳浦县开展违法征地和农用的流转“非农化”总是自查整改工作方案的通知
9月24日	浦政办[2015]116号	政府办关于成立推进政府职能转变协调小组的通知
9月29日	浦政办[2015]117号	政府办关于进一步加快闲置土地整改工作的通知
9月3日	浦政办[2015]118号	政府办关于转发中共福建省纪律检查委员会关于近期查处的四起党员领导干部违反中央八项规定精神典型问题通报的通知
10月8日	浦政办[2015]119号	政府办关于进一步做好涉渔“三无”船舶排查转发中共福建省纪律检查委员会关于近期查处的四起党员领导干部违反中央八和外出劳务渔工登记工作的通知
10月8日	浦政办[2015]120号	政府办关于转发人行漳浦县支行创建金融生态县实施方案的通知
10月19日	浦政办[2015]121号	政府办关于印发漳浦县深化“一照一码”登记制度改革实施方案的通知
10月22日	浦政办[2015]122号	政府办关于印发漳浦县2015年可养区生猪规模养殖场(户)标准化提升改造方案的通知
10月21日	浦政办[2015]123号	政府办关于印发漳浦县永久基本农田划定工作方案的通知
10月27日	浦政办[2015]124号	政府办关于禁止销售和使用部分毒性大、残留期长的农药有通知
10月29日	浦政办[2015]125号	政府办关于加快发展农民合作社和家庭农场的若干意见
10月23日	浦政办[2015]126号	政府办关于转达发县医改办等部门关于控制公立医院医药费用过快增长实施方案的通知
10月3日	浦政办[2015]127号	政府办关于印发2015年度漳浦县大气污染防护林治工作实施方案的通知
10月3日	浦政办[2015]128号	政府办关于进一步加快光网城市建设的通知
11月1日	浦政办[2015]129号	政府办关于印发漳浦县办2015年今冬明春火灾防控工作方案的通知
11月5日	浦政办[2015]130号	政府办关于重新划定漳浦县网格化环保监管体系监管工作组的通知
11月5日	浦政办[2015]131号	政府办关于印发漳浦县2005年底前注册营运黄标车报废补贴方案的通知
11月3日	浦政办[2015]132号	政府办关于印发2015年度县长环保目标环责任书考核办法的通知
11月6日	浦政办[2015]133号	政府办关于建立漳浦县机关事业单位工作人员养老保险制度改革联席会议制度的通知

日　期	文　号	文件标题
11月6日	浦政办[2015]134号	政府办关于印发漳浦县推进机关事业单位养老保险制度改革工作方案的通知
11月16日	浦政办[2015]135号	政府办关于做好2015年生猪屠宰专项整治工作的通知
11月16日	浦政办[2015]136号	政府办关于印发漳浦县2015－2018年病死畜禽无害化处理设施建设规划的通知
11月2日	浦政办[2015]137号	政府办关于印发漳浦县社会信用体系建设实施方案的通知
11月25日	浦政办[2015]138号	政府办关于印发全面加强安全生产监管执法实施意见的通知
11月24日	浦政办[2015]139号	政府办关于进一步明确漳浦县生猪养殖面源污染整治工作领导小组成员单位及其职责的通知
11月25日	浦政办[2015]140号	政府办关于印发漳浦县开展规模养殖污染专项整治行动方案的通知
11月25日	浦政办[2015]141号	政府办关于成立漳浦县信息化专家委员会的通知
11月14日	浦政办[2015]142号	政府办关于印发漳浦县创建省级园林县城环境整治方案的通知
11月26日	浦政办[2015]143号	政府办关于成立深土锦江楼修缮工作领导小组的通知
11月25日	浦政办[2015]145号	政府办关于成立漳浦县农民工工作领导小组的通知
12月4日	浦政办[2015]146号	政府办关于印发漳浦县办2000年至2014年批而未供土地处置工作方案的通知
12月4日	浦政办[2015]147号	政府办关于启动南溪支流河道污染责任追究调查机制的通知
12月8日	浦政办[2015]148号	政府办关于落实南溪支流污染整改和赤岭乡生猪养殖污染整改工作的通知
12月9日	浦政办[2015]149号	政府办关于印发漳浦县印石花园B区公共租赁住房分配工作方案的通知
12月1日	浦政办[2015]151号	政府办关于印发漳浦县新型职业农民培育认定及管理办法(试行)的通知
12月1日	浦政办[2015]152号	政府办关于进一步做好冬春期间典型火灾隐患排查整改工作的通知
12月18日	浦政办[2015]154号	政府办关于印发漳浦县处置恐怖袭击事件应急预案牟通知
12月18日	浦政办[2015]155号	政府办关于成立漳浦县中央城农网升级改造工程建设领导小组的通知
12月22日	浦政办[2015]157号	政府办关于做好扶贫开幕建档立卡调查摸底工作的通知
12月24日	浦政办[2015]158号	政府办关于成立晋升职组长考核组的通知
12月31日	浦政办[2015]159号	政府办关于转达发县卫计局等部门关于进一步加强易肇事肇祸重性精神病人社会管理和救治服务实施意见的通知

拼音检索

说 明

一、本索引采用主题词分析法，按主题词首字汉语拼音字母顺序排列。
二、栏目、分目标题用黑体字。“特载”、“专记”、“大事记”内容不作索引。
三、索引主题词后的数字表示页码，数字后的 a、b、c 表示栏别左中右。
四、空一字起排的款目为上一主题的“附见”。

A

B

C

D

E

F

G

H

J

K

L

M

N

P

Q

R

S

T

W

X

Y

Z

漳浦县人民政府办公室文件

浦政办〔2016〕200号

漳浦县人民政府办公室
关于报送2016年度年鉴资料的通知

各乡镇人民政府，国有农林盐茶场，各工业区（园）和台湾农民创业园管委会，县直各单位及省市驻漳浦机构：

2016年，漳浦县方志委被福建省地方志编纂委员会定为“福建省年鉴精品工程试点单位”。为做好2016年度《漳浦年鉴》编印工作，发挥年鉴资料“存史、资政、育人”的作用，经县政府同意，决定启动2016年度年鉴资料的报送工作，现将有关事项通知如下：

一、各单位所报送的资料，第一部分要有“概况”的条目及内容，余下的其它条目、内容力求详细全面，既要写出工作做法，又要写出工作成效或结果，特别是单一记事条目，以某一具体事物、事件、社会或自然现象为对象，内容包括：事主、时间、地点、经过、原因和结果，以及单位的年度大事记。所有的数据以全年为准。

二、单位、个人当年获市级以上表彰受奖的，要写明所表彰受奖的名称、颁奖单位、颁奖时间。

三、各单位要列出当年度本单位副科级以上的领导及副主任科员以上非领导职务的人员名表。如当年任免的，要写明任免时间和籍贯。

四、各单位需提供能反映本单位 2016 年度大事、要事的相片 5 张（用于年鉴彩页，需文字说明并注明拍摄人及拍摄时间）。

五、各单位所报送的资料要署上撰稿人的姓名，必须通过单位保密审查，由领导签名，并加盖公章。

请各单位于 2017 年 2 月 15 日前将年鉴资料（文字和电子稿）报送漳浦县方志委。电子稿可提交 U 盘，或发送至邮箱 zpdfz@163.com。县志委地址：绥安镇青年路 11 号（原国税大楼）二楼，联系人：林月云，电话：3222416。

漳浦县人民政府办公室

2016 年 12 月 22 日

（此件主动公开）

抄送：县委办公室。

县人大常委会办公室，县政协办公室。

漳浦县人民政府办公室　　2016 年 12 月 22 日印发